위험한 교회

Copyright ⓒ 2006by Hendrickson Publishers, Inc.
Originally published in English under the title *Exiles: Living Missionally in a Post-Christian Culture* by Hendrickson Publishers, Inc., P.O. Box 3473, Peabody, Massachusetts, U.S.A.
All rights reserved.

Korean Edition Copyright ⓒ 2009 by SFC Publishing Company, Seoul, Republic of Korea.
Translated and used by permission of Hendrickson Publishers, Inc. through arrangement of KCBS Literary Agency, Seoul, Republic of Korea.

본 저작물의 한국어판 저작권은 KCBS Literary Agency를 통하여 Hendrickson Publishers, Inc. 와 독점 계약한 SFC출판부에 있습니다. 신 저작권법에 의하여 한국 내에서 보호받는 저작물이므로 무단전재와 무단복제를 금합니다.

**1쇄 발행** 2009년 6월 30일
**2쇄 인쇄** 2017년 3월 7일
**2쇄 발행** 2017년 3월 14일

**지은이** 마이클 프로스트
**옮긴이** 이대헌
**펴낸이** 이의현
**펴낸곳** SFC출판부
**등 록** 제 114-90-97178
　　　　(137-803) 서울특별시 서초구 고무래로 10-8 2층 SFC출판부
　　　　Tel. (02)596-8493 Fax. 0505-300-5437
**홈페이지** www.sfcbooks.com **이메일** sfcbooks@sfcbooks.com

**기획·편집** 편집부
**디자인편집** 이새봄
**영업마케팅** 조형준
**인쇄처** 성광인쇄

ISBN 978-89-93325-15-7 03230

값 25,000원

잘못 만들어진 책은 언제든지 교환해드립니다.

# 위험한 교회
EXILE

후기 기독교 문화에서 선교적으로 살아가기
Living Missionally in a Post-Christian Culture

마이클 프로스트
MICHAEL FROST

**SFC**

# 차례

독자들께 드리는 말씀　　　　　　　　　　　　7

## 제1부 위험한 기억들　　　　　　　　　　11

자발적인 유수　　　　　　　　　　　　　12
유수자이신 예수님　　　　　　　　　　　53
예수님을 따라 유수자로　　　　　　　　　90

## 제2부 위험한 약속들　　　　　　　　　　137

비실재적 세계로부터의 유수　　　　　　　138
유수자의 집단정신　　　　　　　　　　　181
유수자의 공동체　　　　　　　　　　　　221
식탁에서의 유수자　　　　　　　　　　　266
세상을 위해 일하기　　　　　　　　　　　298

## 제3부 위험한 비판들 — 339

불의에 대한 불편함 — 340

유수자와 지구 — 379

억압받는 자들을 위로하기 — 413

## 제4부 위험한 노래들 — 447

예배에서의 유수자 — 448

혁명의 노래 — 491

저자 후기 — 530
참고자료 — 534
주 — 540

# 독자들께 드리는 말씀

책을 읽기 시작하면 금방 확연하게 알게 될 사실이지만, 이 책 내용의 상당 부분은 날카로운 비판으로 구성되어 있습니다. 그중 많은 내용은 제가 미국, 캐나다, 오스트레일리아, 뉴질랜드, 그리고 영국 등지에서 행한 강연과 발표를 통해 이미 발표했던 것들입니다. 제 강연을 듣던 청중 일부는 강연 내용을 '교회 두드리기'로 규정하며 거세게 비난했지만, 다른 청중은 선지자적 통찰이라며 극찬을 아끼지 않았습니다. 그러나 정작 저 자신은 그 둘 중 어느 쪽도 되고자 한 적이 없습니다. 저는 단순무식한 교회 두드리기 따위를 좋아하지 않습니다. 교회가 마치 벌거숭이 황제 같다고 떠들어대는 일은 그리 어려운 일이 아닙니다. 세상에 어떤 누구라도 그 정도는 해낼 수 있습니다. 더군다나 그런 식의 비난을 제기한다 하더라도 교회가 변화를 보일 것 같지도 않습니다. 닐 가이만Neil Gaiman은 이에 대해 이렇게 말했습니다. "황제가 벌거숭이라는 사실을 지적하는 것은 어린아이들 아니면 좀 모자란 사람들이 누리는 항구적 특권이다. 그러나 모자란 사람이 모자란 사람으로 머물러 있기 마련이듯, 황제도 황제로 머물러 있기 마련이다."

저는 스스로 나서서 선지자적 역할을 하겠다고 주장한 적이 결코 없습니다. 약 백여 년 전, 마크 트웨인Mark Twain은 다음과 같은 통렬한 평가를 통해 과대

평가된 현대의 선지자의 입지를 폭로한 적이 있습니다. "살아생전 나는 몇 가지 무분별한 행동을 저질렀다. 그러한 행동 중 가장 최악의 것은, 내 자신이 마치 선지자인 양 행동한 것이었다." 저 또한 이 점에서 그같이 무분별한 모습을 보이고 싶지 않는다는 점을 믿어주셨으면 합니다. 저는 제 자신이 남들보다 더 훌륭한 통찰을 갖췄다거나 더 깊은 지식을 가졌다고 주장하고 싶지 않습니다. 오히려 저의 목표는, 현대 교회와 문화가 지니고 있는 수많은 양상들에 대해 신중한 평가를 내리는 것과, 또한 성경적으로 타당하면서 하나님을 기쁘시게 하는 방식을 통해 스스로 발전하길 원하는 기독교인들에게 도움이 될 만한 제안을 제공하는 데 있습니다. 좀 더 명확히 말하자면, 저는 전통적인 교회 밖에서 유수exile되었다고 느끼는 수많은 사람들, 더 심각하게는 여전히 전통적인 교회 안에 머물러 있음에도 마치 유수된 것처럼 느끼고 있는 사람들에 대해 연민을 품고 있습니다. 저는 세계 도처를 여행하면서 그들 중 많은 사람과 교제를 나누는 커다란 기쁨을 누렸습니다. 그럼에도 그리스도의 몸인 교회의 한 쪽 진영에 속한 이들이 다른 진영에 속한 이들을 전적으로 결함이 있는 사람들로 여기며 거부하고 독선으로 가득한 요새 안으로 숨어드는 것을 보았습니다. 이것은 결코 도움이 되지 않을 뿐더러 참되지도 않은 것이라 생각합니다. 따라서 그리스도의 몸인 교회에 속한 한 구성원으로서, 그리고 그 몸인 교회를 사모하는 한 사람으로서, 이 책을 통해 전체 교회의 마음을 끌어 영적으로 교화하고 '사랑 안에서 진리를 말하'(엡4:15)고자 하는 것이 저의 소망입니다. 저는 에베소서의 그 놀라운 가르침을 성취할 때마다 감사할 것이며, 실패할 때마다 용서를 구할 것입니다.

   마지막으로, 이 책이 발전하는 과정에 도움을 주셨던 분들에게 감사하고 싶습니다. 몰링Morling대학 당국은 너그럽게도 제가 학교를 떠나 이 책을 끝낼 수 있도록 허락해 주었습니다. '포지 선교훈련 네트워크'the Forge Mission Training Network는 제게 너무도 풍성하고 도움이 되는 공동체였습니다. 특히, 저의 친애하는 동료이자 친구인 '포지 선교훈련 네트워크'의 디렉터인 앨런 허쉬Alan Hirsch는 제게 말할 수 없이 소중한 피드백을 제공했습니다. 책의 편집 문제에 관해 충고를 아끼지 않은 밥 마치니Bob Maccini에게도 큰 신세를 졌습니다. 그의 도움으로 여러 가지 낭패를 모면할 수 있었습니다. 그리고 특히 수년 동안 저의 저술을 지원해 주고 책으로 출판될 수 있도록 용기를 북돋아 주었던 헨드릭슨 출판사의 셜리 덱커-루크Shirley Decker-Lucke에게 감사를 표합니다.

# 1.
## 위험한 기억들

자발적인 유수
유수자이신 예수님
예수님을 따라 유수자로

# 자발적인 유수

기억: 하나님께서 유수된 백성을 구원하실 것이다

나는 유수된 사람들이 희망을 먹고 산다는 것을 안다.

_아이스킬로스Aeschylus, 기원전 525-456

---

이 책은 현대의 세속화된 서구문화와 체면, 보수적 성향으로 기이하게 시대에 뒤떨어진 교회문화의 틈바구니 사이로 추락하고 있는 자신을 발견하는 기독교인들을 위해 쓰였다. 즉 이 책은 급진적인 예수님의 가르침을 성실히 따르고자 하면서도, '모든 사람이' 교회에 출석하고 '기독교 가정의 가치'가 지배하던 시절로 되돌아가길 갈망하는 진부하고 무기력하며 흥미라곤 느껴지지 않는 스트레이트재킷*straightjacket과도 같은 교회가 더 이상 자신들의 성향과 맞지 않는다고 생각하는 사람들을 위한 것이다. 또한 교회라는 안전모드 속에 더 이상 안주할 수 없는 사람들, 현대사회의 가치에 자신을 내어주지 않으면서도 이 세상 안에서 자유롭고 자신있는 기독교인으로 살아가고 싶어 하는 사람들을 위한 것이기도 하다. 더불어 이 세상이라는 선상으로 뛰어오를 준비를 했다고 (혹은 열망하고 있다고) 느끼면서, 동시에 탐욕과 소비주의, 나태와 물질주의 때문에 끝도 없고 방향도 없이 뒤척거리며 세상에서 부유하기를 원치 않는

---

* 정신병자들의 난동을 제어하기 위해 입히는 팔 기장이 긴 재킷—역주.

기독교인을 위한 것이다. 이런 기독교인은 세상도 아니고 자신이 인식하고 있는 교회도 아닌 어중간한 처소에 머물러 있는 것 같은 불쾌한 긴장감을 느끼며 살아가고 있다. 그리스도 중심적인 신앙을 더 이상 가치 있는 것으로 여기지 않는 삶의 현장에서, 초지일관하게 그리고 담대하게 그리스도 중심적인 신앙과 생활습관을 포용할 수 있는 방법은 없는 것일까? 나는 있다고 생각한다. 그러나 이 방법은 통상적인 교회생활에서 위험스러운 일탈을 요구할 것이다. 내가 보기에 교회는 여전히 그간 누려왔던 기반을 회복하기를, 즉 우리 사회가 다시 한 번 과거에 기독교 공동체와 더불어 나누었던 가치를 포용하기를 희망하고 기도하는 듯하다. 그러나 우리 중 많은 이들과 이 책의 도움이 필요한 사람들에게, 이런 희망과 기도는 실행 가능성이 없는 헛된 목표로 보일 따름이다. 우리는 현대 교회를 형성했던 역사의 한 시대가 해안가를 강타한 파도처럼 희망이라곤 전혀 보이지 않는 곳으로 교회를 밀어내 버렸다는 사실을 알고 있다. 우리는 그 시대를 '기독교왕국 시대'the era of Christendom로 알고 있다. **기독교왕국**은 오늘날 우리가 속한 교회의 현재 모습을 빚어냈고, 그 결과 이제 **기독교왕국**을 완전히 압도해 버린 세상에 교회를 내주고 말았다. 나는 기독교왕국 시대가 종결되었고, 우리 또한 그 사실을 받아들여야 한다고 주장하는 유일한 사람도, 최초의 사람도 아니다.

기독교왕국은 4세기 이후 서구사회를 지배해 온 종교문화를 지칭하는 명칭이다. 로마 황제인 콘스탄틴에 의해 시작된 기독교왕국은, 기독교가 제국의 공인종교가 된 결과로 성립된 문화현상이다. 콘스탄틴 황제가 제위에 있는 동안, 기독교는 소외되고, 체제 전복적이며, 핍박받는 운동에서 일약 제국 내 존재하는 유일한 공인종교로 변화했다. 한때 예수님의 추종자들은 가정이나 카타콤과 같은 지하에서 은밀하게 모였으나, 이제 그들은 제국 내에서 가장 장대한 사원과 회합 장소에서 모일 수 있게 되었다. 문자 그대로, 그들은 로마제국의 열쇠를 부여받았던 것이다. G. K. 체스터톤이 "교회와 국가 사이의 친밀한 관계는 제국을 위해서는 좋은 것이었으나 교회를 위해서는 나쁜 것이었다."라고 말한 바와 같다.

중세까지 교회와 국가는 한쪽이 다른 한쪽을 지탱하며 거룩한 문화를 지탱해 주는 두 개의 기둥이었다. 비록 교회와 국가 사이에 분쟁이 있기도 했지만, 그 분쟁은 항상 기독교왕국이라는 포괄적인 구조 **안에서** 발생했을 뿐이다. 중세까지만 하더라도 기독교왕국은 그 자체로 뚜렷한 정체성을 발전시켰는데, 그 정체성이 교회와 국가 양자 모두를 이해하는 모체the matrix를 제공했다. 기독교왕국은 전 시대를 풍미하는 **유일한** 거대담론이 되었다. 거대담론이란 모든 시대와 문화 속에서 살아가는 모든 사람에게 적용할 수 있는 진리를 담고 있다고 주장하는 포괄적 이야기다. 일반적으로 볼 때, 오늘날 기독교왕국이라

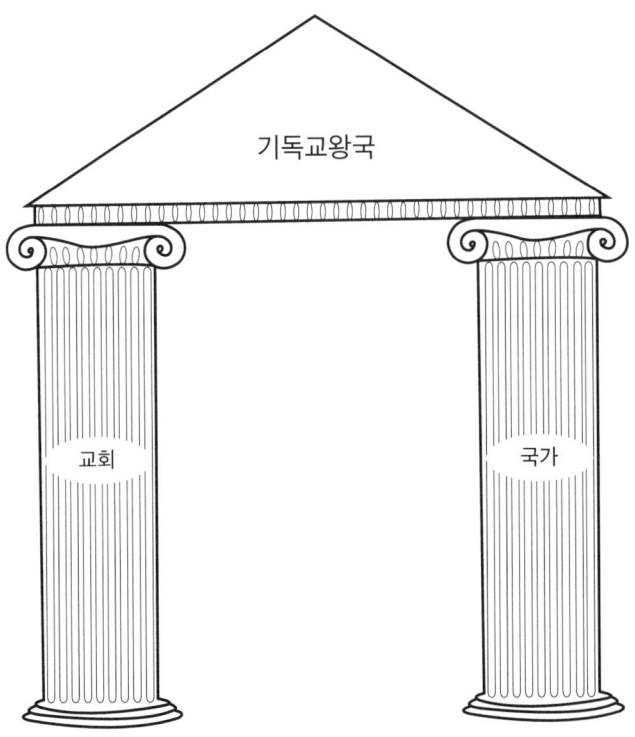

**기독교왕국을 구성하는 두 개의 기둥**

는 담론이 더 이상 서구문화를 규정하는 기초 역할을 하고 있지 않는데도 서구 국가, 특히 미국 안에 현존하는 교회가 규명하는 자기 이해의 최우선적 근거는 여전히 기독교왕국이다.

이 거대담론은 교회와 국가만을 규정했을 뿐 아니라, 그 영향력이 미치는 지역 내에 존재하는 모든 개인과 사회구조까지 규정했다. 이러한 사회 구성원은 자신의 선택이 아니라 태어날 때부터 당연히 기독교인이 되는 것으로 간주되었다. 기독교는 제국 내 기성문화의 공인된 일부가 되었다. 일부 국가에서는 왕 또는 여왕이 교회의 수반이기도 했다. 독일에서는 교회가 사실상 국가가 감당하는 여러 가지 기능 중 하나였다. 이러한 기독교왕국 시대를 거치는 동안 발생한 근본적 영향은 기독교가 역동적이고 혁명적이고 사회적이고 영적인 운동에서, 수반하는 체계와 사제직 그리고 성례를 갖춘 정적인 종교기관으로 변화되었다는 것이다.

하지만 지난 250여 년 동안, 사회정치적 실재로서 기독교왕국은 그 세의 쇠락을 거듭해 왔고, 현대에 이르러서는 그 양상이 더욱 심화되었다. 많은 역사가들(세속적 역사가들과 기독교 역사가들 모두)은 서구문화를 '후기 기독교왕국' Post-Christendom 문화라 부른다. 명백하게 표명되고 있는 비기독교적 표현들을 볼 때, 서구사회의 기독교왕국은 '종결'되었다. 이런 현상은 학교 내에서 기도를 계속할 것인가를 놓고 벌이는 외로운 논의와 고투, 그리고 크리스마스라는 명칭을 선물을 교환하는 일 년 중 최고의 축제일로 개명할 것인지를 놓고 벌이는 논란 등을 통해 표현되고 있다. 또한 예수 그리스도 탄생에 관련된 통상적인 전시물이 쇼핑센터 등에서 사라지고 있는 현상, 그리고 기독교 지도자들에게 부여되었던 통상적 권리와 기회가 철회되고 있는 현상 등을 통해서도 확인될 수 있다. 앨라배마 대법원 주임판사인 로이 무어Roy Moore가 몽고메리 주 법원청사 안 원형 광장에 화강암으로 된 2.6톤 무게의 십계명 조형물을 설치했을 때, 그는 앨라배마가 남부지역에 속한 주였음에도 불구하고 그 지역에서조차 기독교왕국 시대가 끝났다는 것을 이해하지 못하고 있었다. 실제로 2년 후 미 연방지방법원 판사인 마이론 톰슨Myron Thompson은 해당 조형물의 설치가 종교와 정치를 분리하는 미국 헌법에 위배된다는 판결을 내렸다. 현재 미 서부지역 전체 교회 출석률이 지속적으로 하락하고 있는데, 이런 현상은 유럽이나 영국의 어느 지역에서보다도 뚜렷하게 나타나고 있다. 비록 교회가 사회 안에서 존중받고 회중들이 함께 모여 공적예배를 드리도록 장려되고 있기는 하지만, 전체적으로 볼 때 교회는 서구사회에 대한 영향력 면에서 가파르고 극적인 하락을 경험하고 있다.

미국에서는 주류 개신교가 다수를 차지한 적도 없었을 뿐더러, 현재 주류 개신교 신자의 숫자도 2억 9천5백만 명 중에서 고작 2천2백만 정도를 차지하고 있을 뿐이다. 하지만 이러한 교회의 양적 쇠락보다 더 심각한 현상은 조지 바나George Barna가 실시한 미국 교회에 관한 설문조사를 통해 알 수 있다. 2001년 9월 11일의 워싱턴과 뉴욕에 대한 테러리스트들의 공격 이후, 바나는 미국 전역을 대상으로 한 설문조사를 통해 미국인에게 도덕성과 관련된 이슈에 대해 자신이 믿는 것이 무엇이냐는 질문을 제기했다. 대부분의 사람들이 테러리스트의 공격을 악한 것이라고 비난하기는 했으나, '절대적인 도덕적 진리'라고 불리는 것의 실재를 믿는다고 응답한 사람은 단지 소수의 사람(성인의 15퍼센트, 십대 청소년의 4퍼센트)에 불과했다. 심지어 '거듭난 기독교인'이라고 주장한 사람들 중에서도 성인은 3분의 1 미만만이, 십대는 10분의 1 미만만이 절대적인 도덕적 진리를 믿는다고 응답했다.[1] 설문조사를 통해 밝혀진 또 다른 사실은, 대부분 미국인이 더 이상 종교적 신앙을 도덕적 혹은 윤리적 가이드를 위한 최우선적 지침으로 생각하지 않는다는 것이다. 응답자들에게 도덕적 혹은 윤리적 결정을 내리는 기초가 무엇이냐고 질문했을 때, 가장 공통적인 (십대의 38퍼센트와 성인의 31퍼센트) 답변은 '무엇이 되었든 처한 상황 속에서 가장 옳다고 느끼거나 편하게 느끼는 것'이었다. 이와 대조적으로 오직 13

퍼센트의 성인과 7퍼센트의 십대만이 그들이 결정을 내릴 때 성경이 가르치는 원리에 기초해서 내린다고 말했다. 내 조국인 오스트레일리아에서는 주류문화에 대한 교회의 영향력이 위에서 언급한 미국의 예보다 더욱 심각하게 감소한 상태이다. 복음주의자, 오순절주의자, 그리고 은사주의자의 숫자를 모두 더한다 하더라고 그 숫자는 오스트레일리아의 전체 인구 중 겨우 2퍼센트를 상회할 따름이다.

스튜어트 머레이Stuart Murray는 영국의 사정이 이보다 더 심각하다는 사실에 주목한다. 머레이에 따르면, 만일 영국에서 현재 진행되고 있는 비율로 교회의 숫자가 계속해서 줄어든다면, '감리교회 교인 수는 2037년에 이르러 전무하게 될 것이고, 스코틀랜드 교회는 2033년에 마지막 교회의 문을 닫게 될 것이며, 웨일즈 교회는 2020년에 이르면 스스로 지탱할 수 없게 될' 것이다.[2] 머레이는 또한 영국 국교회의 급속한 쇠락뿐 아니라 영국 내 구세군의 서글픈 운명에 대해서도 보고했는데, 그는 이 보고를 근거로 영국이 후기 기독교왕국 시대로 확실히 접어들었음을 선언했다. 그는 다음과 같이 규정했다.

> 후기 기독교왕국은 특정 사회 내에서 기독교적 이야기로 인해 성립된 기독교신앙이 그 응집력을 상실할 때, 그리고 기독교적 확신들을 표현하기 위해 발전시킨 기관들이 그 영향력을 소실해 갈 때 등장하는 문화다.[3]

많은 기독교인에게 있어 이 모든 일은 참으로 통탄할 만한 것이다. 미국이나 서구사회에서 기독교적 이야기의 영향력이 소실되고 있는 점에 대해 비탄한 마음을 공개적으로 표명하지 않는 회중이나 기독교 조직은 거의 없다. 많은 기독교인이 한때 교회가 서구사회를 권력과 영향력으로 점거했던 시대로 되돌아가야 한다고 주장하고 있기는 하지만, 역사의식이 있는 사람이라면 어떤 식으로도 더 이상 기독교왕국을 보전할 수 있다고 믿지 않는다. 기독교왕국은 서구를 지배하고자 하는 우리의 소망과 함께 서서히 바다 속 심연으로 자취를 감추어 버렸다.

서기 410년 무렵 로마가 멸망했을 때, 지금 우리가 웨일즈라고 부르는 지역으로 향하는 로마로Roman road 건설을 감독하던 소수의 도로 건설 기술자들이 있었다고 가정해 보자. 당신이 로마가 고대 세계를 정복하는 데 사용했던 가장 강력한 무기들 중 하나인 도로를 만드는 데 헌신한 기술자 중 한 명이라고 상상해 보자. 각지를 향해 뚫려 있는 도로들이 아니고서는 로마의 대규모 군대가 낯설고 통과하기 힘든 지역으로 이동해 갈 수는 없었다. 로마는 이러한 숙련된 도로 기술자들 때문에 성공적으로 제국을 확장해 갈 수 있었다. 이제 고향에서 매우 멀리 떨어져 있는 적대적이고 야만적인 땅에 머물고 있는 당신을 발견해 보자. 지금 당신이 건설하고 있는 도로는 웨일즈 반도의 남과 북을 가로지르고 있다. 그 길은 원래 로마 병사들이 웨일즈의 여러 지방을 복속하는 일을 지속할 수 있도록 하기 위해 건설된 것이었다. 하지만 이제 당신은 로마제국과 같은 것이 더 이상 존재하지 않는다는 사실을 알게 된다. 반달족과 서고트족들이 로마를 차지해 버렸기 때문이다. 따라서 당신과 당신이 속해 있는 건설기술자팀은 이제 아무런 쓸모도 없는 로마로를 만들면서 고향으로부터 단절되었다. 그렇다면 이제 당신은 무엇을 할 것인가?

이와 같은 상황이 후기 기독교왕국 시대에 접어든 서구사회에서 교회가 직면한 형국이다. 우리는 우리의 지배로부터 썰물처럼 빠져나가는 시대를 위해 수많은 교회를 건설해 왔던 것이다. 로마제국이 끝난 것처럼 기독교왕국 시대도 끝났다. 이제 교회 지도자들은 점차 이질적이고 자신들에게 적대적인 문화 가운데서 홀로 고립되고 있음을 발견하고 있다. 교회는 더 이상 지도적 지위를 확보하지 못하고 있다. 많은 사람이 기독교는 한때 부흥했다간 쓰러진 것이라고 믿고 있다. 마이크 리델Mike Riddell은 다음과 같이 말했다.

서구교회는 죽어가고 있다. 이처럼 고통스러운 사실이야말로 수많은 기독교 공동체가 그렇게도 거부하려 했던 것이다. …… 확실히 하나님께서는 당신의 교회가 소멸되도록 내버려두지 않으실 것 아닌가? 그럼에도 북아프리카교회의 역사는 교회라는 기관의 정체를 보존하기 위한 신적 개입의 출현을 당연한 것으로 가정하는 것이 옳지 않다는 사실을 가르치고 있다. 서구에서 기독교가 그 세를 잃어가고 있다는 것은 단지 가능성 있는 것으로 그치는 것이 아니다. 이미 상당히 진행되었다는 것 또한 분명한 사실이다.[4]

그러나 실질적인 소망을 표현하는 다른 목소리들도 있다. 이 소망은 기독교왕국의 재건에 대한 것이 아니라, 이러한 시대의 종국이 사실상 기독교의 새로운 개화를 위한 전조를 초래한다는 것이다. 기독교왕국의 소멸은 고상한 문화를 향유하고, 주류사회를 포괄하며, 도시 외각 지역에 조성되는 식의 기독교를 지탱해 왔던 마지막 기둥을 제거한다. '주일성도'Sunday Christian 현상으로 표현되는 이런 부류의 기독교는 월요일부터 토요일까지 기독교인들이 향유하는 생활습관과 가치 또는 그들이 우선순위로 삼는 것에 거의 아무런 영향도 끼치지 못한다. 이런 기독교는 매일의 삶 속에서 분투하라는 예수님의 주장과 가르침은 받아들이지 않은 채, 그저 품위 있고 정직한 시민으로 자신을 드러내고자 하는 종교인들을 위해 그럴 듯한 외관과 방법만을 제공한다. 기독교왕국의 소멸과 함께 흥미로운 현상이 나타나고 있다. 고상한 시민들이 존경받고 지지를 얻기 위해 기독교 공동체에 가입할 이유가 점차 줄어들고 있다. 교회가 공공 서비스를 제공받거나 시민권을 취득하기 위한 최상의 수단이 되는 상황이 점차 줄어들고 있다. 오직 신실한 기독교인들만이 남아 원래 의도했던 기독교적 경험, 즉 급진적이고 체제전복적이며 온정이 가득한 예수님의 제자들로 이루어진 공동체를 재발견하고 있다.

## 유수자로서 자신을 재발견하기

그런 목소리들 중 하나가 구약학자 월터 브루그만Walter Brueggemann인데, 그는 바벨론으로 유수된 유대인이 경험했던 것과 현대 기독교인들이 경험하고 있는 혼란과 불확실성, 그리고 불연관성 간에 많은 유사성이 있다고 말한다.[5] 바벨론 유수는 이스라엘 역사에 장기간 암울한 그림자를 드리웠던 사건이었다. 이 사건은 이스라엘의 신학, 문화, 그리고 종교생활 전반에 두루 영향을 끼쳤다. 당시 이스라엘은 북왕국 이스라엘과 남왕국 유다라는 두 나라로 나뉘어 있었다. 그리고 이 두 나라는 침탈적인 아시리아인과 이집트 제국의 자비로움에 각기 의존하고 있었다. 아시리아인이 세운 나라는 무적의 제국과도 같았고, 그보다 약하기는 했으나 이집트 제국도 그들이 거머쥘 수 있는 이득을 취할 준비를 하고 있었다. 이런 두 제국 사이에 아무런 힘도 없는 이스라엘과 유다가 위치하고 있었다. 그러나 그때 마치 동쪽에서 불어오는 폭풍과도 같이 바벨론 제국이 일어나고 있었고, 결국 바벨론은 아시리아와 이집트 모두를 휩쓸어 버릴 정도로 강력한 제국이 되었다. 그러는 와중에 이 거대한 제국은 유대 민족들까지 함락시켰다.

기원전 609년에 유다 왕 요시야의 죽음은 바벨론 제국이 진격해 오기 전 아시리아 제국이 그 마지막 숨을 몰아쉬고 있을 때 발생했다. 이집트 군대는 그들에게 더 큰 위협이 되는 바벨론 제국에 대항하기 위해 아시리아 군을 지원하기로 결정했다. 그리고 지원을 위해 동쪽으로 진군하던 중 기원전 605년부터 기원전 609년 사이 4년이라는 짧은 기간 동안 유다를 그 영향권 아래에 복속시켰다. 그러나 바벨론 제국은 이집트를 집어삼키기 위해 매우 빠른 속도로 제국을 확장했고, 그 와중에 여호야김의 통치 아래 겨우 독립을 유지하고 있던 유다 왕국은 결국 독립을 완전히 상실한 채 바벨론 제국에 복속되고 말았다.

바벨론 제국의 포위 공격에 마지막까지 남아 저항하던 예루살렘은 마침내 기원전 587년 여름 느부갓네살 왕이 이끄는 바벨론 군에게 완전히 파괴되었다. 그리고 그 신민들은 정복자의 영토로 끌려가 유수자로서 치욕적인 삶을 살아가기 시작했다. 대규모 송환 계획에 따라 동쪽으로 이주하게 된 유대인은 바벨론의 수도 및 기타 바벨론의 도시들에서 새로운 삶을 살 수 있도록 허락받았다. 그들은 거주할 집을 자유롭게 건설할 수 있었고, 생활하기 위해 돈을 벌 수도 있었으며, 그들의 전통적인 풍습과 종교도 유지할 수 있었다. 그러나 그들은 황량하게 파괴된 예루살렘이 있는 고향 땅으로는 돌아갈 수 없었다. 느부갓네살 왕은 여호야김과 그의 가족을 손님으로 대접하였고, 일부 유대인은 관리직에 진출하여 최고위직까지 올라가기도 했다. 이렇게 되자 많은 유대인이 바벨론의 삶에 익숙해져 훗날 고향 땅으로 돌아갈 수 있는 기회가 주어졌음에도 예루살렘으로 돌아가기를 거절했다. 그들은 이방 땅에 완전히 정착했고, 예루살렘은 더 이상 그들에게 매력적인 대상이 되지 못했다.

그런데 이 과거 유대인 유수자들이 대면했던 이러한 경험이 오늘날 교회가 경험하고 있는 실상을 반영하고 있다. 사실 오늘날 우리가 살아가는 시대나 우리가 처한 신앙 형편과 가장 잘 일치하는 성경의 은유는 바벨론 유수가 발생했던 시대와 유수자들이 처해 있던 신앙 형편이다. 유대인의 유수처럼 오늘날 교회도 점차 유실되고 있는 것들 때문에 몹시 슬퍼하고 있고, 수치심으로 말미암은 갈등을 겪고 있다. 교회를 떠받쳤던 기반이 점차 휩쓸려 떠내려가고 있다. 예전에는 있었으나 현재는 없으며 앞으로도 다시는 존재하지 않을 것에 대해 브루그만이 탄식 어린 어조로 말했던 것처럼, 교회는 그 터전과 필요로 하던 것들을 상실했다. 기독교왕국의 소멸은 과거 예루살렘의 함락과 비교될 수 있다. 더 이상 과거로 회귀할 수는 없다. 유수자들은 스스로를 '어미를 잃은 어린아이들'(유기되고 불안정하고 상처입기 쉽고 아무런 도움도 받을 수 없는)처럼 느낀다. 브루그만은 유수된 백성들이 토로하고 있는 슬픔을 그대로 표현하기 위해 예레미야애가와 같은 성경에서 문구들을 인용한다. 그러나 그가 우리에게 제공하는 가장 타당성 있는 경고는, 유수의 위험은 자신에 대한 지나친 편견에 사로잡혀 자신을 뛰어넘는 더 큰 실재에 관해 다시 생각하고 다시 상상하고 다시 표현하고자 하는 마음을 차단하는 데 있다는 것이다. 자신이 그런 식의 편견에 사로잡히게 되면, 에너지나 용기 또는 자유를 거의 산출하지 못하게 된다. 유수자들이 간절히 소망하는 것은 '신앙에 따라 살아갈 수 없는 세상에서 자유롭고 위험하며 강인하게'[6] 살아가는 삶으로의 초대이다. 바로 여기에 오늘날 교회 문제의 근원이 있다. 과거에 누렸던 지위에 대한 회상 때문에 고통스러워하고 현재에 대한 두려움 때문에 타격을 받은 교회가, 찬란한 미래를 다시 한 번 상상하기 위해 현재까지 차지하고 있는 약간의 기반을 고수하는 데 지나치게 집중하고 있다는 것이다. 그 결과는 '한없이 교묘하고 위험한 협상 과정'[7]이 아닌 일부 근본주의자들이 주장하는 우리 대 그들 식의 모델에 안주하는 것이다.

한편으로 나는 기독교왕국의 종말을 보는 것이 기쁘다. 우리가 전하는 메시지나 우리의 실존에 대한 타당성을 확보하기 위해 더 이상 일시적이고 문화적인 지원에 의존할 수 없게 되어 기쁘다. 나는 서구 기독교운동의 주변화 marginalization가 예수님께서 우리에게 전해 주신 대단히 흥분되고 위험스럽고 대립적인 메시지에 대하여 깨어 있게 만드는 것이라는 주장에 회의적이다. 만일 우리가 먼 타지의 외국 땅(후기 기독교왕국 시대, 포스트모던 시대 등)에서 살아가고 있는 유수자들이라면, 지금이야말로 우리 시대의 지배적 세력들에 대한 비주류적 대안으로 유수자로서의 삶을 살아가기 시작해야 하는 시점일 것이다. "출구를 통해 나와 본 사람들만이 출구가 어디인지 안다."[8]라는 속담에도 있듯이 말이다.

만일 우리가 더 이상 기독교왕국이 건설해 놓은 방책에 의존할 수 없다면, 기독교운동의 미래에 대해 다시 상상해 보거나 생각해 보기 위해 우리가 갖추어야 할 것들은 무엇일까? 브루그만은 유수자적 재발견을 위해서는 매 순간

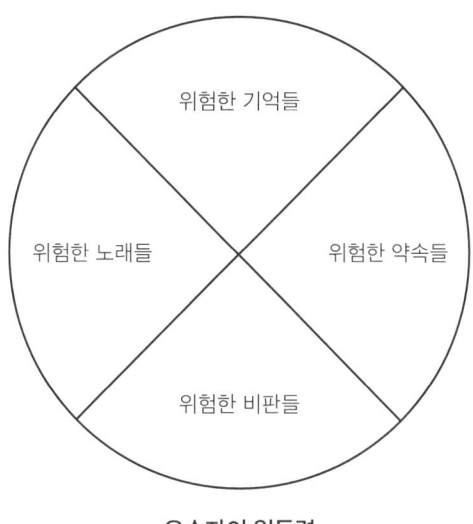

**유수자의 원동력**

위험으로 가득 찬 의도적인 훈련이 필요할 것이라고 말한다. 유수자는 그들이 품고 있는 기억들 중 가장 **위험한 기억들**dangerous memories, 즉 인간사회를 위해 예수님과 그분의 담대한 일꾼들이 만든 약속으로 복귀한다. 유수자는 일단의 **위험한 약속들**dangerous promises, 즉 하나님 나라를 지향하면서 세상의 지배적 가치를 극복하게 하는 약속을 실행할 준비가 된 사람들이다. 유수자는 탐욕과 욕망, 이기심 그리고 불평으로 일그러질 대로 일그러진 사회에 대해 **위험한 비판들**dangerous critique을 가함으로써 세상의 어리석음을 조롱할 것이다. 그리고 마침내, 유수자는 전혀 기대하지 못했던 삶의 새로운 면에 대해 **위험한 노래들**dangerous songs로 구성된 레퍼토리를 노래할 것이다.[9)] 위험한 기억들, 위험한 약속들, 위험한 비판들, 그리고 위험한 노래들이 위험할 수밖에 없는 이유는, 그 모든 것을 달가워하지 않는 사람들 앞에서 실천해야 하기 때문이다. 세상 사람들이 예수님의 급진적 이야기를 듣고 싶어 하지 않거나 성경적 약속들의 수립을 보고 싶어 하지 않을 때, 위에서 언급되었던 '위험한 것'에 대한 그들의 반응은 최악의 경우에는 가혹할 것이고, 최선의 경우라 해봐야 그저 무시하는 것으로 나타날 것이다. 그렇다면 모든 사람이 현재에 만족하고 있을 때 세상을 비판하는 것이 얼마나 위험한 일이겠는가? 구약의 선지자들처럼, 유수자들은 후기 기독교왕국 시대가 지배하는 세상에 만족하는 사람들의 마음을 괴롭게 하는 사람들이다. 외견상 전능한 능력을 발휘할 것 같은 세상 앞에서 그들에게 분노의 대상이 되는 것보다 더 위험한 일은 없다.

나의 의도는 도표에서 나타나는 구조를 오늘날 같은 후기 기독교왕국 시대를 유수자로 살아가는 것에 대한 요약으로 사용하는 것이다. 우리는 21세기의 환경에서 살아가는 유수자를 지탱해 주는 위험한 기억들에 대해 살펴볼 것이다. 그리고 나서 위험한 약속들과 위험한 비판들에 대해 탐구할 것이다. 그리고 마지막으로 유수자들을 위한 몇 가지 혁명적인 위험한 노래들에 대해 배울 것이다.

## 위험한 기억들

유수자는 자신이 품고 있는 기억들 중 가장 위험한 기억들로 돌아가는 사람이다. 우리가 말하는 악의 없고 무미건조한 이야기는 유수라는 괴로운 경험에 직면함으로 서서히 소멸될 것이다. 외지에서 포로의 신분으로 살아가는 것처럼 위험 수위가 높아질 때, 유수자는 자신이 품고 있는 가장 강력한 기억을 회상할 것이다. 그 기억은 일단의 사람들의 행동을 유발하게 하는 기본적인 이야기이다. 그 기억이 그들에게 용기를 공급해 주며, 유수라는 문제를 다루는 틀을 제공해 준다. 모든 사람이 주일학교에 출석하던 '그 좋던 옛날' 이야기, 혹은 순회 전도자들이 수천 명에 이르는 청중의 주목을 끌던 때의 이야기도 도움이 되기는 할 것이다. 그러나 만일 우리가 품고 있는 가장 위험한 기억들이 미국 기독교인들이 술을 마시지 않고, 흡연을 하지 않고, 극장에도 가지 않던 시절을 회상하는 것에 불과하다면, 우리는 행동은커녕 과거에 대한 회상 속에 잠기는 것 외에 아무것도 하지 못할 것이다. 이스라엘 백성이 품고 있던 위험한 기억들에는 아브라함과 사라, 모세와 요셉, 그리고 야곱이 경험했던 급작스러운 결별 등이 포함되어 있었다. 유수자로서 하나님의 의지가 자신들의 삶 속에 발현시킨 충동을 따름으로써, 이 위대한 영웅들은 하나님께서 지리적 경계와 문화적 경계를 초월해 실존하실 뿐 아니라 전능하시고 살아 역사하시는 분이라는 사실을 보여주었다. 그들은 외국 타지에서 안락한 삶을 누리며 남아있기로 결심한 사람들을 위로하기를 거부한다. 그들은 편안한 삶을 누리고 있는 사람들을 충동하여 더 좋은 때, 곧 하나님의 이름이 회복되고 그의 백성들이 축복받는 새날에 대한 열망을 품도록 한다. 유수자는 (위험한 기억들을) 완전히 잊어버릴 것을 요구하는 유혹에 저항하는 동시에 더욱 현실적이고 존중할만한 기억을 재구성해야 한다. 그러나 기독교인들이 품고 있는 위험한 기억들은 오늘날 우리의 삶을 구성하는 방식과는 거의 모든 면에서 다른 삶을 살았던 한 사람에 대한 기억이어야 한다. 예수님의 삶에 대한 이야기는 세상에 과감히 맞서는 것에 관한 이야기이다. 왜냐하면 예수님에 관한 이야기는 우리에게 소비주의와 탐욕, 자기중심성, 그리고 폭력을 포기하라고 요구하기 때문이다. 따라서 이런 것들을 기반으로 삼는 세상은 예수님의 이야기를 기억하기를 원치 않는다. 우리가 품고 있는 위험한 기억들은 현재의 삶의 방식에서 이득을 취하는 모든 사람에게 위협이 되는 기억이다.

　기독교 공동체가 품고 있는 가장 위험한 기억들은 무엇일까? 의심할 여지없이 성육신하신 분에 관한 이야기일 것이다. 어린 자녀를 달래주기 위해 침대 밑에서 읽어주는 이야기와 달리, 복음서에서 말하는 이야기는 기독교 경험 중에서도 가장 위험한 요소를 담고 있다. 그 이야기들은 매우 급진적이며 대담하며 불안정하며 소요케 하는 것일 뿐만 아니라 놀랍기까지 하는 그런 이야기들이다. 인간으로 사신 하나님에 대한 기억은 우리를 끊임없이 동요케 할 것이며,

후기 기독교왕국 사회를 별 생각 없이 받아들이고 있는 우리의 삶을 초월하는 일단의 대안적 가치로 우리를 이끌어갈 것이다. 복음서에는 교회가 종종 우리에게 제시하는 온건하며 합리적인 기억들에 대한 선호에서 우리를 흔들어 깨우는 이야기들로 가득하다. 예수님께서는 온건하지도 않으셨고 합리적이지도 않으셨다. 우리가 그분에 대해 파악하고 그 파악한 이해를 하나의 틀로 만들어 놓았을 때, 그분은 우리가 만들어 놓은 공식과 단순한 설명에 대립하시며 그 틀로부터 자유롭게 빠져나오셨다. 이제 예수님에 관한 이야기와 대면해 보도록 하자. 복음서는 결코 침대맡에서 읽어주는 이야기가 아니다. 그런 부류의 이야기와 전혀 상관없는 복음서의 이야기는 우리로 하여금 갈등하게 하는 이야기이다. 그 이야기는 우리가 오늘날의 시대정신과 맺은 거래들을 재평가하도록 우리를 강제하는 그런 이야기이다.

그런 위험한 기억들이 갖는 힘에 대한 설명은 스탠리 하우어워스Stanley Hauerwas의 책 『특색 있는 공동체』A Community of Character에서 발견할 수 있다. 그 책에서, 하우어워스는 여행 중에 있는 한 마리 토끼에 관한 리차드 아담스Richard Adams의 재미있는 이야기인 『워터십 다운』Watership Down에 대해 해석한다.[10] 많은 사랑을 받고 있는 아담스의 책은 작고 다소 상기된 토끼인 파이버Fiver에 관한 것이다. 파이버는 자신이 살고 있는 토끼 마을인 샌들포드Sandleford에 뭔가 엄청난 일이 발생할 것이라는 메시아적 직감을 갖고 있었다. 파이버는 그의 형제인 하젤Hazel에게 그 직감에 대해 말했고, 그들 형제는 곧장 늙은 촌장 토끼 트리라Threarah에게 달려가 자신들이 알고 있는 직감에 대해 경고하려 했지만 성공하지 못한다. 쓸데없이 암울한 일들에 관해 말하고 다닌다 하여 소외된 하젤과 파이버는 마을을 떠나야겠다고 결심하고, 특이한 이름을 가진 다른 토끼들인 빅위그Bigwig, 단델리온Dandelion, 핍킨Pipkin, 혹크빗Hawkbit, 블랙베리Blackberry, 벅손Buckthorn, 스피드웰Speedwell, 아콘Acorn, 그리고 실버Silver 등과 동행한다. 그들이 마을을 떠난 직후, 주택개발업자들의 불도

저가 샌들포드를 파괴해 버렸다. 이제 그들은 더 이상 되돌아갈 곳도 없게 되었다.

그래서 작은 토끼 무리는 새로운 집인 워터쉽 다운Watership Down을 찾아 들판을 가로지르는 여행을 시작한다. 마을을 떠난 그들은 예전에 어떤 토끼도 경험해보지 못했던 커다란 위험을 감수해야 했다. 그들은 냇물을 가로질러 건너야 했고, 콩밭을 가로질러야 했으며, 사방이 훤히 뚫린 길도 건너야 했다. 일반적인 경우라면 토끼들은 이런 부류의 장애물에 결코 접근하지 말아야 했다. 토끼의 유전자 내에 있는 모든 것은 뛰기를 멈추고, 땅을 깊이 파 시원한 땅 속까지 들어가라고 말한다. 모든 토끼는 본능적으로 땅 속으로 숨는다. 하지만 여우가 들끓는 들판을 멈추지 않고 가로질러 가던 파이버와 하젤 그리고 그들과 동행하는 다른 토끼들은 자신의 자연적 본능이 요구하는 것에 역행하는 일을 해야 했다. 그들이 어떻게 그런 일을 할 수 있었을까? 대답은 놀라운 곳에 있었다. 그 토끼 무리를 하나가 되도록 만들고 용기로 가득차게 한 것은 그들 어린 시절 들었던 이야기들이었다. 그들은 자신이 어린 새끼였을 때 부모의 무릎 위에서 들었던 바로 그 이야기들을 다른 식으로 바꿔 자신들에게 적용함으로써 스스로 용기를 북돋을 수 있었던 것이다. 그 모든 이야기들은 지혜로운 토끼 영웅 엘-아라이라El-ahrairah와 관련이 있었다. 『워터쉽 다운』에서 들은 이야기들 중 첫 번째는 '엘 아라이라의 축복'에 대한 이야기였다.

이 이야기는 모든 재능을 각 종species에게 부여한 토끼들의 신인 프리스Frith에 대한 이야기였다. 이 이야기에 따르면 모든 동물은 각 동물을 구별 짓는 특성을 부여받았다. 여우는 간교함을 부여받았고, 고양이는 어둠 속에서도 볼 수 있는 눈을 부여받았다. 그 외 다른 동물도 각기 독특한 특성들을 부여받았다. 그런데 엘-아라이라는 춤추고 먹고 짝짓기에 너무 바빠 가장 좋은 재능을 놓쳐버리고 말았다. 이제 토끼들은 다른 재능을 차지한 동물들의 자비에 의존해야 한다는 사실을 알아차린 프리스는 그에게 도망칠 때 유용하게 사용할 수 있는 튼튼한 뒷다리를 주고 모든 세상이 토끼의 적이 될 것이라고 선언했다. 프리스는 엘-아라이라가 수많은 적에게 둘러싸인 왕자가 될 것이라고 선언하고, '그러나 먼저 적들은 땅을 잘 파고, 청각이 좋고, 잘 뛰며, 재빨리 위험을 알아채는 왕자인 너를 잡아야 할 것이다. 꾀로 가득하며 속임수에 능하여라. 그러면 너의 종족은 영원히 멸망치 않을 것이다'고 말했다.[11] 이 이야기는 파이버와 하젤 그리고 그들과 동행하는 다른 토끼들에게 자신들의 존재가 왜 그럴 수밖에 없는지를 설명해 주었다. 이 이야기는 그들의 창조에 관한 이야기였다. 엘-아라이라는 그들의 영웅이었다. 이 이야기는 토끼가 강력한 뒷발을 갖게 된 이유에 대한 단순한 설명 그 이상을 얘기해 준다. 또한 토끼들이 가지는 평생의 직무가 무엇인지에 대해서도 설명해 준다. 토끼들의 직무는 이 세상을 안전한 세상으로 만들려고 노력하는 것이 아니라, 이야기, 속도, 재치, 그리고 그 외의 것들을 신뢰함으로써 위험한 세상에서 살아가는 법을 배우는 것이었다. 하우어워스는 다음과 같이 말한다.

나는 모든 새로운 공동체가 그 시초가 어떠했는지에 대해 기억해야 하는 것처럼, 이 이야기가 샌들포드를 떠난 토끼들이 들은 첫 번째 이야기였다는 것이 우연이 아님을 알아챘다. 하나의 민족은 그들의 역사를 이 세상에 있게 한 이야기라는 기초 위에 형성된다. 이런 이야기들은 우리에게 우리의 본성에 어울리는 방식으로 우리가 처한 환경 속에서 맞닥뜨리는 위험을 다루는 기술을 제공함으로써, 우리로 하여금 이 세상에서 살아갈 수 있게 한다.[12]

무엇이 이 토끼에게 멈추지 않고 달려 그들의 새로운 안식처를 찾게 했을까? 그것은 엘-아라이라에 대한 이야기, 즉 그들이 간직하고 있던 위험한 기억이었다. 이 이야기들이 그들에게 용기를 불러일으켰고, 새로운 안식처를 찾아가는 도상에서 그들이 맞닥뜨린 삶의 딜레마에 대한 해답을 제공했다. 토끼들이 새로운 도전에 직면할 때마다 그들은 멈추어 서서 수많은 적으로 둘러싸여 있던 왕자, 즉 그들의 영웅에 관한 이야기를 재현했다. 하우어워스가 언급했던 것처럼, 토끼들은 이야기를 기초로 형성된 공동체였다. 그들로 하여금 현재의 자리를 박차고 나가 워터십 다운이라는 새로운 안전지대를 향해 나가도록 한 것은 그 이야기들이었다.

바벨론에서 유수자로서 삶을 살아야 했던 유대인과 오늘날 기독교운동도 그와 맥을 같이 한다. 우리는 이야기를 기초로 형성된 공동체다. 기독교인으로서의 경험은 기본적으로 의례나 교리 또는 교회론과 같은 것들에 기초해서 형

예수, 완전하신 인간이자 완전하신 하나님

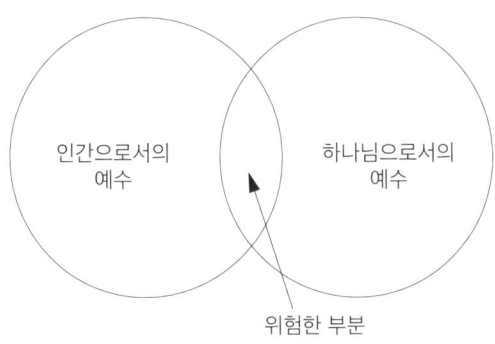

어떤 사람들은 인간이신 예수와 하나님이신 예수를 분리한다.

**성육신의 위험**

성되지 않았다(이것들 역시 중요하긴 하지만). 우리는 우리의 위대한 영웅에 대한 위험한 이야기들에 기초하여 형성된 공동체다. 토끼의 본능이 멈춰서 낭을 파는 것인 것과 마찬가지로, 우리가 지닌 인간적 본능은 안정과 아늑함 그리고 안전을 포착하는 것이다. 너무나도 인간적인 우리의 욕구는 우리들로 하여금 평안함을 지향하도록 한다. 우리는 집을 짓고 존중받고 두드러지지 않으려고 노력한다. 우리는 사방이 트인 들판을 가로지르고 위험을 감수하며 닥치는 도전들을 극복하려 하기보다는 시원한 땅 속으로 숨어들고 싶어 한다. 그렇다면 우리를 그러한 안전한 보금자리로부터 일으켜 세우는 것은 무엇일까? 무엇이 후기 기독교왕국 세계에서 유수된 자들로 살아가는 것에 대한 불안감을 지속적으로 촉진시키는 것일까? 두말할 것 없이 그것은 수많은 적으로 둘러싸인 왕자이신 예수에 관한 급진적인 이야기일 것이다.

그리스도에 관한 이야기가 지닌 가장 위험한 측면은 아마도 성육신 그 자체가 지닌 성격에 있을 것이다. 예수님께서는 하나님이시면서 동시에 인간이 되시는 것이 가능하다는 모델을 보여주셨다. 이것은 우리를 위한 것이요, 분명히 가장 놀라운 개념이다. 역사를 통해 교회는 전적으로 예수님의 신성을 강조하는 쪽으로 그 신학적 가닥을 잡아왔기 때문에, 인간이 되신 그리스도의 면모를 발견할 수 없었다. 만일 참으로 예수님께서 인간이기도 하시다면 (또는 어떤 식으로든 인간적인 면모가 있는 분이시라면), 내게 걱정스러운 도전을 주실 것이다. 즉 그분은 나의 인간성humanness에 도전하시고, 내가 드릴 수 있다고 생각하는 것 이상의 것을 요구하신다. 지나치게 신성만이 강조된 그리스도는 나의 자각에 기초한 반응의 여지를 감소시킨다. 예수님께서 그처럼 초월적이고 초자연적인 분이시라면, 나는 단지 헌신과 예배 그리고 숭배만을 드려야 할 것이기 때문이다. 그러나 여느 농부처럼 남루하고 인간적인 그리스도를 통해 내가 받게 되는 도전은 인간이신 동시에 하나님이실 수 있다는 점이다. 성경에서 이 부분에 대해 메시아 사역을 시작하시고 귀향하신 예수님께서 겪으신 사건보다 더 잘 묘사한 예는 없다. 고향에 돌아오신 예수님께서 회당에서 가르치기 시작하셨을 때, 내가 보기에는 매우 충격적인 반응을 겪으셨다. 고향 사람들, 즉 예수님의 어린 시절 친구들과 이웃들은 불쾌감을 느끼며 다음과 같이 말했다.

> 이 사람의 이 지혜와 이런 능력 이 어디서 났느냐 이는 그 목수의 아들이 아니냐 그 어머니는 마리아, 그 형제들은 야고보, 요셉, 시몬, 유다라 하지 않느냐 그 누이들은 다 우리와 함께 있지 아니하냐 그런즉 이 사람의 이 모든 것이 어디서 났느냐(마13:54b-56)

30년 동안이나 이 땅에서 메시아요, 하나님께서 인간으로 성육신하신 분이요, 성삼위 중 이위이신 예수님을 **고향 사람들 중 누구도 알아보지 못했다면**, 이 얼마나 당황스러운 일이 아니었겠는가! 나사렛에 살고 있던 사람들 중 어느 한 사람도 이미 알고 있었다는 듯 안면에 미소를 띠며, "하여튼 나는 그 꼬마가 뭔가 다른 구석이 있는 애라고 늘 생각해 왔다니까"라고 말하지 않았다. 대신 그들은 예수님께서 어떻게 이 모든 메시아와 관련된 일들을 취득했는지에 대해 의심스러워했다. 이처럼 예수님께서는 아무런 소동도 없이 (가장 비종교적이고 문화적으로도 세련되지 않았던) 갈릴리 사회 속으로 섞여 들어오신 완전한 하나님이셨다. 그런데 성육신에 대한 이런 식의 관점이 우리에게는 상당히 불편하다. 왜냐하면 이 관점은 전적으로 의로우실 뿐 아니라 전적으로 평범하신 그리스도를 따르라는 위험스러운 자리로 우리를 초대하기 때문이다. 성육신은 우리에게 짐짓 거룩해 보이는 기독교 게토ghetto 속으로 숨어들지도 말고, 그렇다고 세속적인 가치에게 우리 자신을 넘기지도 말 것을 요구한다. 좀 더 솔직해 보도록 하자. **그리스도를 따르는 일이야말로 다른 어떤 것보다 위험한 일이다.** '문화에 대항하는 그리스도'a Christ-against-culture의 태도로 은거해 들어가는 폐쇄적인 근본주의를 생각하고 수용하는 일은 훨씬 쉽다. 이런 식의 태도를 가지게 되면, 저편에 계시고 전적으로 거룩하고 순결하시며 자신을 둘러싸고 있는 세상으로부터 더럽히지 않으신 예수님에 대한 그림을 그려볼 수 있다. 또한 우리를 둘러싸고 있는 세상에 굴복하는 일부 기독교인들에 대해서도 이해할 수 있다. 물질주의와 탐욕, 그리고 이기심에 스스로를 내어준 기독교인들과 합세하기도 쉽다.

후기 기독교왕국의 세상에서 유수자로 반응할 때, 우리는 절망과 비탄으로 반응하는 일부 기독교인(근본주의자)과 지배적 가치에 융화되어 가는 기독교인을 자주 보게 된다. 하지만 이보다 우리를 더 불편하게 하는 것은 양편 어느 쪽의 태도도 취하지 않으시는 대신, 신선하고 상상력이 풍부한 신학적 반응으로 응답하시는 예수님께서 보여주시는 예다. 예수님께서는 타협에도 빠지지 않으시고, 죄악에도 빠지지 않으셨다. 그렇다고 군자연하는 스승에 대한 우리의 기대치에 만족을 주지도 않으셨다. 마태와 마가가 이에 관한 에피소드를 자신들의 복음서에 포함했다는 사실은 매우 주목해 볼 만한 일이다. 이 이야기는 예수님의 신성에 대한 주장에 아주 완벽하게 손상을 가하고 있다. 그럼에도 이 이야기가 복음서에 포함되어 있는 이유는, 이것이 그리스도를 따르는 이들에게 위험한 기억이 되기 때문이다. 그리스도처럼 우리도 경건한 자로 부르심을 받았다. 그러므로 우리 역시 세상 속에서 그와 같이 온전한 삶을 살아가야 한다.

## 위험한 약속들

예수님에 관한 이야기를 기억하는 일은 세상에 대한 첫 번째 모독이다. 그러나 세상을 불편하게 하는 두 번째 원인은 이 세상에서 권력의 이동을 상상하는 소수의 결연한 영혼들이 표명하는 단호한 헌신 때문이다. 그 이동은 탐욕과 자기 의에서 사랑과 정의로의 이동이다. 기독교운동은 사회에 대해 살아있고 숨

쉬는 약속이어야 한다. 그 같은 약속이 될 때, 그리스도의 가치를 따라 살아가는 것, 즉 세상에 존재하는 힘의 불균형에 대해 급진적이고 불편한 대안을 따라 살아가는 것이 가능하게 된다. 탐욕과 소비주의가 판을 치는 세상에서 교회는 자비가 넘치고 이기심 없는 공동체가 되어야 한다. 가난한 사람을 소외하고, 여성의 지위를 억압하고, 시민권이 없는 사람들에게 고통을 주는 세상 속에서 기독교 공동체는 결점이 있는 사람에게 자비를 베풀고, 정의를 추구하며, 자비로 충만해야 한다.

우리는 하나님과 서로의 동행자가 되기 위해 하나님께 부르심을 입은 사람들이다. '동행'이라는 용어는 라틴어 '*com panis*' 떡과 함께에서 유래했는데, 이는 의미가 풍성한 용어다. 우리는 다른 이들과 함께 떡을 나눌 것이며, 서로 **하나**가 될 것이라는 약속에 관해 전하도록 부르심을 받은 사람들이다. 이러한 나눔을 표현하는 이름은 많다. 유토피아, 공동체, 하나님 나라 등이 그것이다. 예수님께서는 바로 이 나눔 안으로 우리를 부르신다. 예수님께서는 주의 만찬으로 알려진 성만찬을 통해 그 나눔을 실천하셨다. 그분은 떡을 떼셔서 우리와 함께 드신다. 참으로 그분 자신이 **떡이시다**. 그분은 그분을 필요로 하는 우리를 하나로 묶어주는 양분이시다. 기독교운동은 다른 사람에게 우리가 그들과 동행할 것임을 약속해야 한다. 교회인 우리는 이 세상에 존재하는 하나님의 실험정원experimental garden이다. 나의 조국에서 전해 내려오는 한 이야기가 이 점에 대해 시사점을 던져준다. 훗날 오스트레일리아라고 불리게 되는 섬의 동쪽 해안가에 유럽인이 와서 거주하기 시작한 1788년, 아름다운 경관에도 불구하고 시드니 포구에는 식량을 생산할 만한 곳이 없다는 사실을 발견했다. 사실, 시드니는 얇은 층의 사암과 진흙으로 형성된 사주沙洲 위에 건설된 도시다. 따라서 현대적인 도시를 건설하기에는 적합했지만, 농사를 짓기에는 형편없는 지역이었다. 그래서 뉴 브리티시 식민지 구성원은 자신의 고향과 지구 정 반대편에 있는 곳에서 거의 굶어 죽을 지경에 이르렀다. 살아남기 위해서 그들은 영국과 시드니를 왕래하는 공급선의 안정적 공급에 전적으로 의존할 수밖에 없었다.

그 후 1791년에 자유를 얻은 범죄자인 제임스 루스James Ruse라는 사람이 총독에게 식민지 서쪽 끝단에 위치한 북서쪽 땅을 할당해 달라고 탄원했다. 그는 처녀지를 개간하여 처음으로 성장 가능한 곡식을 생산하는 농장을 세우고자 했다. 그의 원대한 실험은 범죄자들을 유배하는 새로운 식민지가 영국에서 공급 없이도 생존할 수 있는지 여부를 가늠해 줄 지표로 보였다. 실제로 루스는 자신의 농장을 실험농장Experimental Farm이라 불렀다. 어떤 면에서 전체 식민지가 실험농장에서 소출이 나오기를 숨죽여 지켜보고 있었다. 두어 절기의 장려기를 지난 후, 루스는 마침내 대풍작을 일구어냈다. 이 후 실험농장은 모델농장Model Farm으로 개명되었다. 왜냐하면 농장이 실제로 다른 사람들이 따라할 만한 모델이 되었기 때문이다. 오늘날에 이르기까지 루스가 지은 작은 오두막집은 신생국이 갖는 희망을 상징하는 국가적인 기념물로 남아있다.

이처럼 복음의 능력을 다른 사람들에게 보이는 모델농장이 되는 것이야말로 현대 교회가 마땅히 받아들여야 할 명령이다. 우리는 세상을 향해 풍성한 삶에 대한 열쇠가 우리에게 달려 있다고 약속해야 한다. 그리스도께서 그 열쇠를 우리에게 맡기셨기 때문이다. 그분께서는 우리를 하나님께 속한 사람들로 만드셨다(벧전2:10, "너희가 전에는 백성이 아니더니 이제는 하나님의 백성이요"). 나는 옛 것을 비판하는 최선의 길은 새로운 것을 만들어 내는 것이라고 들은 적이 있다. 정말로 필요한 것은 자신들의 기독교인다움을 표현하는 새로운 방식(은혜와 자비, 용서, 그리고 섬김의 방식)을 만들어 내는 성도의 공동체다. 레슬리 뉴비긴Lesslie Newbigin은 "복음에 대한 유일한 해석은 그 복음을 믿고 복음에 따라 사는 남성과 여성으로 이루어진 회중이다"라고 말했다. 이 약속이야말로 우리가 가지고 있는 가장 위험한 약속이다. 이것 때문에 성령의 능력이 우리 안에서 변화를 일으키시고, 우리로 하여금 우리끼리만이 아니라 다른 사람과도 함께 그리스도의 떡을 나누는 동행자 집단이 되도록 하시는 것이다. '종교권리운동'the Religious Right*에 대한 평가가 저조한 이유 중 하나는, 그들이 공공정책에 대해 열렬하게 비판하면서도 정작 그들이 주장하는 경건한 사회에 대한 대안를 제시하지 못하기 때문이다. 재정 스캔들과 성추문으로 타격을 입은 근본주의자 그룹이 현대사회의 많은 사람으로부터 무시받는 이유는, 자신들이 주장하는 위험한 약속들의 성취와 관련된 것들을 실천하지 못하기 때문이다.

다니엘서 5장은 바벨론 제국에 대한 비판인데 반해, 6장은 그 시대의 지배자들에게 복종하기를 거부하는 유수자들에 대한 약속이다. 다니엘은 스스로 전능하고 경배받기에 합당하다고 주장하는 왕에게 무릎을 꿇지 않았기 때문에 사자굴에 던져졌다. 다니엘은 바벨론 왕의 주권에 굴복하지 않았고, 그로 말미암아 엄청난 대가를 치러야 했다. 하지만 다니엘의 기적적인 구원은 하나님께서 당신에게 충성한 사람들을 보호하실 것이라는 약속으로 우리를 충만케 한다. 물론 현재 지구촌 각지에서 핍박으로 신음하는 많은 기독교인들이 다니엘만큼이나 신실한 성도임에도 불구하고, 하나님께서는 그들을 사자의 입에서 구해내지 않으신다. 다니엘서 6장은 우리가 모든 억압자 위에 군림하게 될 것이라는 약속이 아니다. 오히려 다니엘서 6장은 우리를 향하신 하나님의 계획에 신실하게 순종함으로 우리가 지켜낸 약속이 궁극적으로 열매를 맺게 될 것이라는 사실에 대한 창조적인 신학적 확증이다. 그 희망은 그런 신실함이 궁극적으로 전쟁으로 피곤해 지친 다리오 왕의 마음을 깨뜨릴 뿐만 아니라 스스로 하나님을 찬양하게 될 것이라는 사실에 대한 희망이다. 이 점은 구소련의 폭압 아래에서도 진실함을 지켜낸 기독교인과 중국 공산당 정권 아래에서 고통받고 있는 기독교인을 통해 보다 분명하게 배울 수 있다. 모두가 사자의 입에서 구원받는 것은 아니다. 그러나 어떤 식으로든 하나님의 위대한 은혜 아래 그들의 신실함은 궁극적으로 그들을 핍박하는 핍박자의 입에서 찬양을 끌어낼 것이다.

---

* 종교적 성향을 기반으로 하여 급진적인 변화를 추구하는 집단—역주.

후기 기독교왕국 시대인 서구에서는 정의와 평화에 대해 활발한 논의가 진행 중이다. 그러나 다니엘과 예수님 그리고 중국의 기독교인 형제자매들이 보여주는 위험한 모범은, 우리가 살아가고 있는 서구세계에 대한 비판이 단지 말 뿐만 아니라 그에 따른 행동과 생활양식까지 포함해야 할 것임을 강조한다. 체코의 시인이자 반정부주의자요 후에 대통령까지 지낸 바츨라프 하벨Vaclav Havel이 다음과 같이 말했을 때, 그는 이 점에 관해 나보다 더 풍성하게 깨닫고 있었다.

우리의 말과 행동 사이에는 엄청난 차이가 있습니다! 모두가 자유와 민주주의, 인권, 그리고 평화에 대해 말하고 있습니다. 그러나 동시에 비록 다소간의 차이가 있다곤 하나, 모든 사람이 의식적 또는 무의식적으로 자기 자신, 자신이 속한 그룹 그리고 국가의 이익을 지키고 증진하는 한도 안에서, 이런 가치와 이상을 필요한 만큼 추구하고 있습니다. 누가 이런 악순환의 고리를 끊을 수 있겠습니까? 책임감은 말로 선포될 수 없습니다. 책임감은 오로지 행동을 통해 발생할 뿐입니다. 그리고 책임감의 시작은 책임을 지는 순간 비로소 가능합니다.

비록 그 의미하는 바가 사자굴의 입구를 향하는 것이 아니라 할지라도, 그와 같은 약속들은 단지 입으로 선포되는 것으로 끝나는 것이 아니라 실제로 눈에 보이는 것이어야 한다.

## 위험한 비판들

이런 약속에서 파생되는 생활양식은 유수자에게 삶을 영위하고 있는 상황에서부터 비판적인 차이를 실행에 옮겨야 함을 의미한다. 유수자들은 상황에 대한 동화에 저항하고 절망을 거부해야 한다. 비록 일부 유대인 유수자들이 정복자가 갖고 있던 문화에 적응하고 풍요로운 바벨론 땅에 동화되어 살아가기도 했지만, 신실한 유수자들은 위험한 비판의 삶을 실천하였다. 다니엘의 삶은 유수지 바벨론에서 발생한 비판적 삶에 대한 가장 강력한 예이다. 사실 다니엘은 후에 예수님의 모범에서나 볼 수 있는 매우 위험한 일들을 실천했다. 그는 야훼신앙과 유대인의 율법을 굳건히 지키면서도 경건하지 못한 이방사회 안에서 성공적인 삶을 살았던 것이다. 그는 바벨론에서 풍요로운 삶을 영위하고 있었으나, 제국의 가치가 하나님의 통치와 영합하지 않는다고 단언했기 때문에 지나치게 안락한 삶을 살지는 않았다. 위험한 비판적 삶에 대한 이와 유사한 또 다른 성경적 예로는, 이집트에서 총리를 지낸 요셉이나 페르시아의 황후로서 영향력을 행사한 에스더의 경우가 있다. 이들 세 명은 이방 땅에서 풍요로운 삶을 살았다. 동시에 이들은 하나님의 이름에 영광을 돌리기 위해 하나님께 쓰임을 받았던 인물들이다. 물론 다니엘에 관한 정보의 대부분을 제공하는 다니엘서가 바벨론 유수 기간 중에 기록된 것이 아니며, 따라서 바벨론으로 유수되었던 유대인들이 읽은 것도 아니라는 점을 주목할 필요가 있다. 다니엘서는 유수기 이후에 편집한 것으로 보이며, 아마도 억압적인 정권 때문에 유수기 때 못지않은 어려움을 겪고 있던 유대인들을 위해 기록했을 것이다. 어쨌든 다니엘서는 야훼의 신실한 종들이 이방 땅에서 어떻게 반응하며 살아가야 하는지를 보여주기 위해 기록되었다.

다니엘의 경우, 그가 이스라엘 왕족 혹은 귀족의 일원이었다는 것, 그리고 느부갓네살 왕의 군대로부터 바벨론 포로로 잡혀왔다는 것 외에 그의 초기 시절에 대해 우리가 아는 바는 없다. 바벨론 땅에 포로로 잡혀 온 다니엘은 왕을 섬기고 그 시대의 풍습을 따르도록 훈련받았고, 바벨론식 이름인 '벨사살'이라는 이름까지 받았다. 우리는 그가 느부갓네살, 벨사살, 그리고 다리우스 왕의 치세에서 여러 고위 관직을 섭력할 수 있었던 원인들 중 하나인 그의 지혜와 꿈을 해석하는 능력에 대해 알고 있다.

그러나 궁극적으로 다니엘이 모든 주일학교 교사의 주목을 끄는 계기를 제공하는 이야기들 중 하나는 벨사살의 왕궁에 대해 비판자로 서 있던 그의 역할과 관련이 있다. 5장에서 다니엘은 자신의 원래 이름인 다니엘이란 이름으로 왕 앞에 나가 벽에 전혀 알 수 없는 글자로 기록된 메시지를 해석했다. 누구도 알 수 없는 글자로 쓰인 그 메시지는 왕의 모든 점쟁이와 술사들을 당혹하게 하였다. 때문에 다니엘에게 이 수수께끼를 풀라고 권유했다. 용기있는 다니엘은 벽에 기록된 벨사살 왕의 신성모독적이고 음란한 행위에 대한 하나님의 책망을 아무런 주저함 없이 해석했고 벨사살 왕의 통치에 대한 하나님의 심판을 선포했다. 그리고 바로 그날 밤 벨사살은 암살되었다. 이 이야기는 비록 유수자가 이방의 궁전에서 번영할 수 있다 하더라도, 결단코 그 궁전이 지향하는 가치들에 굴복해서는 안된다는 것을 명확하게 보여준다. 아이러니컬하게도 왕은 자신의 삶에 대해 종말을 예언하는 환상을 해석한 다니엘에게 상을 내린다. 자신이 살고 있는 제국을 비판한 것으로 말미암아 보상을 받는 것은 상당히 특이한 일이요 분명 믿기 힘든 일이다. 그러나 이 이야기는 엄청난 반대에 직면했음에도 불구하고, 위험을 무릅쓰고 하나님께서 존귀하게 여기시는 가치를 대변하는 경건한 사람들은 축복을 받을 것이라는 희망을 준다.

그런데 이와 같은 희망에 반대되는 경우가 다니엘서 6장에 나타난다. 여기서 벨사살의 뒤를 이어 왕위를 계승한 다리우스는, 다니엘을 시기하여 그가 야훼에 대한 기도를 중단하지 않는 것을 구실삼아 제거하고자 했던 정부 내 반다니엘 세력의 잔꾀에 속아 넘어간다. 이 또한 매우 유명한 이야기이다. 이 이야기는 유수지에 만연된 문화에 굴복하기를 거부하는 사람의 능력을 보여준다. 다니엘은 사자굴 안에서 무사했다. 뿐만 아니라 처음부터 다니엘을 사자굴에 던져 넣지 않으려 했던 다리우스는 "내가 이제 조서를 내리노라 내 나라 관할 아래 있는 사람들은 다 다니엘의 하나님 앞에서 떨며 두려워할지니"라고 선포하면서 자발적으로 야훼를 찬양한다.

> 그는 살아 계시는 하나님이시요 영원히 변하지 않으실 이시며
> 그의 나라는 멸망하지 아니할 것이요 그의 권세는 무궁할 것이며
> 그는 구원도 하시며 건져내기도 하시며
> 하늘에서든지 땅에서든지 이적과 기사를 행하시는 이로서
> 다니엘을 구원하여
> 사자의 입에서 벗어나게 하셨음이라 하였더라(단6:26b-27)

이 점에 대해 우리가 얻을 수 있는 것이 무엇일까? 이방인 왕이 이스라엘의 하나님을 찬양하고 있다! 엘-아라이라의 토끼 이야기처럼, 다니엘서의 이야기는 힘없는 사람들을 보호하는 것에 관한 이야기이다. 『워터십 다운』의 토끼들이 수많은 위험에 노출되었던 것처럼, 유수자들도 최고위층에서 권력을 장악하고 있는 수많은 적들에 직면해 있다. 다니엘서 6장은 여우처럼 간교한 적들이 주변에 우글거리고 있는데도, 유수자들은 불경건한 권력의 중심부를 향해 비판해야 함을 보여준다. 월터 브루그만은 권력에 대한 이러한 위험한 비판은 일반적으로 두 가지 형태를 띤다고 본다. 첫째, 유수자는 제국에 대해 **종교적 비판**religious critique을 가해야 한다.

모든 권력의 중심에는 권력을 정당화하고 축복하고 그 권력에 대해 신빙성과 합법성을 부여하며 충성심과 신뢰감을 불러일으켜 주는 신들을 필요로 한다. 비록 숨겨져 있을지 모르지만 모든 제국에는 그 권력을 정당화해 주는 그와 같은 신들이 존재한다. 그러나 (유수자들이 말하는 것처럼) 이들 신들은 사실상 하찮은 것들에 지나지 않는다. 왜냐하면 그러한 신들은

힘도 없을 뿐더러 구원할 능력은 더더욱 없기 때문이다.[13]

후기 기독교왕국 시대인 이 세상에서 이러한 신들은 다양한 형태를 띠고 있다. 아마도 오늘날 물질주의보다 더 강력한 '종교'는 없을 것이다. 바벨론의 이방종교처럼 물질주의는 우리의 모든 주목을 물질주의에 집중할 것을 강요하여, 결국 우리가 물질주의를 추구하기 위해 모든 노력을 기울일 때까지 우리의 관심을 끌려고 할 것이다. 만일 그렇게 된다면 이 세상 안에는 불평등, 불의, 억압 그리고 속임수가 팽배하게 될 것이다. 그리고 그 결과 세상 안에 고취된 탐욕이 환경 파괴와 종교적 핍박 그리고 고통당하는 사람들에 대한 무관심을 초래할 것이다. 따라서 오늘날 우리에게는 그런 상황에 처해 있는 사람들을 구원하거나 치유하는 일에 무기력한 이 세상을 조롱할 수 있는 신실한 예수님의 추종자가 필요하다. 이를 현실화하기 위해 우리에게 필요한 것은 단지 말만이 아니다. 그보다 행동, 즉 급진적인 생활양식의 삶이 필요하다.

브루그만이 말하는 두 번째 형태는 견고한 참호를 구축하고 있는 권력에 대항해 **정치적** 비판을 할 준비가 되어 있어야 한다는 것이다. 다시 한 번 다니엘이 좋은 예가 된다. 그는 제국이 수치와 굴욕을 당할 것을 예언하며 제국에 닥친 긴박한 붕괴를 선언하였다. 그가 생명의 위험을 감수하고 벨사살 왕에게 전한 메시지는, 제국 내에 있는 모든 것이 야훼께로부터 부여받은 것임에도 불구하고, 그가 아무런 자비와 명예를 실천하지 못했기 때문에 야훼의 명령을 어겼다는 것이다. 즉 스스로 자율적 권력을 소유한 제국으로 간주한 결과, 바벨론은 멸망을 담보하게 되었던 것이다.

요한복음에 등장하는 본디오 빌라도에게도 이와 유사한 상황이 발생했다. 본디오 빌라도는 자신의 체면도 살리고 수중에 있던 죄인 예수를 방면할 수 있는 방법을 모색하다가 예수님께 군중 앞에서 태형을 맞고 굴욕을 당할 것을 제안했다. 예수님을 못박으라고 아우성치며 요구하는 유대인들의 태도는 빌라도에게조차 충격이 될 정도였기 때문이다. 나중에 빌라도가 개인적으로 제안했을 때, 예수님께서는 그에게 대답하기를 거부하셨다. 예수님의 비협조 또는 자신에게 자비를 구하기를 거부한 죄인 예수에게 실망한 총독은 거만한 태도로 "내가 너를 놓을 권한도 있고 십자가에 못박을 권한도 있는 줄 알지 못하느냐?"(요19:10)라고 말한다. 비록 입술은 갈라지고 이는 부러진 상태였지만, 예수님께서는 침착하게 위험한 비판으로 대답을 대신하셨다. "위에서 주지 아니하셨더라면 나를 해할 권한이 없었으리라"(요19:11). 빌라도가 스스로를 자율성을 가진 존재라고 생각함으로써 자신의 어리석음을 드러낸 것에 대해 예수님께서 정확히 그 점을 지적하셨던 것이다. 예수님처럼 유수자들은 그와 같은 거짓되고 미혹적인 자율의 유혹이 가득한 상황에서 거부권을 행사할 수 있어야 한다. 왜냐하면 모든 인간의 생명은 하나님의 자비에 의존하기 때문이다. 따라서 인간의 생명은 하나님의 주권에 복종해야 하고, 정의와 자비 그리고 사랑에 대한 하나님의 신적 목적을 수행해야 한다. 오늘날 우리가 살아가고 있는 이 세상은 그것이 제시하는 삶에 대한 하잘 것 없는 약속조차도 지켜낼 수 없다. 바로 이 점에 대해 하나님의 백성 된 우리는 말할 준비가 되어 있어야 한다. 덴마크 목사 카이 뭉크Kaj Munk는 강렬한 시적 언어를 통해 이 점에 대해 다음과 같이 말했다.

> 그러므로 오늘날 설교자(또는 교회)의 임무가 무엇이겠습니까? '믿음, 소망, 그리고 사랑'이라고 대답할까요? 참으로 아름답게 들리는 말입니다. 그러나 저는 '용기'라고 말하고자 합니다. 아니, 그마저도 진리 전체를 나타내기에는 충분하지 않습니다. 오늘날 우리가 감당해야 할 임무는 '**무모함**'입니다. 왜냐하면 우리 기독교인들에게 부족한 것은 심리학이나 문학이 아니기 때문입니다. 오늘날 우리에게 부족한 것은 거룩한 분노입니다. 그것은 하나님에 대한 지식과 인간애에서 유래하는 무모함입니다. 그것

은 정의가 무기력하게 길거리 위에 내팽개쳐져 있을 때 …… 그리고 거짓이 온 지구상을 뒤덮으며 설쳐댈 때 분노할 수 있는 능력입니다. 즉 세상의 잘못된 것들에 대한 거룩한 분노입니다. 하나님께서 만드신 지구를 황폐케 하고, 하나님께서 만드신 세상을 파괴하는 것에 대한 분노입니다. 어린 아이들은 굶어 죽어가야만 하고 부유한 자들의 밥상이 음식으로 휘어지는 것을 볼 때 느끼는 분노입니다. 수많은 사람에 대한 무분별한 살상과 군벌의 만행에 대한 분노입니다. 죽음에 대한 위협과 평화를 파괴하는 것에 대한 전략을 논의하는 거짓에 대한 분노입니다. 자기도취에 대한 분노입니다. 이 세상이 하나님 나라의 규범에 일치될 때까지 인간 역사에 도전하고 그 역사를 바꾸고자 하는 그 무모함을 쉼 없이 추구해야 합니다. 그리고 기독교회가 항상 지녀왔던 상징들—사자, 어린양, 비둘기, 물고기 …… 이었으나 결단코 카멜레온은 아니었음—이 무엇이었음을 기억해야 합니다.[14]

이것은 수도원에 합류하라거나 키부츠로 피신하라는 부르심이 아니다. 우리는 세상 안에서 일하고 물건을 구입하며 살아가야 한다. 따라서 이 부르심은 우리에게 상상할 것을 요구한다. 그 상상은 다른 방식, 즉 매일의 삶을 공개적으로 신실하게 사셨던 예수님의 방식으로 우리를 소환한다. 그러나 오늘날은 그 어느 시대보다도 더욱 확연하게 누군가 이 세상이 주장하는 이념의 바다를 헤치고 나가 그것의 진면목을 드러낼 준비가 되어 있어야 한다. 매년 천백만 명의 어린이들이 미연에 방지할 수 있는 질병 때문에 죽어가고, 매일같이 3만 5천 명이 굶어 죽어가는 이 세상에서,[15] 기독교인들이 마땅히 누려야 할 기본적 인권마저도 부정되고 있는 수많은 나라가 존재하는 이 세상에서, 미국 정부가 기소 또는 재판 없이 외국인 죄수들을 감금하고 있는 이 세상에서, 에이즈가 무방비로 아프리카 전역으로 퍼져 나가고 있는 이 세상에서, 통계 수치의 증가에 대한 두려움 때문에 HIV에 감염되었을 가능성이 있는 어린이들에 대한 검사가 이루어지지 않고 있는 이 세상에서, 그리스도를 섬기는 사람들 외에 그 누가 이에 대해 목소리를 높일 수 있다는 말인가? '쉼 없이 무모함을 추구하는 것'은 기독교인 된 우리의 소명이다.

## 위험한 노래들

현대 교회문화는 과거 기독교왕국에 대한 사고와 밀접하게 결합해 있기 때문에, 정작 교회가 존재하고 있는 오늘날의 세상과는 상당한 괴리감이 있다. 현대 교회는 마땅히 감당해야 하는 위험을 회피하고 있을 뿐 아니라, 교회가 마땅히 품고 있어야 할 관대함과 민감함 그리고 존중마저 상실한 채 존재하고 있는 것으로 보인다. 우리가 매 주일 부르고 듣는 찬송과 설교가 이 점을 너무도 분명히 드러내 준다. 우리가 교회에서 부르는 찬송은 진부하고 싫증 날 뿐만 아니라 낭만적이기까지 하다. 우리는 대중가요 스타일의 곡들로 예수님을 찬양하고, 대중가요 스타들이 이성 친구에게 노래하는 것과 동일한 방식으로 예수님을 향해 우리의 영원한 사랑을 고백한다. 여기에 위험은 어디에 있고, 책임은 어디에 있는가? 역사상 위대한 혁명들은 그 혁명에 참여했던 혁명가들이 함께 불렀던 노래를 통해 탄생했다. 프랑스혁명에 참여했던 사람들은 1789년 바스티유 감옥 밖에서 노래를 불렀다. 볼셰비키주의자들은 상트페테르부르크에서 급진적인 노래를 불렀다. 미국의 시민권 운동은 앨라배마에서 해방과 정의를 노래했다. 반-마르코스 혁명가들은 마닐라 거리에서 노래들을 불렀다. 아파르트헤이트 치하에 있던 남아프리카공화국에서는 크리스마스 캐럴을 부르는 것이 금지되었다. 왜냐하면 캐럴들이 자유와 평화에 대한 혁명적 열망을 불러일으켰기 때문이다. 바로 이것이 혁명에 관련된 노래가 그리도 강력한 힘을 지니는 이유다.

심지어 좀 더 최근에 우리는 중국 신세대들의 행동을 촉발하기 위해 노래를 사용했던 경우도 보았다. 중국이 엄청난 경제적 그리고 사회적 변화를 겪고 있는 것이 현실이기 때문에, 혁명의 노래가 수도 베이징 한 가운데서 여전히 불리고 있다는 것은 어떤 사람들에게는 상당히 놀라운 일일 것이다. 지난 5년간 매일 아침마다 자금성 남쪽에 위치한 하늘의 신전이라고 불리는 고대 공원에서 수백 명의 사람이 모여 노래를 불렀다. 노래책 외에는 아무것도 지니지 않은 사람들이 모여 혁명가를 불렀다. 그 가운데는 중국이 해방되기 전부터 불렸던 노래들이나 항일항전기 때부터 불러왔던 노래들이 있고, 또 중국에 공산당 정권이 들어선 직후 불리던 노래들도 있었다. 이 노래들은 모두 과거의 급진적 혁명을 노래하는 곡들로, 사인방과 문화혁명 이전부터 있었던 노래들이다. 이들 노래는 모든 중국인이 성취하게 될 진보적이고 담대하며 위대한 미래를 꿈꾸게 했다. 오늘날 이 노래들은 그렇게 꿈꿨던 미래를 이루어내지 못한 중국 정권에게 그 책임을 묻기 위해 불리고 있다.

인도의 가장 가난한 빈민 구역 중 한 군데에서 무료 진료소를 운영했던 그레고리 로버트Gregory Roberts는 당시 나그푸르Nagpur에서 시각장애인인 가수가 부르던 노래를 처음 들었을 때를 회상했다. 봄베이 외곽에서 밤늦은 시각까지 영업하는 나이트클럽에서 비틀거리던 그는 우르두어로 부르는 천사의 합창소리를 들었다. 로버트는 그 일을 다음과 같이 설명했다.

룸 안이 점차 조용해지기 시작했습니다. 그런데 그 때 갑자기 세 명의 남자가 너무도 강렬하고 전율스러운 목소리로 노래를 부르기 시작했습니다. 그 소리는 정말이지 너무나도 감미로웠습니다. 그 소리는 강렬한 열정이 깃들어 있는 깊이가 있고 멋진 음악이었습니다. 그 남자들은 그저 노래만 부른 것이 아니었습니다. 그들은 노래를 통해 울며 통곡하고 있었습니다. 그들의 감긴 두 눈에서는 진짜 눈물이 흘러 내려와 그들의 가슴에 떨어지고 있었습니다. 나는 그 노래를 들으면서 우쭐함을 느꼈습니다. 그러나 웬일인지 부끄러움을 느끼기도 했습니다. 마치 노래를 부르던 사람들이 나를 그들의 가슴 깊은 곳에 자리하고 있던 가장 친밀한 사랑과 슬픔 속으로 이끌어가는 것 같았습니다.[16]

그리고 나서 로버트는 그들이 노래한 슬픈 사연에 대해 말했다. 하루는 근처 마을에서 공연을 하던 유랑 가수들이 서로 적대적인 부족끼리 전쟁하는 중에 약탈을 일삼던 무리에게 붙잡혔다고 한다. 그 마을의 주민 20여 명과 함께 잡힌 그들은 고문을 당했고, 심지어 대나무 꼬챙이로 눈을 뽑히는 고통까지 겪었다. 이제 그들은 인도 전역을 유랑하며 나이트클럽이나 카페에서 우르두어로 된 찬양곡을 부른다. 그들이 부르는 노래는 매력적이다. 그들의 놀라운 공연을 듣고 있던 중, 로버트는 그의 귀 쪽으로 몸을 기울이고 "진리는 철학 책보다 음악을 통해 발견되는 경우가 더 많답니다"라고 속삭이던 한 지방 철학자의 말이 기억났다.

이들이 부른 격정적이고 반항적인 노래와 오늘날 기독교인이 부르는 찬양에 담긴 가사를 비교해보라. 오늘날 너무도 많은 예배자가 눈을 가늘게 감고 감정에 취해 예수님을 향한 그들의 사랑(그리고 그들을 향한 예수님의 사랑)을 노래한다. 그러나 그 옛날 우리의 형제와 자매들은 새롭게 도래할 경이로운 세상, 즉 일단의 위험한 약속들에 대해 노래했다. 또 다른 유수자인 이사야라는 이름의 혁명가는 유수기 중에 하나님을 위해 다음과 같은 글을 기록했다.

> 내가 오랫동안 조용하며 잠잠하고 참았으나
> 내가 해산하는 여인 같이 부르짖으리니
> 숨이 차서 심히 헐떡일 것이라(사42:14)

진노하신 야훼께서 노래하실 때, 이사야는 해산 중에 있는 여인처럼 부르짖어 노래할 것이다. 그런 노래가 내가 부르고 싶어 하는 노래다! 하나님의 노래는 새로운 세상, 그분의 제자가 되는 새로운 방식을 탄생하게 한다. 우리가 이같이 거칠고 혁명적인 곡들을 노래하는 찬양대에 참여할 때, 우리는 비로소 하나님께서 만들어 가시는 약속에 참여하게 된다. 우리는 또한 새로운 방식의 정의, 평화, 자비 그리고 관용에 대한 우리의 헌신을 선포하게 된다. 우리가 함께 부르는 노래가 가난한 자에게 양식이 공급되고 소외 받는 사람이 주님의 잔치 자리에서 환영받게 되는 세상을 초래할 수 있지 않을까? 갈보리산에서 예수님께서 생각하신 세상에 대해 노래할 수 있지 않을까? 도대체 우리가 부르는 노래가 그리도 하찮아 보이는 이유는 무엇일까? 만일 독자가 강력하고도 폭력적인 뉴질랜드 영화 '전사들의 과거'*Once Were Warriors*를 본다면, 당신은 두 가지 전혀 다른 유형의 노래를 듣게 될 것이다.

오클랜드Auckland에서 촬영된 이 영화는 폭력과 술 그리고 사회적 일탈로 찢긴 마오리의 헤케Heke 가족에 관한 영화다. 베스 헤케Beth Heke는 원기왕성하고 아름다운 다섯 아이의 엄마다. 그녀는 나이 열여덟 살에 근육질에 폭발적이고 불같은 성격의 소유자인 남편 제이크Jake와 결혼했다. 제이크는 하루의 대부분을 근처 술집에서 보내고 술에 취한 채 돌아와 주먹을 휘둘렀다. 여지없이 베스는 남편의 성질을 그녀의 몸으로 체험해야 했다. 영화의 서두 부분에서 제이크는 차마 지켜볼 수 없을 정도로 무자비하게 그녀를 구타한다. 그러나 그 와중에서도 베스는 자신 속에 존재하는 전사의 유산을 확실히 자각한다. 어린 시절, 그녀는 자신이 속한 부족이 택한 공주였다. 그러나 그녀는 노예의 후손인 제이크와 결혼함으로써 부족의 지도자로서 자신의 운명을 포기했다. 자신의 왕권을 거부한 그녀는 자신의 부족과 결별한 채, 제이크와 그의 자녀들과 함께 도시 근교지역에서 향방 없는 삶을 살아가게 되었다. 제이크는 그녀를 폭주와 시끄러운 파티로 점철된 삶 속으로 이끌었다. 술에 취하게 되면, 제이크와 그의 친구들은 '지금 몇 시예요. 울프씨?' 같은 의미 없는 뉴질랜드의 대중가요를 부른다.

영화의 마지막 부분에서 딸 그레이스가 비참한 죽음을 당한 후, 베스는 그녀의 딸을 장사지내기 위해 조상들의 마오리 롱하우스the Maori longhouse로 돌아온다. 그녀의 딸을 자신이 어린 시절을 보냈던 영적인 집으로 돌려보냄으로써 베스는 그녀의 문화가 가진 역사 그리고 공동체와 다시 연결을 맺고자 한다. 뒤에 남은 제이크는 그의 친구들과 술집에서 만취한 채 주크박스에서 흘러나오는 의미 없는 가요를 부른다. 장례식장에서 베스는 그녀의 유산을 죽은 딸에게 설명한 후, 그녀를 데리고 안전한 롱하우스에서 떠난 것에 대해 용서를 구한다. 그러고 난 후, 공동체는 함께 전해 내려오는 전통적 노래를 부르기 시작한다. 고대로부터 전해 내려오는 이 노래들은 슬픔이 가득찬 가족에게 위로와 함께 공동체의 능력을 제공했다. 그들의 노래는 도시생활이 초래한 폭력과 음주 그리고 무익함에 대한 항의였다. 그들은 과거의 닻에 의지한 채 새로운 세계를 노래했던 것이다. 그 일이 진행되는 동안, 제이크는 주크박스에서 다른 노래가 흘러나올 때까지 그의 친구가 사주는 공짜 맥주를 마신다. 그리고 '지금 몇 시예요. 울프씨?'가 흘러나오기 시작한다. 슬픔과 죄책감에 휩싸인 제이크는 의자 하나를 들어서 주크박스를 내리친다. 그 노래는 어떤 위로도 제공하지 못했다. 아무런 의미도 없었다. 그 노래는 어떤 변화도 초래하지 못했다. 어떤 행동도 유발하지 못했다. 그저 현실을 도피하는 것이었을 뿐, 현실에 응답하는 것이 아니었다.

아사야서 42장에서 산고의 고통 중에 노래하시는 하나님처럼, 마오리의 노래들은 의미를 배태하고 있었으며 베스와 그녀의 아이들을 위한 희망으로 가득찬 것이었다. 분명히 기독교 예배도 같은 결과를 초래해야 한다. 나는 우리로 하여금 분발하도록 하는 아이작 왓츠Issac Watts나 찰스 웨슬리Charles Wesley가 지은 찬송가로 돌아가야 한다고 주장하는 것이 아니다. 그보다 나는 새 노래를 듣고 싶을 뿐이다. 하나님께서 우리 안에 조성하시는 새로운 세상 속에서 더 큰 믿음을 불러일으키는 혁명적인 기독교 노래를 원한다. 그와 같이 나는 회중에게서 위험과 활력, 가능성, 새로움에 대한 개방을 표현하는 말을 듣고 싶다. 오늘날 교회 안에서 선포되는 대부분의 설교는 진리를 **올바로** 이해하는 것에 관한 기술적 질문들에 너무 지나친 관심을 기울이고 있다. 그 결과 설교자들은 모든 삶을 복음에서 억지로 짜내었다. 우리는 복음을 연약하고 존귀한 대상으로 생각했고, 그런 생각에 지나치게 몰두한 결과 복음을 무형의 지루한 것으로 이해해왔다. 오늘날 복음에 관한 설교의 대부분은 드라마틱하지도 않고 예술적이지도 않다. 다만 그것들은 기술적 동기에 얽매여 있거나 구체성에 지나치게 관심을 기울이고 있을 뿐이다. 대단히 딱딱하고 기계적이다. 우리 신자들은 매주 우리에게 주어지는 설교를 듣는다. 신자라는 이유 때문에 우리는 그런 설교를 마냥 견디고 있다. 진리는 엄청나게 축소되었고, 따라서 엄청나게 축소된 신앙을 우리에게 요구한다. 21세기에 우리가 겪는 갈등은 확신과 허무를 포기하는 굳건하고 시적인 신앙을 재발견하는 동시에 예수님의 가르침과 신약성경에 드러난 복음의 계시에 대한 헌신을 유지하기 위한 갈등이 될 것이다.

## 관대한 분노

1922년 영국, 자신의 생애에 무엇을 해야 할 것인가에 대해 아무런 생각이 없었던 젊은 에릭 블레어Eric Blair는 아버지가 걸어간 발자취를 따라 인도 제국 경찰에 소속되어 미얀마 분청에서 근무했다. 그는 그곳에서 자신의 생활을 즐긴 적이 단 한 순간도 없었다. 마침내 5년이 지난 후 그의 나이 24세가 되었을 때, 그는 그곳을 사임하고 영국으로 돌아왔다. 무관심하고 야망도 없고 헝클어지고 (그리고 아마도) 절망해 있던 그는 자신 소유로 되어 있는 집의 침실로 돌아왔다. 1928년에 다시 나타나기 전까지 그는 세상에 알려지지 않은 채 약 일

년 동안 칩거했다. 그 후 그는 작가가 되겠다고 선언하고는 파리로 향했다. 오늘날 우리는 그를 조지 오웰George Orwell로 알고 있다. 1928년, 그의 등장은 애벌레가 나비로 변형되는 것만큼이나 드라마틱한 것이었다. 감상적인 젊은 에릭 블레어가 어느 날 그의 침실 안으로 사라졌다가, 일 년 후 비상하여 선지자적인 작가 오웰로 등장했던 것이다. 이 오웰이 파리와 런던의 뒷골목에서 벌어지던 불의에 대해 썼던, 그리고 스탈린주의의 공포를 조소했던 바로 그 작가이다. 우리는 1927년 일 년 동안 그 침실에서 무슨 일이 발생했는지에 대해 물을 수 있을 것이다. 오웰 자신의 설명에 따르면, 그는 단지 당시에 구할 수 있었던 찰스 디킨스Charles Dickens의 책들을 들고 침대로 갔을 뿐이다. 그는 디킨스의 책들을 읽으면서 변화되었다!『피크위크 신문』The Pickwick Papers,『데이비드 코퍼필드』David Copperfield,『공포의 집』Bleak House,『두 도시 이야기』A Tale of Two Cities,『위대한 유산』Great Expectations 등. 이들 이야기에 잠긴 채, 오웰은 가난한 사람들과 소외된 사람들을 위한 십자군으로서 열정을 발현하였다. 디킨스의 책들이 그의 삶을 바꾸고 그의 삶의 여정을 바꾸었다. 훨씬 훗날 그는 글을 쓰면서 다음과 같이 말했다.

> 디킨스의 책들을 읽으면서 나는 항상 무엇인가를 대상으로 싸우고 있는 한 사람의 얼굴을 보았습니다. 그는 공개적으로 싸웠지만 겁을 내지 않았고, 그의 얼굴은 관대한 분노로 차 있었습니다.[17]

디킨스의 이야기들은 오웰에게 위험한 기억들이 되었다. 디킨스의 이야기들은 오웰을 공개적인 장소로 끌어내어 위대한 대의를 주장하게 했다. 오웰의 책,『파리와 런던의 밑바닥 생활』Down and Out in Paris and London,『동물농장』Animal Farm,『1984년』Nineteen Eighty-Four 등은 그를 둘러싸고 있는 주변 세계에 대한 위험한 비판들이었다. 그러나 이들 책에는 더 나은 세계에 대한 경이로운 약속들이 담겨져 있었다. 만일 디킨스의 책을 읽는 것이 어떤 한 사람을 위해 그런 일을 할 수 있었다면, 예수님을 읽는 것 역시 동일한 일을 할 수 있지 않겠는가? 나는 오웰이 디킨스를 이 세상에 대해 분노하고 대항하여 싸우는 사람으로 설명한 것, 그리고 그러한 싸움을 어둠 속에 숨어서 하는 것이 아니라 공개적으로 지고한 관대함 속에서 수행한 사람으로 설명하는 것을 좋아한다. 관대하고 다각적이며 일관성 있게 분노하는 것이야말로 유수자가 해야 할 명예로운 싸움이다.

유수자는 진리와 생명의 근원되신 그리스도께로부터 순전히 솟아나오는 비전, 아이디어 그리고 영감에 고무된 사람들이다. 그들은 현재 해체되고 있는 사회에 오염되지 않고 이 세상을 다시 새롭게 할 수 있는 꺼지지 않는 희망의 원천에서 유래한 말씀을 소유하고 있는 사람들이다. 조셉 켐벨Joseph Campbell은 이와 같은 사람들(그는 이들을 '영웅들'이라고 불렀다)에 대해 말하면서 다음과 같이 썼다.

> 영웅은 현대인으로 죽었다. 그러나 그는 영원한 사람—완전하고 불특정하고 보편적 사람—으로 다시 태어났다. 그러므로 그의 두 번째 장엄한 임무와 행위는 …… 변형된 모습으로 우리에게 다가와 새로워진 삶에 대해 그가 배운 것들을 가르치는 것이다.[18]

켐벨이 기독교 용어들을 사용하고 있는 것은 아니다. 그러나 그가 원래 있었던 그대로의 삶을 맛볼 수 있는 사람들을 소망하고 또 오늘날처럼 분열된 세상에게 그것을 어떻게 발견할 수 있는시에 대해 말할 때, 그는 그것이 무엇인지에 대해 잘 알고 있었다. 기독교인들에게 있어 그런 가르침들은 위험한 기억이 되신 예수님께서 하신 말씀 속에서 발견할 수 있다. 좀 더 나아가 켐벨은 다음과 같이 말했다.

심지어 우리는 그 모험을 홀로 감행하지 않는다. 왜냐하면 모든 시대 영웅들이 우리 이전에 이미 그 길을 걸어갔기 때문이다. 미로는 완전히 알려졌다. 우리는 영웅들이 걸어 간 발자취를 따라가기만 하면 된다.[19]

예수님의 제자인 우리에게서 예수님이야말로 우리 앞에 발자취를 남겨 두신 분이다. 그분은 참된 영웅이 걷는 길을 지나가신 분이다.

영웅이 …… 걸어 간 길을 …… 내향적이다—분명치 않은 저항들이 극복되고 세상을 변혁하는데 유용한 능력, 즉 오래 전에 잃어버렸고 오래 전에 잊혔었던 능력들이 되살아난다 …… (이제) 위험한 여정은 단순한 성취가 아닌 잃어버렸던 것을 다시 성취하기 위한 산고이며, 단순한 발견이 아닌 잃어버렸던 것을 다시 발견하기 위한 산고이다.[20]

이것이 유수자들이 해야 할 일이다. 일부 자유주의 사상가들이 제안하듯이 새로운 복음의 발견 또는 새로운 그리스도의 발견 또는 새로운 성경의 발견이 아니라, 예수님의 가르치심이 지닌 참된 특징과 후기 기독교제왕이 지배하는 땅에서 담대하게 살아갔던 초대 기독교인들의 선교적 실천을 재발견하는 것이다. 옛 신비주의자인 윌리엄 브레이크William Blake는 다음과 같이 썼다.

나는 정신적 비상을 멈추지 않을 것입니다. 나의 칼이 내 손에서 잠을 자도록 놔두지도 않을 것입니다. 영국의 푸르고 아름다운 땅에 예루살렘을 건설할 때까지.[21]

이 책은 후기 기독교왕국 시대에 스스로를 유수자로 느끼는 사람들을 위해 쓴 글이다. 만일 당신의 생각이 내가 생각하는 바와 같다면, 당신은 교회에게 기독교왕국 시대 때 발전을 이룩한 옛날 방식으로 회귀하라는 요구를 하지 않을 것이다. 우리는 샌들포드의 은신처를 떠나 미지의 영역으로 향히고 있다. 어떻게 하면 우리가 처해 있는 상황과 거리를 유지할 수 있을까? 어떻게 하면 우리가 소유한 진보적 약속을 이 세상 안에서 표현할 수 있을까? 앞에서 언급했듯이, 우리는 먼저 가장 아름답지만 동시에 가장 위험한 기억들을 되살리며 시작해야 한다. 우리는 예수님 자신이 보여주신 모범에서 시작해야 한다. 전략을 구상하고 계획을 세우기 전에 21세기를 살아가는 우리 기독교인들은 무엇보다 우리의 현재 위치를 재조정해야 한다. 무엇보다도 우선하여 그리스도의 방식을 따르는 사람으로 우리 자신을 바꾸어야 한다. 우리가 바꿔야 하는 방향은 예수님께서 보여주신 모범을 향하는 것이다.

# 유수자이신 예수님
### 기억: 예수님께서는 급진주의자이자 위험인물이셨다

요리사 모자를 쓰신 예수님께서 사람들 사이를 지나가셨다. 사람들은 그분의 수저와 포크에 입을 맞추었다. 그리고 눈에 보이지 않는 음식들을 마음껏 먹었다.

_앤 섹스톤Anne Sexton

---

위대한 스페인 화가 바르톨로메 에스테반 무리요Bartolomé Esteban Murillo는 세빌리아인Sevillian 이발사 가스파르 에스테반Gaspar Esteban과 그의 아내 마리아 페레스Maria Peres 사이에서 태어난 열네 명의 자녀들 중 막내였다. 1627년에 그의 아버지가 죽었고, 이듬해 어머니마저 죽었다. 성장한 그의 형과 누이들이 이미 집을 떠났기 때문에, 열 살에 불과했던 바르톨로메는 부유한 세빌리아인 의사와 결혼한 그의 고모의 가정으로 입양되었다. 그는 엄격하고 종교적인 가정생활을 경험했는데, 그 와중에 철저한 가톨릭 신자였던 양부와 갈등을 겪기도 했다. 의사였던 양부의 거실 가운데 가장 눈에 띠는 장소에는 <양치기 소년 예수님>Jesus the Shepherd Boy이라는 제목이 붙은 커다란 그림이 걸려 있었다. 무리요는 그 그림이 온 집안의 분위기를 압도했으며, 특히 예수님을 어린 소년으로 묘사한 부분은 집안의 경건한 분위기와 잘 어울렸다고 말했다. 하지만 훗날 영적 생활의 평화롭고 즐거운 측면들을 강조한 종교적 그림으로 유명해진

무리요는, 자신이 그 집안에 있는 대부분의 시간 내내 그 그림으로 인해 거북한 느낌을 가지고 있었노라고 말했다.

금박을 입힌 그림틀 안에 있던 양치기 소년은 똑바로 서 있었고 곧고 키가 컸으며, 그가 손에 쥐고 있는 지팡이는 마치 감시인이 지닌 총검과 같았다. 그리고 그의 머리 주변에는 후광이 비추고 있었고, 그의 눈은 아무런 생기 없이 전면을 노려보고 있었다. 그의 뺨은 붉은 홍조를 띠고 있었고, 피부에는 잡티도 하나 없었다. 어린 무리요에게 있어, 그 그림보다 더 어린 유대인 목동을 향한 그의 시각을 조장하는 것은 없었다. 어느 날 그를 입양한 가족이 외출 중이었을 때, 그는 그 그림을 벽에서 뗀 후 그림 도구를 이용해 몇 가지 장난을 쳤다. 엄격하고 단호한 얼굴에 약간의 가벼운 웃음을 가미했고, 눈도 약간의 장난기가 가미된 가벼운 웃음기를 띠게 했다. 후광은 약간 찌그러진 지푸라기 모자로 바꾸었고, 회반죽으로 내려 바른 듯한 머릿결은 헝클어지고 정리되지 않은 머릿결로 바꾸었다. 지팡이는 울퉁불퉁한 지팡이로 바꾸었다. 그리고 예수님의 발 근처에서 약간 다리를 절고 있는 양은 장난기 넘치는 개로 탈바꿈했다. 비록 오늘날 그 그림을 찾아볼 길은 없지만, 그가 들인 노력은 분명히 말하건대 상당히 주목할 만한 것이었을 것이다. 그의 성숙한 재능과 성품은 어린 시절부터 드러나고 있었다.

의사와 그의 아내가 집으로 돌아왔을 때, 그들은 자신들이 책임지고 있는 어린 아이가 저지른 신성모독적인 행위때문에 너무 당황했다. 그래서 그들은 아이가 그 행위에 대해 부끄러움을 느끼게 할 목적으로, 세빌의 거리에서 강제로 불쾌한 일을 하도록 벌을 내렸다. 하지만 이 일로 말미암아 바르톨로메는 그의 양부모와 멀어지게 되었다. 그때 마침 그 지방에서 성상을 그리는 일을 하고 있던 화가 후안 델 카스티요Juan Del Castillo는 금방이라도 장난을 칠 것만 같은 예수님의 그림에 깊은 인상을 받았고, 그래서 바르톨로매를 스페인에서 가장 위대한 종교미술가로 키우기 위해 그의 집으로 데려가 견습생으로 훈련시키기 시작했다.

나는 나 자신의 삶과 사역을 상징하는 것이기도 한 이 이야기를 정기적으로 회상해 왔다. 나는 내 일생의 작업이 오늘날 많은 사람이 품고 있는 비실재적이고 고도로 상징적인 예수님의 이미지에 실재적인 무언가를 덧입히는 것이었고, 또한 오늘날 많은 사람들의 상상력을 사로잡고 있는 자기磁器로 만든 성상보다 더 풍성하고 실질적이며 영감이 넘치는 것을 찾는 것이었다고 생각한다. 나는 그림 도구 세트를 깔아 놓고 작업을 하다가 문 쪽에서 들려오는 발걸음 소리를 듣고는 들키기 전에 작업을 마치려고 서두르는 장난기 넘치는 조숙한 어린 바르톨로메 에스테반 무리요에 대해 생각하며, 나 자신을 그런 어린 바르톨로메로 간주하기를 즐겨한다. 그러나 내가 하는 사역은 그저 재미있는 일을 하는 것 그 이상이다. 이 사역은 나의 소명이다. 왜냐하면 나는 매우 깔끔하고 가정적인 예수님의 이미지가 신약성경에서 유래한 것이 아니라, 2000년을 이어져 내려온 낭만적인 기독교 예술과 문화에서 유래한 것이라는 우려를 하고 있기 때문이다. 그리고 더 나아가서 나는 우리가 단조롭고 진부한 예수님 상을 받아들인 만큼 부르심을 받은 우리의 사명을 회피하게 된다고 생각한다.

기독교의 모든 선교활동—우리가 제기하는 위험함 비판들과 위험한 약속들—은 예수님에 대한 우리의 관계가 낳은 것이어야 한다. 그분이야말로 궁극적인 유수자이시다. 하나님과 동등하시다는 것을 아시면서도 스스로 아무런 지위도 누리지 아니하시고, 오히려 자신을 낮춰 이 세상으로 '유수'되는 일을 수용하신 분이 예수님이시다. 하지만 다른 모든 선하고 신실한 유수자들과 마찬가지로 이 세상의 삶으로 완전히 들어오셨으나 자신을 세상에 속한 자로 여기지는 않으셨다. 우리 안에 선교적 삶을 향한 열정을 불러일으키시는 분은 우리들 각자 안에 내주하시는 그리스도의 영이시다. 그러므로 복음서를 유수자로서의 우리의 삶과 선교 그리고 제자도를 위한 규범서로 신중하게 받아들여야 한다는 점에는 아무런 의심의 여지가 없다. 그러나 안타깝게도 오늘날 예수님에 대한 이해는 일반적으로 교리와 관련된 존재론적 틀(신조들이 규정하는 것) 또는 바울에 대한 신학적 고찰(종교개혁이 규정하는 것)을 통해서만 이해되어 왔다. 따라서 우리는 예수님을 목격한 최초의 증인들인 복음서 기자들의 눈을 통해 드러난 예수님에 대한 이해를 회복해야 한다. 그렇게 할 경우, 우리는 지나치게 많은 숙고와 신학 연구를 통해 만들어진 예수님이 아닌, 우리가 알지 못하는 생소한 영광으로 드러나신 예수님의 본질을 발견하게 될 것이다. 초대교회 신조들은 결코 그 속에 낭만적으로 예수님을 그리고 있지 않았다. 그분은 육신을 입고 태어나셨으며, 매우 실재적이고 위험하신 분이셨다.

안타까운 일은 초대교회가 복음서에 등장하는 매우 인간적이고 활동적인 예수님에 대한 설명을 너무 빨리 포기하고 각종 교의를 통해 규명한 존재론적 예수님에 대한 상을 수용했다는 것이다. 이 시기에 발전된 초대교회의 교의들은 이 과정을 어떻게 진전했는지에 대한 설명을 거의 제공하지 않는다. 2세기 중반 무렵에 성립된 초기 로마가톨릭교회의 교의the Old Roman Creed는 훗날 약간의 확대과정을 거쳐 사도신경으로 발전되었는데, 그 내용을 보면 마치 하나의 이야기를 요약해 놓은 것 같은 느낌을 받게 된다. 사도신경은 예수님에 대해 다음과 같이 설명한다.

…… 성령으로 잉태하사 동정녀 마리아에게 나시고, 본디오 빌라도에게 고난을 받으사 십자가에 달리신 후 장사되시고, 사흘 만에 죽은 자들 가운데서 살아나셔서, 하늘에 오르사 아버지의 오른편에 앉아 계시며 ……

4세기 초에 성립된 니케아신조는 초기 로마가톨릭교의가 포함하고 있는 내용과 동일한 부분을 많이 포함하고 있지만, 하나의 이야기를 요약해 놓은 것보다는 좀 더 철학적 형식을 갖추고 있다. 예수 그리스도를 이같이 설명한다.

> …… 빛으로부터 오신 빛이시고, 참된 하나님으로부터 오신 참된 하나님이시며, 피조된 분이 아니라 태어나신 분이며, 성부와 하나이신 존재시며 ……

훗날, 아타나시우스 신조는 신앙을 교리 지향적 개념들로 설명했다는 점에서 훨씬 인상적이다. 하지만 그리스도 사건을 직접 목격한 초대 증인들은 이러한 철학적 입장이 아니라 그들의 눈으로 목도한 것을 그대로 설명하려고 했다. 그들은 예수님께서 말씀하시고 행하신 일들을 매우 실질적이고 명백한 말로 기술했다. 그들의 이러한 기술은 그들이 선교를 보는 방식에도 영향을 미쳤다. 만일 복음이 실제로 먹고 마시고 가르치고 십자가에 못박혀 죽고 장사되었다가 사흘 만에 부활한 실재 인물에 대한 설명이라면, 바로 그런 점들이 메시지의 중심을 구성하는 것들이어야 할 것이다. 우리가 예수님을 빛에서 오신 빛이고, 참되신 하나님께로부터 오신 참되신 하나님으로 보게 된다면, 우리의 영성에 대단한 변화가 올 것이다. 물론 예수님께서는 우리가 경배하고 신중하게 연구하며 깊은 사고를 통해 반추해 보아야 할 대상이 되신다. 하지만 그 이상으로 초대 신조들은 우리가 따라야 할 한 가지 생활방식을 제시한다.

교회 안의 일부 사람들이 교리적 접근의 전형으로 인식하는 바울조차도 단호하게 복음은 예수님에 관한 이야기라고 보았다. 바울이 보는 예수님께서는 메시아이시며, 육신적으로는 다윗 왕의 자손이시고, 하나님의 영이 보증하시는 분이며, 죽은 자들 가운데서 부활하신 분이다. 이런 시각은 탄생, 생애, 죽음, 그리고 부활을 통해 나타나시는 예수님의 왕적 통치에 초점을 맞춘 것으로, 마태복음에서 볼 수 있는 복음의 내용과 매우 유사한 것이다. 핵심적인 강조점을 조직신학적 생각들이 아닌 역사적 사건들에 맞춘 것이다.

로마서를 통해서 바울은 선교적 메시지를 간결하게 요약하여 제시한다. 로마서 10장 8절부터 9절까지의 내용은 다음과 같다.

그러면 무엇을 말하느냐 말씀이 네게 가까워 네 입에 있으며 네 마음에 있다 하였으니 곧 우리가 전파하는 믿음의 말씀이라 네가 만일 네 입으로 예수를 주로 시인하며 또 하나님께서 그를 죽은 자 가운데서 살리신 것을 네 마음에 믿으면 구원을 받으리라

교회에서 선포되는 '메시지'가 그리스도의 성품에 대한 철학적 진술이 아닌 예수님의 삶을 통해 발생한 사건들에 초점을 맞추고 있는 것을 주목해 보라. 디모데후서 2장 8절에서 바울이 자신의 마지막이 다가오는 것을 직감하며 젊은 디모데에게 자신의 계승권을 넘겨줄 때, 그는 핵심적인 이슈에 대해 다음과 같이 요약했다. "내가 전한 복음대로 다윗의 씨로 죽은 자 가운데서 다시 살아나신 예수 그리스도를 기억하라" 그렇다면 복음의 본질은 매우 실질적이고 관찰이 가능했던 예수님의 삶—그의 탄생과 죽으심 그리고 부활하심—에 대한 상세한 내용들이다. 창조의 본질, 아담과 하와의 불순종을 통해 나타난 인류의 타락, 또는 완악한 이스라엘이 가지고 있던 희생과 속죄제도에 대한 심각한 고찰 등은 없다. 기독교 선교는 예수님에 대한 자세한 설명에 그 핵심이 있다.

다른 교의적 요약은 고린도전서 15장 1절부터 6절 상반절까지에서 발견할 수 있는데, 여기서 바울은 고린도교회에게 자신이 처음으로 전해 그들을 개종하도록 했던 메시지의 내용에 대해 일깨우고 있다.

형제들아 내가 너희에게 전한 복음을 너희에게 알게 하노니 이는 너희가 받은 것이요 또 그 가운데 선 것이라 너희가 만일 내가 전한 그 말을 굳게 지키고 헛되이 믿지 아니하였으면 그로 말미암아 구원을 받으리라 내가 받은 것을 먼저 너희에게 전하였노니 이는 성경대로 그리스도께서 우리 죄를 위하여 죽으시고 장사 지낸 바 되셨다가 성경대로 사흘 만에 다시 살아나사 게바에게 보이시고 후에 열두 제자에게와 그 후에 오백여 형제에

게 일시에 보이셨나니 ……

내가 문제의 핵심에 대해 너무 장황하게 설명하고 있는 건지도 모르겠다. 그러나 내가 강조하는 것이 이 신조 안에 포함되어 있는 사건들, 즉 예수님의 죽으심과 부활하심 그리고 나타나심에 대한 것임을 주목하기 바란다. 이들 사건은 바울이 '내가 너희에게 전한 복음'이라 불렀던 것의 핵심을 형성한다. 전술한 신조와 관련한 진술들이 갖는 중요성을 결코 평가절하해서는 안 된다. 왜냐하면 그러한 진술들을 통해 초대 기독교인들이 품고 있었던 선교적 선포들, 특히 바울서신에 등장하는 선교사들이 실행한 선교적 선포들의 면모를 볼 수 있기 때문이다. 바울(그리고 다른 사도들)이 자신의 서신을 통해 선교적 설교에 대해 반복하여 장황하게 설명할 이유가 없었다. 복음이 모든 서신의 배경이기는 하지만, 그것이 서신서 전면에 드러나는 경우는 거의 없다. 왜냐하면 복음 자체가 서신들의 전제이기 때문이다. 그러므로 '처음으로 전해진' 것에 관해 우리가 가지고 있는 몇 가지 힌트들이야말로, 선교적 삶에 관심이 있는 모든 사람에게 최고로 중요한 것이 될 것이다. 사도행전에 나타난 선교적 선포에 대해 주석을 달면서 마르틴 헹엘Martin Hengel은 다음과 같이 말했다.

이 서신들에서 바울이 예수님에 대한 이야기를 암시적으로 자주 언급하는 것은 우연이 아니다. 이런 암시는 독자가 더 많은 것을 알고 있다는 것을 전제로 할 때 가능하다(고전11:23 이하, 15:3 이하, 롬1:3, 15:8, 빌2장, 갈4:4 등). 우리는 바울이 선교적 선포—그의 서신들의 배경이 되는—를 할 때, 말할 것도 없이 예수님에 대한 이야기, 특히 예수님의 십자가 사건에 대해 설명했다고 가정해야 한다. …… 그러므로 이들 예수님에 대한 암시적 언급이야말로 다른 어떤 것보다 중요하다. 고대 세계에서는 예수님께서 행하신 활동, 수난 그리고 죽음에 관한 명확한 설명을 제공하지 않은 상태에서 …… 십자가 위에서 죽은 한 남자를 하나님의 아들과 세상의 구원자로 선포하는 것은 불가능한 일이었다.[1]

따라서 예수님께서 최초 선교사들의 한계를 규정하셨다고 볼 수 있다. 즉 그분의 생활방식, 그분의 열정, 그분의 가르치심이 초대 기독교인들의 활동을 위한 기반이 되었던 것이다. 이런 점에서 예수님께서는 오늘날 후기 기독교왕국 시대에 살면서 자신을 따르고자 하는 유수자들 또한 규정하신다. 하나님과의 최우선적 관계는 메시아이신 예수님의 중재를 통해서 이루어지는 것이다. 따라서 예수님께서 행하신 일들이 기독교 의식의 핵심을 형성해야 한다. 물론 여기에는 수많은 함축이 있다. 그럼에도 한 가지 확실한 것은, 우리가 예수님의 제자들이라는 사실이 분명하다면, 우리의 사고와 행동의 전제로서 역사적 예수님을 제외할 수 없다는 것이다.

나는 다음 두 가지 중 어떤 것이 먼저였는지에 대해 의아하지 않을 수 없다. 곧 추상적 신학 속에 예수님을 묶어둠으로써 우리 삶에 아무런 영향을 미치지 않고 또 우리 삶의 필요에 따라 예수님을 길들임으로써 제자도에 대한 우리의 동기를 제거하는 것이 먼저였는지, 아니면 우리 스스로 짐을 벗어던지기 위해 제자도에 대해 반발한 것이 먼저였는지 말이다. 어떤 쪽이 되었든, 만일 예수님께서 단지 참된 빛에서 유래하신 거룩하고 초월적인 빛에 불과하시다면, 우리의 부르심은 단지 그분을 경배하는 것으로 한정될 것이다. 그러나 예수님께서 실제로 사랑하셨고 치유하셨고 섬기셨고 가르치셨고 고난당하고 죽으셨다가 다시 살아나신 참된 사람이시라면, 그분은 우리의 일생을 통해 따를 수 있는 분이 되신다.

## 벨리니 신드롬

　베니스의 산 자카리아San Zaccaria의 작은 교회에는 위대한 르네상스 시대 종교미술 걸작품들 중 하나인 지오바니 벨리니Giovanni Bellini의 <아이를 안은 마리아와 성인들>Madonna with Child and Saints이라는 작품이 있다. 이 그림은 유럽의 교회가 동정녀 마리아와 그녀의 아이인 예수님을 어떻게 보고 있었느냐를 보여주는 좋은 실례가 된다. 사실, 이 그림은 아기 예수님에 대한 기독교왕국 시대의 숭배를 축약해서 보여준다. 그럼에도 그 자체로는 참으로 아름다운 예술작품이다. 하지만 벨리니의 그림은 베들레헴 지방에서 실제 벌어졌던 소박한 예수님의 탄생과는 거리가 멀다.

　1505년에 베네치아인인 벨리니는 늦은 나이였음에도 이 그림을 제단 위쪽에 그렸다. 카라바조Caravaggio의 작품처럼, 그림의 세세한 부분을 집중해서 살펴보기도 전에 그 그림을 보는 사람에게 다가오는 첫 번째 충격은 벨리니가 사용한 대담한 색깔이다. 그의 캔버스는 따뜻한 느낌을 잘 나타내는 풍부하고 부드러운 붉은 색감으로 배어 있다. 벨리니의 그림은 르네상스 시대 걸작들에서 전형적으로 발견되는 금색이 창연한 분위기 속에서 보좌에 앉아 있는 동정녀로 채워져 있다.

　그러나 그림을 가까이 다가가서 보면, 작품 안에서 드러나는 기묘한 부분을 분명하게 볼 수 있다. 마리아는 화려하게 장식한 보좌의 상좌에 앉아 있고, 그녀의 무릎에는 아기 예수님이 서 있다. 마리아는 16세기 당시 전형적인 젊은 이탈리아 여인의 모습을 그대로 반영하고 있다. 그녀의 얼굴은 고요하고 매력적이다. 그녀는 붉은 색 옷을 입고 있고, 머리에는 수수한 하얀 색의 베일을 쓰고 있다. 그녀의 무릎은 얇은 호박단 한 장이 덮여 있다. 그녀의 단아한 외모에는 당당한 위엄이 서려 있다. 그녀는 그녀 주변을 둘러싸고 있는 분위기에 초연하고 소원하며 관심이 없는 듯 보인다.

그녀의 발밑에는 천사 한 명이 기운 없이 바이올린을 연주하고 있다. 반면, 그녀 앞에는 네 명의 위대한 성인이 보좌 양편에 모여 있다. 대머리에 흰 턱수염을 기르고 허름한 갈색의 겉옷을 휘감고 있는 성 베드로는 하나님 나라의 문지기를 상징하는 열쇠를 쥐고 있다. 성 캐서린St. Catherine은 순교자를 상징하는 종려나무 가지를 들고 꿈꾸듯 한 눈으로 바닥을 바라보고 있다. 그녀의 건너편에는 마찬가지로 피곤해 보이는 성 루시아St. Lucia가 서 있다. 마지막으로 성경을 라틴어로 번역한 성 제롬St. Jerome이 큰 책을 읽는데 몰두한 채로 베드로 건너편에 서 있다. 무겁고 흰 턱수염과 눈에 확연한 붉은 겉옷과 모자를 쓰고 있는 그는 오늘날의 산타클로스와 비슷하다.

벨리니는 마리아와 아기 예수님에 대한 그림을 대략 50개에서 60개 그렸는데, 마리아와 아기 예수님을 따로 그린 적은 거의 없는 것으로 알려져 있다. 사실, 벨리니가 마리아와 아기 예수님의 친밀한 초상화를 그리는 일에 관심이 있었던 적은 거의 없었다. 벨리니에게 있어 마리아와 그녀의 아기the Holy Family에 대한 표현은 모두 항상 위엄과 평온을 표현하는 교회의 위대한 성인들이 갖고 있는 영광을 수반하는 것이었다. 그는 모든 그림을 중앙에 마리아와 아기 예수님을 두고 그 주위에 성인들을 배치한 삼각형 형식으로 그렸다. 주의 깊게 살펴보면, 벨리니는 성인들의 숫자를 홀수로 그린 적이 없다. 항상 두 명 아니면 네 명이다.

그런데 아기 예수님에 대한 벨리니의 묘사는 이상하게도 항상 불안스러운 모습을 띤다. 라파엘이나 보티첼리Botticelli가 어머니와 아기 사이의 사랑스럽고 따뜻한 관계를 묘사하는 경향이 있었던 반면, 벨리니는 경이롭고 나아가 초월적인 존재로까지 보이는 관계로 묘사했다. 마리아의 오른손은 휘청거리며 서 있는 아기를 만지지는 않으나 만질 준비가 된 채 아기의 배 위에 있다. 그녀의 왼손은 아기가 들고 있는 왼발 밑에서 만일 필요하다면 언제든 잡을 수 있는 상태로 준비하고 있다. 그녀의 눈길은 아기에게서 멀어져 있고 차분한 눈길

**아이를 안은 마리아와 성인들**
지오바니 벨리니(1430~1516), <아이를 안은 마리아와 성인들>(Madonna with Child and Saints).
산 차카리아, 이탈리아 베니스
사진 출처: SCALA ARCHIVES 승인 후 사용

로 조용한 공간을 응시하고 있다. 벨리니의 예수님 묘사는 죽은 자의 것과 같다. 예수님의 피부는 시체같이 밝은 회색빛이다. <마리아와 성인들>Madonna and Saints에 등장하는 아기 예수님을 보면, 살아있는 육신을 가진 아기라기보다 마치 자그마한 자기로 만든 어른이 서 있는 것과 같다. 아기 예수님의 금발머리는 얼굴 아래쪽으로 흘러내려와 눈을 덮고 있다. 그리고 그의 오른손은 들려 있는데, 엄지와 첫 번째 두 개의 손가락은 사제들이 축복할 때 하는 자세를 취하고 있다. 이런 배치는 결코 벨리니에게서만 독특하게 나타나는 것은 아니다. 수천 개의 그림에 등장하는 아기 예수님의 이미지는 언제나 어른의 얼굴을 하고 있고, 그 손가락들은 그가 바라보는 사람을 축복하기 위해 들려 있다.

그와 동시대에 살았던 다른 많은 성상 화가나 종교미술 화가들처럼, 지오바니 벨리니 역시 베들레헴에서 탄생하신 그리스도에 대한 실질적인 모습을 그리려 하지 않았다. 다수의 성인들을 그림에 포함시킨 것이 이 점을 분명히 보여준다. 그의 그림은 로마가톨릭교회를 상징하는 베드로가 확증하고, 라틴어 성경인 벌게이트Vulgate를 상징하는 제롬이 확증한 그리스도의 탄생의 중요성을 상징적으로 제시하고 있을 뿐이다. 교회, 성경, 성모, 그리고 아기 예수님, 이 네 가지야말로 1505년 당시 기독교왕국을 구성하는 네 개의 기둥들이었고, 벨리니는 이에 대해 잘 알고 있었기 때문에 산 차카리아San Zaccaria의 작은 교회에 있는 제단 상단 그림에 이 네 개의 기둥을 조심스럽게 삽입해 넣은 것이다.

그러나 오늘날 이 그림을 바라보는 기독교인들은 그림에 등장하는 아기 예수님이 역사적 아기 예수님의 실재와 너무 동떨어진 것이라고 생각할 것이다. 우리도 그런가? 매년 성탄절이 다가오면, 모든 개신교 성도와 가톨릭 신자는 왕처럼 차려입은 동방박사들과 비잔틴 양식으로 만든 눈 쌓인 마구간 입구에 모여 있는 사람들로 둘러싸인 채, 완벽하게 파인 구유에 ('전혀 울지 않고') 평화롭게 누워 있는 아기 예수님을 그려 놓은 카드를 보내기도 하고 받기도 한다. 오늘날 우리가 부자연스럽게 꾸민 예수님의 탄생 장면은, 위에서 언급한 성탄절 카드의 그림처럼 베들레헴 사건에 대한 비현실적인 모습을 드러낸다. 이 장면에는 목자, 동방 박사, 암소, 그리고 양들이 마치 벨리니가 성인들을 배치한 것과 비슷한 삼각 구도 양식으로 설정되어 있다. 그런데 오늘날 우리의 사고는 1505년 당시의 사고와 얼마나 달라졌을까? 중세 시대 혹은 르네상스 시대에 만연하던 그리스도에 대한 생각과 비교해 볼 때, 오늘날 그리스도에 관한 우리의 생각은 실재에 훨씬 더 가깝고 명확한 것일까? 확실히 벨리니와 그 시대를 살아가던 사람들이 제시한 예수님은 경배할 만한 대상처럼 보인다. 그러나 그것이 실재가 아니라는 것은 분명하다. 그것이 묘사한 예수님은 역사적 인물이 아니라는 것도 분명하다. 이들 그림에서 등장하는 예수님은 내게 제자도를 요구하지 않는다. 단지 나의 예배만을 요구할 뿐이다.

내 의견이 많은 사람의 요구에 부응하지는 않겠으나, 실제로 예수님께서는 완벽한 대칭구조를 이루는 마구간에서 탄생하지 않으셨다. 아마도 그분은 여관 뒤편에 자리 잡은 마구간에서 태어나지도 않으셨을 것이다. 그런 이미지들은 18에서 19세기 영국과 유럽대륙의 크리스마스 캐럴과 상관이 있다. 아마 그런 이미지들을 만들어낸 사람들은 팔레스타인에 있는 여관이 독일의 한 마을에 있는 고풍스럽고 눈으로 뒤덮여 있는 마구간과 같을 것이라고 생각했을 것이다. 하지만 누가복음 2장 3절부터 4절까지에 기록하고 있듯이, 요셉이 마리아와 함께 베들레헴에 도착했을 때는 요셉의 먼 친척들이 그들을 맞이하기 위해 나와 있었다고 보는 것이 옳을 것이다. 사실, 환대를 중요시 여기던 중동지역에서 조상들의 땅에 온 요셉과 그의 가족이 아무런 돌봄을 받지 못했다고 보는 것은 생각할 수 없는 일이다. 그보다 더 그럴듯한 가정은 다음과 같다. 베들레헴에 도착한 요셉은 임신한 아내 때문에 정신없는 상황에서 한 번도 만나 본 적이 없는 자신을 위해 환영 잔치를 준비했을 친척들의 집을 향해 바로 갔을 것이다. 소박한 음식들로 채운 낮은 탁자 주변에 모여 앉아 웃음과 회상 그리고 이야기꽃으로 만발했을 중동지역의 가난한 집에 대해 상상해 보자.

그 당시 농부의 집에는 손님을 위한 방 하나와 밤에는 침실이 되고 낮 동안에는 거실 역할을 했을 주인을 위한 방이 하나 있었을 것이다. 밤에는 위험 요소(도둑의 침입 같은)로부터 보호하기 위해 가축을 들여와 한쪽 낮은 편에 머무르게 했을 것이다. 요셉이 베들레헴에 도착했을 때는 아구스도Augustus의 영에 따라 호적을 등록하기 위해 온 많은 사람들로 북적거리고 있었을 것이다. 누가복음 2장 7절에 손님들로 가득차 있었던 것으로 묘사한 '여관'이란 말은 '손님을 위한 방'으로 번역해도 무방하다. 반갑게 환대하는 것이 미덕인 곳에서 이미 도착한 다른 방문 친척에게 손님을 위한 방을 제공한 요셉의 친척들은, 그와 마리아를 동물들이 함께 머무는 주인을 위한 방에 머물게 했을 가능성이 높다. 아마도 그곳에는 젖을 내는 암소와 짐을 나르는데 쓰는 당나귀가 있었을 것이다. 밤늦은 시간, 마리아가 산통을 시작했을 때, 그 방에 있던 주인 여자는 요셉과 다른 남자들을 재빨리 밖으로 내보내 이웃집으로 가게 했을 것이다. 그리고 난 후, 아마도 베들레헴까지 먼 길을 여행해 온 산파 경험이 풍부한 여인들이 마리아가 아들을 낳을 때 옆에서 도왔을 것이다. 크리스마스 카드에 그려져 있는 평온한 그림이나 수정주의 역사학자들이 주장하는 외롭고 불결한 동굴과는 다르게 마리아의 아이는 사랑스러운 눈으로 지켜보는 여인들(그 자체가 할머니와 고모와 어머니일 수 있는)에게 둘러싸인 채 태어났을 것이다. 요셉과 다른 남자들은 적절한 시간에 강보에 쌓인 채로 집 안에서 동물에게 음식을 주는데 사용하던 구유(사려가 깊은 여인들이 낸 매우 독창적인 생각)에 눕혀 있는 아기를 보기 위해 돌아왔을 것이다. 이처럼 구주 예수님께서는 유대의 한 작은 마을 한 작은 집에서 왕께 경배하는 성인들이 아니라 가족과 친구들에 둘러싸인 채로 태어나셨다. 그러나 이러한 역사적 내용은 이미 오래 전에 사라졌다.

더군다나 이 새 가정을 방문한 첫 번째 사람은 목동들—가장 있을 법하지 않은 방문자—이었다(눅2:8-20). 1세기 당시 유대지방에서 목동은 다소 천대받던 직업이었다. 우선, 목동들은 좋은 임금을 받지 못했고, 일주일 내내 일을 해야 했다. 떠돌이들로서 마을을 둘러싸고 있는 산지 언덕에서 잠을 자야 했던 목동들은 사회 주류의 일부로 지낼 수 없었다. 종교권력자들의 눈에 그들은 '죄인'이었다. 왜냐하면 그들은 안식일을 지킬 수 없었기 때문이다. '죄인'이라는 용어는 종교권력자들이 당시의 관습에 일치하는 생활방식을 유지하지 않는 여러 부류의 사람들—세리, 창녀, 나환자, 그리고 목동—을 명시하기 위해 사용하던 것이다. 그러나 예수님의 삶과 가르침에 대한 연구는 예수님께서 이런 부류의 사람들과 함께하는 것을 좋아하셨음을 분명히 보여준다. 막달라 마리아가 창녀였다는 설이 있고, 예수님의 제자 마태가 세리였다는 것 또한 분명하다. 예수님께서는 나환자들을 만지고 치유하셨다. 심지어 이방인 로마 백부장의 믿음을 이스라엘 중 어느 누구의 신앙보다 더 높게 평가하셨다. 그렇다면 예수님께서 탄생하실 때, 그런 류의 '죄인'이 그분의 탄생을 지켜보고 있었다는 것은 참으로 잘 어울리는 일일 것이다. 심지어 동방박사들—오늘날 세 명의 '현인'으로 불리기도 하는(비록 그들이 세 명이었다는 명시가 없음에도 불구하고)—도 탄생하신 예수님께 경배하라는 하나님의 인도하심을 받은 이방인이었음에 분명하다. 베들레헴 경내의 두 살 이하의 남자 아이를 죽이라는 헤롯의 명령 때문에 동방박사들은 예수님께서 젖을 떼신 이후까지 모습을 드러내지 않았다.

우리가 그 사실을 인지하는 것을 얼마나 좋아하는지의 여부와 상관없이, 인간의 형상을 입으신 하나님의 성육신 사건은 매우 평범한 환경 속에서 발생했다. 예수님께서는 자신이 다스리는 제국 경내에 있는 모든 신민의 숫자를 파악하고자 했던 시저 아구스도가 지중해 연안지역을 통치하던 때, 가난한 시골소년으로 태어나 성장하셨다. 예수님께서 탄생하실 때 살고 있었던 다른 농부들에게는 이 모든 사건이 그리 주목할 만한 일이 아니었을 것이다. 물론 마리아와 요셉은 이 사건의 중요성에 대해 잘 알고 있었다. 특히 그들은 목동들이 말한 천사들의 노래가 의미하는 바를 이해하고 있었다. 우리는 마리아가 '이 모든 말을 마음에 지키어 생각'(눅2:19)했다는 것을 잘 알고 있다. 아기를 품에 안고 있던 마리아는 이 모든 일이 눈앞에서 벌어질 때 침묵을 지키고 있었다. 그녀는 눈앞에서 벌어지고 있는 일들로 인해 크게 놀라고 압도당하여 혼란을 느끼는 동시에, 그 모든 사건을 마음속에 담아 두었다. 그러나 종교미술 속에 등장하는 고요하며 침착한 모습의 여인 마리아와 그의 남편 요셉은, 아이를 어르면서 잠들어 있는 친척들과 같은 방에서 함께 잠을 자고 있는 가축 사이에 평화롭게 누워 있는 아기가 이 세상의 구주라는 믿을 수 없는 사실을 전혀 경이롭게 여기지 않는다.

오늘날 교회도 '벨리니 신드롬'으로 여전히 고통 받고 있다는 것은 아주 평범한 관찰자조차 알아차릴 수 있다. 우리는 여전히 예수님을 실제로 보여주신 모습보다 더 숭고하고 더 '구원자같이' 만들고 싶어 한다. 또한 그렇게 하여 예수님을 우리들이 원하는 구원자의 모습으로 만들고자 한다. 이것이 후대의 신조 작성자들이 무심코 저질렀던 일이기도 하다. 곧 예수님께서 실재했던 삶을 통해 보여주신 있는 그대로의 사실보다 좀 더 불가사이하게 보이게 하는 것이었다. 그런데 오늘날 우리들 역시 신약성경 면면에서 드러나는 그분의 모습, 즉 고난 당하시고 죽임 당하시고 부활하신 그분의 실재를 왜곡하고 싶어 한다. 그럼에도 성육신은 그런 왜곡과는 전혀 다른 양상을 보여준다. 신학적으로 볼 때, 인간의 육신을 입고 나타나신 하나님에 대한 아이디어는 정말 말도 안되는 것이다(고전1:18-21). 그러나 만일 성육신이 단지 신학적 사색이 아니라 행동을 강조하는 것이라면, 인간의 육신을 입으신 하나님의 성육신은 신학적 각색이 가미되지 않은 평범한 방법으로 발생할 것이다. 우리의 시각에서 볼 때, 하나님의 성육신은 우리가 예수님의 탄생 사건을 설명할 때 가미하는 기묘한 내용물—결코 배설하지 않는 암소, 결코 울지 않는 아기, 마구간에 묶여있는 동방박사의 낙타들—을 동반해야 한다고 생각한다. 벨리니처럼, 우리도 예수님의 성육신 사건에 성인들과 상징을 더하고 싶어 한다. 성인들과 상징들은 대칭적으로 배치되어 있고 일정한 순서에 따라 맞추어져 있어야 한다. 그리고 개개의 평범한 구성요소는 더 위대하고 더 영적인 의미를 암시해야 한다. 이렇듯 예수님과 관련하여 우리가 품을 수 없는 한 가지는 **평범**이다. 예수님의 평범함은 평범한 인간 존재가 어떻게 하나님과 같이 되는지에 대한 기반을 제공하며, 그분을 따르도록 우리를 부르신다.

만일 복음이 예수님의 삶에 나타난 사건들, 곧 그분이 하나님께서 보내신 구원의 메시아이심을 보여주는 사건들을 언급하는 것이라면, 그에 대한 우리의 적절한 응답은 단지 그분이 이루신 사역으로 인해 우리가 누릴 수 있는 유익에 의존하는 것이 아니라, 메시아이신 그분께 **개인적으로 헌신**하는 것이다. 이는 특히 로마서 10장 8절부터 9절까지에 기록되어 있는 선교적 설교와 그것이 요구하는 반응에 대한 바울의 요약에서 명확하게 드러난다. 즉 누군가 그리스도의 부활/승천하심을 배우게 되면, 그는 "예수님께서는 주님이시다"라는 말이 의미하는 바에 따라 그분께 개인적인 충성을 맹세하게 되는 것이다.

## 죽기까지 너 자신을 먹고 마시라

복음서에 관한 모든 기본적인 연구는 그리스도의 주되심이 매일 일상적인 삶 속에서 어떻게 드러나는지를 보여준다. 에스더나 다니엘 또는 요셉처럼 예수님께서도 세상 안에서 성장하셨다. 그러나 항상 세상과 적절한 거리를 유지하셨다. 그분이 어떻게 먹고 마셨는가, 또는 그분이 누구와 함께 먹고 마셨는가 보다 이러한 사실을 더 분명하게 보여주는 예는 없다. 사실, 복음서의 설명을 읽다보면 예수님의 삶 속에서 음식과 음료가 갖는 중심성에 대해 이해하게 된다. 예수님을 이해하려면 예수님께서 보여주신 독특한 식탁 예절을 주시해야 한다.

예수님께서 살아가시던 당시처럼, 오늘날 존재하는 거의 모든 문화에서 식탁은 공동체 생활의 중심이다. 식탁에서 음식을 함께 나누며 먹을 때, 공동체 (또는 가정)의 본질적 성격을 볼 수 있다. 한 가정에 손님으로 초대되어 식탁에서 함께 음식을 먹을 때, 우리는 그 가정생활의 면모들을 볼 수 있을 것이다. 식탁에서가 아니라면, 동일한 면모들을 보기 위해서는 수 주간의 시간이 걸리게 될 것이다. 어느 정도까지 음식을 함께 나누게 되면, 다른 일들을 통해서는 쉽게 드러나지 않는 일들을 분명하게 보게 된다. 당신은 모든 사람들은 가만히 앉아 있고 몇몇 사람들만 앞쪽이나 뒤쪽에서 특정한 역할들을 감당하는 교회 예배에 참석해 본 적이 있는가? 예배 중에 있는 그들을 봄으로써, 당신은 그들이 지니고 있는 문화에 관해 무언가를 알게 되었다고 생각할 것이다. 아마도 당신은 그들이 권위적인 남성들의 권위 아래 있는 남성지배적 공동체라고 믿을 수도 있다. 당신은 그들이 질서정연하고 평온하며 잘 구성되어 있다고 생각할 수도 있다. 그들의 자녀들이 공손하고 겸손하다는 결론을 내릴 수도 있다. 그러나 만일 당신이 강당에서 그들과 교제를 나누며 음식을 나누는 식사 자리에 초대될 경우, 당신은 전혀 다른 성격의 공동체가 당신이 생각했던 공동체 안에 함께 존재하고 있음을 알게 될 것이다. 이제 당신은 그 공동체가 실제로는 상당히 모계적이며, 그들의 자녀들은 야단법석을 떨며 놀기를 좋아한다는 것을 발견할 수도 있다. 당신은 교회 예배의 진행을 이끌었던 남성들이 식탁에서는 수동적이고 별다른 역할을 하지 않는다는 사실을 발견할 수도 있다. 함께 음식을 먹는 것은 음식을 함께 나누는 사람의 성격을 그대로 드러내는 것 같다.

   식탁은 모든 중요한 일에서 가장 중심적인 역할을 한다. 우리는 모든 종류의 식탁—부엌에 있는 식탁, 형식을 갖춘 식탁, 강가에 차리거나 별빛 아래 차린 식탁 등—을 만들어 낸다. 공동체를 위해 차린 식탁은 사람들 개인 간의 차이를 초월해서 사회적 기술을 익히고 친목을 도모하게 한다. 이러한 식탁과 같은 역할을 하는 것은 없다. 이는 전 세계에 걸쳐 동일하다. 특히 사업의 성사가 식사를 진행하는 중에 이루어져 식탁에서 계약을 체결하고 그 계약에 근거하여 상업적으로 동의한 내용을 체결하는 중동지방에서는 더더욱 그렇다. 사실, 식탁에는 올바른 것과 올바르지 않은 것을 정한 특별한 규정은 없다. 하지만 비록 그것에 대해 말로 나누지 않았음에도 서로가 함께 지켜야 할 일련의 기대와 예의는 존재한다. 19세기 여행가 H. B. 트리스트람H. B. Tristram은 중동지방의 잔치에 대해 다음과 같이 기술했다.

> 접대는 공식적인 일이다. 마당으로 들어가는 문과 집으로 들어가는 문이 …… 열려 있다 …… 길 위에 좁은 식탁을 차려 놓는 경우도 있으나, 더 일반적으로는 나무로 만든 아름다운 나무 접시들이 방의 중앙부를 따라 놓여 있다. 높이가 낮은 소파가 방 양편에 놓여 있는데, 거기에 손님들은 그 지위대로 자리를 잡는다. 그리고 그들은 왼쪽 팔꿈치로 소파에 기댄 채 양발은 식탁 반대방향으로 뻗는다. 입장하는 사람들은 모두 샌들이나 슬리퍼를 벗어서 문가에 놓고 들어간다. 하인들은 소파 뒤에 서서 넓고 얇은 대야에 올려놓은 손님들의 발에 물을 붓는다. 이러한 예법을 행하지 않는 것은 방문객이 매우 낮은 지위에 속한 사람이라는 것을 암시한다 …… 하인들의 뒤편에는 소일거리가 없는 마을 사람들이 가득 서 있는데, 그런 행동은 무례한 것이 아니었다.[2]

## 1. 시몬의 저녁식사 식탁

트리스트람의 설명은 바리새인 시몬의 집에서 음식을 드시던 예수님의 이미지를 떠오르게 한다(눅7:36-50). 이 사건은 음식의 자리에 참석하신 예수님과 관련해 일어난 문제를 가장 잘 보여주는 예다. 그 잔치 자리에서 모든 사람이 '죄인'이라고 부르는 여인이 물이 아니라 값비싼 향유로 예수님의 발을 씻기기 시작했을 때, 예수님께서는 트리스트람이 설명한 것처럼 기대어 계셨다. 그녀가 이 일을 한 것은 부분적으로는 예수님께서 시몬의 집에 도착하셨을 때,

시몬이 그러한 예의를 베풀지 않았기 때문이다. 그녀는 또한 분명히 이 일이 있기 전에 예수님께서 그녀에게 보여주신 은혜에 대한 깊은 감사의 동기로 이 일을 행했을 것이다. 어쨌든 이제 모든 사람이 알고 있는 선생(랍비)이신 예수님께서 시몬 같은 종교 지도자들과 함께한 식탁에서 이 '죄 많은' 여인이 하는 일을 물리치기를 거절하셨을 때, 그 즉시로 예수님 자신도 불명예스러운 무리의 일부가 되셨다. 그러나 예수님께서는 관습에 따라 부끄러워하시기보다는 오히려 시몬이 자신을 판단하고 있는 것, 저녁 식사와 관련해 기본적인 예의를 베풀지 않은 것, 그리고 회개한 여인을 정죄한 것 등에 대해 그를 꾸짖으셨다. 더군다나 예수님께서는 그 여인과 바리새인을 비교하시면서, 그녀는 올바르게 행동한 반면 시몬은 그렇지 않았다고 말씀하셨다. 이 말씀이 강하게 암시하는 것은, 시몬은 그에게 나타난 은혜에 대해 감사하지 않았다는 것이다.

예수님께서 얼마나 심하게 말씀하셨는지는 상상하기가 쉽지 않다. 만일 오늘날 집주인이 우리를 부당하게 대한다면, 우리는 그 자리에서 걸어 나오거나 불편함을 표현하는 것에 문제가 없을 것이다. 그러나 예수님께서 사역하시던 시대에서는 식탁에 초대된 손님은 모두 그 대접의 질과는 상관없이 누구를 막론하고 주인의 환대에 대해 감사를 표해야만 했다. 이것은 관습법으로 잘 정리되어 있었다. 물론 손님의 지위와 중요성에 맞지 않는 예절을 제공한 주인은 비난의 대상이 되었다. 하지만 주인이 대접하는 것이 무엇인지에 상관없이, 어쨌든 손님은 주인이 베푼 환대에 감히 자신이 그런 대접을 받을 자격이 없다는 말을 반복적으로 해야 했다. 따라서 자신을 초대한 주인이 보인 예절에 감히 불평을 제기한 예수님의 행동은, 당시의 관습에 비추어 볼 때 믿을 수 없는 것이었다. 고고학자 넬슨 글루엑Nelson Glueck은 요단강 녹의 벨라Pella 고대 유적지에서 아랍의 가정에게 제공받았던 경험을 말하며, 당시의 관습이 어떠해야 했음에 대해 소개했다.

우리는 마을의 촌장인 디아브 술레이만Dhiab Suleiman을 점심 때 만나서 환대를 받았다. 그의 차림새는 초라했고, 그의 집은 작았고, 마을 사람들은 가난에 찌들어 있는 데도, 그것이 그에게는 아무런 문제가 되지 않았다…… 우리는 펠라의 왕자와 관습에 따라 겸손한 예의범절을 교환하고 있었다. 우리는 그가 대접하는 커피를 마셨다. …… 우리는 그가 대접한 향기롭고 금방 구운 신선한 빵을 신 우유에 찍어 먹었다. 그리고 그가 삶아 껍질을 벗겨주는 계란을 먹었다. 우리는 그 모든 선대에 대해 적절한 감사를 표했다. …… 어떤 경우라도 우리는 그의 환대를 거절하거나 무시하거나 또는 그가 제공하는 보잘 것 없는 음식에 대해 동정을 표할 수 없었다. 나는 예전에 참석했던 수많은 화려한 잔치들에 대해 기억하지 못한다. 그러나 그와 더불어 나눈 빵은 결코 잊지 못한다.[3]

만일 환대와 수용에 대한 규칙들이 그렇게 대단하고 압도적인 것이라면, 시몬의 식탁이 예수님에 관해 드러낸 것은 무엇인가? 예수님께서 손님으로 마땅히 지켜야 할 고대의 관습을 깨뜨리시고, 주인을 과도하게 꾸짖은 이유는 무엇일까? 확실한 것은 단순히 시몬이 적절하지 못한 환대를 베푼 주인이었기 때문만은 아니라는 것이다. 사실, 이 질문에 대한 답변은 바로 예수님 자신의 성품에 근거하며, 또한 놀랍게도 식사, 즉 함께 나누고 먹은 식사가 해답을 제공한다. 예수님과의 대면에서 할 수 있는 유일한 선택은 믿음 아니면 공격이다. 예수님께서는 그분이 용서를 베풀 수 있는 하나님의 유일한 대리인이라는 사실을 명백히 알고 계셨다. 그러므로 예수님께서는 겸손과 참된 헌신을 기대하신다. 시몬이 베푼 식탁에서 예수님께서는 용서를 베푸시는 분으로 나타나신 것이다. 그리고 예수님께서는 그 여인에 대해 용서를 선언하셨다. 반면에 바리새인 시몬은 죄 사함에 대한 필요성을 전혀 느끼지 못하였기 때문에, 예수님께서는 시몬이 자신을 사랑하지 않는다고 꾸짖으시며 그에게도 동일한 것을 요구하셨던 것이다. 시몬의 식탁은 예수님께서 값없이 주시는 구원의 은혜를 드러내는 곳이기도 했다. 그 구원은 오직 믿음으로만 받을 수 있는 것이었다. 또한 그 식탁은 우리에게 여성이 지닌 타고난 가치에 대한 예수님의 평가에 대해서도 생각하게 한다. 예수님께서는 남성의 잔치 자리였음에도, 이 '죄 많은' 여인을 가장 큰 믿음으로 회개하고 헌신한 사람으로 인정하셨던 것이다.

식사를 나누는 것과 같은 가장 평범하고 일상적인 자리에서도 메시아이신 예수님의 성품은 있는 그대로 드러난다. 나쁜 평판의 한 여인이 자신을 낮추어 발에 입맞추고 그녀의 눈물이 그분의 발등에 떨어지고 그녀의 길고 풍성한 검은 머리와 눈물이 먼지를 닦아 내는 동안, 예수님께서는 명백히 구원자로서 자신을 드러내셨다. 빵과 소스가 있고 아마도 양고기와 다른 향신료들이 있었을 식탁 너머로, 예수님께서는 참석한 모든 사람에게 값비싼 충성을 요구하신다. 고대 세계에서 왕이나 황제가 이와 유사한 충성을 요구했다. 이런 요구는 보통 전쟁터에서 군대가 자국 군주의 칙서를 발표할 준비가 되었을 때 행하던 것이었다. 그런데 지금 그리스도의 입술을 통해 그와 동일한 명령이 나온 것이다. 하지만 이 명령은 전쟁터에서 포고한 것이 아니라, 평범한 저녁식사 식탁에서 나왔다.

## 2. 제자들의 야외 식사

누가복음 6장에서 예수님께서는 그분의 식사습관 때문에 다시 한 번 비판을 받는다. 이번에는 제자들의 식사습관까지 비판을 받았다. 어느 안식일 날, 추수할 때가 이르러 잘 익은 밀밭 사이를 통과하다가 예수님과 제자들은 배가 출출함을 느꼈다. 아마도 상당히 배가 고팠을 것이다. 그들은 가난했고 게다가 일 년 중 가장 더운 계절에 이리저리 유랑하던 공동체였기 때문이었다. 팔레스타인의 따뜻한 요단 계곡에는 4월에 밀이 익는다. 반면 요단 건너편과 갈릴리 바다 동편에는 8월에 밀을 추수한다. 따라서 우리는 예수님과 제자들이 도착한 추수할 때가 된 밀밭이 어디였고 또 언제였는지 알 수는 없다. 그러나 예수님과 제자들이 밀을 따서 손바닥 사이에 넣고 비벼 겨를 떨어내고 먹어야 했을 정도로 배가 고픈 상황에 처해 있었다는 것은 알 수 있다. 물론 유대인들의 법에는 이런 상황에 처한 사람들을 위해 식량을 제공하는 규정이 있었다. 다른 사람의 곡식을 추수하거나 훔치는 것은 엄격하게 금지하고 있었으나, 굶주린 여행자들이 약간의 곡식을 취하는 것은 허용이 되었다.

네 이웃의 곡식밭에 들어갈 때에는 네가 손으로 그 이삭을 따도 되느니라
그러나 네 이웃의 곡식밭에 낫을 대지는 말지니라(신23:25)

뜨거운 여름 햇빛이 머리 위로 내려 쬐이고 있을 때, 굶주린 여행자들이 농부의 자비에 감사하며 마른 곡식을 우적우적 씹어 먹고 있는 장면을 상상해 보자. 하지만 이처럼 소박한 길가의 식사마저도 당시 종교 지도자의 관심 대상이 되었다. 바리새인들은 예수님을 정죄할 또 다른 이유를 찾아냈다. 그것은 먹는 것과 관련이 있었다. 사소한 모든 것을 따지는 그들의 율법주의에 근거하여 이들은 끊임없이 하나님의 법을 그들이 만들어 놓은 무거운 전통 아래로 묻어 버렸다. 그들은 예수님께서 제자들로 하여금 안식일에 밀을 따서 비벼먹는 '일'을 하도록 허용함으로써 안식일을 범하도록 했다고 비난했다. 랍비들은 수많은 하부 항목으로 세분화된 39개의 주요 일들의 목록에 대해 잘 알고 있었다. 예를 들면, 이들은 곡식의 알곡 부분을 뜯어내는 행위는 추수하는 것으로, 곡식을 비비는 행위는 탈곡하는 행위로 간주한다는 것을 잘 알고 있었다. 이제 그들은 이와 같은 기술적인 내용을 들고 와서 지체 없이 예수님을 압박했다.

그런데 이에 대한 예수님의 반응은 담대하고도 깜짝 놀랄 만한 것이었다. 예수님께서는 유대인의 역사를 거슬러 올라가 과거 다윗 왕과 굶주린 그의 병사들이 놉에 도착해서 제사장에게 떡을 공급해줄 것을 요구했던 사건(삼상21장)

을 인용하셨다. 그 때 제사장 아히멜렉은 제단 위에 진설해 놓은, 이스라엘의 열두지파를 상징하는 열두 개의 거룩한 떡 외에는 나누어 줄 떡이 없다고 말했다. 그 구별된 거룩한 떡은 제사장 외에는 누구도 먹지 말아야 하는데도, 하나님께서 기름 부어 미래 이스라엘의 지도자로 세우신 다윗은 그 떡들을 받아먹었다. 왜냐하면 당시 그와 그를 수행하는 무리들은 심하게 굶주린 극심한 상황에 있었기 때문이다. 예수님의 논리는, 만일 하나님께서 지명하여 세우신 지도자가 필요로 하는 경우 율법(거룩한 떡은 결코 먹어서는 안 된다)에도 예외적인 경우가 있을 수 있다면, 지금이야말로 그러한 예외 규정을 적용해야 할 때라는 것이었다. 이로써 예수님께서는 그분 자신을 이스라엘의 가장 위대한 왕이요 그분의 조상인 다윗과 동일시하고 계신 것이었다. 그러나 늘 그러셨듯이 예수님께서는 이보다 한 걸음 더 나가셨다. 즉 이 비교를 바리새인들에게 더욱 각인시키시기 위해 예수님께서는 이것을 더욱 명확하게 하셨던 것이다. "인자가 안식일의 주인이니라"(눅6:5) 만일 예수님께서 성급한 행동을 하셨다면, 그것은 '죄인'과 소외된 사람들을 희생시키는 대가로 바리새인들이 행사해 온 종교적 배타주의에 대하여 그러셨던 것이다.

시몬의 집에서 드신 식사가 죄를 사하시는 예수님의 정당한 능력을 드러낸 것이라면, 길가에서 행한 이 식사는 모세의 율법에 대한 그분의 정당한 주권을 드러낸 것이다. 물론 양자 모두가 바리새인들에게는 굉장한 신성모독이었다. 이 두 가지 사건은 예수님을 죽일 만한 이유로 충분하였다.

### 3. 삭개오의 회개 식탁

이 후 예수님께서는 여리고에 도착하셨을 때 사람들이 그분에 대해 품고 있던 일반적인 의심, 즉 예수님께서 랍비로서 인정받을 만큼 거룩하지 않다는 의심을 더욱 강화하는 일을 하셨다. 여리고는 부유하고 현대적인 도시로 수많은 부유한 무역상과 사업가들이 살고 있던 곳이었다. 헤롯대왕은 상당한 세수원인 여리고의 유명한 종려나무와 발삼나무 숲 근처에 화려하게 장식한 뜰이 있는 겨울 궁을 건설했다. 여리고에 살고 있던 사람들 중에 삭개오라는 사람이 있었는데, 그는 로마 권력자들과 밀접한 친분 관계를 통해 상당한 권력과 부를 축적한 세관장이었다. 우리는 그에 대해 실질적으로 아는 것이 많지 않다(눅 19:1~9을 보라). 그렇지만 우리는 그가 다른 사람들을 착취한 대가로 얻은 불의한 재물들로 사치스러우면서도 상당히 향락적인 삶을 살고 있었다고 가정할 수 있다. 우리가 확실히 알 수 있는 것은 예수님께서 그를 바라보시자마자, 그가 예수님을 자신의 저녁식탁에 초대했다는 것이다.

당연히 이와 같은 삭개오의 행동은 당시 모든 사람에게 상당히 충격적이었다. 지금 예수님께서는 그 지방의 가장 부유한 도시 중 한 곳에 도착하셨고, 또 가장 유복한 시민들 중 한 사람의 집에 머물도록 초대받으셨다. 예수님과 그의 굶주린 제자들은 여행 중에 손으로 곡식을 비벼 먹은 적이 있다. 그런데 지금은 세관장인 삭개오의 호화스러운 집에 머물고 있는 것이다. 예수님께서 탄생하실 때 경배하러 왔던 목동들, 바리새인 시몬의 집에서 눈물을 흘리던 여인, 그리고 '안식일에 관한 규례를 어긴' 제자들처럼, 삭개오 역시 주변 사람한테서 공개적으로 '죄인' 취급받던 사람이다. 그는 로마 침략자의 협력자요, 백성의 고혈을 짜서 자신의 이익을 삼은 사람이다. 바로 그런 사람에게 예수님께서 고개를 돌리신 것이다.

삭개오가 차린 식탁에서 예수님께서는 그분의 성품 이상의 것을 보여주신다. 삭개오 사건은 신앙을 가진 사람이 예수님과 대면하게 될 때, 예수님께서 그 사람의 의지와 우선순위에 변혁을 일으키신다는 사실을 극적으로 예시하는 사건이다. 예수님의 은혜에 압도된 삭개오는 자신과 같이 사회적으로 소외된 자들과 식탁을 기꺼이 나누려 했다. 그는 자신의 재물 중 절반을 가난한 사람들에게 나누어 주고, 또 그가 탈취한 사람에게는 그것의 네 배를 갚겠다고 맹세까지 했다.

예수님께서는 용서하신다. 예수님께서는 모세의 율법을 성취하시며 완성하신다. 예수님께서는 우리로 하여금 회개하고 새로운 삶을 살도록 능력을 더해 주신다. 이와 같은 교리적 진술이 지금까지 우리가 살펴본 예들 속에서 어떻게 드러났는가? 그것은 식사를 함께하는 것을 통해 드러났다. 이런 방식을 통해 복음서 저자들은 우리에게 예수 그리스도에 대한 신학적 진리만을 가르치는 것이 아니라, 이러한 진리가 어떻게 전달되어야 하는가에 대해서도 보여주는 것이다. 시몬의 식탁에서 일어난 사건에 대해 읽은 후, 나는 예수님께서 주시는 용서를 갈망해야만 했고, 독실한 신자인 체하는 사람들과 회개하는 사람들에게 '왜 그리스도이신지'에 관한 무언가를 보여주어야만 했다. 삭개오가 등장하는 짧은 이야기를 읽으면서, 나는 나 자신의 탐욕에 대해 회개할 필요를 느꼈고 초대자가 얼마나 부당한 사람인지와는 상관없이 타인의 호의를 받아들이는 것에 대해 배웠다. 이런 식으로 나는 복음에 관해 배우고 있다. 또한 복음을 행하는 것에 대해 배우고 있다.

## 4. 가나 혼인 잔치의 식탁

예수님께서 나누신 모든 식사 가운데 최후의 만찬을 제외하고는 가나의 혼인 잔치에서 나눈 식사야말로 가장 놀라운 식사이다. 아마도 이는 그것이 메시아께서 행하신 이적 가운데 첫 번째로 행한 것이라고 하기에는 적절치 않아 보이기 때문일 것이다. 북쪽의 갈릴리에 위치한 가나는 북부지방에 위치한 전형적인 작고 소박한 마을이었을 것이다. 오래 전부터 북방에 있는 이방국가들의 압박 때문에, 그리고 이방 나라인 사마리아와 페니키아, 그리고 시리아에게 둘러싸인 관계로 갈릴리 지방은 유대 팔레스타인의 나머지 지역과는 다소 분리되어 있던 지역이다. 그 결과 헬라화가 극도로 치달았을 때, 갈릴리는 헬라화가 진행되기 가장 쉬운 지역이 될 수밖에 없었다. 말하자면 갈릴리는 여전히 유대인으로 남아 있기는 했으나, 원래 그들이 지니고 있던 히브리적 특징과 기풍을 대부분 상실하고 말았다. 마카비왕조의 봉기가 진행 중이던 때(주전 167-143), 갈릴리 지역에 머물고 있었던 충실한 유대인들은 북쪽 거주민들이 소유하고 있던 비종교적 문화의 '오염'을 피하기 위해 남부로 이주해 갔다. 그리고 마카비왕조가 독립을 성취했을 때, 정통 유대인들은 다시 갈릴리지방으로 이주해 갔다. 이러한 점과 함께 갈릴리 주민들이 지니고 있던 문화적 다양성이 복합적으로 어우러져서 당시 남쪽 유대인들은 이 지역을 멸시하고 있었다.

이 모든 것이 요한복음 1장 43절부터 51절까지에 등장하는 빌립과 나다나엘의 다소 우스운 대화가 어디에서 연유하는지를 설명해 준다. 최근 예수님을 만난 빌립은 흥분하여 나다나엘에게 자신이 만난 랍비를 만나보라고 청하면서 다음과 같이 말한다. "모세가 율법에 기록하였고 여러 선지자가 기록한 그이를 우리가 만났으니 요셉의 아들 나사렛 예수니라" 이 말에 대해 나다나엘은 다음과 같은 말로 반응한다. "나사렛에서 무슨 선한 것이 날 수 있느냐"

이 후 니고데모가 바리새인 앞에서 최소한 예수님이 주장한 내용을 면밀히 살펴보아야 한다고 제안하면서 예수님을 변호할 때, 바리새인들은 "너도 갈릴리에서 왔느냐 찾아 보라 갈릴리에서는 선지자가 나지 못하느니라"(요7:52)라고 말하면서 니고데모를 조롱했다.

그리고 우리가 이미 살펴보았듯이, 갈릴리 사람조차도 예수님께서 이 모든 아이디어를 어떻게 얻었는지에 대해 의아해 하며 회의적인 태도를 보였다. "이 사람이 마리아의 아들 목수가 아니냐 야고보와 요셉과 유다와 시몬의 형제가 아니냐 그 누이들이 우리와 함께 여기 있지 아니하냐"(막6:3) 그들은 자신들의 이웃과 친구들 중에서 위대한 랍비와 위대한 종교 지도자로 성장하거나 자신을 메시아라고 주장한 사람이 없다는 것을 잘 알고 있었다.

이 모든 사실을 통해 우리는 갈릴리 사람의 결혼식이 조잡하게 준비된 잔치였을 것이라고 추정해 볼 수 있다. 다른 많은 중동지방의 결혼식처럼, 결혼잔치는 최장 8일 동안 계속되었을 것이고, 흥청망청 먹고 마시는 일과 시끄러운 축하잔치를 포함하고 있었을 것이다. 중동문화에서는 아버지가 젊은 딸이 태어난 날을 정해 결혼식을 준비했다. 매년 아버지는 자신의 가족이 식탁에서 나눌 포도주를 주조하여 항아리에 담아 둘 때마다 딸의 결혼식 때 사용할 항아리를 한 항아리씩 빼서 따로 보관했다. 소녀들의 나이가 열다섯, 열여섯 살이 되기 전에 결혼하는 경우가 있었으므로, 가장 부지런한 아버지일 경우 열다섯에서 열여섯 항아리의 포도주를 지하실에 저장했을 것이고, 그중 일부는 최상급으로 숙성되었을 것이다. 딸의 결혼식 피로연에서는 숙성 정도에 따라 포도주를 내오게 했는데, 이렇게 함으로써 최상의 포도주가 가장 먼저 나오는 것이 당시의 관습이었다. 가장 최근에 담근 포도주는 가장 늦게 나오게 되는데, 그렇게 하면 모두가 너무 취해서 포도주 질의 차이를 구별하지 못했기 때문이다.

요한복음 2장에서 우리는 모든 포도주가 바닥이 나 버린 갈릴리인의 혼인잔치에 대한 설명을 볼 수 있다. 아마도 결혼식 하객들이 열여섯 개의 포도주 항아리를 모두 소비했기 때문에 발생했을 텐데, 어쨌든 이것은 전혀 예상치 못한 상황이었다. 물론 이는 신부 아버지의 무책임으로 딸 결혼식에 맞게 포도주를 준비하지 못했기 때문에 발생한 일일 수도 있다. 그것도 아니면 혼인 예식을 치룬 가족이 너무 가난해서 손님들을 위해 충분한 양을 준비하지 못했기 때문일 수도 있다. 어떤 경우가 되었든, 우리가 이미 본 것처럼 손님을 위해 음식 또는 포도주를 충분히 제공하지 못하는 것은 잔치를 베푼 주인이 갖게 될 가장 심각한 사회적 수치 중 하나였다. 주인의 딸 역시 손님을 잘 대접하지 못한 결혼식 잔치를 기억하면서 공동체 안에서 수치심을 느끼게 될 것이다. 오늘날 우리가 이로 인해 느끼게 될 딜레마가 어느 정도였을지를 가늠하기는 쉽지 않다. 그러나 예수님의 모친께서 자신의 친구가 경험하게 될 수치를 신각하게 고려해 말했던 것으로 미루어 보아 어느정도 가늠해 볼 수는 있다. 우리가 잘 알고 있듯이 이런 상황을 맞아 마리아는 예수님께서 이 문제에 대해 관심을 보이라고 요청했다. 이적을 통해 경건한 유대인들이 정결의식으로 사용하는 물을 최상의 숙성된 120갤런(약 460리터)의 포도주로 만드시기 전, 예수님께서는 모친의 암묵적인 요청을 퉁명스럽게(또는 익살스럽게) 거절하셨다. 다른 말로 하자면, 예수님께서는 술 취한 갈릴리인들의 잔치를 더욱 원활하게 하기 위해 거룩한 것과 세속적인 것 간의 종교적 분리에 대한 상징들을 사용하셨다. 하지만 그렇게 하심으로써 예수님께서는 그의 대적들에게 공적사역의 남은 기간 동안 자신을 따라다니며 공격할 주제를 한 가지 만드신 것이다.

> 인자는 와서 먹고 마시매 너희 말이 보라 먹기를 탐하고 포도주를 즐기는 사람이요 세리와 죄인의 친구로다 하니(눅7:34)

가나의 혼인 잔치는 여러 가지 면에서 불편함을 준다. 단지 술에 관한 것 자체만으로 많은 기독교인을 불편하게 할 뿐 아니라 또 다른 차원에서 기적 자체가 우리를 당황스럽게 한다. 이 사건 이후 우리는 예수님께서 능력과 권세로 치유가 불가능한 질병을 고치시고, 군대 마귀를 쫓아내시고, 자연적 요소를 변형하시는 것—약간의 음식을 가지고 수천 명을 먹이시는 것이나 바다에서 작렬하는 파도를 잠잠케 하시는 것—을 보게 된다. 반대자들의 코앞에서 나사로를 죽은 자 가운데서 살리신 예수님의 극적이고 확연한 행동은 그분을 이스라엘의 종교적 그리고 정치적 위협으로 본 사람들에게는 더 이상 묵과할 수 있는 것이 아니었다. 이와 같은 기적 모두가 필요하고 중요한 것으로 보인다. 그러나 갈릴리의 혼인 잔치에서 기적을 베푸는 것으로 공적사역을 시작하시는 것은 다소 경박해 보일 뿐 아니라 심지어 지나친 남용으로까지 보이기도 한다. 그러나 그렇게 보는 것은 예수님께서 사역하시던 당시의 문화를 전혀 알지 못하는 서구인에게나 해당하는 사항이다. 가나의 식탁은 우리에게 예수님께서 우리의 육체적 질병이나 배고픔만큼 우리의 사회적 수치에도 관심이 있으시다는 것을 알게 해준다. 사실, 가나의 혼인 잔치에서 베푸신 기적으로 공적사역을 시작하신 것은 정말이지 완벽한 것이었다. 이것은 성스러운 것과 세속적인 것을 나누는 종래의 구분을 파하는 사건이었다. 또한 함께 축하하며 먹고 마시는 공동체의 일원이 되는 일상사를 성화시키는 사건이었다. 이 공동체에는 하나님의 보호와 관심 안에서 근면하게 일하지만 비종교적인 '죄인'까지 포함되어 있었다. 먹고 마시는 일로 인해 비난을 받으신 분이 제자들에게 당신께서 그들과 함께 할 것이라—그분의 죽음과 부활 이후에도—는 사실을 기억시키기 위해 뭔가 경이로운 일을 하셨다는 사실 자체가 놀라운 일 아닌가? 예수님께서는 제자들에게 그분을 기억하면서 먹고 마시라고 말씀하신다. 이런 말이야말로 참으로 용감한 말이다.

그렇다면 기독교인들이 나누는 성만찬은 거룩하거나 범접할 수 없는 것이 아니라 잔치를 나누는 자리, 즉 우리와 함께 먹고 마시는 분의 임재를 즐기는 장소여야 한다. 그러나 오늘날 우리는 거꾸로 그것을 예수님께서 가나의 혼인 잔치에서 발견하신 정결의식에 사용하기 위해 한쪽에 놓여 있던 물이 담긴 돌 항아리로 바꾸어 버렸다. 따라서 이제 성만찬은 먹고 마시는 것을 이유로 잘못된 비난을 받으신 분이 관대하게 베푸시는 도량에 함께 참여하는 것이 아니라, 거룩한 것과 거룩하지 않은 것을 분리하는 것을 대표하는 것처럼 되었다. 하지만 예수님께서는 그 항아리들을 풍성하고 붉게 잘 익은 포도주로 채우셨던 것처럼, 오늘날의 성만찬 역시 우리를 만족케 하고 풍성케 하시는 사랑과 환대의 잔치로 채우시고자 하신다.

## 우리의 식탁 나누기

1571년에 태어난 미켈란젤로 메리시Michelangelo Merisi는 그가 태어난 마을인 카라바조Caravaggio라는 이름으로 유명해졌다. 지루한 수습 생활을 마치고 난 후, 그는 로마로 여행을 떠났다. 그리고 20세가 되었을 때, 그는 불같은 성격과 기질 때문만이 아니라 논란의 대상이 된 화법 때문에 자신이 그린 그림에 대해 악평을 들었다. 그는 '진리'라고 말하는 것을 묘사하는 그림을 그리는 것을 목표로 삼고 있었다. 하지만 그는 종교 대상을 자연스럽고 일상적인 것으로 보이게 하는 자신의 그림들로 인해 심각한 비난을 받았다. 이러한 적대적 반응에도 불구하고 카라바조는 몇 가지 대작을 그릴 수 있는 기회를 위탁받았다. 비록 의뢰인들이 불경스러움이나 신학적 오류를 이유로 그가 그린 작품들 중 많은 수를 거부하기는 했으나, 일부 사람들은 그의 스타일을, 꿈꾸는 듯 보이며 고도로 양식화 된 종교적인 이미지만을 만들어 내는 맥 빠진 스타일의 매너리즘 Mannerism*을 대체하는 환영할만한 새로운 스타일로 보기 시작했다. 카라바조의 그림 속에 등장하는 성경 인물들은 일반인처럼 보였고, 그들의 얼굴은 두려움이나 분노 또는 연민이 묻어나 있었다. 그는 내세의 영역에 속해 있던 성경을 17세기 로마의 거리와 식탁으로 옮겨왔다.

그가 그린 두 점의 그림, 즉 <엠마오의 저녁식사>Supper at Emmaus(1601, 1606)라는 제목이 붙은 그림들보다 이 점을 더 잘 보여주는 것은 없다. 누가복음 24장에 기록되어 있는 사건에 기초한 두 그림은 카라바조의 거장다운 재능을 잘 보여주는 실례다. 두 그림은 부활하신 예수님과 두 제자의 만남을 묘사하고 있다. 얼마 동안을 예수님과 더불어 여정을 함께 한 후, 두 제자는 예수님께서 축사하시고 떡을 떼시는 식사 중에 그분이 누구이심을 인식한다. 이 두 그림에서 나타나는 흥미로운 점은 두 그림의 구성이 거의 같은 방식이라는 점이다. 예수님께서는 식탁에 앉아 음식에 축사하시고, 놀란 제자들은 그분의 옆자리에 앉아 있다. 가장 흥미로운 것은 두 그림 사이에서 드러나는 약간의 차이다.

첫 번째 그림에서, 제자들은 일반 노동자처럼 보인다. 한 명은 의자에서 당

---

* 16세기 유럽에서 발달한 미술사조—역주.

**카라바조(1573~1610), <엠마오의 저녁식사>(*Supper at Emmaus*, 1601).**
영국 런던의 국립 미술관 소장.
사진출처: The Bridgeman Art Library-GNC media 승인후 사용.

장이라도 박차고 일어날 것 같고, 다른 한 명은 그의 팔을 양 편으로 넓게 휘젓고 있다. 두 제자는 자신들이 부활하신 예수님과 더불어 음식을 나누고 있다는 것을 인식하면서 놀라고 있다. 반면 예수님의 오른쪽 어깨 위에는 여관주인이 이 드라마틱한 순간을 관찰하면서도 다소 소극적으로 이 장면을 지켜보고 있다. 식탁 위에는 흠잡을 때 없이 진열된 떡과 가금류, 과일과 포도주에 대한 생생한 장면이 묘사되어 있다. 이 그림은 명암의 배분과 강력한 원근법을 사용하여 감정을 매우 잘 전달한다. 위쪽에서 쏟아져 내려오는 빛은 제자들이 급작스럽게 인식했던 당시 순간의 장면을 조명한다. 이 그림은 이 이야기의 절정인 보는 것이 인식하는 것으로 바뀌는 순간을 잘 포착한다. 따라서 카라바조의 그림에서 전형적으로 나타나는 빛은 단지 조명을 나타내는 것일 뿐 아니라 일종의 비유를 나타내는 것이기도 하다. 이 그림은 특정 대상을 모델로 해서 그 대상들을 눈에 보이게 한다. 그리고 동시에 순간적으로 사라져 버릴 계시나 비전을 영적으로 묘사하기도 한다.

　5년 후, 그에게 그림을 의뢰했던 많은 교회가 돌연 그의 그림을 거절함으로 생활이 매우 힘들었던 시기에, 카라바조는 동일한 주제로 돌아가 사실상 그 그림을 다시 그렸다. 그런데 이번 그림은 앞의 그림과는 전혀 다른 인상을 주었다. 이번 그림의 배후에 있는 그의 신학적인 배경은 이전의 그림을 그릴 때와 달랐다. 이번 그림에서는 색깔과 운동감을 한층 억제하였다. 비록 여전히 놀라움을 드러내고 있기는 하지만 제자들은 좀 더 과묵하고 자연스러운 반응을 드러낸다. 그림의 전반적 인상은 첫 번째 그림에 비해 좀 더 경건하고 덜 상징적이며 덜 감성적이다. 생생하고 화려한 장면 대신 식탁에는 떡과 그릇 하나, 양철 접시 하나, 그리고 주전자 하나만 있을 뿐이다. 비록 예수님의 왼쪽 어깨 위로 자리가

카라바조(1573~1610), <엠마오의 저녁식사>(*Supper at Emmaus*, 1606).
이탈리아 밀란의 브레바 미술관
사진출처: SCALA ARCHIVES 승인후 사용.

옮겨지기는 했지만, 여관 주인은 첫 번째 그림과 매우 비슷해 보인다.

아마도 두 번째 그림의 가장 큰 차이는 새로운 다섯 번째 인물을 포함했다는 데 있는 것 같다. 제자들과 여관주인 뒤편 그림자가 드리운 곳에 늙은 하녀가 서 있는데, 고개를 숙인 그녀의 얼굴이 진한 선으로 그려져 있다. 그녀는 빈 그릇을 들고 있으며 자신만의 생각에 깊이 매몰된 채 진행되고 있는 저녁식사에는 전혀 관심이 없어 보인다. 그녀가 그림에 포함되어 있는 것은 좀 이상한 일이다. 첫 번째 그림에는 그녀가 없었을 뿐더러, 그녀가 그림의 상단 우측에 있는 것도 그림의 구성상 균형이 맞지 않는다. 1601년에 그린 첫 번째 그림은 소극적으로 서 있는 여관주인의 자세와 팔을 흔드는 제자의 배치로 구성이 완벽했다. 반면 1606년의 그림은 구성에 있어 매우 어색해 보인다. 마치 늙은 하녀의 상체가 그림의 한 구석에서 표류하는 듯해 보인다. 그녀를 그림에서 빼 버린다 해도 전체 구성상 아무런 영향을 미치지 않을 것 같다. 그렇다면 그녀는 누구이며, 카라바조가 그녀를 그의 두 번째 그림에 삽입한 이유는 무엇일까? 그녀는 오랜 세월 동안 예술사가들의 고민의 대상이 되어 왔는데, 여기서 내 견해를 잠시 밝혀보고자 한다. 아마도 그녀는 시몬의 식탁에 등장한 창녀이거나, 세리장 삭게오 또는 베들레헴에서 양떼를 지키던 목자들을 상징하는 인물일 것이다. 또한 그녀는 아무도 기억하지 않으나 예수님의 식탁에 다가갈 방법을 모색하는 일상에 존재하는 주변적 인물을 대표할 것이다. 늙은 하녀를 조심스럽게 살펴보자. 그녀는 고통스러운 삶의 무게를 지고 있는 듯하다. 예수님께서 이 땅에서 사역을 하시던 때의 세상은 당연히 남성들의 세상이었다. 그런데 그녀는 가난하고 늙었으며, 집에서 그녀를 돌보아줄 가족이 없는 하녀에 불과했다.

하녀의 삽입은 카라바조에게 그림을 주문한 교회 지도자들의 마음을 언짢게 했을 것이다. 지오바니 벨리니의 그림에는 아기 예수님이 성인들과 학자들에게 둘러싸여 있던 반면, 카라바조의 그림에 등장하는 부활하신 예수님은 가난하고, 교육을 받지 못했으며, 모든 사람의 기억에서 잊혀질 인물들에게 둘러싸여 있다. 어떤 학자들은 그 여인은 아마도 카라바조 자신을 상징하는 것이라고 제안하기도 했다. 그녀가 소외받은 여인—부유한 남성들의 세계에 있는 가난한 여인—이었던 것처럼, 1606년 카라바조 자신도 당시 교회로부터 점차 소외받고 있는 것으로 느껴졌다. 모든 것이 획일적이었던 시절에 진보적이고 열정적이고 혁신적이었던 카라바조는 교회가 반대하는 모든 것을 상징했다. 도덕적으로 의심받던 양성애자요, 과격한 기질로 싸우기를 좋아했고, 작품의 진위에 대해 끊임없이 질문을 받았던 카라바조는 자신의 작품에 대해 교회가 의심의 눈초리로 볼 것을 알고 있었다. 그런데도 그는 종교적 주제들에서조차 현실주의를 고집했고, 이것은 그의 후원자들의 심기를 매우 불편하게 했다. 그는 여기 <엠마오의 저녁식사>(1606)에서도 부활하신 예수님께서 차분한 몸짓으로 빵을 들어 축사하시는 식탁에 외부인을 함께 포함시켰던 것이다.

나는 지속적으로 관심 있게 이 그림을 바라보았다. 내 눈은 수심에 차 있는 늙은 하녀에게 끌렸다. 그녀는 우리 모두가 부르심을 받은 선교 현장을 대표한다. 만일 예수님께서 기독교 선교의 중심이시라면, 하녀는 선교의 대상을 대표한다. 야만적이고 자본주의가 만연하고 폭력이 난무한 이 세상에서, 그녀는 점령당한 이라크인, 팔레스타인인, 카시미르인, 티베트인 그리고 체첸인을 상징한다. 그녀는 오스트레일리아 원주민일 수도 있고 또는 나이지리아의 오고니Ogoni족일 수도 있으며, 터키의 쿠르드족이나 인도의 불가촉천민the Dalits, 아니면 소수 원주민Adivasis일 수도 있다. 수심에 차 있는 여인은 댐 건설이나 개발 계획 등으로 인해 그들의 땅에서 떠날 수밖에 없었던 수백만 명의 사람 또는 그들의 자원을 착취당한 채 매일의 삶을 약간의 물과 피난처 등에 의존하며 생존을 위해 잔혹한 삶을 살아가야 하는 사람을 대표할 수도 있다. 그녀는 나와 독자의 이웃들을 상징한다. 비록 여전히 그리스도와 더불어 음식을 나누고자 하는 그들의 열망을 인식하지 못한다 하더라도, 그녀는 사회에서 추방당한 동성애자 공동체, 노숙자, 중독자 그리고 사회의 소외된 지역에서 고통받으며 예수님의 식탁에 동참하기를 갈망하는 사람에게 나의 관심을 집중하게 했다.

## 우리 모두를 위해 유수자가 되시다

예수님께서는 상당수의 평범한 사람들에게 둘러싸인 채 이 세상으로 스스로를 '유수'시키셨다. 예수님을 둘러싸고 있던 사람들 중 상당수가 사회에서 버림을 받은 유수자들이었다. 예수님께서 성인으로 성장하셨을 때, 그분의 놀라우신 메시아적 성품은 그분이 음식을 나누시던 식탁에서 드러났다. 그분께서는 늙은 하녀, 양성애자인 화가, 긴 머리카락을 가진 창녀, 굶주린 어부 그리고 부유하지만 불결한 허풍선이와 더불어 저녁을 드셨다. 그분의 복음은 그분의 입술을 통해, 그리고 고통스러운 죽으심과 놀라운 부활하심에서 가장 강력하게 표현된 그분의 행동을 통해 드러났다. 십자가 위에서 예수님께서는 **엘리 엘리 라마 사박다니**—"나의 하나님 나의 하나님 어찌하여 나를 버리시나이까?"—라고 부르짖으셨다. 그분의 유수가 완성된 것이다. 유대인이 바벨론으로 끌려갔던 것처럼, 예수님께서는 우리의 죄를 지시고 수치스러운 로마의 십자가 위에서 죽음 선택하심으로써 하나님의 보좌에서 쫓겨나셨다. 십자가를 지시는 그 순간 더 이상 하나님의 함께하심을 보실 수도 느끼실 수도 없으셨다. 유수의 고통이 너무 엄청나서 거의 감당할 수 없을 정도였다. 우리를 위해 죽으심으로 우리를 대속하셨던 것이다. 그 결과 비록 우리가 둘러싸여 있는 세상에서 유수되어 있다고 느낀다 하더라도, 결단코 하나님과 그분의 놀랍고도 끝없는 사랑에서만큼은 유리되지 않을 것임을 확신할 수 있게 되었다. 예수님께서는 우리를 위해 스스로 유수의 고통을 감당하셨다. 그분에 대한 우리의 신앙은 하나님과 그분의 외아들이신 예수님의 존재하심 안에, 우리 각자를 위한 한 본향이 있음을 확신하게 해준다. 그 본향을 발견함으로써, 우리는 우리가 살아가고 있는 후기 기독교 세계 안에서 당하는 유수의 고통을 벗어날 수 있다. 그렇게 될 때, 우리는 소외되고 무시당하는 사람들과 더불어 식탁을 함께하심으로 순전한 능력을 모범으로 보이신 예수님의 예를 따르는 데 더 큰 자유를 누리게 된다. 확실히 이것이 선교적 활동―은혜, 사랑, 환대, 관용―의 핵심이다. 우리의 상상력의 한 가운데 계신 예수님과 더불어, 이러한 요소는 오늘날과 같은 현대판 유수적 삶에서 선택사항이 아니라 필수사항이 된다.

# 예수님을 따라 유수자로

기억: 예수님께서는 우리의 기준이 되시며 모범이 되신다

하나님의 친구들은 하나님을 사랑해야 한다.
그리고 그 사랑은 여기 이 땅에 있는 모든 것들에 대한
그분의 사랑과 연합하는 데까지 나가야 한다.

_시몬느 베이유Simone Weil

---

최근 텍사스에서 내가 새롭고 멋진 방식의 교회 예배에 대해 관심을 갖고 있다고 오해하는 한 젊은 기독교인을 만났다. 내가 교회의 혁신적이고 선교적인 존재양식에 대해 저술과 강연을 한다고 언급했을 때, 사람들은 '기상천외하고 최신 유행의 새로운 현대문화와 고도의 연관성을 갖는 예배 스타일'에 대해 말하는 것으로 이해한 것 같다. 나의 의도와는 전혀 상관없이, 내가 사용한 '혁신적인'이라는 용어에 흥분한 그 텍사스 청년은 내게 설교의 효과를 증대시키기 위해 흥미로운 일들을 실행하는 자신의 목사에 대해 말했다. 그런데 그 젊은이의 말에 따르면, 그의 담임목사가 한 가장 '혁신적인' 일은 탱크 한 대를 교회 강대상으로 몰고 올라가는 일이었다고 한다.

"탱크라고요?" 나는 믿을 수 없을 정도로 깜짝 놀랐다.

"예, 우리 교회 성도 중 한 분이 군과 관련된 일을 하고 있어서 탱크를 강대상 바로 앞까지 몰고 올라갈 수 있도록 했거든요. 그 때 목사님이 탱크 안에서

나와서는 강대상으로 올라가셨답니다. 그리고는 설교를 시작하셨지요."

나는 아연했다. 우선은 강대상 뒤편에서 강대상 위로 탱크를 몰고 올라갈 수 있을 정도로 큰 규모의 교회건물에 놀랐다. 그러나 더 놀라웠던 것은 그런 식의 쇼가 용인될 뿐만 아니라 혁신적인 것으로 수용되고 있다는 사실이었다. 나는 그 젊은이에게 "예수님께서 그런 식의 일을 하셨을 것이라 생각하십니까?"라고 물었다.

이번엔 내가 던진 질문에 그 젊은이가 놀랐다. 왜냐하면 그 젊은이의 생각에는 내가 자신이 한 이야기를 상당히 인상적으로 받아들일 것이라고 생각했기 때문이다. 그러나 잠시 생각한 후, 그 젊은이는 마지못해 예수님께서는 가르침의 권위를 증진하시기 위해 군사력과 세속적 힘에 대한 상징을 사용하지는 않으셨을 것이라고 대답했다. 사실 이 문제를 생각하면 생각할수록 여러분 또한 예수님에 대한 모든 것이 위에서 언급한 젊은이의 목사가 주일 예배에 사용했던 상징주의와는 반대되는 것임을 알게 될 것이다. 예수님께서는 겸손히 자신을 낮추시고 인간의 나약함을 품으셨다. 게다가 예수님께서는 가난한 갈릴리 목수의 절망적이고 무기력한 삶을 그분의 삶으로 품으셨다. 비록 하나님 나라의 초자연적 능력을 명확히 보이기는 하셨지만, 예수님의 공적사역은 세속적 힘이 상징하는 것에 의존하는 여하한 모든 행태를 거부하셨다. 독자가 유수자이신 예수님을 알면 알수록, 중무장한 탱크를 운전하는 그분을 상상할 수 없을 것이다. 예수님께서 보여주신 능력의 종류는 겸손, 평화, 사랑 그리고 자비와 같은 훨씬 더 급진적인 힘이었다. 군사력은 인간이 하나님께서 처음에 의도하신 바에 따라 살지 않은 결과로 필요하게 된 것일 뿐이다.

탱크를 강대상으로 몰고 올라가는 것이 기상천외한 일일 수는 있다(내 생각에 아마도 그 행위가 모든 사람들의 주의를 집중하게 하는 효과는 분명히 있었을 것이라 생각한다). 그러나 그것이 예수님을 반영하는 행위였을까? 탱크는 파괴의 상징이다. 반면 예수님께서는 평화를 사랑하는 분이셨다. 그분은 그분께서 섬기셨던 이들을 위해 치유와 회복 그리고 화목을 가져오신 분이다. 과연 복음에 민감한 기독교인이었을 목사가 탱크를 몰고 가는 일이 예수님의 사역을 묘사하기 위한 적절한 방법이었다고 생각하는 것이 가능한 일이었을까? 우리는 우리가 품고 있는 예수님에 대한 인상이 현대를 지배하는 세속적 문화의 틀 속에 갇히지 않도록 하기 위해 참으로 깨어 있어야 하지 않겠는가! 오히려 세속적 문화의 틀에 갇히지 않기 위해 복음으로의 회귀를 지속하는 것이야말로 본질적으로 중요한 일이다. 우리가 이 시대의 지배적 사고와 반응할 때 예수님께서 우리의 마음과 생각을 지키시도록 해야 한다. 후기 기독교 세상에서 신실하게 살아가고자 하는 유수자에게 복음서의 기록들은 우리가 가진 가장 위험한 기억들이다. 복음서의 이야기는 우리의 상상력을 유지할 수 있도록 해주며, 여호와 하나님을 섬기면서도 이방의 땅에서 번영하는 것이 가능하다는 사실을 우리에게 각인시켜준다. 그러나 이 번영은 대중이 요구하는 지혜를 거부하기도 하는 그런 부류의 번영이다. 복음서 이야기들은 다른 모든 종류의 이야기들, 즉 현대적 삶을 설명하는 모든 종류의 이야기들을 판단하는 기준이다. 만일 복음서에 등장하는 이토록 위험스러운 이야기들을 읽은 후, 더 이상 메시아 예수님을 번쩍이는 양복을 입은 채 무대 위에서 과시적으로 돌아다니며 카메라 앞에서 설교하는 텔레비전 복음전도자와 연결시킬 수 없다면, 당신은 그런 이미지를 거부하고 현대적 상황 속에서 그리스도 되심이 의미하는 바가 무엇인지 찾아보아야 할 것이다. 또한 만일 탱크를 몰거나 새로운 교회 건물을 짓는데 수백만 달러를 쏟아 붙는 예수님을 그릴 수 없다면, 독자는 위험스러운 옛 이야기를 가지고 진부하기 짝이 없는 현대의 이야기들을 판단하도록 해야 할 것이다.

## 무력한 겁쟁이

오늘날 현대 교회가 어쩌다가 이 지경이 되었을까? 어쩌다가 회사의 경영진과 비슷하고 마치 교회가 다국적 사업체인 양 행동하는 교회 지도자들이 나타나게 되었을까? 어쩌다가 예수님의 삶이 지니는 전복적이고 급진적인 성격이 이렇게 길들여져 오늘날 우리가 목도하는 이런 지경—기독교인들이 저들만의 게토에서 살면서 정작 가장 위험한 기억들은 잃어버린 지경—에 이르게 되었을까? 오늘날에서도 벨리니 신드롬은 여전히 생생하게 살아 있다. 우리는 살과 피를 가지신 급진적인 예수님보다는 보기 좋게 석화된 예수님을 선호한다. 우리는 그분을 스테인드글라스 조각 속에 가두어 둔다. 그분께서 가신 길을 따르려고 하지는 않고, 그저 그분을 예배하기만을 바란다. 이에 대해 약 백여 년 전 헨리 드루몬드Henry Drummond가 다음과 같이 말한 적이 있다.

> 많은 곳에서 말 그대로 교회가 사람들에게서 예수님을 훔쳐냈다. 교회는 사람의 아들을 질서를 수호하는 사제로 만들어 버렸다. 교회는 도시에서 기독교를 빼앗아 강대상 뒤편에 가두어 버렸다.[1]

만일 우리가 충성스러운 유수자가 되고자 한다면, 바벨론에 포로로 끌려갔던 히브리인 유수자들이 그랬던 것처럼, 우리에게 가장 도전적이면서도 영감을 주는 기억들로 되돌아가야 한다. 히브리인들의 기억은 유랑하던 자신들의 조상에 관한 이야기를 포함하고 있었다. 그 이야기들은 특히 출애굽이라는 주목할 만한 사건을 포함하고 있었는데, 그 사건을 기억하면서 히브리인 유수자들은 하나님께서 이집트에서 조상들을 구해내신 것처럼, 언젠가 자신들도 바벨론으로부터 구해내실 것이라는 희망에 차 있었다. 우리들 또한 바벨론의 가치에 대해 만족하거나 바벨론에서의 삶에 만족해서는 안 된다. 우리는 메시아에 관해 우리가 갖고 있는 위험스러운 기억들을 결연하게 붙들고 있어야 한다. 메시아는 이방의 땅에 거하셨으면서도, 그 속에서 유수자의 삶이 무엇인가에 대한 최고의 모범을 보여주셨다.

고든 맥켄지Gordon Mackenzie는 그가 저술한 『거대한 모구 선회하기』 Orbiting the Giant Hairball라는 창의적인 책에서 기업이 고용자들을 조합의 윤리 corporative ethic에 노예나 좀비처럼 되도록 최면을 거는 방법에 대해 토론하면서, 기업이 피고용자들을 그렇게 다룸으로써 결과적으로 기업 자체를 혁신하는데 필수적인 에너지의 근원인 피고용자 개개인에게서 발현되는 에너지를 잃어버린다고 주장했다. 이 점에 대해 설명하기 위해 그는 1904년에 그의 아버지가 숙모와 삼촌이 운영하시는 농장이 있는 시골로 휴가를 떠났을 때 경험했던 즐거운 이야기를 예로 든다. 어느 주일 아침 온 가족이 마차를 타고 교회에 갈 준비를 하고 있을 때, 남자 아이들이 갑자기 복통이 일어난 것처럼 행동했고, 결국 그들은 집에 남아서 쉴 수 있도록 허락을 받았다. 마차가 어귀를 돌아서서 시야에서 사라지자마자, 열 살짜리 소년들은 침대에서 나와 뭔가 말썽을 일으킬 궁리를 했다. 맥켄지는 다음과 같은 내용으로 이야기를 시작했다.

도시소년이었던 아버지에게 관심을 끌 요량으로 아버지의 사촌이 물었다.
"너 닭에게 최면 거는 방법 알아?"
"최면을 걸어? 음, 어떻게 하는 건데?"
"따라 와 봐."
그 사촌은 아버지를 농장 집 뒤편에 있는 허술한 닭장으로 데리고 갔다. 거기에서 소년은 튼실해 보이는 암탉 한 마리를 꺼냈다. 그 닭을 옆구리에 끼고서 집 앞으로 온 소년은, 분필을 하나 꺼내 돌출된 현관 위에다 짧은 줄을 하나 그었다. 그리곤 그 줄 위에 암탉을 올려놓고 손으로 부리를 잡아당겨 그 줄 위로 부리를 닿게 했다. 잠시 시간이 흐른 후, 그 소년은 부리를 잡았던 손을 살며시 놓았다. 암탉은 미동도 하지 않고 부리를 분필로 그은 선 위에 대고 있었다. 최면에 걸린 것이었다. 아버지는 너무 재미있어 큰 소리로 말했다.

"다른 것도 해 보자! 다른 것도 해 봐!"라며 부탁했다.

두 소년은 다른 닭을 꺼내기 위해 집 뒤뜰로 달려갔다. 그리고 계속해서 또 다른 닭을 꺼내러 닭장으로 돌아갔다. 오래지 않아 닭장은 비고 말았다. 그리고 현관에는 70마리 혹은 그 이상의 쥐 죽은 듯이 미동도 하지 않는 닭들로 가득했다. 모든 닭들은 꼼짝도 하지 않은 채 부리를 분필로 그은 선 위에 대고 있었다. 마치 본드로 닭들의 부리를 현관에 붙여 놓은 듯했다.[2]

이 재미있는 이야기는, 삼촌과 숙모가 교회에 오고 싶었는데도 복통 때문에 오지 못한 소년들을 생각하면서 집을 방문하기로 한 스코틀랜드 출신 장로교 목사님과 함께 돌아왔을 때 한층 더 재미있게 전개된다. 자신을 속인 아들의 행위에 당황한 아버지는 현관에 부리를 붙이고 꼼짝도 하지 않는 닭들을 마치 럭비공을 차듯이 하나씩 하나씩 차 버렸다. 정신이 든 닭들은 날개를 퍼덕이고 있었고, 삼촌은 화가 나서 욕설을 퍼붓고 있었다. 그러나 이 이야기는 매우 전복적인 이야기다. 왜냐하면 이 이야기가 우리 또한 주변에 만연한 문화적 영향이라는 최면에 빠져 있는 상태라는 것을 일깨우도록 우리에게 요청하기 때문이다. 맥켄지는 다음과 같이 지적한다.

그 닭들에게 발생했던 것과 동일한 일이 당신에게도 발생할 수 있다. 당신이 어떤 조직에 들어갔을 때, 틀림없이 그 조직은 당신의 뒷덜미를 잡은 채 당신의 부리를 선—분필로 그은 선이 아니라 회사가 정한 선—에 댈 때까지 뒷덜미를 밀어 누를 것이다. 그리고 그 회사가 정한 선은 "이것이 우리의 역사다. 이것이 우리의 철학이다. 이것이 우리가 일을 진행하는 방식이다. 이것이 우리 회사가 정한 정책이다. 이것이 우리가 일을 하는 방식이다"라는 등의 말을 할 것이다.[3]

오늘날 교회가 우리가 살아가고 있는 세계의 문화로부터 뒷덜미를 눌리기—분필로 그은 선까지 눌려 후기 기독교문화가 주장하는 세상의 철학, 진행, 정책들을 포용해야 하는 데까지—가 얼마나 쉬운가! 맥켄지의 이야기처럼, 예수님에 관한 위험한 이야기가 하는 일은 럭비공 차듯이 우리를 차서 정신을 차리게 한 다음, 우리들로 하여금 현실을 직시하게 하는 것이다. 탱크를 교회 강대상으로 몰고 올라가는 일이 마치 그리스도처럼 하는 일이라고 생각하는 사람은, 자신의 부리를 분필로 그어 놓은 선에 지나치게 오랫동안 붙이고 있는 사람과 다를 바 없다.

## 그리스도 모방

앞 장에서 우리는 그리스도의 성육신 사건이 주는 불편함에 대해 살펴보았다. 성육신에 대한 교리는 다른 어떤 교리보다 우리를 불편하게 하는 것 같다. 성육신 교리는 우리로 하여금 여하간의 빈틈도 없이 인성과 신성을 동일하게 그리고 성공적으로 포괄하신 예수님의 급진적 능력에 대해 생각하도록 한다. 비록 그 능력을 그대로 재현할 수는 없지만, 그럼에도 그분이 보이신 모범은 우리가 그분의 생활양식을 모방하도록 하는 활력점이 된다. 성육신을 통해 하나님께서는 관계적으로 그리고 육신적으로 인간에 근접한 모양을 입으셨다. 이는 인간과 더불어 화해를 이루시기 위함이었다. 그와 마찬가지로 만일 오늘을 살아가는 유수자들이 유수자로서 모범을 보이신 예수님을 모델로 삼아 자신들의 삶과 사역을 진행해 가고자 한다면, 자신과 함께 살아가는 사람들 사이에서 근접성을 증진하려는 입장을 견지해야 할 것이다.

나는 그리스도의 성육신은 유일한 것이고 반복될 수 없는 사건이기 때문에, 오늘날 **성육신적인** 삶을 살아가는 것이 성경적으로 비정통적이라고 주장하는 기독교인들에게 비난을 받아왔다. 그들은 그리스도만이 유일한 성육신이라고 주장한다. 그리고 우리가 그분을 환생시킬 수 없다고 주장한다. 나는 성육신이 유일한 사건이라는 데는 동의하지만, 그리스도를 따라 삶을 살아가도록 성도들을 요청하는 것에서 어떤 비정통적인 요소도 발견할 수 없다. 설사 당신이 '성육신적'이라는 용어를 좋아하지 않는다 하더라도, 성경이 우리를 예수님께서 살아가신 생활방식에 따라 살아가도록 부르신다는 사실에 대해서는 의심의 여지가 없을 것이다. 예수님의 생활방식은 삶을 즐기는 것과 함께 능력과 고통을 기꺼이 감내하는 것을 포괄한다. 죽음이 임박한 시점에서 예수님께서는 "사람이 나를 섬기려면 나를 따르라 나 있는 곳에 나를 섬기는 자도 거기 있으리니"(요12:26)라고 말씀하셨다. 기독교인들은 예수님께서 걸어가신 그 길—가난한 자를 향한, 소외당한 자를 향한, 고통을 당하는 자를 향한—을 따를 준비가 되어 있어야 한다. 기독교인들은 자신을 내어주고 희생하신 예수님의 급진적 생활방식을 따르기 위해 자신에 대해 기꺼이 죽을 각오를 해야 한다. 베드로와 바울 역시도 기독교인들은 예수님을 삶의 본으로 삼아야 한다고 주장했다.

> 이를 위하여 너희가 부르심을 받았으니 그리스도도 너희를 위하여 고난을 받으사 너희에게 본을 끼쳐 그 자취를 따라오게 하려 하셨느니라(벧전 2:21)

> 내가 그리스도를 본받는 자가 된 것 같이 너희는 나를 본받는 자가 되라(고전11:1)

바울은 빌립보서에서 이 점을 더 강하게 지적한다. 거기서 바울은 우리에게 "너희 안에 이 마음을 품으라 곧 그리스도 예수의 마음이니"(빌2:5)라고 말한다. 본문이 확연하게 표현하는 것처럼, 우리는 이 구절을 예수님께서 보이신 겸손을 따르라고 명령하는 구절로 가정해 왔다. 그러나 여기서 우리는 예수님의 겸손이 **동일시**identification와 **포기**relinquishment로 표현되었다는 사실을 알고 그 명령을 받아들여야 한다. 먼저 예수님의 모범을 따른다는 것은 죄인 된 인간과 당신을 동일시하시는(빌2:7b-8a) 예수님의 근본적 겸손을 본받아야 한다는 것을 의미한다. 둘째로 예수님을 본받길 원하는 우리는 하나님의 구원 목적을 위해 기꺼이 스스로를 비우고 순종하신 그분의 겸손에 대해 알고 있어야 한다(빌2:6-7a). 이 두 가지가 한꺼번에 드러나는 가장 좋은 예가 십자가 상에서 굴욕스럽게 돌아가신 그분의 죽으심이다(빌2:8b). 따라서 성육신적 사역을 받아들인다는 것은 우리 자신의 욕망을 기꺼이 포기한채, 다른 사람을 섬기는 일에 관심을 쏟는 것을 포함한다. 물론 우리가 고통을 당한다고 해서, 예수님께서 그러셨던 것처럼, 다른 사람들의 죄를 속죄할 수 있는 것은 아니다. 그러나 자신을 비우고 희생하는 우리의 사랑을 통해 사람들은 더욱 고귀하게 회복시키는 그리스도의 희생으로 인도될 것이다. 유수자들은 고통, 부, 세상의 권력, 그리고 지위를 포기하는 자리로 부르심을 입을 것이다. 동정, 생색, 또는 온정주의는 핵심을 벗어난 것들이다. 오직 **실제로 그렇게 행동하는** 연민만이 성육신적 사역을 이루어 가는데 허용되는 것이다. 따라서 예수님의 모범을 따르는 성육신적인 기독교 증인은 다음과 같은 네 가지 측면들을 포함해야 한다.

1. 세상 공동체의 두려움과 좌절 그리고 불행에 참여하여 활발하게 삶을 나누기: 유수자의 기도는 "주님, 당신이 품으신 그 마음이 나의 마음이 되게 하소서"라고 해야 한다. 왜냐하면 예수님의 마음이 없이는 성육신적인 증인이 될 수 없기 때문이다.

2. 예수님을 전하려 하는 사람들이 소유하고 있는 언어와 사고 형식을 사용하기: 결국 예수님께서는 일상적인 말과 이야기들, 예컨대 소금, 빛, 열매, 새 등과 같은 것들을 사용하셨다. 예수님께서는 신학적 용어들과 종교적 용어들 또는 기술적 용어들을 거의 사용치 않으셨다.
3. 사람들이 우리에게 올 것을 기대하지 않고 우리가 그들에게로 갈 준비하기: 예수님께서 인간의 몸을 입고 하늘로부터 이 땅에 오셨듯이, 우리도 인간 사회에서 '종족의' 실재들 속으로 들어가야 한다.
4. 복음을 일상적인 수단들과 섬김의 행위와 사랑의 관계들 그리고 선한 행위들을 통해 전달할 수 있음을 신뢰하기: 이 방식을 통해 유수자들은 우리의 시대 가운데서 성육신의 확장이 된다. 이런 식으로 **행동들이 말씀을 창조한다**.

그러므로 만일 우리가 성육신을 심각하게 받아들인다면, 성육신적인 삶으로 부르신 것—하나님께서 구속하고자 열망하시는 사람들과 가까이 더불어 사는 삶—도 심각하게 받아들여야 한다. 우리는 삶을 접촉하고 살아가는 사람들과 충분히 가까워질 필요가 있다. 그렇게 해야 그들이 이해하고 그들에게 영향을 주는 문화적 형식들로 표현되는 우리의 가치와 신념들 그리고 삶의 실천들에서 그들은 성육신하신 그리스도를 보게 될 것이다.

어느 신학자가 내게 이메일을 보내 '성육신적'이라는 용어를 잘못 사용하고 있다고 말했을 때, 나는 그에게 그리스도를 모르는 사람들에게 다가가 그들에게 성경적이고 기독교적인 영향을 끼치기 위해 사용하고 있는 용어가 무엇인지, 그리고 자신의 삶과 사역을 통해 이 용어를 어떻게 실천하고 있는지에 대한 실례 한 가지를 말해 달라고 질문함으로 답변을 대신한 적이 있다. 이에 대해 그는 아무런 답변을 주지 않았다. 삶의 대부분을 교회 또는 기독교 학문 세계에서 살아가면서 소위 참되고 적절한 용어가 무엇인지 또는 올바른 선교의 성경적 진행이 무엇인지를 결정하고 있음에도 불구하고, 정작 자신들이 설명하는 다양한 아이디어를 삶에서 구현하지 않는 일단의 전문적 기독교인들이 있다는 사실을 나는 발견했다. 다른 한 편, 전문적인 신학교육을 받지는 않았으나 성경을 읽다가 아직 기독교인이 되지 않은 사람들에게 접근하는 창의적인 방식들을 생각해내는 사람들도 있다. 이러한 유수자들은 기성 교회로부터 재대로 평가나 이해를 받지 못하는 경우가 많다. 이들 유수자들은 그들의 사고와 생활방식이 너무 진보적이거나 또는 적용하기에는 너무 불안하다고 생각하는 다른 기독교인들에 의해 주변적인 인물들로 취급받기도 한다. 그러나 그들은 뭔가를 알고 있는 사람이다. 그리고 그들의 비정통적 실천 속에는 기독교운동의 생존을 위한 씨앗이 잠재해 있다.

## 세 번째 장소

이들과 같은 아마추어 선교사들 중 많은 이들이 이 세상 문화에 속한 사람들과 가까운 관계를 형성하는데 있어 **세 번째 장소**가 가장 적합한 최상의 장소라는 사실을 발견한다. 세 번째 장소라는 용어는 사회학자인 래이 올덴버그 Ray Oldenberg가 만든 신조어로, 그가 1990년에 저술한 『대단히 좋은 장소』[4] *The Great Good Place*에 처음 등장한다. 이는 사람들이 정기적으로 방문하여 친구, 이웃 그리고 누가 되었든 그곳에 나타난 사람들과 함께 친밀한 이야기를 나눌 수 있는 축제의 장소를 의미한다. 올덴버그의 책에 있는 부제는 이 장소들이 어떤 곳인지에 대해 알려준다. 카페, 커피숍, 마을회관, 미장원, 잡화점, 술집, 자주 들리는 곳과같이 **당신이 일상에서 들릴 수 있는 곳이다**. 올덴버그에 따르면, 세 번째 장소는 사람들이 만나 우정을 개발하고, 특정 이슈들에 대해 토론을 나누며, 모르는 사람들과 함께 상호작용을 나눌 수 있는 환경이 조성된 곳이다. 이는 다른 사회학자들이 '사회적 응축'이라고 부르는 곳으로, 이 장소는 사회공동체가 개발되고 응집력과 정체성이 유지되는 곳이다. 올덴버그는 이와 같은 제3의 장소는 여러 가지 면에서 공동체에게 중요하다고 말한다.

- 세 번째 장소는 사람들이 비공식적으로 모이는 전형적인 장소다.
- 세 번째 장소에서 사람들은 집에 있는 것처럼 편안함을 느낀다.
- 세 번째 장소는 인간관계와 다양한 인간 접촉을 증진하는데 도움을 준다.
- 세 번째 장소는 공동체 의식을 창출하는 데 도움을 준다.
- 세 번째 장소는 시민의 자부심을 유발한다.
- 세 번째 장소는 친밀감을 양성한다.
- 세 번째 장소는 오랫동안의 업무에서 벗어나 편안하게 쉴 수 있도록 한다.
- 세 번째 장소는 사회적 결속력이 있다.
- 세 번째 장소는 고립대신 사교성을 권유한다.
- 세 번째 장소를 통해 삶이 더욱 생동력을 갖게 된다.
- 세 번째 장소는 공공의 삶과 민주주의를 풍성하게 한다.[5]

올덴버그식 사고로 볼 때, 우리의 첫 번째 장소는 가정이요 우리가 함께 살아가고 있는 사람들이다. 두 번째 장소는 일터, 즉 우리가 대부분의 시간을 보내는 곳이다. 그러나 우리가 살아가고 있는 사회 속에 존재하는 세 번째 장소는 공동체 생활의 근저가 되는 곳으로, 상호관계를 통해 모든 유익이 발행되는 장소이다. 세 번째 장소는 음식점이나 술집일 수도 있고, 로터리 클럽이나 엘크 클럽 또는 바느질 모임이나 수상스키 클럽과 같은 사회단체일 수도 있다. 세 번째 장소는 커피숍이나 바닷가 혹은 몰과 같은 물리적인 장소일 수도 있다. 당신의 세 번째 장소는 당신이 긴장을 풀고 당신을 있는 그대로 노출시킬 수 있는 그런 곳이다. 모든 사회에는 고대 로마시대의 포럼이나 현대 영국의 선술

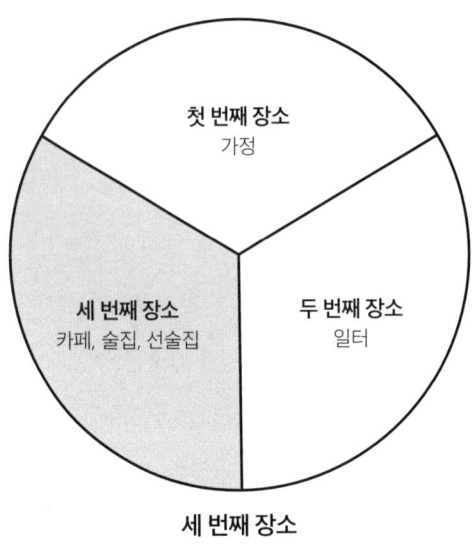

세 번째 장소

집과 같은 비공식적 장소들이 있다. 어떤 사회에서 세 번째 장소는 성 문 앞에서 벌어지는 마을 어른들의 모임일 수도 있고 캠프파이어 주변에 모여 빈둥거리고 있는 전사들의 모임일 수도 있다. 올덴버그는 공동체가 건강하게 기능하기 위해서는 세 번째 장소와 같이 느긋하고 화기애애하며 안정을 느낄 수 있는 장소들이 필요하다고 결론짓는다.

올덴버그는 세 번째 장소가 잘 기능하기 위해서는 다음과 같은 몇 가지 본질적 요소들이 필요하다고 본다.

- 세 번째 장소는 자유롭고 저렴한 비용으로 출입할 수 있는 장소여야 한다.
- 절대적으로 필요한 것은 아니지만, 음식과 음료수는 세 번째 장소에서 매우 중요한 요소이다.
- 세 번째 장소는 근거리에 있어 가기 쉬운 곳이어야 하며, 사람들이 일상적으로 출입할 수 있는 장소로 인식되는 곳이어야 한다.
- 세 번째 장소는 많은 사람들이 집에서 나와 편안하게 출입할 수 있는 곳

이어야 한다.
- 세 번째 장소는 일단의 사람들이 매일 정기적으로 가는 곳이어야 한다.
- 세 번째 장소는 사람들이 환영을 받고 편안한 곳이라고 느끼는 곳이어야 하며, 쉽게 대화를 나눌 수 있다고 생각하는 장소여야 한다.
- 세 번째 장소는 사람들이 그곳을 방문할 때마다 오랜 친구들 뿐 아니라 새로운 친구들을 만날 수 있다고 기대되는 장소여야 한다.[6]

독자는 스타벅스와 같은 사업체가 이와 같은 개념을 얼마나 잘 이해하고 있는지를 알 수 있을 것이다. 스타벅스는 미국문화에 맞는 세 번째 장소를 물색하기 위해 대단한 노력을 투자한다. 그들은 사람들이 자사를 세 번째 장소로 인식하는 것이 사업의 성공에 얼마나 중요한지를 잘 알고 있다. 무료 인터넷 접속과 편안한 라운지, 멋진 음악(일부 매장에서는 다운로드도 가능한)을 제공하여 미국인이 집이나 직장에 있지 않을 때 가고 싶어 하는 장소가 되고자 노력하고 있다.

이와 같은 세 번째 장소는 기독교 선교 발생에 있어 가장 중요한 장소다. 왜냐하면 사람들은 세 번째 장소에 있을 때 긴장을 풀고, 경계심을 늦추며, 의미 있는 대화를 나누고, 사람들과 더불어 상관관계를 갖기 위해 마음을 열기 때문이다. 이는 오늘날 많은 가정에서 발생하고 있는 상황과 반대되는 현상이다. 사람들은 조심스럽게 차를 몰고 자기 집의 차고로 들어가서 자동 개폐문을 닫는다. 아이들은 높은 나무와 같은 울타리로 둘러싸인 뒷마당에서 논다. 프라이버시에 대한 요구는 게이트를 통해서만 출입할 수 있는 주택단지에 사는 사람들에게서 한층 더 높다. 우리는 평상시 우리가 잘 알고 좋아하는 사람들만 집에 들어오도록 허용한다. 우리는 이웃과 그저 형식적인 대화만을 나누려는 경향이 있다. 많은 사람이 자기 이웃에 살고 있는 사람들의 이름조차 모른다. 그러면서도 대부분의 사람은 그 점에 대해 전적으로 만족해한다. 일터에서 발생하는 대화와 인격적인 상호작용은 단지 기능적인 차원으로만 발생할 때가 많다. 직장에서는 현재 진행 중에 있는 업무를 완수하는데 필요한 토론을 나누는 것이 대화의 대부분을 차지한다. 점심시간 동안 직장 동료들은 지난 주말을 어떻게 지냈는지에 대해 묻거나 중요한 뉴스거리에 대한 대화를 나누기도 할 것이다. 그러나 일터의 직장동료들은 서로에 대해 경계심을 높이는 경우가 많고, 따라서 일상적인 대화만을 나누게 된다.

그런데 이런 경계심을 낮추는 곳이 바로 세 번째 장소다. 우리가 다른 사람들로 하여금 우리 자신에 대해 좀 더 알아갈 수 있도록 허용하는 곳이 세 번째 장소다. 사람들이 삶과 죽음, 신앙, 의미 그리고 목적과 같은 삶의 핵심적인 문제에 대해 기꺼이 토론하고자 할 때는 그들이 세 번째 장소에 있을 때다. 예를 들면, 평상시 당신이 꽤 보수적이고 엄격하다고 생각한 직장 동료가 크리스마스 파티에서 몇 잔 술을 마시고 난 후 테이블 위에서 춤을 추면서 너무나 웃긴 (때로는 추잡스러운) 농담을 하는 것을 본 적이 있는가? 혹은 사무실에서 발생하는 모든 일을 적절한 농담으로 가볍게 웃어넘기게 만드는 사람이 금요일 오후 다섯 시 이후 일을 마치고 어느 술집에 앉아 당신에게 자신이 겪은 개인적 비극에 대해 말하며 눈물을 머금는 것을 본 적이 있는가? 왜 이런 일이 발생하는 것일까? 그것은 직장에서 나누는 친밀한 대화의 적절성에 대한 규칙이 다른 사회적 상황에서 나누게 되는 친밀한 대화의 적절성에 대한 규칙과 다르기 때문이다.

복음서를 대충 훑어만 봐도, 예수님께서 세 번째 장소에 있는 것에 관심이 있으셨음을 알 수 있다. 우리는 앞장에서 예수님께서 이른바 죄인이라 불리는 사람들과 함께 음식을 나누어 드시길 좋아하셨음에 대해 살펴보았다. 항상 음식 먹는 일을 통해 세 번째 장소를 경험할 수 있었던 사회(중동)에 살고 계셨던 예수님께서는, 사람들이 그냥 있는 것만으로도 자유를 만끽하는 장소의 중심에 자리하고 계셨다! 나는 현대 사회에서도 만일 당신의 삶을 그리스도께서 보이신 삶을 모델삼아 살아가고자 한다면, 정기적으로 세 번째 장소로 가서 사람들과 함께 어울리고자 하는 진정어린 시도를 해야 한다고 주장하고 싶다. 진정한 성육신적 삶은 그런 식의 시도를 요구한다. 선교적 접근은 술집이나 선술집, 체육관, 식료품 가게, 미용실, 다양한 관심사를 중심으로 모인 그룹들 그리고 커피숍에서 가장 잘 이루어질 수 있다.

나는 이런 식의 선교직 접근이 깜짝 놀랄 만한 장소에서 이루어지는 것을 직접 본적이 있다. 어느 주말 나는 피츠버그 도심의 올리버 거리에 자리한 뉴욕 스타일의 핫도그 전문 레스토랑인 피츠버그 핫 도그마Hot Dogma를 방문했는데, 여기보다 이 점이 확실히 드러난 곳은 없는 것 같다. 핫 도그마를 운영할 아이디어를 세운 사람은 프랑크프루트 스타일 소시지 애호가인 팀 토비쉬Tim Tobisch이다. 뉴저지 출신인 팀은 펜실베이니아에 있는 대학에 진학했는데, 당시 학생 카페테리아에서 제공되는 유일한 핫도그가 축 늘어진 빵에 닭고기를 가공해 만든 가느다란 소시지를 집어넣은 것뿐이라는데 무척이나 실망했다. 제대로 만들어진 뉴욕 스타일의 핫도그를 먹고 싶었던 팀은, 자신의 기숙사 방에서 마늘향이 나는 진짜 소시지를 조지 포먼George Foreman\* 그릴 위에다 굽기 시작했다. 오래지 않아 곁들인 음식들과 함께 먹을 수 있는 뉴욕 스타일의 핫도그 맛을 보기 위해 사람들이 몰려들었다. 그중에 대학 졸업이 임박해서 피츠버그로 돌아와 세 개의 못이라는 가정교회 운동에 참여하고 있던 메간 린제이Megan Lindsay도 있었다. 바로 그 자리에서 그녀는 지역 사람들과 만나 예수 그리스도의 사랑에 대해 무언가를 나눌 수 있는 세 번째 장소의 설립에 대한 영감을 얻었다. 그리고 얼마 후 피츠버그 카네기 멜론대학교Pittsburgh's Carnegie Mellon University에서 최근 경영학 석사과정MBA을 졸업한 크레이그 니블랙Craig Niblack이 여기에 함께하였다. 그리고 그녀는 오랜 대학 친구이며 프랑크프루트식 소세지의 전문가인 팀에게 전화를 걸어 피츠버그로 와서 막 시작하려고 하

---

\* 다양한 그릴을 전문적으로 생산하는 회사—역주.

는 선교적 사업에 도움을 요청했다. 사실 그보다 더 중요한 요청은 그가 올 때 뉴욕 스타일의 핫도그를 가져올 수 있느냐는 것이었다. 팀은 피츠버그에서 선교적 접근이 가능한 공간을 만들고자 하는 메간의 생각에서 영감을 얻었다(당시 그는 대학 졸업 후 뚜렷한 일자리를 갖고 있지 못하던 중이었다). 팀의 핫도그, 메간의 열정적 에너지, 그리고 크레이그의 사업수완이 놀라운 조화를 이루어 냈다.

미국사람이 아니었기 때문에 핫도그에 대한 평가가 그리 높지 않았던 나는 프랑크소시지에 대한 팀의 사랑에 깜짝 놀랐다. 팀은 당신에게 맵고 100퍼센트 순 자연산 소고기로 만들어진 그의 핫도그가 왜 최고인지에 대해 설명해 줄 수 있다. 그는 당신에게 뉴욕 스타일의 핫도그를 가장 잘 먹는 방식—겨자, 소금에 절인 신 양배추, 그리고 뉴욕 스타일의 붉은 양파 소스(케첩도 리스트에 올리기는 하지만 매우 작은 글씨로 명시한다)—에 대해 말할 수 있다. 나는 또한 사업을 통해 하나님을 섬기고자 하는 메간의 마음에서도 같은 감명을 받았다. 비록 레스토랑의 분위기는 모나리자를 복제한 테이블 장식과 매우 보수적인 풍의 커플 그리고 다른 고전적 양식의 이미지들—모든 그림에 프랑크푸르트 소시지를 삽입한—로 다소 우스꽝스럽게 장식되어 있기는 하지만, 이들은 사람들이 함께 즐기기에 적합한 분위기를 만들려고 노력했다. 레스토랑에는 편안한 소파와 다양한 종류의 책과 게임들이 있을 뿐만 아니라 무료 무선 인터넷 접속도 제공하고 있었다. 그리고 두 주에 한 번씩 화요일 점심시간 때 연주되는 라이브 음악이 활력을 더해주고 있다.

내가 핫 도그마를 방문하고 난 후, 팀과 메간은 세 개의 못과 관련된 가정교회 모임 중 한 곳으로 나를 데리고 갔다. 문화적으로 다양한 피츠버그 남부의 조그만 집에, 대략 열 명에서 스무여 명에 이르는 사람들이 비스킷과 치킨이 있는 테이블 주변에 모여 앉아 서로의 신앙을 격려하거나 성경공부를 하고 있었다. 거의 열두 개 정도의 비슷한 그룹들이 세 개의 못과 관련을 맺고 있었다.

두 달에 한 번씩 이들 그룹들은 함께 모여 연합예배를 드린다. 연합예배는 대체로 전통적이고 웅장하며 지은 지 오래된 성공회 교회에 모여서 드리는데, 예배를 통해 고대와 미래가 만나는 강렬한 파장을 느낄 수 있다. 핫 도그마와 세 개의 못 간의 관계는 상호보완적이다. 핫 도그마는 수입의 15퍼센트를 세 개의 못 사역에 지원하기로 서원했고, 교회의 구성원들은 정기적으로 레스토랑에서 일하거나 친구들을 데리고 온다.

핫 도그마에서 음식을 제공하고 사랑과 신앙을 표현하면서 느끼는 그녀의 열정에 대한 설명을 들으면서, 나는 밝게 칠한 테이블 중 하나에 앉아 이야기를 나누며 소외된 사람들에게 영감을 더해 주고 마음이 상한 자들을 치유하시는 예수님을 그려볼 수 있었다. 나는 텍산(고추와 체다치즈 그리고 잘라피뇨를 넣은), 멕시칸(검은콩 살사와 과카몰리를 또띨랴에 넣은) 또는 엘 그레코(페타치즈와 아티초크를 넣은)와 같은 프랭크 소시지로 핫 도그마에서 서빙하는 예수님을 그려볼 수 있었다. 나는 앨러게이니the Allegeheny 산맥과 머농거힐라 강 the Monongahela 그리고 오하이오 강the Ohio이 합쳐지는 곳에 형성된 애로우헤드the Arrowhead에 위치한 어둠이 드리운 피츠버그 도심의 거리에서 환대와 관대를 보이시는 예수님을 그려볼 수 있었다.

다른 기독교인들이 근처에서 그와 유사한 공간들을 개발하였다. 워싱턴Washington주 타코마Tcoma의 중심지에서 조Zoe라고 불리는 교회는 폐쇄되었던 항만 클럽을 재개발하여 음악이 있는 드라이브 스루drive-thru 레스토랑을 만들었다. 쇠락하고 있던 도심 지역을 되살리는 일에 대한 공로는 주로 워싱턴 대학교의 복구 작업에 돌려야겠지만, 조Zoe 교회는 근방 시애틀의 치솟는 생활비를 피해 강 하구를 따라 내려오는 수많은 예술가들, 음악가들 그리고 보헤미안들을 위한 탁월한 세 번째 장소를 만들어 냈다.

오하이오 주 에센스에서 비기독교인들과 관계를 형성할 목적으로 의미 있는 세 번째 장소를 만들려고 했던 일단의 기독교인들이 자유거래free-trade커피를 취급하고 주변의 예술가들과 근처 오하이오 대학교 학생들을 위한 멋진 쉼터로 유명한 변두리 카페인 당나귀 커피Donkey Coffee를 설립했다. 이 카페는 내부를 네 가지 주요 지역으로 구분하였다. 현관 부근은 흡연구역이다. 창문을 마주하고 있는 앞 쪽은 일반적으로 담소를 나누거나 책을 읽는 사람들로 가득 차 있다. 중간 지역에는 크고 편안한 소파들이 있어 고객들이 보드 게임을 즐기고, 커피를 마시며, 함께 즐길 수 있는 공간을 제공한다. 마지막으로 창문이 없는 마치 당신 부모님의 집 지하실 같은 느낌을 주는 장소가 있다. 당나귀 뒷무대Donkey Backstage라 불리는 이 공간에서는, 매주 금요일 생음악을 연주하거나 시낭송을 시연한다. 생음악은 매우 편안한 분위기를 조성해 준다.

당나귀는 또한 에센 지역민들과 오하이오 대학교 학생들에게 자유거래산물을 제공하고, 손님들이 지역공동체 안에서 발생하고 있는 일들과 전 세계에서 발생하고 있는 정의관련 이슈들에 대해 읽을 수 있는 '정의의 테이블'을 정기적으로 마련해 줌으로써 그들에게 사회의식을 심어주고 있다. 오하이오 출신이라면 누구나 당신에게 당나귀는 오하이오 주에서 가장 멋진 카페 중 하나라고 말할 것이다.

시드니의 서부 교외지역에서 마스 힐 카페Mars Hill Caf(사상가들이 음료를 마시는 곳)에서도 유사한 것을 발견할 수 있다. 케빈 크루즈Kevin Crouse와 마스 힐의 다른 구성원들은 커피숍이야말로 이웃들과 함께 선교적 관계를 세워나가기 위한 최적의 장소라고 생각하는 헌신된 기독교인들이다. 다른 많은 카페와 마찬가지로, 마스 힐에서도 카운터에서 커피나 음식을 주문한 후 테이블 위에 놓아두면 직원들이 주문한 음식을 어디로 가져가야 할지를 표시해 주는 조그만 사인을 받게 된다. 마스 힐에서는 보통 숫자로 표기된 사인들 대신, 소크라테스, 비트겐슈타인, 사르트르, 흄, 그리고 홉스 등과 같은 유명한 철학자들의 인용구가 적힌 사인을 받는다. 직원들은 아무런 격의 없이 인용구에 동의하는지 여부를 물을 것이다. 그리고 의미 있는 주제에 관해 친근한 태도로 대화를 나누며 테이블에 동참할 것이다. 만일 당신이 커피숍을 방문하면, 직원들이 삶에 대한 철학적 이슈에 대해 관심이 있는 것을 알게 될 것이다(다양한 종류의 커피는 위대한 사상가들의 이름을 따라 붙였다). 그러나 그들이 기독교인이라는 사실을 발견하려면 시간이 좀 걸릴 것이다. 에센에 있는 당나귀 커피같이 마스 힐은 공공연한 기독교 커피숍이 아니다. 이 커피숍은 기독교인들의 주도로 예술과 시, 생음악과 건전한 토론이 발생하는 멋진 장소다.

다시 피츠버그로 돌아가자. 제시Jesse와 셰리 홀렉지Sherry Holeczy 그리고 조시Josh와 다나 캐스콘Danna Cascone은 도시의 남쪽 지역에 인 더 블러드 타투 앤 피어싱In the Blood Tattoo and Piercing이라는 이름의 문신 가게를 운영하고 있다. 그리스도께 깊이 헌신된 그들은 명백히 그리스도의 사랑과 은혜를 발산하는 사람들이다. 왜냐하면 그들의 문신 가게가 알코올 중독자들을 회복시키고, 이웃 사람들과 대학생들, 편모들, 펑크 록 밴드 그리고 피어싱을 하고 뾰족한 머리카락 모양을 한 채 인습을 거부하는 사람들과 함께 일하는 등 전체 지역 공동체가 함께 어울리는 장소가 되었기 때문이다. 과연 문신 가게가 세 번째 장소가 될 수 있을 것이라고 그 누가 생각이나 했겠는가? 그러나 인 더 블러드 타투 앤 피어싱이 바로 그런 장소가 되었다. 그곳은 모든 종류의 배경을 가진 사람들이 함께 모이는 안식처가 되었다. 그리스도의 자비와 친절을 모방함으로써, 가죽 옷을 걸친 채 피어싱과 문신을 한 사람들을 지원하고 그들이 안정감을 느끼는 장소가 되었다. 이들은 통상 교회에 가지 않는 사람들이다. 홀렉지 부부와 캐스콘 부부는 관심이 있는 사람은 누구나 참여할 수 있는 월요일 밤 성경공부 모임을 시작하기로 결정했다. 현재 대략 40여 명의 사람들이 바로 그 문신 가게에서 그들과 함께 성경공부에 참여하고 있으며, 그들 중 상당수가 핫 메탈 브리지Hot Metal Bridge라고 불리는 근처 교회와 연결되어 있다. 조시 캐스콘의 왼쪽 팔 윗부분은 커다란 십자가와 '용서'라는 글씨가 아름답게 문신되어 있다. 그를 만났을 때, 나는 그의 팔에 새겨진 문신이 얼마나 간단하면서도 아름다운지 그리고 새겨진 내용이 화제의 핵심을 얼마나 잘 드러내는지에 대해 언급했다. 그는 미소를 지으며 어느 때라도 원하면 문신을 새겨주겠노라고 말했다.

## 너무 바빠서 세 번째 장소에 갈 수 없다

내가 에너지를 세 번째 장소에 집중해야 한다고 말할 때마다 많은 선의의 기독교인들은 도울 수는 없지만 동의는 한다고 했다. 만일 우리가 예수님께서 사람들에게 하셨던 것처럼 사람들에게 영향을 끼치고자 한다면, 사람들이 긴장을 풀고 의미를 발견할 수 있는 그런 장소에서 그들과 더불어 친근한 관계를 조성해야 한다는 것은 두말할 필요도 없다. 그러나 많은 기독교인들이 이 점에 대해 상당히 난처해한다. 이것이 지역 조깅 클럽에 가입하는 것처럼 간단한 일이건 아니면 세 번째 장소가 되는 사업체를 운영하는 것처럼 복잡한 일이 되었건, 많은 기독교인들은 자신들이 그런 일을 할 시간적 여유가 없다는 이유로 그런 일을 할 수 없다고 생각한다. 대부분의 기독교인들에게 있어, 시간적 여유가 없는 이유는 자신이 출석하는 교회가 그들을 위한 세 번째 장소가 되었기 때문이다. 그들이 출석하고 있는 교회가 그들의 여가 시간을 분초까지 흡수해 버리기 때문이다. 그들의 모든 사회적 네트워크가 교회를 중심으로 돌고 있다. 그들은 교회가 중심이 된 여성모임 혹은 남성모임에 속해 있다. 그들의 자녀는 교회 소프트볼 팀에 소속되어 있고 매주 금요일 저녁 청소년 모임에 참여하고 있다. 사실, 대부분의 헌신된 기독교인은 다양한 위원회에 참여하고 있으며, 주말뿐 아니라 주중에도 며칠 씩 교회 활동에 참여하고 있다. 그러니 그들이 어떻게 세 번째 장소로 갈 수 있는 시간적 여유를 가질 수 있겠는가?

세 번째 장소가 예수님을 발견할 수 있는 곳이라고 확신하는 일부 사람들은 세속적 클럽에 과감하게 가입하거나 매 주 정기적으로 같은 커피숍을 방문한다. 그러나 그들 시간의 대부분을 교회에 헌신하기 때문에, 세속적인 세 번째 장소에는 가끔씩 방문할 수 있을 뿐이다. 선교적 접근을 세워나가는 것의 핵심은 빈도수와 자발성이다. 일주일에 몇 번씩 격의 없이 시간에 쫓기지 않고 사람들을 만남으로써, 당신은 일정한 기간이 흐른 다음 이곳저곳에서 벌어지는 바베큐 파티에 초대되는 자신을 발견하게 될 것이다. 가장 중요한 일들은 당신이 **그곳에 있었기 때문에** 참여하게 되는 자발적인 것들일 경우가 많다. 그리고 그런 방식으로 참여하기 위해서는 그곳에 자주 가야 한다. 어느 날 저녁 나는 미시간의 앤 아보Ann Arbor에서 나의 친구이자 공저자인 앨런 허쉬Allen Hirsh와 함께 이탈리안 레스토랑의 바에서 음료수를 즐기고 있었다. 그와 나는 그 도시에서 있었던 컨퍼런스에 관해 대화를 나누고 있었다. 사전 통보도 없이 어떤 사람이 접근해 와서 우리를 그와 동료들이 대화를 나누는 곳으로 초대했다. 그는 "참 서운한 일입니다. 라번Laverne이 샌디에이고로 이사하게 됐거든요. 그래서 지금 환송을 하고 있답니다." 라고 했다. 라번을 향해 몸을 돌리면서(이전에 한 번도 만나 본 적이 없는), 나는 왜 샌디에이고로 내려 가냐고 물어봤다. '사랑'이라는 한 마디의 단어만이 그녀가 해준 유일한 답변이었다. 그녀는 함박만하게 입을 벌리고 방긋거리며 웃었다. 나는 "그거 참 좋은 이유군요"라고 말했다. 단지 그곳에 있었다는 이유 하나만으로 우리는 그들의 송별모임에 참여하게 된 것이다. 우리는 이것이 행운이라고 생각했다. 만일 우리가 지역 주민이었다면, 그런 모임에 초대되기까지 꽤 오랜 시간동안 그곳을 정기적으로 방문했어야 했을 것이다.

그러나 만일 내가 교회 일로 주말뿐 아니라 주중에도 며칠 간의 시간을 보내야 했다면, 그런 친밀한 접근을 자주할 수 있는 기회를 거의 갖지 못했을 것이다. 그리스도의 사역을 하고 있다고 하면서 정작 오늘날 교회들은 예수님께서 우리가 함께 어울렸으면 하고 그토록 바라시는 바로 그 사람들과 우리 자신을 분리하고 있다. 이것은 고든 맥켄지 책에 등장하는 마치 분필로 그어 놓은 선 위로 우리의 부리를 붙이고 있는 형국과 다르지 않다. 이런 상황은 우리가 하나님께서 우리에게 바라시는 것이 교회 일에 몰입하는 것이라는데 동의하는 한 변함이 없을 것이다. 복음서에 나와 있는 위험한 이야기들을 읽어보라. 그리고 내게 진정 예수님께서 원하시는 것이 교회 일로 정신없이 바쁜 것이라고 말해보라. 종교적인 사람들에게 대낮에 술에 취했다고 정죄를 당한 사람들의 급진적인 이야기들을 읽어 보라. 나는 그런 이야기들이(만일 신중하게 읽혀진다면) 독자로 하여금 조직화된 기독교에서 벗어나 이웃들이 있는 세 번째 장소로 가도록 촉진할 것이라고 확신한다.

어떤 침례교 목사가 자신은 만성적으로 바빠 자신의 집 잔디를 깎을 시간조차 없었다고 내게 말한 적이 있다. 그는 교회 모임들과 활동들로 인해 문자 그대로 잔디 깎는 기계를 밖으로 내올 시간적 여유조차 없이 바쁘게 몇 달을 보냈다. 그러던 어느 금요일 밤, 그는 다음 날 뒤뜰에서 바베큐 파티를 하기로 했다는 것을 기억했다. 어린 자녀들은 너무나 길게 자라버린 잔디를 깎을 수 없었다. 결국 그에게 남은 선택이 없었다. 그는 잔디 깎는 기계를 밖으로 끌고나와 전등을 그의 머리에 고정하여 잔디를 비추게 한 다음, 한밤중에 잔디를 깎기 시작했다. 잔디를 반 쯤 깎았을 무렵, 그는 길 건너편에 살고 있는 이웃들이 한밤중에 전등을 켜고 잔디를 깎고 있는 우스꽝스러운 목사의 모습을 커튼 사이로 지켜보고 있는 것을 보았다. 그리곤 바로 그 자리에서 그의 신앙에 대한 이웃의 신뢰가 산산조각이 났다는 사실을 인식했다. 과연 어느 누가 그렇게 정신없이 바쁘게 만드는 종교에 참여하고 싶겠는가?

교회라는 곳이 모든 모임에 나타나지 않거나 모든 사역에 참여하지 않거나 교회 구성원들과 모든 중요한 관계를 맺지 않는 사람들을 높이 평가하지 않는다는 사실을 유수자들은 발견했다. 유수자들은 소위 성도의 교제라고 불리는 결코 끝이 보이지 않는 소용돌이 속에서 빠져나오기로 결정했다. 소위 성도의 교제는 당신에게 속한 모든 것을 요구하고, 당신의 이웃들 그리고 당신이 속한 공동체와 사회적 유대를 완전히 끊어 놓으며 당신을 흡착해 버린다. 그리고 어중간한 정도의 충성으로 만족해하지 않을 것이다. 이는 항상 당신의 모든 것을 요구한다. 얼마나 많은 목사들이 예배 안내자로 봉사하거나, 주일학교에 출석하거나 또는 '주님의 사역'인 교회 위원회에 참여하는 것에 대해 언급하는지 주목해 보라. 예수님에 대한 위험한 이야기를 읽은 유수자들은, 주님의 일을 할 수 있는 가장 최선의 방법이 그분을 따라 지역 공동체 안에 있는 세 번째 장소로 나가는 것임을 확신하게 된다.

## 그리스도의 임재 실천하기

아직 기독교인이 되지 않은 사람들과 접촉점을 발견하는 것이 한 가지 일이다. 그러나 그 일을 해 가면서 유수자들은 사람들의 면전에서 그리스도의 임재를 실천해야 함을 깨달았다. 아름다우신 그리스도의 향기는 사람들이 있는 바로 그곳에서 감지되어야 한다. '수많은 사람이 읽은 유일한 성경은 그들 주변에 있는 기독교인 친구들의 삶'이라는 옛 속담이 있다. 이는 사실이다. 우리와 근거리에서 살아가는 사람들이 기독교인인 우리의 삶을 '읽게' 할 때, 그들은 우리의 삶을 통해 드러나는 예수님의 이야기를 볼 수 있게 될 것이다. 이는 우리가 볼품없는 기독교식 디자인으로 인쇄한 티셔츠를 입을 필요가 있다거나 혹은 기회가 닿을 때마다 복음을 선포할 필요가 있다는 것을 의미하는 것이 아니다. 그보다는 마스 힐 카페에서 일하는 사람들이 그러는 것처럼, 예수님께 대한 우리의 충성이 수많은 상호작용을 통해 서서히 펼쳐져야 한다는 것을 의미한다. 그리할 때 사람들은 결코 내려놓을 수 없는 책과 같이 우리의 삶을 인식하게 될 것이다. 그리스도의 임재를 실천한다는 것은 예수님의 삶이 어떠했음을 우리의 삶을 통해 보여줘야 한다는 것을 의미한다. 사실, 이는 상당한 위험을 감수하는 것이다. 우리의 삶을 통해 그리스도의 삶을 보여준다는 것은, 우리의 삶이 예수님께서 보여주신 삶의 모범에 점차 일치해 가야 한다는 것을 의미한다. 물론 아무런 흠이 없는 복종을 요구한다는 것이 아니다. 그러나 적어도 우리는 공의, 친절, 자비, 힘, 소망, 은혜, 양선, 그리고 환대의 사람이 되어가야 한다.

유수자에게 있어, 그리스도의 임재를 실천하는 것은 로렌스 형제가 그의 책 『하나님의 임재 연습』*The Practice of the Presence of God*에서 새롭게 구성한 어구가 의미하는 것 이상을 의미한다. 그 책에서 로렌스 형제는 우리의 삶에서 하나님의 사랑에 대한 내적 체험을 매일 풍성하게 경작해 나가는 것에 대해 이야기한다. 하나님의 임재를 연습하는 것은 '매 순간마다 어떤 법칙과 척도 없이 겸손히 말하고 그분과 더불어 끊임없이 사랑의 대화를 나누는 것을 통해 그분과의 신적 동행을 기뻐하고 그에 익숙해지는 것'[7]이다. 하나님의 임재를 연습하는 것에 대한 로렌스 형제의 방식은 기독교 영성의 고전적 범례들 중 한 가지로서, 모든 유수자들의 개인적 영성을 연습하는 데 필요한 기술이라고 생각하기에 여기서 요약하는 것이 참으로 가치 있는 일이라고 생각한다. 그러나 한 가지 명심할 것이 있다. 곧 그리스도의 임재하심에 대한 선교적 실천은 로렌스 형제가 설명하는 내적 신앙과 연습뿐만 아니라 외적인 행동과 행위들까지 포괄한다는 것이다.

로렌스 형제는 1611년 프랑스에서 니콜라스 헤르만Nicolas Herman이란 이름으로 태어났다. 그는 젊었을 때 군 복무 중 심각한 부상을 당했다. 그는 하나님께 목숨이라도 살려 달라고 애걸한 후, 회복 중에 자기 자신을 종교적 삶에 헌신하기로 맹세했다. 헤르만은 부상에서 회복되었고 하나님께 약속했던 것을 이루기 위한 일을 해 나갔다. 처음에 그는 종교적 은둔자로서 삶을 살려고 노력했다. 그래서 1640년 26세의 나이에 파리에 위치한 맨발의 카멜라이트수도회the Order of Discalced Carmelites에 평신도 형제로 입단했다. 그곳에서 그는 종교명으로 '로렌스'라는 이름을 갖게 되었다. 15년간 그는 수도회 식당에서 요리사로 일했다. 때때로 그는 백 명이 넘는 수사들을 위한 음식을 준비해야 했다. 하지만 얼마 후 좌골 신경통으로 수 시간 씩 서서 요리해야 하는 일을 할 수 없게 되자, 남은 인생을 그가 77세의 나이로 죽을 때까지 맨발의 수도회를 위해 샌들을 만드는 일을 하며 보냈다.

그 자신이 은둔자적 삶을 살았음에도, 그는 두 가지 이유에서 수도사적 삶을 훈련하는 것을 수긍하지 않았다. 첫째, 그는 묵상과 명상, 침묵 그리고 기록된 기도문의 낭송을 통해서 하나님과 연결을 맺지 못하는 자기 자신을 발견했다. 그는 그러한 방식들이 지나치게 복잡할 뿐만 아니라 지나치게 높은 차원의 신학적 정교함을 요구한다고 생각했다. 둘째로 그는 하나님과의 관계맺음이라는 것이 가장 평범한 사람들에게도 열려 있어야 한다고 믿었다. 만일 이 관계맺음이 특별한 헌신을 하는 수사들만 가능한 것이라면, 그것은 매우 유용한 종교 체계가 될 수 없었다. 따라서 그는 일련의 연습을 계발하기 시작했는데, 그 연습은 누구라도 쉽사리 배울 수 있는 것이었으며 어떤 환경 속에서도 실천할 수 있는 것이었다. 사실, 그는 평등주의적인 경건생활 체계를 만들고 있었는데, 그것은 수도원이 규정하는 경건생활을 자유롭게 벗어나서 행하는 종교적 섬김이었고, 배경과 상관없이 모든 사람을 청하여 매일의 삶 속에서 하나님의 임재를 경험하게 하는 것이었다. 그는 이 점에 대해 다음과 같이 썼다.

나는 모든 불필요한 경건과 기도를 포기하고 나 자신을 전적으로 그분의 거룩한 임재 안에 머물게 하는데 전념했다. 나는 단순한 순종과 내가 '하나님의 실재적 임재', 혹은 영원히 지속되는 내 영혼과 하나님과의 고유하고 은밀한 대화라고 부르는 것, 즉 하나님에 대한 사랑이 그 뿌리가 되어 솟아나오는 그분에 대한 전반적인 인식을 통해 스스로 나를 그분의 임재

안에 머물게 했다.[8]

모든 것 가운데서 로렌스 형제는 그의 삶 속에 계시는 하나님의 은혜로우신 임재를 끊임없이 의식하고자 했다. 그는 이것을 '하나님의 임재 연습하기'라고 부르며 다음과 같이 설명했다.

영적인 생활에서 가장 거룩하고 가장 일상적이며 가장 필요한 연습은 하나님의 임재하심에 대한 연습이다. 이는 매 순간마다, 특히 유혹과 고통이 있거나 무미건조하고 피곤할 때, 그리고 심지어는 불충과 죄를 짓는 순간조차 어떤 법칙과 척도 없이 겸손히 말하고 그분과 더불어 끊임없이 사랑의 대화를 나누는 것을 통해 그분의 신적 동행을 기뻐하고 그에 익숙해지는 것이다.[9]

하나님의 임재하심에 대한 로렌스 형제의 연습은 다섯 가지 간단한 기술(설명하기에는 간단하지만 완전히 습득하기에는 그리 간단하지 않은)을 포괄한다. 이제 한 가지씩 살펴보도록 하자.

## 1. 하나님의 임재하심을 모색하라: 순결을 유지하기 위해 지극한 정성으로 당신의 마음을 지키라

로렌스 형제는 죄악된 인간의 욕망을 추구하는 동시에 하나님의 임재를 추구하는 것이 불가능하다는 것을 알고 있었다. 그는 인간의 죄에 대해 매우 확고하고 신선한 이해를 가지고 있었다. 그는 우리가 죄를 짓지 않을 수 없는 존재라는 것을 알고 있었고, 죄가 항상 인간 경험의 실재가 될 수밖에 없다는 것에 대해서도 잘 알고 있었다. 그러나 하나님의 임재를 경험하기 위해서는 우리가 정기적으로 우리의 죄를 고백해야 한다는 것과 더불어 하나님의 임재는 그러한 죄에도 불구하고 성취될 수 있는 것임을 알고 있었다. 로렌스 형제에게 있어서 죄가 없는 완전무결함의 추구(그 당시 수도원 운동에서 커다란 비중을 차지하고 있었던)는 어리석은 것에 지나지 않았다. 하나님의 은혜에 대한 그의 놀라운 증언을 보도록 하자.

나는 내 자신을 인간들 중에서 가장 비참한 자로 인식하고 있다. 나는 비탄에 빠져 있으며 불결할 뿐 아니라, 모든 죄를 고백하는 나의 진실한 회개로 인해 감동하시는 왕 되신 그분 앞에서 짓는 모든 종류의 범죄에 대해 유죄한 자이기 때문이다. 나는 그분의 용서를 간구하고 스스로를 그분의 손에 전적으로 맡김으로써, 그분이 기뻐하시는 때에 나를 용서하시도록 한다. 선하심과 자비로 충만하신 나의 왕은 나를 벌하시는 대신 사랑으로 나를 감싸 안으시며, 그분과 나누는 교제의 자리에 나를 앉히고 친히 나를 대접하시며, 그분의 보고를 열 수 있는 열쇠를 내게 허락하시고, 나를 모든 것 중에서 가장 기뻐하시는 자로 대해 주신다. 그분은 내가 이전에 범한 죄들을 용서하시거나 도말하시는 것에 대해 말씀치 않으시고, 나와 더불어 대화하시며 헤아릴 수 없이 많은 방식을 통해 나를 기뻐해 주신다. 비록 그분의 마음에 따라 나를 지어가실 것을 간구하지만, 여전히 약하고 비참함에도 이전 어느 때보다 그분의 돌보심 안에 있는 나 자신을 발견한다. 이것이 내가 그분의 거룩한 임재하심 안에 있을 때 발견하는 것이다.[10]

여기에서 우리는 인간의 부족함에 대한 로렌스 형제의 높은 인식과 하나님의 온화하시고 무조건적인 은혜에 대한 그의 정확한 인식 간에 존재하는 완벽한 균형을 발견할 수 있다. 하나님의 임재를 연습하기 위해 유수자들은 자신이 죄인이라는 사실에 진실하고, 여전히 고백되지 않은 죄를 계속해서 찾아내고, 더욱 경건하고 경험 있는 멘토와 신뢰 있는 관계를 구축하고, 그리고 하나님의 헤아릴 수 없는 은혜 속에 거해야 한다.

## 2. 하나님의 임재를 보라: 믿음으로 영혼의 시각을 하나님께 고정하라

로렌스 형제는 삶의 모든 측면에 임재하시는 하나님을 바라보는 것에 관한 연습을 설명하기 위해 '영혼의 시각을 하나님께 고정하라'는 말을 만들었다. 이 구절을 통해 그가 의미하고자 했던 바는, 가장 세속적 또는 현세적인 활동으로 여기는 일(그것이 샌들을 만드는 일이든 아니면 음식을 조리하는 일이든—로렌스 형제가 일생을 통해 했던 두 가지 주요 활동들—, 아니면 다른 어떤 종류의 일상적인 활동이든)을 통해서도 투영되는 하나님의 임재하심을 볼 수 있는 능력을 계발해야 한다는 것이었다. 이처럼 일상의 성화聖化는 유수자들로 하여금 교회 건물이나 대성당에서만이 아니라, 미술, 아름다움, 일, 음식, 슬픔, 고통 그리고 즐거움 등과 같은 것을 통해서도 하나님을 대면하여 볼 수 있게 한다. 믿음으로 영혼의 시각을 하나님께 고정시킬 때, 우리는 명백히 비종교적인 범주 속에서도 자유로이 하나님을 뵐 수 있다. 그렇기 때문에 교회에 전혀 가본 적이 없는 비기독교인들이라 할지라도 자유롭게 하나님과 관계를 맺을 수 있게 도울 수 있는 것이다.

## 3. 하나님의 임재 안에서 살아가라: 하나님에 대한 사랑으로 모든 것을 하라

하나님의 사랑을 위해 하는 모든 일에는 소위 성스러운 일과 세속적인 일 둘 다 포함된다. 둘 중 그 어느 것도 배제할 수 없다. 로렌스 형제에 따르면, 기독교 영성의 실천은 고립이나 칩거를 요구하지 않는다. 그는 우리가 일상에서 하는 모든 활동이 그가 '하나님과 교통하는 작은 행위들'이라고 일컬은 것이 될 잠재성을 지니고 있다. 이는 모든 것을 포용하는 세상에 대한 개방적인 비전이다. 로렌스 형제는 우리가 하는 모든 활동을 하나님께 영광을 돌릴 수 있는 기회로 보았다. 사실, 그는 하나님의 임재하심이 우리가 하는 모든 행위를 영광으로 채운다고 본다. 따라서 우리의 성화는 우리가 실제로 수행하는 모든 행위에 기초하는 것이 아니라, 그 모든 행위를 우리를 위해서가 아니라 하나님을 위해 하려고 하는 우리의 준비됨에 기초한다.

그가 평생을 몸담고 있었던 수도원 공동체가 성만찬을 지상에서 일어나는 하나님의 성스러운 활동의 궁극적인 표현으로 보았던 반면(그래서 가장 궁극적인 인간 활동으로 보았던 반면), 로렌스 형제는 훨씬 더 총체적인 영성을 향유했다. 그에게 있어서 요리라는 일상 업무를 수행하는 것은 성만찬만큼이나 하나님을 경험할 수 있는 신비하고 아름다운 기회였다. 사실 어느 날 성만찬에 참여하고 난 후, 로렌스 형제는 다음과 같이 썼다.

> 따라서 이 무한하신 존재의 위대함과 위엄에 완전히 사로잡힌 채, 나는 내가 의무를 수행해야 하는 곳, 즉 부엌을 향해 곧장 나갔다 …… 나는 하나님의 사랑으로 프라이팬에 있던 작은 오믈렛을 뒤집었다. 그리고 그 일이 끝나고 나서 아무 할 일이 없으면, 나는 그 자리에 부복하여 그 일을 할 수 있도록 하신 나의 하나님을 경배했다. 그러고 나면 나는 왕이 누리는 것보다 더 큰 행복을 느꼈다. 내가 할 수 있는 다른 일이 없을 때, 하나님의 사랑으로 땅에 떨어진 지푸라기 하나를 주워 올리는 것만으로도 충분했다.[11]

그리고 그는 또 이렇게 썼다.

> 일상 활동을 하는 모든 시간은 기도하는 시간과 결코 다르지 않다 …… 왜냐하면 부엌에서 한꺼번에 여러 사람들이 다른 여러 가지 일을 부탁하는 바람에 정신없이 분주할 때도, 축복된 성만찬 앞에서 무릎을 꿇고 앉아 있

을 때만큼이나 평화롭게 하나님을 소유하기 때문이다.[12]

우리는 하찮을 일들을 할 때도 일의 중요성이 아니라 사랑을 고려하시는 하나님에 대한 사랑 때문에 그런 일을 감당하는 것을 지겨워해서는 안 된다.[13]

이런 종류의 영성이 수도원을 벗어나 자유로운 종교적인 삶을 가능하게 하며, 구두 수선공, 요리사, 그리고 정원사를 기독교적 예배의 삶으로 초대할 수 있다. 유수자들은 각자의 직업이 변호사이든, 건축업자이든 또는 가사를 돌보는 가정주부이든 상관없이 그들의 일상을 하나님을 섬기는 기회로 삼을 수 있다는 것을 안다. 그들의 영성은 특별히 종교적 영역으로 인식하는 삶의 부분에서 발생하는 뚜렷한 종교적 활동에만 기초하는 것이 아니라, 인간 존재의 모든 영역에서 하나님의 은혜를 인식할 수 있는 능력에 기초한다. 즉 먹고 마시고 일하고 목욕하고 수면을 취하는 것을 포함하는 모든 일에서 하나님과 함께 하기 때문에, 그들은 그 모든 일을 통해 하나님께 영광을 돌릴 수 있는 것이다. 미숙한자의 눈으로는 그 차이를 관찰할 수 없다. 미숙한 관찰자는 동일한 일을 하는 기독교인과 비기독교인 간의 차이에 대해 말하기가 어렵다. 그러나 내적으로 그 차이는 실로 중요하다.

## 4. 하나님의 임재 안에서 말하라: 하나님께 짧은 기도를 하라

로렌스 형제의 진수는 종교적 실천을 '전문적인 기독교' 영역에서 자유롭게 하는 그의 능력에 있다. 하나님과 교제를 나누기 위해 수도사나 은둔자가 될 필요가 없다. 또한 장문의 기도문이나 기원문도 기억할 필요가 없다. 로렌스 형제는 그 누가 되었든 모든 신자는 본질상 가장 단순하고 짤막한 기도문을 정기적으로 올림으로써 하나님의 임재를 연습할 수 있다고 주장했다. 그는 다음과 같은 짧은 구절들을 예로 제시했다.

이 연습을 시작한 사람들에게 몇 가지 문구를 제시하고자 한다. "나의 하나님, 나는 전적으로 당신의 소유입니다", "주님, 나의 마음을 당신의 마음과 같게 하옵소서" 또는 이처럼 순간마다 사랑을 촉구하는 언급들이다 …… 어떤 일을 시작하기에 앞서, 나는 어린아이처럼 하나님을 신뢰하며 그분께 다음과 같이 말할 것이다. "나의 하나님, 당신이 나와 함께 하심으로, 그리고 내가 당신의 명령에 따라 이 의무를 수행해야 하므로 나에게 당신과 함께 거하며 당신과 함께 동행할 수 있는 은혜를 더해 주실 것을 간구합니다. 더욱 간구하는 것은, 나의 주여, 나와 함께 동역하여 주시고, 나의 노력을 받아주시고, 나의 모든 감정도 당신의 것으로 삼아주옵소서 …… " 더욱이 내가 이 일을 할 때, 그분께 나의 간소한 예배행위를 올림으로써, 그리고 그분이 주시는 은혜로 말미암는 다함없는 은혜를 간구함으로써, 그분과의 친밀한 대화를 유지할 것이다.[14]

자신이 맡은 일들을 다 마치고 난 후, 로렌스 형제는 성취된 모든 선한 일들로 인해 감사를 드렸다. 그는 또한 그의 모든 부족함에 대해 용서를 구했다. 영화 <지붕 위에 바이올린>Fiddler on the Roof에 나오는 테비Tevye처럼, 로렌스 형제는 마치 자기 자신에게 중얼거리는 듯해 보였을 것이다. 그러나 사실 그는 하나님께 기도를 올리고 있는 것이었다. 그의 대화의 핵심에는 일상생활 중에서 발생하는 가장 현세적 측면뿐만 아니라, 그의 아픔과 고통, 그의 즐거움과 시험까지 포함하고 있었다. 테비는 하나님께 농담까지 할 수 있었다. 로렌스의 경우처럼, 모든 것이 하나님과 더불어 나누는 대화의 주제가 될 수 있다.

## 5. 하나님의 임재를 마음에 새기라: 다른 어떤 것보다 하나님의 임재를 귀하게 여기라

예수님께서는 "네 보물 있는 그곳에는 네 마음도 있느니라"(마6:21)라고 말

쓸하셨다. 우리가 다른 어떤 것보다 하나님의 임재를 귀하게 여긴다면, 이것을 추구하는데 우리의 온 마음과 생각을 기울이려 할 것이다. 그러나 로렌스 형제는 우리 자신의 만족이나 유익만을 위해 하나님의 임재를 추구해서는 안 된다고 말한다. 그의 최우선적 동기는 바로 하나님을 추구하는 것이다. 그것이야말로 하나님께서 다른 어떤 것에 우선하여 원하시는 것이기 때문이다.

하나님과 더불어 지속적인 대화를 유지하는 것보다 인생을 상쾌하게 하거나 기쁘게 하는 것은 없다. 오직 하나님과 대화를 연습하거나 경험하는 사람만이 이것을 이해할 수 있다. 그러나 나는 그런 이유 때문에 하나님과 대화를 추구하라고 제안하지는 않겠다. 우리는 위안을 얻기 위한 방편으로 하나님과 대화를 추구해서는 안 된다. 오직 사랑이 동기여야 하고 그 동기가 바로 하나님께서 원하시는 것이기 때문에 하나님과 대화를 추구해야 한다.[15]

우리들 중 누가 로렌스 형제가 한 것만큼 경건한 삶을 살 수 있겠는가? 그는 하나님께서 우리의 주의와 관심에서 그러한 기쁨을 이끌어 내신다고 확신하고 있었다. 우리에게 하나님과 관계를 추구하도록 하시는 분은 하나님 자신이다. 심지어 가장 정기적으로 발생하는 일상의 삶에서조차, 죄인인 인간과 친밀한 관계를 그토록 열망하시는 분은 하나님이시다. 다음에 소개할 다섯 가지의 실천은 비록 매 주일 주류 교단에 속한 교회의 예배에 출석하지 않는다 하더라도, 유수자가 하나님과 연결된 삶을 살아가고 있다는 것을 확인시켜줄 것이다. 그러나 우리가 앞에서 이미 주목하였듯이, 이러한 실천들은 일반 관찰자들의 눈에는 관찰되지 않을 것이다. 왜냐하면 이러한 실천들은 우리의 생각과 마음으로 연습하는 내적 훈련이기 때문이다. 나는 아직까지 기독교인이 아닌 사람의 눈으로 볼 때 우리가 하나님의 임재를 실천하고 있다는 것을 확신하게 해

주는, 외적으로 표현되는 훈련 몇 가지를 첨부하고자 한다. 이들 실천에 대해서는 이 책의 나머지 부분에서 더 상세하게 탐구할 것이다. 여기에서는 그리스도의 임재를 제시하는 것은 다음과 같은 것들을 포함한다는 것을 지적하는 것으로 충분하리라 생각한다.

- 환대의 실천: 우리의 가정과 우리의 식탁을 다른 사람들과 더불어 나누는 것.
- 관용의 실천: 우리가 소유하고 있는 자원을 필요로 하는 사람들, 특히 가난하고 소외된 사람들에게 나누어 주는 것.
- 정의의 실천: 공정한 정치적 환경들을 만들어 가는데 우리의 에너지를 제공하는 것.
- 환경에 대한 청지기로서의 직분을 실천: 우리가 살아가고 있는 연약한 생태 시스템을 돌보는데 헌신하는 것.
- 선교의 실천: 온 세계로 보내심을 받아 사람들로 하여금 그리스도께서 모든 이들의 주가 되심을 알게 하도록 준비하는 것.

아마 당신은 불경스러운 텔레비전 시리즈물인 <심슨 가족>The Simpsons중 한 편에서, 어린 발트 심슨이 아버지 호머 심슨과 더불어 자기 가족의 신앙에 대해 토론하는 장면을 보았을 것이다.

**발트**: 우리 가족의 종교는 뭐지요?
**호머**: 실생활 속에서는 아무런 효력을 발휘하지 않는 선한 규칙으로 구성된 종교지.

맙소사! 그러나 예수님의 '종교'(이는 결단코 종교가 아니다. 그러나 이 용어가 현재 통용되고 있으니 어쩔 수 없다)는 실제 삶 속에서 아무런 효력을 발휘하지 않는 일련의 규칙이 아니다. 예수님께서 우리에게 요구하시는 생활방식은 사랑과 희생, 친절과 은혜를 통해 에너지를 공급받는 그런 생활방식이다. 이는 가장 '유용한' 생활방식이다. 왜냐하면 이 생활방식은 우리가 처음에 택하고자 했던 삶의 여정으로 우리를 되돌려 놓기 때문이다. 물론 결코 쉬운 일은 아니다. 그러나 이와 같은 생활방식을 문신가게에서 실천하든, 아니면 핫도그 레스토랑이나 커피숍, 스크랩북 클럽 또는 학부모 모임에서 실천하든 상관없이, 그 생활방식에 내재된 삶의 질은 오늘날 우리를 만드신 분께—예수님의 영적 능력이 내주하도록—사람들을 인도하게 될 것이다.

## 벌거벗은 채 빈손으로

게다가 우리는 내주하시는 영적 능력 덕분에 강해질 수 있기 때문에, 만일 우리가 성육신을 진지하게 받아들인다면, 일시적 혹은 세상 권세에 대한 어떤 의존도 거부하는 선교로 나가게 될 것이다. 이것이 내가 탱크를 몰고 강대상에 오른 목사에게 문제가 있다고 느끼는 이유이다. 지난 2천여 년간 교회는 너무나도 자주 세상 권력과 지위를 남용해 왔다. 가장 최악의 경우에는 십자군이나 종교재판소를 통해서, 가장 온건한 경우에는 부와 특권의 악취를 내뿜는 수백만 달러에 상당하는 교회 시설을 남겨 놓는 것을 통해서 교회는 권력기반을 구성했다. 수많은 부자 목사들이 품격 높은 예술적 가치를 갖추고, 커피숍과 책방 그리고 발렛* 주차장을 갖추고, 에어컨이 시원하게 돌아가는 본당을 좋아하는지에 관계없이, 우리는 예수님께서 벌거벗은 채 빈손으로 십자가에서 돌아가셨다는 사실을 결코 잊지 말아야 한다.

---

* 주차요원들이 일정액의 팁을 받고 주차를 대행해 주는 제도—역주.

내가 처음 로마를 여행할 때, 나는 성 베드로 대성당과 시스틴 채플 그리고 바티칸 박물관을 관람하기 위해 바티칸 시를 방문할 시간 계획을 짜 놓았다. 당시 나는 그 건물들이 신앙적 영감으로 지어진 건물들일 것이라고 생각했다. 내가 미술관에 있을 때 하나님께 아주 가까이 있는 듯한 느낌을 받았기 때문에, 교회가 이루어 놓은 가장 지고한 예술품들이 모여 있는 곳에서는 더더욱 영적으로 고양될 수 있으리라고 생각했다. 그러나 내 생각은 완전히 틀린 것이었다. 내게 있어 바티칸은 부와 권력, 고삐 풀린 인간의 위대함에 대한 자랑을 맛보게 하는 곳에 불과했다. 연이어 서 있는 엄청난 규모의 건물들이 방문객들을 압도했다. 그 건물들은 자신들의 위대함을 기념하기 위해 전대의 교황들이 지불한 돈으로 건축된 것들이다. 그곳에서 나는 하나님과 어떤 인격적 교감도 맛볼 수 없었다. 사실 나는 대리석이 깔린 성 베드로 대성당 바닥 위를 아무 주목도 받지 못한 채 정처 없이 걸어 다니고 있는 가난하고 조롱 당하는 갈릴리의 한 목수를 상상하며 거의 울음이 나올 지경이었다. 예수님께서는 우리에게 자기 십자가를 지고 그분을 따르라고 부르셨다. 바티칸 박물관의 그 모든 화려한 중세 미술품과 상관없이, 예수님께서는 완전히 벌거벗긴 채 굳어 버린 자신의 피를 뒤집어쓰고 십자가에서 돌아가셨다는 것에 주목해야 한다. 그분의 손에는 주교의 직을 나타내는 관도 지팡이도 그리고 권력을 상징하는 그 어떤 상징물도 없었다. 그분의 빈손에는 그분을 십자가에 매달기 위한 엄지손가락 굵기 만한 대못만이 박혀 있을 뿐이었다.

바티칸에 대한 나의 이런 생각은 로마 가톨릭에 대한 특별한 악감을 표현하는 것이 아니다. 나는 성공회 대성당(수정 대성당)과 대규모의 침례교회당을 보았을 때도 동일한 것을 느꼈다. 기독교인이든 아니든, 교회 밖에 있는 많은 사람들도 똑같이 느낄 것이다. 중동의 진보적인 젊은 랍비와 그를 지도자로 선언하면서도 부과 권력으로 치장된 종교를 동일한 것으로 볼 수는 없다.

댄 브라운Dan Brown이 쓴 『다빈치코드』The Da Vinci Code라는 책의 엄청난 성공에 대해 생각해 보라. 이 책은 교회의 부와 권력이 교회를 세운 겸손하신 분을 이해하는 데 장애가 된다고 생각하는 독자들이 공유하고 있는 일반적인 가정을 상당히 자극한다. 이 책의 엄청난 판매량은 최근 몇 년간 판매된 모든 도서 판매 기록을 갱신했다. 이 책은 파리에 소재한 전 세계적으로 유명한 루브르 박물관의 명성 있는 큐레이터인 자크 소니에르Jacques Saunire의 죽음으로부터 시작한다. 세상에는 거의 알려지지 않았으나, 소니에르는 시온 수도회the Priory of Sion의 주요 멤버였다. 수도회 지도자들 중 많은 이는 역사를 통해 가장 탁월하고 권력이 있으며 영향력 있는 인물들이었다. 수도회는 소니에르와 같은 멤버가 자신의 정체를 드러내기보다 죽음을 택할 정도로 중요한 비밀의 수호자 역할을 해 왔다.

그 비밀이 그리스도께서 신성을 지니신 분이 아니라, 막달라 마리아와 결혼하여 그녀를 통해 아이를 낳은 사람이라는 주장과 관련된다는 것을 알기 위해 굳이 이 책을 읽어 볼 필요까지는 없다. 어쨌든 이 책은 그리스도의 자손이 프랑스 땅에 정착했고, 그 이후에 자신이 그린 그림들, 특히 최후의 만찬에 이 엄청난 비밀에 대한 단서를 감춘 레오나르도 다빈치가 수장을 맡기도 한 수도회가 그 자손을 보호해왔다고 단언한다.

소니에르는 로마가톨릭교회가 보낸 암살자에 의해 살해된다. 왜냐하면 만일 수도회의 비밀이 드러나는 날에는 교회가 그간 누려오던 모든 특권을 한순간에 잃어버릴 수 있기 때문이다. 이 비밀에 대해 아무것도 모르는 소니에르의 조카와 하버드 대학의 한 교수가 음모에 휘말리게 된다. 그들은 우연히 교회를 파괴할 수도 있는 엄청난 비밀을 밝혀내게 되고, 그 결과 경찰뿐 아니라 그 비밀이 세상에 알려지는 것을 막으려 하는 교회가 보낸 암살자에게 쫓기게 된다. 이 부분이 이 책의 가장 사악한 부분이다. 한 면으로 볼 때, 브라운의 책은 너무도 재미있는 단순한 스릴러물일 수도 있다(실제로 그렇다). 그러나 다른 차원에서 볼 때, 이 책은 교회가 거짓과 부분적인 진리의 틈바구니 위에 세워졌며, 따라서 교회는 그 거짓을 비밀에 부치기 위해 무슨 짓이든 다 할 것이라는 가정을 통해 사람들이 갖고 있는 최악의 공포심을 자극한다. 『다빈치코드』를 읽은 수백만 명의 독자들은 그리스도의 신성에 대해 이중적으로 생각할 수 있다. 그러나 나는 기성 교회가 오늘날 사회에서 누리고 있는 권력과 부를 기반으로 하는 지위를 유지하기 위해 무슨 짓이든 할 것이라고 확신 있게 말할 수 있다. 비록 그것이 살인도 마다않는 킬러를 돈으로 고용하는 일이라 할지라도, 교회는—CIA, M15 그리고 FSB 비밀 첩보 대원들과 다르지 않게—언제 사라져 버릴지 모를 교회의 이익을 보호하기 위해 어떤 일이든 할 것이다.

이는 사회의 중심부에서 결코 진리를 발견할 수 없다는 고전적인 포스트모던 사상의 주장에 도움이 되는 일이다. 오늘날 법 체계, 정치 체계, 대기업, 그리고 교회와 같은 힘이 있는 세력은 결코 신뢰할 수 없는 집단들로 치부되고 있다. 왜냐하면 진실이 드러날 경우 잃어야 할 것이 너무도 많기 때문이다. 다른 말로 하자면 그런 세력들이 무엇을 말하더라도, 그 말은 자신들의 권력을 그대로 소유한 채 현상을 유지하기 위해 고안된 것일 뿐이라는 것이다. 많은 사람들, 특히 젊은 사람들 중에는 교회 지도자들도 성경과 교회법에 수많은 거짓과 진리의 조작이 가득차 있다는 것을 알고 있다고 생각하는 이들이 많다. 이런 지도자들이 진실을 말할 리 없다. 왜냐하면 만일 그들이 진실을 말하면, 그들이 현재 누리고 있는 직업을 잃게 될 것이기 때문이다. 나는 고대의 비밀, 현대 학자, 진귀한 문서, 탐욕스러운 수집가, 그리고 유사 학문을 강요하는 선동가들에 대해 기록한 책을 많이 읽어 보았다. 그중에서도 『다빈치코드』는 종교와 국가기관에 대한 일반적 불신을 자극함으로써 엄청난 판매고를 올렸다. 이 책은 명백한 진실이 존재하지만 거짓을 통해 이익을 취득하는 자들이 우리에게 진실을 말하리라고는 절대 기대할 수 없음을 말한다.

이와는 반대로, 또 다른 많은 사람들은 진실은 오직 주류에서 소외된 사람들, 즉 진실을 말함으로 인해 잃을 것이 전혀 없는 사람들을 통해서 들을 수 있다고 믿는다. 때문에 오직 가장 소외된 사람들—게이나 레즈비언 공동체, 예술가들, 영화제작자들, 가난한 사람들, 젊은이들—이 우리가 앞으로 나아갈 길을 보여줄 수 있다고 본다. 물론 이러한 견해는 매우 순진한 견해이긴 하지만, 이들의 설명은 어느 정도 들을 만한 가치가 있다. 서구세계 전역에서 실시된 많은 설문조사는, 비록 교회의 신뢰도가 매우 낮기는 하지만 예수님에 대한 신뢰도는 여전히 높다고 평가하고 있다. 의심할 여지없이, 이런 결과의 이유들 중 하나는 예수님의 나무랄 데 없는 혁명적인 '신세대다움'street cred과 관련이 있다. 예수님께서는 전형적인 빈자셨고 소외된 진보주의자이셨다. 그분은 자신의 가르침을 통해 아무런 유익도 취하지 않으셨다. 오히려 그분은 자신의 가르침으로 인해 말로 형언할 수 없는 고통을 받으셨다. 최근 체 게바라 Che Guevara(순수한 혁명가였기보다는 부당한 이득을 취한 용병이었던)에 대한 이상할 정도의 관심이 있는 것도 사실이지만, 모한다스 간디Mohandas Gandhi, 마틴 루터 킹Martin Luther King, 안드레이 사하로프Andrei Sakharov, 넬슨 만델라 Nelson Rolihlahla Mandela, 아웅 산 수 지Aung San Suu Kyi 그리고 아룬하티 로이 Arundhati Roy등과 같은 영웅들도 자신들이 주장하는 신념을 매개로 어떤 개인적 이득도 착복하지 않은 사람들이었다. 이 영웅들은 그들이 보여준 힘과 용기 그리고 일관성 있는 성실함으로 인해 보편적인 추앙을 받고 있다. 혁명가의 본질적인 요소인 무력을 회복하는 새로운 기독교운동이 요구되고 있다. 마틴 루터 킹 목사는 "진정한 혁명가는 잃을 것이 아무 것도 없는 사람입니다"라고 말함으로써 이 점에 주목했다.

중국의 지하교회, 핍박받는 미얀마 교회 또는 라틴 아메리카의 셀 교회들에 주목해 보라. 핫 도그마 또는 당나귀 커피숍 같은 단순하면서도 적은 규모의 프로젝트에 주목해 보라. 이러한 프로젝트는 작고 연약한 실험들이다. 이들 프로젝트는 하나님을 신뢰하고 예수님의 복음을 구체화(성육신)하기를 결단코 멈추지 않는 용감한 영혼들의 공동체이다. 그들이 끼치는 아름다운 영향력의 일부는 세속적인 부와 권력이 그들에게는 없다는 것에서 기인한다. 그들은 오직 하나님만을 의지한다. 존 엘드리지John Eldredge는 이렇게 말했다.

> 하나님께서는 서로를 위해, 그리고 여전히 속박에서 벗어나지 못한 사람들을 위해 싸울 작은 공동체들을 부르시고 계신다. 소규모의 용감한 영혼들이 모여 우정과 친밀감 그리고 놀라운 영향력을 행사한다. 이것이 예수님께서 우리에게 허락하신 기독교인다운 삶이다. 이런 삶이야말로 진실로 일상이 되어야 하는 삶이다.[16]

나의 말을 들은 한 신사분이 내게 어네스트 루스리Ernest Looseley가 쓴『초대교회』When the Church Was Very Young라는 책을 주었다.[17] 그 책을 주면서 그 신사는 내 말이 꼭 그 책의 말과 같다는 생각이 들었다고 했다. 나는 그 책을 펴서 각 페이지의 내용을 대략 훑어보았다. 책의 각 장은 "초대 교회 때, 교회는 ……"이라는 제목이 붙여 있었고 "건물이 없었다", "교파가 없었다", "확립된 조직들이 없었다", "신약 성경이 없었다", "교리적 체계가 없었다"라고 결론을 맺고 있었다. 나는 그 신사에게 감사를 표하고, 그 책이 내 취향에 잘 맞는다고 말했다. 그는 미소를 지으면서 그 책이 출간된 연도를 한 번 보라고 했다. 놀랍게도 그 책의 출간 연도는 1935년이었다. 우리는 이미 기독교 교회가 지하운동이었다는 것을 알고 있다. 어네스트 루스리는 적어도 1935년에 이 사실에 대해 알고 있었다. 우리 또한 전 세계에서 교회가 가장 왕성하게 성장하고 있는 지역에 대해 알고 있다. 왕성한 교회의 성장은 교회 건물이 없고, 신학교도 없으며, 성직자도 없고, 자금도 없는 그런 지역에서 발생하고 있다. 교회가 누리고 있는 것들을 내려놓을 때 교회가 전하는 메시지가 세상에 긍정적인 인상을 줄 수 있을 것이다.

## 예수님의 이름 부르기

만일 우리가 예수님의 모범을 따라 유수자의 삶으로의 부르심을 심각하게 받아들인다면, 우리 주변의 이웃들에게 좀 더 가까이 다가가는 자신을 발견하게 될 것이다. 이것은 필연적인 현상이다. 우리가 유수자의 삶으로의 부르심을 심각하게 받아들인다면, 전통적인 교회가 우리에게 부과해 왔던 과도한 짐의 상당량을 벗어버리게 될 것이다. 이 말은 그동안 교회가 우리에게 완수하라고 요구해 온 것들을 벗어나 자유롭게 되는 것을 의미한다. 우리가 유수자의 삶으로의 부르심을 심각하게 받아들인다면, 우리의 외적 활동을 통해서 뿐만 아니라 우리의 내적인 삶 속에서도 예수님의 실존을 실천하게 될 것이다. 정의, 친절, 환대, 그리고 자비의 삶을 살아감으로써, 교회 예배에 참석한 적이 한 번도 없거나 신약성경을 읽어본 적이 없는 사람들에게 예수님께서 보이신 삶의 모델을 보여주게 될 것이다. 또한 대규모 건물들, 풍성한 자금을 기초로 수행하는 프로그램들 그리고 제도화의 면면을 드러내는 다른 것들에 의지하지 않으면서도 이 일을 성취해 나갈 수 있음은 물론이다. 예수님께서 그러셨던 것처럼, 은혜를 드러내고 자비를 실천하는 것 외에 아무런 동기 없이 벌거벗은 빈손으로 다른 사람들에게 나아가야 할 것이다. 우리가 좋아하든 좋아하지 않든, 언젠가 누군가가 우리에게 다가와 그런 삶을 살아가는 이유가 무엇인지에 대해 물을 것이다. 바로 그 때, 유수자들은 예수님의 이름을 한 번도 전한 적이 없는 상황에서 예수님의 이름을 부를 준비가 되어 있어야 한다. 달리 표현하자면, 과거 어렵지 않게 관찰할 수 있었던 불편한 행동으로 거절당하기 일쑤였던 전도자들 때문에 많은 유수자가 전도활동을 하는 것에 대해 다소 주저하고 있기는 하지만, 예수님을 선포하는 일은 성육신적 삶을 살아갈 때 자연스럽게 흘러 넘쳐 나게 된다는 것을 인식할 필요가 있다.

한 가지 예를 들어보도록 하자. 팀 윌튼Tim Wilton은 현재 오스트레일리아의 가장 탁월한 소설가 중 한 명이다. 그는 덩치가 크고 두툼하고 넓은 가슴을 가진 남성으로, 오스트레일리아의 북서 해안의 후미진 자연 속에서 살고 있다. 서부 오스트레일리아의 남자들은 '거칠기로'—엄청난 양의 술을 마시면서 목소리는 낮고 감정을 잘 내 보이지 않는—명성이 나 있다. 윌톤 역시도 이런 무뚝뚝하고 감정적으로 무딘 모습을 보이곤 한다. 하지만 사실 그는 감정적으로 민감한 사람이며, 또한 종교적 성향이 매우 약한 지역의 일원으로 살면서도 그 자신은 영적이며 헌신된 기독교인이다. 언젠가 텔레비전 인터뷰에서 신앙에 대한 질문을 받았을 때, 그는 자신의 신앙을 깊이 있는 신학적 지식이나 철학적 논쟁으로 변호하지 않았다. 대신 그는 자신이 다섯 살이었던 1960년대에 개척 지역의 경찰관으로 근무하다 어느 날 만취한 운전자의 차에 친 그의 아버지에 대한 이야기를 털어놨다. 윌톤의 아버지는 자신의 기억 속에 어렴풋이 남아 있는 집으로 돌아올 수 있을 만큼 회복하기까지 수주일 동안 코마상태에 빠져 있었다. 어린 소년이었던 윌톤은 그 당시 자신이 생생하게 경험했던 것을 기억했다.

> 나는 사람들이 아버지를 집으로 모셔오던 날을 기억합니다. 그분은 내가 알고 있던 그 아버지이심이 틀림없었지만, 또 한편 매우 낯선 모습의 아버지시기도 했습니다. 비록 나는 아버지를 알아 볼 수 있었지만, 어떤 면에서 그분은 나의 아버지가 아니었습니다. 아버지의 모습은 어느 곳 하나 성한 곳이 없어 보였습니다. 사람들이 아버지를 의자에 앉히고, "이분께서 네 아버지시다"라고 말하는 것을 듣던 순간, 나는 온 몸에 소름이 돋는 것을 느꼈습니다.[18]

어린 팀 윌톤이 기억하고 있던 또 다른 이미지는 매일같이 자신의 집에 들러 불구가 된 경찰관을 침대에서 목욕실로 옮기던 전형적인 서부 오스트레일리아 남자인 렌 토마스Len Thomas에 대한 것이었다. 토마스는 목욕실에서 아버지의 옷을 벗긴 후 목욕통에 넣고 야윈 아버지의 몸을 닦아주었다. 야위기는 했으나 아버지의 몸은 여전히 크셨기 때문에 어머니 혼자서 목욕실로 옮길 수가 없었다. 그 때 지역교회의 교인이었던 렌 토마스가 전혀 기대하지도 않은 순간에 와서 도움을 주겠노라고 했다. 월톤이 기억하기로는 그러한 일―다른 남자를 조심스럽게 옮겨 목욕통에 넣고 벌거벗은 몸을 부드럽게 씻어 주는 일―은 1960년대 소위 남자다운 오스트레일리아 남자들에게서는 찾아보기 힘든 일이었다. 이 사건은 어린 소년에게 큰 영향을 주었다.

> 그것은 이해할 수 없는 이상스러운 희생 행위였어요. 렌 토마스는 어머니가 도저히 힘겨워서 하실 수 없었던 일을 대신 해 주었습니다. 렌 토마스는 우리 집에 와서 아무런 조건 없이 다른 성인 남자를 옮겨 씻긴 후, 다시 침대로 옮겨 돌봐주었습니다. 그 때 무언가가 내게 감동을 주었습니다. 신학이나 그와 같은 어떤 것의 문제가 아니었습니다. 성인 남자를 돌봐주는 것은 귀찮은 일이었어요. 아무런 대가도 없는 일이지요. 그런데도 그는 그저 우리 집에 와서 불편한 남자를 씻겨 주었습니다. 그 일은 정말로 제게 큰 감동을 주었습니다.[19]

월톤에게 있어 토마스가 한 희생적 행위는 그가 품고 있던 기독교 신앙을 설명해 주기에 충분한 것이었다. 토마스는 어린 팀 월톤에게 복음이 무엇인지를 구체적으로 보여주었다(성육신했다). 또한 그의 희생은 수천 개의 강대상이 쏟아 내는 수천 가지 설교보다 더 강력한 음성으로 월톤에게 다가왔다. 이처럼 우리를 강력하게 뒤흔드는 예수님의 이미지에 있어서, 요한복음 13장에 나오는 제자들의 발을 씻기기로 하신 예수님의 결정만큼이나 충격적인 것은 없다. 예수님께서 보여주신 그러한 행동에 대한 베드로의 반응―"내 발을 절대로 씻기지 못하시리이다"—은 당시 예수님께서 보이신 행동이 그에게 얼마나 큰 충격이었는지를 명확하게 보여준다. 중동지방에서 발은 인체구조 가운데서 매우 개인적인 신체부위로 생각되었고, 따라서 상당히 신중한 의미를 부여하였다. 내 생각에는 베드로에게 있어 자신이 존경하는 사람에게 자신의 발을 맡기는 것은 건장한 오스트레일리아 남자에게 움직일 수 없는 당신의 몸을 씻겨주도록 맡기는 것과 같은 것이었을 것이다.

월톤은 토마스가 자신에게 예수님에 관한 설명을 한 적이 있었는지에 대해서는 말하지 않았다. 그러나 월톤은 토마스가 자신의 가족에게 보여준 행동은 기독교 신앙에서 비롯된 것이었음을 분명히 알고 있었다. 토마스의 참석, 그의 접근 그리고 그의 무력함이 말 이상으로 충분한 설명을 한 것이나 다름없었다. 토마스의 희생은 프란시스코 수도회의 기도문인 "항상 복음을 선포하라. 그리고 필요하다면 언어를 사용하라"를 반영하는 것이었다. 이는 또한 베드로전서 2장 12절의 말씀인 "너희가 이방인 중에서 행실을 선하게 가져 너희를 악행한다고 비방하는 자들로 하여금 너희 선한 일을 보고 오시는 날에 하나님께 영광을 돌리게 하려 함이라"를 반영하는 것이었다. 사실 이 서신의 후반부에서 베드로는 아내들이 말 한마디 없이도 순결과 경외함을 드러냄으로써, 그들의 남편들을 신앙으로 이끌어 낼 수 있다고 강조한다(벧전3:1-2).

이는 매우 특별하게 보일뿐만 아니라 로마서 10장 17절에서 바울이 한 선언, 즉 "믿음은 들음에서 나며 들음은 그리스도의 말씀으로 말미암았느니라"라는 말씀과 대치되는 것 같아 보인다. 그러나 나는 양자 간에서 어떤 모순도 발견하지 못하겠다. 오히려 동전의 두 가지 다른 면을 볼 수 있을 뿐이다. 너무나도 오랜 세월동안 교회는 세상이 더 이상 듣지 않는 말을 선포해 왔다. 그 결과 많은 유수자들이 '그리스도를 설교하는 것'을 불안해한다. 내가 앞에서 언급했듯이, 유수자들은 부당하고 작위적인 복음전도 방식들을 포기했을 뿐 아니라, 복음을 짧은 소책자 안에 몇 가지 점으로 요약해 소개하는 단순화를 거부한다.

오히려 유수자들은 다른 사람들에게 '신학화한 복음을 말로 나누기'보다 섬김의 행위로 복음을 실천할 것이다. 왜냐하면 이들은 자신들이 그렇게 회피하고자 하는 바로 그런 기독교인들—편협하고 완고한 근본주의자들—이 될까 두려워하기 때문이다. 그러나 비록 그들이 이런 반응을 보이는 이유와 원인은 충분히 이해가 되지만, 내 생각에 이런 식의 반응은 과도한 것으로 보인다. 유수자들은 목욕물을 버리다가 목욕통 안에 있는 어린 아기까지 함께 버리는 우를 범해서는 안 된다. 렌 토마스처럼 참석, 접근, 그리고 무력함을 실천하며 살아갈 때, 복음을 선포할 기회가 반드시 오기 마련이라는 것은 의심의 여지가 없다. 물론 이 선포는 일방적으로 전달하는 그런 식의 선포가 아닐 것이다. 오히려 우리가 함께 살아가는 사람들과 더불어 나누는 오랜 기간 동안 지속되는 다양한 형태의 대화를 통해 이루어질 것이다. 그 대화는 친밀하고, 인격적이고, 삶에 변화를 일으키는 개인적인 대화일 것이다. 왜냐하면 그런 대화는 동등한 관계를 바탕으로 하여 서로를 사랑하고, 오랜 기간 지속되며, 신뢰를 통해 이루어지는 것이기 때문이다.

많은 기독교인이 '복음을 어떻게 제시할 것인가'에 대해 훈련을 받았다. 예를 들면, 복음을 제시할 때는 여섯일곱 가지 교리적 요점을 중점적으로 제시해야 하고, 복음 제시의 마지막은 청취자가 예수님을 그들의 주님으로 영접하는 '구원의 기도'를 하는 것으로 마쳐야 한다는 것 등이다. 참으로 일리 있는 말들이다. 많은 사람이 그런 식의 훈련이 주는 효과에 대해 장담해 왔다는 것은 의심의 여지가 없다. 그러나 이런 식의 복음 제시를 통해서는 친밀한 관계나 친밀한 대화가 성립될 수 없다. 이런 방법은 어느 순간 사람들로 하여금 그들의 신앙에 대해 일방적인 장문의 독백을 할 기회만을 줄 뿐이다. 관념들은 다른 사람의 삶에 참여함을 통해, 다양한 경험과 환경을 통해 그리고 수많은 대화를 통해 한 사람한테서 다른 사람에게로 전달되는 법이다. 이 말은 유수자가 예수님에 관해 말할 준비를 해서는 안 된다는 말이 아니다. 오히려 정 반대로 유수자는 단지 예수님에 관해 말하는 것 이상의 준비를 하고 있어야 함을 강조하는 것이다. 유수자는 그런 대화를 상대방을 존중하면서도 친절하며 겸손하게 진행해야 함을 인식해야 한다. 바울이 말했듯이 '너희 말을 항상 은혜 가운데서 소금으로 맛을 냄과 같이 하라 그리하면 각 사람에게 마땅히 대답할 것을 알 것'(골4:6)이다. 그러나 성육신적 생활 방식을 통해 신뢰도를 높힌 상태에서 진행하는 대화에는 그렇지 않았을 때에는 기대할 수 없는 잠재력이 더해질 것이다. 복음을 전하는 대화는 그 삶을 통해 주되신 예수님이 보여주신 선하심과 같은 선함을 제시하는 사람의 입술을 통해 전달될 때 상당한 잠재력이 더해질 것이다.

그렇게 가치 있는 생활 방식을 따라 살아가려고 할 때는 하나님 나라에 대한 일련의 약속들을 체결하고 준수할 것을 요구한다. 우리가 후기 기독교왕국이라는 낯선 땅에서 살아가는 우리 자신들을 발견하게 될 때, 예수님과 함께 은혜와 사랑으로 이어진 진보적이고 새로운 생활 방식을 고수하기 위해, 진실하고, 참되며, 자비롭고, 포괄적이고, 환대적이고, 친절할 것에 대한 맹세의 표현으로 그와 같은 위험한 약속을 체결해야 한다. 그러나 이러한 약속의 체결은 사람들이 우리가 그 약속을 지켜나가는지의 여부를 지켜볼 때 위험한 것이 된다. 사람들은 우리가 그 약속을 지켜나가는지 여부를 반드시 지켜볼 것이다. 나는 많은 사람이 기독교운동에 지쳐 있다고 생각한다. 그러나 그럼에도 여전히 예수님에게는 매력을 느끼고 있다고 생각한다. 무의식적으로 어떤 사람들은 기독교인들 중 일부가 그런 약속을 진심으로 준수할 수 있을 것이란 기대로 기독교인들을 지켜보고 있다.

1981년 6월 찰스 황태자가 다이애나와 결혼했을 때, 그들은 성 베드로 대성당에서 나와 새로운 황실 부부에게 축하를 보내기 위해 몰려 든 대중들 앞에서 오픈카를 타고 손을 흔들고 미소를 보내며 버킹엄 궁전으로 갔다. 바로 다음 날 모든 영국 신문들은 찰스 황태자와 다이애나가 차 안과 궁전의 발코니, 심

### 메시지 나누기

| "전도적" | "성육신적" |
|---|---|
| 일방적 선포 | 대화 |
| 교리적 요점을 제시 | 아이디어를 교환 |
| 공식적 | 다양한 대화와 경험을 통한 의사소통 |

지어는 서로에게 은밀하게 속삭인 것까지 포함한 모든 대화를 기사화했다. 도대체 어떻게 그들이 다이애나가 그녀의 남편과 나눈 나지막한 대화까지 알 수 있었을까? 나중에 알려진 사실이지만, 신문사들은 입술이 움직이는 모양을 보고 대화를 파악하는 전문가들을 고용하여 황태자 부부가 지나가는 구간 곳곳에 배치하여 두 사람이 나눈 모든 말을 읽도록 했다. 바로 그런 일이 다이애나가 미래 영국의 왕이 될 사람과 결혼하면서 치른 대가였다. 후일 그 대가는 그 누가 치러야했던 것보다도 더 혹독했다는 사실이 드러났지만 말이다.

이와 마찬가지로 하나님 나라의 왕 되신 예수님과 '결혼'한 유수자도 대가를 치러야 한다. 사람들이 우리를 지켜보고 있다. 그들 중 많은 이들은, 심슨 가족의 호머가 발트에게 말한 것처럼, 예수님의 가르침이 실제 삶에는 작용하지 않는 일련의 선한 규칙들인지 진실로 알고 싶어 한다. 예수님의 제자들이 부르심을 받아 체결한 위험한 약속들을 지키는 일이 가능할까? 이제 우리는 그 위험한 약속들이 무엇인지에 대해 살펴보고자 한다.

# 2

## 위험한 약속들

비실재적 세계로부터의 유수
유수자의 집단정신
유수자의 공동체
식탁에서의 유수자
세상을 위해 일하기

# 비실재적 세계에서의 유수

약속: 우리는 진실할 것이다

나는 좋은good 사람들보다는
실재하는real 사람들과 함께 있을 것이다.

_필립 얀시Phillip Yancey

---

우리가 일상의 삶을 영위해 가고 있는 이 세상 속에서 유수자로서 그리스도를 따를 것을 결심함으로 얻을 수 있는 약속들은 무엇일까? 이 부분에서 우리는 다섯 가지 중요한 약속들에 대해 살펴볼 것이다. 이 다섯 가지 약속들은 후기 기독교적 세상이라는 토양 속에서 우리가 이루고자 하는 일련의 공동체와 관련이 있다. 유수자는 다음과 같은 약속에 기반하여 행하도록 부르심을 받았다.

- **우리는 진실할 것이다.** 수많은 동기가 난무하고 거짓 명사와 날조된 경험이 판을 치는 비실재적hyper-real 세상 속에서, 유수자들은 정직하고 진실하며 실재적이 될 것이라는 약속을 실천해 나갈 것이다.
- **우리는 우리 자신에 진력하지 않고 더 위대한 동기에 진력할 것이다.** 유수자들은 자신들이 필요로 하는 것에 우선적인 관심을 기울임으로써 이 세상을 움직이는 가장 기본적인 방침을 취하지 않을 것이다. 유수자는

사랑과 봉사의 공동체를 형성하는 일에 함께 결속할 것이다.
- **우리는 선교적 공동체를 만들 것이다.** 유수자는 모든 사람이 개별적으로 소유하고 있는 은사를 서로에게 제공하고 서로 가지고 있는 것을 배우고 공유하고 있는 일에 함께 헌신함으로써, 다른 사람들과 연합하는 일이 가능하다는 약속을 견지해 나갈 것이다.
- **우리는 온유하며 환대를 실천해 나갈 것이다.** 환대에 대한 통상적인 개념을 넘어 유수자는 주린 자와 가난한 자를 섬길 것이다.
- **우리는 정의를 실천할 것이다.** 유수자는 가장 세속적인 일을 포함한 모든 일들을 해 나감에 있어, 하나님께서 이 세상 구석구석으로 파송한 자답게 그 일들을 감당해 나갈 것을 약속한다.

오늘 우리가 삶을 영위하며 살아가고 있는 세상, 즉 후기 기독교적이고 포스트모던적인 세상은 예수님께서 사셨던 시대에 비해 매우 복잡한 양상을 띠는 세상이다. 예수님을 우리의 인도자와 위험한 모델로 삼고 21세기를 살아가고자 하는 유수자로서 우리는 예수님께서 경험하지 않으셨던 도전을 마주대하고 있는 자신을 발견하게 된다. 이런 상황에 직면한 우리는 만일 예수님께서 정신을 차리지 못하실 정도로 복잡한 현대의 문화적 상황에 직면하셨다면 어떻게 대응하셨을지에 대해 생각하면서 손목에 차고 있는 **WWJD**("예수님이라면 어떻게 하셨을까?") 밴드를 공허하게 응시한다. 수많은 기독교인이 이런 상황에서 한 걸음 뒤로 물러나 후기 기독교왕국 시대가 가하는 맹습이 만들어 내는 오염을 피할 수 있다는 희망 속에서 그들만의 게토로 더 깊숙이 숨어들고 있는 현상은 놀랄 만한 일도 아니다. 동일한 맥락에서 이 시대에 만연한 사회 관습에 전적으로 순복하고 완전히 동화하고자 하는 유혹에 빠져드는 것도 이해할 만하다. 끊임없이 유동하는 문화의 흐름에 역행하여 헤엄쳐 나간다는 것은 참으로 기진맥진한 일이다. 그렇기 때문에 기독교인들이 더 이상 손을 움직이지 않고 역영力泳의 몸짓을 포기하는 것이 전혀 이해 못할 일은 아니다.

그럼에도 불구하고 문화적 흐름에 우리 자신을 맡겨 버리는 것은 예수님께서 하신 일이라 볼 수 없다. 예수님의 모범을 따르는 유수자는 문화의 흐름에 역행하여 앞으로 나아가기 위해 끊임없이 다른 방법을 모색할 것이다. 현대사회의 가치에서 도피하지 않는 동시에 그것을 포용하지도 않으면서, 유수자는 자신이 살아가고 있는 문화의 범주 속에서 노예로 종속되지 않은 채 앞으로 나아갈 방법을 모색해야 한다. 우리가 이미 주목해 보았듯이, 이런 노력은 결코 쉬운 일이 아니다. 이집트의 요셉, 페르시아의 에스더 또는 바벨론의 다니엘이 그랬던 것처럼, 우리도 참여와 저항 사이에서 지속적이고 위험한 협상을 해야 하는 자리로 부르심을 받았다. 게다가 그리스도를 따르고자 하는 우리의 결정은 현재 우리가 살아가고 있는 후기 기독교사회를 향해 일련의 약속을 선포하겠다는 것을 암묵적으로 포함한다. 이 약속에는 사랑, 정의, 온유, 그리고 환대의 사람이 될 것이라는 선언을 포함한다. 물론 이런 약속은 위험한 약속이다. 왜냐하면 그런 약속을 하기는 쉽지만 지키는 일은 위험하고 대담함이 필요하기 때문이다. 이제 이런 유의 약속 중 첫 번째 약속에 대해 생각해 보자. **우리는 진실할 것이다.**

날조와 위조가 판을 치고 있는 이 세상에서, 그리스도의 제자들은 진실과 정직의 공동체가 될 것을 약속한다. 현대를 살아가는 신실한 기독교인이 직면하는 가장 큰 장애물 중 하나는 비실재에 대한 집착에 완전히 사로잡혀 있는 서구사회. 비실재에 대한 집착이란 인공적으로 만들어진 것이면서도 실재보다 더 나은 것이 될 것을 목표로 대량으로 생산되는 포장된 상품들에 대한 작금의 집착이다. 예를 들면, 설탕과 여분의 비타민 그리고 미네랄이 첨가된 '막 짜낸' 오렌지 주스, 마치 가까운 친구인 양 우리에게 말을 거는 토크쇼 진행자, 인공적으로 살을 검게 태우는 썬텐 스튜디오, 또는 베이컨과 치즈 향료가 가미된 스낵 등과 같은 것들이다. 유수자적 삶, 즉 선교적 생활 방식을 추구하고자 할 때, 우리는 잘못된 성형수술로 인해 낭패를 본 유명 인사들에 대한 뉴스 보도, 기적 같은 다이어트 프로그램에 대한 광고, 또는 남아메리카의 가난한 사람들이 만든 것임에 틀림없는 새로운 대량 생산품에 관한 광고에 둘러싸여 있는 자신을 발견하게 된다. 어떤 비평가는 이와 같은 현상을 일컬어 '쿨 휩 문화'cool-whip culture*라고 불렀는데, 이는 바나나와 비슷한 것이라고는 전혀 보이지 않으면서도 더 바나나 같은 바나나 향료가 가미된 디저트가 있는 문화를 빗대어 말한 것이다. 바나나 향료는 진짜 잘 익은 바나나보다 더 진짜 같은 바나나 맛을 낸다. 모든 것이 실재보다 더 '실재'같다. 우리는 영화배우들의 사랑에 대해 말하면서, 마치 그들을 개인적으로 알고 있는 듯이 말하고 있는 우리 자신을 발견한다. 도시 근교에 거주하는 주부들이, "기네스Gwyneth가 딸을 낳고 나서 산후 우울증으로 고생하고 있데요"라는 말을 들을 때, 당신은 마치 우리가 진짜로 잘 알고 또 마음을 쓰는 사람에 대해 말하고 있는 듯 생각하게 된다. 우리는 브래드William Bradley Pitt와 안젤리나Angelina Jolie 또는 제시카Jessica Simpson와 닉Nick Lachey의 지극히 사사로운 일상조차 대화의 화제로 삼는다. 그러나 우리는 막상 우리 이웃들이 경험하고 있는 자세한 일상에 대해서는 전혀 알지 못한다. 우리는 인공적으로 단맛을 내게 하는 향료와 인공 크림, 인공 버터, 인공 탄산음료(Coke와 Dr. Pepper 안에 첨가된 것들이 도대체 뭐란 말인가?)를 상용하고 있다.

우리는 집 근처에 있는 '조스 크랩 색'Joe's Crab Shack**에서 해산물로 만든 음식을 먹을 기회를 즐길 수 있다. 만일 당신이 전국을 순회하면서 짧은 기간 동안에 '조스 크랩 색' 분점을 짓는 전문 건축팀을 보지 못했다면, 아마도 금방이라도 무너져 내릴 싸구려 음식점이라고 생각했을 것이다. 또는 가장 가까운

---

\* cool-whip이란 실제 크림이나 우유성분이 전혀 없음에도 불구하고 인공적으로 만든 휘핑크림을 말한다. 따라서 cool-whip culture란 실재가 아닌 비실재를 실재인 것처럼 누리는 문화를 뜻한다—역주.

\*\* 미국 내 28개주에 걸쳐 120여개의 지점이 있는 게 요리 등 해산물 전문 레스토랑—역주.

바닷가에서 무려 1,200마일(약 1,930킬로미터)이나 떨어져 있는 곳에서 갑각류로 요리한 음식을 먹을 기분이 나지 않았을 것이다. 바로 길 아래편에는 가스 노즐에서 환영 불꽃이 뿜어져 나오는 편안한 분위기에 일부러 내부를 낡아 보이게 장식한 '크랙커 배럴 올드 컨트리 스토어'the Cracker Barrel Old Country Store*가 있다. 크랙커 배럴의 사방 벽에는 수집되어 잘 복원한 미국 골동품이 무려 천여 개가 장식되어 있다. 그리고 각각의 골동품에는 바코드가 찍혀 있다. 우리는 프랜차이즈 방식으로 운영되는 이탈리아, 멕시코 그리고 태국식 레스토랑에 가곤 하는데, 그런 레스토랑은 우리에게 모방한 각 나라의 느낌을 준다. 따라서 우리는 진짜 이탈리아, 멕시코, 태국 분위기 속에서 음식을 즐길 것이라는 기대감을 포기한다. 오스트레일리아 사람인 내가 '가장 좋아하는' 가짜 식사 경험은 '아웃백 스테이크하우스'에서 식사를 하는 것이다.

많은 사람에게 있어서 거짓으로 가득찬 세상에서 진실하려고 노력하는 것은 포르노 잡지나 마약, 그리고 낙태와 같은 일을 피하는 것보다 더 힘들고 어려운 일이다. 교회가 포르노 잡지나 마약 그리고 낙태와 같은 이슈에 대해서는 그렇게 집착하면서도, 텔레비전 복음전도자와 작위적으로 설정된 상황에서 매력적인 미소를 짓는 것과 같은 비실재—테플론Teflon**같은 양상들, 맥스 헤드룸Max Headroom***—에 대해 비평하는 데는 그렇게 무관심한 이유는 무엇일까? 목사의 가정이 '브래디 번치씨'The Brady Bunch**** 가정보다 더 행복할 때가 있다. 교회의 설교를 통해 우리는 기독교인의 삶을 표현하는 것은 바로 이런 것이라는, 너무나도 좋지만 사실상 실천하기 어려운 이야기에 대해 듣는다. 이런 이야기의 중심에 등장하는 인물들은 조지 워싱턴보다 도덕적으로 더 올곧은 사

---

* 미국 내 패밀리 레스토랑—역주.
** 음식이 눌러 붙지 않게 프라이팬 등에 첨부되는 플라스틱 계열의 합성수지, 듀퐁사에서 생산하는 생산물의 등록상표—역주.
*** 소설에 등장하는 인공지능. 1987년에 ABC방송국에서 제작한 텔레비전 시리즈물에 등장하기도 함—역주.
**** 재혼 가정 내에서 일어나는 일들을 소재로 한 가족 코메디 텔레비전 시리즈—역주.

람들일 뿐 아니라, 그들이 견지한 일관된 삶에 대해 풍성한 보상을 받는 사람들이다. 그들이 교회의 헌금함에 드린 헌금은 모두 항상 백배의 보상으로 되돌아왔다. 우리는 모든 비실재에 대해 잘 파악하고 있다고 생각한다. 그러나 오늘날과 같이 비실재가 지배하는 세상에서 살아가는 우리로서는 기름기를 완전히 빼 준다는 신제품 고기구이 판의 성능에 대한 제품설명서만 있으면 제품의 성능을 믿어버리는 경향이 있다. 우리는 더 맛있고, 더 좋은 느낌을 주고, 더 좋아 보이는 것에 관해 듣는데 익숙해져 있고, 또 실상 그런 신제품들을 마치 예수님이나 되는 양 좋게 생각하는 경향이 있다. 우리는 액면 가치가 보여주는 허상을 그대로 믿어버리는 데 이미 익숙하다.

## 실재의 흔적들

프랑스 포스트모던 철학자인 장 보드리야르Jean Baudrillad가 다음과 같이 통찰력 있는 말을 한 적이 있다.

> 곡면curvature이 더 이상 실재나 진리가 아닌 시점space을 교차해 감으로써 모든 중요한 것이 일소되는 모의 시대the ear of simulation가 시작되었다 …… 이것은 더 이상 모방이나 복제 또는 패러디에 관한 질문이 아니다. 이는 실재가 담고 있는 실재의 흔적들the signs of the real of the real을 대체하는 것에 관한 질문이다.[1)]

"이는 실재하는 것에 대한 **실재의 흔적들**을 대체하는 것에 대한 질문이다." 이 짧은 언급이 현재 우리가 당면하고 있는 딜레마를 요약해 준다. 우리가 살아가고 있는 세상은 실제 존재하지 않는 것의 실재를 보고 느끼도록 디자인되어 있는 세상이다. 최근 인기리에 방영되고 있는 리얼리티 텔레비전 쇼인 <아임 어 셀러브리티-겟 미 아웃 오브 히어>*I'm a Celebrity-Get Me Out of Here!*\*를 시청하면서 당신은 마치 당신 자신이 그 처절한 현장에 있는 것 같은 느낌을 받는다. 보드리야르가 지적한 것은 초근대적 무실재a hypermodern nonreal를 구축하고 소비하는 우리 자신에 관한 것이다. 소위 리얼리티 텔레비전 쇼라고 불리는 텔레비전 프로그램들은 초근대적 무실재의 완벽한 예다. 일반적으로 이런 쇼는 '사실을 보도하는' 뉴스보다 더 사실적인 오락물이다. 더군다나 <아임 어 셀러브리티>의 유일한 구성요소는 별로 알려지지 않은 일단의 사람들이 '일상적' 사실을 기묘하게 패러디한 환경 속에서 자신들을 촬영하는 카메라 앞에 실재하는 것처럼 존재하면 되는 것이다. 더 우려할 만한 것은 그러한 리얼리티 텔레비전 쇼에 등장하는 패러디의 이면에 존재하는 비실재적 유사환영들simulacra에 대한 보드리야르의 지적으로, 시청자들은 이런 것들을 보도할 만한 가치가 있는 것으로 여기며, 따라서 그것은 곧 지진이나 군사 쿠데타만큼이나 사실적인 것이 된다.

리얼리티 텔레비전 쇼라는 쓰나미는 현재를 살아가는 우리 머리 위를 휩쓸고 지나가고 있으며, 우리는 가짜 '실재'라는 소용돌이치는 바닷물 속으로 빨려 들어가고 있다. 텔레비전 운영진은 서구사회 시청자가 텔레비전에 등장하는 조작되고 비실재적인 무의미한 내용들을 감지해 내지 못한다는 것을 인식한 이후, 리얼리티 장르에 대해 사실상 모든 가능한 상상력을 동원하여 연출하기 시작했다. 그들 중 일부는 이제까지 텔레비전 방송을 통해 방영된 그 어떤 내용보다 무의미하고 천박한 내용들로 구성되어 있다. 그리고 이런 쇼들을 외국의 다른 시청자들조차 앞다투어 시청하고 있다.

전 낙하산병인 마크 버넷Mark Burnett이 출연자들을 고립된 한 섬에 가두어 오도 가도 못하게 한 뒤, 생존을 위해 다른 출연자들을 섬에서 추방하는 투표

---

\* 출연자들을 고립된 지역에 가두고 생존게임을 통해 음식을 섭취하도록 하는 텔레비전 쇼—역주.

를 하도록 하는 지극히 영국적인 쇼를 제안한 후, 리얼리티 텔레비전 쇼가 봇물 터지듯 유행하기 시작했다. 버넷이 기안한 프로그램인 <서바이버>Survivor는 시청률 기록을 갱신했고, 이로 인해 <템프테이션 아일랜드>Temptation Island의 기획을 야기하는 동기가 됐다. 이 쇼에서는 서로 사랑하는 행복한 커플들이 헤어져 각기 다른 섬으로 가게 되는데, 고립된 상태의 그들은 그곳에서 자신들을 유혹하여 서로 헤어지게 하려고 하는 외모가 잘 생긴 남성 혹은 여성 출연자와 함께 지낸다. 이제 텔레비전은 단지 출연자 개개인의 마음만 가지고 장난치는 것이 아니다. 그들의 관계까지도 마음대로 장난을 치고 있는 것이다. 어떤 것도 이보다 더 파괴적일 수는 없다. 그런데도 이 프로그램이 2001년 폭스 텔레비전 방송사 시리즈물 중 최고 시청률을 기록했고, 전 세계에서 열한 개 이상의 유사한 쇼 프로그램이 방영되고 있다.

리얼리티 텔레비전 프로그램과 준 포르노의 결합이 주는 자극은, 25명의 아름다운 여성들이 한 남성과 데이트를 하고, 시리즈가 끝날 무렵 남성이 한 여성을 선택하고 결혼하는 내용으로 구성된 <버첼러>the Bachelor 쇼의 성공으로 확인되었다. 결혼이 주는 의미의 품위를 극단적으로 저하시키는 것인데도, 이 쇼 역시 공전의 히트를 기록했다. 신성한 것이라곤 아무것도 남아 있지 않다. 그런데 이 아이디어보다 더 심한 것도 있다. 버첼러 쇼 이후 얼마 있지 않아, 우리는 잘생긴 외모에 연 수입이 19,000달러에 불과하면서도 백만장자인 척하는 건설 노동자가 등장하는 <백만장자 조>Joe Millionaire라는 쇼가 놀랄 만한 성공을 거두는 것을 목격했다. 그의 선택을 받고자 하는 여성들은 쇼의 마지막 에피소드가 끝날 때까지 이 거짓말을 모르고 있었다. 이 쇼의 시청률은 엄청난 성공을 거두었다. 리얼리티 텔레비전 쇼는 새로운 최고(당신의 관점에 따라서는 최악)를 경신했다. 그 이후, 리얼리티 장르는 퀴즈 쇼/경쟁 개념과 결합해서 <가장 약한 관계>the Weakest Link, <누가 백만장자가 되고 싶은가?>Who Wants to Be a Millionaire?, <아메리칸 아이돌>The American Idol, 그리고 <기막힌 경주>The

*Amazing Race*등과 같은 프로그램으로 제작되었다. 이런 '리얼리티' 프로그램에 이어 <사람의 신체로부터 뽑아 낸 101가지 물건들>*101 Things Pulled from the Human Body*(예를 들면 한 여성의 귀로부터 제거 된 못 그리고 한 남성의 눈에서 제거한 황새치의 부리), <라스트 코믹 스탠딩>*Last Comic Standing*(코미디 재능을 찾는 쇼), <세상에서 가장 고약한 이웃들>*World's Nastiest Neighbors*, <성형수술의 악몽>*Plastic Surgery Nightmares*(대단한 시청률을 기록함), 그리고 제멋대로인 뉴욕 출신의 10대들을 쇼 시리즈가 진행되는 동안 한 농장에서 생활하도록 만든 <단순한 삶>*The Simple Life*과 같은 끔찍스럽기 짝이 없는 리얼리티 프로그램들이 제작되었다.[2]

이런 일이 진행되는 동안, FM라디오 진행자들은 방송 중에 여러 사람들이 다중으로 데이트 경쟁을 하도록 하고 궁극적으로 방송 중에 결혼을 하도록 유도하는 등 비실재 관련 프로그램의 시청률을 끌어올리기 위해 노력하고 있다. 사실 방송 중에 결혼식을 올리는 일이 이제는 너무 흔해서 아무런 의미를 주지 못하는 지경에 이르렀다. 시청자들에게 성적 오르가슴을 느껴보라고 한다거나 자칫 상대방이 상처를 받을 수 있는 장난으로 사랑하는 사람들을 속여보라고 부추기는 것을 포함한 천박한 농담으로 인해 심야 라디오 프로그램 진행자들이 혹평을 받고 있다. 더욱이 최근 라디오 프로그램 진행자들은 출연자들이 배우자의 면전에서 당혹감을 느끼도록 하기 위해 출연자들에게 거짓말 탐지기를 착용케 한 후 매우 개인적인 신상에 대한 질문을 하고 있다. 이런 것이야말로 비실재의 궁극이다. 이는 '라디오 프로그램이 제공하는 거짓말 탐지기를 통해 당신의 아내가 얼마나 결혼생활에 충실하지 못한 사람인가를 발견했기 때문에, 이제 그녀와 헤어져라'고 하는 것에 지나지 않는다. 그런 상황을 자녀들에게 설명하고 있는 자신에 대해 상상해 보라.

정말이지 끔찍스럽기 짝이 없다. 그렇지 않은가? 그런데 도대체 왜 청취자들은 이러한 프로그램을 그리도 좋아한단 말인가? 나는 이에 대해 리얼리티 텔레비전 프로그램이 조각난 파편처럼 상호간 관계가 단절된 서구 청취자들로 하여금 텔레비전과 라디오 프로그램을 통해 유사 공동체에 편입되는 기회를 얻을 수 있게 하기 때문이라고 결론내리는 것은, 결론을 지나치게 단순화한 것이라고 생각한다. 내가 앞서 주목해 보았듯이, 교외에 형성된 공동체에서 살아가고 있는 우리는 이웃에 사는 사람들의 이름조차 모른 채 살아가고 있다. 이웃들이 어떻게 살아가고 있고 그들이 여가시간을 어떻게 활용하는지는 그들이 알아서 할 일일 뿐이다. <빅 브라더>Big Brother와 같은 세속적 리얼리티 텔레비전 프로그램은 우리가 느끼고 있는 이런 고립감을 이용한다. 매주 우리는 자기 집 마당에 누워 있는 사람이 자신의 성생활과 정치적 견해 그리고 그들이 겪고 있는 관계상의 어려움들에 대해 말하고 있는 것이 고스란히 카메라를 통해 찍히는 장면을 시청한다. 우리는 사람들이 요리하고, 먹고, 쓰레기통을 비우고, 사랑(또는 이 경우에는 아마도 불륜)에 빠지는 것을 지켜본다. <빅 브라더>라는 리얼리티 텔레비전 프로그램은 별반 흥미롭지도 않은 일상적인 것들을 대상으로 하고 있음에도, 특히 영국과 유럽 그리고 오스트레일리아의 젊은 시청자들이 꾸준히 시청하는 프로그램이다.

  이런 현상의 원인 중 하나는 프로그램의 비실재성이 오직 시청자들이 쇼에서 벌어지는 상황에 관여할 수 있도록 허용될 경우에만 상승한다는 것이다. <빅 브라더>와 <아메리칸 아이돌> 그리고 <라스트 코믹 스탠딩>과 같은 리얼리티 프로그램들은 방청객들에게 출연자들 중에 누구를 탈락시킬 것인가를 투표하게 한다. 방청객들이 출연자들의 삶에 실질적인 영향력을 행사할 수 있는 것이다. 이렇게 함으로써 방청객들은 자신들이 가장 선호하는 출연자들의 삶에 참여한다고 느끼게 된다. 이와 같은 상황은 피터 와이어Peter Weir의 탁월한 영화인 <더 트루먼 쇼>The Truman Show(1998)를 통해 이미 예견된 것이다. 대중문화는 놀라울 정도로 강한 자의식을 표현할 수 있는 문화 자체의 능력에 관심을 갖는다. 대중문화는 엄청나게 자존력이 강할 수도 있고 신랄하게 자기 비판적일 수도 있다. 비록 후자가 더 확연하기는 하지만, <더 트루먼 쇼>는 대중문화의 양면을 다 보여주고 있다. 트루먼 버뱅크Truman Burbank(짐 캐리 역)는 완전히 밀폐된 영화사의 스튜디오 안에서 성장했다. 그의 일생은 역사상 가장 장수하는 리얼리티 쇼에 종속되어 있었다. 트루먼이 마침내 자신이 살아가고 있던 세상의 실상이 무엇이었는지를 발견했을 때, 쇼를 만들어 낸 제작자의 이의제기에도 불구하고 실재하는 세상을 발견하고자 모험을 감행한다. 그러나 실재하는 세상을 발견하려는 트루먼의 집념이 발현되어 스튜디오를 떠나자, 시청자들은 TV를 꺼 버린다. 이 영화의 마지막 대사는 시청자 중 한 명이 "흠, 다른 프로그램은 뭐 또 없나?"라고 말한다. 우리는 우리가 리얼리티 텔레비전 쇼 프로그램의 주인공들과 상당한 정도의 유대감을 갖고 있다고 생각한다. 그러나 그 쇼가 종영하고 몇 주가 지나고 나면, 우리는 이내 그 쇼를 잊어버리고 다른 쇼를 찾게 된다.

또한 리얼리티 텔레비전 쇼는 이 세상을 매우 단순한 장소로 만들어 버린다. 예를 들어, <생존자>Survivor를 한 번 훑어만 보더라도, 그들의 복잡하고 혼란스러운 인생(그것이 설사 고립된 섬에서 이루어지는 인생이라 할지라도)은 최고의 시청률을 목적으로 하는 편집과 고도의 생산성이라는 가치에 쌓여 호도되어 버린다. 우리는 상당한 노력을 통해서만 그 해결점을 발견할 수 있는 인생의 복잡함을 참지 못한다. 사실상 그런 복잡함이 일상적인 인생에서 경험하는 실재임에도, 그런 복잡함을 참아내려 하지 않는다. 편집실에서 <서바이버> 또는 <템프테이션 아일랜드> 등과 같은 리얼리티 쇼에 등장하는 관계들은 단순하고 전형적인 것들로 축소된다. 그 쇼에는 좋은 사람들과 나쁜 사람들이 등장한다. 질투, 애정, 분노, 그리고 유머와 같은 것들이 전형적인 반응들과 음향 비트 그리고 상징적인 이미지들로 축소되어 나타나지만, 출연자들이 드러내는 다면적인 성향과 그들이 처한 상황의 복잡성은 결코 드러나지 않는다. 그 이유는 삶의 복잡함을 드러내서는 좋은 텔레비전 프로그램이 될 수 없기 때문이다.

이와 같은 분석을 통해 우리가 도달할 수 있는 결론은 무엇일까? 사람들은 실재적인 것을 원하지만 지나치게 실재적인 것은 원하지 않는다! 우리는 날조된 리얼리즘의 달인들이 되었다. 우리는 실재에 **근접한** 어떤 것이 깔끔하게 정제과정을 거친 후, 고도로 세련된 방식으로 제시되기를 원한다. 그러나 사실 실재는 우리를 무섭도록 긴장하게 하는데 반해, 우리는 자그마한 화면을 통해 보는 것이 우리 삶에 실제로 발생할 것이라고 기대하지 않는다. 매우 영향력 있는 책인『죽도록 즐기기』[3)]Amusing Ourselves to Death라는 책에서 닐 포스트만 Neil Postman은 텔레비전이라는 매체는 그 성격상 복잡함이나 심각함을 전달할 수 없다는 결론을 내린다. 포스트만이 다루고자 한 가장 기본적인 논쟁점은 그 엄청난 방대한 분량과 만연함 때문에 텔레비전이 가질 수밖에 없는 단명성短命性에 대한 것이었다. 텔레비전이 갖는 바로 그 단명적 성격 때문에, 포스트만은 텔레비전은 텔레비전이라는 매체가 필연적으로 생산해야 하는 오락성이 배제된 논쟁이 치열하게 오고 가는 진정한 대중적 담론을 제시할 수 없다고 말한다. 심지어 현장에서 발생하고 있는 사건들이나 뉴스 프로그램들(혹은 채널들)조차 해당 사건들과 뉴스에 관해 조사한 내용을 음향이나 30초에서 60초의 보도로 제한하고 있는 실정이다. 포스트만의 논쟁적인 결론에는 복음전도자들은 텔레비전과 상관성을 가질 수 없다는 견해를 포함하고 있다. 왜냐하면 텔레비전이라는 매체 자체가 시청자들이 들어야 하는 내용에 대한 신뢰성을 훼손하기 때문이다. 우리는 상품설명서, 뉴스 방송, 또는 리얼리티 텔레비전 프로그램들이 주장하는 것들을 믿지 않는다. 그러나 우리는 **그러한 것들을 실재인 것처럼** 소비하고 있다는 점에서 수동적으로 동의하고 있는 것이다.

나는 <화씨 451>Fahrenheit 451라는 영화에서 주인공의 아내가 그 날 저녁에 한대했던 일단의 사람들에 대해 질문을 빚있을 때 쾌활한 손짓을 하며 "오, 그 사람들이요? 갱들이에요"라고 대답하는 장면이 벽면 전체를 덮고 있는 텔레비전 화면에 나타났던 것이 생각난다. 내가 이 책을 쓰고 있는 지금 이 시점에도 수백만에 달하는 십대 청소년들이 <아메리칸 아이돌>을 시청하고 있다. 십대 청소년들은 출연자들의 애칭만을 부르며 마치 자신들이 그들을 개인적으로 알고 있는 듯이 행동한다(쇼에 등장하는 출연자들 역시 같은 방식으로 사람들에게 소개된다). 그들은 마치 우리가 친척 또는 친한 친구나 되는 듯이 친밀한 표현을 사용한다. 하지만 그 시리즈가 끝난 후 한두 달이 흐르면(이렇게까지 길게 갈지는 모르겠지만), 시청자는 출연자를 까맣게 잊어버리게 될 것이다. 도대체 무슨 일이 발생했기에 텔레비전에 등장하는 등장인물과 그렇게 빨리 관련을 맺었다가, 또 그렇게 빨리 잊어버리는 오늘날과 같은 문화가 생겨난 것일까? 이런 현상이 시청자들이 '실재' 사람들과 인격적인 관계를 맺어 가는데 영향을 끼치지 않을까? 리얼리티 텔레비전 프로그램의 유행이 주는 문화적 반동은 아직까지는 피부로 느껴지지 않고 있다. 그 반동이 등장할 때, 그 현상을 지켜보는 것도 흥미로울 것이다.

물론 블로그도 그러한 비실재의 다른 형태 중 하나이다. '웹 로그스'web-logs의 축약어인 블로그는 자신들의 가장 깊숙한 내면의 생각과 신념 그리고 일상을 세상의 다른 모든 사람과 함께 나누길 원하는 사람이 기록한 온라인 일기다. 현재 블로그는 다양한 형태가 있다. 거기에는 "이것이 나의 삶입니다"라는 식의 매우 개인적인 블로그—오늘 자신이 한 일에 대한 일기—도 있다. 또한 정치가, 작가, 학자, 그리고 종교 지도자와 같은 사람들이 쓴 일종의 선전을 목적으로 만든 블로그도 있다. 이런 블로그는 특정한 이슈들에 대한 저자의 생각을 전파할 목적으로 디자인된다. 또한 스포츠, 섹스, 관계, 신앙, 교회, 테러리즘에 대한 블로그도 있다. 블로그의 주인장이 가장 행복한 순간을 사람들에게 보이기 위해 짧은 소개글과 함께 사진을 올리는 블로그도 있다(아마도 슈퍼모델들이 이런 블로그를 선호할 것이다). 심지어는 핸드폰으로 찍은 사진들을 올리는 블로그도 있다.

모든 블로그가 공통적으로 갖추고 있는 것은 주인장과 저자의 기본 신념으로, 로그온 해서 자신의 블로그로 들어오는 모든 사람과 더불어 나누고자 하는 자신 삶 또는 인생에 대한 생각들이다. 그것은 가장 놀랄 만한 자기도취증의 한 양상을 보여주는 것일 수도 있고, 매일의 일상을 해방시켜 줄 최상의 기회를 보여주는 것일 수도 있다. 어떤 차원에서 보면 이는 마치 일상의 해방처럼 보이기도 하지만, 다른 차원에서 보면 비실재의 표현 중 하나이기도 하다. 블로그를 통해 우리는 마치 웹을 통해 사람들을 만나는 것 같아 보인다. 그러나 우리가 블로그를 통해 실제로 만나는 사람은 우리가 세상에 보여주고 싶은 것을 수용하는 사람들을 만날 뿐이다. 어떤 연구자들은 사이버 상에 존재하는 블로그 수가 대략 만 개가량이라고 추정한다. 유명 인사, 기술자, 학생, 저널리스트, 가정주부, 그리고 신부까지도 블로그를 한다. 나는 영국에서의 순회강연 후 짧은 시간 동안 국제적인 블로깅 논쟁에 빠져본 적이 있다. 내가 런던에서 했던 강연에 참석했던 참석자들 중 일부는 나의 강연 내용을 좋아하지 않았고, 그 이유를 자신들의 블로그에 올렸다. 그들에게 그런 의견을 개진할 권리가 있음은 두말할 나위 없다. 모든 대중 강연은 비판과 반응의 대상이 되기 때문이다. 다만 나를 놀라게 한 것은 그 이후에 발생한 일이었다. 소규모로 시작된 논쟁이 곧 전 세계로 번져나갔고, 수많은 사람이 나와 나의 생각에 대해 토론을 벌이기 위해 처음 블로그에 의견을 개진한 사람의 블로그에 들어왔다. 그들 중 일부는 나를 개인적으로 알고 있을 뿐 아니라 내 책도 읽은 사람이었다. 그러나 블로그에 들어 온 사람들의 대부분은 나를 만난 적도 없고, 내가 강연하는 것을 들은 적도 없으며, 심지어 내 책을 읽어본 적도 없는 사람들이었다. 그런데도 그들은 격렬하게, 자기 의견을 기탄없이 고집스럽게 개진하는 논쟁에 참여했다. 이는 마치 전 세계적 규모로 진행되는 전화기 게임*과 같았다. 사람들이 내 생각이라고 주장하는 내용은 사실상 내 개인의 생각과는 다른 것이었다.

---

* 한 사람이 다른 사람에게 들은 이야기를 옆에 있는 사람에게 전달하고 최종적으로 처음 말을 한 사람의 말과 얼마나 정확하게 들어맞는지를 맞추는 게임—역주.

영국에서 있었던 강연에서 실제로 다루었던 내용은 이제 아무런 상관이 없었다. 인터넷이 제공하는 익명성과 자유를 통해 전혀 낯선 사람들이 전혀 모르는 사람에 대해 전혀 만나본 적도 없는 사람들과 더불어 친밀하고 개인적인 대화를 나누는 것처럼 토론하고 있었다.

일부 블로그 사이트는 개인 리얼리티 텔레비전 쇼와 같다. 그들의 블로그를 방문하는 사람들이 그들의 청취자가 되며, 전 세계에 흩어져 살고 있는 낯선 사람들이 모인 유사 사이버 공동체가 형성된다. 기껏해야 블로그는 자신을 드러내는 매개체요, 느리고 성가신 일이 많은 전통적인 출판 외에 자신의 생각을 출판할 수 있는 방법이다. 최악의 경우 블로그는 자아 만족을 추구하는 무책임한 창구가 될 수도 있다. 자신이 만들어 낸 것을 즐기는 것은 매체에 자신의 흔적을 남기고 싶어 안달이 난 포스트모던 시대를 살아가는 사람들 사이에서 새롭게 열광 받고 있는 것이다. 매체에 굶주리고 자기도취적인 사람들은 리얼리티 텔레비전 프로그램과 웹을 통해 자신들을 주연으로 내세운다. 인터넷 상에서 나타나고 있는 한 가지 흥미롭고도 걱정스러운 현상은 아마추어 포르노그래피의 폭발적 출현이다. 웹상에서 발견할 수 있는 모든 포르노그래피의 25퍼센트에 가까운 분량이 세상 모든 사람에게 공개하기 위한 목적에서 자신 혹은 다른 사람들을 직접 찍은 일반인이 올려놓은 것이다.

## 신사실주의의 출현

보드리야르의 범상치 않은 경고는 그 어느 것보다 걱정스러운 것이다. 우리가 실재를 실재에 대한 흔적으로 대체하는 것은 단지 매일 밤 텔레비전 상에서만 나타나는 것이 아니다. 이는 우리가 먹는 음식('이것이 버터가 아니라는 것을 믿을 수 없어!'I Can't Believe It's Not Butter!*)과 우리가 구입하는 가구(미국의 가구 회사인 포터리 반사가 페루 남부 쿠스코에 거주하는 마을 사람들에게 조각하도록 한 '진품' 마야 서랍장)에서도 동일하게 발견된다. 우리는 사람의 손길이 닿지 않은 원시를 품고 있는 먼 카리브 섬에 거주하는 공동체로 크루즈 여행을 떠나라는 광고, 또는 엘리자베스 여왕시대를 그대로 '정확히' 재현한 장소를 여행하라는 광고를 종종 접한다. 그럴 때면 우리는 과연 정말로 그런 곳을 접할 수 있는 가능성이 어느 정도일지에 대해 의아해 한다.

그러나 마침내 이런 모든 왜곡된 실재에 대한 반동이 발생하고 있는 것처럼 보인다. 포스트모던 시대에 만연한 비실재의 늪이라는 심연에 완전히 잠기기 바로 직전, 우리는 실재가 새롭게 등장하는 것을 보게 된다. 사회학자, 환경 운동가, 심지어 광고 회사까지 새로운 사실주의 운동을 모방하고 있다. 비실재가 판을 치는 세상에서, 작가 데이비드 보일David Boyle이 신사실주의new realism 라고 언급한 움직임이 등장하고 있는데, 이 움직임은 실재를 추구하고자 하는 움직임이다. 이런 움직임에 동참하는 사람들은 진짜 음식과 문화 그리고 정치(실재 현실 정치)를 옹호한다. 보일은 그의 책『진정성: 브랜드, 가짜, 참된 삶을 위한 질주와 열망』Authenticity: Brands, Fakes, Spin and the Lust for Real Life에서, 이와 같은 일단의 신사실주의자들을 쉽게 발견할 수 있다고 말한다. 그들은 자신이 먹는 음식의 산지가 정확히 어디이고 그 음식에 가미된 재료가 무엇인지를 알고 싶어 한다. 그들은 정치가의 입에서 자주 들었던 거짓말을 그만두는 것, 그리고 가수들이 콘서트 장에서 립싱크를 통한 마임을 연출하는 것이 아니라 실제로 노래 부르는 것을 듣길 원한다. 그들은 도움을 요청하는 전화를 할 때, 기계가 아닌 사람과 통화하길 원한다. 그들은 자신들이 살아가고 있는 지역에서 산출되는 산물을 찾고, 독점적으로 운영되는 대형 슈퍼마켓이 아닌 지역 공동체의 농업을 활성화하기 위한 방편으로 운영되고 있는 파머스 마켓farmer's

---

* 버터 맛이 나게 만들어 빵에 발라 먹도록 한 유사 버터 식품—역주.

market을 이용한다.

보일에 따르면, 신사실주의자들은 환경에 대해 심각한 관심을 보인다. 그들은 관계를 매우 강조하고, 영적 개발과 심리개발에 열심일 뿐 아니라 여성들의 관점을 존중한다. 정치적으로 좌파적 성향을 띠든지 혹은 우파적 성향을 띠는지의 여부와 관계없이, 그들은 현대 생활이 초래한 대규모 기관들에 대해 호의적인 태도를 보이지 않는다. 그리고 그들은 물질주의를 거부하고 공공연하게 지위를 드러내는 것을 싫어한다. 그들은 매우 견실하며 실천적인 사람들이다. 폴 래이Paul Ray와 루스 앤더슨Ruth Anderson은 그들이 저술한 책『문화의 창조자들』[4] The Cultural Creatives에서 이러한 성향을 띤 사람들에 대해 소개한다. 비록 폴과 앤더슨이 이들 그룹을 '문화의 창조자들'이라고 부르기는 하지만, 나는 보일의 용어인 '신사실주의자들'이 더 유용한 용어라고 생각하기 때문에 보일의 용어를 사용하도록 하겠다. 이들 신사실주의자들은 연령층이 18세부터 70세에 이르기까지 매우 폭넓기 때문에, 신사실주의 운동은 단순히 특정한 세대를 중심으로 일어나고 있는 운동이 아니다. 보수적인 사람보다는 진보적인 사람이 더 많고, 자신을 보수도 진보도 아니라고 생각하는 사람은 그보다 적다. 신사실주의는 새로운 종류의 정치에 대한 것이다. 래이와 앤더슨에 따르면, 신사실주의자들은 미국 전역에 산재해 있으며, 미국 내 모든 인종, 노동자로부터 대부호 이르기까지 모든 계층에 망라해 있다. 그들은 대부분의 사람들과는 다른 시각으로 세상을 바라보며, 다음과 같은 것들을 요구한다.

- 생태를 해치지 않는 생산품과 서비스를 요구하며, 지구 전체에 관심을 기울인다.
- 개인적으로 직장과 사업 그리고 정치적으로도 진실할 것을 주장한다.
- 여성 관련 이슈들을 공개적 석상에서 다룰 것을 요구한다.
- 뉴스를 보도할 때 큰 그림을 볼 수 있도록 보도할 것과 일인칭 형식의

이야기들과 좋은 뉴스를 보도할 것을 요구한다.
- 미국인의 삶에 영성 도입을 요구한다.

 래이와 앤더슨은 소위 신사실주의자들이 미국 인구의 26퍼센트 정도까지 구성한다고 주장한다. 그들은 또한 1960년대 초에는 오늘날의 신사실주의자들이 주장하는 것과 같은 가치를 공유하던 사람들의 비율이 5퍼센트 미만에 불과했다고 주장한다. 만일 래이와 앤더슨의 주장이 맞는다면, 이는 놀라울 정도의 사회적 변화이다. 단지 증가속도의 놀라움뿐 아니라 그 범위 또한 가장 민감한 연구자조차 깜짝 놀라게 할 만한 것이다. 미국 내 신사실주의자들의 수를 전해들은 유럽 연합의 관리들은 1997년에 연합 내 열다섯 개 국가에서 이와 관련된 조사를 착수했다. 놀랍게도 그 조사는 적어도 래이와 앤더슨이 미국 내 존재한다고 주장했던 숫자 이상의 신사실주의자들이 유럽 연합 내에도 존재한다는 보고서를 내놓았다. 게다가 그들 신사실주의자들을 하나의 단일 '운동'으로 묶는 최우선적인 조건은 이 세상이 무언가 잘못되었다는 것과 그 잘못을 바로잡는 주요 방법 중 하나가 더 많은 **진정성**을 추구하는 것이라는 가정의 공유였다. 보일은 그들에 대해 다음과 같이 묘사했다.

 신사실주의자들은 온도 조절을 위한 유전자가 없는 물고기와 지도상에 분명히 명시된 지역에서 산출된 자연의 맛을 내는 '진짜' 음식—아마도 무공해 식품—의 증가를 원하고 있다. 그들은 인공감미료를 첨부한 소비제품을 원하지 않으며, 아폴로호와 제미니호에 탑승했던 우주인들이 음용했기 때문에 대표적인 미래의 음식이 될 것이라고 전문가들이 말하는 알약과 튜브 형태의 음식에 관심이 없다.
 그들은 BBC가 지난 2000년에 자사의 회계부서가 너무 조용하다고 염려하며 2,300파운드나 들여 마치 여러 사람이 일할 때 나는 소리와 같은 웅

얼거리는 소리를 녹음 방송한 것처럼 가짜로 연출된 소리가 아니라 진짜로 사람들이 일하는 소리를 듣길 원한다. 또는 같은 해에 런던 지하철이 지하 구내에 조성해 놓은 가짜 냄새가 아닌 진짜 냄새를 원한다.

또는 전 세계 모든 도시들이 유리와 콘크리트로 구성된 가장 싸구려 풍의 동일한 형태의 상점들의 만연으로 인해 거의 차이가 없어 보이는 가짜 장소가 아닌 진짜 장소를 원한다.

또는 특정 사람들 앞에서 진지하지 않게 시험 삼아 말을 던진 후, 그 효과의 여부를 따지고 나서 그 내용을 대본으로 구성하는, 그리고 조지 W. 부시처럼 텔레프롬프터 앞에서 '오'라는 감탄사를 발하는 가짜 정치가들이 아닌 진짜 정치가들을 원한다.

또는 가짜 이름을 사용하고 한 번도 만나 본적도 없는 사람들과 온라인 상에서 나누는 가짜 관계(이 과정에서 진짜 관계가 파괴되는 결과를 초래하기도 한다)가 아닌 진짜 관계를 원한다.

또는 사회 이론가인 로버트 푸트남Rober Putnam이 그의 책 『홀로 보울링하기』Bowling Alone에서 묘사한 것처럼, 각 라인 앞에 거대한 스크린이 있고 그 앞에서 볼링을 하는 사람들이 차례가 바뀌는 중간에 서로 아무 말도 하지 않은 채 단지 풀 죽은 표정으로 위쪽 화면만을 응시하는 뉴런던, 코네티컷 등지에 있는 홀리데이 볼링 라인스와 같은 가짜 공동체 활동이 아닌 진짜 공동체 활동을 원한다.

또는 가장 부유한 사람 일부를 제외한 우리 대부분이 가상 은행가들, 가상 의사들, 가상 약사들, 가상 도움이들, 그리고 가상 교사들에 의존한 채 살아가야 하는 가짜 세상이 아닌 진짜 세상을 원한다.[5]

그러나 신사실주의자들 또한 인터넷을 사용하고 신용카드를 쓰고 싶어 한다. 그들 중 많은 사람이 전자음향기를 이용해 만들어 낸 댄스 음악을 좋아한다. 그들 중 대부분은 자신이 소유하고 있는 차에 애착을 갖는다. 그리고 많은 사람이 힘든 하루를 지내고 난 뒤에는 독점적인 슈퍼마켓에서 판매하는 음식이 맛이 좋고 편리하다는 것을 안다. 핵심은 진짜—실재하고, 지역에서 산출되며, 모조가 아니고, 수공으로 제작되는 것들—를 추구하고 유지하려 한다는 데 있다. 그러나 과연 이러한 것이 하나의 운동movement이 될 수 있을까? 아니면 단지 지루한 중산층의 생활방식이 초래한 위선에 불과한 것일까?

어떤 사람들은 둘 다 아니라고 대답할 것이다. '운동'이라는 단어는 일단의 사람들이 변화를 위해 명확한 목표와 의도를 지닌 채 움직이는 것을 말한다. 뚜렷한 정형을 띠고 있지 않은 신사실주의는 사고와 행동 그리고 소비 양상에서 드러나는 일반적인 경향이라고 설명하는 것이 더 정확하다. 많은 수의 서구인들이 비실재에 대해 실증을 느끼고 있다. 그들은 집단적으로 좀 더 풍성하고 진실한 것을 갈망한다. 그리고 (많은 해설자들이 그러는 것처럼) 신사실주의자들을 쉽사리 위선자라고 몰아붙일 수는 있지만, 신사실주의에서 발견되는 모순은 자신들만의 이익을 차지하기 위한 뻔뻔스러운 시도라기보다는 소비자들이 겪고 있는 혼란의 결과로 이해하는 것이 좀 더 관대한 이해일 것이다. 누가 되었든 평균에 준하는 중산층의 생활방식을 유지하는 동시에 '윤리적 삶'(이 말이 의미하는 것이 무엇이든 간에)을 살아가고자 노력하는 사람들은 그런 생활방식의 선택이 초래할 딜레마와 혼란을 인식하게 된다. 우리 모두는 가능한 한 지역에서 생산되는 농산물을 애용할 것을 기꺼이 권면할 것이다. 그러나 슈퍼마켓이 7일 24시간 영업하고 신용카드의 지불을 받아주는 상황에서, 일주일에 한 번 열리는 파머스 마켓은 그 빛이 바래질 수 밖에 있다. 또한 진정성을 추구하는 것 자체가 자칫 엘리트주의로 빗나갈 위험요소가 있다. 부유한 사람들이 대량으로 생산되는 밀가루 빵이 아닌 '수공으로 만든 다소 투박해 보이는' 통밀 빵을 먹을 때, 소위 진정성은 오직 그에 상응하는 재화를 지불할 때만 누릴 수 있는 것이 되고 말 것이다. 이와 비슷하게 정말 진정성 있는 방법으로 관광지를 여행한다고 할 때, 이는 많은 사람들이 우선적으로 선택하게 되는 할인된 가격의 패키지 상품이나 가족 단위 여행 상품을 제공하는 관광회사들을 회피한다는 것을 의미하게 된다. 그와 같은 고약한 현실들은 이타주의를 추구하기는 하지만 주어진 선택지들을 포기하기보다는 자신이 할 수 있는 어떤 선택을 추구하는 신사실주의자들에게는 아무런 영향을 미치지 못한다.

보일은 신사실주의자들이 이러한 역설적 상황을 인지하고 있다고 주장한다.

신사실주의는 더 저렴한 비용으로 우리와 접촉하기 위해 기계나 컴퓨터를 이용하는 거대 회사와 기술자의 수법에 대항하여 사용자의 선택권을 보호하는 일종의 새로운 휴머니즘이다 …… 이는 과육을 보호하기 위해 껍질을 더 두껍게 만든 토마토, 잘 익은 바나나, 카페인을 제거한 원두커피에 대해 비난하지 않지만 그러한 산물을 산출하는 경제 과정에 대해서는 비난하는 태도를 의미한다.[6]

따라서 이들이 항의하는 대상은 사람들이 하는 선택이 아니라 무엇을 살 것인가를 결정해야 할 때 우리가 직면하게 되는 선택지의 부족, 즉 대량으로 생산되는 대용품을 구입하는 것보다 진짜 윤리적인 투자펀드와 경쟁력을 갖춘 소규모 서점을 발견하기가 더 어렵다는 선택지의 부족에 대한 것이다. 신사실주의자들은 다국적기업이 세계 경제를 독점함으로써 야기한 선택지의 부족을 혐오한다.

그러나 진정성에 대한 개념조차, 신사실주의자들이 회피하고자 하는 세력들(거대 기업들, 역자주)에 의해 교묘하게 상품화되어 우리에게 팔리고 있다. 대형 슈퍼마켓 중 아무 곳이나 들어가서 상품을 살펴보면 수많은 진짜 지역 생산품들을 발견하게 될 것이다-여기서 '지역'이란 말은 그 상품의 기원지를 의미하는 것이다. 따라서 상품명에 이탈리안 발사믹 식초, 웬즐리데일Wensleydale

치즈, 그리고 진짜 태국 음식이라는 호칭이 들어가 있는 것들을 많이 볼 수 있다. 바로 이런 것들이 진짜가 아닌 것이 진짜인 것처럼 팔리는 상품들이다. 그러나 위에서 언급한 모든 상품들은(실제로 식초, 치즈, 태국식 음식이라는 점에서) 진짜이며, 어느 정도까지는 원산지의 진짜 상품과 같다. 그러나 이런 상품들의 판매 방식은 그 상품이 처음으로 생산된 원산지의 실제 상품들이 어떤지와는 전혀 무관한 것이다. 포장지에 소위 '진짜'라고 명시되어 있는 식품에는 분명히 비사실적인 내용이 포함되어 있다. 크리스천 디오르 사가 양모로 만든 모자를 만들 때, 얼빠진 명사의 성형 가슴이 뉴스의 헤드라인을 장식할 때, 그것이 진짜 양모인지 혹은 명사의 성형 가슴이 진짜 성형 가슴인지를 확인하고자 하는 노력은 어리석은 바보짓으로 보일 수 있다. 그리고 만일 진정한 삶에 대한 정의가 전적으로 우리가 구입하는 것으로 제한된다면, 생활방식에 대한 선택지의 부족으로부터 벗어나 무언가를 구입하려는 우리의 노력은 참으로 어리석은 것이 될 것이다. 신사실주의는 현재 세상이 운영되고 있는 방식과 사람들이 그들 자신과 서로를 인지하는 방식에 대한 조직적이고 활발한 비평으로 발전될 수 있을 것이다.

## 진정한 것에 대한 유수자의 탐구

유수자로서 우리는 열린 마음으로 신사실주의의 등장을 환영해야 한다. 사실 유수자는 신사실주의의 가장 선두에 서서 무엇이 진실로 진정한 것인지를 평가하고 격려해야 한다. 비실재가 초래하는 혼동이란 말이 예수님께서 공생애를 펼치셨던 상황에서는 낯선 표현이라는 것이 분명한 사실이긴 하지만, 유수자는 예수님께서 보여주신 무결하심, 진리를 말씀하심, 그리고 진정성의 예에 따라 반응할 수 있다. 그럼에도 최근의 교회사는 비진정성에 대한 예들로 널려있다. 예를 들면, 역대상 4장 10절에 나와 있는 분명치 않은 야베스의 기도에 대한 최근의 열광을 보라. 문맥과는 전혀 상관없이 그 구절 자체에만 집중해 주석함으로써 마치 인간의 삶에서 하나님의 축복의 문을 여는 '열쇠'로 사용하고 있다. 야베스의 기도는 진실함을 가지고 지속적으로 발생해야 할 역사인 하나님과의 교제를 최단시간에 이루어 낼 인공적인 메카니즘으로 대치하였다. 예수님께서 직접 보여주신 기도, 즉 하나님의 뜻대로 행하고 하나님 나라의 도래를 구하는 전형적인 기도의 예를 알고 있음에도 불구하고, 우리는 더 짧고, 바로 축복을 구하고, '축복의 지경을 확대하는' 내용으로 구성된 기도를 선호한다. 아마도 우리는 하나님께서 우리의 탐욕스러운 마음 또는 게으른 태도를 보실 수 없다고 생각하는 것 같다. 그 결과 마치 마술 주문을 외는 것 같은 기도에 쉽게 미혹당하는 것 같다.

많은 기독교인의 삶에 관하여 우리 안에 만연한 속임수 중 어떤 것은, 우리가 공적인 예배에서 체험하는 경험과 개인적으로 생활 속에서 경험하는 습관과 실천 간에는 당연한 차이가 있을 수밖에 없다고 보는 것이다. 지금 내가 이 말을 통해 언급하고자 하는 것은 단순히 정형화되어 우리가 흔히 접할 수 있는 위선에 대한 것이 아니다. 기독교인으로서 삶에 대한 요구들은 너무나 대단한 것들이기 때문에, 우리 중 누구도 그 기준—그리스도의 대속적 죽으심의 원인—을 완전히 충족할 수는 없다. 물론 우리가 행해야 한다고 믿는 것과 우리가 실제로 할 수 있는 것 간에는 어느 정도의 차이가 있을 수밖에 없다. 그러나 지금 내가 말하고 있는 것은 우리의 공적인 신앙과 사적인 신앙 사이에 존재하는 도매금의 불연속성에 대한 것이다.

진실하지 못한 기독교인 부모로 인해 그 자녀들이 입는 엄청난 상처는 너무도 자명한 것으로, 이는 실로 통탄할 만한 일임에 틀림없다. 도대체 기독교 공동체가 정직함과 비판에 대해 개방적인 공동체가 되지 못하는 이유가 무엇이란 말인가? 도대체 기독교 공동체가 비실재적인 것으로 가득한 공동체로 간주되는 일이 왜 그리도 흔하게 발생한단 말인가? 얼마 전에 내 친구 중 한 명이 조용하지만 대단히 분노에 찬 음성으로 내게 그녀의 교구목사가 얼마 전 설교 중에 '제길'이라는 단어를 사용했다고 말하는 것을 들었다. 그는 신임 교구목사였고, 그가 사용한 '저급한' 언어는 내 친구로 하여금 전임 교구목사(사실 그녀는 그에 대해서 심심찮게 내게 불평을 늘어놓곤 했다!)에 대한 그리운 감정을 불러 일으켰다. 이 일을 겪으면서 나의 뇌리에 문득 어떤 질문이 떠올랐다. 일상생활 속에서는 할 수 있는데 교회 안에서는 할 수 없는 일들이 있다면, 그것들이 도대체 뭐란 말인가? 내게는 매 주일 교회에 갈 때 자신이 기르는 스코틀랜드 테리어 종의 개를 데리고 오는 또 다른 친구가 있다. 그 개는 그녀의 발 앞에 조용히 앉아 깊은 숨을 코로 들어 마셨다 내쉰다. 내가 나의 학생 중 한 명에게 정기적으로 예배에 출석하는 그 성도에 대해 말했을 때, 그 학생은 최근 자신의 교회에서 맹인성도가 맹인안내견을 데리고 교회 예배에 참석하는 것의 여부를 허락할 것인가에 관해 장시간에 걸친 난상토론이 있었다고 말했다. 개도 올 수 없고 다소 험한 말도 할 수 없다면, 그 다음에 교회 안에서 없애야 할 것은 또 무엇일까?

하나님께서는 모든 것을 보시며 모든 것을 아시는 분이라는 것을 우리가 안다면, 도대체 무슨 연유로 교회 안에서의 행동이 일주일 동안 우리가 일상생활에서 하는 행동과 달라야 한다는 어리석은 생각을 하는 것일까? 많은 목사들이 잘못 적용하고 있는 것처럼, 우리는 하나님을 **만나려고** 교회에 오는 것이 아니다. 하나님은 교회 안에 계시지 않는다. 그분은 우리의 마음과 생각 속에 거하신다. 하나님께서 우리가 교회 밖에서 사용하는 언어보다 교회 건물 안에서 사용하는 언어에 더 주목하신다고 생각하는 것은 실로 어리석기 짝이 없는 생각이다. 심지어 하나님께서 성전과 거룩한 곳에 거하셨다는 가정assumption이 있는 구약성경에서조차, 공적인 선포와 기도를 통해 분명한 열림과 정직을 하나님 앞에서 고백하였다. 선지자들은 하나님께 솔직한 고백을 드렸다. 때로는 자신들이 느끼고 있던 감정을 하나님께 그대로 전달해 드리기 위해 불온하고 불평스러운 태도로 기도를 드리기도 했다. 때로 그들은 자기중심적이었고, 자기의 권리를 옹호하는 솔직한 어린아이와 같은 태도로 기도를 올렸다. 때로는 비록 그들이 '제길'이라는 단어를 사용하지는 않았겠지만, 하나님께 가장 충격적인 분노를 그대로 털어놓기도 했다. 예레미야와 욥은 하나님을 향해 놀랄 만한 비난을 털어놓기도 했다. 예레미야는 하나님께서 자신을 '물이 말라 속이는 시내'같이 침체케 하셨다고 비난했다. 그리고 하나님께서 내키지 않는 곳으로 자신을 이끄셨고, 그를 압도했으며, 그로 하여금 수치를 당케 하셨다고 말하며 원망했다. 욥은 하나님을 향해 비난의 봇물을 터뜨렸다. 구약신학자인 빅 엘드리지Vic Eldridge는 이와 관련하여 다음과 같이 말한다.

> 욥은 하나님께서 그에게 활을 쏘시고(6:4), 여러 달째 곤고한 지경에 놓이게 하시고 수고로운 밤을 보내게 하셨으며(7:3), 꿈으로 자신을 놀라게 하시고 이상으로 그를 두렵게 하셨다고(7:13)고 주장했다. 그는 "주께서 내게서 눈을 돌이키지 아니하시며 내가 침을 삼킬 동안도 나를 놓지 아니하시기를 어느 때까지 하시리이까"(7:19)라고 말하며 항의했다. 그는 주장하기를, 하나님께서 패괴케 하셨으며, 시들게 하셨으며, 분노 중에 그를 쪼개셨고, 그를 경건하지 않은 자들에게 내어 주셨으며, 그의 목을 붙들고 던져 부서뜨리시고, 그를 과녁으로 삼으시고, 그의 허리를 뚫고 쓸개를 쏟게 하셨다고 불평했다. 그런데 이러한 불만은 16장에서만 발췌한 것에 불과하다![7]

이러한 어투는 아마도 오늘날 설교 시간에 사용하기에는 적절하지 않은 것일 수도 있다. 그러나 이는 참으로 솔직한 고백이고, 하나님과 그의 백성들 간에 교환될 수 있는 열린 대화이다. 시편 기자가 "네 어린 것들을 바위에 메어치는 자는 복이 있으리로다"라는 비통한 어조로 끝내고 있는 시편 137편을 C. S. 루이스가 주석하기를, 적어도 시편 기자는 자신이 말한 것을 실재 그대로 느끼고 있었다고 말했다. 거기에 바로 핵심이 있다. 하나님께서는 실제로 처한 처지 속에서 솔직하게 고백하는 말을 기꺼이 들으신다.

느헤미야는 개인의 영광을 위해 소박한 기도를 드린다. "내 하나님이여 내가 이 백성을 위하여 행한 모든 일을 기억하사 내게 은혜를 베푸시옵소서"(느 5:19). 그런 그가 그의 대적을 향해 어떤 기도를 드렸는지 보자. "내 하나님이여 도비야와 산발랏과 여선지 노아댜와 그 남은 선지자들 곧 나를 두렵게 하고자 한 자들의 소행을 기억하옵소서 하였노라"(느6:14).

다음의 기도는 또한 정치적으로나 신학적으로 얼마나 부적절한 기도인가? "우리 하나님이여 들으시옵소서 우리가 업신여김을 당하나이다 원하건대 그들이 욕하는 것을 자기들의 머리에 돌리사 노략거리가 되어 이방에 사로잡히게 하시고 주 앞에서 그들의 악을 덮어두지 마시며 그들의 죄를 도말하지 마옵소서 그들이 건축하는 자 앞에서 주를 노하시게 하였음이니이다"(느4:4-5). 만일 독자들이 자신의 적들을 향해 느헤미야가 한 저주처럼 저주할 수 있는 사람은 아무도 없을 것이라고 생각한다면, 예레미야가 그를 반대한 사람들을 향해 보인 분노의 정도를 읽어 볼 때까지 잠시 생각을 유보하라.

어찌 악으로 선을 갚으리이까마는 그들이 나의 생명을 해하려고 구덩이를 팠나이다 내가 주의 분노를 그들에게서 돌이키려 하고 주의 앞에 서서 그들을 위하여 유익한 말을 한 것을 기억하옵소서 그러하온즉 그들의 자녀를 기근에 내어 주시며 그들을 칼의 세력에 넘기시며 그들의 아내들은 자녀를 잃고 과부가 되며 그 장정은 죽음을 당하며 그 청년은 전장에서 칼을 맞게 하시며 주께서 군대로 갑자기 그들에게 이르게 하사 그들의 집에서 부르짖음이 들리게 하옵소서 이는 그들이 나를 잡으려고 구덩이를 팠고 내 발을 빠뜨리려고 올무를 놓았음이니이다 여호와여 그들이 나를 죽이려 하는 계략을 주께서 다 아시오니 그 악을 사하지 마옵시며 그들의 죄를 주의 목전에서 지우지 마시고 그들을 주 앞에 넘어지게 하시되 주께서 노하시는 때에 이같이 그들에게 행하옵소서 하니라(렘18:20-23).

이와 같은 기도는 오늘날 주일 예배시간에 올릴 기도로는 결코 적당한 기도가 아닐 것이다. 그렇지 않은가? 그런데 하나님께서는 자신의 백성이 올리는 이처럼 험악한 분노 또는 비탄을 표현한 기도를 말씀인 성경에 포함하셨다. 물론 죄인들을 용서하지 말라고 하나님께 간절히 부르짖는 예레미야의 기도는 예수님께서 십자가 위에서 "아버지여, 저들을 용서하시옵소서. 저들은 저들이 하는 죄를 알지 못하니이다"라고 부르짖으신 숭고한 기도의 내용과 완전히 대치되는 것이 사실이다. 예레미야의 기도를 주석하면서, 신학자 존 브라이트John Bright는 다음과 같은 점을 지적했다.

이와 같은 것은 전혀 예수님을 닮은 것이 아니다. 그러나 당신과 나와는 너무나도 닮았다. 하지만 예레미야가 폭발시킨 인간적 열정과 하나님과 운명에 대해 토로한 모든 비통한 불평에도 불구하고, 그는 하나님의 나라를 위해 말할 수 없는 고통을 겪은 사람이었다. 그는 죽기까지 순종한 사람이었다. 그는 두려움으로 인해 자신의 영혼이 움찔하고 두려움에 꼬리를 말고 도망치고 싶을 때 그의 중심에 "내 뜻이 아니라 당신의 뜻이 이루어지길 원합니다"라고 기도하며 기꺼이 자기의 십자가를 진 사람이었다.[8]

예레미야, 느헤미야, 그리고 욥은 위대한 하나님의 사람들 중에 속하는 인물이다. 하나님께서는 그들이 하나님 앞에서 겪은 고통에 대해 솔직히 표현했다고 해서 하나님의 사람에서 제외하지 않으셨다. 오히려 하나님께서는 그들이 겪은 좌절을 이해하시고 그들이 나타낸 분노에도 불구하고 사랑하셨다. 나는 하나님께서 지난날의 어떤 훌륭한 태도보다 정직을 더 기뻐하신다고 생각한다.

## 빛을 발하는 행복한 사람들

대부분의 신사실주의자들은 헤밍웨이가 한때 다소 투박하게 '내진성 장치가 내장된 주사위 탐지기'built-in shockproof crap detector라고 표현한 것을 갖추고 있다. 그들은 거짓되고 거만한 기독교인들의 달콤한 미소 뒤에 감추어진 실재를 볼 수 있다. 이런 능력을 공유하고 있는 유수자는 현대 교회생활이 지니고 있는 사기적 성격으로 인해 적잖이 당황스러워 한다. 내가 이 책에서 빌려 사용하고 있는 유수자라는 은유적 표현의 원래 주인인 월터 브루그만Walter Bruggemann은 예일 대학의 라이만 비처Lyman Beecher 강연에서 이러한 거짓됨에 대해 언급했다.[9] 브루그만은 자신의 개인적인 경험에 기초해서, 많은 기독교인이 일반적으로는 교회 예배에 대해, 좀 더 구체적으로는 설교에 대해 가장 먼저 보이는 두 가지 반응은 소외감과 분노라고 말했다. 목회자와 예배 인도자가 사용한 언어가 비실재적 이미지만 불러일으키거나 있을 법하지 않은 기대를 갖게 할 때, 청중들은 우선 서서히 소외감의 반응을 보인다. 대중적인 기독교 관련 강연들은 행복한 기독교 가정, 응답 받는 기도, 그리고 가장 핵심 되는 부분에 배치한 명백한 도덕성이 가미된 비유들에 대해 관심을 갖고 있는 듯하다. 예를 들면, 대부분의 개신교 목회자들은 결혼한 사람들이고, 그들이 준비하는 사랑에 대한 설교의 예문은 일반적으로 그들의 배우자 또는 그들의 자녀와의 관계를 반영한다. 이런 예화에서 묘사되는 가족에 대한 그들의 사랑은 노만 록웰Norman Rockwell의 삽화에서 보이는 달콤하고 훈훈한 감성을 보여준다. 이런 내용이 혼자서 외롭게 살아가고 있는 사람들로 하여금 소외감을 느끼게 할 것이라는 것을 알아채는 것은 어렵지 않다. 이런 사람들은 자신들의 뼈아픈 경험이 반영된 신앙에 대해 결코 들어볼 수 없을 것이다. 그리고 그런 식의 예화는 결혼생활 자체를 유지하기 위해 고심하고 있고, 반항적인 십대 자녀를 다뤄야 하며, 재혼가정들, 이혼한 사람들 또는 확대가족 내 구성원들 간 갈등으로 고심하고 있는 사람들로 하여금 소외감을 느끼게 할 것이다.

좀 더 일반적인 차원의 대중적인 기독교 관련 강연에서도, 기독교 경험에 대해 표현하는 과정에서 위에 언급한 것과 동일한 방식의 소외현상이 발생한다. 우리는 기독교 지도자들이 어떤 특정한 상황 속에서 '하나님께서 나타나시는 방식'에 대해 말하는 것을 듣는 것에 익숙하다. 그리고 비록 그것이 의미하는 바가 무엇인지 정확히 모름에도 불구하고, 들리는 말에 동감하며 다른 사람들의 삶 속에서 극적으로 나타나신 하나님에 대해 듣기를 기뻐한다. 그러면서도 그런 일이 우리의 삶 속에서 발생할 확률이 거의 없다고 생각한다. 우리는 기독교 지도자들이 "그 때 하나님께서 제게 말씀하셨습니다 ······"라는 말을 들으면서, 하나님의 음성을 직접적으로 듣는 사람들에 대해 신기해한다. 그러나 막상 우리 자신은 큰 소리로 말씀하시는 하나님의 음성을 들은 적이 없다는 사실을 알고 있다. 물론 대부분의 경우 그런 언급을 하는 지도자들은 우리가 하고 있는 일상적인 방식들을 통해—성경을 통해, 환경을 통해, 경건한 친구들의 충고를 통해—말씀하시는 하나님의 음성을 듣고 있다. 그러나 강대상에서 설교할 때는 이런 사실을 명확히 설명하지 않는다. 대중을 대상으로 하는 많은 기독교 관련 강연에서도 이런 사실은 명확히 언급하지 **않는다**.

몇 년 전, R.E.M.이라는 록 밴드는 '빛을 발하는 행복한 사람들'(사람들아, 사람들아 주변에 당신의 사랑을 전하세요. / 나를 사랑해 주세요, 나를 사랑해 주세요, 도시에 사랑을 전하세요)이라는 노래로 히트를 했다. B52s*의 멤버인 케이트 피어슨Kate Pierson이 탁월한 백 보컬을 담당해 줌으로써 음악 자체에 참

---

\* 1972년 미국 조지아 주 에센에서 구성된 뉴웨이브 록 그룹—역주.

신한 느낌을 더해준 이 노래는 미국 생활이 주는 자기만족과 성공이라는 허울뿐인 화려함에 대해 풍자했다. 밝게 빛나는 척, 행복한 척하는 사람들이 인생의 진짜 '승리자들'이다. 아마도 교회에도 수많은 밝게 빛나는 행복한 사람들이 있을 것이다. 그러나 우리들 중 실제로 밝게 빛나지도 않고 지속적으로 행복하다고 느끼지도 않는 사람들은 결과적으로 강력한 소외감을 느낀다. 브루그만이 암시하듯이, 우리는 뭔가 더 풍성하고, 짜임새 있고, 더 실제적인 것을 갈망하고 있기는 하지만, 결국 무감각과 고통 속에 방치되어 있다. 이것은 엠마오에서의 저녁식사라는 제목의 카라바조가 그린 그림에 등장하는 늙은 시녀에게 되돌아가게 한다. 그녀는 밝게 빛나 보이지도 않고 행복해 보이지도 않는다. 사실 그녀는 비참하고, 지쳐있고, 무시 받고, 인생의 무거운 짐을 지고 있는 것 같아 보인다. 비록 카라바조 같이 기존의 시류에 응하지 않는 화가가 그녀를 예수님과 함께 화폭에 담음으로 그리스도와 함께하는 데 환영받은 것처럼 보이게 했지만, 나는 여전히 얼굴 가득히 미소를 머금은 채 말끔하게 옷을 차려 입고 있는 현대 교회의 남성 지도자들 사이에 함께 있는 그녀를 상상하는 것이 너무도 어렵다. 아마도 그녀는 교회에서 지원하는 예배—노숙자들을 위한 무료 급식소나 보호시설에서 행해지는—의 대상이 되는 사람일 수는 있을 것이다. 그러나 교회의 남성 지도자들과 동일한 지위를 누리고, 가치를 인정받으며, 그녀가 하는 말에 다른 지도자들이 그럴 때처럼 동일하게 귀를 기울이는 동역자로 인정받을 수 있을까? 솔직히 나는 의심스럽다.

　브루그만이 궁극적으로 말하고자 하는 것은 이 모든 소외와 무감각이 분노—말로 표현되지 않는 무언의 분노—로 이어질 것이라는 것이다. 우리는 다른 사람들에게는 정기적으로 나타나시지만 우리에게는 결코 나타나시지 않는 하나님께 화가 나 있다. 우리도 기도를 드렸고 교회에서 자녀들을 양육했음에도, 일부 가정들이 하나님의 풍성한 축복을 누리고 있는데 비해 우리 가정은 너무나도 평범한 것에 대해 불공평하다고 생각한다. 기독교 공동체 내에는 참된 평등이라는 것이 존재하는 것 같지 않다. 우리는 우리가 일상에서 매 순간 하는 일이 목회자들이 하는 일만큼 경건하고 하나님 나라를 확장하는 일이라고 어렴풋이 생각하고 있다. 그러나 결코 그 사실을 실생활에서 인식하지는 못한다. 우리는 우리 자신이 지도자들보다 더 많이 의롭다거나 혹은 훨씬 덜 의롭다고 생각하지 않는다. 그러나 결코 그런 생각을 드러내놓고 표현하지 않는다. 우리는 하나님께서 우리가 매주 교회에 출석하는 일이나 우리가 드리는 헌금 이상의 것에 관심을 가지고 계시다는 것을 어렴풋이나마 알고 있다. 그러나 아무도 실제로 그렇다고 드러내 놓고 말하지 않는다. 그리고 우리는 우리 스스로에 대해 의심하기 시작하고 우리의 일상생활과 일상의 존재가—하나님과 교회 지도자들에게—정말 그리 중요한 것일까에 대해 의문을 갖기 시작한다. 겉으로 표명되지 않은 분노가 우리 마음 속 깊은 곳에 침잠해 있다. 결국 어떤 사람들은 영구히 교회를 떠나기도 한다. 그러나 많은 사람들은 자녀들을 위해서, 또는 떠나는 것이 그들이 원하는 것 이상의 관심을 끌 것이라는 생각 때문에 그저 출석하기만 할 뿐이다. 따라서 어떤 특정 교외에 위치한 교회라는 지역적 차원에서 이 모든 소외와 분노가 나의 신앙과 삶의 고전적 단절을 초래하게 된다. 한 세대 이전에, 키스 밀러Keith Miller는 『새 포도주의 맛』The Taste of New Wine에서 다음과 같이 썼다.

우리가 매주 출석하고 있는 현대 교회는 순결해 보이고 순결한 말을 하지만, 내적으로는 그들 자신과 그들 속에 내재된 나약함, 자신들 스스로에 대한 좌절감, 그리고 교회에 속해 있으면서도 실재가 결여된 주변에 대해 진력머리가 난 사람들로 가득차 있다. 비기독교인 친구들은 "당신들과 같이 선량하고 말썽이라고는 모르는 사람들은 내 문제를 절대로 이해할 수 없을 겁니다"라고 느낀다. 혹은 우리를 사회적으로나 전문적으로 알고 있는 좀 더 지각이 있는 이교도들은 기독교인들을 외부의 영향으로부터 완전히 보호받고 있어 인간이 처한 상황에 대해 무지한 자들이라고, 또는 죄와 연약함(그들은 직감적으로 알고 있다)이 보편적임을 인정하지 않는 철저한 위선자들이라고 느낀다.[10]

한편 교단적 차원이 되었든 아니면 정치적 차원이 되었든, 전국적으로 지명도가 있는 기독교 지도자들을 바라볼 때, 우리는 또 다른 차원의 단절을 관찰하게 된다. 기독교 승리주의와 억압의 정치간의 연결이 더욱 강력해지고 있고 더 많은 관심의 대상이 되고 있다. 그리스도를 위한다고 주장하는 많은 미국 기독교 정치가들이 총기 통제에 반대하고 있으며 사형제도에 찬성하고 있다. 우리는 그런 태도를 용인하는 예수님의 모습을 상상할 수 없다. 일부 기독교인들이 주장하는 사회 정책들은 부유한 사람들의 유익을 위해 가난한 사람들을 희생하고, 개인들을 희생하는 대가로 얻게 되는 기업의 이익에 호의적이다. 그러한 사회정책들은 환경, 노동자의 안전, 그리고 공공 의료를 보호하는 모든 법안을 실질적으로 폐지하고자 하는 경향을 보인다. 그리고 '기독교' 국가들('친미' 국가들을 읽어보자)의 명백한 숙명에 대해 기독교 정치가들\*이 가진 신념을 성취하고자 하는 노력의 일환으로, 이들은 공격적인 외교정책을 지지한다. 미국에서 종교권이 절대적인 도덕적 정의라는 개념을 도입했을 때, 이들은 다른 어떤 의견의 반대도 용인하지 않았다. 유수자들은 이처럼 엄청난 권력으로 무장한 미국의 기독교 정치가와 한 자리에 앉아 계시는 예수님을 상상할 수 없다. 이제 소외와 분노는 더 넓은 지경까지 확대된다.

만일 내가 세트로 만들어진 가짜 부엌에 있는 가짜 식탁에 앉아서 자신의 아내와 함께 성경에 대해서 미리 계획한 가짜 대화를 나누고 있는 텔레비전 복음전도자를 한 명만 더 본다면, 아마도 비명을 지르고 말 것이다. 정해진 기획

---

\* 주로 보수적 정치신념을 추구하는 기독교인으로 구성되어 있으며, 기독교인이 지배하는 국가 혹은 근본주의적인 성경 이해에 근거한 정치 원리가 지배하는 국가 건설을 지향한다—역주.

에 근거하여 인공적으로 완벽하게 꾸민 모습—레이스가 달린 커튼과 2인용 포콜로니얼faux colonial 식탁—에 속을 비기독교인들은 한 명도 없을 것이다. 그렇다면 오늘날 어떻게 우리는 밝게 빛나는 행복한 기독교라는 개념에 완전히 사로잡혔을까? 성경을 대충만 훑어보더라도, 성경이 별 것 아닌 인물에 대한 기사로 가득하다는 것을 알 수 있다. 아브라함에서 야곱과 모세에 이르기까지, 하나님께서 특별히 선택하신 인물들이 대부분 신뢰하기가 힘든 사람들이었음을 알 수 있다. 이들이 한 행동을 보면, 어떤 때는 과연 이들이 선택받을 만한 인물들이었을까 하는 의심조차 든다. 심지어 오늘날 밝게 빛나는 행복한 설교자들이 자주 인용하는 선지자들조차, 우리가 기대하는 것만큼 신뢰할 만하지 못했다는 것을 알 수 있다. 호세아는 창녀와 결혼했고 그녀에게 버림을 받았다. 에스겔은 그 괴팍한 정도가 별날 정도였고, 예레미야는 우울하기 짝이 없는 사람이었다. 심지어 때때로 밝게 빛나는 행복한 기독교 영웅의 전형으로 소개하는 사도 바울조차도, 그가 속한 공동체에게서(그리고 아마도 그의 가족으로부터도) 외면을 받은 종교적 방랑객에 불과했으며, 궁핍하고 떠돌아다니며 조롱을 받던 사람이었다. 고린도교회를 방문했던 '지극히 큰 사도들'과 논쟁을 하던 중에 바울은 다음과 같은 이야기를 끄집어낸다.

> 내가 수고를 넘치도록 하고 옥에 갇히기도 더 많이 하고 매도 수없이 맞고 여러 번 죽을 뻔하였으니 유대인들에게 사십에서 하나 감한 매를 다섯 번 맞았으며 세 번 태장으로 맞고 한 번 돌로 맞고 세 번 파선하고 일 주야를 깊은 바다에서 지냈으며 여러 번 여행하면서 강의 위험과 강도의 위험과 동족의 위험과 이방인의 위험과 시내의 위험과 광야의 위험과 바다의 위험과 거짓 형제 중의 위험을 당하고(고후11:23b-26)

마지막 부분이 특히 중요하다. 고린도교회 공동체 내에 있던 거짓은 바울이 순회하는 중에 당한 매우 실제적이고 현실적인 위협이었던 배의 파선이나 강도의 위험만큼이나 위험한 것이었다. 비록 고린도교인에게는 실망스러운 존재였지만, 바울은 '내가 부득불 자랑할진대 나의 약한 것을 자랑'(고후11:30)했다.

## 다시 들을 수 있는 권리 획득하기

유수자는 수동적인 태도로 교회에 앉아 거짓된 것들을 감내하려 하지 않을 것이다. 그러나 그들은 또한 그저 자신들의 방망이와 공을 들고 집으로 돌아가려 하지도 않을 것이다. 현대 교회로 인해 소외되고 분노하고 있는 너무나 많은 사람이 교회를 떠나고 있고, 그로 인해 서구교회는 쇠퇴의 길로 접어들었다. 유수자들은 떠날 것이다(혹은 떠밀려 나올 것이다). 그러나 만일 그들이 그렇게 한다면, 그것은 새로운 방법을 조성하기 위해서일 것이다. 즉 정직과 개방, 환대, 그리고 참된 사랑의 공동체를 조성하기 위해서 기성 교회를 떠날 것이다. 이런 조망 속에서 이제 유수자들은 오늘날과 같은 포스트모던 세상에서 사람들이 자신들의 말에 귀를 기울일 수 있도록 해야 한다는 사실을 인식하게 된다. 정치적인 또는 경제적인 영향만으론 충분하지 않을 것이다. 오히려 그런 영향력은 그들이 지향하는 동기에 반하는 것일 수도 있다. 샌들포드에서 떠나는 토끼들처럼, 그리고 참으로 예수님 자신이 그러셨던 것처럼, 유수자들이 세속적 혹은 정치적인 의미에서 무력하다는 것이 그렇게 나쁜 일은 아니다. 이는 우리로 하여금 핵심적 신앙, 즉 위험한 이야기들로 복귀하도록 하기 때문이다. 우리에게 우리가 현재 하고 있는 일을 유지하기 위해 거대한 건물이나 넘쳐나는 예산이 없을 때, 그리고 가끔은 그렇게 될 때라야, 비로소 우리가 현재와 같은 후기 기독교 세계에 제공할 수 있는 최선의 것이 관계의 평등성, 신뢰의 힘, 그리고 놀라운 관용이라는 것을 인지하게 된다. 불행하게도 후기 기독교 세계에서 신사실주의자들은 교회가 그저 생존하기 위해 발버둥치고 있는 권력 있는 종교기관에 불과하다고 생각하는데, 실제로도 교회 내 그러한 주장이 넘치고 있다. 우리는 세상으로 하여금 우리의 말에 귀를 기울이게 할 수 있는 권리를 다시 획득해야만 한다. 우리가 실천하는 진정한 생활방식을 통해 그 권리를 획득할 수 있을 거라고 말하는 것이 지나치게 단순한 생각일까? 진정성(실재)을 간절히 갈망하는 문화 속에서 그 어느 때보다 더 강한 압력이 기독교 공동체를 짓누르고 있다. 우리로 하여금 우리의 시간과 돈을 우리가 말하는 데 투자하고 우리가 설교하는 그 내용 그대로 살라고 압력을 가하고 있다. 권력과 모든 사람이 동의하는 구조가 무너져 내릴 때, 대외적인 '전문가'에 대한 신화가 침식될 때, 접근과 허가가 제한된다. 신사실주의자들은 본질적으로 의심이 많고 냉소적이다. 그들은 진짜를 찾고 있다. 우리는 그들의 탐구를 환영해야 한다. 유수자는 그들의 시간과 에너지를 참된 공동체를 개발하는 데 쏟아 부을 것이다. 그들은 이 세상의 감시를 받아들이고 우리 문화의 기대에 부응하는 삶을 살아갈 것이다. 완벽하지는 않더라도 진실한 삶을 살아갈 것이다.

자신들의 외부세상과 내부세상이 조화를 이루지 않는 기독교인들은 냉소적이고 탐구적인 신사실주의자들에게 장애물로 보일 뿐이다. 게다가 이렇듯 진정성의 부족은 기독교인의 삶에 있어 독약과 같은 것이다. 우리는 진정 우리가 믿는다고 주장하는 것에 일치하는 삶을 살아가고 있는가? 만일 우리가 겸손에 대해 이야기하고 있다면, 과연 우리는 겸손한가? 만일 우리가 용서에 대해 이야기하고 있다면, 과연 우리는 용서하고 있는가? 만일 우리가 사랑에 대해 말하고 있다면, 과연 우리는 진정으로 사랑하고 있는가? 만일 우리가 정의, 평등, 평화, 그리고 관용의 가치를 높이 평가하고 있다면, 우리는 진정 그러한 덕목들을 실천하고 있는가? 만일 신사실주의자들에 대한 데이비드 보일의 평가가 맞는다면, 그들은 자신도 완벽하지않기 때문에 완벽을 기대하지는 않다. 그러나 높은 이상을 가지고 있는 사람들은 적어도 어떤 면에서는 그 이상에 맞는 삶을 살아가기 위해 적극적이어야 한다고 생각한다.

신사실주의자들은 다국적 기업으로 인해 발생한 선택지의 부족에 반대한다. 주요 기업들로 인해 선택지의 부족에 직면하면, 윤리적인 과정을 통해 공급되는 생산품과 서비스들을 구입함으로써 윤리적인 삶을 영위하는 것이 더욱 어렵게 된다. 경제적 독점은 우리가 좀 더 진정성 있는 생활양식을 영위하며 사는 것을 제한하는데, 이는 상품과 재화에 대한 자유를 저해하는 다국적 기업의 상술로 인해 발생한다. 기독교인으로서 우리는 이런 관점을 인지하고 공유할 필요가 있다. 기독교인 된 우리는 최소한 우리가 먹고 입고 운전하고 생활하는 것에 대해 경제적으로, 정치적으로, 그리고 사회적으로 책임감 있는 선택을 하고자 노력할 필요가 있다. 물론 삶을 살아가는 데 있어 항상 그러한 선택은 중요한 것이었다. 그러나 오늘날 그러한 선택은 단지 윤리적인 것일 뿐만 아니라 **선교적인** 것이기도 하다. 거짓된 교회에서 떠난 유수자들이 이런 일을 함에 있어 선두에 서야 하며, 신사실주의가 추구하는 목표의 전면에 서야 한다. 그렇게 함으로써 진정성, 정직, 그리고 참됨을 증진해야 한다.

## 같은 깃털을 가진 새들?*

작금의 문화 환경에서 살아가고 있는 선교적 유수자들이 직면하고 있는 도전은, 개별 가정에서 소그룹 규모로 추진하든 아니면 좀 더 넓은 공적 맥락에서 추진하는 것이든, 참된 공동체들을 구성하는 것이다. 그들이 어디서 모이고, 언제 얼마나 자주 모이는가 하는 것은 나의 우선적 관심사가 아니다. 나의 주요 관심사는 우리가 다음의 여섯 가지 가치를 수용하고 있는 무수히 많은 새로운 기독교 공동체들의 융기를 보고 있다는 것이다.

---

\* 일관된 성향이나 목적을 가지고 모인 사람들을 표현할 때 사용하는 영어식 표현—역주.

1. 외형보다 내적 변혁을 가치 있게 여기는 영적 성장을 모색한다.
2. 하나님께서 우리에게 허락하신 인간성, 창의성, 또는 개별성을 제한하지 않으려고 모색하는 영성을 가치 있게 여긴다. 따라서 일치와 획일성보다 다양성과 차이를 가치 있게 여긴다.
3. 마음에서 우러나오는 정직한 대화를 즐기고 피상성과 숨겨진 목적들이 두드러진 관계를 피한다.
4. 우리의 내면 가장 깊숙한 곳에 품고 있는 생각, 소망, 꿈, 감정, 부족한 점, 실패, 죄, 갈등에 대해 하나님께 완전히 정직하고 다른 사람들에게는 적절하게 투명하고자 노력한다.
5. 쉬운 설명보다는 신비와 역설에 응대하고자 하며, 쉽사리 답할 수 없는 질문을 감수한다.
6. 더 의롭고, 공정하고, 인정 많은 사회에 대한 우리의 희망을 반영하기 위하여 우리의 생활습관, 건강을 위한 다이어트, 소비패턴, 책무를 정직하게 재설정한다.

이러한 방향의 첫 번째 발걸음은 교회 안의 생활변혁그룹에서 진행하고 있는 최근의 발전이다. 세 명으로 구성된 이들 소그룹은 매주 함께 모여 성경을 읽고, 함께 기도하고, 그룹 내 다른 구성원들 앞에서 자신의 실패경험담들을 솔직히 털어놓음으로써 하나님의 뜻에 따라 삶을 스스로 만들어 가도록 격려 받는다. 기본적으로 이들 소그룹은 서로에 대한 신뢰에 기초하여 '기독교적 삶에 관한 질문들'을 서로에게 질문한다. 어떤 부류의 사람들은 어느 정도 보수적인 색채를 띠는 구체적인 질문들(예를 들면, 도대체 왜 세계 정의나 온정적인 삶에 관해 아무 것도 하지 않았습니까?)에 대해 제기할 수도 있다. 솔직히 말해서 그런 사람들은 내가 관심을 가지는 그룹이 아니다(그러나 내가 그런 그룹들에 대해 관심을 가지지 않는 것은 아마도 내가 그런 그룹들에서 논의되고 있는 많은 내용들을 그냥 흘려보내기 어렵기 때문일 것이다). 그러나 그런 사람들이 대중적인 명성을 얻고 있다는 것은 기독교 공동체들 내부에서 신뢰성, 제자도, 그리고 양육에 대한 필사적인 열망이 존재함을 나타내는 지표가 된다.[11]

나는 교회에서 드리는 예배를 위해 교회건물을 여러 지역으로 나눈 교회에 대해 들은 적이 있다. 그 교회 안에는 당신이 '정열적인' 지역에 앉아 있는지 아니면 '냉정한' 지역에 앉아 있는지를 알려주는 테이프로 구분된 선들이 바닥에 붙어 있다. 이상하지 않은가? 가장 정열적인 지역은 강대상 정면과 가장 가까운 곳이다. 만일 당신이 진정으로 예배를 드릴 준비가 되어 있으면 그 지역에 앉으면 된다. 그 지역에서 예배를 드리는 사람들 중 많은 사람이 손을 흔들며 춤을 추며 정열적으로 찬양한다. 강대상 앞에서 두 번째 선 안쪽은 하나님과 관계가 그런대로 괜찮다고 느끼는 사람을 위한 지역으로, 예배 시간 중에 발생할 수 있는 다양한 현상에 대해 열린 마음을 가진 사람들이 예배를 드리는 곳이다. 세 번째 지역—냉정한 지역—은 예배당 뒤편에 위치한다. 이 공간은 교회에 있는 것은 좋아하지만 예배의 경험에 자신을 완전히 내어주지 못하거나 아직 그럴 준비가 안 된 사람들이 있는 곳이다. 자녀들과 동행하고 있어 가끔 자녀를 돌봐야 하는 부모님들도 그곳에서 예배에 참석한다. 예배에 익숙하지 않은 느낌을 갖고 있는 친구를 데려 온 사람들도 그곳에서 예배를 드린다. 또는 예배를 드리고자 할 때 하나님께 친근감을 느끼지 못하는 사람들도 맨 뒤 지역에서 예배에 참석한다. 건물의 가장 뒤편은 가장 냉정한 지역이다. 이 지역은 예배당의 다른 지역과 구분되어 있는데, 이 지역에는 몇 개의 방이 있다. 그리고 그 방들 안에는 편안한 소파와 잡지 그리고 커피를 내리는 기계가 있다. 이 지역은 예배를 드릴 준비가 전혀 되어 있지는 않지만, 단지 기독교 공동체에 있고 싶어서 온 사람들을 위한 장소다. 그곳은 편안하게 있을 수 있는 곳이다. 그곳에서는 음악을 즐길 수도 있고, 설교 중 일부를 들을 수도 있다. 그러나 전체적으로 볼 때, 그저 다른 성도들과 친교를 나눌 수 있는 그런 장소다(아마도 비신자들도 그곳에 앉아 있을 것이다).

다른 모든 사람들이 찬양과 설교에 몰입해 있는데, 당신은 그렇지 않는 것으로 인해 얼마나 자주 교회에 있는 것에 대해 불편함을 느끼는가? 자신 스스로를 영적으로 저급하다고 느낀 적은 없는가? 우리가 예배에 참석한 사람들과 일체감을 느끼지 못할 때, 교회는 우리로 하여금 우리 안에 어떤 영적 문제가 있다고 느끼게 한다. 때로 나는 하나님께 친밀감을 느끼지 못하고 큰 소리로 찬양하지 못할 때가 있다. 때로 나는 설교자가 무슨 말을 하는지 전혀 상관하지 않는 경우도 있다. 내가 항상 온전한 예배자로 서 있는 것은 아니다. 나는 맥이 빠져 있거나 우울함을 느끼거나, 아니면 하나님한테서 멀리 떨어져 있다고 느끼는 경우가 있다. 그럴 때 나 자신과 하나님께 대해 진실하고 다른 사람들과의 결속을 위해 거짓되게 행동하지 않고 자유를 느낄 수 있었더라면 얼마나 좋았을는지 모르겠다.

교회에 관한 그의 탁월한 저서에서, 유르겐 몰트만Jrgen Moltmann은 오늘날 우리가 교회 안에서 '똑같이 행동하도록 하는' 것의 원리가 무엇인지 규명했다. 그 원리가 무엇인지에 대해 설명하면서, 몰트만은 다음과 같이 언급했다.

"똑같이 행동한다." 그렇지만 도대체 왜 그런단 말인가? 우리와 똑같은 사람들, 같은 생각을 하는 사람들, 동일한 것들을 소유하고 있는 사람들, 그리고 동일한 것을 지지하기 원하는 사람들. 그러나 우리와 다른 사람들, 즉 생각하는 것과 느끼는 것, 그리고 바라는 것이 우리와 다른 사람들은 우리들로 하여금 불안감을 느끼게 한다.[12]

다음번에 아주 단호한 예배 인도자가 당신이 충분히 큰 음성으로 찬양하지 않는 것에 대해서 혹은 충분히 기쁨을 표현하지 않으면서 찬양하는 것에 대해 호되게 꾸짖는 말을 하면, 똑같은 깃털을 가진 새들에 대해 생각하도록 하라.

우리 모두 똑같은 차원의 행복을 누려야 하는가? 동일한 정도로 헌신해야 하는가? 똑같은 열심히 있어야 하는가? 하나님에 대해 행복감을 느끼지 않는 사람은 우리들 나머지 사람들에게 불안감을 조성한다. 우리가 깊은 슬픔 또는 침체 속에 있는 다른 사람들을 대하는 방식에 주목해 보라. 또는 우리가 공개적으로 하나님께 반항적인 태도를 드러내는 사람들을 대하는 방식에 주목해 보라. 그런 사람들과 거리감을 두려고 하는 우리의 심성은 우리가 품고 있는 불안감에서 기인한 것이다.

교회를 생각해 볼 때, 이는 매우 심각한 함의를 내포한다. 만일 교회가 같은 생각을 하는 사람만이 모여 같은 생각을 하는 다른 사람들을 초대하여 연합하고자 하는 공동체라면, 우리가 살아가고 있는 세계에 영향을 주려는 여하한의 시도를 할 때마다 심각한 영향을 받지 않을 수 없을 것이다. 그럴 경우 몰트만에 의하면, 그런 교회는 자체 공동체를 유지할 능력과 자신감을 결여한 공동체일 것이다. 이는 일종의 자기 정당화다. 몰트만은 이 점에 관한 성경적 양식은 매우 다르다고 말한다. 똑같은 깃털을 가진 새들이 되는 대신, 교회는 바울이 교회에게 말한 가르침을 포용해야 한다. "그리스도께서 우리를 받아 하나님께 영광을 돌리심과 같이 너희도 서로 받으라"(롬15:7) 다른 사람을 수용하는 것은 교회의 미덕을 위한 지혜롭고 유용한 가르침 이상의 것이다. 다른 사람에 대한 용납은 우리를 용납하신 그리스도의 용납하심에서 유래한다. 그리스도께서 우리를 용납하신 것을 알 때, 우리는 자기를 정당화하고자 하는 필요에서 자유하게 된다. 이로 인해 우리는 다른 사람들을 수용할 수 있는 자유를 누릴 수 있다. 몰트만은 다음과 같이 말한다.

'그리스도께서 당신을 용납하셨듯이' 서로를 용납하라. 오직 이 태도만이 우리에게 새로운 방향을 제시해 줄 수 있고 우리의 한계를 헤쳐 나갈 수 있게 한다. 그렇게 함으로써 우리의 협소한 한계를 뛰어 넘을 수 있다. 서로를 용납함으로써 우리는 다른 사람들을 있는 모습 그대로 수용할 수 있고, 그렇게 함으로써 그들을 향한 소망과 관심을 품을 수 있다. 그 결과 우리는 실제로 우리 자신을 잊고 그리스도께서 우리를 용납하신 방식에 집중할 수 있게 된다.[13]

나는 우리가 하나님과의 연결이 끊긴 채 슬픔에 머물러 있거나 낙심하고 있어야 한다고 생각하지 않는다. 좋은 기독교 신앙 공동체는 구성원의 영적 성장에 관심을 기울일 것이다. 우리는 예수님처럼 되기 위해 성장하고 싶어 한다. 그러나 그러는 와중에 영적인 등락騰落을 경험한다. 독자가 '예배당 안에 구획을 나누어 놓은' 교회의 예배를 좋아하든 아니든 간에, 우리는 우리가 서로를 용납하고 있다는 것을 보여줄 수 있는 방법에 대해 생각해야 한다. 매개체는 메시지다. 내가 방금 언급한 그 교회는 성도들에게 한 가지 중요한 상징적인 메시지, 즉 "당신의 영적 여행이 진행되는 지점이 어디든 간에 우리는 당신을 받아들입니다!"라는 메시지를 보내고 있다. 우리들 중 많은 사람은 그러한 공동체를 형성하는 일부가 되기 위해, 제도화한 기독교를 떠나기로 결심했다. 우리 유수자는 주요 교단에 소속된 교회 구조가 갖고 있는 다양한 속박이 이런 종류의 용납과 양육을 발견하는 것(혹은 건설하는 것)을 불가능하게 만든다는 것을 발견했다. 선교학자 데이비드 보쉬David Bosch는 진정한 기독교 공동체를 다음과 같이 설명했다.

새로운 교제는 가족, 계층, 또는 문화가 부과한 모든 한계를 초월한다. 우리는 사람들을 우리처럼 만들기 위해 그들에게 가는 것이 아니라, 인종을 구별하는 장벽을 깨뜨리신 그리스도 우리 하나님 안에서 그들과 더불어 복음을 나누기 위해, 그리고 새로운 공동체를 창조하기 위해 그들에게 가는 것이다. 하나님의 새로운 공동체는 단지 비유가 아니다. 그것은 어떤

역경에도 불구하고 결국은 가능하게 될 '사회학적 불가능'이다.[14]

바로 이 사실이 유수자의 심장을 지속적으로 박동하게 한다. 우리는 그것을 믿고 그대로 사는 사람이 되어 복음을 '증언'한다. 우리는 수천의 텔레비전 복음전도자 또는 백만 통에 이르는 편지 전도보다 이런 방식을 통해 더 많은 것을 이 세상에 말할 수 있다. 그렇다면 확실히 이들 유수적 공동체들은 다음과 같은 일곱 가지 특징을 갖추도록 노력해야 한다.

1. 유수적 공동체는 감성적인 예배 찬양들을 큰 소리로 부르는 거짓된 찬양의 공동체가 아니라 진실한 찬양의 공동체가 될 것이다.
2. 유수적 공동체는 대중 앞에서 그런 척 하는 거짓 공동체가 아니라 진실과 진리의 공동체가 될 것이다.
3. 유수적 공동체는 그 자신을 위해 사는 공동체가 아니라 진실로 다른 사람들을 섬기기 위해 사는 공동체가 될 것이다.
4. 유수적 공동체는 고립된 종교적 은신처가 아니라 이 세상에 대하여 선교적 사명을 감당하는 공동체가 될 것이다.
5. 유수적 공동체는 개인화된 종교가 아니라 상호간 책임을 감당하는 공동체가 될 것이다.
6. 유수적 공동체는 두려움과 소외의 공동체가 아니라 소망의 공동체가 될 것이다.
7. 유수적 공동체는 입으로만 언급하고 거짓된 좌파적 선언만 남발하는 공동체가 아니라 정의의 공동체가 될 것이다.

우리는 브라이언 맥로렌Brian McLauren의 경고로 이 장을 마무리하고자 한다. "나는 사람들이 '진정성' 그리고 '공동체'라는 단어들을 사용할 때마다, 그 단어들이 품고 있는 가장 중요한 의미를 잊고 있다는 사실에 주목한다. 우리는 우리가 양산해 낸 상품에 고객들의 주목을 끌게 하기 위한 판매 전략으로 진정성과 공동체라는 단어를 쉽게 사용한다. 그러나 그렇게 하는 순간 우리는 진정성과 공동체를 위반하고 있는 것이다. 나는 사랑을 추구함으로써 두 단어가 의미하는 바에 근접할 수 있을 거라고 생각한다. 즉, 고린도전서 13장에서 볼 수 있는 미덕을 실천함으로써, 비로소 우리는 진정성과 공동체가 의미하는 바에 접근할 수 있다."[15]

# 유수자의 집단정신

약속: 우리는 우리 자신보다 위대한 동기를 섬길 것이다

공동체의 결속력이 약화되었다는 미국인의 생각은 옳다.
그리고 이런 변화로 인해 매우 실질적인 대가 치르기를
두려워하는 우리의 생각도 옳다.

_로버트 퍼트넘Robert Putnam

---

유수자가 견지해야 하는 두 번째 전제는 유수자 된 우리는 우리 자신보다 더 위대한 동기를 섬겨야 한다는 것이다. 자기중심적이고 탐욕스러운 세상 속에서 누군가 대안을 만들어야 한다. 즉, 섬김과 사랑 그리고 정의의 공동체를 만들어야 한다. 1970년대와 1980년대에 '공동체'라는 단어는 서구 세계 전역의 신학자와 교회 지도자, 심리학자, 사회학자, 그리고 자립적인 작가들이 좋아했던 단어이다. 우리는 우리 자신이 공동체 내에 있을 필요가 얼마나 큰지에 대해 들었다. 인간은 집단적 동물이라는 말과 인간은 고립되어서는 잠시도 살아갈 수 없는 존재라는 말을 언급했다. 홀로 존재하는 삶은 무의미하다. 우리는 인생이라는 여행길을 함께 동행해주고 지원해 줄 동료가 필요하다. 거의 모든 교회가 전도지를 만들면서 '공동체'라는 단어를 사용하고 있다. 심지어 어떤 교회는 교회 이름에 공동체라는 단어를 포함시키기까지 한다.

나도 이 문제와 관련하여 상당히 깊이 관심을 갖고 있었다. 1980년대 나는

스캇 펙Scott Peck의 저술한 『다양한 변주』The Different Drum란 책을 읽고 '참된' 공동체에 대하여 그가 내린 정의에 깊은 감동을 받았다. 그는 내가 미처 알지는 못했으나 마음 속 깊이 열망하고 있었던, 인간이 함께하는 것에 대한 경험에 관해 썼다. 그 때까지만 하더라도 교회 공동체에 대한 나의 경험은, 일반적으로 따뜻하고 외향적으로 친절하면서도 누가 '내부인'이고 누가 '외부인'인지에 대한 엄격한 규칙을 지니고 있던 집단에 대한 것이었다. 공동체에 대한 주제를 다룬 펙의 책을 읽고 나서, 나 자신이 펙이 언급한 인간관계에 얼마나 깊이 굶주려 있었는지에 대해 인식할 수 있었다. 펙에 따르면, 참된 공동체가 갖추고 있는 특성은 다음과 같다.

- 포용성, 헌신, 그리고 일치
- 현실감각
- 정관적이고 스스로를 잘 파악하고 있는 능력
- 모든 구성원들이 공통적으로 느끼는 안정감
- 새로운 종류의 행동을 실험하고자 하는 구성원의 능력
- 기품을 유지하며 싸울 수 있는 능력
- 모든 구성원이 지도자인 곳
- 평화의 정신[1]

이와 같은 정의 중 어떤 것에도 내가 소속되어 있던 교회는 해당하지 않았다. 나는 이후 이러한 공동체, 즉 예수 중심적이면서도 동시에 타인에 대해 포용적이고 환영적인 공동체를 건설하는 데 헌신했다. 이 헌신에 소수의 기독교인들이 참여했다. 우리는 습관적으로 우리 공동체는 중심은 강하지만 외적으로 부드러운 공동체라고 불렀다. 다른 말로 표현 하자면, 그리스도와 그분의 가르치심에 대한 우리의 헌신은 강하고 타협이 불가능하지만, 공동체에 속하지

않은 사람들이 들어 올 수 있는 다양한 입구를 제공한다. 우리는 판단하지 않고, 개방적이며, 공감대를 가질 수 있는 길을 모색했다. 우리는 그런 공동체를 건설하는 일에 열정을 다해 혼신의 힘을 기울였다. 우리는 신학자 로버트 뱅크스Robert Banks의 『바울의 공동체 사상』Paul's Idea of Community, 헨리 나우엔Henri Nouwen의 『영적 발돋움』Reaching Out, 그리고 장 바니에르Jean Vanier의 『공동체와 성장』Community and Growth과 같은 책들을 읽었다. 우리는 사도행전에 나타난 사도들의 행동, 특히 초기 몇 달간 기독교 운동이 왕성하게 벌어진 예루살렘에서 나타난 은혜의 공동체에 관해 다룬 처음 몇 장을 깊이 연구했다. 우리는 공동체에 관한 펙의 원칙에 따랐다.

공동체는 포용적이고 또한 그래야만 한다. 공동체의 가장 큰 적은 배타성이다. 다른 이들이 가난하거나 의심한다거나 이혼자이거나 죄인이기 때문에 이러한 사람들을 배제하는 그룹은 …… 공동체가 아니다. 그러한 그룹은 파당에 불과하다. 이러한 파당은 공동체에 대하여 방어적인 태도를 취하는 보루들이다.[2]

만일 그들이 공동체가 되거나 공동체로 머물러 있기를 원한다면, 몇 가지 면에서 한 그룹에 속한 구성원은 서로 다른 구성원에게 헌신해야 한다. 공동체의 커다란 적인 배타성은 두 가지 형태로 나타난다. 다른 사람들을 배제하는 것과 당신 자신을 배제하는 것이다. 한 친구가 공동체를 '개개인의 개별적 차이점을 초월하는 법을 배우는 그룹'이라고 정의했는데, 이는 정확한 정의다. 그러나 개별적 차이를 초월하는 법을 배우는 일은 시간이 걸리는데, 이를 위한 시간은 헌신을 통해서라야 비로소 얻을 수 있다.[3]

우리는 비공동체noncommunity에서 진정한 공동체true community로 나아가려

할 때, 펙이 언급한 대로 그 과정에서 일어날 수 있는 일들을 경험했다. 그는 어떤 그룹이든지 가장 진실한 의미에서의 공동체를 성취하고자 하는 그룹은 네 가지 단계를 포함하는 일련의 과정을 겪어야 한다고 썼다. 가장 첫 단계는 **유사-공동체**pseudo-community 단계다. 이 단계에서는 거짓된 친절함이 그룹 내에 만연하게 된다. 즉 구성원들은 중요한 이슈들에 관한 문제를 제기하지 않거나 자신들이 느끼는 진짜 좌절감을 서로에게 표현하지 않음으로써 최선을 다해 공동체를 위장하려 한다. 두 번째 단계는 **혼돈**이다. 그동안 감추어 두었던 문제가 마침내 드러나는 단계, 즉 공동체인 척 했던 거짓됨이 드러나는 단계다. 세 번째 단계는 **공허함**이다. 이 시기는 고요와 전환이 이루어지는 단계다. 마지막 단계는 마침내 **진정한 공동체**를 이루는 단계다. 이 단계에서는 서로를 향한 정직이 드러나고, 서로를 향한 진정한 돌봄이라는 특징이 나타나게 된다. 펙은 이 점에 관해 다음과 같이 말한다.

> 공동체는 일종의 정신이다. 그러나 이 정신은 우리가 흔히 '공동체 정신'이라고 이해하고 있는 익숙한 구절과는 다른 방식에서의 정신이다 ······ 진정한 공동체를 성취한 그룹의 구성원들은 전체로서의 자신들 안에서 기쁨―심지어는 환희―을 느낀다.[4]

이는 매우 격렬한 경험이었고, 우리는 우리가 성취하고자 했던 목표를 향해 나가는 중에 발생한 실제 움직임을 목격했다. 우리는 이전에 속해 있던 교회로부터 판단을 받고 뭔가 부족한 것을 발견한 사람들을 회복하게 하였다. 우리는 우리에게 오고자 하는 모든 사람들을 용납하고, 낭패 당하고 외로운 사람들을 공동체의 중요한 구성원들로 변화할 수 있게 하는 능력을 갖추었음에 대해 자축했다.

그러나 그런 공동체를 이루기까지 나는 어느 날 불쑥 찾아와서는 우리 공동체가 어떻게 하고 있고 잘 운영되고 있는지를 슬쩍 살펴보고 가는 우리보다 연령층이 좀 더 높은 사람들의 갑작스러운 방문을 접할 때마다 불안감을 느끼곤 했다. 그들 중 대부분이 1970년대에 시작되어 우리와 비슷한 공동체를 성취하고자 실험을 감행했던 운동의 생존자들이었다. 그들은 지쳐 있었고 당시 그들이 참여했던 소위 급진적 제자도 운동radical discipleship movement에 대한 경험으로 인해 우리의 시도에 대해 냉소적이었다. 그들은 내게 자신들도 포용적인 공동체를 형성하는 데 노력을 기울였고, 또한 그들도 당시 내가 속한 공동체가 경험하는 것과 같은 성공기를 경험했다고 말했다. 그러고는 의심스러운 눈초리로 나를 바라보면서 그 기간은 그리 길지 않을 것이라는 말도 잊지 않았다. 그들이 경험했던 놀라운 일들은 결국 미완성으로 끝났고, 그 결과 이상을 지향했던 많은 젊은이들이 상처를 입은 채 지쳐버리고 말았다.

그래서 나는 사도행전을 다시 연구했고, 그 연구를 통해 찬란했던 초대 예루살렘교회 역시 그 존속기간이 짧았다는 사실을 알았다. 소유한 재산과 음식을 함께 나누고, 사도들의 가르침을 함께 받는 것으로 대표되는 예루살렘교회의 포용성은 세상 끝까지 복음을 전하라는 예수님의 명령에 반하는 것이었음을 인식하였다. 사도행전을 계속해서 읽어가면서, 나는 또한 초대 예루살렘교회가 사실상 전환기에 있던 공동체였다는 사실을 인식했다. 제자들로 형성된 순회 선교 공동체가 예수님을 중심에 두자, 이 공동체는 예루살렘에 기반을 둔 전략적 그룹으로 변모하였다. 스데반의 용감하고 적극적인 사역의 결과로 박해가 발생하자(행6-7장), 예루살렘교회는 흩어졌고, 그 흩어짐으로 인해 교회에 내려진 예수님의 명령―한 곳에 정주하지 않고 유동하는 선교적 공동체가 되라―을 재발견하게 되었다. 나는 공동체를 건설함에 있어 무언가 중요한 것을 잊어버렸다는 두려움을 느끼기 시작했다. 그리고 기독교인들이 공동체를 건설하는 것 자체를 목적으로 하는 데 성공적이었는지의 여부에 대해 의아해하기 시작했다. 우리의 심상과 에너지가 더 높고도 고상한 동기에 사로잡힐 때,

우리는 부수적으로 공동체를 형성하게 된다. 비록 상당한 시일이 걸리기는 했지만, 나는 기독교 공동체는 기독교 선교라는 더 위대한 동기의 결과물이라는 것을 인식하게 되었다. 그리고 독서를 지속해 나가면서, 내가 열망하던 것의 본질이 스캇 펙이 말하는 치유공동체가 아닌 사도 바울이 기록한 선교적 공동체라는 것을 발견하였다.

   내가 하는 말이 위에서 소개했던 스캇 펙이 제안한 특징들이 참된 공동체에 관한 설명이 될 만하지 않다는 뜻은 아니다. 나는 여전히 그러한 공동체의 일원이길 바란다. 그러나 나는 결국 그런 공동체가 목적으로 하는 것이 행복을 목적으로 하는 것과 상당히 유사하다는 것을 인식하게 되었다. 하지만 행복 추구 자체가 목적은 아니다. 행복은 사랑, 정의, 환대, 그리고 관용을 추구하다보면 부수적인 산물로서 발견하게 되는 것이다. 그렇지 않고 행복을 목적으로 추구할 경우, 그 행복을 잃어버리게 된다. 이는 공동체의 경우도 마찬가지이다. 공동체 역시 행복을 목적으로 추구할 경우, 행복을 잃어버릴 것이다. 행복이 우리의 목적은 아니다. 행복은 우리가 추구해야 하는 어떤 것을 추구할 때 부산물로 주어지는 것일 뿐이다. 공동체를 사랑하는 사람은 공동체를 파괴하지만, 사람을 사랑하는 사람은 공동체를 세운다. 이런 점에서 나와 함께 『미래에 도래할 것들』[5] *The Shaping Things to Come*을 공저한 친한 친구이자 동료인 앨런 허쉬Alan Hirsh는 내게 **코뮤니타스**communitas와 관련된 좀 더 급진적인 개념에 대해 소개해 주었다. 이 개념은 그가 인류학 관련 도서를 읽다가 알게 된 개념인데, 이 개념은 내게 선교와 공동체 간의 관계를 이해하는 데 훨씬 더 유용한 방법을 제공해 주었다.

## 공동체가 아닌 코뮤니타스

앨런 허쉬는 영-미 계통 상징 인류학자인 빅터 터너Victor Turner가 1969년 저술한 『의례과정』The Ritual Process[6]이라는 책에서 처음으로 사용했던 개념을 통해 **코뮤니타스**에 대한 아이디어를 알았다. 글래스고에서 태어난 터너와 그의 아내 에디스는 1950년에 잠비아 내 거주 부족인 응뎀부Ndembu족 사이에서 생활하며 그들을 연구하기 위해 아프리카로 갔다. 그들은 그곳에서 각종 의례들과 그 의례들에서 유래하는 상징적 의미들을 분석했다. 비록 그가 스탠포드, 코넬 그리고 시카고 대학에서 가르치기 위해 1961년에 미국으로 이주했다가 그 와중에 아프리카로 돌아가 우간다의 기수Gisu족을 연구하기도 했지만, 응뎀부족에 대한 터너의 연구는 이후 그의 연구와 저술에 핵심적인 역할을 했다.

터너가 '코뮤니타스'라는 용어를 사용하는 것에서 특히 우리의 관심을 끄는 것은 응뎀부족과 훗날 그가 진행한 기수족의 통과의례에 대한 연구들이다. 이들 연구에서 터너가 관심을 기울이고 있던 것은 상징이나 의례 그 자체가 아니었다. 그보다는 특정한 사회적 상황 속에서 작용하는 상징의 역할이었다. 그는 그 연구를 통해, 통과의례는 부족사회 구조가 포함하고 있는 단순한 종교적 혹은 문화적 부속물이 아니라, 해당 부족사회의 안정을 유지하는 데 핵심적인 역할을 한다는 결론을 내렸다. 예를 들어 그가 수행한 수많은 유명한 연구 중 하나에서, 터너는 응뎀부족 젊은 여성들의 의례에서 몇 가지 종류의 나무를 사용한다는 것을 발견했다. 의례에서 사용된 나무들 중 하나로 우윳빛의 하얀 진액이 나오는 것이 있었다. 반면 다른 나무에서는 진한 붉은 진액이 나왔다. 응뎀부족은 두 가지 다른 색깔의 나무진액을 각기 수유와 월경혈에 대한 상징으로 사용했다. 그리고 그렇게 함으로써 응뎀부족은 이들 나무에 다양한 상징적 의미, 즉 해당 사회 안에서 여성이 감당해야 할 역할을 강화하고 문화적 결속력을 유지하도록 하는 의미를 부여했다.

터너는 또한 응뎀부족 남성이 경험하는 통과의례의 본질에 대해서도 탐구했다. 터너 이전에 개척자적 인류학자 아놀드 반 즈네프Arnold Van Gennep는 그러한 통과의례에서 나타나는 세 가지 보편적 단계인 분리, 제한기, 재통합 단계가 존재함을 밝혀냈다. 응뎀부족도 예외는 아니었다. 일정 연령에 해당하는 젊은 남성들은 성인의 삶으로 유입되는 과정을 거치면서 부족사회와 분리되는 시련을 경험한다. 반 즈네프는 더 이상 어린아이들이 아니지만 동시에 성인 취급을 받지 못하는 이러한 시기를 제한기*라 불렀다. 제한단계는 전환단계를 의미한다. 이 시기에 속한 사람은 사회적 지위라는 차원에서 볼 때 어느 지위에도 속하지 못한다. 터너는 그의 연구 후기에 이르러 이 단계, 즉 통과의례의 두 번째 단계에 집중했다. 터너는 제한기는 통과의례에 참여하는 사람들이 공간적, 사회적, 그리고 영적 시발점이 확장된 기간을 살아가는 단계라고 말했다. 이 시기에는 마을에서 쫓겨나 정글에서 생활하게 된다. 그리고 스스로 먹을 것을 구해 먹으면서, 정기적으로 방문하는 공동체의 성인들holy men한테 성인으로서 알아야 할 것들에 대해서 배운다. 모든 사회구성원이 이 과정을 경험한다.

이 과정이 지나고 난 후, 젊은 남성들은 새로운 사회적 지위를 획득하고 부족사회의 일원으로 재통합된다. 이제 그들은 해당 사회 내에서 완전한 지위를 획득한 남성들이 되었기 때문에 더 이상 여성들의 세계에서 살아가는 소년들이 아니다. 그러나 터너의 주요 관심은 중간 단계에 있었다. 그는 젊은 부족남성들이 제한적 시기 혹은 '중간'limbo 단계에 있는 동안 그들이 경험하는 공동체의 깊이가 대단하다는 것을 발견했고, 그 결과 제한기라는 용어를 이전까지 사용해 왔던 일반적 이해를 넘어서는 의미로 인식하기 시작했다. 그는 통과의례에 참여하는 사람들은 그들을 집약적 친밀감과 평등에 대한 자연발생적 경험으로 인도하는 강력하고 뚜렷한 사회공동체를 발전시킨다. 이 공

---

\* 통과의례 과정에서 사회에서 정한 어떤 특정 시기에 속하지 못하여 사회적 지위를 누리지 못하는 시기를 일컫는 인류학 용어—역주.

동체는 차별이 없고, 평등주의적이고, 직관적인 공동체이다. 제한기에 참여하는 사람들은 사회 일반적 규범에 대한 일치로부터의 점진적인 해방을 경험하며 서로를 향해 근본적이고 집단적인 마음을 품게 된다. 이와 같은 '초공동체' supercommunity에 대한 감정은 거룩한 공간, 신, 영의 현존에 대한 탐구를 포함하거나 그런 존재의 실존에 자극을 받는다. 통과의례에 참여하는 사람들은 자기 자신과 다른 사람들 그리고 우주와의 연계에 대한 경험의 변화와 관련되어 있다. 비록 터너는 이를 대부분 종교적인 경험으로 언급하기는 했지만, 그는 참여자들 사이에서 발생하는 이러한 놀라운 경험을 '코뮤니타스'라고 불렀다.

요약하자면, 코뮤니타스에 대한 터너의 개념은 사회적 함께함과 사회적 소속에 대한 집약적 감정을 암시하는데, 이 감정은 사람들로 하여금 사회 '바깥' 지역에서 함께 생활하도록 하는 종교적 의례들과 연관을 맺고 있고, 결과적으로 이러한 과정은 사회를 강화하는 역할을 한다는 것이다. 코뮤니타스는 많은 면에서 규범적 사회와 반대되는 개념이다. 그러나 양자는 서로를 강화하고 풍성하게 하는 역할을 한다. 모든 사회는 코뮤니타스라고 불리는 제한기에 대한 경험이 필요하다. 왜냐하면 그 경험이 사회를 진보하게 하고, 어려운 시기를 함께 경험하므로 말미암는 깊은 교제를 통해 신선함과 활력이라는 양분을 사회에 공급하기 때문이다. 그러나 모든 사회는 명확히 일상적 삶이라는 안정이 필요하다. 인류학적 용어로, 일상적 삶은 **구조**라고 표현할 수 있다. 반면 코뮤니타스는 **반-구조**로 표현된다. 터너는 이 점에 대해 다음과 같이 설명한다.

> 나는 …… 제한성과 내가 '코뮤니타스'라고 부른 것을 설명하기 위해 '반-구조'라는 용어를 사용했다. 내가 이를 통해 의미하고자 하는 것은 구조의 전환이 아니라 …… 사회적 정태가 초래한 결과에 의존하는 다양한 규범적 제재에서 인식, 감정, 의욕, 창의력, 기타 등등에 관한 인간의 다양한 능력을 해방하는 것을 의미한다.[7]

반-구조는 일상 사회에 문화적 재생의 씨앗을 뿌리는 코뮤니타스 안에서 경험하는 해방이다. 그리고 나서 터너는 제한성과 코뮤니타스 현상이 반드시 통과의례를 통해서만 경험할 수 있는 것이 아니며, 모든 사회는 제한성과 코뮤니타스 현상을 성인으로 진입하는 초기 단계를 통해서 뿐 아니라 일상적인 삶 속에서 경험하는 것이 가능하다고까지 제안하였다. 일상사회가 갖는 사회양식(구조)과 코뮤니타스(반-구조)는 한 사회 내에 동시적으로 존재할 수 있고, 이러한 변증법적 상관관계가 없이 적절하게 기능할 수 있는 사회는 존재할 수 없다.[8] 사실 터너는 코뮤니타스와 일상 사회 간의 변증법 안에는 해당 사회의 미래에 대한 소망이 존재한다고까지 주장했다.

제한기에 있는 사람들 혹은 사회들은 미래에 있을 사회발전 또는 사회변화를 위한 씨앗을 담고 있는 일종의 제도적 캡슐 또는 제도적 주머니이다.[9]

이것은 우리가 흔히 '공동체'라고 정의하는 용어, 특히 교회가 사용해 온 공동체라는 용어가 의미하는 것과는 상당히 다른 것이다. 소위 기독교 공동체는 서로에게 헌신하고 있는 사람들의 모임에 초점을 맞추고 서로를 격려하고 세워가는 데 초점을 맞추는 것으로 그려졌다. 이는 구성원들이 개방적이고 기꺼이 함께하며 지원, 이해, 그리고 상호 돌봄을 받을 수 있는 '안전한 장소'로 불리었다. 나는 이런 현상에 반대하고픈 마음이 전혀 없다. 사실 나는 이런 공동체를 열망한다. 그러나 나는 현재 교회가 그 자체를 목적으로 지향해 왔다고 생각한다. 우리는 새로운 사람들을 만나고 방문자들을 환영하는 공동체를 '건설'하는 것이 마치 교회를 구성하는 우리의 목적인 양 말하는 것을 일상적으로 들어 왔다. 하지만 브라이언 맥클라렌Brian McLaren이 지적하듯이, 이런 공동체 건설을 지나칠 정도로 자주 언급하는 교회들은 막상 그런 일을 하지 않는 경우가 흔하다. 이는 공동체 그 자체가 목적이 아니라 목적을 달성하기 위한 수단이 되기 때문이다. 코뮤니타스를 경험하는 통과의례 참여자들은 위에서 언급한 상호 지원과 돌봄과 관련된 모든 요소를 발견하기도 하지만, 시련을 함께 경험해

가는 그룹의 일부로서의 자신도 발견한다. 다른 말로 하자면, 제한기에 처하는 경험이 없이는 코뮤니타스에 대한 놀라운 경험을 할 수 없다. 많은 교회가 풍성하고 깊은 관계에 대한 고상한 경험을 원한다. 그러나 문제는 그들 교회가 속해 있는 주류사회를 벗어나는 도전을 수용할 준비가 되어 있지 않다는 데 있다. 일상 사회의 구조를 벗어나므로 겪게 되는 어려움과 시련을 극복하는 제한기에 처해 있을 때, 사람들은 함께함에 대한 더 풍성하고, 더 깊고, 더 강력한 느낌을 공유하는 자신을 발견하게 된다. **공동체가 아니라 코뮤니타스다!**

## 그리스도의 코뮤니타스

상징 인류학이라는 개념이 다소 모호한 점이 있지만, 코뮤니타스에 대한 개념은 처음 보았을 때만큼 특별해 보이지는 않는다. 이제 우리는 사람들이 어떤 도전—터너의 표현으로 말하자면, 어떤 시련—에 직면할 때, 상호교류에 대한 더 깊은 감성을 발전시키려 한다는 사실을 알고 있다. 확실히 우리는 예전에 경험했던 것이 진실한 경험이었을 때에 대해 회상해 볼 수 있다. 제한기에 있는 어떤 그룹에 대해 생각해 보라. 십중팔구 그들은 일반 사회에 속해 있는 사람들보다 공동체에 관해 더 깊은 경험을 하고 있을 것이다. 독자들은 해외 단기선교 여행에 함께 참여한 팀 구성원과 특별하고 깊은 관계를 경험해 본 적이 있는가? 멕시코에서 집을 지을 때 혹은 아이티에 있는 고아원에서 일할 때, 우리는 우리가 속한 지역 교회 안에서 경험하는 일상적인 경험과는 전혀 다른 차원의 경험에 기초한 다른 기독교인과의 깊은 관계를 경험한다. 이런 경험은 그곳이 이국적인 장소였고 또 특정한 향신료가 가미된 음식을 먹었기 때문에 발생하는 것이 아니다. 이런 경험은 우리가 제한기 상태에 있었기 때문에 발생하는 것이다. 단기선교팀의 일원으로 있는 동안, 우리는 우리 집에서 살고 있는

**공동체 대 코뮤니타스**

| 공동체 | 코뮤니타스 |
|---|---|
| 내부에 초점을 맞춤 | 사회 외부에 존재하는 사회적 함께함 |
| 서로를 격려하는 데 초점을 맞춤 | 직면한 일에 초점을 맞춤 |
| 안전한 장소 | 사회를 진보하도록 자극을 줌 |
| 건설해야 할 어떤 것 | 제한성을 통해 경험하는 것 |

것도 아니고 멕시코에서 살고 있는 것도 아니다. 우리는 전환기에 있는 것이요, 어느 쪽에도 속하지 않은 곳에 거주하고 있는 것이다. 일정한 업무를 완성해야 하는 도전에 자극을 받은 이런 제한성이 코뮤니타스를 발생케 한다. 이런 경우에는 우리가 특별한 호감을 느끼지 않거나 혹은 교제를 나누는 일이 별반 즐겁지 않은 사람들과 팀을 구성하더라도, 이러한 제한성에 대한 경험이 팀 구성원들 간의 결집을 강화해 줄 뿐 아니라 그들 간에 존재하는 차이를 제거한다. 왜냐하면 구성원들 모두가 자신들의 생존을 위해 서로에게 깊이 의존할 수밖에 없기 때문이다.

그러한 제한성이 주어진 여행에서 막 복귀한 기독교인들은 그들이 타문화권에서 느꼈던 교제의 강도가 교회 안에는 존재하지 않는다는 사실 때문에 종종 애통해 한다. 이런 현상이야말로 정확히 터너가 구조와 반-구조 사이, 일상사회와 코뮤니타스 사이에 존재하는 변증법이라고 부른 것이다. 제한적 상태를 경험한 사람들은 기성사회가 품고 있는 삶의 일상성에 대해 일련의 도전을 가한다. 아프리카의 부족사회에서는 새로 통과의례를 치를 젊은이들이 정글 속에서 시련을 겪고 돌아왔을 때, 그들의 얼굴은 통과의례를 경험하면서 생존했다는 사실에서 유래한 활력과 흥분으로 상기되어 있다. 매년 반복하는 제한기에서의 회귀가 초래한 에너지와 일상적인 부족생활에 대한 젊은이들의 비판은, 부족민이 품고 있는 핵심적 가치에 대해 다시 한 번 상기할 수 있는 기회를 제공해 주고, 하나의 사회로서 그들 부족이 미래를 향해 나가도록 격려하는 역할을 한다. 이상적으로 말하자면, 이런 경험이야말로 오늘날 우리 교회가 체험해야 할 경험이다. 어떤 형태가 되었든 제한기와 코뮤니타스를 경험한 사람들이 일상적이고 구조화된 교회로 돌아가 위에서 설명한 변증법에 참여할 수 있어야 한다. 앞에서 주목해 보았듯이, 터너는 코뮤니타스의 맛을 본 사람들을 미래의 발전과 변화의 씨앗을 담고 있는 캡슐과 같다고 말했다. 최근에 제한기와 코뮤니타스를 경험하고 돌아온 젊은 사람들이 교회가 그들이 체험한 것을 이해하지 않고 그들이 경험한 코뮤니타스에 대해 말할 수 있는 장을 마련해 주지 않는다고 불평하는 것을 경청하는 일은 쉬운 일이 아니다.

유수자는 제한기 상태에 있는 사람들이다. 사실 제한기는 전적으로 유수자의 삶이 어떠함을 명시해 준다. 주류 교회를 벗어나 있는 우리는 우리가 처한 처지가 『워터십 다운』에서 탈출한 토끼들과 유사하다는 사실을 발견한다. 우리는 다른 동료 유수자와 함께 내 던져진 노상에 있는 자이며, 앞으로 어떤 일들이 발생할 지에 관해 전혀 모르는 사람이다. 나의 관심은 너무도 많은 유수자가 홀로 이 여정을 가고 있다는 데 있다. 다른 유수자들과 함께 여정을 걸어갈 때, 서로를 격려하고 세워주는 더욱 헌신된 사람들이 더 깊은 교제에 대한 약속을 담지 받을 수 있다. 여정을 함께하는 사람들 간의 교제는 안정감을 더해 줄 수 있다. 그러나 이 안정감은 여정을 함께하는 노상에 함께 서 있는 유수자들이 발견하는 그런 종류의 안전함이다. 따라서 여전히 위험은 존재한다. 하지만 홀로 여정을 걸어갈 때보다 함께 그 여정을 걸어갈 때 더욱 안전하고 더욱 강해질 것이다. 그리고 우리가 함께 나누는 경험은 주류 교회 내에 광범위한 변화를 초래하는 씨앗을 잉태할 것이다.

이런 것이야말로 예수님의 최초 제자들이 느낀 친밀감이다. 예수님을 중심으로 한 제자들은 너무도 아름다운 제한기와 코뮤니타스를 경험했기 때문에, 일반적인 주류사회를 향해 자신감에 찬 말들을 당당히 쏟아낼 수 있었고, 그 결과 전 세계의 역사를 바꿀 수 있었던 것이다. 우리가 예수님을 따르던 무리를 팔레스타인 주변을 속편하게 여행하던 행복한 집단으로 오해하기도 하지만, 당시 열두제자들이야말로 예수님을 따라 살도록 남겨진 사람들이라는 사실을 기억할 필요가 있다. 그들은 마치 아프리카의 통과의례에 참여하는 젊은 이들과 같았다. 그들은 엄청난 개인적 희생을 치르면서 주류사회에서 자신들을 분리해 냈다. 열두제자들은 제한기에 속한 사람들에 대한 완벽한 모범이다.

요한복음 6장을 보면, 이적을 통해 5천 명이 넘는 사람들을 먹이신 후 물 위를 걸으시고 나서, 예수님께서는 타협이 가장 불가능한 가르침의 일부를 제자들에게 전하실 때가 지금이라고 믿으셨다. 당시 제자들은 예수님께서 행하신 놀라운 일들을 경험하고 난 후였기 때문에, 예수님께서 가르치실 메시지에 대해 매우 수용적인 자세를 갖추고 있었을 것이다. 그러나 요한은 제자들이 이 가르침을 듣고 난 후, "이 말씀은 어렵도다 누가 들을 수 있느냐"(요6:60)라고 반응했으며, 심지어 "제자 중에서 많은 사람이 떠나가고 다시 그와 함께 다니지 아니하더라"(요6:66)고 기록하고 있다. 예수님께서 주신 '어려운 가르침'은 진실한 제자들이 예수님께서 행하신 이적에 관심을 기울이기는 했으나, 그분을 따르지는 않은 사람들과 구별하는 효과를 나타냈다. 열두제자들에게 고개를 돌리신 예수님께서는 "너희도 가려느냐"라고 물으셨다. 그 때 한 베드로의 대답이야말로 참된 유수자의 답변이다. "주여 영생의 말씀이 주께 있사오니 우리가 누구에게로 가오리이까 우리가 주는 하나님의 거룩하신 자이신 줄 믿고 알았사옵나이다"(요6:67-68) 베드로는 이제 돌아설 곳이 없다. 그는 자신의 많은 부분을 예수님과 다양한 성향의 사람들로 이루어진 제자들과 함께했다.

마태복음 19장에는 예수님께서 부자 청년과 조우하시는 유명한 장면이 등장한다. 이 만남을 통해 예수님께서는 영생을 얻기 위해서는 그가 가진 모든 재물을 팔아 가난한 사람들에게 나누어 주어야 한다는 도발적인 제안을 하셨다. 부자 청년이 그렇게 하기를 거절했을 때, 예수님께서는 부자가 하나님의 나라에 들어가기가 얼마나 어려운지에 대해 말씀하셨다. 이 말을 들은 제자들은 깜짝 놀라면서 예수님께 그 점에 관해 질문했다. 베드로는 불쑥 "보소서 우리가 모든 것을 버리고 주를 따랐사온대 그런즉 우리가 무엇을 얻으리이까"라고 물었다. 물론 예수님께서는 제자들에게 하늘의 보상을 약속하셨다. 그러나 여기서 요점은 베드로가 유수자로서의 자신의 (제한적) 지위에 대해 잘 알고 있었다는 사실이다.

오직 이와 같은 제한적 지위에서라야 비로소 제자들은 코뮤니타스의 놀라운 능력을 경험할 수 있다. 그렇지 않았더라면 서로 아무런 상관도 없었을 남자들이 예수님께 대한 그들의 헌신을 기초로 함께하게 된 것이다. 그리고 그들이 함께 여정을 걸었기 때문에, 말 그대로 온 세상을 뒤엎어 버린 깊은 관계로 발전해 나갈 수 있었다. 일례로 두 제자인 시몬과 마태 사이의 친교에 대해 살펴보도록 하자. 우리는 레위라고도 불렸던 세리 마태를 알고 있다. 그리고 열심당원이었던 시몬도 알고 있다. 세리와 열심당원으로서, 그 둘은 유대 역사에서 더 이상 그 틈새를 벌릴 수 없을 정도로 함께할 수 없는 관계였다. 이미 알고 있듯이, 세리는 점령세력이었던 로마 군대의 협력자였다. 동포에게 과도하게 부과된 로마의 세금을 징수하는 책임을 맡고 있던 마태 같은 사람들은 유대인게서 상당한 액수의 구전도 뜯어냈다. 아무도 대적할 수 없는 로마라는 세력을 등에 업고 있던 일부 세리들은 유대인에게서 엄청난 양의 돈을 착취할 수 있었다. 앞에서 우리는 자기 동포한테서 착취한 정도에 대해 정확히 알고 있었던 삭개오의 예를 보았다.

반면 시몬과 같은 열심당원들은 대표적인 애국자였다. 로마의 지배에 반대하는 열심당원들은 도시 게릴라와 같은 사람들이었다. 그들은 로마와 로마에 협력하는 유대인 앞잡이들에게 테러를 감행했다. 열심당원들은 오늘날 우리가 양날 단검이라고 부르는 것을 사용한 것으로 알려졌다. 그들은 길고 가는 칼날을 그들의 겉옷의 접힌 부분에 감추고 로마 군인이나 세리들에게 가까이 다가

갈 수 있는 기회를 노렸다. 만일 사람이 많은 거리에서 로마 군인 옆에 설 수 있게 되면, 그들은 조용히 칼날을 로마 군인의 갈비뼈 사이로 찔러 올린 다음 그가 땅에 쓰러지기 전에 군중 속으로 사라졌다. 길거리에 군중이 모였다가 흩어지고 난 후에 남겨진 로마 군인의 시체를 보는 것은 흔한 일이었다(나는 뽕나무 위에 올라 간 삭개오보다 그렇게 되기 쉬운 대상이 없었을 것이라는 점에 대해 항상 의문을 품었다).

이럴진대 예수님께서 세리와 열심당원을 자신과 함께하는 제자의 무리로 함께 청하셨다는 것은 참으로 놀랄 만한 일이다. 다른 상황이었다면 틀림없이 재앙이 발생했을 것이다. 그러나 예수님의 현존과 사랑과 용서에 대한 그분의 가르치심, 그리고 노상에서 함께 삶을 공유하는 경험에서 촉발된 감동적인 코뮤니타스는 이 두 사람의 관계를 형제의 관계로 바꾸어 버렸다. 예수님께서 승천하신 후 그들이 함께 모일 때까지 제자의 무리는 120명에 이를 정도로 성장했고, 다수의 여성(막달라 마리아, 야고보의 어머니 마리아, 살로메, 요안나), 바리새인(아리마대 사람 요셉, 니고데모)과 이전에는 언급하지 않았던 남성(맛디아, 바라바라고 불리는 요셉)까지 포함함으로써 당시의 사회적 인습을 완전히 깨뜨려 버렸다. 이 무리는 복권된 베드로와 한 때 의심에 차 있던 도마도 포함하고 있었다. 그들이 나눈 친교는 예수님의 육신이 지상을 떠나신 후에도 줄어들지 않았다. 오히려 우리는 사도행전을 통해 전 세계에서 온 사람들을 포함하는 풍성한 공동체로 성장하는 것을 볼 수 있다.

이러한 현상에 대해 바울의 선교적 공동체를 설명한 누가의 설명만큼 더 정확히 보여주는 것은 없다. 바울의 선교적 공동체라 할 때, 나는 바울의 동료 선교사들 뿐 아니라 바울이 개척하고 양육한 지중해 연안 지역에 산재해 있던 선교적 공동체까지 의미한다. 바울이 그들과 나눈 함께함과 속함에 대한 강렬한 감정은, 그가 보낸 서신 가운데 수신자에게 전하는 바울의 개인적 인사에서 분명히 드러난다. 체포당할 것이 자명함에도 불구하고 빌립보에서 예루살렘으로 돌아가는 여행길에 오른 바울에 대해 기록한 사도행전 20장부터 21장에 나오는 빌립보와 드로아, 두로, 그리고 특히 에베소에 있는 기독교인과 바울이 맺은 관계의 질을 보며 충격을 받지 않을 수 없다. 예루살렘에서의 체포가 십중팔구는 그의 처형을 의미할 것임을 알고 있었기에, 앞에서 언급한 여러 도시에 있던 바울의 친구들은 그를 단념케 하기 위해 할 수 있는 일을 다 한다. 그들이 그렇게 한 것은 바울을 향한 깊은 사랑 때문이다. 바울과 예루살렘으로 가는 경로에 위치한 밀레도까지 내려간 에베소교회의 장로들이 보여준 모습은 감동적이다. 바울이 작별의 말을 한 후, 그들은 모두 함께 무릎을 꿇고 기도했다. 그러고 나서 그들은 바울을 포옹하고 키스를 한 후 바울을 다시는 볼 수 없을 것이라 생각하여 소리를 내어 울었다. 이와 같은 그들의 깊은 사랑은 에베소와 같은 이방 도시에서 예수님의 제자로서 함께한 제한기에 대한 경험 속에서 형성된 것이다. 그것은 코뮤니타스였다.

    바울은 또한 그의 동역자인 바나바, 디모데, 실라, 아리스다고, 그리고 마가 요한 등과도 동일한 코뮤니타스의 발전을 이룩했다. 바울이 그의 서신에서 그들 이름을 언급한 것은 감동적인 일이다. 바울은 그들과 함께 매 맞음과 배의 침몰, 투옥, 그리고 강도가 들끓는 지역을 통과하는 장기간의 위험한 여행 등을 함께 경험하고 생존했다. 유수자들이 서로 나누는 것보다 더 큰 기쁨과 더 큰 만족은 없다. 바울은 명백히 이 점에 높은 가치를 두었다. 마가 요한이 예루살렘으로 돌아가기 위해 밤빌리아에서 바울과 동행했던 무리를 떠나고자 했을 때(행13:13), 그는 다른 어떤 것이 아니라 제한적 공동체가 지켜야 할 코드를 깨뜨렸던 것이다. 빅터 터너의 예를 다시 들자면, 이는 통과의례에 참여한 응뎀부 족의 젊은이가 마을에 있는 어머니에게 돌아가기 위해 함께 통과의례에 참여하고 있는 동료들을 포기하고 떠난 것과 같은 것이라 볼 수 있다. 그 젊은이는 일생동안 나머지 부족민들에게 수치를 당하게 될 것이다. 이처럼 요한 마가가 자기 지위를 버리고 떠난 행위는 바울에게 쉽게 잊을 수 없는 기억이었다. 코뮤니타스 내에 존재하는 개인 관계는 더욱 강력하다. 코뮤니타스에는 떠안아야 할 도전이 있고, 모든 개인은 그에 따른 자신의 역할을 감당해야 한다. 때문에 그 사건이 있고 난 후, 바나바가 마가 요한을 다음 선교 여행에 동행하자고 제안했을 때, 바울은 허락할 수 없었다(행15:36-41). 자기 지위를 떠난 사람은 다음 번 기회를 가질 수 없다. 바울을 형제의 실수를 용서하지 않는 자기고집이 센 독선자라고 단순하게 생각할 수도 있지만, 나는 여기에 이처럼 좀 더 고려해야 할 점이 있다고 생각한다. 코뮤니타스 내에서 동료를 유기하는 것은 절망적인 일이다. 이는 한 축구팀의 선수 한 명이 결승전이 진행되는 중간에 경기를 포기하는 것과도 같다. 코뮤니타스는 당신이 원할 때 가입했다가 또 당신이 원할 때 탈퇴할 수 있는 온정적이고 여유가 넘치는 공간이 아니다. 코뮤니타스는 그 구성원들에게 헌신, 일관성, 고된 일, 그리고 용기를 요구한다. 요약하자면, 코뮤니타스는 사랑에 대한 것이다. 나는 마가 요한에 대한 바울의 태도가 모질다고 생각한다. 진짜 그렇다. 그러나 한편으론 이해할만 하다고 생각한다. 독자들이 나의 이런 관점을 공유하기 위해서는 코뮤니타스를 경험해야 한다.

## 코뮤니타스의 본질적 표현들

많은 사람이 자신의 일상적 삶을 살아가면서도 어느 정도 코뮤니타스의 경험을 한다. 스포츠 팀, 연극 공연 팀, 오케스트라, 밴드, 댄스 팀 등 이런 종류의 사회 집단은 해당 집단 내에 무엇인가를 소유하고 있는데, 아마도 이것이 코뮤니타스의 일면일 것이다. 일단의 연주자나 댄서가 공연할 때, 각 구성원은 자신이 맡은 역할을 잘 감당해야 한다. 그러나 개인적으로만 잘 할 것이 아니라 다른 구성원과 조화를 이루면서 공연해야 한다. 공연을 진행하는 동안 구성원 사이에서 드러나는 상호의존감은 매우 흥분되는 것이다. 재즈 연주자들은 함께 연주에 참여하는 연주자들이 서로 완벽한 하모니를 이루며 공연할 때, 거의 영적 해탈Nirvana을 감지한다고까지 말한다. 특정 스포츠 팀에 속한 선수들은 경기에 대한 개별적 기여가 각 구성원이 개인적으로 소유한 능력의 전체 합보다 더 큰 힘을 발휘하게 될 때, 모든 팀원이 함께 느꼈던 친밀감에 대해 기억할 수 있다. 아마추어 연극 단체가 공연 리허설을 시작할 때, 그들은 마치 연극배우가 되고자 하는 사람들로 구성된 오합지졸들처럼 보일 수도 있다. 그러나 막상 첫날 무대 위에 올라서게 되면, 임박한 첫 공연에 대한 절박함에 자극을 받아, 그들은 단순한 아마추어 배우 이상의 뭔가 다른 존재로 변화된다. 대본을 지침으로 삼아 그들은 이제 곧 대중을 대상으로 공연을 시작할 것을 인식함과 동시에, 그러한 '시련'의 경험을 통해 서로 하나가 된다. 어떤 아마추어 연극 연기자가 내게 자신은 교회에 있을 때보다 공연 팀과 함께 있을 때 소속감과 자신을 용납해 주는 느낌을 더 강하게 느낀다고 말한 적이 있다. 나는 그 연기자가 생각하고 있던 것은 교회에 속한 사람의 특징과 공연 팀에 속한 사람의 특징을 비교함에서 비롯된 것이라고 추측한다. 그러나 사실 교회도 공연 팀에 속한 사람만큼 훌륭하고, 친절하며, 배려심이 있는 사람들로 가득하다. 근본적 차이는 교회는 공동체를 세우기 위해 경주하는 반면, 아마추어 연극 공연 팀은 일종의 코뮤니타스라는 것이다.

터너 자신도 이런 현상을 눈치 채고 있었다. 훗날 터너는 이 이론을 미국 문화 속에 존재하는 각종 다양한 하부 문화들, 예컨대 예술가 그룹 등에 적용하기 시작했다. 그의 에세이 「제한기와 코뮤니타스」*Liminality and Communitas*에서 그는 다음과 같은 사안에 주목했다.

선지자들과 예술가들은 제한기와 주변부에 속한 사람들, 즉 자신의 현 지위의 존속과 역할과 관련된 상투적 수단을 제거하기 위해 열정적인 노력을 성실히 경주하고, 실상에서건 아니면 상상 속에서건 다른 사람들과 더

불어 활기찬 관계를 맺고자 하는 '주변인'이 되고자 하는 경향이 있다.[10]

터너는 배우, 연주자, 댄서, 화가 등을 포함하는 예술가들이 이 사회가 진보해 나가도록 재촉할 수 있는 능력을 소유한 사람들이라고 믿었다. 왜냐하면 그들은 제한기 상태에 진입한 경험이 있고, 일상 사회에서 경험할 수 있는 어떤 것들과는 다른 코뮤니타스를 경험한 사람들이기 때문이다. 만일 독자가 어떤 종류의 예술가와 함께 시간을 보낸 적이 있다면, 내가 의미하는 것이 무엇인지 알 것이다. 예술가들이 첫 만남을 할 때, 그들은 도시 근교라는 주류에 속한 삶에서 벗어나 있는 누군가를 만났음을 의미하는 미소를 공유한다. 그들이 공유하는 제한기에 대한 경험이 서로를 향해 즉각적으로 마음의 문을 열도록 한다. 비록 최근까지 낯선 사람들에 불과했지만, 이제 그들은 한 가족이 된다.

이와 유사한 일이 저널리스트들 간에도 발생할 수 있다. 2003년, 「뉴욕타임즈」 출신의 일곱 명의 저널리스트는 6개월 동안 거짓 정보 또는 표절 내용을 담고 있는 서른여섯 개의 기사를 작성하여 신문에 보도한 「뉴욕타임즈」의 제이슨 블래어Jayson Blair기자에 대한 기사를 보도했다. 이는 미국 저널리즘 역사상 가장 충격적인 부정 보도 사례들 중 하나였다. 블래어의 사례에 비견될 만큼 널리 알려지고, 반사회적이며, 거짓된 사례는 없었다. 일곱 명의 「뉴욕타임즈」 저널리스트가 조사를 시작했을 때, 신문사의 편집이사와 편집국장이 블래어와 함께 거짓 기사들이 성공적으로 확산되는 데 공모했다는 사실이 드러났다. 그들 일곱 명의 저널리스트는 폭로 기사를 작성하면 자신의 직장을 잃을 수도 있다는 것을 명백히 알고 있었다. 그러나 수 주간의 힘들고 피를 말리는 작업을 진행하고 난 후, 그들이 작성한 기사는 블래어와 두 명의 편집 간부진의 사임으로 귀결되었다. 그런 시련을 함께 거치고 난 후, 그 저널리스트들 중 한 명인 데이비드 바스토우David Barstow는 다음과 같이 말했다.

저널리즘이 가지는 위대한 점들 중 한 가지는, 기사 마감 시간이 임박해서 정말 다루기 힘든 기사에 몰두해 있을 때 이처럼 놀라운 우정을 생성해 낸다는 것이다. 이러한 경험은 나와 그 친구들 간의 결속을 영원하게 할 것이다. 우리는 정말이지 힘든 상황에 처해 있었다. 우리는 그 사실을 항상 기억할 것이다.[11]

이런 경우는 군대에서 함께 복무한 여성과 남성의 경우도 다르지 않다. 특히 함께 전투를 치른 경험이 있을 경우에는 더욱 그러하다. '재향군인의 날' Veterans Day, 우리는 그들이 서로에게 무언의 존중을 나타내며 함께 거리를 행진하는 것을 본다. 그들은 우리가 상상할 수 있는 어떤 것과도 다른 제한기를 알고 있다. 그들은 주류 사회를 벗어나서 먼 타국에 보내져 생사의 시련을 함께 겪었다. 그리고 전혀 다른 사람으로 함께 우리 앞에 돌아왔다. 시민으로서 삶 외에는 아무 것도 모르는 우리와 같은 사람들은 그들이 경험한 것을 결단코 온전히 이해할 수 없다. 참된 이해를 위해서는 함께 시련을 겪은 코뮤니타스의 구성원들 가운데 속해야 한다.

1465년까지 거슬러 올라가면, 전쟁에서 형성된 이런 유의 우정에 대해 프랑스인 기사 장 드 브로일Jean de Brueil이 이미 설명했다.

전투는 즐거운 일이다. 전투를 하러 나가는 중에 우리는 서로 깊은 사랑을 느낀다. 만일 우리의 동기가 정당하고 우리 동족이 용감하게 싸우는 것을 보면 눈에서 눈물이 흘러내린다. 너무도 행복한 즐거움이 우리의 마음에서 솟아나오고, 서로를 향한 진정한 헌신을 느끼는 중에 큰 행복이 솟아나온다. 그리고 우리 창조주의 명령을 성취하기 위해 그의 육신을 위험에 너무도 용감하게 노출시키는 친구를 바라보면서, 우리는 사랑 때문에 앞으로 전진하며 그와 더불어 죽거나 살기로 결심한다. 이 결심이 큰 기쁨을 가져오는데, 이는 그것이 얼마나 아름다운지를 말할 수 없는 사람들은 느낄 수 없는 기쁨이다. 이 기쁨을 느끼는 사람이 죽음을 두려워하리라고 생각하는가? 전혀 그렇지 않다. 이 기쁨을 느끼는 사람은 너무나 큰 용기를 얻고 너무나 큰 기쁨을 느끼기 때문에, 자신이 있는 곳이 어디인지도 모른다. 진정으로 이 세상에서 그가 두려워 할 것은 아무 것도 없다.[12]

어떤 사람들은 전쟁을 미화하는 것처럼 보인다고 유별을 떨 수도 있지만, 나는 여기서 죽음을 각오한 전투에 대한 공포를 미화하고자 하는 의도는 결코 없다. 다만 나는 사람들이 무시무시한 일을 겪는 와중에 그들 사이에서 발생하는 강력한 결속력에 대해 일깨워주고자 할 뿐이다. 이는 섀클턴Shackleton, 페리Peary, 루이스Lewis, 그리고 클락Clark과 같은 탐험가들이 다른 이들과 함께 느꼈던 결속력과 동일한 것이다. 섀클톤과 그의 탐험대원 간에 발생한 코뮤니타스는 전설적인 것이다. 그는 자신의 탐험대 대원에게 그들 중 어느 누구도 죽게 방치하지 않을 것이라고 맹세했다. 그리고 그의 '인듀어런스'Endurance* 탐험대가 심각한 위험에 빠졌을 때, 그와 몇몇 대원들은, 나머지 대원들이 뒤집힌 보트 안에서 끔찍한 겨울이 지나가기를 기다리는 동안, 그들을 위해 도움을 요청하려고 지붕이 개방된 보트를 타고 수천 킬로미터를 항해했고 산악지역으로 이루어진 섬을 가로질러 갔다. 그 결과 그의 대원들은 섀클톤을 향해 말로 표현할 수 없을 정도의 애정을 품게 되었다. 이는 여성 참정권자인 에머린 팬크허스트Emmeline Pankhurst와 그녀의 정열적인 딸인 크리스타벨Christabel과 실비아Sylvia와 여성에게 투표권을 허용하지 않고 있던 영국 사회를 대적하던 '다른 여성 참정권자들' 사이에서 발생한 결속력과도 동일한 것이다. 그들의 동료 중 한 명이었던 에밀리 윌딩 데비손Emily Wilding Davison이 왕이 타고 가던 안

---

* 1912년 남극 탐험을 위해 구성된 섀클톤을 대장으로 한 탐험대가 승선했던 배의 이름—역주.

머Anmer*가 1913년 영국 더비Derby의 태터넘 코너Tattenham Corner를 돌아갈 때 그 앞으로 뛰쳐나갔다. 당시 남성중심의 영국사회는 이 여성들이 보인 행동으로 인해 깜짝 놀랐다(사실 데비손은 그 당시 말과 부딪혀서 생긴 부상으로 사흘 후에 죽었다). 그러나 여성 참정권자에 있어서 여성 참정권 획득 운동은 일종의 전쟁이었고, 그 와중에 생겨난 코뮤니타스는 모든 면에서 전투 중에 남성 군인들 사이에서 생기는 코뮤니타스만큼이나 위대한 것이었다.

이 코뮤니타스는 오늘날 전 세계적으로 발생하고 있는 수많은 여성 운동 간에 존재하는 결속과 동일한 깊이를 갖고 있었다. 오늘날 평화와 사회 정의를 위해 전면에 서서 투쟁하는 사람들은 여성, 좀 더 구체적으로는 어머니들이다. 칠레가 되었든, 르완다가 되었든, 아니면 다르푸르가 되었든 간에, 코뮤니타스와 변화를 위해 투쟁하는 힘을 발견하는 제한기 상태로 들어가는 사람들은 어머니들인 경우가 종종 있다. 이와 같은 현상들 중에서 이스라엘에서 발생한 '포 마더스 운동'The Four Mothers Movement보다 더 유명한 것은 없다. 1985년에서 1997년 사이에 발생한 이스라엘과 이스라엘 북부 접경국가인 레바논 간에 발생한 분쟁은 소리 없는 전쟁silent war이었다. 매년 대략 스물다섯에서 서른 명에 달하는 젊은 이스라엘 군인들이 접경지역에서 살해되었다. 그 당시 수십만 명의 레바논 사람들이 강제로 쫓겨나거나 살해당했다. 이런 사정은 거의 보도되지 않거나 전혀 알려지지 않았다. 결국 이 전쟁은 아무도 관심을 갖지 않는 전쟁이 되었다. 이런 상황은 레바논을 향해 날아가던 두 대의 이스라엘군 헬리콥터가 추락하여 탑승하고 있던 73명의 이스라엘 군인들이 희생되는 사건이 발생했을 때 변화되었다.

1985년 이래로 계속된 수동적 태도가 사라졌다. 이러한 변화의 시작은 이제 희생은 충분하다고 생각한 이스라엘 북부 지역에 살고 있던 네 명의 이스라엘군의 어머니들이 시작했다. 그들이 한 행동은 주요 접경 지역의 중간에 서서

---

* 영국왕 조지 5세가 타던 경주용 말의 이름—역주.

그들의 정부에게 이미 17년이 지났음에도 불구하고 여전히 레바논에 군인들을 보내 죽게 만드는 이유를 설명하라고 요구하는 단순한 것이었다. 그 효과는 상당한 것이었다. 모든 부모들이 국가의 건설과 안녕을 위해 군대는 핵심적인 것이라고 수동적으로 수용하고 있던 나라에서, 갑자기 네 명의 여성들이 그런 현재 상태에 대해 저항하고 나선 것이다. 네 명의 어머니들은 곧 바로 엄청난 대중적 주목을 받았다. 이들은 이스라엘의 잠자던 신경을 자극하였고, 곧 회원의 숫자도 엄청나게 빠르게 증가했다. 비록 처음에는 몇몇 여성들 그룹으로 시작되었으나, 오늘날 '포 마더스 운동'에 소속된 회원은 40에서 50퍼센트가 남성이다. 그들의 성공으로 이스라엘 내에 아홉 개의 여성 평화 운동 단체들이 생겨났다. '포 마더스 운동'은 기존의 정치 정당과 힘을 합하는 것을 거부했다. 그럼으로써 '포 마더스 운동'의 회원들은 제한기에 머물렀다. 이 외에도 그들은 다양한 항의 코뮤니타스를 통해 제한기 경험을 하였다.

유사한 그룹이 북부 아일랜드 지역에서도 발생했다. 북부 아일랜드 지역에서는 가톨릭교도와 개신교도가 평화와 화해 운동의 전면에 서 있었다. 1970년대에 베티 윌리엄스Betty Williams와 매이리드 코리건Mairead Corrigan이 어떤 끔찍한 사건을 계기로 하여 서로 힘을 합쳤는데, 그 사건을 통해 그들은 평화운동가로서 대중적인 주목을 끌기 시작했다. 코리건은 조정능력을 상실한 차에서 그녀의 자매와 세 명의 자녀를 잃었다. 그 차의 운전자였던 IRA 단원은 도망치다가 추적하던 영국 군인들에게 사살당했다. 세 명의 자녀들의 죽음과 치명적인 부상에 대한 슬픔을 감당하지 못한 코리건의 자매는 얼마 후 자살했다. 사고 현장에 최초로 도착한 구경꾼 중 한 명이었던 윌리엄스는 코리건이 '평화를 사랑하는 사람들의 공동체'the Community of Peace People를 설립할 때 참여했다. 최초의 여성운동이었던 '평화를 사랑하는 사람들의 공동체'는 북부 아일랜드 지역에서 오랫동안 끝나지 않고 진행되어 온 폭력과 복수의 순환에 대해 "이제 충분합니다!"라고 말했다. 남성의 정치 활동이 지배적이던 현실에서 무시를 받던 '평화를 사랑하는 사람들의 공동체'는 수천 명의 일반 아일랜드 부모의 생각을 사로잡았다. 윌리엄스와 코리건은 1976년에 자신들이 이룬 평화 건립에 대한 공로로 노벨 평화상을 받았을 때, 비로소 아일랜드 정치인들은 그들을 심각하게 대하기 시작했다. 캄보디아에서도 동료들을 위해 더 나은 작업환경을 조성하려고 투쟁하면서 많은 노동조합을 효과적으로 이끈 사람들은 다름 아닌 여성이었다. 가정 폭력이라는 고질적 문제에 반대하여 정부와 싸우면서 로비활동을 벌인 사람들 역시 여성들로 이루어진 그룹이었다. 캄보디아 가정을 괴롭혔던 용서하기 힘든 수준의 강간에 대한 올바른 인식을 불러일으키기 위해 여성 미디어센터가 세워졌다. 최근의 전국 선거 중에는 수천 명의 여성이 선거 집계 센터에서 개표 과정을 감시하기 위해 개별 감시자로 참여했다. 1970년대 아르헨티나에서는 일단의 하얀 목도리를 두른 어머니들이 비델라Videla 장군의 무시무시한 군사 독재 속에서 복무중인 군인들이 노려보는 가운데 매주 부에노스아이레스의 주요 광장에 모여 그녀들의 실종된 자녀들의 사진을 보여주었다. 그들의 자녀들은 비델라 정권 기간에 3만 명의 '데사파레시도스' desaparesidos—문자적으로 사라진, 실종자— 중에 속해 있었다. '마드레스 드 라 프라자 드 마요'the Madres de la Plaza de Mayo라고 불린 이 어머니들은 오직 비델라 정권의 앞잡이들이 저지른 참상에 대한 책임을 묻기 위해 함께 뭉쳤다.

    이처럼 제한기 상태를 함께 경험하면서 기존 문화 세력에 대해 비판적으로 반응했던 여성 그룹은 13세기의 프랑스 기사 장 드 브루엘Jean de Brueil이 예전에 말했던 것과 동일한 코뮤니타스에 대해 알고 있었다. 코뮤니타스는 남성들만이 경험하는 것이 아니다. 코뮤니타스는 오늘날 사회 내에서 많은 사람이 경험하며 살아가는 훈훈한 열정 이상의 내적인 친밀감과 결속이다. 코뮤니타스는 전투를 치르면서 경화되며, 진실함과 참된 협력을 통해 부드러워진다. 그리고 더 나은 세상을 지향하며 공유하는 비전을 통해 만들어진다.

    이런 종류의 친밀감은 3부작으로 제작된 피터 잭슨Peter Jackson의 서사적 영화인 <반지의 제왕>Lord of the Rings의 세 번째 편인 <왕의 귀환>The Return of the King 편에서 황홀하고 강력하게 그려졌다. 프로도와 샘이 마침내 반지를 파괴하고 모르도르가 패배하고 난 이후, 네 명의 호빗은 나른한 호비톤에서 일상생활로 귀환한다. 그곳에서 그들은 소란스럽고 분주한 여관 안에 있는 둥근 모양의 원탁에 둘러 앉아 있다. 술을 마시고 있는 다른 사람들은 그들이 일상적으로 해왔듯이 크게 웃으면서 흥청대고 있었다. 그러나 프로도와 그의 친구들은 다른 사람들과 달리 모험을 경험했다. 그들은 자신들의 눈앞에 죽어 있는 시체를 본 적이 많았다. 그리고 함께 동행하면서 살아남았을 뿐만 아니라 악에 대한 승리도 성취했다. 이런 경험을 그들의 친구들과 이웃들이 어떻게 이해할 수 있겠는가? 그들은 에일 맥주 한 잔을 들고 막 마시려다 서로의 얼굴을 바라보았다. 그들의 눈이 서로 마주치자, 뭔가 무언의 의미를 서로 강력하게 교환되었다. 그들은 서로 잘 알고 있었다. 그들이 말하고 있는 것을 표현하기 위해 언어를 사용하지 않았다. 그러나 그들은 서로의 생각을 잘 **알고 있었다**. 이것이 코뮤니타스의 관계를 맺고 있는 사회에서만 발견될 수 있는 것이다.

<반지의 제왕>이라는 영화는 결단코 코뮤니타스를 선전하기 위해 제작된 영화는 아니다. 사실 상당히 놀랄 만한 양의 영화가 그 중심에 코뮤니타스를 포함하고 있다. 특히 대중의 인기를 누린 영화들을 보면, 대개 우리가 공유하는 코뮤니타스에 대한 깊은 열망에 대해 뭔가를 이야기 함은 알 수 있다. 우리는 일단의 친구들로 구성된 무리가 외적인 위협으로 인해 깊은 결속을 발견하는 영화를 좋아한다. <밴드 오브 브라더스>Band of Brothers, <라이언 일병 구하기>Saving Private Ryan, 그리고 <블랙호크 다운>Blackhawk Down과 같은 영화가 그런 영화들인데, 이는 그 영화들이 전쟁의 실상을 정확하게 표현하려고 시도했기 때문만이 아니라 전우들 사이에 맺어지는 끈끈한 관계에 대해 우선적으로 집중했기 때문이다. 그들의 관계는 함께 전투에 대한 경험을 공유함으로써 강화되었다. <라이언 일병 구하기>에서 몇몇의 군인들은 그들의 중대장(톰 행크

스Tom Hanks가 연기한)이 전쟁 전에는 원래 학교 선생님이었다는 사실을 알고 깜짝 놀란다. 전쟁이라는 제한기에 대한 경험 속에서 전투를 이끄는 중대장이 겪을 수밖에 없는 시련을 통해 그는 변했고 성숙해졌던 것이다.

<보이스 온 더 사이드>Boys on the Side, <델마와 루이스>Thelma and Louise, 그리고 <오션스 11>Ocean's 11(그리고 <오션스 12>)과 같이 친구관계를 다룬 영화들에서는, 늘 주인공들은 이야기가 흘러감에 따라 어떤 도전에 직면하게 되고, 그로 인해 그들은 이전 어느 때보다 더 깊은 친밀감을 형성해 간다. 3부작으로 제작된 <매트릭스>The Matrix와 <오 형제여, 어디에 있는가?>O Brother, Where Art Thou?에서도 같은 내용이 등장한다.

더욱 강력하고 더 유명한 영화는 적대 관계였던 주인공들이 한 편이 되는 영화들이다. <레인맨>Rain Man에서 이름이 찰리 바비트Charlie Babbit(톰 크루즈 Tom Cruise가 연기한)인 이기적이고 미성숙한 젊은 남자는 자폐증 환자인 그의 형 레이Ray(더스틴 호프만Dustin Hoffman이 연기한)를 데리고 레이 앞으로 물려진 유산을 회수하기 위해 미국 대륙을 가로지르는 여행을 한다. 여행이 끝날 무렵, 찰리는 그의 형과의 사이에서 발생한 관계로 인해 변화된다. 고전 오컬트 영화인 <더 프린세스 브라이드>The Princess Bride에서는, 전혀 어울려 보이지 않는 일단의 모험가들(해적 한 명, 한 명의 스페인인, 거인 한 명, 그리고 앞으로 공주가 될 사람 한 명)이 악한 왕자를 무찌르기 위해 힘을 합친다. 이와 유사하게 <필드 오브 드림스>Field of Dreams라는 영화에서는, 전혀 어울려 보이지 않는 일단의 사람들이 함께 모여 옥수수 밭에다 야구장을 건설한다. 그리고 물론 <마이티 덕>Mighty Ducks 같은 스포츠 영화들 또한 어중이떠중이들이 힘을 합쳐 그들 각자가 개인적으로 발휘할 수 있는 것보다 더 큰 힘을 발휘하는 것을 보고 싶어 하는 우리들의 기대에 편승한다. 그러나 그 모든 종류의 영화들 중 단연 으뜸은 문자 그대로 각각의 출연자가 전체로서의 몸에 각기 다른 기여(허수아비의 두뇌, 깡통 인간의 마음, 사자의 용기, 그리고 숙명에 대한 도로시의

감)를 하는 <오즈의 마법사>*The Wizard of Oz*이다.

이런 영화는 우리에게 메시지를 전한다. 왜냐하면 그 영화들은 우리가 우리 친구들 사이에 있었으면 하고 열망하는 매우 강력한 친밀감과 평등의식에 대해 묘사하기 때문이다. 그것은 자발적이며, 즉각적이고, 평등주의적이고, 이성의 분별에 따라 재지 않고, 가치 있는 도전과 시험에 의해 형성되는 우정이다. 요약하자면, **인간은 코뮤니타스를 깊이 열망한다**.

## 제한기가 열쇠다

참된 공동체를 건설하기 위해 1980년대와 1990년대 내가 가지고 있던 화두는 방향이 약간 잘못된 것이었다. 공동체에 대한 목마름은 합당한 것이다. 그러나 공동체 그 자체의 안녕을 위해 공동체를 추구하는 것은 명백한 실수다. 우리가 제한기에 대한 경험이 없이 공동체를 건설하고자 할 경우, 우리는 대개 많은 교회들에 만연해 있는 일종의 유사-공동체pseudo-community로 귀결하고 만다. 이런 공동체는 코뮤니타스라기보다는 지원 그룹에 가깝다. 데이비드 핀처David Fincher의 자극적인 영화 <파이트 클럽>*Fight Club*에서 주인공으로 열연한 에드워드 노턴Edward Norton은 물질주의와 무의미라는 수렁에 빠져 방황한다. 주요 자동차 회사의 리콜 담당 코디네이터이라는 혐오스러운 직업을 갖고 있는 그는 삶의 공허함을 이케아Ikea* 매장에서 받은 영감을 기초로 새로운 가구들과 각종 집기들을 사는 것으로 채우려 노력했다. 그러나 고통이 너무 심각해 밤에는 잠을 못 이루고 낮에는 무의미한 삶을 계속 반복했다. 그가 불면증 때문에 처방 약을 얻으려고 했을 때, 그의 주치의는 그가 겪고 있던 심리적 '고통'을 고환암 환자들이 경험하는 육체적 고통과 비교하면서 냉정하게 거절

---

\* 낮은 가격에 가구나 가정 집기류를 파는 전문매장—역주.

했다. 이에 주인공은 암으로 고통을 겪고 있는 사람들을 위한 지원 그룹에 참석했는데, 그는 점차 다양한 지원 그룹에 중독되어 가고 있는 자신을 발견하게 된다. 그리고 생애 최초로 그는 자신의 감정과 교감을 하며 자유롭게 울었다. 그러나 고통의 땅에서 헤매고 있던 또 다른 방랑자인 말라 싱어Marla Singer(헬레나 본햄 카터Helnena Bonham Carter가 연기한)가 노턴의 부정직함을 드러내 버림으로써 치료를 통해 얻은 해방감을 망쳐놓는다.

노턴이 연기한 주인공은 지원 그룹 안에서 그가 발견할 수 있는 일종의 공동체를 원했던 것이다. 그것은 그에게 한 동안 상당한 도움을 주었다. 그러나 거기에는 한계가 있었다. 그는 결코 자신이 희구했던 공동체를 완전히 인식할 수 없었다. 사실 그와 말라는 암 환자도 아니었고 알코올중독자도 아니었다. 그들은 한동안 고통을 겪고 있는 사람들처럼 보일 수는 있었다. 그러나 궁극적으로 암이 주는 고통이라는 시련은 그들이 공유할 수 있는 것이 아니었다. 코뮤니타스가 발생하기 위해서는 그룹의 모든 구성원들이 동일한 도전에 직면해 있어야 한다. 테런스 말릭Terence Malick의 전쟁 영화 <더 씬 레드 라인>The Thin Red Line에서 스타로스 대위(엘리아스 코티아스Elias Koteas가 연기한)는 언덕 위는 잘 무장된 일본군들이 점령하고 있음을 알고 있었기 때문에, 그의 부하들을 언덕 위로 진격케 하라는 명령을 거부한다. 몇 차례 반복된 상부의 명령에도 불구하고, 그는 계속해서 그 명령을 거부한다. 후에 그가 중대장으로서 지위를 박탈당했을 때, 그는 그의 부하들에게 너희는 나의 자식과도 같았다고 말한다. 자신들의 중대장이 자신들과 더불어 시련을 나누었고 자신들을 헛된 죽음에서 구했다는 것을 아는 부하들은 그의 주변에 몰려들며 작별을 고한다. 이 장면은 나중에 등장하는 장면과 대조해 볼 수 있다. 그 장면에서는 공격을 종결하고 난 후 한 번도 전투를 경험해 보지 않은 새로운 중대장인 보쉬Bosche(조지 클루니George Clooney가 연기한)가 부대원들에게 연설하는 장면이 나온다. 그 장면에서 보쉬 대위는 부하들이 자신을 마치 아버지처럼 봐야 한다고 말한다. 스타로스의 연설은 마음을 울리는 것이었고 감동적인 것이었다. 반면 보쉬의 연설은 피상적이고 어처구니가 없는 것이었다.

그 자체의 안녕을 위한 공동체의 건설은 암에 걸리지 않았으면서 암 지원 그룹에 참석하는 것과 같다. 이는 함께 전투를 경험한 적이 없는 부대장이 휘하 군인들에게 자신을 아버지처럼 생각하라고 요구하는 것과 같다. 그리고 이는 아무런 동기도 제공해 주지 않으면서 교회에 대한 충성과 매주 주일예배에 출석할 것을 요구하는 교회와도 다르지 않다. 이는 실생활에서 거의 활용할 수 없는 정보를 배우기 위해 여러 성경공부 그룹을 유지하고, 또한 실생활에 적용할 수 없는 설교를 끊임없이 들어야 하는 교회와 다를 것이 없다. 당신은 가끔씩 그것도 마지못해 예배에 참석하는 사람들이 교회 대청소 날에는 기쁜 마음으로 나타나 하루 종일 열심히 일하는 것을 주목해 본 적이 있는가? 그렇게 일하는 날에는 소규모의 코뮤니타스가 형성된다. 단기선교여행과 청소년선교여행에서도 유사한 코뮤니타스가 발생한다. 교회를 개척할 때도 유사한 코뮤니타스가 발생한다. 그러나 매주 열리는 교회 예배에서는 그런 일이 발생하지 않는다. 그것은 1세기 당시 예루살렘에서 사도들이 강론할 때 그들의 발치 앞에 앉아 그들이 전하는 가르침에 도취되어 있는 것과 같다. 그것이 유용한 목적을 위한 것이었음은 분명하다. 그러나 예루살렘교회의 궁극적 목적은 온 세상으로 나가 모든 열방으로 예수님의 제자를 삼는 것이었다. 사도들의 가르침이 극히 중요한 것이었음에는 의심의 여지가 없다. 그러나 그 자체가 목적은 아니었다. 사도들의 가르침에는 일반 성도들을 동원하여 그들로 하여금 세계를 향해 나가, 새로운 제자들에게 세례를 주고, 예수님께서 가리켜 지키게 한 모든 것을 가르치라는 의미가 담겨 있었다. 우리가 이미 앞에서 주목해 보았듯이, 예루살렘교회에 핍박이 일어나 예루살렘교회의 성도들을 흩어지게 하고, 모든 성도를 제한기 상태인 선교운동 속으로 밀어 넣기 전까지 그들은 자신들의 궁극적인 목적이 무엇인지를 깨닫지 못하고 있었다.

중상층 사람들이 사는 지역에 세운 중상층 사람들을 위한 교회에 출석하는 것은 제한기에 대한 경험이 아니다. 하지만 군사정권의 압제 하에서 신음하는 나라에서 평화운동에 참여하는 것은 제한기에 대한 경험이 될 수 있다. 쓰나미가 휩쓸고 지나간 인도네시아에 국제구호활동을 하러 가는 것은 제한기 경험에 해당된다. 교회개척팀에 참여하는 것도 제한기의 경험에 참여하는 것이다. 복잡한 네거리에서 아들들의 죽음에 항의하고 있는 어머니들과 함께하는 것도 제한기에 대한 경험에 참여하는 것이다. 그런데 도대체 오늘날 교회들이 이러한 코뮤니타스에 대한 경험을 자주 놓치는 이유가 무엇일까? 좀 더 안전하고 좀 더 안정적인 환경을 희망하려는 마음에서 제한기를 회피하려 하는 것보다 더 분명한 이유는 없을 것이다.

나는 기독교 코뮤니타스가 안전을 확보해야 할 필요에 대해 말해서는 안 된다고 주장하는 것이 아니다. 사실 그렇게 해야 한다. 그러나 우리 세계에서 실천해야 하는 선교적 참여에 대한 대안으로서가 아니라, 선교적 참여와 동일한 경험으로서 안전한 공간을 조성해야 한다. 내가 선교팀을 이끌거나 선교팀의 일원으로 참여할 때마다, 나는 지치거나, 감정적으로 고갈되거나, 영적으로 메마른 사람들로 하여금 잠시 물러나 다시 채워지는 절차를 밟도록 했다. 그러나 그것이 선교가 지속되는 것을 막지는 못했다. 이러한 일은 팀이 목표로 한 것을 지속적으로 추진하는 것과 병행하여 일어난다.

## 기독교 코뮤니타스

코뮤니타스에 대한 아이디어를 나에게 소개시켜 주었던 앨런 허쉬Alan Hirsh는 기독교 코뮤니타스를 다음과 같이 정의했다.

내가 정의하고자 하는 코뮤니타스는 목적에 대한 원대한 의식이 해당 공동체 내에 녹아져 있는 공동체다. 그 목적은 해당 공동체가 현재 소유하고 있는 내적 실재와 구조를 위한 것이 아니라, 그러한 실재와 구조 밖에 있는 사람들을 위해 존재하는 것이다. 그 공동체는 무엇인가 공통적 비전을 실제로 추구하는 사람들에게서 '발생하는' 그런 종류의 공동체다. 그런 공동체는 **운동**movement을 포함하며, 외부에 존재하는 선교에 실제로 참여하고 있는 일단의 사람 사이에서 발생하는 **함께함**togetherness에 대한 경험을 설명한다.[13]

'목적에 대한 원대한 의식'이 핵심이다. 허쉬가 말한 것처럼, 코뮤니타스는 일단의 성도들이 그들의 원대한 목적, 즉 외부를 향한 선교에 헌신할 때라야 비로소 '발생하는' 것이다. 레슬리 뉴비긴Lesslie Newbigin이 20년 전 교회가 가지고 있는 두 가지 분위기가 소심함과 불안이라고 관찰한 것은 정확한 것이었다. 소심함은 우리의 선교적 추진력을 억누른다. 소심함은 교회 내에 현재 존재하고 있는 갈등하는 자아들간의 미묘한 균형을 깨뜨릴 것에 대한 두려움 때문에 우리가 추구해야 할 원대한 목적에서 물러나게 한다. 기독교인들은 동료 기독교인들에 의해 둘러싸여 있다. 그렇기 때문에 교회의 유일한 목적은 현재의 평형 상태를 유지하는 것이다. 교회 내에 존재하는 이러한 불안은 교회가 속한 공동체 안에서 회자되는 교회에 대한 난감한 평가를 상승시킨다.

『거친 복음』The Wild Gospel에서 알리슨 모건Alison Morgan은 다음과 같이 말했다.

불안은 …… 우리가 저 밖의 세상에 개입하려고 하는 한 우리가 하는 기여는 대부분 그것을 억제하는 걱정스러운 시도라는 것을 의미한다. 우리는 자녀에 대한 염려 때문에 낙태에 반대하는 캠페인을 벌이거나 또는 마녀에 관한 이야기를 거부함으로써 불안정한 문화의 도덕적 기준을 고양하는 데 전력한다. 그 결과 우리는 도덕적이고 영적인 일관성을 지킬 수 있을지는 모르나, 그러는 와중에 우리의 증인됨은 상실된다.[14]

이러한 소심함과 불안감은 교회를 은둔적이고, 뭔가에 놀라있고, 비효율적인 조직 외에 아무 것도 아닌 것으로 만들어 버렸다. 이에 더해서 모건Morgan은 "우리는 여가에 대한 관심을 종교적인 것으로 삼고 있는 사람들을 위해 사교클럽을 만들었다"[15]라고 말하기도 했다. 그럴진대 제한성liminality에 대한 경험 속으로 진입하지 않고서, 어떻게 안정적이고 안전한 교회 공동체가 코뮤니타스와 같은 것에 직면할 수 있겠는가? 제한성을 경험하는 곳으로 나아가는 발걸음은 신앙의 위대한 영웅들이 내딛었던 바로 그 발걸음이다. 이 영웅들은 교회가 추켜세운 영웅들이 아니라 교회가 유기해 버린 영웅들이다. 그들은 제도화된 기독교가 제공하는 안정성에서 나와 새로운 기독교 코뮤니타스를 형성한 사람들이다.

쇠렌 키에르케고르Søren Kierkegaard의 비유들 중 하나가 생각난다. 한 무리의 야생 거위 떼가 겨울을 나기 위해 남쪽으로 날아가다가 자신의 사유지 안에 내려앉는 것을 보던 키에르케고르는, 날씨가 더 추워지고 있음에도 불구하고 날아오르지 않는 거위들을 보면서 다소 당황하기 시작했다. 사실 그 거위 떼는 그의 집 앞마당을 안식처로 삼고서 그의 집 안에 있는 연못에서 상대적으로 따뜻했던 그 해 겨울을 보내고 있었다. 처음에 이 덴마크 철학자는 그의 소유지 내에 거위 떼라는 상주가족이 생긴 것을 기쁘게 여겼다. 하지만 얼마 지나지 않아 겨울이 시작되어 다른 거위 떼들은 모두 남쪽으로 날라 갔는데도 여전히 남아서 신경을 거슬리게 하고, 소음을 유발하고, 야단법석을 떠는 거위들로 인해 불편을 느끼기 시작했다. 머리 위로 날아가는 다른 야생 거위들이 우는 울음소리가 그의 집 내부에 있던 거위들에게 떠나라는 신호로 작용해 일부 거위들이 각성하는 기미를 보였는데도, 그들은 결코 남쪽을 향해 날아오르지 않았다. 그중 몇 마리가 큰 날개를 펄럭거리며 공중을 향해 약간 날아 오르는 것 같 았으나, 이내 내려 앉아 키에르케고르의 농장이 주는 편안함에 안착했다. 키에 르케고르는 머리 위로 날아가면서 울어대던 다른 야생 거위들의 울음소리가 자신의 소유지에 앉아 있던 거위 떼들에게 어떤 반응도 일으키지 못하고 있을 당시, 이미 겨울이 오고 있었다고 기록한다. 그런데도 그 거위들은 여전히 땅을 쪼아대면서 그들 머리 위를 날아가고 있던 다른 야생 거위들의 부름을 잊어버 리고 있었다. 키에르케고르에게 있어서는, 이 거위의 모습이 19세기 당시 덴마 크 교회의 모습을 반영하는 것이었다. 사실 이 거위 이야기는 오늘날 서구교회 의 모습을 잘 설명하는 것이기도 하다. 어떤 교회는 야생에서 우는 소리를 들 을 것이다. 그리고 그들의 깃털을 세울 것이다. 그리고 그들의 심장이 뛸 것이 고, 그들의 폐는 공기로 찰 것이며, 그들 앞에 놓인 장시간의 비행을 준비할 것 이다. 그러나 그들의 발은 땅을 박차고 떠나지 않는다. 그들은 새로운 운동들 을 시작했고, 위대한 계획들을 말했고, 새로운 교회들을 설립했고, 굶주린 사람 들을 먹이고, 정의를 위해 싸웠던 기독교 영웅들에 대해 읽는 것을 좋아하지만, 농장이라는 안전한 곳에 머물러 있는 것을 선호한다. 슬프게도 일부 다른 기독 교인들은 아예 그런 부름조차 듣지 못한다.

## 선교-우리의 존재이유

내가 여러 번 말했듯이, 유수자는 게토를 박차고 나오는 사람이다. 그들은 야생이 부르는 소리를 들었고, 기존의 주류교회에서는 그들이 필요로 하는 진 실한 코뮤니타스에 대한 느낌을 발전시킬 수 없음을 인식한 사람들이다. 그렇 게 하는 것이 불가능하다고 말하는 것이 아니다. 많은 기독교인은 매해 겨울 이미 가축처럼 길들여진 거위들을 몰아 하늘로 날아오르게 하기 위해 제도권 기독교 내에 머물러 있도록 부르심을 받았다고 느낄 것이다. 하지만 유수자들은 그와 같은 부르심을 받았다고 느끼지 않는다. 그들은 교회 안에 코뮤니타스 위원회를 만들어 유수자들을 행복하게 해 줄 수 있다고 생각하는 교회 지도자들의 약속에 넘어가지 않을 것이다. 코뮤니타스—우리 모두가 열망하는—를 형성해 내는 일이 반드시 새로운 프로그램들을 개발해야 하는 것을 의미하는 것은 아니다. 이는 자신들의 위대한 목적의식을 발견하고 그것을 추구하는 일단의 기독교인들에 대한 것이다. 메노나이트 선교학자 제임스 R. 크래빌James R. Krabill은 다음과 같이 말했다.

> 좀 더 선교적 존재가 된다는 것은 사실 좀 더 적은 일들을 한다는 것을 의미한다. "만일 당신이 어디로부터 온 존재인지를 모른다면, 그리고 만일 당신이 어디를 향해 가는 존재인지를 모른다면, 버스가 그리할 것이다"라는 라틴 아메리카의 속담이 있다. 일부 회중들은 명백히 너무도 많은 버스를 타고 있다! 그런 회중들에게 진정 필요한 것은 더 많은 **혼란**이 아니라 **집중**이다. 선교적 교회가 되는 훈련이 그런 집중을 제공할 수 있다.[16]

기독교인에게 있어 코뮤니타스는 우리가 우리 자신이라는 한계 저 너머에 존재하는 선교적인 목적에 헌신할 때 비로소 자연적으로 발생하는 것이다. 코뮤니타스를 형성하는 것은 그처럼 단순한 것이다. 이것이 사람들이 자신이 속한 교회보다 아마추어 연극 그룹을 선호한다고 말하는 이유다. 극단에는 뚜렷한 임무가 있다. 당신이 살고 있는 지역에 지부를 두고 있는 그린피스나 국제사면위원회의 지부도 그런 임무를 갖고 있다. 그런 단체들은 단지 정기적으로 갖는 회의보다 훨씬 장대한 목적을 품고 있다. '포 마더스 운동'이나 남극을 가로지르고자 한 새클톤의 시도처럼, 그들의 존재 이유가 그들에 대한 정의를 내리는 근거가 되고, 참된 공동체로 성장하기 위한 사회적 조건들을 만들어 낸다.

우리는 모두 교회의 존재 이유가 선교—그리스도의 복음을 나누고, 굶주린 자들을 먹이고, 헐벗은 자들에게 옷을 입히고, 옥에 갇힌 자를 방문하고, 정의를 위해 일하는 것—라고 생각한다. 이러한 목적에 봉사하는 중에 우리는 동료들과 함께 코뮤니타스를 발견하게 될 것이다.

과거 어떤 사람들이 내게 교회의 존재 이유는 선교가 아니라 예배에 있다고 주장하며 도전한 적이 있다. 그들은 말하기를, 우리는 그분을 예배하고 영원히 그분을 즐거워하기 위해 부르심을 받은 사람들이라고 말했다. 그렇다. 궁극적으로 나는 우리가 부르심을 입은 가장 고귀한 일이 한 분이신 그분, 살아계신 하나님에 대한 참된 예배라고 하는데 동의한다. 그러나 만일 우리가 예배에 대한 바울의 정의를 신중하게 받아들인다면, 그 개념을 상당히 다르게 볼 것이다. 로마서 12장에서 바울은 다음과 같이 말한다.

> 그러므로 형제들아 내가 하나님의 모든 자비하심으로 너희를 권하노니 너희 몸을 하나님이 기뻐하시는 거룩한 산 제물로 드리라 이는 너희가 드릴 영적 예배니라(롬12:1)

교회 안에서 우리는 문자적으로 하나님께 대한 찬양을 다 함께 부르는 것 외에는 어떤 의미도 없는 '예배'의 현대적 의미에 지나치게 눈이 멀어 있다. 누군가 우리의 존재 이유가 예배하는 것이라고 말할 때, 우리는 어리석게도 우리의 가장 고상한 소명이 함께 노래를 부르는 것이라고 생각할 수 있다. 물론 나는 함께 찬양을 부르는 것에 대해 반대하지 않는다. 그러나 바울에 의하면, 예배하는 나의 영적 행위는 나의 몸과, 나의 의지, 나의 행위의 희생을 포함한다. 그리고 나서 바울은 이러한 예배의 영적 행위가 실제 생활에서 어떻게 보일 것인가에 관하여 로마 기독교인들을 권면한다. 바울은 참된 기독교 예배가 갖추어야 할 행위에 대해 다음과 같이 말한다.

- 이 세대를 본받지 말라(2절).
- 영적 은사를 실질적인 방식들을 통해 겸손하게 표현하라(3-8절).
- 다른 사람들을 사랑하라(9-10절).
- 영적으로 열심을 품고, 소망 중에 즐거워하고, 환난 중에 인내하고, 기도에 항상 힘쓰라(11-12절).
- 성도들의 쓸 것을 공급하며 손 대접하기를 힘쓰라(13절).
- 조화를 이루며 살라. 비신자들을 향해 관대함과 자선을 베풀라(14-21절).

이런 것이 예배다! 우리는 이제 선교를 예배와 분리하려는 사고와 행위를 멈춰야 하며, 우리가 누군가를 향해 관대하게 행동했을 때, 그것이 곧 하나님께 영광을 돌리는 것이라는 사실을 알아야 한다. 내가 누군가와 더불어 나와 예수님과의 우정에 대해 나누었다면, 그것이 하나님을 예배하는 것이 된다. 그렇다면 선교는 기독교예배의 표현인 것이다. 사실 나는 선교가 예배의 **가장 핵심적이고 가장 강력한** 표현이라고 말할 준비가 되어 있다. 로마서에서 바울은 예배에 대해 13장에서 15장까지 계속해서 주장한다. 그는 예배의 표현 중 하나로서 사랑의 법칙에 대해 강조한다. 우리는 합법적인 범위 내에서 권세 잡은 사람들에게 굴복함으로써 그들을 사랑해야 한다(롬13:1-7). 우리는 믿음이 약한 사람들에게 관대해야 한다(롬14:1-12). 우리는 교회의 하나됨을 위해 힘써야 한다(롬14:13-23). 왜 그래야 하는가? 바울은 그 점에 대해 다음과 같은 결론을 내렸다.

이제 인내와 위로의 하나님이 너희로 그리스도 예수를 본받아 서로 뜻이 같게 하여 주사 한마음과 한 입으로 하나님 곧 우리 주 예수 그리스도의 아버지께 영광을 돌리게 하려 하노라 그러므로 그리스도께서 우리를 받아 하나님께 영광을 돌리심과 같이 너희도 서로 받으라(롬15:5-7)

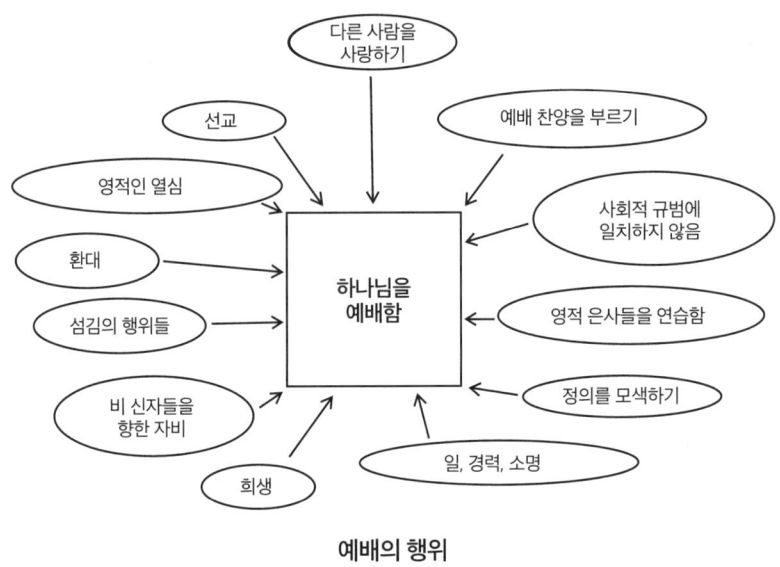

**예배의 행위**

하나님께 영광을 돌리는 것은 무엇인가? 그것은 다른 사람들을 용납하는 것이다. 관대와 환대를 베푸는 것이야말로 예배를 행동으로 표현하는 것이다. 많은 교회에서 서로 대화도 나누지 않는 사람들이 함께 모여 찬송가를 부르거나 현대식 예배에서 함께 찬양을 드리는 것은 정말이지 아이러니한 일이 아니지 않을까? 심지어 그들은 자신들이 하는 찬양이 어쩌면 그 찬양이 담고 있는 가사의 의미를 훼손하는 것일 수도 있음을 알지 못한다. 의미가 없는 대중 찬양에 지친 유수자는 관대와 환대를 함께 나누는 예수님의 동료 사역자가 되길 열망한다.

거의 20여 년 전 네덜란드의 선교학자이자 동인도네시아 선교사였던 요하네스 베르쿠일Johannes Verkuyl은, 선교에는 네 가지 필수불가결하고 상호의존적인 영역들, 즉 선포, 섬김, 공동체, 그리고 불의에 대항하는 노력을 포함하고 있음을 믿는다고 썼다. 1986년에 그는 다음과 같이 기록했다.

만일 친교의 생성이 하나님 나라의 핵심에 속한 요소라고 한다면, 공동체

형성에 대한 그와 같은 측면을 경시하고 무시하지 않는 한 선교와 전도는 발생하지 않을 것이다.[17]

이 문구는 내가 스캇 펙이 주장한 공동체 개념에 동의하여 그런 공동체를 추구하던 시기에 복사하여 게시판에 붙여 놓았던 것이다. 그 당시 나는 베르쿠일이 의미한 것은, 일단 우리가 공동체를 건설하기만 하면 선교는 자연스럽게 따라오는 것이라고 생각했다. 하지만 지금은 그렇지 않다는 것을 깨달았다. 너무도 많은 교회 공동체들이 외부를 지향하는 사역을 시작하기 전에 소위 말하는 교회의 내적 생활을 바르게 하기 위해 노력하고 있다. 그러한 교회들은 결코 그들이 말하는 내적 생활의 바름에 도달하지 못할 것이라는 것을 깨닫게 될 것이다. 만일 우리가 공동체를 형성하는 것에만 초점을 맞추면, 어떤 식의 선교라도 결코 시작조차 하지 못할 것이다. 이제 나는 1940년에 일본제국주의에 의한 강제 감금생활을 견뎌냈던 한 불굴의 늙은 선교사가 그의 마음속에 더 깊은 의미를 품고 있었다는 것을 안다. 그러나 그 당시에 나는 그저 이 말이 단순히 공동체가 형성되면 선교가 진행될 것이라는 인과적인 관점을 지니고 있는 것이라 생각했다. 하지만 이제 나는 우리가 예수님에 대해 바른 생각을 가지게 될 때 예수님께서 우리를 선교로 나아가게 하신다는 것, 즉 우리 자신에 대한 집중을 넘어서는 더 위대한 동기인 다른 사람들을 섬기는 데로 나아가게 하신다고 확신한다. 그 동기, 즉 선교를 알게 됨으로써, 다른 사람들과 함께 자연스럽게 코뮤니타스로 나가게 하는 도전을 포용하게 되었다.

베르쿠일은 이들 네 개의 영역을 본질적이고 서로 연관되어 있는 것으로 보았다. 네 개 중 어떤 것도 다른 세 가지보다 우선시할 수 없다. 선포, 섬김, 공동체, 그리고 정의를 위한 투쟁은 동일하게 중요한 것이다. 그러나 이를 구성하는 원리는 우리가 부르심을 받았다고 느끼는 위대한 목적이다. 많은 유수자가 주류교회를 떠나 우리가 이미 살펴본 종류의 일들—진정한 삶을 살아가기, 세계의 정의를 위해 분투하기, 동정을 보여주기, 하나님의 일을 수행하는 일환으로서 소명을 추구하기―에 참여하고 있다. 그러나 종종 이들이 홀로 그 일들을 감당하려고 하는 모습을 보게 된다. 그들은 자신이 하고 있는 일이 종래에 교회가 감당할 일이라고 생각하거나 아니면 교회가 할 일이 전혀 아니라고 생각한다. 이런 점에서 내가 그들을 향해 격려하고픈 말은 함께 그런 일들을 감당하라는 것이다. 비록 그들의 숫자가 매우 소수에 불과할 수 있지만, 그들은 자신들보다 더 크고 위해한 동기를 섬기고 있는 것이다. 당신이 갖고 있는 신앙과 정의, 그리고 일관성의 가치를 공유할 수 있는 기독교인과 비기독교인을 포괄하도록 하라. 그리고 다른 사람들을 섬기는 일에 당신 자신을 헌신하라. 그 일이 항상 아르헨티나의 독재자에 반대하는 대열에 함께 서는 것 또는 모르도르의 심장에 있는 마운트 둠Mount Doom의 반지를 파괴하는 일이어야 할 필요는 없다. 예수님께서 당신을 인도하시는 길은 매우 작을 수도 있다. 하지만 그 길은 반드시 용기를 요하는 실험이다.

그러나 그보다 더 우리의 제한기적, 선교적 경험들은 기성 교회를 변혁하는데 필수적으로 요구되는 것들을 포함하고 있다. 터너가 기성사회의 '밖에서' 함께한 사람들이 겪게 되는 코뮤니타스의 경험들이 해당 사회를 더욱 강성하게 한다는 것을 믿고 있었음에 주목하라. 교회는 코뮤니타스라는 제한기적 경험을 공유하는 유수자가 필요하다. 왜냐하면 코뮤니타스에 대한 유수자들의 경험은 선교라는 더 깊은 교제에서 오는 신선함과 타당성으로 교회를 각성하게 할 것이고, 그 결과 교회가 앞으로 전진할 수 있기 때문이다. 기독교 코뮤니타스 안에서 경험하는 해방은 기성 교회에 문화적 재생을 위한 씨앗을 배태한다. 사실 우리가 앞에서 이미 살펴보았듯이, 터너는 코뮤니타스와 일상 사회의 변증법적 관계 안에 그 사회의 미래에 대한 소망이 존재한다고 제안하고자 했다. 이 제안은 만일 기성 교회의 지도자들이 이 아이디어를 취하기만 한다면, 기독교 세계 안에서도 동일하게 유효할 것이다.

# 유수자의 공동체

약속: 우리는 선교적 공동체를 만들 것이다

> 기독교는 부족한 것을 발견하고자 하는 노력을 하지 않았기 때문에 부족한 것이 무엇인지 발견하지 못했다. 부족한 것을 발견하는 것이 어려운 일이라고 생각했기 때문에 그것을 찾아보려는 노력조차 시도하지 않았다.
>
> _G. K. 체스터톤 G. K. Chesterton

---

만일 내가 코뮤니타스의 기쁨과 선교를 제한기에 대한 경험으로 포용해야 할 필요성에 대해 독자에게 확신을 주었다면, 이제 논의의 단계를 한 단계 진전하고자 한다. 유수자들은 대개 기성 교회를 떠났거나 아니면 습관적으로 또는 아무런 기쁨 없이 의무감에서 오랜 동안 버티고 있을 뿐이다. 그러나 어느 쪽이 되었든 후기 기독교세계를 살아가고 있는 그들은 현재 머물고 있는 곳이 본향은 아니다. 그런데도 그들은 단기선교여행이나 지역 공동체를 섬기는 사역과 같은 단기사역 프로젝트들을 통해 코뮤니타스를 경험하고 있다. 그들은 제한기의 일면을 맛보고 제도화하지 않은 예배가 주는 자유를 맛보았기 때문에, 동료들과 더불어 동질감을 형성하기 위해서 코뮤니타스의 모습이 **어떠해야 함**에 대해 알고 있다. 그러나 그들은 코뮤니타스의 실체를 거의 발견하지

못한다. 설사 발견한다하더라도 교회 안에서는 발견하지 못한다. 나의 개인적인 경험에 의하면, 수많은 유수자는 파라처치나 선교단체를 통해 제한기와 코뮤니타스를 경험한다. 그런 경험은 가난한 사람들을 섬기고, 젊은 사람들과 더불어 일하며, 교회를 개척하고, 전도하고, 도시에서 함께 살아가고 있는 이웃들을 재활시키는 사역에 참여함으로써 얻게 된다. 부지불식간에 조용하고 세미한 음성에 이끌려 사역에 대한 흥분감과 고된 일, 그리고 실패에 있어 매우 생생한 위기가 늘 상존하고 있는 선교활동에 참여한다. 그러나 그들은 이런 제한기적이고, 선교적인 경험들은 사실상 교회가 감당할 **사역의 영역에** 속한 것이 아니라는 거짓말을 들어왔다. 그런 사역들은 교회사역의 측면이나 바깥에 존재한다. 현실의 교회는 더욱 안정적이고, 정기적으로 매주 모이는 성도의 모임에 관심을 갖는다.

내가 기성 교회의 지도자들과 성직자들에게 코뮤니타스에 대해 말할 때마다, 나는 그들의 저항감을 감지했다. 때로는 철저한 거부감까지 느끼기도 했다. 그러나 내가 정기적으로 교회에 출석하는 사람들 또는 파라처치나 선교단체의 사역자들에게 동일한 말을 할 때, 그들이 보인 반응은 절대적으로 긍정적인 것이었다. 파라처치의 청소년 사역자, 도시선교 사역자, 타 문화권에서 사역하는 선교사, 교회 개척가 등은 코뮤니타스가 주는 기쁨을 맛 본 사람들이다. 반면 그들은 기독교 경험이라곤 정기적인 교회모임에 출석하는 것 외에는 전혀 없는 자로서 그런 삶과는 상관없는 사람들이다. 우리는 유수자들에게 주어지는 위험한 약속들을 계속해서 바라볼 것이다. 이런 약속들 중에서 내가 강력하게 믿는 한 가지 약속은, 이 세상 속에 존재하는 기성 교회에 대한 대안을 조성하기로 한 결정이다. 그렇게 하기 위해서 유수자들은 선교적 공동체를 창출해 내야 한다.

## 유동체로서의 교회, 선교적 경험

유수자는 기독교선교가 제공하는 제한기에 대한 경험들이 기독교인인 우리의 삶에서 그저 간혹 나타나는 특징이라는 믿음에 만족하지 않는다. 우리가 다른 사람들과 함께 참여하고 있는 제한기적이고 선교적인 일이 교회를 경험하는 장이 될 수는 없는 것일까? 유수자는 제한기적이고 선교적인 일을 교회를 경험하는 사역의 장으로 선택할 만큼 용기 있는 사람들이다. 그들은 매주 교회에 가서 무언가를 하는 것을 교회사역이라고 정의 내리기를 그만두고, 다른 사람들과 함께 나누는 선교적 경험이 그들의 교회라는 사실을 발견하는 사람들이다.

예를 들어, 나는 오스트레일리아 동부 해안의 브리즈번Brisbane 출신의 숀 턴스톨Shaun Tunstall이라는 청년과의 만남을 기억한다. 그는 20대 중반의 청년으로, 독서장애와 ADD(집중장애)라는 장애를 안고 살아가고 있었다. 당시 그는 교회에 가서 일상적인 교회 생활을 하는 것을 그만두기로 결정했다. 그는 예배 시간 내내 조용히 앉아 있을 수가 없었고, 설교가 중간쯤 지났을 때는 설교의 내용이 무엇인지조차 이해할 수도 없었다. 비록 그가 태어난 이후부터 매 주일 교회에 출석해 왔지만, 교회에 출석함으로 그가 얻을 수 있는 것은 아무 것도 없었다. 이런 좌절감과 젊은 혈기에서 나온 반항심 때문에, 그는 교회에 더 이상 출석하지 않기로 결정했다. 대신 숀은 주일 아침마다 브리즈번에 있는 파인 강으로 모터보트를 타고 가서 수상스키를 즐기기로 했다. 그는 일부는 기독교인이고 일부는 아닌 친구들을 불러 모아 수상스키를 타며 하루를 즐기기 위해 강으로 갔다. 그러나 강물에 보트를 진수하고 난 후, 그는 마음에 죄책감을 느끼기 시작했다. 당시는 청명한 주일 아침이었고, 일생동안 매 주일 아침 그 시간 그는 교회에 있었다. 그런데 지금 그는 수상스키를 즐기려 하고 있는 것이다. 그는 하나님의 진노로 맑고 푸른 하늘에서 번갯불이 내려쳐 보트가 침몰할 것이라고 생각하기에 이르렀다. 그래서 자신의 양심을 달래기 위해, 그는 차에서 조그만 휴대용 성경을 꺼내서 친구들에게 짧은 성경 한 구절을 읽는 것으로 오늘 하루를 시작하고 싶다고 말했다. 당신은 그의 친구들이 얼마나 놀랐을지 상상할 수 있을 것이다. 가장 짧은 시편을 찾아 읽고 난 후, 그는 하나님의 은혜의 아름다움에 대해 짧게 묵상하고 그의 친구들에게 자신이 기도해 줄 내용이 없느냐고 물었다. 갑자기 발생한 일에 친구들, 특히 비기독교인 친구들은 당황했지만, 마침내 그들이 필요로 하는 것에 대해 기도를 드렸고, 숀도 그들을 위해 기도할 수 있었다. 그러고 나서 그들은 하루 종일 수상스키를 즐겼다.

그 다음 주일, 두 배나 많은 사람들이 나타났다. 숀은 짧은 성경구절을 읽고, 그 구절에 대해 몇 가지 생각을 나누었다. 그리고 기도할 내용에 대해 물었다. 그는 동일한 일을 수 주 동안 진행했다. 모이는 숫자는 계속해서 늘어났고, 마침내 강가에서 만나 간단한 헌신의 시간을 갖고, 함께 기도하고, 하나님의 피조세계를 즐기는 사람의 숫자가 50여 명을 넘어서게 되었고, 결국 하나의 공동체가 되었다. 오래지 않아, 그들은 기독교인이 되기 시작했다. 그리고 얼마의 시간이 흐른 후, 그들은 파인강가의 야외용 탁자\*에서 함께 점심을 먹으며 휴식하기 시작했다. 그곳에서 그들은 빵과 포도주를 나누며 예수님의 희생적인 사랑을 기념했다. 그들은 함께 음식을 나누었고, 매 주 약간의 돈을 모금하여 가난한 사람들을 위해 사용했다. 그들은 강가에 모여 있는 일반 사람들을 위한 '사역자들'이 되었다. 현재 그들은 부서진 보트를 보트 선착장으로 끌어내는 사람들로 알려져 있다. 그들은 무료로 부속품을 제공하고, 부서진 채 방치돼 있던 다른 사람들의 보트를 고쳐 주고 있다. 그들은 함께 음식을 나누고, 가난한 사람들을 섬기고 있으며, 다른 사람들과 더불어 예수님을 나누고 있다. 그들은 성찬식을 행하고 있고, 그들이 속해 있는 일반 공동체를 섬기고 있다. 이 일이 시작된 처음 순간부터 지금에 이르기까지, 숀의 부모님과 교회 친구들은 그가

---

\* 공원 등에 이용객들을 위해 설치된 6-8인용 의자와 테이블—역주.

정신을 차리고 다시 교회 예배에 출석하기를 소망하고 있다!

캐나다 밴쿠버에서 매리온Marion과 켈리Kellie는 십대 미혼모들을 위해 일하고 있다. 그들은 임신한 십대들을 보살피며, 그들에게 무조건적인 사랑을 보이고 지원하고 있다. 그들은 십대 임산부들이 현재에 대한 두려움과 미래에 대한 소망에 대해 이야기하는 것을 들어주고 있을 뿐 아니라, 그들이 실제로 필요로 하는 의료와 엄마가 되기 위해 필요한 것 등을 제공하고 있다. 간혹 그들은 아기를 출산하는 십대 산모를 위해 분만실에 들어가기도 하고, 또는 지역 병원의 산부인과로 차를 몰고 가기도 한다. 그들은 십대 임산부와 갓 아이를 출산한 십대 미혼모로 구성된 젊은 여성들의 공동체를 만들었다. 그들은 서로를 지원하기 위해 함께 만나고, 또 많은 웃음을 함께 나눈다. 이런 젊은 엄마들 중 많은 수가 예전에는 기독교인이 아니었지만, 매리온과 켈리가 보여 준 사랑과 은혜를 통해 지금은 기독교인이 되었다. 그들의 아기가 일정한 연령에 이르러 이 프로그램에서 '떠나게' 될 때, 그들 중 많은 이들이 매리온과 켈리의 사역에 동역자가 될 것을 약정한다. 기성 교회에 출석할 것을 권면 받는 것만큼이나, 십대 미혼모들은 매리온과 켈리의 공동체를 통해 자신들이 용납되고 있다는 것을 느낀다. 이 공동체는 또한 한 때 자신들이 처했던 상황과 비슷한 상황에 처해 있는 다른 소녀들을 돌볼 수 있는 기회를 제공함으로써, 그녀들에게도 다른 사람들의 삶에 기여할 수 있게 해 준다. 매리온이 내게 다른 어느 장소에서보다 이들 젊은 엄마들의 공동체에서 더 '교회 됨'에 대해 느낀다고 말한 적이 있다. 그렇다면 우리가 이들 공동체를 교회로 인식하지 못할 이유가 무엇이란 말인가?

제프 대니스Jeff Dannis는 시카고의 빈민가 남성들을 대상으로 하는 전통적인 네비게이토 사역을 세우기 위해 13년 전 필모어 지역으로 이주했다. 그의 비전은 짤막하게 그리스도에 대해 나누고, 새로운 신자들을 양육하고, 인근 교회들을 격려하는 전형적인 네비게이토 사역을 일으키는 것이었다. 그러나 오래지 않아 그는 필모어 지역에 거주하는 남성들은 그리스도를 찾는 것보다 직업을 찾는 것에 더 관심이 있다는 사실을 발견했다. 제조업 공장(플라스틱 생산 공장)을 세우려고 노력한 (그리고 실패한) 후, 제프는 공동체를 위해 직업훈련을 제공하는 것으로 사역 방향을 선회했다. 가장 우선적으로, 그는 수학과 읽기, 쓰기 뿐 아니라 '피고용에 필요한 기술들'(인터뷰 기술, 직업 현장에서 나타나는 분쟁 해결 기술 등)과 기본적인 생활기술 등을 가르쳤다.

나는 미시간의 앤 아보Ann Arbor에서 열린 컨퍼런스에서 제프를 만났다. 그의 사역은 발전하고 있었고, 시카고에서 몇몇 네비게이토 간사들이 그의 사역에 참여하고 있었다. 현재는 직업기술뿐만 아니라 공동체를 위해 직업을 제공하는 소규모 직업소개소를 이끌고 있다. 그가 운영하는 사역에 참가하는 모든 간사들의 사례와 프로그램을 위한 운영비를 마련하기 위해, 제프는 다른 네비게이토 간사인 피너 패인Peter Payne과 함께 지역 남성들을 고용하여 이웃의 가족들을 위해 집을 짓는 건축 프로그램인 브래이킹 그란운드사Breaking Ground Inc.를 설립했다. 브래이킹 그란운드사는 지역 공동체에게 유용한 집들을 공급하고 있을 뿐 아니라 지역 남성들에게 직업과 직업교육을 제공하고 있다. 그들 중 많은 사람들은 아무런 기술도 없는 범죄자 출신들이다. 이에 더해서 제프와 피터는 매일 여건과 시간이 허락하는 한 그들에게 멘토링을 해 주고 있다.

브래이킹 그라운드사는 최근 대단한 성장을 보이고 있다. 2004년 12월, 브래이킹 그라운드사는 허물어져가던 사우스 스폴딩South Spalding 지역에 처음으로 기획한 열 채의 집을 완성했다. 브래이킹 그라운드사가 마련한 다양한 보조금 때문에, 가족들은 침실이 네 개나 있는 집을 1억 이하의 가격에 구입할 수 있었다. 그들이 매달 지불해야 하는 은행 할부금은 그들이 매달 월세로 지불하던 월세금과 비슷했다. 이로써 열 개의 가정의 삶이 변화되었다. 그리고 그 집들이 지어진 구역—한 때 사실상 빈민가였던—도 새로운 활기가 도는 지역으로 변모되었다. 제프와 피터는 동일한 거리 혹은 구역에 새 집 몇 채가 지어지면, 공동체의 면모가 즉각적으로 일신된다고 믿는다. 자신들이 소유한 집에 대한 은행 할부금을 지불하는 가정들의 행동은 그들이 월세로 살 때 보이던 행동과 다르다. 그들은 망가진 것을 보수하는 법을 배우고, 스스로 잔디를 깎고, 쓰레기를 줍는다. 그들의 집 근처에서 마약거래가 발생하거나 갱들이 활보하면 경찰에 신고한다. 그들은 자신들이 거주하는 거리와 이웃에 대해 더 큰 자긍심을 갖는다. 2005년에 브래이킹 그라운드사는 130채의 새로운 집을 건설할 계획을 세우고 있다.

그러나 이보다 그들은 밸리드 컨선Valid Concern이라고 불리는 주중 모임을 시작했다. 이것은 12단계의 프로그램과 지역 공동체 지원 그룹 그리고 성경공부를 합친 것이다. 그 모임에 참여하는 사람은 대개 브래이킹 그란운드사에서 일하는 사람들인데, 그들 중 많은 사람이 이전에 범죄자이거나 중독자였다. 예전에 그 자신 또한 범죄자였던 이 모임의 리더는 제프의 사역을 통해 그의 인생이 변화되었고 지금은 헌신된 기독교인이 되었다. 모임에 참석하는 사람들은 서로의 신앙을 격려하고, 성경을 공부하고, 거룩한 삶을 살아가도록 서로 힘을 합치며, 그리고 '삶을 함께 하고' 있다. 제프와 내가 그 그룹에 대해 이야기할 때, 나는 제프에게 현재 펼치는 사역이 참으로 아름다운 교회 개척 프로젝트 같다고 말했다. 이 말을 들었을 때, 그는 그 사역을 교회로 보지 않고 지원 그룹으로 보았기 때문에 내 생각을 수용하길 주저했다. 그러나 대화가 점점 진행되자, 그는 자신이 펼치고 있는 사역의 모든 면모가 교회 같다는 생각에 이르게 되었다. 그는 "나는 교회를 개척하고자 한 적이 결코 없습니다. 그러나 이제 나는 교회에 있어 구습적이고 실패하는 모델에서 자유할 필요가 있다는 것을 알았습니다. 밸리드 컨선은 모든 면에서 신약성경적 형태의 교회입니다"라고 말했다.

피트 와드Pete Ward는 『유동체 교회』Liquid Church라는 그의 저서에서, 구조화되어 견고한 교회에서 유동적인 교회로 전환할 필요에 대해 주장했다. 그는 구조화된 견고한 교회를 틀에 박혀 있고 제도적인 특징을 지닌 교회로 정의했다. 특정한 시간에 특정한 장소에서 모이는 제도화된 견고한 교회는 뚜렷한 구조적 구조를 가진 다소 밀착된 회중으로 구성되어 있다. 구조화된 견고한 교회에서는 신앙적 성실함을 교회 출석과 동일한 것으로 취급하는 경향이 있고, 성공을 교회에 출석하는 교인 수로 측정하며, 예배와 가르침을 규격화하고, 중도적 성향의 음악과 안전한 영성의 온화하고 무해한 것들을 제공한다. 그리고 교인이 된다는 것은 사회학적으로 골프 클럽이나 테니스 클럽 회원이 되는 것과 거의 차이가 없는 배타적이고 자기들만 위하는 이기적인 것에 대한 헌신을 의미한다.

반면 와드에 따르면, 구조화된 견고한 교회와는 달리, 유동적인 교회의 정체성은 성도들이 서로 대화를 나누는 중에 나오는 비공식적이고 유동적인 생각에서 유래한다. 이같이 다소 간단한 개념은 중요한 함의를 갖는다. 첫째, 유동적인 교회는 제도가 아니라 우리가 '그리스도를 전달하는 과정에서 함께 만들어가는 것'이다.[1] 유동적인 교회는 관계의 네트워크를 기초로 하여 존재한다.

**공동체 대 코뮤니타스**

| 구조화된 견고한 교회 | 유동적인 교회 |
| --- | --- |
| 공식적 | 비공식적 |
| 제도적 | 유동적 |
| 조직화된 회중 | 그리스도와 교제를 통해 맺는 다른 사람들과의 관계 |
| 구조화된 시간과 장소 | 공동체의 필요에 따라 융통성이 있음 |
| 성실한 신앙 = 교회 출석, 성공 = 교회 출석하는 교회의 수 | 건물이 아니라, 영적활동에 대한 것 |
| 예배와 가르침을 규격화하였음 | 교회는 명사가 아니라 동사 |
| 교인의 자격이 배타적이고 이기적임 | 근본적 동기와 선교 |

둘째, 교회생활의 기초는 조직화의 경향이나 건물이 아니라 사람들의 영적 활동 안에서 발견되는 것이다. 와드는 '교회'는 명사가 아닌 '동사'("내가 교회를 한다. 네가 교회를 한다. 우리가 교회를 한다")로 이해해야 한다는 그의 주장을 다시 한 번 강조한다. 이는 그렇게 진보적으로 보이지 않을 수 있다. 그러나 오늘날 많은 기독교인이 이 개념을 심각하게 생각하지 않는다. 셋째, 유동적인 교회는 매주 정기적인 회중 집회를 열지 않아도 된다. "예배와 집회는 사회 내에 증가하고 있는 영적기근현상과 관련지어 기획하는 방식으로 분산되고 개정될 것이다."[2] 이 말은 유동적인 교회의 개념 이면에 존재하는 근본적 동기, 즉 선교를 명시한다.

손과 강변에 거주하는 그의 친구들을 한데 묶어주는 접착요인은 선교에 대한 그들의 공통된 인식과 선교적 목적을 성취하기 위해 자원을 함께 공유하는 것에 대한 필요이다. 켈리와 매리온의 경우도 마찬가지이다. 켈리와 매리온의 공동체도 서로 필요한 공동체이다. 왜냐하면, 그들은 버림받은 십대 미혼모들을 사랑하는 선교적 사역에 임하고 있기 때문이다. 선교에 대한 공유의식은 일단의 사람들로 하여금 제한기적 공간 속으로 들어가게 하고, 그들이 그 공간에 있게 되면 자신들이 처한 환경과 공통된 목적으로 인해 그런 일을 하지 않을 수 없게 된다. 와드의 도발적인 제안은 우리가 이런 수많은 그룹들을 대하게 될 때 그들이 하는 일, 즉 유동적이고 선교적으로 교회가 변하는 것을 통해 그들의 존재를 인지한다는 것이다.

## 이 세상에 유동적인 교회로 존재하는 방식

케냐에서 나는 교회 지도자들과 목사들이 모인 기도회에 참석한 적이 있다. 참석자 모두는 나이로비 외곽에 위치한 신학대학교의 검소한 강의실 안에서 원형을 그리며 앉아 있었다. 나는 내 옆에 앉아 있는 남자가 내가 케냐로 초청한 케냐 사람들보다 훨씬 키가 크고 피부색이 더 검으며 더 유연하다는 것에 주목했다. 기도시간 중에 나는 눈을 뜨고 그 남자의 왼쪽 발등에 끔찍한 흉터가 나 있는 것을 내려다보았다. 그의 상처가 너무 눈에 띠었기 때문에 공식적인 기도회가 끝난 후, 무례가 될 수 있다고 생각했음에도 그 상처에 대해 물어보았다. 그는 친절하게 미소를 짓고는 그것은 총상에 의한 것이라고 말해 주었다. 그러고 나서 그는 고개를 돌리고 그의 오른쪽 뺨에 나 있는 또 다른 끔찍한 흉터를 보여 주었다. 후에 들은 이야기지만, 그 상처는 마체테machete(정글용 칼)에 의해 생긴 것이었다. 그는 부드럽고 온화하게 자신은 케냐 사람이 아니라고 말했다. 그는 수단 군인이었는데, 그의 나라에서 발생한 끔찍한 내전 중에 상처를 입었다고 했다. 그는 국경을 넘어 케냐 북부에 있는 난민들로 우글거리는 난민캠프로 피신했는데, 그곳에서 생전 처음으로 예수님의 은혜에 대해 듣게 되었다. 그는 기독교로 개종했고, 지금은 수많은 난민들로 우글거리는 난민캠프에서 다른 난민들을 전도하고 교회를 개척하는 일을 하고 있다.

내가 참석하고 있던 컨퍼런스에서 전해 듣기로는, 그는 걷거나 차를 얻어 타면서 나이로비까지 왔다고 했다. 자신을 낮추는 아프리카의 전형적인 예절로, 그는 내게 자신이 교회개척에 매우 부적절한 사람이라고 말했다. "왜냐고요?" 그는 고백하기를, "제가 교회개척을 시작한 이후로 개척한 교회가 겨우 다섯 개 정도이거든요"라고 말했다. 내가 그에게 그가 말한 '부적절한' 교회개척방식에 대해 설명해 달라고 하자, 그는 먼저 열두 명 정도의 새로운 회심자들이 발생할 때까지 복음을 설교한다고 말했다. 그러고 나서 회심자를 서로에게 소개하고, 기본적인 교리를 가르치는 데 시간을 보낸다. 그 후 수단어로 된 성경을 제공하고, 기본적인 지도체계를 세운다. 그러한 일련의 과정이 끝나면, 그는 그들을 떠나 다시 열두 명의 새로운 기독교인이 생길 때까지 설교하기를 시작한다. 나이로비에서 열린 컨퍼런스에서 내 강연을 들은 후에 그는 내가 자신보다 훨씬 '성공적인' 복음 전도자라고 확신했다.

우리는 이러한 이야기를 들었을 때, 화자가 말하는 정직함을 너무 쉽게 흘려보낸다. 우리는 수천 내지는 수만 명의 사람들이 개종하는 역사가 일어나는 아프리카의 소위 위대한 부흥에 대해 듣는다. 그래서 남부 아프리카와 동부 아프리카 지역에 아직까지 개종하지 않은 사람들이 남아 있을까 하는 의구심이 생기기도 한다. 우리는 아프리카 교회가 넓이는 1.6킬로미터에 달하지만 두께는 1.5센티미터 정도라는 말을 들었다. 이 말이 의미하는 것은 아프리카에는 기독교인이라고 불리는 수백만 명의 사람이 있지만, 그들의 신앙은 유치하기 짝이 없기 때문에, 아프리카의 고유한 부족신앙들이나 종교행위들과 쉽사리 혼합된다는 뜻이다. 또한 아마도 우리는 수단 난민들의 삶이 우리보다 훨씬 단순할 것이고, 대략 열두 명 가량의 새로운 기독교인으로 교회를 구성하는 것이 서구세계에서 '진짜' 교회들을 개척하는 것보다 어렵지 않을 것이라는 선입견에 찬 생각을 할 것이다. 그러나 동남아, 남아메리카, 중국, 그리고 아프리카에서 개척되고 있는 대부분의 교회들—즉 전 세계에 걸쳐 개척되고 있는 교회들—이 이와 같은 방식으로 개척되고 있다는 것을 기억해야 한다. 그들에게는 건물도, 신학교도, 사례를 지급 받는 전임 목회사역자도 없다. 이러한 무교단적, 무구조적, 무전통적 교회들이 오늘날 기독교가 가장 빠른 속도로 성장하고 있는 지역들이다. 버지니아 비치Virginia Beach에 있는 리젠트대학교Regent University의 선교측량학missiometrics의 교수이자 『세계기독교사전』World Christian Encyclopedia의 출판자인 데이비드 바렛David Barrett, 리치몬드에 있는 세계전도연구센터the World Evangelization Research Center의 전 책임자였고 현재는 글로벌 크리스채너티Global Christianity의 연구교수이자 고든코넬 신학교의 세계기독교연구센터the Center of the Study of Global Christianity의 책임자인 토드 존슨Todd Johnson은 2001년에 한 보고서를 출간하였는데, 그 보고서는 그들이 '신-사도적'neo-apostolics라고 부르는 이런 교회들의 등장에 주목했다. 이러한 움직임은 다음과 같은 네 가지 특징들을 띠고 있다.

1. 이런 교회들은 교단주의와 엄격하고 고압적인 중앙 권력을 거부한다.
2. 이러한 교회들은 예수님께 초점을 맞춘 삶을 추구한다.
3. 이들 교회는 좀 더 효과적인 선교적 생활방식을 추구한다.
4. 이들 교회는 전 세계에서 가장 빠르게 성장하고 있는 운동들 중 하나다.

바렛과 존슨은 이런 신-사도적 그룹이 현재 2만 개 이상 있고, 전 세계적으로 3억 9천 4백만 명의 기독교인으로 구성된 네트워크가 있다고 평가한다. 더 나아가 그들은 2025년까지 이러한 운동들과 연계한 기독교인들의 수가 5억 8천백만 명 정도—전체 개신교를 모두 합친 수보다 1억 2천만 명이 많은—에 이를 것이라고 내다봤다.[3]

그리고 이 외에도 많은 자료들에 따르면, 이와 같은 성장의 대부분은 비서구 지역 국가들 내에서 발생하고 있다. 근본적인 혜안을 제공하는 책인 「다가올 기독교왕국」The Next Christendom에서, 펜스테이트대학교Pen State University의 역사와 종교연구 교수인 필립 젠킨스Philip Jenkins는 기독교의 성장과 확산이 가져오는 사회적 충격에 대한 중요한 연구를 독자들에게 제공하고 있다. 젠킨스는 현재 우리가 전 세계적 종교 역사의 변혁적 순간들 중 하나의 시기를 살아가고 있다고 말한다. 그 변혁의 순간이 진행되는 이 시기에 기독교의 중심이 서구에서 아프리카, 아시아, 그리고 라틴 아메리카로 이동하고 있다. 사실 젠킨스는 동-서를 구분하는 식의 대비를 철폐하고, 북-남 구조를 선호한다. 그는 말하기를, 기독교는 분명히 유럽과 스칸디나비아 반도, 러시아, 미국, 그리고 캐나다 등지에서 만개한 북반부의 종교였다고 말한다. 하지만 현재는 적어도 수적인 성장이라는 측면에서 볼 때, 새로운 기독교의 등장은 주로 대륙의 남반부에 그 닻을 내리고 있다. 젠킨스는 "2050년까지 30억에 달하는 전 세계 기독교 인구 중에서 히스패닉 인구를 제외한 백인 기독교인의 비율은 대략 20퍼센트에 이를 것이다 …… 서구기독교 시대는 우리의 살아생전에 끝날 것이다."[4] 라고 말한다.

젠킨스는 가톨릭의 성장이 아프리카 지역, 대개는 프랑스와 벨기에의 식민통치를 경험했던 지역에서 특히 두드러진다는 것에 주목했다. 1995년 아프리카 전 지역을 통틀어 약 1,600만 명의 가톨릭 인구가 있었다. 하지만 현재는 그 수가 약 1억 2천만 명에 달하고 있다. 1940년 라틴 아메리카의 개신교인 수는 겨우 백만 명에 달했을 뿐이다. 하지만 1960년대 이후, 그 수는 매년 대략 6퍼센트씩 성장해 현재는 약 5천만 명에 달하는 개신교인이 있다. 1950년대 이후 성장한 수의 80에서 90퍼센트가 오순절 계통이다. 이처럼 아시아 지역의 오순절 운동이 융성하게 성장하고 있다. 현재 한국의 개신교도의 수는 미국 전체의 개신교도 수의 거의 두 배에 달한다. 젠킨스는 계속해서 2025년 가장 규모가 큰 기독교 공동체들은 미국, 브라질, 멕시코, 필리핀, 나이지리아, 자이레, 에티오피아, 러시아, 중국, 그리고 독일(미국 정부의 통계를 이용)의 기독교 공동체가 될 것이라고 전망했다.[5] 그는 이러한 지각변동에 대해 다음과 같이 말한다.

21세기 중반까지 독일 또는 영국의 기독교인 수보다 우간다의 기독교인 수가 더 많게 될 것이다. 아마도 그 수는 기독교 인구가 가장 많은 유럽의 네다섯 개 국가의 기독교인 수를 합한 것보다도 많을 것이다. 2050년까지 필리핀의 기독교인 수는 세계에서 세네 번째에 이를 것이다. 현재 필리핀은 어떤 유럽 국가보다도 많은 가톨릭 신도들을 보유하고 있으며, 그 숫자는 빠르게 성장하고 있다.[6]

많은 경우, 개신교의 성장(남반부에서는 현저하게 오순절의 성장으로 대표되는)은 내가 나이로비에서 만났던 군인 출신 수단인 목사가 설명한 교회개척

방식으로 특징지어진다. 나는 비슷한 교회개척 방식을 설명하는 탄자니아, 잠비아, 캄보디아, 베트남, 그리고 브라질의 교회 지도자들과 대화를 나누었다. 복음전도자가 소수의 사람에게 예수 그리스도를 믿도록 인도했을 때, 그 혹은 그녀(남방지역에서는 대개 그)는 사람들을 모아 그들이 잘 훈련되어 스스로 신앙을 유지하는 방식을 지속하도록 하고는 떠난다. 그러고는 아주 가끔 그들을 방문할 뿐이다. 얼핏 듣기에는 매우 연약해 보이는 것이 사실이지만, 하나님께서는 이러한 새로운 움직임을 놀라운 방법들로 축복하고 계신다.

우리는 함께 교회를 조성하는 열두 명 내외의 새로운 기독교인들의 연약함에 대해 염려하면서도, 결국 이런 방식이 바울이 그의 선교 여행 당시 사용하던 방식임을 인정하지 않을 수 없다. 물론 바울은 특정한 환경 속에서 상당한 시간을 보내기도 했다. 그러나 바울이 새로운 교회를 개척하고 그 교회에 머문 기간이 18개월 내지 2년 이상을 넘었던 예를 찾아볼 수는 없다. 많은 경우 바울은 핵심그룹을 세우고, 지도자를 훈련시키고, 성도들이 함께 살아가는 것에 관한 기본적인 구조적 규칙을 마련할 기간 동안만 머물렀다. 그 이후 이들 새로운 회중들은 그들을 방문하는 사도들이나 바울로부터 온 서신에만 의존했다. 이런 방식은 오늘날 베트남 또는 브라질에서 실행되고 있는 접근방법과 마찬가지로 정교한 전략으로는 보이지 않는다. 서구에서 우리는 교회에 제공되는 기본적 구조에 너무 익숙해 있기 때문에 그와 같은 구조가 없는 교회를 상상하지 못한다. 그러나 사실 오늘날과 같은 건물들, 신학교들, 사례를 지급 받는 성직자들, 컨퍼런스, 책, 그리고 다른 자료들은 예수 시대의 교회에는 필수적인 것이 아니라 매우 사치스러운 것이었다. 물론 우리는 그런 것들이 풍성한 것에 대해 하나님께 감사할 수 있다. 그러나 우리는 전 세계에 그런 것들을 가지고 사역하는 기독교인들보다 그런 것들 없이 사역하는 기독교인들이 더 많음에 대해 잘 인식하고 있어야 할 것이다.

최근 동남아에서 열린 국제 기독교 컨퍼런스international Christian conference서

중국의 지하교회 지도자들이 연단에 서서 중국의 교회 사정에 대해 보고했다. 그들은 컨퍼런스에 참여하고 있는 사람들에게 중국교회를 위해 기도해 줄 것을 요청했다. 왜냐하면 공산주의 정권이 그들에게 제약을 가해 효과적인 교회 사역을 하기가 어려워졌기 때문이다. 그들은 특히 그들에게 부과된 세 가지 제재사항에 대해 보고했다. (1)허가하지 않은 50명 이상의 사람들의 모임은 금지한다. (2)허가하지 않은 교회 건물 또는 성전은 세울 수 없다. (3)허가하지 않은 지도자 훈련을 금지한다. 그들이 이런 제재들에 대해 말할 때, 그곳에 모인 사람들은 이들 세 가지 제재가 중국의 지하교회를 오늘날처럼 역동적이고 강력한 교회가 되게 한 동력이었음을 상기했다. 첫 번째 제재의 결과로 중국 지하교회들은 교회성장에 대한 세포분열 모델을 포용할 수밖에 없었다. 회중의 수가 20명 이상이 되었을 때, 해당 교회는 둘로 나뉘어져 새로운 회중을 시작해야만 했다. 두 번째 제재는 교회로 하여금 가정이나 음식점, 가라오케 바, 그리고 다른 사적 공간들에서 모이도록 했다. 세 번째 제재는 회중들로 하여금 공식적인 학교나 신학교의 도움 없이 성장한 토착적 지도자를 양성하게 했다. 참으로 공교로운 아이러니는 그 당시에는 교회에서 떨어져 나간 사람들의 수가 많지 않았다는 것이다. 공산주의 정권이 가한 재제가 사실상 중국 내 기독교회로 하여금 선교적 운동으로서 그들의 참된 특징을 재발견하게 하는 구실을 하고 있는 것이다.

## 선교적 교회가 서구에서 더 어려운 이유

이런 식의 교회개척이 서구세계에서 훨씬 더 어려운 이유가 무엇일까? 도대체 왜 우리는 건물이나 공식적인 훈련과정을 수료하고 졸업장을 받은 성직자 없이 그리스도를 따르는 사람들로 이루어진 공동체를 상상할 수 없는 것일까? 내가 신학교에서 이런 주제를 제기할 때마다, 사람들은 적절한 신학교육을 받은 성직자가 없는 15명 미만의 모임은 이교적 행위로 갈 위험이 있다고 자주 언급한다. 그러나 사실 기독교회를 괴롭히는 대부분의 주요한 이단들은 모두가 인정하는 기성 교회에서 기인한다. 그런 이단 지도자들은 기성 교회의 수직적 질서체계에서 인정하는 적절한 자격을 갖춘 사람들이었다. 이에 반해 실제로 하나님에 대한 심오한 지식에 배고파하는 사람들에게서 일어나는 모든 새로운 운동들이 '교회'로부터 거부당하거나 질시를 받았고, 심지어는 파괴당하기까지 했다. 그리고 그런 운동을 주도했던 지도자들은 하나님이 주신 선교적 충동을 따랐다는 이유로 파문을 당하거나 희생당했다. 모든 사람이 인정하는 교단이나 조직의 일부가 되는 것이 결코 성경적 순결함을 보장하지는 않는다. 수단인 난민캠프에서 자신들의 신앙에 따라 살아가는 새로운 교회들은 캔터베리 대성당에 모이는 회중들만큼이나 모든 면에서 적법하다. 이 점에 대해 다르게 생각하는 것은 우리 안에 존재하는 불안감에서 기인하는 것일 뿐이다. 인도의 한 교회개척자가 주목하여 말한 것처럼, "성경을 가지고 있습니까? 성경을 읽을 수 있습니까? 그렇다면 교회를 개척할 수 있습니다."[7]

우리는 오랜 동안 적절한 절차를 거쳐 안수를 받은 목사 없이는, 어떤 목적으로 지은 시설이 없이는, 또는 교단의 지도체계가 우리에게 제공할 수 있는 지원과 도움 없이는 하나님께서 우리에게 바라시는 바 대로 교회가 되는 것이 불가능하다는 소리를 들어 왔다. 물론 신학교 교수, 안수 받은 성직자, 그리고 교단 지도자에게 그런 소리를 들었다는 것은 놀랄 만한 일도 아니다. 많은 사람들이, 만일 우리가 현재 남반구 대륙의 교회들이 발견하고 있는 것을 재발견하게 될 경우, 잃어버리게 될 것을 너무 많이 가지고 있다. 이 문제에 대해 명확히 하도록 하자. 나는 신학교나 교단, 교회 건물, 그리고 서구교회가 세워질 때 갖추게 되는 다양한 기반시설에 본질적으로 잘못된 어떤 것이 있다고 주장하는 것이 아니다. 내가 말하고자 하는 것은 그런 것에 대한 의존이 우리의 영적인 성장을 방해하고 있다는 것이다. 우리가 돈이나 건물, 그리고 사례를 지불하는 전문가들에 의존하는 한 예수 그리스도의 교회가 돼라고 부르심을 받은 우리의 소명을 온전히 깨달을 수 없을 것이다.

그런데도 우리는 이렇게 아무런 도움이 되지 않는 구조에 대한 의존감을 전 세계에 전파하고 있다. 최근에 베트남의 호찌민 시를 방문하면서, 나는 거의 비어 있는 가라오케 바의 어두운 방에서 일단의 지하교회 지도자들을 격려한 적이 있다. 내가 그들에게 미국에 있는 교회의 예복이나 장식이 필요하지 않다고 말하자, 그들은 못 믿겠다는 듯이 웃음을 터뜨렸다. 나는 다시 한 번 반복해서 "여러분은 하나님께서 바라시는 베트남교회가 되기 위한 모든 것을 다 가지고 있습니다. 성경은 지금 여러분에게 필요한 모든 자료를 제공할 수 있습니다"라고 말했다. 그들이 이것을 확신하는 데는 얼마 간의 시간이 흘렀다. 당시 그들은 베트남교회를 온전히 이루기 위해서는 미국교회가 경험한 것과 같은 종류의 '축복들'을 지향해야 한다고 확신하고 있었기 때문이다.

피트 와드의 관점에서 이런 확신을 생각해 보면, 베트남교회의 지도자들이 바라던 것은 유동적인 교회가 아니라 구조화된 견고한 교회였던 것이다. 구조화된 견고한 것을 지향할 때 우리가 원하지 않는 것들이 부수적으로 너무나 많이 딸려온다는 것을 인식한 서구에서 살아가는 우리만이 유동적인 교회 운동에 유용한 놀라운 기회들을 볼 수 있다. 구조화된 견고한 교회를 지향하는 사고에서는, 교회는 어떤 특정한 시간 어떤 특정한 장소에 개척되어야 하며, 그 이후 그 자리에 영원히 머물러 있어야 한다. 도대체 서구 기독교인들이 견고한 교회건물에 붙어 있는 현판이나 기초석들을 그렇게 좋아하는 이유는 무엇일까? 그것은 그러한 것들이 영원과 부동성, 그리고 신뢰할 만한 것에 대해 말하기 때문이다. 그러나 하나의 '교회'가 한 장소에 세워졌다가 다른 장소에 세워지기 위해 이전 장소에서 사라지는 것이 하나님께 온전히 합당치 않다고 누가 말할 수 있단 말인가? 우리가, 나타났다가 물러나고, 또 순식간에 사라져 버리고, 그리고 수많은 그룹과 장소만큼이나 수많은 모양새를 갖춘 기독교 공동체에 대해 유동적으로 생각할 수 없는 이유가 도대체 무엇이란 말인가? 유수자들은 이처럼 자유로운 교회론을 소유하고 있기 때문에, 온갖 종류의 이상스럽고 놀라운 방식을 갖춘 '교회들'이 등장하더라도 그들은 그것을 교회로 인식할 수 있다. 우리는 호찌민 시에서 내가 만난 지도자들만큼이나 관점의 전환이 필요하다. 예수님의 제자들로서 함께 살아가는 우리가 여섯 명, 일곱 명, 열 명, 또는 서른 명가량 모여 공동체를 이루고 함께 살아갈 때, 그 공동체를 이루는 지금 이 시간과 장소에 우리가 그리스도의 교회가 되는 데 필요한 모든 영적 자료가 갖춰져 있다는 것을 재발견해야 한다.

## 넓고 무한한 바다를 동경하다

20세기의 가장 매력적인 사상가들 중 한 사람은 생기발랄하고 대담한 프랑스 비행사이자 작가인 안톤 드 쌩떽쥐베리Antoine de Saint-Exupry다. 그의 소설 『어린 왕자』The Little Prince는 분명히 성경과 코란에 이어 세상에서 세 번째로 가장 널리 읽힌 책이다. 그의 사후에 그가 언급한 격언과 생각을 모아서 『요새』Citadelle라는 제목으로 출간된 책에서 그는 다음과 같이 말했다.

> 만일 당신이 배를 짓고 싶다면, 목재를 사고 도구를 준비하고 일감들을 나누어 주고 작업을 정리하기 위해 사람들을 소집하지 말라. 다만 사람들로 하여금 넓고 무한한 바다를 동경하게 가르치라.[8]

서구의 기성 교회들은 교인들에게 고도의 바다를 향해 항해를 하고자 하는 열망을 갖도록 영감을 주지는 않고, 다만 그들에게 동기를 부여하여 배를 짓는 기술을 깨닫는 데 집중하도록 했다. 그러나 유수자들은 바다를 위해 살아가는 사람들이다. 그들은 제도화되지 않은 우정이 주는 기쁨과 그들이 현재 즐기고 있는 양심의 자유를 맛 본 사람들이다. 그들은 하나님께서 교회를 세워 주실 것과 지옥문이 교회를 압도하지 못할 것이라는 것, 그리고 하나님의 건물이 취하는 형태는 많은 기독교인을 불편하게 하거나 놀라게 할 것이라는 것을 믿는다. 하나님께서는 호찌민 시의 가라오케 바 안에, 케냐 북부의 난민캠프 안에, 브리즈번의 파인 강가에, 그리고 밴쿠버의 십대 미혼모들 안에 그분의 교회를 세우신다. 그런 열정을 품고 있는 유수자들은 그 열정을 다른 사람들에게 전해 주고, 그들로 하여금 망망한 대해를 열망하도록 가르칠 책임이 있다. 어떻게 할 것인가? 오스트레일리아의 호발트Hobart에 근거를 둔 선교사 단체인 서어드 플래이스 커뮤니티즈Third Place Communities에는 선교적 생활방식을 유지하도록 돕기 위한 일련의 서약이 있다. 이제 그 서약의 내용을 짤막하게 들여다보도록 하자.[9]

## 1. 예수님께서 당신의 방향타가 되게 하라

몇 년 전 나는 스캇 펙이 말하는 것을 들은 적이 있다. 그는 복음이 기독교 최고best-kept의 비밀이 된 것처럼 느낀다고 말했다. 나는 이 말에 동의하고픈 생각이 든다. 이 책의 1부에서 보았듯이, 예수님의 삶에 대해 우리가 갖고 있는 위험한 기억들이 유수자를 위한 방향타reference point가 된다. 우리의 정체성은 예수님께서 누구시며 그분이 말씀하시고 행하신 것이 무엇인가를 이해하는 것과 깊은 관계가 있다. 우리가 복음서에 등장하는 예수님께 깊이 사로잡힐 때, 우리는 망망대해를 동경할 수밖에 없게 된다. 그분은 제도적 교회의 구조에 초월—불가사이하고 깜짝 놀랄만큼 자유—로우신 분이시다. 예수님이시라면 무엇을 하셨을까? 만일 우리가 그 질문에 대해 신중하게 대답하고자 한다면, 우리는 우리의 삶에서 가장 제한기적이고 선교적인 경험들 속에 처한 자신들을 발견하게 될 것이다. 유수적인 지도자들은 그들의 친구들에게 복음 그 자체 안에 그들의 삶을 담그라고 가르칠 것이다.

## 2. 참여에 대한 급진적 영성을 포용하라

예수님을 따른다는 것은 다른 사람들의 삶에 의미 있게 참여한다는 것을 뜻한다. 우리가 예수님의 삶을 모델로 삼아야 한다고 말하면서, 어떻게 동시에 가난한 사람들, 혼란에 빠져있는 사람들, 갈등하는 사람들, 자포자기한 사람들과 거리를 유지한 채 살 수 있다고 믿을 수 있단 말인가? 그리스도를 따른다는 것은 술을 마시지 않는다거나 사람들과 만나면서 맹세하지 않는 것 이상의 것을 의미한다. 그리스도를 따른다는 것은 십대 미혼모들을 위한 프로그램을 운영하겠다는 것을 의미한다. 이는 난민수용소에서 복음을 선포하는 것을 의미한다. 예수님께서 사신 삶의 주를 이루었던 부분은 은거생활을 하거나, 생각 속에만 빠져 있다거나, 한적한 곳에 머무는 것이 아니었다. 비록 예수님께서는 삶에서 그러한 경험을 하셨던 것이 사실이지만, 그분 자신을 위해 그런 일들을 경험하신 경우는 매우 드물었을 뿐더러, 실제 그런 경험조차도 참여와 행동 그리고 관계의 삶을 위한 연결점 역할을 했다. 마태복음 9장 35절에서 우리는 "예수께서 **모든** 성과 촌에 두루 다니사 저희 회당에서 가르치시며 천국 복음을 전파하시며 **모든** 병과 모든 약한 것을 고치시니라"라고 기록한 말씀을 본다. 이는 정말이지 놀라운 여정이었다. 그리고 이는 참여라는 고차원적이 영성이 무엇인지를 명시해 준다. 유수적인 지도자는 참여가 일상적이며, 은둔은 영성을 위해 필요하지만 드문 것이라는 입장을 견지한다.

## 3. 선행적 은총에 영감을 받으라

내가 이전에 쓴 두 권의 책인, 『도래할 일들의 형상』*The Shaping of Things to Come*과 『일상 속에서 하나님을 바라보기』*Seeing God in the Ordinary*10)에서, 나

는 선행적 은총Prevenient Grace을 다루는 데 상당히 많은 분량을 할애했다. 선행적 은총을 믿는다는 것은, 하나님께서 우리보다 앞서 움직이신다는 것, 심지어 가장 비종교적인 상황들 속에서조차 우리보다 앞서 움직이시며, 그리스도를 닮은 우리의 모범이 용납되는 장들 혹은 환경들을 조성하실 것이라고 상정하는 것을 의미한다. '선행하다'prevene라는 동사에 대해 생각해 보라. 이 단어는 '소집하다'convene라는 의미와 관련이 있다. 누군가 모임을 소집할 때, 그는 그 모임을 개최하고 이끌어간다. 그러나 누군가가 그 모임이 시작되기 전에 그 모임이 결성되도록 준비해야prevene 한다. 또한 모임을 가질 홀을 예약해야 하고, 안건을 결정해야 하며, 모든 좌석을 준비해야 한다. 선행하는 것은 그 전에 그 자리로 가는 것이며 사전에 준비하는 것이다. 전도서의 저자는 "하나님이 모든 것을 지으시되 때를 따라 아름답게 하셨고 또 사람에게 영원을 사모하는 마음을 주셨느니라 그러나 하나님의 하시는 일의 시종을 사람으로 측량할 수 없게 하셨도다"(3:11)라고 말한다. 우리로 하여금 항상 우리를 찾으시는 하나님을 찾도록 하는 것은 우리의 마음 안에 있는 영원성이다. 유수자들은 그것을 잘 인식하고 있다. 그들은 하나님께서 그들이 가기 전에 먼저 그곳에 가있으시다는 확신을 가지고 그분에 대한 신뢰 속에서 세상을 향해 나간다. 그러므로 우리가 할 일은 일을 일으키는 것이 아니라 그러한 일들을 이미 일어나도록 하시는 하나님과 더불어 협력하는 것이다.

## 4. 선교적 하나님을 따라 낯선 장소로 가라

만일 유수자들이 하나님께서 이미 일하시는 곳을 찾는다면, 그들은 자신들이 발견한 것으로 인해 놀랄 것이다. 그들은 바bar나 자전거 클럽, 스트립 클럽이나 카지노 안에 계시는 하나님을 발견할 것이다. 물론 그들은 난민캠프에서 복음을 전하시는 하나님도 발견할 것이다. 그러나 또한 자연보호운동the Green movement 또는 국제무역기구WTO에 반대하는 데모대 안에 계시는 하나님을 발견할 것이다. 예수님께서 지상에서 사역하실 때 살던 사람들 중 어느 누구도 세리들과 식사를 하는 자리에서 또는 아이들과 노는 자리에서 하나님을 발견할 것이라고 생각하지 않았다. 하나님께서는 종교적인 사람들의 전제를 깨뜨리셨는데, 오늘날도 이와 같은 일은 동일하게 발생한다. 나는 오스트레일리아 멜버른에서 자전거 클럽을 이끄는 한 무리의 유수자들을 만났다. 또한 캘리포니아 포모나에 있는 댄스장에서 춤을 추고 있는, 영국 버밍햄의 슬럼가에 있는 선술집에서 다른 사람들과 어울리고 있는, 샌프란스시코에서 대중 예술가들을 이끌고 있는, 뉴질랜드 깁스본의 공원에서 스케이트 보드를 관리하고 있는, 영국 브래드포드에서 선술집을 운영하고 있는, 캐나다 토론토에서 자동차대여 센터를 관리하고 있는, 그리고 네덜란드 암스테르담에서 수상 카페를 운영하고 있는 유수자들을 만났다. 나는 하나님의 선교적 충동에 따라 사는 사람들, 예컨대 샌프란시스코의 신발가게, 브리즈번의 레코드 가게, 캐나다 미션의 스포츠용품점, 피츠버그의 핫도그가게, 그리고 멜버른에 있는 이태리 식당과 같은 업체를 운영하면서 기독교 공동체를 발전시킨 사람들을 알고 있다.

## 5. 당신 주변에 있는 사람이 당신과 동일한 일을 할 수 있도록 영감을 주라

여기에 장애물이 존재한다. 유수자들은 자신들이 포용할 수 없는 세상과 자신들이 관계를 맺을 수 없는 교회 사이의 균열된 공간 사이로 추락하고 있는 자신들을 발견한다. 많은 사람들이 교회를 떠나, 교회가 그들에게 요구했던 많은 의무에서 해방됨으로써 느끼는 자유를 즐기고 있는 자신들을 발견한다. 그러나 그들은 또한 함께 여정을 가고 있는 소수의 사람들과 더불어 대양 위를 떠다니는 매우 작은 배 위에 앉아 있는 자신들을 발견한다. 앞 장에서 주목해 보았듯이, 우리가 열망하는 것은 함께 도전과 시련을 포용함으로써 우리의 주요 구주되신 예수님을 위한 열정에 불을 지필 수 있는 같은 마음을 품은 사람들의 무리 또는 집단이다. 유수자들은 그들이 속했던 교회에서는 발견할 수 없었던 어떤 것을 원한다. 즉 동일한 동기—그들 자신보다 위대한 동기, 정의와 은혜, 그리고 평화를 위한 동기—로 함께 묶인 자유롭고, 유기적이며, 평등주의적인 코뮤니타스를 원한다. 만일 이것이 당신이 열망하는 바를 설명하는 것이라면, 나는 그 바람을 깨뜨리고 싶지 않다. 그러나 그 누구도 당신을 위해 그와 같은 공동체를 만들어 줄 수 없다. 기성 교회에 신물이 나기는 했지만 홀로 서 있는 것에 지친 유수자는 유수자들로 구성된 집단을 형성하고 그들을 선교로 이끌어가는 도전을 받아들여야 한다. 당신은 십대 미혼모들을 위한 선교단체를 수립하거나, 환경을 보전하는 다양한 기회들을 제공하는 소규모 사업을 시작하거나, 가난한 사람들을 섬기거나, 외로운 사람들의 친구가 되는 일 등을 할 수 있다. 그저 매 주일마다 수상스키를 하거나 특정 색깔을 지닌 서점에서 토론 그룹을 시작할 수도 있다. 그러나 당신이 무엇을 하든, 사람들이 다른 사람들과 더불어, 그리고 하나님과 더불어 더욱 심도 있는 교제로 나가도록 인도할 준비를 하라. 이것을 알기 전, 당신은 열다섯 명 가량의 사람들과 함께했을지도 모른다. 그러나 오래지 않아 상당한 사람들이 당신과 함께할 것이다. 그러다가 우연치 않게 **교회**를 개척할 수도 있다.

## 일단의 사람들이 실제로 교회가 되는 때는 언제인가?

이 질문은 내가 다른 어떤 질문보다 더 많이 받는 질문이다. 일단의 유수자가 컨퍼런스나 사회적 회합에서 우연히 만난 한 무리의 기독교인이라는 것 이상의 차원에 도달할 때는 언제일까? 만일 내가 가끔씩 지역에 있는 선술집에서 다른 기독교인들과 더불어 가벼운 음료를 마신다면, 그것으로 교회가 형성되는 것인가? 그 자리에 모인 기독교인과 더불어 하나의 지역교회를 개척하고 있는 것이라 할 수 있는가? 그렇게 모인 기독교인은 우주적 교회의 일부를 표현하는 것일까? 우리가 하나의 지역교회인가? 일부 유수자들은 두세 사람이 예수님의 이름으로 모이는 곳이라면 언제나 그분이 함께 하시겠다고 약속하셨기 때문에, 그들의 모임이 교회가 될 수 있음을 내게 설득하려 했다. 나는 마태복음 18장 20절에 나와 있는 예수님의 진술, 즉 예수님을 따르는 제자들은 예수님께서 우리와 함께 하신다는 것을 증명하기 위해 특별한 건물이나 고대로부터 전해오는 의례 또는 대단위의 정족수를 필요로 하지 않음에서 오는 자유, 곧 우리 마음에 주어진 그 자유를 진실로 사모한다. 그러나 예수님을 따르는 것에 대해 내가 체험했던 모든 공동체적 경험이 내게 어떤 헌신도 요구하지 않고 또 나를 위해 어떤 헌신도 하지 않으면서 그저 이따금씩 비정기적으로 모이는 사람들의 모임으로 한정된다면, 그것은 분명 뭔가 부족한 것이다. 예수님께서 하신 한 가지 진술만을 취한 후 그것에 근거하여 교회론 전체를 규명하려는 것은 어리석은 시도일 뿐만 아니라, 심지어 위험하기 짝이 없는 시도이기도 하다. 사실 나는 신약성경 전체가 개인들이 아니라 다양한 성도들의 공동체에 관해 기록되었다고 설득력 있게 주장할 수 있다고 생각한다. 나는 또한 특히 서신서가 예수님을 따르는 사람들은 동료 성도로 구성된 헌신된 신자의 집단에 속할 것이라는 분명한 가정을 전제로 하여 기록되었다고 생각한다.

따라서 기독교는 공동체적 신앙이다. 이 점에 대해서는 의문의 여지가 없다. 그러나 유수자들은 매주 규격화한 집회를 여는 정적인 구조, 안전한 영성, 무해한 가치들, 그리고 배타적이고 이기적인 교인으로 대표되는 '구조화된 견고한 교회'를 떠났다. 그들은 자신들이 불모지와 다름없는 제도적 종교에서 해방되었다고 느낀다. 이러할진대 유수자들이 어떻게 안전하고 인습에 찬 교회로 다시 돌아갈 수 있겠는가? 아마도 정말로 필요한 것은 성경적 교회론을 구성하는 것들에 대한 재발견일 것이다. 유수자들이 선교적 코뮤니타스를 경험할 때,

그들의 욕구는 공동체적이고 예수 중심적인 공동체에 대한 지속적인 경험을 지향할 것이다. 그러나 한 가지 분명한 것은, 그들이 결코 전통적인 교회가 제공하는 패키지를 원하지는 않을 것이라는 사실이다. 종종 유수자들은 그들이 품은 질문을 다음과 같은 질문을 통해 제기한다. "유수자들이 모인 그룹이 효과적인 교회가 되기 위해 해야 하는, 혹은 되어야 하는 최소한의 것은 무엇인가?" 이 질문은 단연코 헌신이나 노력을 회피하기 위한 수단이 아니라, 기독교의 원 과제가 배태하고 있던 단순함과 순수함을 회복하기 위한 시도로써 제기되는 것이다.

몇 년 전, 뉴질랜드의 교회 지도자인 마이클 리델Michael Riddell은 그의 탁월한 저서 『미래의 시작』Threshhold of Future에서 바로 이 질문에 대해 탐구했다. 그는 몇 개의 선교적 혹은 실험적 교회들에 대해 상세히 설명한 후, 이처럼 새롭게 떠오르는 모델들이 갖는 열다섯 개의 지침 혹은 공통적 특징에 대한 항목을 작성했다. 그 항목에는 관계, 정직, 실재, 역동적 에큐메니즘, 반문화적 가치, 그리고 웃음에 대한 강조 등을 포함하고 있으나, 정작 건물, 규모, 그리고 구조 등에 대한 강조는 거의 포함하고 있지 않다.[11] (비록 내가 리델이 작성한 지침의 항목에 동조하기는 하지만) 나는 이 지침들을 현재 떠오르고 있는 선교적 교회의 모델들이 가지는 보편적 특성이라기보다 일단의 선교적 교회들이 향유하는 공동체 생활에 대한 설명으로 본다. 더불어 나는 해당 교회 구성원이 얼마나 많은 웃음과 눈물을 경험했는지 혹은 그들이 소유한 구조가 얼마나 적은 규모의 것인지에 상관없이 수많은 교회에게 적용될 수 있는 일반적 원리를 모색하고 있기 때문에, 이 문제를 좀 더 광범위한 범주로 탐구하는 것을 선호한다.

따라서 여기서 내가 시도하고자 하는 것은 선교적 커뮤니타스 혹은 성도들로 이루어진 그룹이 효과적인 교회가 되기 위해 필요한 '최소한의 것들'에 대해 진술하는 것이다.[12]

나는 이들 최소한의 것들을 다음과 같은 네 가지 범주로 나누고자 한다. 물

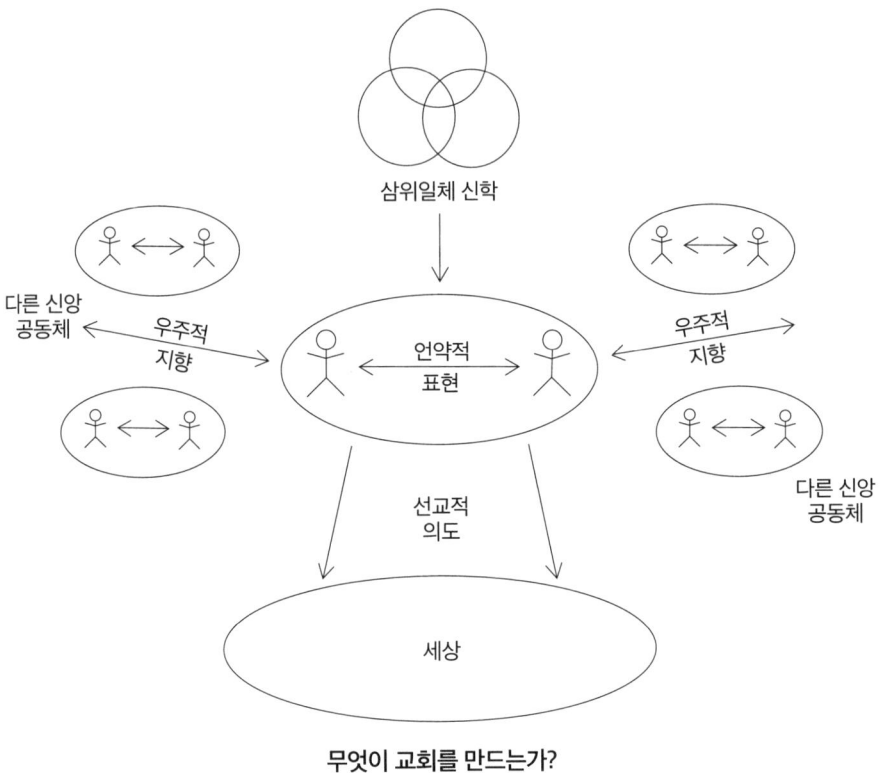

**무엇이 교회를 만드는가?**

론 다른 저자들은 다른 범주를 제시할 수 있을 것이다. 그러나 일단의 신자들을 함께 교회로 구성하는 단계까지 끌어올리기 위해 내가 제시하는 네 가지 조건은 다음과 같다.

1. 삼위일체 신학
2. 언약적 표현
3. 우주적 지향
4. 선교적 의도

이들 네 가지를 좀 더 자세하게 살펴보자.

## 1. 삼위일체 신학

기독교 신앙의 핵심에는 삼위일체 신학이 있다. 기독교인으로 구성된 그룹의 삶에서 삼위일체 신학의 재발견과 그 신학이 갖는 중심성은, 참된 공동체와 그 공동체를 연합하는 영적 접착제를 제공한다. 성부 하나님께서는 우리를 그분의 양자로 초대하시고 (우리가 앞에서 살펴보았던 것처럼), 성자 하나님께서는 이 세상 안에서 그분의 나라를 확장하시는 일에 우리를 청하시며, 성령 하나님께서는 예수님을 주로 인지하도록 우리를 인도하시고 우리가 세상에서 살아갈 수 있도록 모든 좋은 은사를 허락하신다.

종교다원주의 시대에 삼위일체에 대한 우리의 신앙은 케빈 반하우저Kevin Vanhoozer가 "우리 시대를 특징짓는 다원성에 대한 폭력적인 탄압이 아닌 조화로운 화해"[13]라고 부른 기반을 실질적으로 확대하는 근원이 된다. 사실 편협과 불관용이라는 비난에도 불구하고 기독교신앙은 삼위일체 교리를 통해 다원주의의 문제를 다른 어떤 종교적 주장들보다 훨씬 더 명확히 거론할 수 있다고 말한 반하우저의 주장은 옳다. 반하우저가 편집을 맡은 책, 『다원주의 시대에서의 삼위일체』*The Trinity in Pluralistic Age*에서 상당수의 학자들은 삼위일체 신학이 다음과 같은 몇 가지 방식을 통해 이와 같은 일을 한다고 주장했다.

- 하나님을 삼위일체 하나님으로 생각하는 것은, 오늘날 우리 시대에 만연한 개인주의에 반동하는 데 도움을 줄 수 있다. 자기를 내어주시는 삼위일체 하나님의 사랑은 우리를 동정과 화해(복음을 선포하는데 포함되어 있는)의 길로 나가도록 격려한다.
- 동정과 관계는 복잡하게 연결되어 있다. 하나님은 서로 영원한 관계를 맺고 계시는 삼위일체의 하나님이시기 때문에, 우리와 다른 이들을 향하신 하나님의 동정의 기초에 대해 확신할 수 있다.
- 삼위일체가 기반이 된 신학은 타자(다원적)를 존중하고 타자로부터 배

운다. 동시에 삼위일체가 기반이 된 신학은 하나의 메시지가 모든 이들을 위한 진리(절대적)라는 견해를 주지한다.

- 삼위일체 신학은 하나님에 대한 우리의 이해에 신비감을 회복해 주며 계몽주의자들이 시도한 불행한 시도들, 즉 포스트모던이 완고히 거부하는 절대적 확신/기초주의적 사고*를 거부한다. 그들이 기독교를 폐기한다고 생각할 때, 실제로 그들이 거부하는 것은 중세의 플라톤-아리스토텔레스의 철학적 구조를 거부하는 것에 불과하다. 이런 방식으로 삼위일체적 사고의 회복은 포스트모던의 비평에서 기독교를 구하는 데 도움을 준다.

- 삼위일체는 우리의 우상숭배와 독선에도 불구하고 우리에게 드러난 신비이기 때문에, 거룩한 은혜의 수혜자들로서 우리가 갖는 감사의 마음은 우리로 하여금 우리와 다른 신앙을 갖고 있는 사람들을 존중할 수 있게 하는 동기를 부여해 준다.

- 삼위일체의 삶은 상호 인격적 교제인데, 우리는 하나님의 전적인 은혜로 동일한 교제에 (내부자의 자격으로) 참여한다. 동시에 삼위일체의 삶은 사람이 살아가는 것에 대한 모델을 제공해 준다(우리가 외부인의 시각으로 바라볼 때).

이 중 마지막의 것이 중요하다.[14] 우리는 하나님의 자녀로서 그리고 예수님과 함께 공동상속자의 자격으로서 삼위일체에 참여한다. 그리고 우리는 또한 멀리 떨어진 곳으로 물러서서 삼위일체 하나님의 삼위가 서로 상호작용하는 것을 바라보고 삼위 하나님 사이에 존재하는 공동체 양식을 우리의 모범으로 배우기도 한다. 하나님의 성품이 공동체적이시기 때문에, 유수자들은 신앙의 삶을 홀로 살아갈 수 있을 것이라고 생각해서는 안 된다. 어떤 전통적인 찬송

---

* 다른 생각의 기초가 되는 어떤 절대적 생각을 주장하는 인식론적 태도—역주.

가 가사는 기독교 공동체 내에 존재하는 상호관계를 삼위일체 하나님 내에 존재하는 상호관계의 거울에 비추었을 때 나타나는 상으로 묘사하고 있다.

기독교의 사랑 안에서 우리의 마음을 묶어주는 관계에 축복이 있으라.
가족의 마음으로 함께 나누는 친교는
성삼위 하나님께서 나누시는 친교와 같은 것이라.

## 2. 언약적 표현

기독교의 가장 유명하고 감동적인 유수자들 중 한 명은 베네딕트라는 이름의 16세기 이탈리아의 은둔자였다. 그는 유럽교회가 부와 권력으로 오염되어 그 영적 위상이 위태하게 된, 그리고 국가와의 철저한 결탁으로 교회가 사실상 법적·정치적 체계의 세속적 일부가 된 시대에서 살았다. 유수자 예수님을 진심으로 따르는 제자들은 생명 없는 교회에 진력이 났고, 결과적으로 많은 사람이 교회를 떠났다. 그들 중 대부분은 수도원, 혹은 베네딕트처럼 은둔생활 속에서 자신들이 갈 길을 찾았다. 수도사로서 베네딕트는 오두막에서 살며, 지혜를 구하거나 영적인 도움을 구하기 위해 그를 찾는 사람들을 돌봤다. 그러나 성경연구와 한적한 곳에서 그리스도와 같은 삶을 살려는 그의 진실한 노력은 그에게 어떤 한 결론에 이르게 하였는데, 그것은 예수님의 가르침은 그로 하여금 현재의 자리를 떠나 다른 사람들과 접촉하는 삶을 살라고 요구한다는 것이었다. 그는 홀로 기독교를 이룰 수 없다는 것을 깨달았다. 그는 동료 유수자들(은둔자들)을 모아 공동체를 조성하기 시작했고, 예수님을 향한 그들의 열정은 일종의 코뮤니타스를 형성했다.

베네딕트가 세운 단순한 계획은 각각 열두 명의 사람들로 하나의 가족단위를 형성하게 해 주는 것[15]이었다. 그는 은둔자와 수도사, 그리고 부패한 제도적 교회에 속해 있던 다른 유수자들을 모아 그리스도 안에서 예수님의 가르침에 따르도록 서로를 격려하며 살게 했다. 베네틱트의 가족들은 친밀함, 개방, 사랑, 그리고 관대함의 공동체였다. 그는 경건한 사람을 각 가족의 지도자로 세웠고, 그렇게 함으로써 바울이 데살로니가전서에서 묘사한 대로 가족을 격려할 수 있었다.

> 도리어 너희 가운데서 유순한 자가 되어 유모가 자기 자녀를 기름과 같이 하였으니 우리가 이같이 너희를 사모하여 하나님의 복음뿐 아니라 우리의 목숨까지도 너희에게 주기를 기뻐함은 너희가 우리의 사랑하는 자 됨이라 …… 우리가 너희 믿는 자들을 향하여 어떻게 거룩하고 옳고 흠 없이 행하였는지에 대하여 너희가 증인이요 하나님도 그러하시도다 너희도 아는 바와 같이 우리가 너희 각 사람에게 아버지가 자기 자녀에게 하듯 권면하고 위로하고 경계하노니 이는 너희를 부르사 자기 나라와 영광에 이르게 하시는 하나님께 합당히 행하게 하려 함이라(살전2:7-8, 10-12)

그리고 나서 베네딕트는 놀랄 만한 일을 한 가지 했는데, 이 일은 후세에 계속해서 계승되어 내려왔다. 그를 통해 각 가족을 위한 규정이 발전하였는데, 이 규정은 모든 구성원들이 경건함으로 하나가 되는데 필요한 일단의 규칙들이었다. 각 가족의 개개 구성원은 다른 구성원들에게 충실할 것을 서약해야 했고, 그들 또한 개개 구성원에 대해 충실할 것을 서약했다. 이 서약을 할 때, 모든 새로운 구성원은 모두의 유익을 위해 공동체를 다스리는 규정에 따를 것을 약속했다. 이러한 규정은 오늘날 성 베네딕트의 규칙The Rule of St. Benedict으로 유명하다. 하지만 16세기 당시의 유수자들이 이 규정을 자신들이 평생 지켜나가야 하는 종교적이고 사회적인 실험으로 간주했다는 것을 상상해 보라. 베네딕트는 다음과 같은 격려를 시작으로 자신이 만든 규칙의 목록을 제시했다.

그러므로 우리는 이제 주님을 섬기는 훈련소를 세우고자 합니다. 여기에서 우리는 모질고 괴로운 것이라곤 아무 것도 전하지 않게 되기를 소망합니다. 그러나 비록 악을 바로잡거나 사랑을 보전하기 위해 우리가 하는 것들이 너무 엄격해 보인다고 지적당하더라도, 실망감에 차 구원의 길에서 즉시 떠나려고 하지 마시기 바랍니다. 구원의 길은 그 시작이 언제나 좁을 수밖에 없기 때문입니다. 그러나 우리가 종교적 생활과 신앙 안에서 진보할 때, 우리는 넓어진 마음과 사랑에 대한 말할 수 없는 감미로움으로 하나님께서 명하시는 길을 달려갈 것입니다. 그 결과 그분의 인도하심으로부터 결코 벗어나지 않을 것이며, 죽음에 이를 때까지 그분의 가르침 안에 거할 것입니다. 우리는 인내함으로 그리스도의 고난을 공유할 것이고, 그분의 왕국을 그분과 더불어 상속받는 상속자들이 될 가치를 발견할 것입니다.[16]

이 격려사에 이어, 얼마나 많은 양의 음식을 먹을 것인가에서 시작해 공동체가 아주 어리거나 늙은 사람들을(친절함으로) 어떻게 돌아볼 것인가, 여성들을 어떻게 대할 것인가(특별한 배려로), 규정을 지키지 못한 사람들을 어떻게 다룰 것인가(사랑으로), 어떤 일을 할 것인가, 지도자를 어떻게 선출할 것인가 등과 같은 일흔 세 개의 규칙들이 따라 나온다. 오늘날의 시각으로 볼 때, 이들 규칙들이 구시대적이고 지나치게 엄격해 보일 수도 있다. 규칙들에 대한 이와 같은 무조건적인 복종은 종교개혁자들이 신랄하게 비판하던 것의 일부였다. 그러나 유수자들이 모여 구성된 집단이 갖는 아이디어, 즉 부패한 교회를 떠나고, 세속적 문화의 힘에 저항하고, 그리스도를 섬기기 위해 조화로운 삶을 사는 것은 오늘날 우리가 회복해야 할 바로 그것이다. 규칙 72번에서 베네딕트는 다음과 같이 말했다.

모든 구성원이 자신보다 서로를 돌보는 일에 유의하게 함으로써 그리스도를 위한 그들의 열심이 행동으로 드러나게 합시다. 여러분의 형제와 자매를 순결함과 진실한 사랑으로 섬깁시다. 신실함과 겸손한 마음으로 하나님과 여러분의 지도자를 경외하도록 하십시오. 그 어느 것도 그리스도보다 더 높이지 말도록 하십시오. 그러면 그분께서 우리 모두를 영원한 생명으로 인도하실 것입니다.[17]

'넓은 마음과 사랑에 대한 말할 수 없는 감미로움'을 원하지 않는 사람이 누가 있겠는가? 기독교 역사를 볼 때, 이와 유사한 수도회―프란스시코 수도회, 도미니칸 수도회, 그리고 다른 탁발 수도회들Mendicant orders 등―가 있었는데, 이들 모든 수도회가 특정한 자치 규칙들을 가지고 있다. 설립자인 클라라 오프렌두시오Clara Offreduccio의 이름을 따 지은 가난한 클라라 수도회The Poor Clara에는 다음과 같은 규칙이 있다. "사람들을 축복하십시오. 그들과 함께 음식을 드십시오. 병든 사람들을 치료하십시오. 복음을 전하십시오." 이와 같은 규칙들 중 많은 것이 교회를 재생하고 서구문화를 개화하는 데 기여했던 것이다.

마틴 루터와 존 칼빈 그리고 다른 종교개혁자들이 지적했던 것처럼, 우리가 예수 그리스도를 통해 드러난 하나님의 은혜로 말미암아 믿음으로 구원을 얻었다는 것은 진리다. 많은 유수자들이 선한 사역과 자기 수양 그리고 고난을 감내함으로 구원을 얻기 위해 이들 수도회에 들어왔다. 하지만 정작 그리스도 안에서 우리는 하나님을 향한 그와 같이 끔찍스럽고 결코 끝나지 않을 노력들로부터 자유하다. 하나님께서 우리에게 가까이 다가오셨고, 예수님을 통해 그분의 사랑을 보여주셨으며, 죄와 사망으로부터 우리를 구원해 주셨다. 그러나 이 말이 오늘날 유수자들이 다른 동료들과 함께 무리를 형성하고 용납과 사랑, 양육, 공유하는 목적, 공통의 프로젝트, 공동체 생활을 향유하는 '가정'을 이룰 필요가 없음을 의미하는 것은 아니다. 톰 사인Tom Sine은 이에 대해 이렇게 말했다.

예수 그리스도를 따르는 사람들이 문화적 강제가 아닌 성경적 소명에 의거하여 삶의 초점과 리듬을 의도적으로 설정할 수 있게 하기 위해, 교회를 다시금 수도원화re-monking하기 위한 공격적 노력이 필요할 것이다.[18]

그렇다면 '다시금 수도원화 하는 것'은 무엇인가? 매우 도움이 되는 책인 『후기 기독교왕국』Post-Christendom에서 스튜어트 머레이Stuart Murray는 후기 기독교왕국 시대의 교회는 스스로를 "선교적 수도회a monastic missional order, 즉 격려와 후원, 그리고 훈련이 있는 공동체로서 다시 한 번 상상해 볼 수 있을 것이다. 그 공동체는 우리가 각자의 일터에서 기독교인으로 살아가기 위한 힘을 제공받는 곳이고, 다시 심사숙고하고 새로운 힘을 공급받기 위해 돌아가는 그런 공동체"[19]라고 말함으로써, 사인Sine의 견해를 받아들였다. 나는 지금 우리 모두가 한 집(그러나 당신이 그렇게 생각한다면 해 보라. 나는 그보다 더 큰 재앙이 있을 것이라고 상상할 수 없다!)에서 살아야 한다고 제안하는 것이 아니다(머레이도 그렇게 주장하지 않았다). 내 생각에 이것은 일단의 공통된 가치들과 헌신으로 이루어진 '규칙'으로 당신과 묶인 일단의 동지를 발견하는 것을 의미한다. 그리고 당신이 그것을 발견했을 때, 당신은 그보다 즐거운 것이 없음을 깨닫게 될 것이다.

내가 속해 있는 공동체인 '스몰보트빅씨'smallboatbigsea는 시드니의 북쪽 해변에 근거지를 둔 유수자들 집단인데, 이 공동체에서 우리는 우리가 조성한 공동체의 삶을 위해 단순한 규칙 또는 규정을 개발하였다. 이 규정은 벨스BELLS의 철자에 따라 다음과 같이 요약된다.

- **축복하기. 우리는 하루에 한 번씩 우리 공동체에 속한 다른 구성원 중 적어도 한 명을 축복할 것이다.** 이는 다양한 방식으로 할 수 있다. 우리는 단순히 이메일을 보내 우리가 가진 확신을 표현할 수도 있다. 또는

편지를 쓰거나, 선물을 전해 주거나, 용기를 주는 말을 해 줄 수도 있다. 이렇게 하는 것이 어렵게 들릴 수도 있지만, 당신이 일단 이 일을 하기 시작하면 그 일이 얼마나 쉬운 것인지를 알게 될 것이다. 그리고 그런 지원과 관심이 있는 공동체에 속하는 것이 얼마나 멋진 일인지도 알게 될 것이다.

- **먹기. 우리는 공동체에 속한 다른 구성원들과 일주일에 적어도 세 번씩 함께 식사를 할 것이다.** 우리 공동체에 속한 모든 구성원은 매 주일 저녁마다 식사를 함께한다. 이 때 모든 구성원들은 다른 사람과 함께 나눌 음식을 한 접시씩 가지고 온다. 또한 우리는 구성원을 세 명씩 나누어 소그룹을 만들었는데, 각 그룹은 상호신뢰, 제자도, 그리고 양육을 위해 매 주 함께 만난다. 이들 소그룹은 일반적으로 함께 모여 식사를 하거나 커피를 마신다(내 그룹은 매주 아침식사시간에 만난다). 따라서 한 주에 두 번의 식사시간은 항상 정해져 있게 된다. 다만 우리 집단에 속한 또 다른 사람과 함께 한 번의 식사를 더 하기만 하면 된다.

- **듣기. 우리는 매주 우리 삶 속에서 일으키시는 하나님의 고무하심에 귀를 기울일 것이다.** 듣기도 사람에 따라 각기 다른 형식을 취할 것이다. 우리들 중 어떤 사람은 영적으로 매우 직관적이어서 환상, 영상, 그리고 다른 종류의 황홀경 속에서 하나님의 음성을 듣는다. 다른 사람들은 좀 더 평범한 방식으로 하나님의 음성을 듣는데 마음을 기울이고 있다. 우리는 주 중에 한번 하나님의 음성을 듣기 위해 고독한 시간을 보낼 것이다. 우리는 걸으면서 기도할 것이고, 특별한 장소에서 홀로 있는 시간을 찾기도 할 것이다. 기도용 묵주와 기타 여러 가지 방법을 사용하여 하나님의 음성을 듣는데 헌신할 것이다.

- **배우기. 우리는 매주 복음서를 읽을 것이고, 예수님에 대해 배우는 데 부지런할 것이다.** 물론 우리는 전체 구성원에게 성경 전체를 읽으라고

권면한다. 그리고 정기적으로 성경을 공부할 것을 권면한다. 그러나 예수님 중심의 집단이 되기 위한 노력으로써, 우리는 예수님에 대한 복음서의 이야기를 매주 탐구할 것을 강조한다.

- **보내심을 받기. 우리는 매일의 삶을 하나님에 의해 이 세상으로 보내심을 받은 것에 대한 표현으로 볼 것이다.** 앞에서 우리는 기성 교회를 괴롭히는 이원론에 대해서 살펴보았다. 그 이원론은 교회 밖에서 이루어지는 우리의 삶이 하나님의 나라의 확장과 무관한 것이라고 가정한다. 우리는 양자됨을 보았고, 진실 말하기, 세우기, 치유하기, 그리고 이름을 부르는 것과 같은 일을 통해 하나님의 일을 하는 것을 보았다. '스몰보트빅씨'에서 우리는 매일의 삶이 하나님으로부터 '보내심을 받은 것'이라는 표현을 하고, 이 세상을 향하신 하나님의 은혜를 전하는 전달자들로서 우리의 선교를 실천할 수 있는 방법을 찾는 데 헌신했다. 여기에는 정의의 실천을 위해 일하는 것과 세계의 평화를 갈구하는 것 뿐 아니라, 다른 사람들에 대한 환대와 우리가 맡은 물질을 지혜롭게 사용하는 의로운 청지기로서의 행위까지 포함될 것이다. 보내심을 받음에 대한 사고구조는, 예수님께서 세상에 보내심을 받으신 것에 대해 설명하실 때 사용하셨던 본문 안에서 발견된다. 누가복음 4장 18절부터 19절에서 예수님께서는 그분의 사역에 포함되는 것에 대해 요약하셨다. 여기에는 복음을 나누는 것("가난한 자들에게 복음을"), 빈곤의 결과들을 비난하시는 것("포로된 자들을 자유케 하고"), 불구됨과 질병을 극복하는 것("눈 먼 사람의 시력을 회복시키시는 것"), 빈곤의 원인들을 타파하시는 것("억눌린 자들에게 해방을"), 그리고 잔치와 회복("주의 은혜의 해를 선포하기") 등을 포함한다.

앞에서도 언급했듯이, 우리는 매주 한 번씩 함께 만나 사랑의 잔치를 나눈다. 위에서 언급한 벨스BELLS의 원칙에 따라 함께 식사를 나누는 이 일을 진행한다. 그러나 좀 더 의전적으로 진행한다. 우리는 함께 모여 서로에게 격려와 확신의 말을 하면서 서로를 축복한다. 우리가 잘 모르는 방문자들을 위해, 우리에게는 성경에서 뽑은 일반적인 축복의 말에 관한 목록이 있다. 예를 들면, 아론의 축복 또는 에베소 교인들을 향한 바울의 축복 등이 그것이다. 그 외에도 켈트족 또는 전통적으로 교회에서 사용되어 온 축복의 말 등도 사용한다. 축복의 말을 주고받은 후 함께 음식을 나눈다. 어떻게 먹을 것인가! 멋진 음식들과 값싼 포도주를 테이블 위에 차린다. 식사 중에 우리는 빵을 쪼개어 포도주에 찍어 먹으면서 우리와 함께하시는 예수님을 기념하고 십자가에서 돌아가신 그분의 희생을 기억한다. 모든 사람이 다른 사람들과 나눌 음식을 가져온다. 우리가 함께 음식들을 먹을 때, 우리는 자연스럽게 하나님과 서로에게 감사를 표한다. 그러면서 우리는 다른 사람들에게 우리가 즐기고 있는 맛난 음식의 조리법에 대해 묻기도 한다.

식사 후, 우리는 그 주간 동안 하나님께서 우리에게 주신 말씀을 서로 나누며 하나님의 음성을 듣는 시간을 갖는다. 그러고 나서 우리는 함께 배운 것을 나누는 시간을 갖는다. 어떤 사람은 짧은 설명을 하고, 다른 이들은 좀 더 상호작용을 하며 배우는 시간으로 유도한다. 마지막으로 우리는 사람들이 그 주간 동안 보내심을 받은 그들을 통해 하나님의 사역이 어떻게 드러났는가에 대해 나누고자 하는 사람에게 시간을 준다. 사람들은 치유자, 또는 진리를 말하는 자, 또는 세우는 자로서 자신들이 감당했던 일들에 대해 말한다. 그리고 그들이 수행한 노력들에 대해 확인을 받는다. 이런 방식으로 우리는 많은 교회 안에서 일어나고 있는 이원론을 깨뜨리는 노력을 한다. 많은 교회에서 우리의 일상생활은 우리가 주일날 경험하는 것과 전혀 관련이 없는 것으로 취급한다.

이와 같은 실험들이 전 세계 도처에서 일어나고 있다. 텍사스 대학에서 대략 3킬로미터 정도 떨어져 있는 오스틴 시 도심의 역사적 장소인 올드 엔필드Old

Enfield에서, 당신은 오크 그로브 수도원Oak Grove Abbey을 발견할 것이다. 1937년에 지어진 여섯 개의 침실을 갖춘 아름다운 집인 오크 그로브 수도원은 오랜 전통적 수도원을 모델로 하여 형성된 수도원적 공동체이지만, 매우 현대적인 느낌도 함께 갖추고 있다(컴퓨터 덱과 일광욕실도 있었다!). 그렉 윌리스Greg Willis에 의해 몇 년 전 선교적 프로젝트로 시작된 수도원은 구성원들이 함께 살고 배우는 총체적인 삶의 방식을 발전시키는 선교적 공동체이다. 이 수도원은 또한 구성원에게 자신이 삶을 영위하며 지역 공동체를 섬기는 포스트모던한 오스틴 시의 '토속적 언어'를 배울 것을 권면한다. 수도원은 모든 구성원이 다음의 내용들을 실천할 것을 기대한다.

- 각 구성원들에게는 매우 관계적이고 융통성 있는 시간제 아르바이트(커피숍, 서점 등)를 하거나 소규모 사업으로 발전할 수 있는 특정한 기술을 배우는 데(옷 재단하기 등)에 시간을 투자할 것을 요구한다.
- 각 구성원들에게 각기 맡은 집안일, 예컨대 청소, 요리, 그리고 정원 돌보기 등을 순환제로 하도록 요구한다.
- 각 구성원들에게 일련의 공동체 숙제가 요구된다. 이 숙제에는 독서, 정기적 세미나, 그룹 토론, 그리고 지도자가 설정한 주제에 대한 글쓰기 등이 포함된다.

다른 수도원적 공동체처럼, 하나의 구조로 잘 짜인 일상의 리듬은 오크 그로브 수도원의 생활방식에 핵심적이다. 매일 아침 기도회, 정오 기도회, 그리고 저녁 기도회가 있다. 또한 일하는 시간, 세미나 시간, 독서시간, 그리고 함께 식사를 하는 시간 등이 정해져 있다. 나는 오크 그로브 수도원을 방문하지는 않았지만, 달라스에서 그렉을 만났다. 우리는 서로 연락을 주고받고 있다. 다음은 그가 밝힌 수도원에서의 첫 번째 성 주간에 대한 설명이다.

**종려주일**—션은 교독문 낭독, 노래, 격의 없는 묵상 등을 엮어 만든 아름다운 예배를 고안했다. 우리는 예배 중에 찬양을 높이 불렀다. 분명히 한 주간을 유기적 경배라는 합당한 영으로 시작했다.

**월요일**—션과 멜리사는 저녁식사에 검은 색의 미션 무화과black mission figs를 내 놓았다. 우리는 저녁식사를 하면서 저주받은 무화과나무에 대해 토론을 벌였다. 아직은 신앙이 미숙한 친구인 칼라웨이Callaway가 우리에게 '갓헤이트픽스닷컴' godhatefigs.com이라고 불리는 장난기 넘치는 웹사이트에 대해 알려주었다.

**화요일**—우리는 수도원 주변에 원을 그리며 걸었다. 걷는 중에 우리는 예루살렘을 오르내리면서 예수님께서 주신 많은 가르치심과 예수님께서 유대인 종교 엘리트들과 대면하시는 장면들에 대해 상상했다. 우리는 예수님께서 바리새인들의 '어리석기 짝이 없는' 위선과 대면하셨을 때, 그분의 가르침이 그들에게 더 이상 어떤 충격도 주지 못했음에 주목했다. 우리는 예수님의 체포와 죽음을 초래한 긴장을 느낄 수 있었다.

**수요일**—멜리사는 값비싼 나르 향으로 예수님의 발을 씻은 마리아의 이야기에 관해 다시 말했다. 그녀는 제자들이 그녀를 오해하고 있었으며 비판적으로 그녀를 판단한 사실에 주목했으나, 예수님께서는 그녀의 독특한 직관과 아낌없는 예배의 행위에 감동을 받으셨다는 것에 주목했다.

**목요일**—션은 고등학생들로 구성된 소그룹을 다락방으로 데리고 올라갔다. 그들은 그곳에서 긴장을 풀고 아름다운 저녁시간을 함께 보냈다. 나는 동역자들에게 이 이야기를 하면서 그들에게 내가 얼마나 그들을 소중하게 생각하고 있는가를 전해 주는 작은 몸짓을 했다.

**금요일**—졸리가 세달식a Sedal meal을 준비하고 유월절의 주요 내용에 대해 상세히 연습했다. 우리는 예수님께서 빵과 포도주에 대한 새로운 해석을 주시는 장면들을 되새겨 봄으로 성만찬에 대해 더욱 풍성히 이해하였다. 어떤 제자들도 예수님께서 세우신 유서 깊은 의식을 잊지 못했을 것이다. 저녁식사 후, 우리는 현대적 아이콘들을 사용하여 예수님의 수난을 상징하는 열네 개의 십자가 앞에서 드리는 기도를 올렸다.

**토요일**—기다림의 날이다. 우리는 나무를 식목하기 위해 정원을 적당히 가꾸었다.

**부활주일**—우리는 멜리사가 가르치는 일부 가난한 아이들과 그 아이들의 가족들을 초대한 공원으로 갔다. 비록 춥고 바람이 부는 날씨였지만, 그곳에 온 아이들은(코노를 포함하여) 공원 놀이터 주변을 뛰어 다니며 즐겁게 보냈다. 션과 멜리사는 남은 아침식사를 노숙자들에게 주었다. 그날 오후, 졸리는 부활절 계란을 가지고 코노에게 이야기를 해 주었다. 우리는 풍성한 저녁식사를 함께했다. 그 자리에서 우리 각자는 그 주간 동안 자신이 한 일을 짤막하게 이야기했다. 그 자리는 우리에게 텅 빈 무덤이 의미하는 승리의 진정한 맛을 느낄 수 있는 참으로 좋은 자리였다! 나는 특별히 내 친구인 팀이 자신의 이야기를 하기 위해 우리와 함께했기 때문에 특히나 기뻤다. 저녁식사 후, 우리는 큰 화면을 통해 <로메로>*Romero*를 함께 보았다. 뜻이 깊고 난해한 영화였다. 당신도 보아야 할 영화다.[20]

이와 유사한 새로운 수도원적 실험들이 미국 여러 곳에서 일어나고 있다. 여기에는 필라델피아의 심플 웨이Simple Way, 뉴저지 캄덴의 캄덴의 집Camden House, 그리고 북캐롤라이나 던햄의 러트바의 집Rutba House등이 포함된다. 나는 그러한 공동체적 삶이 본질적으로 언약적이라고 생각한다. 즉, 그리스도의 실재를 기념하고, 삶을 다른 사람들과 나누며, 그리고 함께 선교를 감당하는 데 바치는 헌신은 약속이나 맹세 이상의 것이다. 언약은 결혼처럼 공유하는 가치나 서약을 중심으로 모인 한 무리가 되는 것 이상의 연합을 의미한다. 언약은 예배나 모임 그리고 선교의 행위들 그 자체보다 더 깊은 어떤 것이다. 이는 발생하고 있는 어떤 일에 대한 상징이고, 우리의 영 안에서 비가시적으로 발생하는 것이다. 우리는 영적 교제 속에서 함께 하나가 된 사람들이다. 공동체 그 자체는 거룩한 것이다. 공동체는 동일한 마음을 품은 사람들의 모임 이상의 것이다. 공동체는 하나님과 서로에 대한, 그리고 그들이 섬기도록 보내심을 받은 세상에 대한 구성원의 명확한 헌신을 요구한다.

### 3. 우주적 교회관 지향

우주적이 된다는 것의 사전적 의미는, 시간과 장소를 초월하여 당신이 있는 장소를 우주적 교회로 인식한다는 것을 의미한다. 교회를 세우는 일은 기독교 선교라는 수천 년 동안 지속된 프로젝트 가운데서 우리 공동체가 감당하는 역할의 조그만 부분을 관대하게 인식하는 것을 포함한다. 그리스도의 몸에 대한 좀 더 포괄적인 개념을 거부하거나 우리만 '옳고' 다른 모든 사람은 틀렸다고 가정하는 상당히 교만한 분위기 안으로 빠져드는 것은 도움이 되지 않을 뿐 아니라 옳은 것도 아니다. 우리는 교회를 세울 때, 다른 형제와 자매와의 연관성에 대해 어느 정도 관심을 기울여야 한다. 아마도 당신은 내가 이렇게 말하는 것에 대해 놀랐을 수도 있다. 왜냐하면 지금까지 이 책이 주장해 온 것이, 기성 교회는 실패한 동기이기 때문에 우리가 포기해야 할 대상이라고 주장하는 것처럼 보였기 때문이다. 하지만 나는 교회가 실패한 동기라고 말한 적이 없다. 더욱이 나는 교회를 떠날 것을 권장한 적도 없다. 그러나 나는 실제로 교회를 떠난 수없이 많은 유수자들과 또 전통적인 교회에 남아 있으면서 내부적 유수자로 지내고 있는 사람들에 대해 잘 알고 있다. 나는 그러한 유수자들이 갖는 좌절감과 동기에 공감한다. 더불어 나는 그들이 포스트모던 문화라는 바다 위를 부유하면서 그들의 마음을 상실하지 않은 채 예수님을 향한 그들의 열정과 세상을 향한 그들의 사랑을 붙들고 있길 간절히 바란다. 유수자들이 내가 설명한 방식으로 함께 모여 교회를 구성한다면, 나는 그들이 기성 교회에게 무언가를 말해야 할 의무가 있다고 믿는다.

제한기에 처한 공동체가 기성사회에 생명력과 혁신 그리고 창의력을 부여함으로써 해당 사회로 하여금 앞으로 나가게 한다는 빅터 터너의 믿음을 기억해 보라. 모든 새롭게 조성된 유수적 공동체는 기성 교회에 대해 동일한 일을 한다. 베네딕트 수도회 소속 수사들과 프란시스코 수도회 소속 수사들이 그런 일을 했다. 동일한 일을 종교개혁자와 재세례파 성도들이 했다. 웨슬리와 휫필드, 해리스, 그리고 감리교도와 같은 열성적인 성도들도 동일한 일을 했다. 윌리엄 부스William Booth와 그가 창설한 구세군도 동일한 일을 했고, 오순절파 성도들도 동일한 일을 했다. 이처럼 기독교 공동체 안에서 경험된 해방감은 기성 교회에 문화적 재생의 씨앗을 심는 역할을 했다. 전 세계에서 교회는 성장하고 있고 역사적으로도 성장하고 있다. 유수적 공동체는 그 안에서 자신들의 위치에 대해 알고 있다. 그들은 관점 면에서 전 세계적인 관점을 지니고 있기 때문에, 실제로 활발하게 해외선교를 지원할 것이다. 그들은 그 표현 면에서 지역적이기 때문에 그들의 생활반경 안에 있는 다른 전통적인 교회들을 섬길 방법을 활발하게 찾을 것이다.

좀 더 전통적인 교회가 당신이 더욱 수용할 만할 것이라고 말해서는 안 된다. 많은 사람이 건물이나 교단의 인준 또는 안수 받은 지도자가 없다는 이유로 특정 기독교 그룹의 정체성을 규명하는 데 어려움을 겪는다. 우리는 우리 공동체에 참여했다가 기성 교회에 출석하는 다른 기독교인 친구한테서 우리 공동체를 떠나라는 경고의 말을 들은 적이 있다는 보고를 여러 명에게서 들었다. 그 친구들은 우리가 기독교인들이 아닐 수도 있다는 말까지 들었다고 한다. 그러나 우리는 공동체를 비밀스러운 혹은 폐쇄적 공동체로 만들면서 우리 자신을 주변화해서는 안 된다. 나는 우리가 할 수 있는 한 최선을 다해 다른 교회들을 축복하는 동시에 그리스도 안에서 크고, 높고, 아름다운 자유를 누리며 살라고 말하고 싶다.

## 4. 선교적 의도

이미 앞 장에서 다루었기 때문에 그냥 지나칠 수 있겠으나, 우리는 우리와 더불어 공동의 목표 또는 선교를 공유하는 사람들과 함께 교회를 개척한다. 나는 교회론을 살펴보기 전에 코뮤니타스에 대해 토론하고 싶었다. 사실 나는 그리스도에 대한 우리의 적절한 이해(기독론)가 우리로 하여금 선교에 대한 적절한 헌신(선교학)에 이르도록 인도한다고 믿는다. 그리고 선교에 대한 우리의 적절한 헌신은 공동의 삶을 함께하게 하는 수단을 개발하는 데 우리의 관심을 집중하게 한다(교회론). 교회론에 관한 이해는 이런 순서로 발생해야 한다. 그러나 너무도 많은 교회들이 어디에서 만날 것인지, 어떤 찬양을 부를 것인지, 무엇을 설교할 것인지, 소그룹들은 어떻게 조직할 것이며, 지도체계는 어떻게 구상할 것인지를 결정하는 인위적인 교회론을 개발하려는 노력으로 논의를 시작하려 한다. 대신 우리가 생떽쥐베리의 말을 통해서 주목해 보았듯이, 배를 건설하려면 먼저 바다를 향한 열정이 있어야 한다. 그러한 열정은 우리와 그리스도의 친밀감에서 온다. 그분의 영이 우리로 하여금 높은 파도를 타게 할 것이고, 오직 그렇게 할 때 비로소 우리는 예배와 공동체 생활 그리고 리더십을 위한 가장 적절한 구조를 개발할 필요에 이르게 될 것이다. 이 구조들 중 많은 구조는 협상이 가능하며, 세상 어느 곳에 있느냐에 따라 달라질 수 있으며, 교단에 따라 다를 수도 있다. 하나님께서는 그 예배 스타일과 리더십 제도가 분필과 치즈만큼이나 다른 교회들을 축복하신다. 그 점은 그리 중요하지 않다. 더 중요한 것은, (사실 더 본질적인 것은) 예수님과 우리의 친밀감과 그 친밀감이 생성하는 선교에 대한 박동이다.

당신은 내가 제시한 짧은 목록에 동의하지 않을 수 있다. 그러고는 어떤 다른 요소도 포함해야 한다고 생각할 수도 있다. 「선교 지향적 교회」Mission-Shaped-Church라는 영국 교회의 보고서에서, 저자들은 내가 제기한 것과 비슷한 다섯 가지 본질들을 확인해 주고 있다. 그들은 교회의 떠오르는 또는 선교적 표현들은 (1)삼위일체 하나님께 초점을 맞추고, (2)성육신적이며, (3)변혁적이며, (4)제자를 양성하며, 그리고 (5)관계적이라고 말한다. 저자들은 또한 각 요소에 여러 가지 주요한 지표들이 있다고 말한다.[21] 나는 이 목록에 반대하지 않는다. 오히려 나는 영국교회가 성공회든 아니든 그 핵심에 상관하지 않고 위에서 지적한 다섯 가지 요소를 갖춘 코뮤니타스를 지지할 준비가 되어 있다는 것을 알게 되었다는 데 대해 참으로 흥분하고 있다.

## 바닷가에서의 하루

'스몰보트빅씨'smallboatbigsea 공동체는 교회를 세우는 일단의 유수자들이 지향해야 하는 전형은 아니다. 때로 나는 공동체 구성원이 자신들을 하나의 사례 연구 혹은 다른 사람들이 실험할 전시물 같이 느낄 것이라는 두려움 때문에 그들에 대해 말하는 것을 꺼린다. 그들은 나의 가장 사랑하는 친구들이고 내 일생의 동반자들이다. 그들은 나와 더불어 삼위일체 신학, 우리의 공동생활을 위한 성찬례, 더 넓은 범위의 교회와의 연계, 그리고 전 세계선교와 지역선교에 대한 헌신을 공유하고 있다. 그러나 우리도 실수를 범하고 있다. 우리는 우리가 세운 이상에 못 미친다. 때로 우리는 서로에게 실망을 주기도 한다. 그럼에도 우리는 계속해 나간다. 그러면서 때론 바르게 행하기도 한다.

얼마 전에 우리는 나의 막내딸 필딩Fielding에게 세례를 주었다. 공동체 모두가 시드니 항 근방의 잔디가 많은 공원에 모였다. 공원에는 나무로 만든 좁은 계단을 통해서만 접근할 수 있는 매우 작고 협소한 바닷가 모래밭 아래쪽에 가파른 바다 절벽이 있다. 우리가 그 계단에 접근했을 때, 모든 사람은 한 묶음의 붉은 프란지파니 꽃을 받아 들고 바닷가로 내려왔다. 정말로 아름다운 여름날이었고, 시드니 항구의 바닷물에는 밝은 태양 빛이 어른거리고 있었다. 모래 위에서 일광욕을 즐기던 사람들은 다양한 연령층의 사람들이 손에 꽃을 들고 삐걱거리는 계단을 내려오고 있는 것을 보며 의아하게 생각했을 것이다. 몇몇 구경꾼들은 우리에게 상당한 관심을 보였다. 어떤 여인은 내게 우리 일행이 돌아가신 친지의 유골을 뿌리기 위해 모인 친척 일가들이냐고 물었다. 나는 '거의 비슷하다'고 생각했다. 어쨌든 세례가 그리스도 안에서 한 사람의 과거가 죽고 새 생명을 수용하는 것에 대한 것이기 때문이다. 내게 질문을 던졌던 여인은 세례가 진행되는 동안 주변에서 지켜보고 있었다. 나의 첫째 딸인 콜트니Courtney가 해변에 앉아 있는 학교 친구들을 발견했는데, 그 아이들도 비공식적으로 우리 일행에 합류했다. 그 날 그곳에는 아름답고 열정적인 젊은 여성의 신앙이 개화하는 것을 축하하며 공동의 동기로 함께 뭉친, 낯설긴 하지만 아름다운 유수자들의 집단이 있었다.

DJ인 동시에 심리학을 공부하던 재키Jackie는 내 딸 필딩의 멘토였는데, 그는 필딩을 기쁨과 열정의 여인으로 우리에게 소개하면서 그녀의 신앙과 아름다운 성품에 대해 말했다. 자녀들이 필딩에게 큰 행복을 주는 젊은 엄마 카트리나Katrina는 성경을 봉독했다. 캐롤린Carolyn은 그녀의 딸을 위해 기도했고, 나는 우리 모두가 물가로 이동하기 전에 세례의 고대 의례와 우리가 세례의식을 거행해야 하는 이유에 대해 설명했다. 물가에 이르자 모든 사람이 프란지파니 꽃을 바닷물 위로 던졌다. 그리고 필딩과 나는 하얗고 밝은 노란 색의 별들이 떠다니는 얕은 물속으로 들어갔다.

나는 필딩을 짠 물 속으로 넣은 후 바로 그녀를 맑은 공기 속으로 들어 올렸다. 몰려드는 파도가 우리 주변에 있던 프란지파니 꽃을 흩었다. 나는 해변에 모여 있는 공동체를 바라보았다. 시드니 시장의 개인 사진사인 데이브Dave가 모든 장면 장면을 사진에 담고 있었다. 어린이 프로그램에서 봉사하고 있는 필딩의 할머니라고 해도 될 정도의 연령인 바바라는 자랑스러움으로 얼굴에 희색이 만연해 있었다. 사무변호사*인 그렉은 자신의 어린 딸인 한나에게 일어난 일에 대해 설명하고 있었다. 사회복지사인 에미Amy는 십대 친척과 동행했고 필딩이 막 경험한 일에 대해 그녀에게 설명하고 있었다. 간호사인 수잔은 필딩에게 초를 선물로 주었다.

 그런 후, 우리는 소풍박스를 열고 담요를 깔고 우리가 가장 잘하는 일을 했다. 우리는 먹고 웃고 대화를 나누었고 아이들과 함께 놀았다. 우리는 서로를 축복했다. 우리는 아름다운 교제 안에서, 해변 모래 위로 가볍게 밀려드는 파도 속에서, 그리고 제자도를 맹세하는 젊은 여인의 용기 안에서 하나님의 음성을 들었다. 우리는 하구에서 수영을 했고 바닷가에서 비치볼 놀이를 했다. 휴대용 스테레오에서는 멋진 해변음악이 흘러나오고 있었다. 우리는 함께 즐기며 필딩의 세례를 축하했고 함께 교제를 나누었다. 그 모든 일이 진행되는 동안, 나는 "이런 사람들과 함께 교회를 세워가니 정말로 기쁘다. 이는 단지 일단의 무리를 이루는 것보다 더 좋은 일이다"라고 생각했다.

---

\* 영국식 법제도와 유사한 제도를 따르는 호주에서는 영국처럼 법정에서 직접 변론을 담당하는 barrister와 사무실에서 서류관련 일만 담당하는 solicitor가 구별되어 있다—역주.

# 식탁에서의 유수자

약속: 우리는 관대할 것이고 환대를 실천할 것이다

음식을 먹는 것을 통해 정의를 실현하려면 함께 식사를 하는 수밖에 없다. 만일 음식을 잘 받아들이도록 하려면 나누고 분배해야 한다.

_월터 벤자민Walter Benjamin

---

장엄한 프랑스 영화인 <아멜리에>Amlie에는 지난 과거에 대해 회상하는 놀랄 만한 장면이 나온다. 그 장면에는 한 식당의 식탁 위에 떠 있는 두 개의 포도주 잔이 등장한다. 두 개의 포도주 잔은 발코니를 가로질러 불어오는 바람이 식탁보를 서서히 부풀어 오르게 하자 식탁보가 식탁 표면 위로 부드럽게 떠오르고 있다. 물론 이런 특이한 현상이 발생하기 위해서는 바람이 식탁보 밑으로 완벽하게 불어야 했을 것이다. 하지만 그렇게 되기는 매우 어렵다. 대개 바람은 깨지기 쉬운 잔 위로 불기 마련이다. 그리고 그 바람은 매우 부드러워서 오히려 식탁보로 하여금 식탁에 더 안정적으로 붙어 있게 한다. 이 영화는 이처럼 실제로 발생할 것 같지 않은 놀라운 이미지들로 가득하다.

그러나 그 장면이 나와 나의 아내의 기분을 좋게 했던 것은, 바로 그 날 나와 아내가 실제 영화에 나온 그 식탁에서 파리 시내를 굽어보며 우리 생애 최고의 식사를 하고 있었다는 사실 때문이었다. 파타초Patachou는 몽마르뜨의 가파른 언덕 위 꼭대기에 자리 잡은 식당이다. 절벽 위에서 어른거리는 듯 보이는 발코니를 통해 그 아래에 펼쳐진 빛의 도시the City of Light를 내다 볼 수 있다. 우리는 그 날 밤 풍성한 음식—애피타이저, 오리 요리, 치즈, 포도주, 크림 캐러멜—을 먹었는데, 정말 대단했다. 그러는 동안 서쪽으로부터 맹렬한 폭풍이 몰려오면서 어두운 보랏빛의 구름이 지평선을 덮어갔다. 마치 우리가 잔에 남은 싸구려 포도주를 부어 버릴 때처럼, 번개를 동반한 깜짝 놀랄 만한 폭풍이 도시 전체를 휩쓸고 지나가며 엄청난 폭우를 몽마르뜨에 내리부었다. 우리에게 서비스를 제공하던 웨이터가 우리를 레스토랑 안쪽의 안전한 곳으로 데리고 갔고, 맹렬히 내리는 비속에서 우리는 큰 소리로 웃었다. 내리는 빗방울 방울방울이 모두 어린아이의 주먹만큼이나 컸다. 그 후 폭풍이 잠잠해 지자, 우리는 밖으로 나가 흠뻑 젖은 자갈길로 덮인 달빛이 은은히 비치는 거리를 뛰어갔다. 몽마르뜨에서 우리는 센 강을 가로질러 폰트 알렉산더로 향하는 전철을 탔다.

우리는 그 때 일을 결코 잊지 못할 것이다. 그 경험은 활력을 주는 느낌, 심지어는 생애 더없는 기쁨을 주는 것이었다. 그것은 우리의 동맥을 통해 열류가 솟아오르는 느낌이었고, 우리의 몸은 엄청난 폭풍과 맛있는 식사, 감미로운 저녁 시간으로 인해 흥분에 차있었다. 나는 그 때 내가 경험했던 아름다운 경험으로 인해 하나님께 감사의 느낌을 간직하고 있다. 사실 그것은 우리가 하나님을 대면한 순간과도 같은 거룩한 사건이다. 어떻게 비에 젖어 반짝거리는 발코니에서의 훌륭한 식사가 종교적 경험처럼 보일 수 있을까? 그것은 참으로 일상적인 삶의 경험 속에서 하나님의 은혜를 목도해 보는 것과 관련된 것이다. 먹는 일처럼 거룩해 보이지 않는 세속적이고 일상적인 활동들에 대해 통상적으로 사고하는 대신에, 어떻게 하면 우리가 그런 일들을 하나님과 그분의 은혜를 우리의 일상의 세상으로 가지고 오는 기회들로 볼 수 있는지에 대해 고려해 보도록 하자.

## 폭식이라는 치명적인 죄

우리가 살아오면서 먹은 모든 식사 중—우리가 40세까지 먹은 끼니 수는 대략 20만 끼니가 된다—에서, 거룩하게 느끼며 식사한 것은 얼마나 될까? 얼마나 많은 식사를 하나님과 우리가 살아가는 세상, 그리고 식사를 함께하는 사람들과 연결된 순간으로 느끼며 먹었을까? 얼마나 많은 식사를 감사와 사랑, 감탄과 기쁨 중에 참여했을까? 반대로 그 많은 식사 중 얼마나 많은 식사가 탐욕과 낭비—너무나 많은 양의 음식을 먹고 난 후 소화불량과 죄책감을 느끼고, 우리 자신에게 혐오감을 느꼈던 식사—를 경험해 보았을까? 내가 만난 많은 유수자들은 폭식과 무모함, 건강을 위한 다이어트를 오락으로 취급하는 교만함에 대해 진력머리를 냈다. 서구세계 전반에 걸쳐 비만이 확산되어 있다. 예를 들면, 약 60퍼센트 이상의 미국인들이 과체중이거나 비만 증상을 보이는 것으로 평가되고 있다. 뿐만 아니라, 미국 내 어린이와 청소년들 중에서도 37퍼센트가 과체중이거나 비만 증상을 보이고 있다. 비만은 고혈압, 심장질환, 성인 당뇨, 뇌졸중 등으로 인한 졸도, 담낭질환, 골관절염, 수면 중 호흡정지, 호흡기질환, 척추통증, 다양한 종류의 암, 그리고 그 외에도 수많은 질병의 발병과 관련이 있다. 체중을 줄이지 않고 방치하면, 비만은 흡연으로 인한 사망률을 제치고 미국 내 사망의 제1원인이 될 것이다.

지금도 끊임없이 체중이 과도하게 나가는 사람들이 1리터가 넘는 청량음료와 엄청난 양의 감자튀김이 포함된 '초대형' 식사를 주문하기 위해 패스트푸드 판매점에서 줄을 서고 있다. 연 중 매일 25퍼센트 가량의 미국인들은 패스트푸드 식당에서 음식을 먹는다. 사실 맥도날드 한 회사만도 전 세계 118개국의 나라에서 매일 4천 6백만 명 이상의 사람들—캐나다, 오스트레일리아, 또는 스페인의 국민 수보다 많은—에게 음식을 팔고 있다. 그런데 이러한 상황은 더 악화되고 있다. 1972년에 미국인들은 패스트푸드를 사 먹기 위해 매년 30억 달러를 사용했다. 하지만 오늘날에는 미국인들 중 40퍼센트가 외식을 하며, 1,100억 달러 이상의 돈을 패스트푸드를 사 먹는데 사용하고 있다(캘리포니아에 거주하는 어떤 남자가 내게 그는 아내의 생일선물과 크리스마스 선물을 집에 있는 오븐 안에 감춘다고 말한 적이 있다. 왜냐하면 그는 자신의 아내가 오븐을 결코 열어보지 않을 것이라는 것을 알고 있기 때문이다!). 모건 스펄락Morgan Spurlock은 패스트푸드에 관한 그의 충격적인 다큐멘터리인 <슈퍼 사이즈 미>Super Size Me에서, 일 학년 학생들에게 일련의 저명인사들의 사진을 보여주고 난 후 그들이 할 수 있는 만큼 그 사람들이 누구인지 맞춰 보라고 했다. 어린이들 가운데 턱수염에 긴 머리를 기른 예수님을 알아본 아이는 한 명도 없었다. 반면 모든 아이들이 로날드 맥도날드와 웬디를 알아보았을 뿐 아니라, 사진을 보면서 상당한 환호를 터뜨리기까지 했다.

식사에 대해 성스러움을 말하는 사람은 거의 없다. 우리의 부모님들은 우리가 먹는 식사를 마련하기 위해 직접 동물을 잡지도 않으셨다(미국에서는 한 시간에 백만 마리 이상의 동물을 소비한다). 가족들이 함께 식사하면서 우리는 일 년 내내 농사를 잘 짓게 해달라는 기도를 한 번도 드리지 않는다. 우리는 추수기에 곡식을 구매하기 위해 돈을 쓰지도 않는다. 오늘날 부모들은 원재료를 가지고 요리를 하기보다는 미리 요리가 되어 있는 것이나 바로 먹을 수 있는 상태로 포장된 음식을 선호한다. 많은 가족들이 함께 식탁에 둘러 앉아 식사를 하지도 않는다. 어떤 가정의 구성원은 자신의 음식을 들고 자기 방으로 들어가 버리기도 한다. 또 다른 구성원은 텔레비전 앞에 앉아 무릎위에 음식을 올려놓은 채 식사를 하기도 한다. 그나마 우리가 성스러움을 느낄 수 있는 식사는 크리스마스나 추수감사절 정도뿐이다. 이처럼 오늘날 우리의 일상 식습관은 음식과 요리를 귀찮아하거나 삶을 영위하는데 방해가 되는 것으로 취급한다.

이런 모든 방종에 대한 성경적 단어는 '탐식'gluttony이다. 중세교회는 탐식을 일곱 가지 치명적인 죄 가운데 하나로 생각했다. 성경이 음식과 술의 과도

한 소비에 대한 경고를 포함하고 있기는 하지만, 그 수는 놀랄 만큼 적다. 대부분의 경우, 성경은 과도한 음식 섭취와 음주가 동반하게 되는 부정적인 결과들 때문에 과도한 방종에 대해 반대한다. 잠언 23장은 그런 종류의 경고를 몇 개 포함하고 있다. 그러나 "모든 탐식자는 지옥에 갈 것이다"라는 식의 경고는 아니다. 이 주제에 관해 가장 많이 인용되는 구절은 잠언 23장 19절부터 21절까지이다.

내 아들아 너는 듣고 지혜를 얻어 네 마음을 바른 길로 인도할지니라 술을 즐겨 하는 자들과 고기를 탐하는 자들과도 더불어 사귀지 말라 술 취하고 음식을 탐하는 자는 가난하여질 것이요 잠 자기를 즐겨 하는 자는 해어진 옷을 입을 것임이니라

간단하게 말하자면, 만일 당신이 정기적으로 술을 마시거나 혹은 다이어트에 소홀히 한다면, 당신은 효율적으로 일을 할 수 없을 것이고, 결국에는 파산할 것이라는 말이다. 이는 오래토록 술에 절어 무기력해짐으로 마땅히 마쳐야 할 직업적 의무를 다하지 못하는 방종에 빠진 채 당신의 농장이나 일자리를 떠나는 것에 관한 매우 실질적인 충고다. 이는 결코 음식을 잘 먹거나 포도주를 즐기는 것을 금지하는 내용이 아니다. 이 구절들은 우리가 일을 열심히 해야 하며, 술 취함과 탐식의 결과가 초래하는 해로운 영향들을 피해야 한다고 충고하는 것이다. 사실 잠언 23장은 중용에 대한 몇 가지 매우 유용한 충고를 담고 있다. 저자는 인색한 사람이 왕의 식탁에서 식사를 하고 있는데, 이는 다른 이유에서 양자 모두에게 매우 중요한 것이다.

네가 관원과 함께 앉아 음식을 먹게 되거든 삼가 네 앞에 있는 자가 누구인지를 생각하며 네가 만일 음식을 탐하는 자이거든 네 목에 칼을 둘 것이니

라 그의 맛있는 음식을 탐하지 말라 그것은 속이는 음식이니라(잠언23:1-3)

악한 눈이 있는 자의 음식을 먹지 말며 그의 맛있는 음식을 탐하지 말지어다 대저 그 마음의 생각이 어떠하면 그 위인도 그러한즉 그가 네게 먹고 마시라 할지라도 그의 마음은 너와 함께 하지 아니함이라 네가 조금 먹은 것도 토하겠고 네 아름다운 말도 헛된 데로 돌아가리라(잠언23:6-8)

한편으로는 관원들과 함께 드는 탐스러운 음식과 호사스러움에 미혹되지 말며, 다른 한편으로는 인색한 주인들이 베푸는 형편없는 대접에 당신의 시간을 낭비하지 말라니, 이 얼마나 대단한 균형이 아닌가! 2장에서 우리는 예수께서 사역하시던 시기의 중동지역에 존재했고, 심지어 오늘날에까지 존재하는 환대에 대한 엄격한 규칙들에 대해 살펴보았다. 접대하는 음식이 얼마나 빈약한 것인가에 상관없이 손님들은 적극적으로 감사를 표현해야 했다. 그리고 주인은 손님이 갖는 중요성에 비해 환대의 질이 적절하지 못하다는 말로 자신의 겸손을 보여야 했다. 따라서 인색한 사람이 베푼 식탁에 앉아 먹고 마시는 것은 손님으로서 당신이 주인에게 한 칭찬을 낭비하는 것이 된다. 아마도 당신은 먹은 것을 거의 뱉어버리고 싶을 정도로 역겨움을 느꼈을 것이고, 따라서 수전노 같은 주인의 접대를 칭찬하는 것으로 그 상황을 모면해야 했을 것이다. 잠언 저자는 우리에게 탐욕스러운 식탁에 머물기를 형편없는 식탁에 머무는 것 이상으로 오래 머물지 말라고 요구한다. 많은 것을 대접할 수 없는 가난한 사람의 식탁에 앉아 식사하는 것은 다르다. 관습이 요구하듯이, 당신은 차려진 식탁이 얼마나 초라한지 여부에 상관없이 주인이 보여주는 진심어린 환대에 대해 당신이 표현할 수 있는 모든 방법으로 감사를 표해야 한다. 감내하지 말아야 할 것은 많은 것을 대접할 수 있음에도 불구하고 박한 음식을 내 놓는 사람이 준비한 식탁이다.

## 유수자의 식탁

유수자로서 우리가 어떻게 먹을 것인지에 대해 배우기 위해, 요셉, 에스더, 룻, 다니엘, 예수님, 그리고 바울과 같은 위대한 유수자들에 관한 성경의 모범을 볼 수 있다. 우리는 이미 예수님께서 식탁에 접근하신 방식에 대해 살펴보았다. 평생 동안 지속된 예수님의 식습관은 말썽을 일으킬 목적으로 생성된 것이 아니었다. 그리고 그 습관을 통해 우리는 진정한 유수자의 생활의 본질이 무엇인지를 알 수 있다. 성경에 등장하는 다른 유수자들도 훌륭한 예이다. 여기에서 그중 몇 사람을 살펴보도록 하자.

### 1. 이집트에 있는 요셉의 식량저장고

요셉이 야곱의 열한 번째 아들로 가장 사랑받는 아들이었으며, 그를 질투한 형들이 그를 이집트로 팔았다는 것은 잘 알려진 사실이다. 대부분의 사람은 그가 이집트의 유수자로서 힘겨운 과정을 거쳐 권력의 자리에 올랐다는 것에 대해 잘 알고 있다. 권력에 오르기까지 그의 여정은 거짓과 투옥 그리고 놀라운 행운의 연속이었다. 그의 나이 삼십 세였을 때, 그는 바로의 궁전에서 지혜로운 충고를 제시함으로 전 이집트 제국을 다스리는 권좌에 올랐다. 창세기 41장은 외국 땅에서 믿지 못할 정도의 권력을 소유한 한 유수자에 대해 상세히 기록하고 있다. 그는 바로의 옥인이 새겨진 반지를 끼었고, 좋은 천으로 만든 세마포 옷을 입었고, 좋은 금 목걸이를 걸었다. 그가 황제의 마차를 타고 도시로 나갈 때, 그의 마부가 "길을 비켜라!"라고 소리치면 모든 사람들은 그가 지나갈 수 있게 길 가로 물러났다. 그는 '사브넷 바네아'라는 이집트 식 이름을 받았으며, 이집트 제사장의 딸인 아스낫과 결혼하여 두 아들을 두었다. 하나님의 사람으로서 그는 제국 안에서 눈에 띌 만큼 두드러진 집을 갖고 있었다.

그런데 유수자로서 요셉이 거둔 이러한 성공의 대부분이 음식을 축으로 돌고 있음을 주목하는 것이 중요하다. 요셉의 정치적 성공은 앞으로 도래할 7년의 풍년과 7년의 가뭄에 대한 바로의 꿈을 해몽하도록 하나님께서 부여하신 능력 때문이었다. 야훼께서 미리 주신 경고로 요셉은 곧 있을 7년 동안의 풍년기에 억제하고 훈련해야할 것이 무엇인지를 알았고, 그 결과 식량저장 전략을 효과적으로 수행할 수 있었고, 식량을 저장하는 데 필요한 기반시설을 확충할 수 있었다. 그는 이 점에 있어 눈부신 성공을 거두었다. 그가 아니었으면 여분의 식량을 낭비하고 말았을 이집트인들 사이에서, 요셉은 국가 자원에 대한 신뢰할 만한 규정을 마련함으로써 새로운 절제의 문화를 만들었던 것이다. 그는 부를 창조했으며, 나라의 국부를 헛되이 낭비하지 않고 저장할 수 있는 능력을 향상시켰다.

이로 인해 7년간의 풍년이 지나가고 미리 예언된 7년간의 흉년기가 불어 닥쳤을 때, 이집트는 그 어려움을 잘 극복할 수 있었다. 단순히 이집트인들의 필요만 공급하는 것을 넘어서, 요셉의 국고는 그 자신의 고향인 가나안 지방을 포함한 주변 나라들의 고통까지 경감시키기에 충분할 정도로 곡식이 차고 넘쳤다. 요셉의 형들이 곡식을 구입하기 위해 흉년으로 황폐해진 가나안 땅을 떠나 이집트로 내려온 것과, 그들이 처음에 어떻게 요셉에게 속고 놀림을 당했는지, 그리고 나중에 어떻게 요셉의 용서를 받고 축복을 받게 되었는지에 대해서는 잘 알려져 있다. 비록 처음에 가족에게 버림을 받아 고향 땅에서 쫓겨나기는 했지만, 유수자 요셉은 그 스스로가 관대함과 환대의 사람이었음을, 그리고 자원을 잘 활용하는 사람이었음을 보여주었다.

오늘날 매일 기아로 3만 5천 명이 굶어 죽어가고 있는 세상에서, 요셉처럼 유수자도 자원을 공정하고 신뢰할 만하게 분배하는 것에 대해 관심을 가져야 한다. 비록 우리가 부와 식량을 낭비하는 나라에서 살고 있지만, "이 땅에 이 년 동안 흉년이 들었으나 아직 오 년은 밭갈이도 못하고 추수도 못할지라 하나님이 큰 구원으로 당신들의 생명을 보존하고 당신들의 후손을 세상에 두시려고 나를 당신들보다 먼저 보내셨나니"(창45:6-7)라고 말하며 그의 형들을 용서한 고대 이집트의 총리 사브넷 바네아가 취했던 행동에 자극을 받아야 할 것이다.

비록 총리처럼 정치적 영향력은 없지만, 유수자들은 비슷한 태도에 잘 적응해야 한다. 비록 우리가 살고 있는 이 세상이 그리 관대하지 못할지라도, 요셉이 그랬던 것처럼 우리는 식량 사정이 어려운 외국을 향해 관대와 절제 그리고 공평한 지원을 할 수 있는 문화를 창출하는데 최선을 다해야 할 의무가 있다.

### 2. 채식주의자 다니엘

다니엘서는 서두부터 유수자 다니엘의 이름을 등장시켜 그가 누구인지를 우리에게 알려준다. 그는 바벨론 제국 느부갓네살 왕을 섬기기 전 3년 동안 언어와 문화에 관한 훈련을 받기 위해 선택받은 사람이었다. 선택 받은 다른 사람들처럼, 다니엘 역시 '벨드사살'이라는 바벨론 식 이름을 부여받았고, 바벨론 사람들의 풍습과 습관을 익히기 위해 특정한 음식을 먹도록 배정받았다. 그런 기회를 잡는 것이 엄청난 영광이었음은 말할 필요도 없다. 그리고 특별히 할당된 음식을 받는 것도 관대한 일이었다. 그러나 다니엘은 "왕의 음식과 그가 마시는 포도주로 자기를 더럽히지 아니하리라"(단1:8)라고 결심했다. 여기서 '더럽히다'는 용어는 느부갓네살 왕의 식단에 뭔가 종교적인 의미가 포함되어 있다는 것을 암시해 준다. 그러나 정말 그럴까? 환관장의 마음에 들도록 처신함으로써, 다니엘은 야훼의 음식법이 갖는 장점을 증명할 기회를 얻게 된다. "청하오니 당신의 종들을 열흘 동안 시험하여 채식을 주어 먹게 하고 물을 주어 마시게 한 후에 당신 앞에서 우리의 얼굴과 왕의 음식을 먹는 소년들의 얼굴을 비교하여 보아서 당신이 보는 대로 종들에게 행하소서 하매"(단1:12-13)

할애된 열흘간의 시험 기간이 지난 후, 다니엘과 다른 세 명의 채식주의자 친구들은 제국이 선발한 다른 동료들보다 더 건강하고 영양 상태가 좋았다. 이 이야기가 다니엘서의 초두에 기록되어 있고, 이 이야기는 유수자로서 다니엘이 바벨론 제국의 왕실과 맺은 관계가 어떤 것이었는지의 기초를 설명해 준다. 왕실의 법도에 굴복하지 않았던 다니엘은 육체적으로나 영적으로 풍성해질 수 있었고, 그렇게 함으로써 제국의 가치들과 정면으로 맞설 수 있었다. 몇 세기 후 예수님께서 그의 제자들은 세상에 있어야 하지만 세상에 속하지 않아야 한다고 선언하셨던 것처럼, 다니엘은 유수자의 전위dislocation와 힘에 관한 완벽한 예를 보여주었다. 그는 느부갓네살 왕의 왕실에 속하지 않았다. 그리고 왕실의 풍요로움으로 그의 배를 채우지도 않았다. 게다가 다니엘의 절제는 제국의 관심을 끌지도 않았다. 그는 조용히 기존의 질서에 반하는 자신의 식단을 마련했으며, 그렇게 함으로써 건강한 음식 섭취에 대한 하나님의 계획이 더 낫다는 것을 왕실에 증명했다.

그렇다면 채식주의가 유수자를 위한 하나님의 계획일까? 꼭 그런 것은 아니다. 다른 모든 가능성에서 보이는 것처럼, 느부갓네살 왕의 풍성한 식단은 모세의 율법이 허용하지 않는 일단의 음식을 포함하고 있었을 뿐 아니라 탄수화물과 지방이 풍성한 음식들로 채워져 있었다. 다니엘이 유일하게 의존한 것은 단출하게 준비된 야채와 물을 마시는 것이었다. 그 음식들은 궁중에서 준비하는 음식의 수준에는 한참 못 미치는 것이었다. 그는 왕궁에서 떠나야 할 필요를 느끼지는 않았다. 이스라엘의 율법이 요구하는 수준은 아니더라도 오늘날 우리도 이처럼 할 수 있다. 수많은 광고, 패스트푸드 음식점, 그리고 친구들이 제시하는 과도한 음식을 먹지 않고도 후기 기독교사회에서 온전히 살아갈 수 있다. 그리고 다른 사람들보다 훨씬 건강하고 영상상태가 좋은 모습을 보임으로써 다니엘이 그랬던 것처럼 우리 자신을 변호할 수 있다. 그런데 교회에 다니는 사람들이 다른 사람들만큼 비대하다면 어떻게 그런 주장을 할 수 있겠는가?

유수자들은 건강에 좋은 음식을 즐길 것이다. 그들은 스토아학파처럼 모든 미식적 쾌락을 거부하지 않고 하나님께서 우리에게 주시고자 의도하신 맛있고 신선한 음식을 즐김으로써 절제 있게 음식을 먹을 것이다.

## 3. 바울과 선교적 식탁

바울은 유수자였다. 그는 엄격하고 심도 있게 훈련받은 바리새인의 길을 떠나 스스로 유수자의 삶으로 접어들었다. 그리고 로마제국의 가치에 결코 굴복하지 않으면서 그리스도 안에서 새로이 발견한 자유를 누렸다. 예수님께서 보이신 식사 습관처럼, 바울의 식탁 습관도 그의 사역의 일면을 들여다 볼 수 있는 창이 된다. 비신자 또는 이방인과의 접촉으로 인한 불결을 피하라는 종교적 훈련을 받은 바울은, 모든 관습을 파기하고 이방인을 환대하고 교제하는 기쁨을 정기적으로 누렸다. 바리새인이 이방인과 식탁을 나누는 일이 얼마나 급진적인 일이었는지에 대해 온전히 이해하기는 어렵지만, 아무튼 바울의 식사 습관은 분명히 선교적 동기에서 비롯된 것이었다. 바울은 자신의 새로운 생활 방식을 다음과 같이 설명한다.

> 내가 모든 사람에게서 자유로우나 스스로 모든 사람에게 종이 된 것은 더 많은 사람을 얻고자 함이라 유대인들에게 내가 유대인과 같이 된 것은 유대인들을 얻고자 함이요 율법 아래에 있는 자들에게는 내가 율법 아래에 있지 아니하나 율법 아래에 있는 자 같이 된 것은 율법 아래에 있는 자들을 얻고자 함이요 율법 없는 자에게는 내가 하나님께는 율법 없는 자가 아니요 도리어 그리스도의 율법 아래에 있는 자이나 율법 없는 자와 같이 된 것은 율법 없는 자들을 얻고자 함이라 약한 자들에게 내가 약한 자와 같이 된 것은 약한 자들을 얻고자 함이요 내가 여러 사람에게 여러 모습이 된 것은 아무쪼록 몇 사람이라도 구원하고자 함이니 내가 복음을 위하여 모든 것을 행함은 복음에 참여하고자 함이라(고전9:19-23)

바울은 그리스도 안에서 자유를 누렸기 때문에, 세상과 풍습, 그리고 유대인이든 이방인이든 자신이 섬겨야 한다고 느끼는 사람들이 실행하는 행위에 전적으로 가담할 수 있었다. 사실 고린도전서 11장 1절에서 바울은 비신자와 선교적 교제를 하고 있는 자신을 실제로 본받으라고 주장함으로써, 선교적 동기에 대한 그의 논의가 훨씬 더 진보적이었음을 보여준다. 당시 고린도는 제각기 특정한 종교축제와 연희, 그리고 희생제를 드리는 다양한 종류의 이방 종교들로 넘쳐나고 있었기 때문에, 당시 이러한 바울의 주장은 신중을 기해야 할 제안이었다. 당시에는 특정한 이방종교의 제의에 미리 사용되지 않고 시장에 나온 고기를 구비하는 것이 실질적으로 불가능했던 시기였다. 동물들은 먼저 각종 신전에 끌려가서 기도를 받고 도축된 다음에라야 비로소 시장에서 고기를 잘라 파는 도축자들에게 팔렸다. 고린도교회의 성도들은 비록 정육점에서 팔리는 고기가 무죄해 보이기는 하지만, 일단 이방종교의 기도와 의례를 거친 고기이기 때문에 저주를 받았을 것이라고 우려하였다. 그러나 기독교인들이 그러한 고기를 피하는 일은 상당히 쉬운 일이었다. 고린도처럼 어느 정도 규모의 유대인 공동체가 거주하는 대도시에서는, 유대교의 교리에 따라 도축된, 우상숭배에 오염되지 않은 고기를 공급하는 상인들이 상당수 있었다. 문제는 기독교인들이 고린도 시에 거주하는 다른 사람들의 식탁에 초청 받았을 때 발생했다. 그럴 경우 비기독교인 친구들이 대접하거나 공공 음식점에서 파는 고기가 우상에게 받쳐졌던 것일 가능성이 매우 높았다. 그런 경우에는 어떻게 해야 할 것인가?

  기독교인이 이방종교를 신봉하는 동료가 대접하는 고기를 먹을 수 있을까? 그 고기는 악마에 의해 죄에 오염되거나 이방신들에 의해 저주를 받은 것일까? 기독교인이 이방신에게 희생된 고기를 먹으면 구원을 상실할까? 만일 그들이 유대교 교리에 의거해서 도축되지 않은 고기를 먹으면, 은연중에 이방신을 섬기는 일에 참여하는 것이 될까? 이런 질문은 매우 중요한 질문들이다. 이 질문들은 단지 우상에게 제물로 받쳐진 동물의 고기를 먹는 문제보다 더 광범위한 이슈를 다루는 질문들이다. 실제로 이 질문들은 기독교인이 불신자와 관계를 맺게 될 때, '죄로 물들게 되는'지의 여부에 대한 것이다. 왜냐하면 만일 바울이 그런 고기를 먹을 수 없다는데 동의한다면, 이는 곧바로 기독교 공동체가 해당 사회의 주류에서 단절된다는 것을 의미하는 것이 되기 때문이다. 그러면 기독교 공동체는 자신들이 먹을 수 있는 가축을 손수 길러야하며 비신자들과의 모든 접촉을 피하는 게토를 형성해야 한다.

바울은 이 문제에 대해 고린도전서 8장부터 10장에 걸쳐 길게 다루고 있다. 그의 답변을 보면, 바울은 고린도 교인에게 정확히 그들이 비기독교인과 더불어 소위 오염된 음식을 나누어야 할지 혹은 나누지 말아야 할지에 대해 가르치고자 하지 않았다. 오히려 바울은 문제의 사안에 따라 결정을 내려야 하는 자유와 유연성에 대해 설득하고자 하였다. 그러나 그는 어떤 때가 되었든, 선교적으로 가장 적절한 답변은 이방인과 더불어 식탁을 나누고, 그들이 대접하는 고기를 먹고, 그리고 그들에게 그리스도의 사랑을 전하는 것이 되어야 한다는 사실을 결코 부정하지 않았다. 이것이 고린도전서 10장 31절부터 11장 1절까지의 내용에서 다룬 핵심 사항이다. 우리가 먹고 마시는 것은 가장 중요한 일이 아니다. 가장 중요한 일은, 우리가 다른 사람의 선을 추구하는 것이어야 한다. 존 딕슨John Dickson이 말한 것처럼,

> 바울은 우리의 사회생활을 "순결에 관한 법칙"이 아니라 세 가지 단순하지만 근본적인 목표로 통제해야 한다고 주장했다. 첫째, 우리는 오직 한 분 참된 주가 되시는 분께 영광을 돌리고자 하는 열정을 지니고 살아야 한다. "그런즉 너희가 먹든지 마시든지 무엇을 하든지 다 하나님의 영광을 위하여 하라"(고전10:31) …… 만일 모든 사람이 충성을 바쳐야 하는 한 분 하나님께서 계신다면, 그리고 그 하나님을 경배하는 예배자들이 이 세상에서 그분의 영광을 드높여야 한다면, 우리의 사회생활—우리가 "먹고 마시는 것"—이 이와 같은 실재에 맞춰야 한다는 주장이 설득력을 얻는다.

만일 당신이 그런 연회에 가는 것으로 인해 하나님께 영광이 된다면, 바울은 '가라'고 말한다. 하지만 만일 당신이 그러한 연회에 가는 것을 피함을 통해 하나님께서 영광을 받으신다면, 바울은 피하라고 말한다. 오직 하나님의 영광을 위해 살라![1]

이러한 접근방식은 참신하며 실제적인 실용성이 있다. 바울은 유대인의 종교적 율례에 따라 도살되지 않은 고기를 먹은 것 때문에 자신이 영적으로 오염되지 않는다는 것을 알았다. 바울이 두려워할 것은 아무 것도 없었다. 그러나 그는 또한 그런 고기를 먹는 것이 때로는 하나님의 이름에 큰 해를 가하기도 한다는 것을 의식했다. 바울의 유연성은 그가 그리스도 안에서 경험한 정죄에서 해방된 자유함에 근거하고 있었다. 그리고 비신자와 더불어 음식을 함께하는 것에 대한 그의 접근은 뜻밖에 만날 수 있는 그리스도를 모르는 사람들을 얻고자 하는 기대에 뿌리를 내리고 있었다. 딕슨은 계속해서 바울의 세 가지 법칙들에 대해 말한다.

두 번째와 세 번째 목표들은 당신이 사회생활을 할 때 하나님의 영광을 위해 하라는 것과 관련이 있다. 바울은 두 번째 목표를 다음 절인 32절부터 33절에서 진술하고 있다. "유대인에게나 헬라인에게나 하나님의 교회에나 거치는 자가 되지 말고 나와 같이 모든 일에 모든 사람을 기쁘게 하여 자신의 유익을 구하지 아니하고 많은 사람의 유익을 구하여 그들로 구원을 받게 하라" …… 이 절은 단지 사람들의 마음을 뒤집어 놓는 일에 관해 말하고 있는 것이 아니다. 이것은 이방인들의 구원을 위험케 하는 행동에 대해 말하고 있는 것이다. 고린도전서 8장부터 10장까지의 맥락에서 볼 때 바울이 의미하는 것은, 누가 되었든 간에—유대인에게나 헬라인에게나 하나님의 교회에 거치는 자가 되지 말고—고린도인들의 식습관이 구원을 체험하는 데 위협을 주지 않아야 한다는 것이다. 32절에서 부정적으로 진술한 내용을 33절에서 바울은 스스로 긍정적으로 진술하고 있는데, 여기에서 그는 기독교인들의 세 번째 목표에 대해 말한다. 즉 우리는 다른 사람들의 구원을 위험에 빠뜨려서도 안 될 뿐만 아니라, 그 구원을 적극적으로 추구하기도 해야 한다는 것이다. "나와 같이 모든 일에 모든 사람을 기쁘게 하여 자신의 유익을 구하지 아니하고 많은 사람의 유익을 구하여 그들로 구원을 받게 하라."[2]

이것이 바울이 음식을 먹는 방식이었다. 그의 식탁 생활은 우선적으로 하나님께 영광을 돌리기 위해, 둘째로 다른 사람들의 삶 속에서 그들의 신앙을 적극적으로 증진시키기 위해 조정되었다. 이처럼 오늘날 유수자들에게도 예수님을 알지 못하는 다른 사람들과 식탁을 나눌 것이 강력하게 권장된다. 당신의 관용과 환대를 손님에게 베풀어 그들의 마음을 사로잡아 그들로 하여금 당신이 소유하고 있는 것과 동일한 유쾌함과 기쁨, 자유, 그리고 믿음을 누리게 하라. 바울은 게토 안에 갇힌 기독교는 진정한 기독교가 아니라는 사실을 인식하고 있었다. 만일 우리가 우리만의 군락 속으로 들어가 우리만의 음식을 먹고, 오직 다른 기독교인과만 식탁을 나눈다면, 우리의 신앙은 비선교적이 될 것이다. 바울이 볼 때, 그러한 신앙은 매우 잘못된 것이었다. 우리는 다른 사람들이 보고 함께할 수 있는 공개된 곳에서 식사를 할 수 있어야 한다. 공개된 곳에서 우리는 다른 사람들과 더불어 그리스도 안에서의 자유와 삶을 누릴 수 있어야 한다. 그러나 또한 우리는 우리의 행위가 새로운 기독교인으로 하여금 잘못된 신앙에 빠지게 할 수 있음에 대해서도 인식하고 있어야 한다. 따라서 우리의 식습관은 항상 타인지향적이어야 한다.

## 우호적인 식탁

유수자 요셉, 다니엘, 그리고 바울의 예는 타 제국 내에서 식사하는 것에 관한 독특한 점들을 우리에게 가르친다. 요셉은 음식을 공평하고 현명하게 분배하는 것에 관심이 있는 제국의 형성에 대해 가르친다. 다니엘은 우리가 할 수 있는 한 건강하고 활력을 더해 주는 방식으로 음식을 섭취할 것에 대해 가르친다. 그렇게 함으로써 우리의 생활방식을 통해 하나님께 영광을 돌릴 수 있다. 바울은 우리에게 부여된 자유에 대해 책임을 질 것과 우리 주되신 구주에 대해 모르는 사람들과 함께 음식을 나누는 일에 대해 가르치고 있다. 사실상 이 세 사람의 예가 공통적으로 지니는 것은, 세 경우 모두 그들이 살아가고 있는 제국 내에 일말의 변화를 초래하는 선교적 활동으로서 음식과 식사를 이해하고 있다는 것이다. 이러한 세 가지 예에서 우리가 배울 것은 많다. 그들이 제공하는 지혜를 회복하기 위해서라도, 현재 우리가 살아가고 있는 사회 안에서 음식과 식탁이 차지하고 있는 자리에 대해 고려하는 일이 필요하다.

당신은 앞에서 기독교인이 아닌 사람들과 관계를 맺기 위한 좋은 장소로 다루었던 세 번째 장소에 관해 논의했던 것을 기억할 것이다. 풍성한 선교적 결과를 낳는 세 번째 장소를 구성하는 핵심 요소들 중 두 가지는 음식과 알콜 음료수다. 비록 보수적인 기독교인들이 듣기엔 불편한 점이 있겠지만, 아직 기독교인이 안 된 사람들은 음식과 얼마간의 술을 나눌 때 진짜 중요한 이슈에 대해 마음의 문을 연다. 그들은 저녁을 겸한 파티에서 그들의 방어막을 낮추곤 한다. 그들은 좋은 음식과 포도주를 곁들여 깊고 진실한 대화를 나누기를 좋아한다. 바울이 고린도에 있는 기독교인들에게 말한 것처럼, '저희로 구원을 얻게 하려면' 먹고 마실 준비가 되어 있어야 한다. 이 말은 술취함이나 방탕함에 대한 면죄부가 아니다. 이는 일을 마친 후 식사와 몇 잔의 술을 함께하는 중에, 아직 기독교인이 되지 않은 우리 친구들이 신앙과 관련된 문제들에 대해 논의할 준비가 더 잘 될 수 있다는 것을 기억하라는 말이다. 이런 맥락에서 다른 사람들에 대해 '거치는' 자가 되지 말 것에 대한 바울의 충고는(고전10:32) 비기독교인들의 기분을 상하게 하는 우리의 식습관에 대한 것이 아니라, 우리가 그리스도 안에서 누리는 자유를 제대로 평가하지 못하는 연약한 성도들의 신앙에 영향을 끼치는 것에 대한 것이다. 나는 술을 마실 것에 대한, 혹은 음주를 절제할 것에 대한 나의 결정 때문에 기분을 상해하는 비기독교인들을 만나 본 적이 없다.

이런 맥락에서 음식을 나누는 장소가 중요하다. 함께 나누는 식탁이 있는 장소는 오늘날 서구에서 살아가는 사람들에게는 매우 중요한 장소다. 모든 사람이 음식 평론가다! 우리는 집 주방에서 이루어지고 있는 것이든, 텔레비전에서 방송되고 있는 것이든, 아니면 커피테이블 위에 있는 요리책에 나와 있는 것이든 상관없이 요리를 좋아한다. 나이젤라 로슨Nigella Lawson, 제이미 올리버Jamie Oliver, 그리고 마르다 스튜어트Martha Stewart는 수백만의 영국 사람들과 미국 사람들이 열광하는 요리사이다. 오늘날 많은 사람들은 음식(식전 혹은 식후에)과 새로운 종류의 음식에 대한 경험, 그리고 친구와 함께 음식을 조리하는 것에 대해 대화를 나누고, 많이 먹고, 맛있고 이국적인 요리를 하고, 자연식품과 건강식품을 맛보는 것을 좋아한다. 그들은 사랑을 보여주거나 과시하기 위해 요리를 하기도 한다! 오늘날 우리가 살아가는 문화 속에서 함께 나누는 식탁은 바울이 고린도전서에서 말하고 있는 선교적 식사를 위한 완벽한 장소가 된다.

이 모든 것과 관련된 문제는 많은 기독교인이 실재로 세 번째 장소로 가지 않는다는 사실이다. 사실 내가 앞에서 언급했듯이, 많은 기독교인들에게 있어 교회가 그들을 위한 세 번째 장소가 된다. 기독교인들은 자신의 모든 여가시간을 교회 모임이나 집회에 참여하는 데 사용한다. 그들은 교회에 기반을 두고 있는 각종 위원회에 속해 있으며, 가끔씩 교회 친구들과 즐기기도 한다. 아직 기독교인이 되지 않은 사람들은 테이크아웃식의 타이 음식점이나 휘핑크림이 얹어진 모로코식 쿠스쿠스*, 또는 숯불에 구운 애틀랜타식 연어 스테이크를 먹으면서 관계를 맺어가는 반면, 기독교인들은 교회예배와 소그룹모임, 그리고 리더십 위원회 모임에 참석하기 위해 일주일에 며칠 저녁을 교회에서 보낸다. 기독교인들에게는 세 번째 장소에서 의미 있는 시간을 보낼 시간이 없다. 그래서 바울이 참여한 선교적 식탁에서 나누는 교제는 오늘날 기독교인들에게는 해당사항이 없다. 심지어 우리는 비기독교인들을 우리의 식탁으로 초대했을 때조차, 우리끼리 사용하는 용어와 방식으로 모든 순서를 진행한다. 우리는 그들을 교회에서 제공하는 '우리'식의 교회 아침식사나 '우리'식의 전도를 목적으로 하는 저녁만찬에 초대한다. 아니면 '우리'에게 익숙한 파틀럭potluck**으로 저녁식사를 마련하고 그들을 초대하기도 한다. 주인에게 익숙한 방식으로 진행하는 한, 손님들은 충분한 편안함을 느끼지 못할 것이다.

반면 유수자는 바쁜 교회활동에서 자유로운 사람들이다. 그렇게 함으로써 유수자는 친구들과 이웃들 그리고 직장 동료들과 더불어 좀 더 편안한 분위기 속에서 식탁을 나눌 수 있다. 식사는 서로가 편안한 분위기에서 진행되어야 한다. 식사시간은 사람들이 가장 신뢰할 만한 대화를 '나누는' 시간이어야 한다. 오직 손님이 환영받고 있고, 존중받고 있고, 안전하다고 느낄 때, 그는 주인에게 마음을 연다. 유수자는 비기독교인들이 조성한 안전하고 환영받는 공간에 들어가는 것만큼이나, 비기독교인들이 안전하고 환영받는다고 느끼는 공간을 조성하는 데 관심을 가져야 한다. 그리고 그것이 의미하는 바는, 우리가 만들어 놓은 일정에서 자유롭게 기독교 신앙을 갖고 있지 않은 사람들과 더불어 나누는 친교를 즐기라는 것이다. 우리는 포도주를 곁들인 가장 신선하고 건강에 좋은 음식을 요리해야 한다. 우리의 식단은 공정한 노동법을 보장하지 않은 나라에서 생산하는 물품과 환경에 유해한 방식으로 저장한 산물의 사용을 피하는

---

\* couscous, 밀을 쪄서 고기와 야채를 곁들인 북아프리카식 요리—역주.
\*\* 각자가 요리를 한 접시씩 해 와서 함께 나누는 식사—역주.

것에 대한 우리의 관심을 반영하는 것이어야 한다. 유수자들의 식탁은 정의와 관대, 웃음, 안전, 그리고 서로에 대한 우호를 나누는 자리여야 한다. 맛있는 음식을 대접하라. 그리고 대화의 흐름을 지켜보라. 그리고 우리에게 적절한 기회를 제공하시는 하나님을 신뢰하라.

## 부정과 자유

우리가 살펴 본 세 가지 사례연구 각각에서, 우리는 음식의 경우에서 등장하는 부정denial 혹은 절제와 자유 사이의 상호작용을 볼 수 있었다. 세 명은 전부 절제의 가치와 힘에 대해 이해하고 있었다. 스스로 쾌락을 거부함으로써 필연적으로 속 좁은 근본주의자들이 되는 것은 아니다. 사실 먹는 것과 같은 쾌락이 자유와 책임이라는 리듬과 균형을 이룰 때라야 비로소 우리는 그것의 가치보다 더 많은 것을 누릴 수 있게 된다. 내가 원할 때마다 원하는 모든 것을 먹으면서 스스로를 탐욕과 탐식에 내 맡겼을 때, 경건한 연회의 아름다움은 사라지고 말 것이다. 왜냐하면 그러한 탐욕과 탐심이 이전에 가졌던 연회의 아름다움을 지워버릴 것이기 때문이다. 이처럼 만일 내가 탐욕과 욕망의 파도 속에서 수백 명의 파트너와 성관계를 갖는다면, 내가 깊이 사랑하는 한 사람의 파트너와의 관계 속에서 누릴 수 있는 성관계의 신성함을 체험하기 어려울 것이다. 훈련이 되어 있지 않고 무절제한 쾌락의 추구는 잠재적으로 신성한 것을 일상적이고 세속적인 것으로 추락시켜 버린다. 우리 자신을 부정함으로써 우리는 경험의 중요성과 경이로움을 고양할 수 있다. 바울에게 있어 음식을 먹는 것은 연료를 재충전하는 것 이상의 행위였다. 그것은 다른 사람들과 더불어 자신의 신앙을 나누거나 동료 성도들의 신앙을 격려함으로써 하나님을 영화롭게 하는 기회였다. 그는 절제의 속박 속에서 자유를 누렸던 것이다.

버날드 말라무드Bernald Malamud의 소설 『더빈의 삶』Dubin's Lives에 나오는 한 장면이 있다. 그 장면에서는 D. H. 로렌스D. H. Lawrence의 삶을 연구하다가 정욕의 힘을 재발견한 한 소심하고 내향적인 문학교수가 젊은 여인을 유혹하여 그와 함께 호텔방으로 가도록 설득한다. 성공적인 성적 정복에 대한 생각에 얼굴이 붉어진 교수는 옷을 벗기 시작하면서 호텔 방의 창문 밖을 얼핏 내다본다. 그는 호텔 창문 밖에 유대인 회당이 있는 것을 보았고, 그 회당의 창문을 통해 몇 명의 노인들이 기도하고 있는 것을 보았다. 그 경건한 노인들이 주는 이미지가 그로 하여금 당혹감을 느끼게 했다. 그는 더 이상 젊은 여인을 유혹할 수 없었다. 간혹 우리가 쾌락을 추구하는 데 열중하고 있을 때, 우리는 종교적 신앙이 우리에게 물리는 재갈의 힘에 분노하곤 한다. 그러나 그 재갈은 우리에게 부여된 가장 큰 선물 중 하나이다. 그 재갈은 쾌락에 건강한 제약을 가함으로써 우리의 삶의 즐거움을 고양한다. 그 제약은 완고하고 가혹하며 삶을 부정하는 식의 제약이 아니라, 우리 속에 잠재하는 통제할 수 없는 탐욕에 대한 경건한 제재 수단이다. 두려움에 기초해 있는 바리새인의 규정을 벗어나는 것은 중요한 일이다. 그러나 우리 자신이 누리고 싶어 하는 어떤 쾌락을 부정하는 것은 일상적인 식사를 통해 신성한 환희를 경험할 수 있게 한다.

이런 생각에 대한 놀라운 표현은 <바베트의 만찬>Babette's Feast이라는 영화에서도 발견된다. 이 영화는 프랑스의 독재정권을 피해 달아나 덴마크의 작고 엄격한 분위기의 루터파 교인이 모여 사는 마을에서 유수 생활을 하는 한 파리 여인에 대한 이야기다. 그녀는 청교도적인 마을 공동체에 아주 조심스럽게 녹아들었다. 그녀가 프랑스와 맺고 있는 것이라고는 그녀의 오랜 친구가 매년 그녀에게 보내주는 복권 한 장이 전부였다. 마을에서 엄격한 생활을 하면 14년을 보냈을 무렵, 그녀는 복권에 당첨되어 만 프랑이라는 돈을 상금으로 받게 되었다. 그런데 그녀는 놀랍게도 모든 상금을 훌륭한 프랑스식 만찬을 장만하는데 사용하기로 결심한다. 하지만 사실 작고 엄격하며 답답한 마을에서 14년간이

나 유수자의 삶을 보낸 그녀의 삶을 생각할 때, 그 결정은 그리 놀랄 만한 것도 아니었다. 그동안 그녀는 영혼이 깃들지 않은 요리와 맛없는 음식을 질릴 만큼 먹었기 때문이다.

그녀의 만찬은 요리 예술의 극치였다. 만찬을 준비하는 과정은 거의 종교적 경험과도 같았다. 그러나 슬프게도 그녀가 초대한 마을 사람들 중, 오직 한 사람만이 그 요리가 최상의 요리라는 것을 알아차렸을 뿐이다. 유수자로서 14년간 자신을 부정하는 삶을 산 바베트가 만든 만찬은 희생과 축제, 좋은 음식, 그리고 고된 노역에 대한 축하였다. 14년이라는 오랜 세월 바베트가 감내한 고역은 그녀가 차린 만찬을 성스러운 영역으로 고양하는 데 기여했다. 그녀가 장만한 만찬은 그녀가 자신을 부정한 세월이 있었기 때문에 가능했던 거룩한 사건이었다.

명백하게 잘못된 쾌락을 추구하는 것에 저항하는 많은 선택들은 우리의 기본적 본능을 통제하는 능력을 강화하는 영적 미용체조와도 같다. 몽마르뜨 언덕에 위치한 식당인 파타추에서 내가 아내 캐롤라인과 함께 경험한 그날 밤의 경이로움은 우리가 매일 그런 식사를 하지 않았기 때문에 경험할 수 있었던 것이다. 유수자들은 건강한 음식을 사랑하는 것보다 더 매력적인 것이 없다는 사실을 명심하면서 건강한 식단을 먹어야 한다. 다니엘처럼 오늘날 유수자는 삶을 즐기고, 좋은 음식을 먹고, 식탁을 비신자들과 나누고, 그리고 가난한 사람들이 음식을 공급받고 지구의 자원을 공정하게 분배하는 정의로운 세상을 창조하기 위해 일함으로써, 그들이 믿는 신앙의 선한 면모를 보여줄 수 있다. 이에 대해 존 파이퍼John Piper는 다음과 같이 말했다.

하나님께서는 우리가 하는 행위의 목표를 그분이 가장 만족하는 것에 맞출 때 우리를 통해 영광을 받으신다. 우리는 감사함으로 먹거나 감사함으로 금식함으로 이런 행위를 할 수 있을 것이다. 하나님께서 허락하시는 은

사들의 이면에는 그분을 향한 열망이 존재한다. 그리고 금식은 그 열망을 시험한다.[3]

그러므로 단지 우리의 육신을 위해서가 아니라 하나님께 대한 우리의 헌신의 표현으로써 우리의 음식을 바르게 섭취하도록 하자. 여기에 좋은 영양식과 음식을 통해 기쁨을 누리는 것에 대한 몇 가지 충고가 있다.

- **더 많은 양의 물을 마셔라.** 섭취한 음식의 소화를 돕고, 피부 건강을 위해, 더 큰 활력을 얻기 위해, 그리고 두통을 막기 위해 우리는 하루에 8컵의 물을 마실 필요가 있다. 수분을 잘 섭취한 육체는 음식을 섭취했을 때 각종 비타민과 미네랄을 더 잘 흡수할 수 있다.
- **천천히 먹고 음식을 즐겨라.** 만일 우리가 급하게 음식을 먹어 치우면, 우리의 뇌가 제때 감지하지 못해, 배가 불렀을 때 신호를 보내지 못하게 된다. 그렇게 하다보면, 우리는 너무 많은 음식을 너무 빨리 먹게 된다. 음식을 즐기면서 그리고 그 음식을 공급해 주신 하나님의 은혜에 감사하며 천천히 맛있게 식사하도록 하라. 소금의 양을 줄이고 맛을 내기 위해 허브와 향신료를 사용하도록 하라. 음식의 맛을 풍미하라. 이 세상은 굶주리는 사람들로 가득하다. 서구세계에 사는 우리가 접할 수 있는 식품을 책임감 있게 즐기지 않는 것은 굶주린 사람들을 모욕하는 것에 다름 아니다.
- **저칼로리 음식을 먹기 보다는 '진짜' 음식을 먹어라.** 당신에게 무지방 또는 저칼로리 생산품을 팔기 위해 식품회사들은 음식에서 가장 맛있는 부분—지방—을 제거할 때가 있다. 그러고는 제거한 지방의 맛을 강화하기 위해 화학 첨가물들을 사용한다. 이 때문에 '진짜' 지방을 함유한 음식이 지방을 뺀 저지방 음식보다 훨씬 낫다. 당신의 심장을 건강하

게 유지하기 위해서는 인위적으로 지방을 줄인 음식에 의존하지 말고 소량의 진짜 초콜릿이나 올리브 혹은 식물성 기름을 즐겨라.

- **소량의 음식을 자주 먹으라.** 아침이나 점심을 거르고 단 음식이나 패스트푸드를 먹는 대신 매일 세 끼 적당한 양의 건강한 식사를 섭취하도록 하라.

- **탄수화물을 과다하게 섭취하지 말라.** 파스타와 감자와 같은 탄수화물은 중압감을 감소하는 호르몬을 활성화한다. 그 결과, 그런 음식을 먹고 난 후 당신은 졸리거나 나른하다고 느낀다. 이러한 이유 때문에 탄수화물이 많은 음식은 점심이 아니라 저녁 때 먹는 것이 좋다.

- **빈속에 술을 마시지 마라.** 만일 빈속에 술을 마시면 혈당량이 떨어지고 당신의 활력 수준에 타격을 입게 될 것이다. 빈속에 술을 마시고 난 후 당신이 하고 싶은 일은 종류를 가리지 않고 무언가를 먹는 일이 될 것이다. 일반적으로 당신은 소금이 많이 함유된 땅콩이나 칩, 또는 패스트푸드를 먹을 것이다. 술은 좋은 음식을 먹을 때 약간 곁들이는 정도로만 마시라. 그리고 낮 시간에는 음주를 피하라. 값싼 포도주나 맛없는 맥주는 마시지 마라. 만일 마신다면, 영양분이 듬뿍 함유된 흑맥주나 저장맥주, 한 잔의 감칠 맛 나는 남부 오스트레일리아 산 카버네*나 쉬라즈**, 또는 캘리포니아산 피노트 누아르***, 칠레 혹은 남아프리카 산 샤도나이****를 마시도록 하라.

- **카페인 섭취를 줄이라.** 카페인은 기독교인이 취할 수 있는 것으로, 당신의 스트레스 지수를 높이는 아드레날린을 분출시키며 대단히 중독성이 강하다. 하루에 한두 잔만 마셔라. 그리고 좋은 질의 공정무역 커피를

---

\* 검은 포도로 양조한 담백한 적포도주—역주.
\*\* 이란의 쉬라즈가 원산지인 포도로 빚은 적포도주—역주.
\*\*\* 적포도의 이름 혹은 이 포도주를 주원료로 양조한 포도주—역주.
\*\*\*\* 프랑스 버군디 원산의 백포도주—역주.

마시도록 하라. 그렇지 않으면, 당신의 마음을 가라앉혀 주고 잠을 자는 데 도움이 되는 허브티나 생강이나 레몬을 한 쪽 썰어 넣은 뜨거운 물을 마시도록 하라.

- **단백질을 많이 섭취하라.** 물고기와 그 밖에 여러 해산물, 계란, 살코기, 콩류, 견과류, 그리고 곡식은 우리에게 에너지를 공급하고, 우리의 기분을 좋게 하는 호르몬을 생산하는 상당량의 아미노산이 함유되어 있기 때문에 기분 상태를 조절하는 데 좋다. 단백질은 당신의 회복을 돕는다.
- **많은 양의 과일과 야채를 먹으라.** 아마도 당신은 이런 말을 들은 적이 많이 있을 것이다. 심장질환과 암을 예방하기 위해 우리는 하루에 5인분의 과일과 야채를 먹어야 한다. 나쁜 소식이 하나 있는데, 감자튀김은 야채에 속하지 않는다는 것이다.

## 환대의 굉장한 힘

따라서 유수자 바울처럼, 우리는 동료 성도 그리고 복음의 능력을 '증명'하는 선교적 실천의 일환으로 비신자 친구와 함께 식탁을 나누어야 한다. 그리고 유수자 다니엘처럼, 하나님 안에서 삶의 본래적인 선함을 보여주기 위하여 우리는 책임감 있게 건강한 음식을 먹어야 한다. 또한 유수자 요셉처럼, 우리는 가난한 사람, 소외된 사람, 추방된 사람, 정의롭지 못한 세계 경제의 희생자들이 먹을 것을 충분히 확보할 수 있도록 도와야 한다. 외로움과 가난 또는 소외에 직면한 사람들이 우리에게 낯선 사람들이 되어서는 안 된다. 사랑과 동정의 하나님께서는 수많은 사람을 함정에 빠뜨리는 고립과 소외라는 장벽을 허물 사람들을 부르시고 계시다. 우리는 좀 더 정의로운 세상을 창출하는 데 우리가 도울 수 있는 방법에 대해 이미 살펴보았다. 그러나 서구사회에서는 식사 시간이 진솔한 친교와 결속 그리고 상호 동정을 나누는 최적의 장소가 된다는 점을 기억하라. 성경은 환대를 보여주기 위해 상당한 위험을 감수할 준비를 함으로써 무엇을 얻기 위해 거래를 하는 것보다 훨씬 많은 것을 얻은 사람들에 대한 예로 가득하다. 마므레Mamre에서 아브라함은 사라가 기적적으로 아기를 임신하게 될 것임을 예언한 두 명의 천사와 주 하나님으로 드러난 한 분을 포함한 세 명의 나그네를 저녁식사에 초대했다(창18:1-15). 사렙다 과부가 음식과 쉴 곳을 나그네에게 마련해 주었는데, 그 나그네는 하나님의 사람인 엘리야였고 그는 죽은 그녀의 아들을 살려냈다(왕상17:9-24). 두 명의 제자들이 스승이 처형당한 예루살렘에서 엠마오로 갈 때, 그들은 나그네 한 사람을 청하여 하룻밤을 함께 유하자고 했다. 그 나그네가 저녁 식탁에서 빵을 자를 때 그들의 눈이 밝아져 자신들과 함께 한 그 나그네가 부활하신 주님이심을 알게 되었다(눅24:13-35). 그러나 무엇보다도 나그네를 접대하는 것에 관해 심심치 않게 인용되는 분문은 마태복음 25장에 나오는 양과 염소들에 대한 예수님의 비유이다.

> 그 때에 임금이 그 오른편에 있는 자들에게 이르시되 내 아버지께 복 받을 자들이여 나아와 창세로부터 너희를 위하여 예비된 나라를 상속받으라 내가 주릴 때에 너희가 먹을 것을 주었고 목마를 때에 마시게 하였고 나그네 되었을 때에 영접하였고 헐벗었을 때에 옷을 입혔고 병들었을 때에 돌보았고 옥에 갇혔을 때에 와서 보았느니라(마25:34-36)

수많은 사람이 홀로 고립되어 살아가고 있는 이 세상에서 말만 하는 것으로는 충분하지 않다. 어느 해 성탄절 날 나와 아내는 노숙자들에게 무료 성탄절 저녁을 대접하는 도시교회로 자녀들을 데리고 간 적이 있다. 우리는 이른 오후에 그곳에 도착했고, 그 시간 이후 내내 햄과 칠면조 고기 그리고 닭고기를 얇게 썰거나 식탁을 준비하는 등 거리의 사람들을 섬길 준비를 하면서 보냈다.

식사 시간이 되었을 때, 아내 캐롤라인과 나 그리고 세 명의 십대 딸들은 노숙자들과 서로 섞여서 그들의 이야기를 듣고, 그들이 하는 농담에 웃으며, 그들이 식탁에 수북이 쌓여 있는 맛난 식사를 나누며 즐거워하는 모습들을 지켜보았다. 그 다음 날, 내 딸의 친구인 켄달이 우리에게 성탄절을 어떻게 지냈느냐고 물었다. 우리는 그녀에게 성요한교회에서 노숙자들을 섬긴 일에 대해 이야기했다. 그녀는 잠시 생각을 하다가, "그러니까 노숙자들이 식사하는 것을 섬겼다는 말이지요? 그곳에 노숙자들과 당신들 사이를 가로지르는 그러니까 일종의 방어 유리막 같은 것이 있었나요?"라고 물었다. 나는 이 질문이 문제의 핵심을 보여주는 것이라고 생각한다. 기독교인들을 포함하여 너무도 많은 사람이 그들과 가난한 사람들 사이에 일종의 방호 유리창 같은 것을 세운다. 하지만 우리의 식탁에 나그네를 기꺼이 맞아들이는 것이 유수자가 해야 할 일이다. 히브리서 기자는 나그네를 대접하는 것은 아브라함과 사렙다의 과부 그리고 엠마오로 가던 두 명의 제자가 경험했던 것과 같은 신비로운 사건들을 체험하는 결과를 가져올 수 있다고 하였다. "손님 대접하기를 잊지 말라 이로써 부지중에 천사들을 대접한 이들이 있었느니라"(히13:2) 거룩한 방문자들은 나그네 형상을 입고 우리에게 온다. 지난 성탄절 성요한 교회에 있던 수많은 노숙자 사이에 그리스도께서 계셨을까?

만일 당신이 <호텔 르완다>*Hotel Rwanda*라는 심각한 영화를 봤다면, 부패와 악이 판을 치는 세상에서 발휘되는 놀라운 환대의 힘을 목격했을 것이다. 1994년 르완다의 후투족은 투치족을 습격하여 지옥과도 같은 끔직한 피를 뿌리는 폭력을 감행했다. 키갈리 중심부에 위치한 고급 호텔인 밀 코린스Mille Collines의 임시 매니저를 맡고 있던 폴 루세사바기나Paul Rusensabagina는 약탈과 살인을 일삼는 후투족 민병대를 피해 들어 온 천 명이 넘는 투치족을 위해 피난처를 제공했다. 국제평화유지군의 버림을 받은 루세사바기나는 그 자신이 후투족이었음에도 불구하고 그가 현금화할 수 있는 모든 재산을 팔아 후투족으로 구성된 르완다군에게 뇌물로 제공했고, 그 결과 백만 명에 이르는 르완다인들이 마체트에 난도질당해 죽어가는 수백 일 동안 피에 굶주린 민병대를 호텔 문 안으로 진입하지 못하게 할 수 있었다. 국제사회가 도울 힘이 없다고 주장하며 르완다의 투치족을 외면했지만, 폴 루세사바기나의 감동적인 이야기는 전혀 다른 양상을 보여주었다.

1994년 4월 15일, 즉 대량학살이 시작된 지 일주일 후, 한 벨기에 신문사와의 인터뷰에서 루세사바기나는 밀 콜린스 내에 있는 사람들에 대한 보호를 요청했다. 호텔의 소유주였던 벨기에인 사베나가 벨기에 텔레비전을 통해 그랬듯이 말이다. 이에 대하여 르완다 당국은 호텔에 일단의 경찰병력을 주둔시키는 것으로 반응했다.

4월 23일, 군 정보국이 호텔에 도착하여 루세사바기나에게 호텔에 숨어 있는 모든 사람들을 내 놓으라고 요구했다. 이에 루세사바기나와 호텔 안에 있었던 몇몇 사람들이 해외의 영향력 있는 사람들에게 전화를 하여 긴급한 도움을 호소했다. 전화를 받은 사람들 중 한 명은 프랑스 외무성 장관이었다. 반시간 정도의 시간이 흐른 후, 경찰청에서 나온 대령이 도착하여 포위를 풀게 했고 군대의 철수를 명령했다.

하지만 5월 13일, 대위 한 사람이 호텔로 와서 그 날 오후를 기해 호텔에 대한 공격이 있을 것이라고 경고했다. 그 날 프랑스 외무성 장관은 르완다 정부가 향후 몇 시간 안에 호텔에 있는 모든 사람을 학살할 계획을 갖고 있다고 쓰인 팩스 한 장을 호텔로부터 받았다. 팩스의 내용은 유엔 대표에게 전달되었고, 곧 유엔 사무국은 호텔이 직면한 위협에 대해 알게 되었다. 그 결과 키갈리의 정부 당국자들에게 직접적인 압력이 행사되었고, 결국 그날 공격은 일어나지 않았다.

다른 말로 하자면, 서방 세계는 르완다에서 죽어간 수많은 생명을 살릴 수 있는 영향력을 행사하기에 충분했지만, 그들은 그런 영향력의 행사에 인색하였다. 루세사바기나는 얼마 되지 않는 피난처들 중 한 군데를 제공했다. 호텔은 악의 바다에 떠 있던 환대의 천국이었다. 대량학살이 자행되는 동안, 호텔에 숨어 있던 사람들 가운데 살해당한 사람은 한 사람도 없었다. 루세사바기나의 놀라운 환대는 수도 없는 사람들이 살해되는 동안 아무런 영향력도 행사하지 않은 서방 세계를 부끄럽게 했다. 그는 두려움에 떨던 투치족에게 먹을 것과 잘 곳을 제공했다. 그리고 그런 긴박한 상황 속에서도 그들 모두를 구했다. 몇 년 전에 국가 지도자들과 국제기구들은 르완다에 자신들의 힘을 행사하지 못한 것에 대한 그들의 실수를 인정했다. 1998년 르완다를 방문하는 동안, 클린턴 대통령은 행동하지 않은 것에 대해 사과했다. 유엔 사무총장인 코피 아난 Kofi Annan은 르완다 사태를 종식시키기 위해 개인적으로 더 많은 노력을 했어야 했다고 말했다.

그러나 르완다에서 발생한 대량 학살은 고립무원의 사건이 아니었다. 나치가 자행한 홀로코스트 이후, 국제사회는 그러한 대량 학살이 발생하는 것을 용인하지 않겠다고 맹세했다. 그러나 그런 일은 캄보디아(폴 포트 정권 하에서), 유고슬라비아(스로보단 밀로소비치 통치 하에서), 르완다, 그리고 최근에는 수단 다르푸르의 분쟁지역에서 최소한 70만 명이 살해당하거나 굶어 죽거나 병들어 죽었다. 유엔에 따르면, 그 외에도 150만 명에 달하는 사람들이 살 곳을 잃고 추방당했다. 비록 미국의 국방장관인 콜린 파웰 Colin Powell이 공개적으로 그러한 살육을 대량 학살이라고 부르긴 했지만, 겨우 800명으로 구성된 아프리카 연합군 African Union Force과 100명의 관찰자들만이 주로 사막 지역으로 파견되었을 뿐이다. 그나마 그들은 평화 유지군으로 파병되었기 때문에 자기방어가 목적이 아니면 발포하지 말라는 명령을 받았다.

그리스도께서 1994년 피난처를 찾아 밀 콜린스에 숨어있던 사람들 속에 계셨을까? 수단의 잔자위디 Jajaweedi 민병대에 의해 인간 사냥의 대상이 되었던 사람들 속에도 계셨을까? 환대를 보인 사람은 누구인가?

누가 자신의 식탁을 굶주린 사람과 가난한 사람에게 개방하는가? 환대는 한 잔의 티와 약간의 동정심에 관한 것만이 아니다. 환대는 강력한 힘이다. 폴 루세사바기나가 증명해 보인 것처럼, 환대는 말할 수 없는 악에 대항할 수 있다. 그리스도를 따르는 자들로서, 유수자는 굶주린 사람과 피난처를 찾는 사람 그리고 약탈당한 사람에게 환대를 제공하는 가장 최전선에 서 있어야 한다.

위의 예보다는 훨씬 덜 드라마틱하기는 하지만 환대에 대한 또 다른 예는 파리에 있는 서점에서 볼 수 있다. 셰익스피어 앤 컴퍼니Shakespeare & Company는 독특한 서점이자 도서관으로, 노틀담으로부터 센 강을 가로지르는 곳에 있는 루 드 라 부체리Rue de la Bcherie에 위치해 있다. 그곳은 벽면 전체와 바닥에서 천장까지 책, 잡지, 저널, 그리고 각종 신문들로 가득차 있는 3층 규모의 혼란스러운 곳이다. 원래 1920년대에 파리의 다른 쪽에 위치한 실비아 비치에서 개장했던 셰익스피어 앤 컴퍼니는 어니스트 헤밍웨이Ernest Hemingway, F. 스캇 피저랄드F. Scott, Fitzgerald, 그리고 제임스 조이스James Joyce와 같은 지난 세대의 작가들이 즐겨 나타났던 곳이다. 1951년에 미국인 조지 화이트맨Jorge Whiteman이 도서관을 상속하여 오래된 야채 가게였던 현재의 자리로 이전했다. 현재는 91세의 이 까다로운 독서광이 당신이 상상할 수 있는 가장 놀라운 책의 미로를 만드는 데 그의 생애를 보내고 있다.

어느 쪽을 둘러보든 혼란스러움만이 보일 뿐이다. 통로에 아무렇게나 쌓여 있는 책들은 천장에까지 닿아있다. 구석구석의 계단통 밑의 공간, 눈에 띠지 않는 벽장, 그리고 임시 바닥 등에는 책과 신문들이 묶여져 쌓여 있다. 좁고 삐걱 거리는 계단을 올라가면, 마치 자신이 손님이 아니라 애서가의 사적 공간을 침입한 사람인 것처럼 느끼게 된다.

그러나 화이트맨의 서점이 그렇게 특별나게 느껴지는 것은 엄청나게 쌓여 있는 책—새로 출판된 것에서부터 고전의 초판에 이르기까지—들 때문만은 아니다. 그것은 그 서점을 가득 메우고 있는 작가와 학생 그리고 시인 때문이기도 하다. 내가 그 서점을 처음 방문했을 때, 나는 의아해 하며 위층에 있는 실비아 비치 도서관 이곳저곳을 돌아다녔다. 그곳에서 나는 창문 아래쪽에 있는 광장이 내려다보이는 책상에 앉아 있는 몇 사람을 발견했다. 그들은 미국식 악센트로 말을 하며 몸을 수그린 채 노트북 컴퓨터를 보고 있었다. 구석에는 슬리퍼를 신은 한 젊은 여성이 소파에 누워 있었다. 책이 가득 쌓여 있는 책장들이 둘러싸여 있고 벽이 움푹 들어간 곳에는 침낭이 펼쳐져 있는 접었다 폈다 할 수 있는 침대가 하나 놓여 있었다. 또 다른 어두운 방(도서관은 밝고 볕이 잘 들고 있었다)에서는 더 많은 침낭들을 발견했다. 그 침낭들은 원하는 혹은 필요한 기간 동안 무료로 도서관에 머물면서 잠을 자도록 조지가 허락한 사람들의 침낭이었다.

내가 우연히 마주친 미국인들은 문학 장학금에 의존한 채 파리에서 살아가고 있는 젊은 작가들이었다. 슬리퍼를 신고 있던 젊은 여성은 네덜란드 시인이었다. 어느 때가 되었든 셰익스피어 앤 컴퍼니는 젊고 낭만적 사랑에 빠진 사람들과 출간 계약을 따내기 위해 고민 속에 있는 소설가와 시인, 춤꾼, 화가, 조각가, 방랑자, 그리고 몽상가의 안식처가 되었다. 조지 화이트만은 아무런 질문도 하지 않고 그들 모두를 환영하며 그들에게 숙소를 제공하고 먹여준다.

서점 앞 쪽에 있는 칠판에는 조지가 손으로 쓴 글이 있다.

16세기에 이 집이 라 매이슨 두 무스티어La Maison du Moustier라고 불린 수도원이었다는 사실을 아는 사람이 얼마나 될까? 중세 시대에는 각 수도원마다 램프에 불을 키는 일을 맡아 보던 등불 수사a frre lampier가 있었다는 사실을 얼마나 많은 사람들이 알고 있을까? 내가 이 서점을 열었을 때 한밤중에 길을 밝히는 수사의 역할을 유산으로 물려받았기 때문에 내가 자신들의 등불 수사라는 사실을 얼마나 많은 사람들이 알고 있을까?

조지는 자신 스스로를 수도원과 서점의 불을 밝히는 자로 여기고 있다. 그는 자신을 여행에 지친 여행객에게 따뜻한 침대와 환영의 식탁, 그리고 그들을 환대하는 주인이 안에서 기다린다는 것을 알려주는 자로 여기고 있다. 세월이 흐르는 동안, 그는 침대와 음식을 필요로 하는 '아무에게'나 그의 서점(그의 집이기도 한) 문을 개방해 주었다. 그들 '아무나'에는 사르트르Sartre, 베케트Beckett, 버러우스Burroughs, 긴스버그Ginsberg, 코르소Corso 등이 포함되어 있었다. 그 대가로 그들은 자신들의 생각을 기록해 둔 원고들과 노트 등—그 당시에는 아무런 가치가 없었으나 현재는 값을 헤아릴 수 없을 정도로 소중한 자료들—을 남겨 두었다. 오랜 세월 동안 그는 수많은 현대 고전 문학의 원판들을 수집했다.

그의 식탁에서 조지는 정성스럽게 끓인 브로스와 바삭바삭한 빵을 전 세계에서 온 손님들에게 제공했다. 예술가들이 서로의 작품에 대한 격려의 말을 하고, 아이디어를 나누고, 적은 규모의 청중 앞에서 시를 발표하며 함께 먹고 마시는 식탁의 우호적인 분위기를 상상해 보라. 확실히 조지의 식탁에는 마태의 식탁과 놀라울 정도의 유사성이 있다. "예수께서 마태의 집에서 앉아 음식을 잡수실 때에 많은 세리와 죄인들이 와서 예수와 그의 제자들과 함께 앉았더니"(마9:10)

예수님께서 바리새인들이 예수님께 부과한 식탐 또는 탐심에 대한 혐의를 받은 때는 아마도 이와 같은 파티 중에서였을 것이다. '죄인들'과 더불어 먹고 마시는 자리는 예수님과 같은 선생이 참석하지 말아야 할 장소로서, 신성모독과 경건하지 못한 행위로 취급되었다. 그러나 바로 그런 장소가 우리가 유수자이신 예수님을 발견할 수 있는 곳이다. 공포에 질린 르완다의 투치족, 파리의 작가와 예술가, 그리고 성요한교회의 노숙자들과 더불어 먹고 마시는 곳이, 우리가 주님을 발견할 수 있는 장소다. 전체주의적 정권에 의해 침탈을 당하고, 추방당하고, 감옥에 갇히고, 고문 당하고, 강간 당하고, 죽임을 당하는 사람들이 있는 곳에서 우리는 예수님을 발견할 것이다. 또는 악랄한 인종차별 정책으로 고통을 당하는 남아프리카 흑인과 함께하시는 예수님을 발견할 것이다. 또는 나가사키와 히로시마에서 원폭투하에 피해를 입은 피해자와 함께하시는 예수님을 발견할 것이다. 또는 1970년대 비밀전쟁 중에 캄보디아와 라오스에서 죽어간 사람들과 함께하시는 예수님을 발견할 것이다. 콜롬비아와 엘살바도르, 니카라과, 과테말라, 칠레, 또는 소말리아에서 수십 년 동안 죽어간 사람들과 함께하시는 예수님을 발견할 것이다. 20여 년간이나 계속된 유엔의 금수조치 기간 동안 부족한 영양 공급으로 죽어간 수천 명의 이라크 어린이들과 함께하시는 예수님을 발견할 것이다. 그리고 바로 그런 곳이 오늘날 기독교인 유수자들이 있어야 할 곳이다. 바로 그런 곳에서, 바울과 다니엘, 요셉, 폴 루세사바기나, 조지 화이트맨, 테레사 수녀, 넬슨 만델라, 보노, 그리고 다른 사람들이 그랬던 것처럼, 우리도 불을 밝혀 함께 나눌 식탁과 자원들이 있음을 나그네들에게 알려주어야 한다. 오스트레일리아 멜버른에 교회가 하나 있는데, 그 교회는 도심 지역에 거리를 방황하는 아이들이나 노숙하는 아이들, 마약에 중독된 십대 창녀들, 그리고 정신적으로 문제가 있는 아이들을 위해 세워졌다. 그 교회는 마태의 잔치 Matthew's Party라고 불리는데, 참으로 완벽하게 어울리는 이름이다. 사실 모든 교회가 세리들과 '죄인들'에게 식탁을 베풀고 유수자이신 예수님과 그의 친구들이 함께 연회를 즐기는 마태의 잔치가 되어야 한다.

# 세상을 위해 일하기

약속: 우리는 정의롭게 일할 것이다.

입으로 말하는 것 빼고는 아무런 일도 하지 않는
사람과는 나의 종교에 대해 논하지 않겠다.

_칼 샌드버그Carl Sandburg

---

지금까지 나는 유수자들이 '우리는 진실할 것이다', '우리는 행동하는 공동체를 건설할 것이다', 그리고 '우리는 관대할 것이고 환대할 것이다'와 같은 위험한 약속들을 하는 사람들이라고 말했다. 이제 우리는 다른 약속으로 관심을 돌릴 것이다. 유수자들은, 누군가가 목사나 사역자로 일하도록 하나님의 부르심을 받는 것과 동일하게, 그들 또한 공장, 법률회사, 학교, 또는 가정에서 일하도록 하나님의 부르심을 받았음을 깨닫고 그들이 하는 일에 헌신해야 할 것이다. 다니엘과 요셉처럼, 유수자들은 세상을 위해 열심히 일해야 할 것이다. 그렇게 일함으로써 그들은 "우리는 정의롭게 일할 것이다"라는 약속을 하게 될 것이다.

1991년 성공한 중년의 건축가인 사무엘 목크비Samuel Mockbee는 미국의 남단을 가로지르며 차를 운전하고 있었다. 그 일은 그의 일생을 전환하는 계기가 되었다. 그는 자신의 전문 분야에 대한 엘리트주의와 세상에 있는 다른 사람들의 필요, 예컨대 사회적 혜택을 받지 못하며 살아가는 아이들에게 무관심한 채 부와 명성만 추구하며 회랑을 갖춘 값비싼 건물에서 살아가는 것에 대해 환멸을 느끼고 있었다. 목크비는 건축물은 단지 예술적 형상을 갖는 것 이상이어야 한다는 이타적인 생각을 하고 있었다. 건축물은 사회적 상징이다. 건물들은 지위와 부 그리고 안정을 나타낸다. 오직 부유한 사람들만이 가장 아름다운 건물들을 소유할 여유가 있다. 가난한 사람들은 대부분 다른 것들—문학, 영화, 사진, 그림—을 통해 예술적 형식에 접근할 수 있을 뿐이다. 그들은 건축학적 아름다움에는 접근할 수 없다.

목크비는 가난한 사람들이 건축학적으로 멋진 새 집에서 사는 것에 대한 꿈을 꾸었다. 하지만 현실은 오직 부자들만이 건축학적으로 디자인된 집을 소유할 수 있었다. 목크비에게 있어 이러한 현실이 그의 직업을 모든 예술 중에서도 가장 엘리트적인 것이 되게 만들었다. 그런데 그가 남부에서 가장 가난한 시골 지방을 지나갈 때, 그는 수백 채의 황폐하고, 실제로 살 수 없을 것 같아 보이는 집들과 판자 집들을 목격했다. 그 집들의 대부분에는 흑인들이 거주하고 있었다. 그는 인구의 거의 3분의 2가 절대 빈곤선 아래서 살아가고 있는 지역도 보았다. 그들은 트레일러 공원*이나 오두막집에서 물과 전기의 공급도 없이 살아가고 있었다. 사회간접시설의 필요가 절망적인 수준이었는데, 이는 어떤 방문자라도—만일 보려고 하기만 한다면—직접 눈으로 확인할 수 있을 정도였다.

미시시피에서 앨라배마에 이르는 밀밭, 옥수수밭, 그리고 면화밭을 가로지르는 비포장도로를 여행하면서 그는 마음에 건축학원의 문호를 개방하기 위해 무엇인가를 해야겠다고 생각했다. 그는 사회적으로나 경제적으로 어려운 사람들을 위해 아름다운 집을 공급하고 싶었다. 그러나 값싼 집을 짓는 것 이상으로, 그는 건축을 배우는 학생들이 남부를 분리시킨 인종적 그리고 문화적 단절

---

* 미국에는 가난한 사람들이 이동이 가능한 트레일러를 집삼아 살아가기도 하는데, 이런 트레일러가 모여 있는 곳을 말한다—역주.

을 직접 보기 원했다. 그는 그의 학생들이 경제적으로 성공을 거두고 젊은 날에 지녔던 사회 정의를 위한 열정을 잃어버리기 전에 그들이 소유하고 있는 가치를 뒤흔들어 그들로 하여금 이웃에 대한 관심을 품게 하고 싶었다. 그렇게 된다면, 그들은 가난한 이웃들을 위해 좋은 건물들을 만들 수 있을 것이다.

학생들 대부분은 부유하거나 중산층 가정 출신이었다. 그들은 자신이 가난을 보았다고 생각한다. 그러나 그들은 그저 스쳐 지나며 가난을 보았을 뿐이고, 그 냄새를 맡아보았을 따름이다. 그들이 가난한 고객들의 손을 잡고 악수를 할 때, 그리고 여러 달 동안 그들과 더불어 일을 할 때, 비로소 그들은 가난한 사람들도 진짜 사람이라는 것을 깨닫게 된다.[1]

'삼보'로 알려져 있는 사무엘 목크비는 크고 퉁퉁한 가슴에 잿빛 턱수염을 가진 남자로, 낡은 픽업트럭을 몰며 매일 아침 그가 좋아하는 식당에 가서 아침을 먹었다. 그는 구약성경에 등장하는 선지자같이 보였다. 실제로도 그는 현대 사회의 선지자였다. 그의 열정과 기행 그리고 지적 능력으로 목크비는 새롭게 등장하고 있는 젊은 건축가들에게 영감을 불어 넣었다. 그는 루럴 스튜디오 Rural Studio에 다니는 그의 학생들이 낡아빠진 오두막으로 향하는 먼지투성이의 자동차 진입로를 따라가서 문을 두드리고 거주자에게 새 집을 제안할 것을 기대했다. 그가 원하는 것은 그런 것이었다. 하지만 실제라고 믿기에는 너무나 좋은 이런 제안을 받은 사람들 가운데는 그 제안을 거부하는 사람도 있었다. 왜냐하면 그 제안 이면에는 뭔가 흉계가 있을 것이라고 생각했기 때문이다. 부유한 백인 청년들은 가난한 흑인들에게 좋은 집을 무료로 제공하지 않는다. 그런데도 목크비와 그의 학생들은 수년 동안 그들의 '고객들'을 위해 놀라울 만큼 좋은 집을 지어주었다.[2]

염소의 집the Goat House은 과거 노란 색의 회반죽을 개어 만든 집이었다. 루럴 스튜디오는 문자적으로 그 집을 둘로 나누어 양 편으로 당겨 공간을 확보한 다음 활공하듯 우뚝 솟은 성당 모양의 홀을 그 사이에 지어 넣었다. 끼어 들어간 부분—재활용된 기둥과 클래딩*—이 원래 건물 사이로 솟아올라 드라마틱한 효과를 연출했다. 보충된 부분 내부의 마루에서 천장까지 이어진 창문을 통해 내부 공간은 자연광으로 가득하여 자연목과 광택을 낸 나무 마루로 둘러싸인 생기 있고 편안한 공간을 연출했다. 목크비 학생들은 독특한 건물을 디자인하여 만 2천 달러 미만의 비용으로 건축을 마쳤다(그렇게 지은 집은 고객에게 무상으로 공급됐다).

건초더미의 집the Hay Bale House의 한 편은 돌출된 현관이 있고 다른 편은 마치 건초더미가 나란히 있는 것처럼 보이는 맥주통 모양의 침실이 세 개가 있다. 건초더미를 넣어 만들어 그 두께가 24인치나 되는 벽으로 인해 경제적인 비용으로 냉난방 효과를 볼 수 있게 했다. 더러운 마룻바닥과 비가 새는 천장이 있는 오두막에서 두 명의 손주들과 함께 살아가던 셉Shep과 알베르타 브라이언트Alberta Bryant도 그들의 새 집을 무료로 제공받았다.

앤더슨과 오라 리 해리스Ora Lee Harris에게 공여된 에너지 효율성이 좋은 나비의 집the Butterfly House은 날개모양 목재 지붕과 재활용한 목재와 양철로 만든 스크린이 있는 현관문을 갖추고 있다. 이 집은 해리스 부인을 위해 휠체어로 드나들 수 있게 지었으며 겨우 2만 5천 달러를 들여 만들었다. 현재 앨라배마 도처에는 사회의식이 있는 건축가 목크비가 세운 학교를 졸업한 학생들이 지은 집과 교회와 놀이터 그리고 지역 회관들이 산재해 있다.

사무엘 목크비는 2001년 57세 나이로 타계했다. 가난한 이웃들의 영웅으로서는 너무 젊은 나이였다. 건축학에 대한 패러다임을 깨뜨리는 그의 접근방식 때문에 그는 하버드대학교의 방문 교수가 되었고, 오프라쇼에도 게스트로 출연했다. 그리고 맥아더 재단이 수여하는 50만 달러의 '지니어스 그랜트'genius

---

* 고온과 고압에 견디게 하기 위해 코팅을 한 금속재—역주.

<염소의 집>(the Goat House)
사진출처: 티모디 허슬러Timothy Hursley 승인 후 사용.

grant의 수혜자가 되기도 했다. 그는 수많은 그의 동료들이 추구하는 이기적 가치에 영합하지 않고 대부분 건축가들이 갇혀 있는 틀을 벗어남으로써 부와 명예를 얻을 수 있었다.

## 하나님의 견습생들-자녀들

사무엘 목크비는 건축가가 되는 것에 대한 그의 방식을 통해 유수적 사고의 모델을 보여주었다. 유수적 사고는 자신의 직업과 선교적 감각을 통합하는 일종의 특별한 창의력이다. 너무 오랜 세월 동안 교회는 어떤 사람의 직업을 세속적 시도로 보는 반면, 교회 내에서 하는 일은 거룩하거나 의로운 것으로 여기는 이원론적 양식에 빠져 있었다. 이런 방식으로 보자면, 오직 전임으로 사역하는 선교사들이나 교역자들만이 성스러운 것으로 평가될 수 있다. 그 결과, 교회는 건축가, 학교 교사, 간호사, 변호사, 전업 가정주부와 같은 직업을 완전히 세속적인 것으로 간주하였다. 교회에 가는 많은 사람들은 평일 그들의 직업을 위해 보내는 수많은 시간이 그들이 주일 교회에서 보내는 약간의 시간보다 하나님께 덜 중요할 것이라는 인상을 받는다. 이는 마치 평소 우리의 경력에 관해 신경 쓰지 않으시던 하나님께서, 우리가 예배 시간에 참여하거나 교회 위원회에 참여하거나 성경공부에 참석할 때, 갑자기 관심을 기울이기 시작하신다고 생각하는 것과 같다. 그러나 나는 이런 사고가 성경적으로 잘못된 것이라고 생각한다. 하나님께서는 우리 삶의 모든 영역에 관심이 있으신 만큼 우리의 직업생활에도 관심을 두시며 함께하시는 분이다. 유수자들은 직업을 그저 돈을 벌기 위한 수단으로만 여기는 세상적인 시각에서 벗어나야 함과 동시에, 일상에서 지속되는 직업 생활이 갖는 정당성에 대해 저평가하는 시각에서도 자유로워야 한다.

하나님께서는 그들이 무슨 일에 종사하고 있는지에 상관없이 모든 사람들의 일상생활에 친밀한 관심을 갖고 계신다. 따라서 모든 기독교인들은 책임감 있고 다른 사람에게 고통을 주지 않도록 일하라는 부르심을 신중하게 받아들여야 한다. 이를 행하는 가장 간단한 방법들 중의 하나는 개인적인 선교의 범주에 다양한 교회 사역을 위해 하는 일뿐 아니라 일상생활을 위해 하는 일도 포함시키는 것이다. 우리의 직업을 우리의 선교로 보는 것은 우리의 사업 현장을 개인적인 전도의 장소로 이용하는 것에 대한 것이 아니다. 오히려 이것은 우리가 하고 있는 바로 그 일을 통해 하나님을 섬기는 우리의 소명을 부분적으로 성취할 수 있다는 인식을 포함한다. 물론 우리는 직업을 통해서 돈을 번다. 그러나 유수자로서 직업에 대한 우리의 최우선적 동기는 하나님과 우리의 관계를 표현하는 수단으로써 우리의 일을 하는 것이다.

만일 우리가 소수의 사람에게 엄청난 돈을 벌어주는 거대한 회사의 일원으로 일을 하고 있다면, 옆자리에 앉아 있는 동료를 가치 있게 하는 우리의 일을 하나님의 일로 볼 수 있다. 인생은 모호한 것들로 가득하다. 예를 들자면, 세상을 위해 일하던 누가복음 7장에 등장하는 백부장은 예수 그리스도에 대한 신앙을 갖고 신앙의 본이 되는 데 부적격한 사람으로 간주되지 않았다. 백부장은 은혜의 급진적 성격을 구체적으로 보여준 예다. 예수님께서는 말 그대로 제국 내에서 가장 악한 요소와 연계되어 있는 사람이 보여주는 신앙에 엄청난 가치를 부여하셨다. 물론 어떤 유수자들은 그들이 속한 세상에서 그들이 몸을 담고 있던 직업을 떠나 그들이 받은 거룩한 소명을 표현할 수 있는 다른 직업을 찾고자 하는 선택을 할 것이다. 그러나 심지어 그런 시스템 속에 갇혀 있다고 느끼는 사람들조차 그 안에서 그들과 하나님 사이에 성립된 관계를 표현할 수 있는 장소를 발견할 수 있다.

이런 주장에 대한 나의 논리적 근거는 하나님을 '아버지'로 부르신 예수님의 언급 안에 자리한다. 이 언급은 복음서들 안에서 여러 차례 발생한다. 그러나 아마도 제자들을 위해 기도의 모범을 제시해 주신 마태복음 6장 9절부터 13절만큼 이목을 끄는 구절은 없을 것이다. "그러므로 너희는 이렇게 기도하라 하늘에 계신 우리 아버지여 ……"(마6:9a). 오늘날과 같이 중성적인 언어에 대한 인식이 증가하고 있는 세상에서, 하나님을 아버지라고 부르시는 예수님의 가르침이 다소 '정치적으로 부당한' 것처럼 보일수도 있다. 우리는 하나님께서 남자도 여자도 아니시라는 것을 알고 있다. 예수님 자신이 하나님은 육체가 아니라 영이시며, 신령과 진정으로 예배를 받으시는 분이라고 선언하셨다(요 4:24). 비록 우리가 하나님의 성품 중에서 남성적인 측면과 여성적인 측면을 인식할 수는 있지만, 하나님을 남성 혹은 여성으로 생각할 수는 없다. 하나님은 육체적 존재가 아니시다. 그러므로 비록 우리가 성경 곳곳에서 아버지로서의 하나님의 성품뿐 아니라 여성적 혹은 모성적인 하나님의 성격에 관해 언급하는 구절들을 많이 목격할 수 있는 것이 사실이지만, 엄밀히 하나님은 성별이 없으시다고 말해야 한다. 그런데도 이방 종교들과 '뉴에이지'에서 흔히 보이는 신성에 대한 여성적 묘사로 인해 하나님의 성별에 대한 이해를 모호하게 하는 경우가 있고, 이로 인해 하나님을 어머니로서 언급하는 것이 신학적 이단을 초래하게 된다고 느끼는 기독교인은 대경질색하기도 한다. 성경적 사실은 성경 저자들이 하나님의 남성적 측면뿐만 아니라 하나님의 여성적 측면도 인지하고 있다는 것이다(예를 들어, 사66:13을 보자). 그러나 아마도 그런 여성적 측면이 교회에 의해 오랜 세월 동안 무시당해 오다가 근래에 와서야 재발견되고 있는 형국이기 때문에, 하나님의 부성적 요소에 대해 예전과 같은 강도로 강조하지 않는 것에 대해 우려할 뿐이다. 따라서 이 주제에 대해 격렬한 논쟁이 벌어지고 있는 시기에, 예수님께서 하나님을 아버지로 언급하신 것을 강조하는 것은 이 책의 주제를 벗어난 것 같기는 하지만, 그럼에도 내 생각에는 이 부분에서 우리가 배울 중요한 것이 있다고 여겨진다.

예수님께서 우리에게 "하늘에 계신 우리 아버지"라고 기도하라고 말씀하실 때, 예수님께서는 하나님을 지칭하는 명칭을 알려주시는 것 이상의 것을 제공하고 계신다. 예수님께서는 하나님과 우리의 관계에 대한 중요한 부분을 인식할 수 있는 자리로 우리를 초대하신다. 예수님의 시대에서 아들들은 일터에서 아버지가 하는 일을 하루 종일 지켜보면서 성장했다. 목수와 대장장이의 집은 그의 가족이 생활하는 집과 가까운 곳에 있기도 했다. 아버지가 농부인 아들은 그의 아버지가 농사를 짓는 바로 그 땅에서 살며 성장했다. 이런 방식을 통해 젊은 남성들은 매우 어렸을 때부터 아버지의 업종을 배우게 된다. 오늘날에도 여전히 존재하고 있는 전통문화들은 동일한 사회적 특징을 그대로 유지하고 있다. 부족문화 안에서 아버지와 아들은 로버트 브라이Robert Bly가 '서로에 대한 유쾌한 용인'이라고 부른 분위기 속에서 살아간다. 부자는 하루에도 몇 시간씩 함께 화살촉을 만들거나, 물고기를 잡는데 사용되는 그물을 고치거나, 영리한 동물들을 잡을 덫을 만들면서 보낸다.[3] 이런 생활로 인해 그들의 관계는 단순한 부자 관계 이상으로 확장된다. 젊은 소년들은 성장하는 과정에서 다수의 '아버지들'을 갖는다. 삼촌들은 아들의 훈련을 완화해 주거나 그에게 여성에 관해서 말해준다. 할아버지들은 그에게 조상과 부족에 관한 여러 가지 이야기들을 해준다. 마을의 전사들은 그에게 무기를 만드는 기술을 가르치거나 훈련을 시킨다. 늙은이들은 그에게 의례와 영혼에 관해 가르친다. 그들 모두가 어떤 의미에서 아버지가 되는 것이다.

부족사회를 지나 고대 수렵사회와 수렵채집사회를 거쳐 오면서 그리고 그 이후의 농촌과 수공사회를 지나오는 동안, 아버지와 아들은 늘 함께 일하고 생활했다. 1900년대 말까지 미국의 아버지들 중 90퍼센트 가량이 농업에 종사했다. 이 모든 유형의 사회에서 아들은 1년 열두 달 내내 아버지가 일하고 있는 것을 지켜보며 자랄 수밖에 없었다.

서구사회에 공장에서 일하는 직업이 생겨난 것은 겨우 150년 전의 일이다. 이후의 세대들에서는 아버지와 아들의 관계가 점차 약화되었다. 영국의 토지 사유화 법령the Enclosure Act of England은 궁극적으로 토지가 없는 아버지들이 자유 목초지나 공유지로 접근하지 못하는 상황에 내몰렸다. 이는 남성들로 하여금 가족들과 함께하든지 아니면 가족들을 떠나 공장으로 일거리를 찾아 나서게 만들었다. 20세기 중반까지 유럽과 미국에서는 대규모 사회변동이 발생했다. 아버지들은 여전히 일을 하고 있었지만, 아들들은 그들이 하는 일을 지켜볼 수가 없었다. 이런 전환은 아들로 하여금 일터에서 일하는 아버지를 볼 수 없게 만들었을 뿐만 아니라 아버지의 자취를 따라 살아가겠다는 마음도 사라지게 만들었다. 왜냐하면 아버지가 하는 일을 아들이 알 수 없게 되었기 때문이다. 내가 성장할 때, 나의 아버지는 내가 매일 아침 잠에서 깨어나기 전에 사무실로 출근하셨다. 그리고는 저녁 식사시간 즈음에서 돌아오셨다. 나는 어린 시절과 청소년 시절을 통틀어서 아버지께서 일하시는 사무실을 방문하거나 아버지께서 일하시는 것을 지켜본 적이 없다. 단지 우연한 기회에 사무실 책상에 앉아 계시는 아버지의 사진을 보았을 뿐이다. 나는 사진 속에 나오는 아버지의 책상 위에 있는 서류들이 무엇인지, 그리고 아버지 사무실 벽에 걸려 있는 사진들은 어떤 것에 관한 것들인지를 알아내기 위해 그 사진을 자세히 살펴보았다. 내가 아버지께 하루 종일 사무실에서 무슨 일을 하시냐고 여쭤보았을 때 (나는 동일한 질문을 여러 번 했다), 그때마다 아버지께서는 당신이 일하시는 회사와 그 회사 내에서 당신의 직책이 무엇이라고 말씀해 주셨다. 그러나 당시 나는 어린 아이에 불과했기에 그 일에 대해 자세히 물어볼 수 없었다. 조그만 소년으로서 자세한 질문을 할 만한 어휘가 부족했기도 했고, 아버지 또한 그에 대해 자세하게 설명해주려 하지 않았다.

그러나 예수님께서 사시던 시절에는 이 모든 것이 훨씬 단순했다. 갈릴리 지방 목수였던 요셉은 그의 아들 예수가 자라면서 그가 기둥을 설계하고, 식탁 다리의 길이를 재고, 은촉이음을 이음새에 넣고 하는 것을 지켜보게 했다. 그리고 그는 나무로 깎아 만든 식탁에 차려진 음식을 먹기 위해 집에 도착했다. 그의 손은 톱밥 먼지로 더렵혀져 있었고, 나무를 다루는 거친 일로 인해 굳은살이 박혀 있었다. 어린 예수는 이윤을 남기는 법을 배우기 위해 아버지가 만든 물건을 거래하는 장면을 지켜보아야 했다. 처음에는 나무를 가지고 놀았고, 그 다음에는 간단한 기술들을 배웠으며, 그러고 난 후에는 아버지의 일을 도제徒弟했다. 예수님께서 선택하실 직업이 무엇인가에 대해서는 논란의 여지가 없었다. 예수님께서 택하실 직업이 조각칼과 망치, 송곳, 그리고 대패를 드는 일이었을 것이라고 짐작하는 것은 자연스러운 일이었다. 아들들은 아버지들이 하는 일을 따랐다. 그처럼 단순했다.

매년 행하던 예루살렘으로의 순례를 마친 후 돌아오는 길에 잃어버린 열두 살 먹은 아들의 자취를 찾아가던 예수님의 부모들에 관한 이야기를 기억해 보라. 그들은 소년 예수가 친구들과 함께 있거나 친척들과 동행하고 있을 거라고 짐작하며 집으로 돌아왔다. 그러나 하루가 지나고 나서야 그들은 아들을 예루살렘에 두고 왔다는 사실을 인식했다. 그들이 예루살렘으로 돌아와 삼일 만에 성전에 있는 아들을 발견했을 때, 그들은 염려를 불러일으킨 아들을 나무랐다(다른 모든 부모들이 그러듯이). 그러나 소년 예수의 반응은 그들의 불신에 관한 것이었다. 소년 예수는 부모들이 자신을 발견하지 못한 것에 대해 놀랐다. 그는 놀라서 크게 뜬 눈으로 "어찌하여 나를 찾으셨나이까 내가 내 아버지 집에 있어야 될 줄을 알지 못하셨나이까?"라고 물었다. 육신의 아버지를 쫓아 목수가 되었듯이, 예수님께서는 그분의 하늘 아버지를 따라 성전에 오셨던 것이다. 이처럼 아들들(오늘날에는 딸들도)은 아버지를 **따른다**.

따라서 우리가 하늘에 계신 우리 아버지께 기도를 드릴 때, 우리는 하나님과 우리의 관계에 관한 어떤 강력한 것을 고백하고 있는 것이다. 우리가 여성이든 남성이든 우리는 하나님과의 관계에서 우리가 견습생-자녀들apprentices-children이라는 것을 기도하고 있는 것이다. 오늘날 우리는 '가족 사업'에 참여하기 위해 하나님을 따르고자 하는 열정이 있음을 고백한다. 나는 이것이 남성뿐만 아니라 여성까지 포함하는 은유라는 것을 강조하고자 한다. 여성이 하나님을 아버지라고 언급할 때, 그들도 자신이 하고 있는 일 속에서 하나님을 따르고자 하는 열정을 말하고 있는 것이다.

우리는 하늘에 계신 아버지를 따라 가족 사업에 참여해야 한다. 우리의 신앙이 성장해 감에 따라, 우리는 하나님의 일을 우리의 일로 받아들여 갈 것이다. 우리는 하늘 아버지께서 집으로 나무 대팻밥을 덮어 쓰고 돌아오시는 것을 지켜보는 어린 아이들에서부터 시작한다. 그리고 견습생-자녀들이 될 때까지, 나아가 궁극적으로는 동료가 될 때까지 천천히 그러나 확고하게 아버지 일을 우리의 일로 받아들이게 된다.

## 하나님 일의 그림자

그렇다면 '가족 사업'은 무엇인가? 살아계신 하나님을 따르는 자들로서, 우리는 단지 하나님을 경배하고 예배하기 위해서 부르심을 받았을 뿐만 아니라 아버지의 일을 하기 위해서도 부르심을 받았다. 우리는 하늘 아버지를 흉내 내고, 일터에서 그분을 지켜보고, 우리의 삶 속에서 그 일을 실행하라고 부르심을 받은 사람들이다. 당신은 어린 아이들이 부모님의 행동을 흉내 내거나 모방하는 것을 본 적이 있는가? 부모님이 입은 옷과 같은 옷을 입고 싶어 하고 부모님이 하는 일과 같은 일에 흥미를 보이는 것을 본적이 있는가? 우리도 이와 동일하다. 그리고 우리가 이를 할 수 있는 최선의 방법들 중 한 가지는 우리가 선택한 소명을 통해서다. '소명'이라는 용어는 '부르다'라는 의미를 지닌 라틴어 **베카레**vecare에서 왔다. 이는 우리가 선택하는 직업을 야기하는 영적인 부르심이다. '소명'이라는 용어를 사용할 때 우리는 사제 역할을 수행하는 사람에게만 적용하는 경향이 있다. 우리는 성직을 수행하기 위해 받은 '부르심'은 하나님한테서 온 것이라고 생각한다. 하나님께서는 사람들을 안수 받은 성직자로 부르신다. 교회 리더십으로 부르심을 받았든 아니면 선교지 사역으로 부르심을 받았든, 우리는 일상적으로 기독교 사역에 '부르심을 받은' 사람들을 언급할 때, '소명'이라는 용어를 사용한다. 그러나 우리가 이 단어를 이런 식으로 사용할 때, 우리는 하나님께서 우선적으로 교회 리더십과 관련된 일에 참여하시며, 사람들이 교회 지도자가 되었을 때 비로소 성부 하나님을 따라 가족 사업에 참여하게 되는 것이라는 구시대의 잘못된 믿음에 빠져들게 된다. 신부들, 목사들, 수녀들, 수도사들, 선교사들, 이들은 모두 각자 그들이 감당하고 있는 사역에 성부 하나님의 부르심을 받아 가족 사업에 참여하고 있는 사람들이다.

그러나 내가 앞에서 언급했듯이, 이것은 잘못된 생각이다. 이런 생각은 실재가 두 가지 영역, 즉 신성한 영역과 세속적인 영역으로 분리되어 있다고 믿었

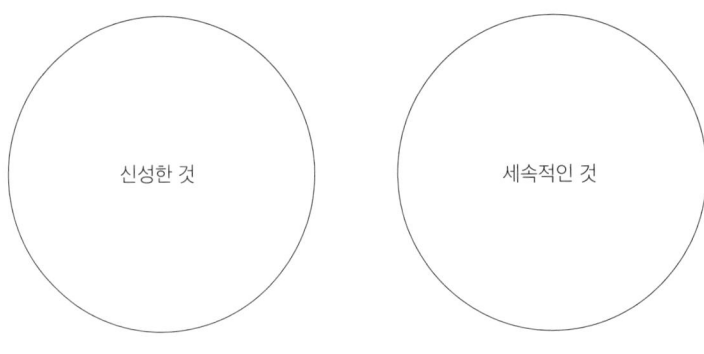

**신성한 것과 세속적인 것의 분리**

던 시대에서 유래한 것이다. 이런 사고를 일컬어 '이원론'이라 부른다. 그리고 기독교인들은 초대교회부터 이원론적 사고로 인해 갈등을 겪어왔다. 이원론은 세속적인 것과 신성한 것을, 거룩하지 못한 것과 거룩한 것을, 외부와 내부를 분리한다. 말할 것도 없이 신성한 영역은 하나님을 포함하고 교회 사역인 예배, 성경공부, 신학교, 그리고 그와 같은 것들을 통해 명확히 드러난다. 세속적 영역은 위에서 언급한 것을 제외한 인생의 나머지 모든 부분, 예컨대 성관계를 갖는 것, 정원을 가꾸는 것, 미술관에 가는 것, 먹는 것, 집을 개축하는 것, 운동을 하는 것, 일 하는 것 등을 포함한다.

하나님께서는 소위 말하는 세속적인 영역에서 부재하지 않으신다. 우리가 하나님께서 그런 일에 특별히 그리고 민감하게 관여하지 않으신다고 생각하고 있을 따름이다. 교회 안에서 우리가 사용하고 있는 많은 용어들이 이런 가정을 더욱 강화한다. 우리는 흔히 하나님께서 교회에서 드리는 예배 시간에 '임재' 하신다고 말한다. 그러나 배우자와 사랑을 나누는 자리에도 하나님께서 임재 하신다고 생각하는가? 많은 사람들은 정원을 가꾸거나 태양이 고즈넉하게 지는 장면을 보면서 자연 속에 계시는 하나님의 임재를 감지한다. 그러나 그들이 맥도날드에서 음식을 먹을 때나 텔레비전을 통해 풋볼 게임을 지켜볼 때는 그런 하나님의 임재가 있을 거라고 거의 생각하지 않는다. 이것이 이원론이다. 우리는 흔히 '저 밖에 있는 세상'에 관해 말한다. 하지만 이것이 교회 다니는 사람들은 '이 안에 있다'는 것 외에 무엇을 의미할 수 있겠는가? 이런 이원론이 1700여 년을 지속돼 왔고, 자신들의 내향적 신앙을 그들의 외향적 실천과 연관 짓지 못하는 기독교인들을 만들어 왔다. 그리고 이런 이원론적 경향이 그들의 도덕과 생활방식, 그리고 그들이 지니고 있는 신앙을 다른 이들과 의미 있게 나누는 능력에 영향을 끼쳐왔다.

이는 또한 우리가 하는 일을 보는 방식에도 영향을 미친다. 만일 우리가 하나님을 교회에 머무시는 분으로 가정한다면, 우리는 하나님을 대제사장, 가장 완벽한 주교, 설교자, 목사, 성직자로 가정하게 될 것이다. 만일 성직자로서의 하나님께 대한 초점이 교회 모임에 맞추어져 있다면, 결국 우리에게 있어서 하나님을 닮아간다는 것은, 어린아이들이 그들의 아버지를 흉내 내는 것처럼, 우리가 받아들일 수 있는 최고의 소명은 교회 지도자 중 하나가 되는 것일 것이다. 우리는 하나님을 따르는 것에 대해 생각할 때, 안수 받은 교회 목사가 되는 친구를 쉽게 떠올린다. 그러나 컴퓨터 프로그래머나 간호사, 영화 산업자, 회계사가 되기로 결정한 친구에 관해 말할 때는 그들이 하나님께로부터 소명을 받았다고 말하지 않는다.

그런 생각이 뿌리내리게 되면, 전임으로 사역하는 성직자들이 있는 특별한

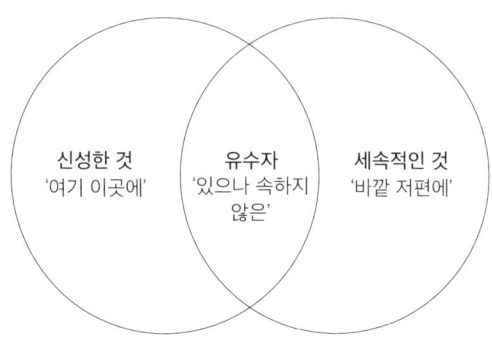

**신성한 것과 세속적인 것의 통합**

세계와 우리들 대부분이 생활하고 있는 세속적 세계 사이의 엄청난 균열이 발전하게 된다. 앞부분에서 우리는 교회 예배에서 선포되는 대중 설교를 향해 회중들이 느끼는 소외감과 분노감에 대한 월터 브루그만의 가정들에 대해 살펴보았다. 『일상생활 속의 그리스도인』Redeeming the Routine(IVP 역간)에서 로버트 뱅크스Robert Banks는 성속의 구별로 인해 발생한 균열이 초래하는 현상들에 대해 설명했다. 우리가 배우는 성경적 가르침이 자신만이 하나님의 일을 수행하고 있으며 자신이 목양하는 회중들은 자신보다 열등한 종류의 세속적 사업을 수행하고 있다고 믿는 성직자(우선적으로 남성)로부터 오는 것일 때, 우리의 배움은 실생활과 연관되지 않은 내용들을 배우는 것으로 끝나고 말 것이다. 뿐만 아니라 이는 단지 우리의 직업과 상관성이 없는 것을 넘어, 우리가 보낸 모든 과거의 시간과 취미들이 하나님을 섬기는 수단으로 기뻐해야 할 것들이 아니라 오히려 하나님을 섬기는 데 방해가 되는 장애물로 취급되고 말 것이다. 뱅크스는 그 결과들에 대해 다음과 같이 주목했다.

- 우리의 신앙을 우리가 하는 일에 적용하는 방식을 아는 사람이 거의 없다.
- 신앙과 여가 시간에 하는 활동 간에 최한의 연결만을 갖는다.
- 가사와 같은 일상적인 활동들에 대한 기독교적 접근 방식에 대해 거의 아는 바가 없다.
- 일상에 대한 우리의 태도가 부분적으로 우리가 살아가고 있는 사회의 지배적 가치에 따라 형성된다.
- 우리가 겪는 많은 영적 어려움이 우리가 경험하는 일상의 압력(시간의 부족, 탈진, 가정에서 유래하는 압력 등)에서 유래한다.
- 일상생활 속에서 우리가 갖는 관심사들이 교회 안에서는 거의 주목을 끌지 못한다.
- 전문적으로 신학을 연구한 신학자들만이 우리의 일상 활동들에 관해 가

끔씩 강의할 뿐이다.
- 그나마 가끔 있는 일상 활동들에 관한 신학자들의 강의도 지나치게 신학적인 방식으로만 접근한다.
- 오직 소수의 기독교인들만이 종교서적을 읽거나 신학교육에 참여한다.
- 대부분의 교인들이 그들의 신앙과 그들의 삶의 방식 간에 균열이 존재한다는 생각을 거부한다.[4]

왜 이런 일들이 발생하는가? 왜냐하면 우리가 사고의 출발점으로 이원론에 관한 잘못된 가정을 받아들였기 때문이다. 그러나 사실 세상은 두 가지 영역으로 분리되어 있지 않다. 하나님께서는 소위 말하는 신성한 영역에 제한받지 않으신다. 하나님은 교회 예배 속에 임재하시는 것만큼이나 사무실이나 정원 또는 스타디움에도 임재하신다. 우리는 하늘에 계신 성부를 따라 가족 사업에 참여하는 사람들은 오직 전임 사역자들뿐이라고 생각하기를 멈춰야 한다. 몇 년 전 한 목사가 유명한 신학교의 졸업식에서 한 말이 기억난다. 그는 졸업생들에게 그들은 '하나님을 따라 교회사역에 참여하기 위해' 모든 '세속적' 경력을 포기하기로 결정한 사람들이라고 높이 평가하면서, 그들의 이러한 결정을 높은 월급을 받던 코카콜라 회사의 이사가 목사가 되기 위해 이사직을 포기한 이야기와 연관지었다. 언론이 그의 결정에 대해 질문했을 때, 그 코카콜라 이사는 "복음을 설교하는 것과 비교해 봤을 때 다른 모든 일은 설탕물을 파는 것과 같다"고 하였다는 것이다. 우리가 소위 세속적 경력이라고 부르는 것이 성직자라는 소명이 갖는 탁월한 가치에 비교해 볼 때 설탕물(아이들이 마시는 청량음료)을 파는 정도에 불과하다는 생각은 전적으로 비성경적인 생각에 불과하다. 그 목사가 졸업식 예배에서 이 이야기를 했을 때, 그는 하나님의 임재의 90퍼센트가 평상시 그들의 삶에서 발생한다는 사실을 묵살했다.

『일상생활 속의 그리스도인』에서 뱅크스는 주요 철강 회사의 판매 매니저인 윌리엄 딜William Diehl이 쓴 『기독교와 실제 생활』Christianity and Real Life이라는 책에서 여러 차례 인용한다. 딜은 기독교인들 내에 존재하는 세속적인 것과 신성한 것 간의 차이에 대해 다음과 같이 쓰고 있다.

> 거의 30년 동안, 내가 속한 교회는 일터에서 다른 사람들을 대상으로 하는 사역에 관해 설명 해 준 적이 단 한 번도 없었다. 교회는 나로 하여금 더 나은 사역자가 될 수 있도록 도와주는 기술을 증진하라고 제안한 적도 없었고, 내가 하고 있는 사역에 도움이 되는 데 필요한 지원이 없냐고 물어본 적도 없었다. 내가 직면하는 일련의 도덕적 결단들에 대한 질문도 없었고, 신앙을 동료들에게 전하는 데 필요한 것이 있냐고 물어본 적도 없다. 내가 속한 회중은 내가 직장에서 행하는 사역에 관해 어떤 식으로든 공식적으로 인정해 준적도 없다. 요약하자면, 내가 속한 교회는 일상을 살아가고 있는 직장 안에서 내가 무슨 또는 어떻게 사역을 하고 있는지에 대해 최소한의 관심도 없었다.[5]

여기에서 딜은 그가 일터에서 할 수 있는 유일한 '사역'은 그의 신앙을 다른 사람들과 더불어 나누는 것이었으나, 그가 속한 교회는 이것조차 인식하거나 용기를 더해 주지 않았다. 나는 우리가 직장에서 하나님의 견습생-자녀들로 살아갈 수 있는 더 근본적인 방법들이 있다고 제안하고자 한다. 그러나 그 차이가 딜이 제안하고 있는 것처럼 크다면, 그런 교회는 이런 방법들을 사용할 정도로 준비되었다고 볼 수 없을 것 같다. 이 차이는 헬무트 틸리케Helmut Thielecke가 불렀듯이 현대적 가현설Docetism이다. 가현설은 이원론적 이단이다. 본질적으로 가현설은 삶에 대한 플라톤적 사고방식이다. 헬라 철학자인 플라톤은 실재의 단계에 대한 개념을 가르쳤다. 영, 정신, 또는 생각은 최상의 실재이다. 물질 또는 재료는 그보다 단계가 낮은 실재이다. 이런 구별은 윤리적 차별을 야기하기도 하는데, 즉 물질적인 것은 도덕적으로 나쁜 것으로 취급된 반면, 영적인 것은 도덕적으로 우월한 것으로 인식되는 것이다. 이와 더불어 아리스토텔레스는 신성은 고통을 느끼지 않는다는 개념을 강조했다. 이 개념에 따르면, 하나님은 변하실 수도, 고통을 느끼실 수도, 혹은 세상에서 일어나는 어떤 종류의 일에도 영향을 받으실 수 없는 분이시다. 이런 비성경적인 두 개의 사상적 흐름에는 서로 상당한 차이가 있다. 그러나 양자는 모두 가시적, 물리적, 물질적 세계는 본질적으로 악하다는 견해를 공유한다. 동시에 양자는 모두 물질세계로부터의 하나님의 초월성 또는 절대적 독립성을 강조한다. 다른 말로 하자면, 소위 말하는 영적인 소명들을 포함하는 영적인 문제가 물질적인 문제보다 본질적으로 더 경건하다는 것이다. 그리고 하나님께서는 그런 세속적이고 악한 세상으로부터 멀리 떨어져 계신 분이며, 따라서 우리의 삶에 의해 어떤 영향도 받지 않는 분이시라는 것이다. 여하튼 이와 같은 이단이 빠른 속도로 기독교 사상 안으로 유입되었고, 우리로 하여금 삶과 교회, 소명, 그리고 하나님의 성품을 보는데 지배적인 영향력을 끼쳤다.

가현설을 추종하는 사람들은 이러한 플라톤의 이원론에 의해 깊은 영향을 받았고, 따라서 예수님은 오직 사람처럼 **보였을 뿐**이라고 가르쳤다. 그들은 모든 물질이 악하다고 믿은 반면, 예수님께서는 완전하시며 순결하시고 거룩하신 분이시라고 믿었기 때문에, 신성을 가지신 예수님께서 물리적인 존재가 되실 수 없으실 뿐더러 육체 안에 거하실 수도 없다고 믿었다. 가현설이라는 이름은 '~처럼 보이는' 혹은 '외양이 ~로 보이는'이라는 의미의 헬라어 **도케오** *dokeo*에서 유래한 것으로, 이런 이단적 주장의 초기 주창자들은 예수님께서는 100퍼센트 신성이시고 0퍼센트 육체이시라는 견해를 받아들였다. 이것은 예수님을, 마치 거지의 남루한 옷을 입고 마침내 자신의 진정한 정체를 드러내기 전까지 평민처럼 '보이게 되는' 동화 속의 왕자가 그런 것처럼, 인간처럼 보이도록 변장하신 하나님이라고 주장하는 것이다.

그러나 우리가 신약성경을 통해 확인할 수 있는 것은 실재에 대한 플라톤적 사고와 아리스토텔레스적 사고가 전혀 성경적이지 않다는 사실이다. 하나님께서는 완전한 인간이 되셨다. 하나님께서는 일상의 삶—거래하는 법을 배우시고, 진짜 음식을 드셨으며, 고통을 느끼셨으며, 그리고 궁극적으로 우리를 죄에서 구원하시기 위해 죽으셨다—속으로 들어오셨다. 성경적 가르침은 가현설과 완전히 다르다. 오히려 그것은 물질로 구성된 삶의 일상성이야말로 하나님께서 현존하시는 장소라고 가르친다. 하지만 불행하게도 가현설은 오늘날 현대 교회 안에 너무도 만연되어 있고, 이것이 모든 교회 생활의 면면에 영향을 미치고 있다. 그러므로 우리는 이런 가현설 또는 이원론을 제거해 버려야 한다. 그러면 1700여 년간 교회가 세우고 발전시켜왔던 것들 가운데서 비성경적인 것들이 많이 사라져버릴 것이다.

유수자는 이와 같은 고대의 이원론을 극복한 사람들이다. 그들은 설교자의 역할은 가치 있게 여기지만 지역의 학교, 병원, 또는 사무실 안에서 하는 일은 무시하는 그런 시스템 안에서 견디지 못하는 사람들이다. 좀 더 성경적인 세계관으로 무장한 유수자들은 하나님을 따라 가족 사업에 참여하고자 하는 하나님의 '아들들'이 되기 위한 우리의 역할이 무엇인지를 분명히 인식하고 있는 사람들이다. 그 사업은 성직자들이 감당하는 역할로 제한되지 않는다. 오히려 그 사업은 이 세상 안에서 하나님의 일을 지속하고 수행하는 모든 일을 포괄한다. 우리는 작업실에 있는 의자에 앉아 성부 하나님께서 하시는 일을 지켜보고, 거룩한 수작업을 진행하는 방식을 배우며, 우리가 지켜본 것을 흉내 낼 준비를 하는 하나님의 견습생들이다. 이 세상에서 하나님의 일을 모방하기 위해 하는 모든 일은 유수자들이 행할 가치가 있는 일들이다. 물론 우리는 하나님께서 하시듯 그런 일을 할 수는 없다. 그러나 그것이 우리가 맡은 소명을 포기할 명분이 되지는 못한다. 우리는 이 세상 안에서 하나님께서 하신 일의 극히 일부만을 완수할 수 있을 뿐이다. 그러기 위해 어떤 일이 수반되어야 할 것인가? 이제 몇 가지의 제안을 하고자 한다.

## 창조와 건설

내게 한 친구가 있다. 그는 컴퓨터 애니메이션 작업을 하는 사람이다. 그와 세 명의 동료들은 컴퓨터로 그린 <팝 펍스>*pop pups*라는 애니메이션 영화 시리즈를 창작했다. 그 영화는 사람들이 길거리 축제나 학교 파티에서 손으로 비벼 만드는 고무로 만든 동물들에 대한 것이다. 영화에서는 고무로 만든 개들이 생명을 얻게 되는데, 그들이 걸을 때마다 마치 고무를 서로 비빌 때 나는 마찰음과 같은 소리가 마디마디에서 난다. 그런 귀여운 작은 고무 강아지들이 다양한 모험에 나선다. 최근에 웨인은 바로 걸어 들어와 가라오케 경연에 참가하는 반달곰sun bear에 대한 4분짜리 만화영화를 창작했다(이 영화는 반달곰 애호가인 한 부자 사업가의 의뢰로 만든 것이다). 한편으로 봤을 때, 웨인이 한 일은 시시하고 중요하지 않은 일처럼 보일 수 있다. 그냥 아이들이 보는 만화영화에 불과했기 때문이다. 그가 한 일은 해외선교나 설교와 같은 훨씬 더 경건한 일에 비교해 볼 때 별 것 아닐 수도 있다. 그것은 마치 설탕물을 파는 것과도 같아 보일 수 있다. 그러나 우리는 그가 한 일에 대해 생각할 때, 그 일이 우리 하늘 아버지께서 하시는 일과 매우 유사하다는 것을 알게 된다. 의심할 여지없이 성경은 하나님께서 창조주시라고 말씀하신다. 하나님께서는 새로운 세상을 꿈꾸시며, 태양계를 창조하시고, 생명 그 자체―조그맣지만 복잡하게 만들어진 벌새로부터 히말라야에서 발견된 매머드에 이르는 모든 생명―를 조성하신다. 하나님께서는 확실히 생체시스템을 만드시고, 가장 복잡하고 상호 연관된 구조들과 조직들에 관해 생각하시는 창조적인 존재이시다. 만일 우리가 눈으로 그것을 마주 대한다면, 우리는 웨인과 같은 사람들이야말로 그의 아버지를 따라

가족 사업에 참여하는 아들과 같은 존재라는 것을 충분히 이해할 수 있을 것이다. 웨인은 세상을 창조하시는 비교할 수 없는 아버지의 일에 대해 들었고, 그분의 손으로 빚으신 일들을 모방하고 싶어 한다. 웨인은 새로운 세계를 창조하고 싶어 한다. 그 세계에서는 곰이 가라오케 마이크를 들고 노래하고 고무 인형들이 생명을 갖는다. 이런 방식으로 애니메이션 제작자로서 웨인의 일은 참으로 하나님께서 하시는 일의 지극히 적은 부분을 드러낸다.

내게는 컴퓨터 프로그래머라는 직업을 가진 폴이라는 또 다른 친구가 있다. 그는 소프트웨어를 제작한다. 그는 나와 같이 새로운 기술에 대해 공포심을 느끼는 사람들이 경험하는 컴퓨터 관련 문제들을 해결하기 위한 프로그램을 창조해 낸다. 그는 만든다. 그는 창조한다. 그는 새로운 아이디어를 조성한다. 그는 매일 컴퓨터 스크린 앞에 앉을 때마다 스스로에게 자신이 하나님의 일, 즉 창조의 일을 하고 있다고 가르친다. 나의 또 다른 친구인 마이크는 건축가이다. 그는 환경공학적으로 건전한 제품들을 사용하고 자연세계와 생태계에 조화를 이루는 환경적인 건물들을 개발하는데 전력을 기울이는 건축회사에서 근무하고 있다. 그는 타스마니아 광야에서 가장 아름다운 건물들 중 일부를 설계하고 지었다. 이것이 그분의 견습생-자녀인 마이크를 통해 표현된 하나님의 일이다. 배관공 또는 전기기계공, 정원사 또는 미장이들도 여러 가지 방식을 통해 이런 일에 동참할 수 있다.

역사는 성공적인 사업을 기획하여 일으키고 위대한 박애의 근원이 된 사람들에 대한 이야기들로 가득차 있다. 그런 일들을 함으로써, 그들은 성부 하나님의 일을 따르고 있다. 1759년 서른네 살의 단호한 성격을 지닌 아서 기네스Arthur Guinness는 더블린의 성제임스의 문St. James' Gate에 있는 낡고 황폐하며 형편없는 장비를 갖춘 양조장 문을 말을 타고 들어갔다. 그는 이제 막 일단의 부동산을 매년 45파운드(현재 미국 달러로 79달러 정도)의 돈을 지불하는 조건으로 9천 년 동안 임대하는 계약서에 사인했다(흔하지 않은 일이다!). 마크

레인포드의 에일 양조장(그 당시는 그런 이름으로 알려져 있었다)은 다른 양조장들과 다를 바가 없었다. 그 당시 그 양조장은 10여 년간 맥주를 양조하여 판매하고 있던 중이었다. 아무도 그 양조장에 관심이 없었다. 그 당시 위스키, 진, 밀주가 성행하던 아일랜드 시골 지역에는 맥주가 거의 알려지지 않았던 때였다. 사기 쉽고, 알코올 함유량도 높고, 언제든지 구할 수 있는, 이런 술로 인해 알코올 중독과 나태가 만연했다.

기네스는 건축가였다. 그는 사업 계획들과 시장 전략을 실행할 수 있던 사업가였고, 가치 없는 양조장을 급속히 발전하는 산업으로 변화시킬 수 있었던 사업가였다. 그는 또한 사회의식을 갖춘 헌신된 기독교인이었다. 그는 거의 모든 거리 모퉁이에서 발견할 수 있는 위스키와 진 하우스 주변을 아무런 목적 없이 어슬렁거리며 방황하는 술에 취한 아일랜드 젊은이들의 처지에 대해 관심이 있었다. 어느 날 더블린 시내를 걷던 기네스는 아일랜드 사회에 만연해 있는 술취함에 대해 무언가 해 달라고 하나님께 부르짖었다. 그리고 그는 자신이 드린 기도에 대한 엄청난 부담감을 느꼈다. 진정한 하나님의 견습생-자녀로서, 그 자리에서 그는 아일랜드 사람들이 진정으로 즐길 수 있고 그들에게 좋은 술을 양조하기로 결심했다.

기네스는 그 당시 아일랜드 사람들에게 상대적으로 낯선 맥주를 양조하기로 결정했다. 이 음료는 볶은 보리를 함유하고 있었는데, 그로 인해 그 특징이 잘 드러나는 어두운 색깔을 띠게 되었다. 영국에서는 잘 알려져 있던 이 양조는 '포터'porter라고 불렸다. 왜냐하면 런던의 코벤트 가든과 빌링 게이트에 있는 짐꾼들과 하역짐꾼들 때문이었다. 그러나 기네스가 사용한 양조법은 일반적으로 알려져 있는 평균 색깔의 맥주 이상을 생산해 냈다. 풍성한 거품이 나는 이 맥주는 우리가 천국에서 맛볼 만한 그런 맥주였다. 감칠맛이 나고 부드러우며 거품이 풍성하고 약간 쌉쌀한 맛이 나는 이 맥주는 참으로 맛있는 술이었다. 사실 그 맥주는 밥을 먹는 것과 같았다. 왜냐하면 그 맥주에는 풍성한 미네랄과 자연에서나 추출할 수 있는 각양 요소를 풍부하게 함유하고 있었기 때문이다. 그 질은 믿을 수 없을 정도로 좋았다. 기네스가 양조한 맥주에는 상당량의 철분을 함유하고 있었기 때문에 대부분의 술꾼들이 1리터 이상을 마시지 못했다. 더불어 이 맥주는 위스키 또는 진에 비해 상당히 적은 양의 알코올을 함유하고 있었기 때문에 맥주를 마시고 취하는 사람의 수가 거의 없었다.

매우 젊었던 기네스는 아일랜드 사람들에게 이처럼 이로운 음료를 만들어 냈다. 곧 그의 포터는 아일랜드 에일과 영국 포터 판매를 능가했고, 얼마 되지 않아 아일랜드 위스키보다 더 대중적인 술이 되었다. 오늘날 기네스의 포터는 아일랜드의 국민적 음료가 되었다. 나는 오늘날 많은 설교자들이 성공적인 양조 산업을 하나님의 사역을 세우는 일로 보는 것에 어려움을 느낄 것이라는 것을 잘 알고 있다. 그러나 사회의식을 소유한 사업가로서 느꼈던 충동을 따름으로써, 기네스 스스로 자신이 얼마나 충실한 견습생-자녀인지, 즉 창조자이고 건축가였는지를 보여주었다.

물론 어떤 사람들은 페인트와 화판대를 들거나 시를 씀으로써 또는 모델 선박을 건조함으로써 하나님께서 주신 영감에 기초하여 창조하고 건설하고자 하는 열정을 표현할 것이다. 또 다른 사람들은 차의 엔진을 끄집어내어 분해한 후 다시 조립하는 것으로 동일한 열정을 표현할 것이다. 또는 구형 비행기나 고전적 오토바이, 또는 보트를 고침으로써 그런 열정을 표현할 것이다. 도대체 이렇게 창조하고자 하는 내적 열망은 어디에서 오는 것일까? 그런 열정은 우리가 대주재요 창조주 되신 성부 하나님의 '아들들'로서 견습생이 됨을 느끼는 것에서 유래한다. 우리는 그분이 일터로부터 돌아오시는 것을 본다. 그리고 우리는 그분이 하신 일을 우리의 손으로 하고 싶어 한다. 각종 상들을 조각하는 것에서 자동차를 정비하는 일에 이르기까지 우리가 하는 일들은 실제로 하나님을 섬기는데(교회를 가거나 성경공부를 하는 것) 방해물들이 되지 않는다. 오히려 우리가 성부 하나님을 따라 가정 사업에 참여하는데 필요한 바로 그 수단이 된다.

두 사람이 한 명의 자녀를 위해 '계획하고' 그 자녀를 '세워가는' 과정에서 드러나는 경건한 사역보다 더 아름다워 보이는 것은 없다. 사랑에 빠지고 결혼하고 임신하는 참으로 기쁨이 넘치는 과정을 통해, 두 사람은 일련의 견습생 교육을 이수한다. 그들은 하나님께서 최초로 하신 그 일을 해 나간다. 그들은 사람의 생명을 창조한다. 물론 우리는 모든 인간 존재가 생명의 궁극적 기획자가 되시며 섭리자 되시는 하나님한테서 유래함을 믿는다. 생명을 잉태하는 과정을 밟아감으로써, 한 남성과 한 여성은 생명을 창조하시는 하나님의 사역에 친밀하게 참여한다. 그리고 아이를 생산하는 모든 고통의 과정을 통해, 땀과 피를 쏟는 과정을 통해, 새로운 생명이 우리의 품에 안기게 될 때, 우리는 그분의 사역에 함께 참여하는 존귀함을 감지하게 된다. 하나님의 영감 속에서 치루는 견습생 교육에 대한 이보다 더 기본적인 표현은 없다.

### 1. 이름짓기/개명하기

하나님께서는 창조적인 분이시고, 그분의 아들—남성과 여성—된 우리 역시 이 지구상에서 창조적이고 건설적인 노력을 기울임으로써 하나님의 일을 따를 것이다. 그런데 창조 때 하나님께서 인간에게 부여하신 매우 특별한 일 한 가지가 있다.

> 여호와 하나님이 흙으로 각종 들짐승과 공중의 각종 새를 지으시고 아담이 무엇이라고 부르나 보시려고 그것들을 그에게로 이끌어 가시니 아담이 각 생물을 부르는 것이 곧 그 이름이 되었더라 아담이 모든 가축과 공중의 새와 들의 모든 짐승에게 이름을 주니라(창2:19-20)

간혹 오늘날에도, 매우 드물기는 하지만, 새로운 종의 새와 예전에는 발견된 적이 없었던 무척추동물이 발견되어 그 이름을 명명하기도 한다. 발견된 새로운 종의 이름은 발견자의 이름을 따라 일컫기도 한다. 나는 최근에 아름답기는 하지만 위험에 빠진 굴디안 되새Gulidian finch에 대한 새로운 보도를 들었다. 굴드씨가 진귀한 작은 되새에 이름을 붙였을 때, 굴드씨는 하나님께서 사람들에게 위탁하신 일을 하고 있었다. 간혹 피조물에 우리의 이름을 따라 이름을 짓는 것은 어느 정도 자만할 만한 일이다(확실히 예전에 이름이 부여되어 있지 않았던 별에 고객들의 이름을 붙이도록 그 권리를 파는 회사가 흥황하고 있다). 아직까지 이름을 붙이지 않은 것에 이름을 붙이는 일은 훨씬 더 사심이 없는 일이 되어야 한다. 왜냐하면 우리가 그 일을 할 때, 우리는 성부께서 우리에게 하라고 명하신 일을 완수하고 있는 것이기 때문이다. 물론 진귀한 아프리카 되새 혹은 남부 뉴질랜드의 강 지하에서 살아가고 있는 미세한 무척추동물을 발견하는 것은 아무에게나 허락된 일은 아닐 것이다. 그러나 이름을 짓는 경건한 일은 당신이 처음 생각할 수 있는 것보다 더 접근이 용이한 일이다.

나의 친구 멜라니는 큰 오스트레일리아 산 유칼립투스에 대한 가뭄의 영향에 대해 연구하는 박사과정 학생이다. 그녀는 정기적으로 사륜구동 차를 몰고 광야 지역으로 나가 늙고 넘어진 나무들에 설치해 놓은 수피 주기 자동 표시기 the telltale bark circles를 검사한다. 매년 그녀는 살아 있는 나무들의 외주를 측정하고 가뭄 든 해의 성장 정도와 평년의 성장 정도를 비교한다. 그녀는 예전에 명칭이 없었던 정보에 이름을 붙인다. 그녀는 하나님의 생각을 찾고 있다. 그녀는 하나님의 창조적인 상상력, 즉 오스트레일리아 유칼립투스를 존재하게 한 상상력을 추적하고 있다. 멜라니는 하나님의 생각을 생각하고 있는 것으로 이는 의로운 일이다. 다른 형식의 연구도 모두 동일하다. 나의 또 다른 친구 패트릭은 자연적인 해안 생태환경에 주거지 건축이 미치는 영향에 대한 연구로 박사과정을 마쳤다. 현재 도미니칸 공화국에 있는 귀 전문 병원에서 근무하고 있는 청각전문가audiologist인 도나는 캘리포니아에 있는 이단종파와 이단교파의 세뇌법에 관해 그녀의 석사학위를 썼다. 패트릭과 도나는 다양한 형태의 학대를 부르는 명칭을 만들어 냈고 그런 학대의 실재를 있는 그대로 밝혀냈다. 일단 이름이 붙여지자, 그런 유의 학대가 사람들에게 해를 덜 끼치게 되었다.

그러나 명칭을 부여하는 과정에 참여하기 위해 박사학위를 수료해야 할 필요는 없다. 내가 케냐에 있는 대협곡Great Rift Valley의 한 모퉁이에 서서 대협곡을 바라보면서 참으로 아름답다고 감탄했을 때, 이미 나는 그 협곡에 대한 명칭을 부여한 것이다. 나는 그 놀라운 경관에 대해 말하고 있었고, 비록 분명한 사실을 진술하는 것이긴 하지만, 어쨌든 나는 보기에 참으로 좋았다는 것을 선언하고 있었던 것이다. 나는 무심결에 말하고 싶은 충동을 느꼈다. 나는 내가 본 모습 그대로를 표현하고자 하는 충동을 느꼈다. 나는 오스트레일리아에 있는 대산호장벽Great Barrier Reef에 있는 인기척 없는 섬에 펼쳐진 사람의 손길이 전혀 닿지 않은 바닷가를 보면서도 동일한 느낌을 가졌다. 그리고 리오 데 자네이로와 바다로부터 솟아오르는 주변을 둘러싼 산들을 굽어보고 있는 크리스토 레덴톨Cristo Redentor상의 발치에 서 있을 때도 동일한 느낌을 가졌다. 그리고 도로를 막 돌아서는 곳에서 들쭉날쭉한 캘리포니아 해안선을 내려다보았을 때도 같은 느낌이었다. 그리고 인도네시아에서 차밭이 펼쳐진 기복이 완만한 언덕들로 둘러싸여 있는 도로변 찻집에 앉아 있을 때도 동일한 느낌을 가졌다. 홀로 여행하는 여행자들이 놓칠 수 있는 것들 중 가장 큰 것은, 그와 같이 놀라운 경관을 만났을 때 누군가가 "정말 아름답지 않은가!"라고 감탄하는 소리를 듣지 못하는 것임을 알게 될 것이다.

앞에서 우리 삶에서 하나님의 일을 표현하는 것으로써 출산의 진통에 관해 살펴보았다. 우리 자녀들의 이름을 지어주는 놀라운 영예를 누리는 일도 마찬가지다. 그리고 비록 대부분의 사람들이 에밀리, 메리, 매튜, 또는 앤드류와 같은 일상적인 이름을 사용하기도 하지만, 어떤 사람들은 자녀들의 이름을 짓기 위해 상당한 여정을 보내기도 한다. 나는 젠스Xanthe와 애미시스트Amethyst라고 불리는 여자 아이들의 이름과 카루소Caruso와 구날Gunnar로 불리는 남자 아이들의 이름도 들어본 적이 있다. 그러나 단연 뛰어난 것은 여자 아이 이름을 네비Neveah라고 지은 것인데, 이 이름의 의미는 그 이름을 거꾸로 읽어야 비로소 알 수 있다(Heaven). 우리 부모들이 어떤 이름을 짓게 되든지 상관없이(그리고 다른 사람이 우리가 내린 결정에 어떤 생각을 갖든지 상관없이), 대부분의 사람들은 자녀들의 이름을 신중하게 짓는 특권을 누린다. 이는 결코 가벼운 일이 아니다. 우리는 자녀들이 이 이름으로 평생 동안(또는 스스로 이름을 변경할 수 있을 정도의 합법적 나이가 될 때까지) 살아갈 것이라는 것을 안다. 우리는 셰익스피어의 글에서 인용한 속담인 "장미를 어떤 다른 이름으로 부른다 할지라도 그 향기는 늘 달콤할 것이다"라는 말에 동의하지 않는다. 우리는 이름이 중요하다는 것을 안다. 그 이름은 자녀에 대해 부모가 기대하는 바의 일부를 드러낸다. 우리 자녀들의 이름을 짓는 것은 이 세상에서 하나님께서 하시는 일을 지속하는 것이다.

처음에 이름을 짓는 것만큼이나, 성경에는 하나님께서 자신의 백성 이름을 개명하시는 다양한 사건들이 있다. 이는 마치 부모들이 지어 준 이름이 하나님의 영감이 함께하는 자녀들의 미래와 부응하지 않는 경우와 마찬가지다. 창세기 17장에서, 하나님께서는 할례를 거행하게 하시고 아브람의 후손들이 선민이 될 것임을 선언하시면서 아브람과 언약을 체결하신다. 그 당시 그 이름의 의미가 '존귀한 아비'였던 아브람에게는 자녀가 없었다. 이는 의심할 여지없이 아브람 자신에게 아무런 의미가 없는 허탈한 모순일 수밖에 없었다. 그러나 바로 그 시점에 하나님께서는 아브람의 이름을 개명하신다. "내 언약이 너와 함께 있으니 너는 여러 민족의 아버지가 될지라 이제 후로는 네 이름을 아브람이라 하지 아니하고 아브라함이라 하리니 이는 내가 너를 여러 민족의 아버지가 되게 함이니라"(창17:4-5) 그 때부터 그는 '열국의 아비'라는 의미의 아브라함이라는 이름으로 알려진다. 이것이야말로 하나님께서 그에게 허락하신 운명이었고, 그 운명에 따라 그의 이름이 불린 것이다.

후에 창세기 32장에서, 야곱은 그의 생애에서 가장 유명한 밤새 지속된 하나님과의 씨름을 한다. 하나님께서는 그 밤에 천사의 형상으로 그 앞에 나타나셨다. 야곱은 그가 자신을 축복하기 전까지 그를 보내려 하지 않았다. 심지어 그의 환도뼈가 고관절에서 빠져 어그러졌음에도 그는 고집을 꺾지 않았다. 야곱의 고집을 떨쳐버릴 수 없으셨던 하나님께서 "네 이름이 무엇이냐"라고 물으셨을 때, 야곱은 "야곱이니이다"라고 대답했다. 그 때 하나님께서 말씀하시길 "네 이름을 다시는 야곱이라 부를 것이 아니요 이스라엘이라 부를 것이니 이는 네가 하나님과 및 사람들과 겨루어 이겼음이니라"(창32:27-28)라고 하셨다. 야곱의 새로운 이름은 그가 하늘과 땅의 아버지와 맺은 격렬한 관계를 더욱 정확하게 묘사한 것이다.

그리고 나서 시일이 많이 흐른 다음, 예수께서도 그분의 제자들 중 가장 가까운 한 사람의 이름을 개명하시는 것을 본다.

> 그가 먼저 자기의 형제 시몬을 찾아 말하되 우리가 메시야를 만났다 하고 (메시야는 번역하면 그리스도라) 데리고 예수께로 오니 예수께서 보시고 이르시되 네가 요한의 아들 시몬이니 장차 게바라 하리라 하시니라(게바는 번역하면 베드로라)(요1:41-42)

'시몬'이라는 이름은 '듣다'라는 의미이다. 그리고 그 이름은 그리스도의 부르심을 재빨리 듣고 응답했던 사람에게 매우 합당한 이름이었다. 그러나 예수님께서는 시몬의 다른 미래를 보셨다. 그분은 그가 충성스럽고 부동하는 힘(벽돌)이 있을 것임을 보았다. 그래서 예수님께서는 그의 이름을 '바위'를 의미하는 '베드로'로 개명해 주셨다. 이 새로운 이름은 마치 새로운 안경과 같은 것으로, 베드로는 이를 통해 세상을 바라볼 수 있었다. 우리가 알고 있듯이, 베드로가 자신의 새로운 이름에 걸맞게 살게 되는 데까지는 어느 정도의 시간이 소요되었다. 그러나 궁극적으로 그 이름에 맞는 삶을 살았다.

따라서 우리가 어떤 사람이나 사물의 이름을 개명할 때 우리는 하나님의 일을 하는 것이다. 그리고 우리가 그 일을 할 때 하나님께서는 자랑스러워하신다. 때로 우리는 가족들과 공동체 안에서 부당한 '이름으로 불리는' 고통을 감수해야 하는 경우가 있다. 때로 우리는 가치 없는 놈, 또는 시원찮은 놈, 혹은 몽상가라는 이름으로 불리기도 한다. 또한 비록 우리가 한 때 그런 이름으로 불릴 만한 행동을 하기는 했으나 이제 더 이상 그렇지 않은 이름으로 불리는 고통을 겪기도 한다. 사람들의 이름을 개명해 주고, "너는 이제까지 시몬이라는 이름으로 불렸으나 나는 너를 바위로 본다"라고 선언하는 것은 하나님의 견습생-자녀로서의 일을 하는 것이다. 선생님들이 이런 일을 할 때 매우 큰 힘을 발휘하게 된다. 그들은 좋은 목적으로든 나쁜 목적으로든 학생들의 "이름을 지을 수" 있다. 모든 학교 보고서를 작성하는 일은 이름을 짓는 의식과도 같다. 때로는 선생님들이 우리에게 "더 열심히 할 수 있음", 또는 "주의력이 산만함", 또는 "수업을 방해함"이라는 이름을 지어줄 수도 있다. 그런 이름들은 떨쳐버리기 매우 힘든 이름들이다. 선생님들은 교무실에서 말한다. 그들은 이런 이름들을 학년이 바뀌어도 그대로 넘겨준다. 우리는 선생님들이 그저 "오, 시몬이 올해 그 반에 들어갔어요? 그의 진짜 이름은 '시몬'이 아니예요. 진짜 이름은 '교실에서 말이 너무 많음'이예요"라고 말하는 것을 들을 수 있다. 그러면 해가 지나가도 그 이름이 그 학생의 진짜 이름이 되고 만다.

경건한 선생님들도 학생들의 이름을 짓고 또 개명할 것이다. 성부 하나님의 견습생-자녀들로서, 그들은 이름을 짓고 개명하는 일을 매우 신중하게 받아들일 것이다. 선생님들이 지어 주는 이름이 우리가 미래에 성취할 수 있는 일에 대한 새로운 비전을 품게 만드는데 얼마나 기여하는지 아는 사람은 얼마나 될까? 나는 어린 시절 중 얼마 동안은 상당히 어려운 시절을 보냈는데, 그 시기는 선생님과 힘든 관계를 맺고 있던 기간―매 맞기, 교실 구석에 서 있기, 정기적으로 방과 후 남기―이었다. 그 시기가 지나고 난 후, 나는 견습생-자녀의 일이 무엇인지 알고 있는 선생님을 만났다. 나의 담임선생님으로서의 첫 날(그리고 교사로서 그의 첫날이기도 한 날) 그는 나를 바라보시다가 얼굴에 미소를 띠고 내게 "얘야 너에 관한 모든 이야기를 들었다. 그러나 나는 그중 어떤 말도 믿지 않는단다"라고 말했다. 나는 그 때까지 내 어깨를 무겁게 짓누르고 있던 부담이 시원스럽게 떠나가는 느낌을 지금도 생생하게 기억한다. 바로 그 때 그는 내게 새로 시작할 수 있는 기회를 준 것이다. 그는 그 때까지 내게 부여된 모든 이름들을 믿지 않을 준비가 되어 있었다. 나는 그 기회를 받아들여 그 선생님에게 깊은 인상을 남겨 주려 했고, 그 결과 그 선생님은 나의 이름을 개명해 불렀다.

선생님들만이 다른 사람의 이름을 개명할 수 있는 사람은 아니다. 치료사와 상담자도 환자와 내담자의 삶과 관련된 이름 문제를 다룰 수 있다. 환자와 내담자의 이름을 지어줌으로써, 그들은 환자와 내담자가 자제심을 얻을 수 있도록 도울 수 있다. 일하는 장소가 어디가 되었든, 우리는 동료와 부하 직원의 이름을 지어줄 수 있고 또 그들의 이름을 개명해 줄 수도 있다. 우리는 그들의 인간성에 가치를 부여해 줄 수 있고 그들에게 감사를 표하고 존중해 줄 수 있다. 우리는 일터에서 더 나은 기회와 공정을 보장해주는 새로운 프로토콜과 정책의 이름을 지을 수 있다. 그처럼 경건한 부모들은 그저 단순하게 자녀들의 법적 이름을 선택하지 않을 것이다. 그들은 자녀들의 이름을 매일 개명해 부를 것―똑똑이, 귀염둥이 등―이다. 부모는 자녀들을 "정말 똑똑하구나"와 "정말 친절하구나"라는 말로 부를 것이다. 우리가 함께 일하는 사람들에게도 동일한 일을 해 줄 수 있다.

## 2. 진실 말하기

우리는 선생님들이 할 수 있는 이름짓기 같은 경건한 일에 대해 살펴보았다.

그러나 가르치는 일이란 그보다 훨씬 더 넓은 영역을 포괄한다. 가르친다는 것은 단순히 대학교나 학교에서 지식을 전달하는 일을 말하는 것이 아니다. 가르친다는 것은 진리를 밝히고, 다른 이를 옳은 길로 인도하는 것이다. 하나님께서 길을 평탄케 하시고 어리석은 자들을 부끄럽게 하시는 것처럼, 견습생-자녀들도 진리를 표명하고, 속이는 자들 또는 권력을 쥔 자들이 내 뱉는 거짓들이 결국 드러나게 될 것임을 확실히 하는 일을 한다.

내게는 특허국에서 일하는 키프Kip이라는 친구가 있다. 그는 특정한 상들이 그 상품을 디자인한 사람이 주장하는 바와 일치하는지에 대해 과학적으로 테스트한다. 그가 하는 일은 상품을 만들어 낸 사람들이 그 상품을 팔기 위해 주장하는 내용을 그대로 받아들이지 않고, 상품이 갖추고 있는 특성을 정확히 밝혀내는 것이다. 그의 일은 그야말로 진실을 말하는 것이다. 키프의 여자 친구인 사라는 경찰서에서 과학수사대원(감식반원)으로 일하고 있다. 그녀는 무기나 범죄현장에서 발견된, 또는 좀 더 끔찍하기는 하지만 피해자의 시체에서 발견된 DNA나 다른 증거들을 통해 가해자 신원을 파악해 낸다. 그녀는 사건상황에 관한 진실을 밝히는 데 도움을 줌으로써 정의가 실현되도록 한다. 사실 이는 법조 계통—변호사, 경찰, 판사 등—에서 일하는 모든 사람이 해야 하는 일이기도 하다. 우리는 소위 진실을 말하는 사람들이 부패하거나 자신들의 목적을 위해 일하는 경우들을 많이 보면서 식상함을 느낀다. 또한 우리는 신문사 고위직들이 바라는 관점에 치우쳐서 글을 쓰는 저널리스트들 때문에 분노를 느낀다. 우리는 불의와 억압이 판을 치는 이 세상에 대해 정직하게 말하는 정직한 저널리즘, 정직한 법조 체계, 그리고 정직한 성직자들과 목사들을 원한다. 많은 견습생-자녀들은 진실함, 정직성, 그리고 인내를 요구하는 이러한 직업을 찾고자 할 것이다.

성공적이면서도 동시에 진실을 말하는 회사를 관리하는 방법을 발견한 한 여성이 있는데, 그녀는 영국 사업가인 아니타 로딕Anita Roddick이다. 1976년 그녀는 비누, 로션, 그리고 크림과 같은 자연산의 재료로 만든 스물다섯 가지의 가내가공 제품을 파는 '더 바디 샵'The Body Shop을 창업했다. 언제나 환경에 대한 관심에 고무되어 있었던 로딕은 자신의 고객에게 자신이 파는 제품은 최소한의 포장 재료만을 사용한다는 사실과 그녀가 파는 제품은 동물실험을 거치지 않은 것이라는 사실을 알렸다. 그녀는 자신의 제품만큼이나 그녀의 가치를 평가해 주는 소비자를 구축했다. 오늘날 '더 바디 샵'은 정의로운 세상을 구현하고자 하는 로딕의 비전을 구매한 수많은 사업가들이 프랜차이즈한 상점으로 전 세계적인 네트워크를 구축한 기업으로 성장했다. 그 결과 단순히 사업의 전 세계적인 확장만 이룬 것이 아니라 전 세계적인 환경운동과 반세계화Anti-Globalization 운동까지 이루어 냈다.

인권유린과 동물보호 그리고 환경보전에 대한 그들의 국제적 캠페인, 그리고 여러 화장품 산업이 아름다움을 정형화한 세상에 대한 '더 바디 샵'의 도전은 수천만 명에 달하는 소비자들의 지지를 얻었고, 오늘날 기업들로 하여금 사회 변화와 환경 변화를 위해 목소리를 내는 기업이 되게 하는 데 지도자 역할을 하고 있다. '더 바디 샵'의 가치들은 다음의 내용들을 포함하고 있다.

- 우리는 동물 실험이나 동물에서 추출한 성분이 도덕적으로 변명의 여지가 없는 것이라 여긴다.
- 우리는 자연성분으로 만든 생산물을 공급하는 전 세계의 소규모 생산 공동체를 지원한다.
- 우리는 인권을 박탈당한 사람을 적극적으로 지원하는 것이 모든 사람의 의무라고 믿는다.
- 우리는 지역적 차원에서든 전 지구적 차원에서든 모든 기업은 그 기업이 생산 활동을 벌이는 환경을 보호할 의무가 있다고 믿는다.[6]

로딕의 회사는 환경과 인권, 시민권 보호, 그리고 미용회사나 화장품회사의 동물실험에 대한 반대 캠페인을 매우 성공적으로 수행하고 있으며, 이 회사는 사회적 책임을 감당하는 기업의 대표적 모범으로 알려져 있다. 한편으로 볼 때, 로딕의 회사는 단순히 비누를 판매할 뿐이다. 그러나 다른 차원에서 볼 때, 환경과 신체 이미지 그리고 시민권에 대하여 진실을 말할 준비가 되어 있기 때문에 사업 그 자체의 얼굴에 도전하고 있기도 하다. 그 회사가 벌이는 다양한 캠페인은 그 종류가 너무 많기 때문에 여기에서 다 소개할 수는 없다. 그러나 그 중 몇 가지 예를 소개하는 것만으로도 사회적인 책임을 감당하는 회사가 할 수 있는 것이 무엇인지를 보여줄 수 있을 것이다.

1993년, '더 바디 샵'은 나이지리아의 응고니Ogoni족 사람들이 겪고 있는 곤경, 특히 자신들의 고향땅을 착취하는 쉘Shell oil회사와 나이지리아의 독재 정권에 대항하는 부족의 지도자인 켄 사로-비바Ken Saro-Wiwa에 대한 인식을 진작하기 위한 국제적 캠페인을 시작했다. 그러고 나서 1996년, 로딕은 '동물실험에 대한 반대' 캠페인을 시작했다. 이 캠페인을 통해 역사상 가장 많은 탄원서(400만 명이 서명)가 유럽위원회European Commission에 전달되었다. 이 캠페인으로 인해 1998년 영국은 자국에서 생산되는 모든 화장품과 그 재료에 대한 동물실험 금지조항을 발효했다.

1998년, 인권에 대한 보편적 선언the Universal Declaration of Human Rights 15주년을 기념해 '더 바디 샵'은 전 세계에서 활동하고 있는 인권 옹호자들이 겪고 있는 어려움들을 강조하기 위해 국제 엠네스티Amnesty International와 연합으로 전 세계적인 캠페인을 벌였다. 동시에 소비자들에게 인권신장에 '기여할 것'을 권면했다. 300만 명이 이 캠페인에 서명했다.

1999년, 소비자들에게 이익을 반려하는 기획안을 영국에서 실행했는데, 소비자들에게 인센티브를 환원하면서 그들로 하여금 그 인센티브를 세계동물보호협회the World Society for the Protection of Animals와 실종자협회the Missing Persons

Helpline에 기증할 수 있는 선택을 제공해 주었다. 그리고 2001년, 국제 그린피스Greenpeace International와 협력하여 "긍정적 에너지 선택"Choose Positive Energy이라는 캠페인을 시작했는데, 이 캠페인은 지구온난화를 예방하기 위한 방법의 일환으로써 재생 에너지를 사용하는 것의 중요성을 일깨우는 데 도움을 주었다.

'더 바디 샵'이 실행하는 정책 중에서 특히 중요한 것은 자사 소속 근로자들을 장려하여 자선단체에 가서 봉사하도록 하는 것인데, 이는 자사 근로자들이 자선단체에서 봉사할 때 회사에서 정식으로 근무한 것으로 인정해 주는 제도이다. 이 제도를 통해 회사로 하여금 그들이 살아가고 있는 지역 사회와 국가 그리고 전 지구 공동체에 더 많은 기여를 할 수 있도록 했을 뿐만 아니라, 근로자들로 하여금 고통 받는 사람들과 환경이 당하는 곤경에 대해 더 많은 것을 배울 수 있도록 했다.

많은 유수자들이 유기농법으로 생산한 커피를 공정거래방식을 통해 구입하여 커피숍을 운영하거나, 환경적으로 건전한 사무실을 운영하고, 진실을 말하는 데 관심을 품고 있는 사회적으로 잘 알려진 사업체들을 운영하고 있다. 그와 같이 기독교인 소설가, 극작가, 그리고 저널리스트는 과거에 플래너리Flannery, 오코넬O'Connor, 존 스타인벡John Steinbeck, 그리고 워커 펄시Walker Perch등이 했듯이 '진리'에 대해 기록할 방법을 모색할 것이다.

### 3. 치유

우리는 하나님께서 치유하는 일을 하신다는 것을 쉽게 인식한다. 이는 그분의 공적 사역의 상당 부분을 병든 자들을 치유하시는 데 사용하신 하나님의 아들 예수님의 사역에서도 확인될 수 있다. 예수님께서 병든 자를 치유하신 것은 단지 고통당하는 사람들에 대한 그분의 연민을 보여주시기 위한 수단뿐만 아니라, 하나님의 나라가 도래하고 있다는 것을 나타내시기 위한 수단이기도 했다. 따라서 우리는 보건 분야를 거룩한 사역의 일부로 생각해왔다. 자신들의 직업을 통해 하나님께 영광을 돌리고자 하는 수많은 기독교인들은 의사 혹은 간호사, 상담가 혹은 사회사업가, 카이로프랙터chiropractor(척추전문의사) 또는 물리치료사가 되는 길을 선택한다. 치유가 선교의 일종이라는 것은 상당히 일리가 있다. 우리는 데이비드 리빙스턴David Livingston과 앨버트 슈바이처Albert Schweitzer처럼 그리스도의 이름으로 치료를 했던 의료 선교사들에 대한 놀라운 이야기들을 들었다. 나의 친구 이오나Iona는 뇌성마비로 고통을 겪는 환자들을 위해 일한다. 그녀의 환자들은 간혹 정신적 문제로 인해 팔과 다리 그리고 그들의 목과 얼굴이 비정상적으로 뒤틀리는 경험을 한다. 어떤 환자들은 정상적으로 말할 수 없거나 도움이 없이는 걷지 못하는 경우도 있다. 그들 중 일부는 휠체어에 의지해서만 지낸다. 이오나는 자신이 하는 일이 이 타락한 세상에서 치유사역을 감행하시는 하나님을 일상적으로 표현하는 것임을 발견했다. 이와 유사한 경우로 또 다른 친구 피오나Fiona는 캄보디아에서 물리치료사로 일하고 있는데, 그녀는 육체적으로 불구가 된 자녀들을 위해 더 나은 삶을 창조할 수 있도록 가족들을 돕고 있다.

1849년, 강력한 사회의식을 통해 동기를 부여받은 감리교 신자 존John과 메리 부트Mary Boot는 영국 노팅햄에서 그들의 첫 번째 약국을 개업했다. 당시 가난한 사람들은 양질의 의료혜택을 받을 경제적 여유가 없다는 것을 인식한 그들은 약초로 만든 치료제를 싼 값에 팔았다. 따라서 부트 약국이 영국과 아일랜드 지역에 1,500여 개의 체인망을 거느린 약국으로 성장한 것은 너무나 당연한 것이었다. 현재는 영국과 아일랜드 외에도 열두 개 나라에 부트 약국이 있는데, 이들은 가난한 사람들의 건강과 안녕에 관심을 유지하고 있다.

오늘날 부트사는 영국에서 공급 가능한 의료를 제공하기 위해 매년 5천만 파운드를 투자하고 있다. 창업자의 깊은 기독교 비전을 그대로 유지하고 있는 부트사는 공동체의 가난한 사람들을 위해 건강증진 프로그램을 지원하며 개발하고 있다. '더 바디 샵'처럼 부트사도 직원들을 장려하여 직장에서 일하는 대신 지역 공동체의 공공 의료 시설을 확대하기 위한 일—예컨대 우중충한 병실을 장식하는 일 또는 어린이 병원의 외부를 조경하는 일 등—을 하는 자선단체에서 자원봉사자로 일하도록 허용하고 있다. 부트사는 "벌어들인 만큼 돌려주라"Give As You Earn scheme라는 기획을 통해, 직원들이 지역 공동체에 기부할 수 있도록 돕고 있다. 사실 부트사 직원들은 영국의 다른 직장에 다니는 사람들보다 평균 40퍼센트 이상을 더 기부하고 있다. 2004년, 부트사는 직원들이 마련한 16만 8천 파운드에 해당하는 금액을 직원들이 원하는 곳에 기부했다. 부트사가 시작한 "이제는 대접할 때"Time for a Treat라는 워크숍은 100개 이상의 병원 환자들과 300명 이상의 병원 직원들을 위한 의료후원을 제공하고 있다.

또한 부트사는 산업폐기물 감소에 대해 일반 산업계가 기준으로 정한 것보다 더욱 엄격한 목표로 정하고 있으며, 물류이송 차량의 연료 효율성을 높이는 방법을 찾는 등 엄격한 환경정책을 실행하는 데 깊이 헌신하고 있다. 이 회사는 또한 상품을 생산하는 데 필요한 재료들을 윤리적인 방식으로 구입하기 위한 정책을 개발해 왔다. 이로 인해 이 회사는 인권을 유린하지 않고, 불안전한 작업환경을 갖고 있지 않으며, 불공정한 임금률을 적용하지 않고, 어린이의 노동력을 착취하지 않고, 강압적으로 노동력을 착취하지 않는 거래처에서만 물건을 구입하고 있다. 이 모든 것이 존 부트와 매리 부트라는 두 명의 견습생-자녀들이 품고 있던 경건한 비전에서 유래했다.

그러나 이와 같은 방식에 대해 고려하지 않더라도, 치유에 대한 우리의 생각을 확장할 수 있을 것이다. 어쩌면 친구들과 함께 우리가 살고 있는 지역 내 놀이터를 경쟁적으로 청소하게 될 때, 우리 이웃들을 향한 치유가 발생하게 될지도 모른다. 나는 자신들이 운영하는 사업체를 환대와 관용이 넘치며 온정이 감도는 장소로 가꿈으로써 자신들이 속한 공동체들에 치유를 불어넣고 있는 카페와 레스토랑 주인들을 알고 있다. 원조기구에서 일하는 사람들은 굶주린 사람들에게 음식을 제공하거나 생존을 위해 일하는 농부들에게 가뭄을 이겨나갈 수 있는 새로운 작물을 제공함으로 치유활동을 한다. 내가 예전에 가르친 학생들 중 한 명인 나단은 한 체육관에서 개인 트레이너로 일한다. 그는 자신의 고객들을 육체적으로 훈련시킴을 통해서만이 아니라, 그들의 말을 들어주고 그들을 영적으로 상담해 줌으로 그들에게 치유를 제공하고 있다. 나의 아내 캐롤라인은 그녀의 고객들에게 수년간 치유를 제공한 상담가이다. 그런데 최근 그녀는 이웃의 빈민지역에 공동체 가게를 세웠다. 그곳에서는 값싼 옷가지와 무료 커피와 차 그리고 사람들이 서로의 이야기를 듣고 서로를 존중하는 편안한 공간을 제공하고 있다.

토니 캠폴로Tony Campolo는 보워리 선교회Bowery mission에서 놀랍게 변한, 개심한 술꾼 조Joe에 대해 이야기한다. 조는 도저히 고칠 수 없는 알코올 중독자였다. 그를 만난 사람들 중 그 누구도 그가 노숙 알코올 중독자 외 다른 무엇이 될 것이라고 기대하지 않았다. 따라서 그가 회심한 후 발생한 변화는 그를 아는 모든 사람들을 깜짝 놀라게 했다. 성령으로 충만한 조는 선교회와 관련된 그 누구도 이전에 본 적이 없는 사람이 되어 다른 사람들을 돌보고 있다. 그는 밤낮을 선교회에서 보내며 기독교 사역자들뿐만 아니라 노숙자들과 알코올 중독자들을 섬기고 있다. 그는 자신이 하지 못할 일이 없다고 생각했다. 그는 다른 사람이 토해 놓은 토사물을 깨끗이 치우기도 했고, 다른 사람들을 전혀 고려하지 않는 더럽혀 놓은 화장실 변기를 문질러 닦기도 했다. 조는 누가 요청했던 간에 얼굴에 부드러운 미소를 가득 띤 채 그 일을 했고, 도움을 줄 수 있는 기회를 얻은 것에 대해 감사하면서 그 일을 했다. 그는 거리에서 방황하는 병약한 사람들을 먹이고, 너무 취해서 몸을 가눌 수조차 없는 사람들의 옷을 벗긴 후 침대에 눕혔다.

어느 날 주일 선교회에서 한 전도자가 아무 말 없이 그저 시무룩하게 앉아 있는 사람들에게 저녁 설교를 하고 있었다. 그가 일상적으로 해 왔듯이 그리스도를 주로 영접할 사람들은 앞으로 나오라고 요청했을 때, 어떤 회개한 술꾼이 발을 끌면서 복도를 따라 강대상 쪽으로 나와 무릎을 꿇고 앉아 울면서 하나님께 도움을 청하는 기도를 올렸다. 회개의 기도를 올리던 사람은 "오 하나님, 나를 조와 같은 사람이 되게 해 주소서! 나를 조와 같은 사람이 되게 해 주소서! 나를 조와 같은 사람으로 만들어 주소서!"라고 반복하며 소리쳤다. 선교회의 책임자는 그에게 몸을 기울이고 "이봐요, 내 생각엔 당신이 '나를 예수님과 같이 만들어 주소서!'라고 기도하면 더 나을 것 같아요"라고 말했다. 그 남자는 당황한 표정을 얼굴에 띤 채 그 책임자를 바라보며 "그분이 조 같은가요?"라고 되물었다.

우리가 신발을 팔든, 거리를 청소하든, 컴퓨터 프로그램을 하든, 트럭을 운전하든, 우리가 우리의 일상생활에서 나타내는 선함과 일관성 그리고 온정으로 사람들을 예수님께로 인도할 때, 치유가 일어난다. 우리는 이런 방식을 통해 선생—아버지 되신 하나님을 닮아가는 견습생-자녀들, 즉 '작은 예수들'이 된다.

## 우리가 할 수 있는 일을 행하기

어떤 면에서 삼보 목크비Sambo Mockbee는 그저 단순한 건축가였다. 그러나 다른 편으로 볼 때, 그는 우리가 지금까지 살펴보았던 아버지의 일을 여러 방면에서 성취한 사람이기도 하다. 확실히 그는 창조자였으며 건축가였다. 그는 아름다운 건물들을 지었고 다른 사람들에게 이러한 일을 할 수 있도록 가르쳤다. 한 명의 교사로서 그는 건축가 자신만이 아니라 다른 사람들을 위해 건축물을 짓고 거래하게 함으로써, 건축물 거래의 새로운 면에 '이름을 지었다.' 그리고 의심할 여지없이 그의 제자들에게 더 큰 일을 할 수 있도록 영감을 불어넣었다. 그러나 또한 그는 자신의 학생들로 하여금 가난과 불의에 근접하게 함으로써, 그리고 그들이 있는 그대로의 세상을 실제로 직면하게 함으로써, 진실을 말하는 일에 헌신한 사람이다. 진실을 말함을 통해 그는 수백 명에 달하는 건축가의 눈을 뜨게 했다. 그는 수많은 미국인들을 가로막고 있는 어려움과 상실감에 대해 적절한 평가를 내림으로써, 수백 명의 건축가로 하여금 그들의 눈을 열어 실재에 직면하게 했다. 그리고 물론 가족과 이웃 그리고 전체 공동체에 치유가 발생하도록 했다. 가정집과 교회, 마을 회관, 그리고 놀이터 등을 이용할 수 없는 사람들을 위해 이런 것들을 디자인하고 건설함으로써, 건축학도들의 마음속에 있던 편견과 무지를 치유했을 뿐만 아니라 많은 이웃들의 마음에 치유가 발생하도록 했다.

우리가 목크비가 했던 일을 할 수는 없다. 분명히 그는 대단한 은사와 재능과 동기가 있던 사람이었다. 가끔씩 그와 같은 사람들—또는 아서 기네스 또는 아니타 로딕 같은 사람들—이 나타난다. 그러면 세상은 그와 같은 사람들로 인해 더 나아지게 된다. 그러나 우리는 나의 아내 캐롤라인이 하는 일을 할 수는 있다. 즉, 우리는 신실한 견습생-자녀로서 우리가 할 수 있는 기여를 발견하고 실행할 수 있다! 나의 친구인 이오나, 폴, 나단, 키프, 사라, 피오나, 웨인, 맬라니, 캐롤라인, 패트릭, 도나, 그리고 마이크 등이 하는 일들을 할 수 있다. 만일 우리가 선택한 직업을 통해 얻을 수 있는 수입이 많다면, 그도 좋다. 그러나 만일 그렇다면, 우리는 다른 사람들을 섬기는 데 더 많은 돈을 사용할 수 있어야만 한다. 만일 우리의 기여가 사회에 의해 거의 평가를 받지 못한다 할지라도, 우리가 받은 소명의 최우선적 이유가 우리의 스승-아버지 되시는 분의 사역을 완수하는 데 있다는 사실을 기억해야 한다. 이는 우리가 속한 사회나 우리가 속한 교회로부터 평가절하를 당하거나 무시당해서는 안 되는 참으로 거룩한 임무다. 위대한 덴마크 철학자 쇠렌 키에르케고르Søren Kierkegaard는 다음과 같이 말했다.

인생에서 당신의 직업은 무엇입니까? 나는 당신의 직업이 위대한 일인지 아니면 하찮은 일인지 혹은 당신이 왕인지 혹은 단순 노무자인지에 대해 묻고 있는 것이 아닙니다. 나는 당신이 많은 돈을 벌고 있는지 아니면 당신 자신을 위해 위대한 특권을 쌓고 있는지를 묻고 있는 것이 아닙니다. 사람들은 이런 일에 대해 묻고 말합니다. 그러나 당신의 직업이 대단하든 아니면 하찮은 것이든 간에, 나는 당신이 영원에 대한 책임을 지고 그 직업에 대해 생각하고 있는지를 감히 묻고 있는 것입니다.[7]

# 3

## 위험한 비판들

불의에 대한 불편함
유수자와 지구
억압받는 자들을 위로하기

# 불의에 대한 불편함

비판: 당신은 불의한 세상에 살고 있다

법인: 명사. 책임을 지지 않고 이윤을 획득하기 위한 교묘한 장치

_앰브로즈 비얼스Ambrose Bierce, 『악마의 사전』(1991)

---

이 책의 2부에서 우리는 유수자들이 후기 기독교 세상에서 실행할 수 있는 몇 가지 약속에 대해 살펴보았다. 그 약속들은 진실할 것에 대한, 선교적 공동체를 세워 나가는 것에 대한, 관대하고 환대하는 삶을 살아갈 것에 대한, 그리고 하나님의 견습생으로서 살아갈 것에 대한 약속이다. 이제 우리의 관심을 위험한 비판들을 실천하는 것으로 돌릴 것이다. 어떤 상황에서건 내부자로서 비판을 제기할 때, 우리는 곤란한 형편에 처하게 될 것이라는 것을 잘 알고 있다. 다음의 세 장에서는 불의와 억압 그리고 환경파괴와 관련하여 세상을 감시해야 하는 우리의 의무에 대해 상세히 논할 것이다. 나는 불의한 세상에 대한 비판의 기초에 대해서만 살펴보는 데 그치지 않고, 기독교 공동체가 실질적으로 어떻게 반응해야 할 것인가에 대해서도 탐구해 보고자 한다. 그렇다면 하나의 주제를 비판이 되게 하고 다른 것은 약속이 되게 하는 것은 무엇인가? 한편으로 우리는 우리가 개별적으로 제기할 수 없는 것들을 기독교 공동체로서 제기

함으로써 이 세상을 비판한다. 다른 한편으로 우리는 기독교 공동체로서 우리가 할 수 있는 일들에 대해서 실행할 것에 대해 약속한다. 예를 들면, 기독교인들이 진실함과 관용 그리고 환대하는 일에 깊이 헌신할 것을 기대하는 것은 합리적인 태도다. 그러나 기독교인에게 모든 불의를 종결하거나 환경파괴를 방지할 수 있는 능력이 있다고 기대하는 것은 불합리한 태도다. 약속이라는 것은 유수자들이 즉각적으로 실행할 수 있는 일들이다. 이에 반해 비판은 억압과 탐욕과 같은 일들이 하나님의 마음을 상하게 한다는 것을 알고 있기 때문에, 기독교인들이 이 세상을 향해 목소리를 높여야 하는 외침이다. 비판은 이 세상으로 하여금 행동하도록 자극하기 위한 프로젝트이다. 이제 우리는 불의라는 전 세계적 비극에 대한 비판으로 이 장을 시작하고자 한다.

2004년 12월 26일에 인도양에서 쓰나미가 발생하고 난 후 쏟아 부어진 서구사회의 관용 때문에 우리가 살아가고 있는 서구세계를 불의한 세상이라고 단정 짓기가 더욱 어려워졌다. 25만 명 이상의 사람들이 사망했고, 수천 구의 물에 불은 시체가 10여 개 나라의 항구와 해안으로 떠밀려왔다. 수십 명 이상의 관광객들이 희생을 당했다. 모스크와 사원들이 임시 시체안치소로 사용되었다. 이들 모스크와 사원들은 특히 서구인들의 신분을 확인하기 위한 장소로 사용되었다. 스리랑카와 반다 아쩨Banda Ache 그리고 태국 남부 지역에서는 전염병의 확산을 막기 위해 신원이 확인되지 않은 수많은 지역주민들의 시체를 집단으로 매장했다. 전 세계적으로도 그 정도 규모의 파괴를 목도하는 것은 흔치 않은 일이었다. 결과적으로 부유한 서구국가들이 행동하기 시작했다.

2004년 12월에 발생한 쓰나미를 향해 보여주었던 관대한 반응은 이미 전설적인 것이 되었다. 4일 안에 미국적십자는 국제구제자금으로 2천9백만 달러 이상을 모금했다. 이 금액에는 같은 기간 동안 아마존이 쓰나미와 관련해서 호소한 이후 동참한 9만 6천여 명의 사람들이 기부한 620만 달러는 포함되어 있지 않았다. 일반적으로 가톨릭구제봉사Catholic Relief Services가 매달 온라인 선물 형식으로 받는 기부액은 6만 달러 정도였다. 그러나 쓰나미 발생 일 주일 후에는 온라인을 통해 한 시간에 10만 달러의 기부액이 접수되었다. 영국에서는 재앙긴급위원회Disasters Emergency Committee가 하루도 안 되는 시간 동안 개인으로부터 받은 기부액이 3천9백만 달러에 달한다고 보고했다. 이런 일들이 진행되는 동안 노동당 정부는 쓰나미의 영향권 내에 있는 국가들에 빌려준 해외 차관의 동결 여부를 놓고 논쟁을 벌였다. 5백만의 인구를 가진 핀란드는 쓰나미 발생 후 일주일이 채 지나지도 않았을 때 4백만 달러를 모금했다. 이탈리아 사람들은 핸드폰에 특별 문자 메시지를 보내는 것으로 1천7백만 달러를 모금했다. 오스트레일리아 사람들은 세 시간의 방송시간 동안 2천만 달러를 모금했다. 중국 적십자사는 나흘 동안 300만 달러를 모금했다. 당시 중국 사람들이 일 년에 사용하는 평균 생활비는 천 달러 미만이었다. 이와 같은 사회정의의 표현은 전례가 없었던 것이었다.

## 변화하는 대중운동의 본질

때로 참혹한 고통을 겪고 있는 사람들의 내부에서 관대의 능력을 발견하기도 한다는 것은 사실이다. 뉴올리언스가 태풍 카트리나에 의해 황폐화되었을 때, 버지니아 서부지역이 산불로 황폐화되었을 때, 돈을 기부하거나 직접 자원봉사에 참여함으로써 피해자들에게 도움을 제공할 준비가 되어 있던 미국인들이 항상 있었다. 그러나 2004년 쓰나미와 같은 사건은 우리에게 엄청난 액수의 돈과 시간을 기여할 능력이 있다는 사실을 강조한다. 기부를 위해 다양한 방법으로 호소하면서, 원조기구들은 정기적으로 동남아시아를 위한 '희망의 물결'wave of hope에 대해 언급했다. 대양이 파괴의 물결을 일으켰던 것처럼, 우리도 피해자들에게 도움의 물결을 보내고 있었다. 그렇게 함으로써, 마치 당신이 기부한 약간의 재정적 기여가 관대와 선의라는 전 지구적 물결의 일부처럼 느낄 수 있었다.

그러나 비록 그 말이 호소력 있는 매우 적절한 언급이었음은 분명한 사실이지만, 또 다른 면을 모호하게 만드는 역할을 한 것 또한 사실이다. 서구세계가 특별한 사태―쓰나미와 같은 비극적 재앙의 경우―가 닥쳤을 때 분명하게 대처한 것은 사실이다. 그러나 동시에 서구세계가 전 세계 곳곳에서 매일같이 발생하는 엄청난 고통에 대해서는 거의 아무런 조치를 취하지 않고 있다는 것 또한 분명한 사실이다. 서구세계는 일회적인 호소에 대해서는 좋은 반응을 보인다. 그러나 우리는 일상적 비극에 대해 서구세계의 온정 혹은 관대함(혹은 물결)의 반응을 기대하지만, 서구세계가 이에 대해 좋은 반응을 보이고 있다는 실제적인 증거는 거의 없다. 1991년 방글라데시를 휩쓸고 지나간 홍수(13만 8천 명 사망)가 발생한 직후, 재정적인 도움에 대한 호소가 있었다. 일 년 전에 이라크 북서부 지역에 발생했던 강진(5만 명 사망), 르완다의 대량학살, 에티오피아의 가뭄, 1976년에 발생했던 당산 대지진(사망자가 75만 명에 이르는 것으로 추정)에 대한 재정적 도움을 호소하는 요청이 있었을 때, 기부금이 쇄도해 들어왔다. 그렇다고 해서 서구인들의 생활방식에 변화가 있었던 것은 아니다. 그들은 지금까지 영위해 왔던 생활방식을 그대로 유지했다. 앞에서 언급한 일련의 비극들은 서구인들의 소비패턴이나 소비성향에 아무런 변화를 초래하지 못했다.

이것은 부시 행정부가 2001년 9월 11일에 발생한 뉴욕과 워싱턴에 대한 테러를 빌미로 두 번째 이라크 전쟁을 수행하기 위해 국제사회에 소위 말하는 자발적 연합군Coalition of the Willing 구성에 대한 협조를 요청했을 때 대중이 보인 반응과 별반 다르지 않다. 수백만 명의 반전 데모대가 대이라크 침공을 반대하기 위해 거리로 쏟아져 나왔다. 뉴욕과 런던, 파리와 시드니, 그리고 세계 여러 도시의 거리들이 전쟁에 반대하는 수백만 명의 사람들로 가득 채워졌다. 모인 사람들 중에는 전형적인 무정부주의자들이나 히피들 그리고 반전운동가들―

긴 턱수염에 샌들을 신고 홀치기염색을 한 티셔츠를 입은—만 있었던 것은 아니다. 중산층에 속한 엄마와 아빠들이 그들의 아기가 탄 유모차를 밀며 참석했고, 노인들도 그들의 십대 손주들과 함께 자랑스럽게 행진에 참여하고 있었으며, 침례교인들도 지역 이슬람협회와 함께 행진에 참여하고 있었다. 그리고 공화당 지지자들이 민주당 지지자들과 함께 반전 데모 대열에서 함께 걷고 있었다. 행진에 참가했던 사람들은 백악관이나 다우닝 스트리트 10번지*를 압박하고 정치가들이 전쟁수행자금에 대한 지지를 철회하라고 압력을 행사함으로써 평화를 염원하는 전 지구적 물결의 일부가 되었다는 느낌이 들게 했다. 그러나 그들의 기대는 이루지지 않았다. 자발적 연합군은 2차 이라크 전을 수행하여 엄청난 재난과 비극을 불러 일으켰다. 거대한 물결이기는 했으나, 데모 참가자들이 반전 데모 시작 이후 첫 번째 달에 달성한 것은 아무 것도 없었다. 수백만 명의 데모대가 그 다음에 한 일이 무엇인지 아는가? 그냥 사라져 버리는 것이었다.

쓰나미에 대한 호소도 동일했다고 할 수 있다. 관용의 물결은 짧고 극적인 감정의 폭발에 불과했다. 그러나 그것을 지속할 수 있는 에너지가 없었다. 현재 상황은 더욱 악화되고 있다. 「뉴욕타임스」와 「로스앤젤레스타임스」와 같은 미국의 주요 일간지들에 따르면, 재앙의 참화가 휩쓸고 지나간 지역 중에서 복구나 재건이 시작된 곳이 거의 없다고 보도하고 있다. 미 국무장관 콜돌리자 라이스는, 쓰나미는 "우리에게 엄청난 이익을 가져다 준 중요한 기회였다"라는 끔찍스러운 말을 내뱉었다. 그녀의 충격스러운 언급은 태국 쓰나미 생존자들과 지원자들을 분노에 휩싸이게 했다. 그러나 '이익을 위해 움직이는 정치가들'에게 있어 쓰나미는 그들의 기도에 대한 응답에 불과한 것이었다. 왜냐하면 쓰나미가 휩쓸고 지나간 해안지역에 거주하던 공동체들은 그들이 앞서 리조트와 호텔, 카지노, 그리고 새우농장을 세우려던 계획의 방해물에 불과했기 때문

---
* 영국의 총리관저 주소—역주.

이다. 그들에게 이제 그 모든 해안지역이 그들의 사업을 위해 활짝 열리게 되었다.[1]

　부유한 나라들의 이윤에 대한 탐욕의 깊이는 그 바닥이 보이지 않는 것 같다. 물론 과거에 있었던 반전 운동에 가담했던 것처럼 반이라크 전쟁 운동에도 상당히 깊숙이 가담하고 있는 소수의 헌신적인 평화운동가들이 있다. 그들 중 일부는 1970년대 반베트남 전쟁 데모 때부터 평화운동에 참여하고 있는 이들도 있다. 2003년 수백만 명에 달하는 사람들이 뉴욕과 샌프란시스코, 시애틀의 반전 데모대에 참여하는 것을 그들이 본 후 얼마나 놀랐을지를 상상해 보라. 아마도 새로운 운동의 시기가 도래했다고 생각했을 것이다. 그러나 불과 수 개월이 지나지 않아 그 열기는 사라져버렸다. 2004년 부시 행정부의 재선은 그들이 생각했던 최악의 악몽을 확인해 주었다. 그 전 해에 벌어졌던 평화의 행진은 당시 벌어지고 있는 상황을 사람들이 불행하게 생각하고 있었다는 것을 표현하는 한 가지 수단에 불과했다. 그것은 설득력 있고 지속적인 평화운동이라 볼 수는 없는 것이었다. 우리는 2004년 동남아시아에서 발생했던 쓰나미의 비극에 대해 폭발적으로 일어났던 관용적 반응에 대해서도 비슷한 결론을 내릴 수밖에 없다.

　대중운동의 성격이 변한 것 같다. 한 때 사람들은 자신들을 움직이는 동기에 대한 믿음 때문에 운동에 참여할 수 있었고, 같은 마음을 품고 있는 사람들이 함께 모여 자신들의 시간과 에너지 그리고 돈을 투자할 준비가 되어 있었다. 이제 사람들은 자신들이 특정한 상황에 대해 어떻게 '느끼고' 있는지를 표현하기 위해 짧은 기간 동안 데모에 참여하거나 돈을 기부하는 쪽으로 그 경향이 기울어지고 있는 것 같다. 이렇게 말한다고 해서, 내가 그런 감정들이 가지는 진실성을 무시하거나 그들이 한 기여의 가치를 절하하고자 하는 것은 아니다. 내가 말하고자 하는 것은 사람들이 변화를 위해 장기적인 운동에 참여하도록 동기부여 되기보다는 전 지구적 이슈들에 대해 짧은 반응을 정기적으로 표현할 밸브를 필요로 하는 것처럼 보인다는 것이다. 이상주의자들은 2005년 초반기에 보았던 관대의 물결이 서구세계 내에서 계속해서 발생하게 될 때 해결될 수 있는 지구상의 빈곤문제에 대한 기대를 울면서 접어야 했다.

자신이 일생동안 헌신할 동기에 투자하기보다 그때마다 느끼는 감정을 표현하는 것에 더 큰 가치를 두는 후기 기독교문화 속에서, 우리는 반전행진과 쓰나미 피해자에 대한 동정의 호소 등과 같은 활동들이 계속해서 분출되는 것을 볼 것이다. 이는 최고의 판매고를 기록하고 있는 마이클 무어Michael Moore의 책들과 다큐멘터리 영화들 등의 판매를 통해서도 드러나고 있다. 그러나 이런 일들이 아무리 인상적이라 할지라도, 우리는 평화와 동정 그리고 관대에 대한 새로운 운동이 성립되고 있다고 생각하는 우를 범해서는 안 된다. 사실 그런 운동이 성립되려면, 그런 운동의 전면에 서서 단지 불의와 빈곤 그리고 고통에 대한 그들의 '감정'을 표현하는 것뿐만 아니라, 이 지구상에 은혜와 평화, 친절, 그리고 관대가 실현되는 하나님 나라를 확장하는 일에 쉼 없이 참여하는 일이 발생해야 할 것이라고 생각한다.

우리가 앞에서 주목해 보았듯이, 우리가 이 세상에 제공할 수 있는 위험한 약속들의 일부는 친교의 공동체—문자적으로 '빵을 함께 나누는' 공동체—를 구성하는 일이다. 이와 같은 나눔에는 많은 이름이 있다. 유토피아, 공동체, 니르바나, 하나님의 나라 등이다. 예수님께서 우리를 이 나눔의 자리로 부르셨다. 물론 기독교인들은 언제나 해외 원조나 개발의 최전선에 서 있었다. 2004년 쓰나미가 발생한 후, 기독교 계통 원조기구들은 피해현장 청소와 복구 작업의 재건 계통에서 핵심적인 기여를 했다. 교회는 발생한 재앙에 대해 아낌없는 지원을 했다. 그러나 전 지구적 고통이 세계의 3분의 2에 해당하는 나라들 곳곳에서 매년, 매일 발생하고 있다는 사실, 그리고 이에 대한 적절한 기독교적 반응은 이런 비극이 일어나는 조건들을 상쇄하는 일에 참여하는 것을 포함한다는 사실을 인지하는 것이 중요하다. 비록 우리가 커누트 왕King Canut*이 밀려오는 조류를 멈출 수 있었던 것처럼 쓰나미를 멈추게 할 수는 없다 하더라도, 적어도 서구의 회사와 국가들로 인해 발생하는 불의의 물결을 멈출 수는 있다. 이런 점에서 유수자들은 그들이 살고 있는 세상에 대해 대단히 위험한 비판의 목소리를 내야 한다.

2005년 스위스 다보스에서 개최되었던 세계경제포럼에서, 록스타이자 활동가인 보노Bono는 우리 세대가 극단적 빈곤의 종말을 실제로 볼 수 있는 세대라고 말했다. 그는 방송에서 "그것은 감상적인 아일랜드식 감성에서 나온 말이 아닙니다"라고 말했다. "그것은 성취가능한 일입니다. 그리고 저는 저의 남은 일생을 기꺼이 그 일을 위해 사용할 용의가 있습니다"라고 말했다. 포럼이 끝난 직후, 세계에서 가장 부유한 나라들인 G7의 재무상들이 런던정상회담에서 만났다. 이 회담이 개최되고 있던 같은 시간에 넬슨 만델라Nelson Mandela는 트라팔가 광장에서 다른 2만여 명의 사람들과 함께 모여 '빈곤을 과거의 이야기로 만들자'Make Poverty History라는 캠페인을 벌이면서 다음과 같이 말했다.

> 조만간 위대한 세대가 올 것입니다. 여러분의 의지와 열정을 통해 여러분은 사악한 시스템(남아프리카의 인종차별정책인 아파르트헤이트)이 역사속으로 사라지게 하는데 협력했습니다. 그러나 오늘이라는 새로운 세기에 이 세상의 가장 빈곤한 국가에 있는 수백만의 사람들이 여전히 투옥되어 있고, 노예로 살아가고 있으며, 쇠사슬에 묶여 사는 삶을 살고 있습니다. 노예제도나 아파르트헤이트가 그런 것처럼, 빈곤은 자연스러운 것이 아닙니다. 빈곤은 사람들이 만든 것이며, 따라서 극복될 수 있는 것입니다. 빈곤은 사람들의 활동을 통해 없애 버릴 수 있는 것입니다.[2]

---

* 11세기에 덴마크와 노르웨이 그리고 영국의 왕으로 군림하던 여러 전설의 주인공임―역주.

스물일곱 개 최빈국의 빚을 탕감해 주자는 영국의 재무상 도든 브라운의 제안이 통과될 것이라는 것을 감지하면서 '빈곤을 과거의 이야기로 만들자'라는 캠페인은 G7 정상회담이 진행되는 동안 바깥쪽에서 전기장치로 만든 화면을 게시했는데, 그 화면에는 매 초마다 전 세계에서 영양실조와 질병으로 죽어가는 어린이들의 수를 보여 주었다. 브라운의 제안이 G7 정상회의에서 실제로 통과되었을 때, 이 결정은 그와 같은 결정을 이루기 위해 15년 이상 계속된 부채 탕감운동을 위한 중요한 이정표가 되었다.[3] 확실히 그와 같은 승리들은 보노와 만델라가 보인 것과 같은 태도를 공유하도록 동기를 부여해 준다. 단 한 차례만 하면 되는 여러 가지 동기에 대해 개별적으로 기부를 하는 것도 훌륭한 일이지만, 이보다 더 나은 것은 전 지구적 정의를 실천하는 데 헌신하는 온정적인 삶을 사는 것이다.

전 세계적 빈곤에 관련하여 가장 슬픈 사실은, 만델라가 말했듯이, 그 빈곤이 해결가능한 일이라는 것이다. 만일 전 세계에서 가장 부유한 국가들이 수입의 1퍼센트만 전 세계 빈곤을 해결하는 일에 사용한다면, 빈곤은 엄청나게 줄어들게 될 것이다.[4] 이 조그만 시도를 통해 기본적 영양공급, 건강, 그리고 교육이 모든 아이에게 제공될 수 있을 것이다. 이는 또한 유아사망률과 유행병을 감소하게 하는데도 영향을 미칠 것이다. 극빈상태를 종결하기 위해 그렇게 많은 비용이 드는 것은 아니다. 그저 부유한 국가의 의지만이 필요할 뿐이다. 게다가 2000년 이래로 유엔은 극빈상태를 없애기 위한 전 지구적 목표를 정하는 것에 대해 논의하고 있는데, 현재 하루에 1달러 미만으로 살아가는 것으로 정의했던 극빈상태에 대한 정의를 상대적인 구입능력에 초점을 맞추는 것으로 변경하고 있다. 그들이 이 문제에 대해 논의하고 있는 동안, 전 세계 인구의 5분의 1에 해당하는 사람들이 하루 1달러 미만의 돈으로 겨우 연명하고 있다.

## 반-불의 운동

　세계무역회의 바깥에서 데모하고 있던 수천 명의 항의자를 방송하는 뉴스를 보면서, 미국의 많은 보수적 기독교인은 언론이 이들 데모자들을 반자본주의 또는 반기업, 더 심하게는 반미 세력들로 방송하는 것을 그대로 믿는다. 그들은 뉴스 진행자가 데모자들을 반세계화 데모대라고 언급하는 것을 듣는다. 그들은 데모자들이 공격적이고 심지어는 폭력적으로 행동하는 장면을 본다. 이런 이유로 인해 주류교회들은 데모자들을 급진적 좌파주의자로 구성된 정신이 나간 비주류로 묘사하는 텔레비전 방송의 설명을 그대로 받아들인다. 그러나 그들의 소위 반세계화 운동이 주장하는 내용(물론 그들 중 일부분은 강압적인 전략을 사용하고 있기도 하다)을 좀 더 자세히 들여다보면, 기독교인이 이러한 그룹에서 좀 더 중요한 일부로 활동하지 않는 핑계거리를 찾기가 좀처럼 어렵다.

　불행하게도 이 운동에 관한 대중적인 평가는 도움이 되지 않는다. 이를 평가하는 사람들이 반세계화 운동의 돈키호테식 성격을 비웃기 때문이다. 그들의 눈에는 이들이 마치 어리석게 풍차에 달려들어 도저히 움직일 수 없게 물려 돌아가는 세계화라는 불가항력적 힘을 멈추게 하려는 것처럼 보일 뿐이다. 그러나 그런 식의 비판은 단지 거만한 것에 불과하다. 대부분의 반세계화 운동의 참여자들은 순진한 것과는 거리가 먼 사람들일뿐만 아니라, 세계화라는 것이 매우 현실적인 실재인 것을 완전히 이해하고 있다. 그들은 사회적 진보나 기술의 발전 또는 전 지구적 협력에 반대해서 데모하는 것이 아니다. 그들이 반대하는 것의 핵심은 향후 이루게 될 비윤리적이고 지지할 수 없을 정도로 위험한 경제적 세계화의 성취 방식에 대한 것이다.

　더욱이 이 운동에 대한 평가는 다양하게 분열되어 있는 하부운동들의 파편적 성격 때문에 제대로 시행되고 있지 못하다. 뉴스 보도는 데모자들, 에이즈

AIDS에 대한 인식을 고양하려고 하는 것인지, 빈곤국에 대한 부채탕감을 주장하는 것인지, 어린이 노동력을 고용하는 회사들에 반대하는 것인지, 환경을 보호하려고 하는 것인지, 아니면 참치 잡이 트롤 어선의 어획 활동에서 돌고래를 보호하고자 하는 것인지 분간하지 못하는 비조직화된 폭도로 묘사한다. 이처럼 분명한 비조직화는 반세계화 운동 내 여러 다양한 조직이 하고 있는 나름대로의 주장들 때문에 분산돼 있다는 사실에서 기인한다. 반세계화 운동에는 수직적인 조직 체계도 없고, 중앙리더십도 없으며, 핵심강령도 없다. 이런 이유로 인해 일부 데모자들은 폭력적인 방식으로 자신들의 주장을 펴기도 하고, 다른 이들은 그런 폭력적 태도에 대해 싫증을 내기도 한다. 그러나 비록 전술에 대한 동의는 없지만, 그들이 공유하고 있는 바는 현재의 세계질서에 대한 불만이다.

분명히 이 주장은 예수님의 제자들도 공유하는 것이었다. 우리는 우리가 살아가고 있는 세상에 대해 만족해서는 안 된다. 탐욕과 이기심, 불의, 그리고 폭력으로 일그러져 있는 이 세상은 완전한 영적 쇄신을 필요로 한다. 그리고 유수자들은 반세계화 데모자들에 대한 편견을 버리고 그들이 주장하는 바에 귀를 기울일 준비를 해야 한다. 심지어 그 주장이 현재 세상 문화에 대한 매우 위험한 비판이라 할지라도 들을 준비를 해야 한다. 아마도 우리는 그들이 주장하는 상당 부분이 하나님께서 관심을 가지고 계신 것과 일치한다는 것을 발견하게 될 것이다. 만일 우리가 반세계화 운동에 대한 평판 때문에 불편하다면, 세계화에 대한 이슈를 지지하고 있는 비양심적이고 위험한 세력들이 현재 전 세계에 걸쳐 말할 수 없는 고통을 야기하고 있다는 사실을 인식하고, 최소한 반-불의anti-injustice 운동에 참여하는 것의 장점에 대해 생각해 보는 것은 어떨까? 우리가 엄청난 기아가 존재하는 세상에서 편하게 지낼 수 있을까? 러시아에서만 가정 내 폭력의 결과 일 년에 만 2천 명의 여성들이 살해당하고 있는 세상에서 그저 '편안하게만' 지낼 수 있을까? 30만 명에 달하는 소년병들이 전쟁터에서 무기를 들고 싸우고 있는 이 세상에서 그저 편하게만 살 수 있을까? 매년 12

만 명의 여성들과 소녀들이 국가 간 국경지역에서 노예처럼 거래되고 있는 이 세상에서 그저 편하게 살기만 해도 되는 것일까? 아프리카에만 3천만 명의 사람들이 HIV(인간 면역결핍 바이러스)을 앓고 있는데, 우리는 그저 편하게 지내기만 해서 되는 것일까?[5]

 그저 가난한 사람들과 빵을 나누는 것으로는 충분치 않다. 가난한 사람들과 동행하는 것의 일환으로 평화의 중재자로서 전 세계에 걸쳐 빈곤과 불의를 조장하고 증가시키고 있는 세력들에 대해 비판하는 것이 우리에게 요구된다. 우리는 더 이상 서구 정부들이 대규모 기업들에게 이윤을 추구하도록 권력을 부여함으로써 인권과 환경, 공중보건, 경제, 그리고 심지어는 민주주의까지 위험에 빠지도록 방치하고 있다는 사실에 대해 무지한 상태로 머물러 있어서는 안 된다.


## 기업에 대해 알라

 만일 당신이 캐나다에서 제작한 다큐멘터리 시리즈 <기업>The Corporation을 보았다면, 많은 사람들이 거대기업들의 권력이 신장되고 있는 현상에 관심이 있다는 것을 이해하게 될 것이다. 다소 복잡하고 고도의 흥미를 유발하는 다큐멘터리를 통해 마크 아키바Mark Achibar와 제니퍼 아보트Jeniffer Abbott는 작가인 조엘 바칸Joel Bakan과 팀을 이루어 성장하고 있는 기업들의 출중함에 대해서 광범위한 반격을 가한다. 바칸의 저서인 『기업: 이윤과 권력에 대한 병적인 추구』The Corporation: The Pathological Pursuit of Profit and Power에 기초해서 제작된 이 시리즈는 모든 기업이 이 세상에서 잘해 나가고 있다고 생각하는 우리에게 냉철한 경고를 전한다. 우리가 잠들어 있는 동안, 거대기업들은 합병과 인수 그리고 적대적 경영권 취득이라는 방법을 통해 오랜 세월동안 생존해 왔다. 그리고 그런 방식을 통해 현재 예전에 본 적이 없는 더 크고 더 부유한 주요기업들로 성장했다. 아카바, 아보트, 그리고 바칸은 다음과 같은 사실에 주목했다.

150여 년 전, 기업은 상대적으로 중요하지 않은 실체에 불과했다. 하지만 오늘날 우리의 삶 속에서 기업은 강력하며, 드라마틱하며, 전반을 차지하는 실체가 되었다. 과거 역사의 한 때, 교회와 군주제 그리고 공산당이 그랬듯이, 오늘날은 기업이 지배적 기관이 되었다.[6]

거대 기업들의 재정적 영향력은 정치권력, 선거 운동에 대한 기여, 개인적 연줄, 그리고 높은 대가를 치르는 로비로 해석된다. 서구세계에서 이는 곧바로 기업들이 사용한 모든 비용을 충당할 수 있는 이윤추구를 허용하는 정책과 법 제정으로 연결되었다. "정부는 기업에 상관하지 말라"라고 정기적으로 부르짖는 바로 그 기업들이 자신들이 동원한 돈으로 맺은 정치적 연결고리를 통해 엄청난 부를 축적하게 된다는 것은 참으로 우려할 만하고 아이러니한 일이 아닐 수 없다.

다큐멘터리 기업은 미국의 고등법원이 기업을 개인처럼 법적 대상으로 이해할 것을 용인하는 것으로 열네 번째 헌법 수정안(본래 미국 흑인들의 시민권을 보장하려는 의도로 진행된)을 해석한 것이 겨우 1800년대 중반의 일이었다고 설명한다. 모든 기업의 최고경영자들이 말하듯이 기업 생존의 주요 목적은 주주들의 이윤을 보장하기 위해서라는 것을 기억하라. 일단 기업을 합법적인 의미에서 한 사람으로 취급하기 시작하자, 기업은 그 스스로 순전히 자기 이익과 탐욕을 추구하는 '성격'을 개발하기 시작했다. 이후 약 100여 년 동안 기업은 지배력을 강화하고 유래가 없는 부를 창출했으며, 세 번째 대상에 대한 쌍방 간의 거래가 의도하지 않은 결과를 도출한다 할지라도 전혀 관심을 갖지 않았다. 심지어 그런 결과에 이루 헤아릴 수 없을 정도로 많은 질병과 죽음, 빈곤,

공해, 착취, 그리고 거짓말과 같은 것들이 포함된다 할지라도 전혀 관심을 기울이지 않았다.

오늘날 전 세계에서 경제적으로 가장 높은 상위 100위를 차지하는 대상들 중에서 51개가 기업(나머지 49개는 개별 국가)이다. 이 세상에서 가장 거대한 기업은 월마트로, 매년 수십억 달러를 벌어들이고 있다. 이 기업으로 인해 미국 전역에서 문자 그대로 수천 개에 달하는 소규모 사업들이 폐업되었다. 30여 년 전, 미국의 소도시 안에서 사용되던 모든 돈은 그 도시 안에서 회전하는 것으로 생각되었다. 하지만 오늘날 그 대부분은 거대한 체인 상점을 통해 공동체 외부로 흘러나간다. 미국 전역에 걸쳐 수없이 많은 소규모 공동체들이 황폐화된 대가로 월마트의 주주들이 재정적 수혜를 입는다는 것은 두말할 필요도 없을 것이다.

거대기업의 파괴적 성격을 인식한 아크바, 아보트, 그리고 바칸은 전형적인 기업이 지니는 특징을 결정하기 위해 세계보건기구WTO가 제공하는 진단 범주와 정신과의사와 심리학자가 사용하는 표준 진단 도구인 DSM-IV를 사용하여 대조표를 개발했다. 그리고 그들은 다음과 같은 사실을 발견했다.

> 기업의 작용 원리에는 매우 반사회적인 '성격'이 있다. 그 성격은 이기적이고, 본질적으로 비도덕적이며, 냉담하고, 거짓투성이다. 그 성격은 기업의 이윤을 추구하기 위해 사회적 그리고 법적 기준들에 손상을 가한다. 그 성격은 죄책감 때문에 괴로워하지도 않으며, 다른 대상을 돌보는 이타적인 인간의 가치를 비웃는다. 보편적인 기업 활동에서 추출한 네 가지 사례 연구는 노동자들과 인간의 건강, 동물과 생활권에 유해하다는 사실을 명백하게 보여주고 있다. 이와 같은 사안별 분석을 마치면서 불편한 진단이 도출되었다. 자유방임적 자본주의의 제도적 구현은 '정신병자'를 판단하는 진단 범주들과 완전히 일치한다.[7]

많은 기독교인들이 내게 다음과 같은 질문들을 했다. "그런데 도대체 거대 기업들이 그렇게 끔찍스러운 이유가 뭡니까?" 교회를 다니는 많은 사람들이 기업의 리더들이라는 사실을 기억하면서 나는 우리 모두가 공유해야 하는 몇 가지 기본적 관심사들에 대해 정리하고자 한다.

## 1. 기업들은 불공정한 세제상 우대 조치의 수혜자들이다

가장 거대한 기업들이 최소한의 세금만을 낸다는 것은 이미 알고 있는 사실이다. 대부분 서구국가의 입법부가 석유개발, 스톡옵션의 발행, 그리고 장비의 가치하락과 같은 사안에 대해 기업에 특별세금우대정책을 보장해 주고 있기 때문에, 거대기업들은 세금으로 인한 지출을 극적으로 감소할 수 있다. 미국에서도 가장 부유한 몇몇 사람들이 지극히 적은 액수의 개인세만 내고 있다. 미국 내에서 기업이 차지하는 비중이 급속히 확장되고 있음에도, 기업에서 거둬들이는 연방세의 비율은 계속해서 하락하고 있다. 1961년에는 전체 연방세 수입 중 겨우 21퍼센트 정도가 기업이 내는 세금으로 충당되었을 뿐이다. 1971년에는 그 비율이 14.3퍼센트로 낮아졌고, 1981년에는 10.3퍼센트, 그리고 2001년에는 겨우 7.3퍼센트에 불과할 정도로 그 수치가 낮아졌다. 기업들은 성장하고 있고 더 많은 이익을 창출하고 있지만, 그들이 국고에 기여하는 비율은 점차 더 낮아지고 있는 것이다.

또한 기업들은 연방정부와 주정부에서 다른 형태의 지원을 받고 있기도 하다. 어떤 기업들은 한때 공공소유였던 택지를 그 안에 포함된 자연자원과 함께 무상으로 받기도 하며, 어떤 기업들은 정부의 기금으로 산출한 연구 결과에 대해 특허권을 주장하기도 한다. 그 외에도 많은 기업들이 자신들의 재정적 곤경에서 벗어나기 위해 많은 양의 국가가 지원하는 보조금과 긴급구제금융을 받기까지 한다. 자연히 세계에서 가장 큰 기업들에게 돌아간 수조 달러에 달하는 세금우대 조치는 학교와 사회 보장 프로그램 그리고 극빈자를 위해 사용되어야 할 돈이 그만큼 줄어들었다는 것을 의미한다. 물론 정부는 그런 기업들을 지원함으로써 미국사람들의 직장을 유지해 줄 수 있었고, 따라서 미국의 전반적인 부를 증강하는 데 기여했다고 주장할 것이다. 물론 일부 경우에는 정부의 세금우대 조치가 대량 실업 사태를 예방하기 위해 필수 불가결하기도 하다. 그러나 이는 현재 대기업들이 누리는 이익의 지극히 작은 부분에 지나지 않는다.

사실관계는 명확하다. 이런 기업들 중 일부는 현재 그들이 누리는 정부의 관대한 지원이 없었다면 현재 규모로 성장할 능력이 결코 없었다는 것이다. 현재 기업들의 정치적 영향력은 대단하다. 기업들은 선거로 선출된 정부 관료들이 그들 기업의 지속적 성장을 위해 최상의 정치적 환경을 보장해 주도록 하기 위해 엄청난 양의 돈을 사용하고 있다. 복지시스템의 혜택을 받지 못하는 가난한 가족들에 대해 간략히 언급된 텔레비전 기사들이 넘쳐나는 와중에, 대기업들이야말로 현재 미국에서 가장 커다란 복지혜택을 받는 수혜자들이라는 것은 기억할만한 일이다.

## 2. 기업들은 민영화의 영향에 대해 무관심하다

일단 상장되고 나면, 기업은 주주를 위해 이익을 산출하라는 엄청난 압력을 받는다. 느리고 점진적인 성장은 허용될 수 없다. 투자자들은 인상적이고 즉각적인 이익의 환원을 원한다. 이는 기업들이 극적인 이윤을 창출하기 위해 극적인 성장을 해야 한다는 것을 의미한다. 이를 성취하는 방식에는 두 가지가 있다. 하나는 더 많은 상품을 생산하고 팔아 더 많은 이윤을 내는 것이다(오늘날과 같이 고도로 경쟁적인 시장의 형편에 비추어 볼 때, 이것은 말만큼 쉬운 일은 아니다). 다른 하나는 새로운 시장을 개척하는 것이다. 이것은 전자보다 상대적으로 쉬운 방식인데, 대표적인 것으로 민영화가 있다. 일반적인 의미에서 민영화는 자산이나 서비스를 세금의 지원을 받고 정치적 성향을 띤 공적 영역에서 기업의 책임과 경쟁적인 시장의 원칙이 지배하는 사유영역으로 이관하는 것이다.

전 세계에 걸쳐 이전에 공적으로 운영되던 은행, 전화회사, 항공사, 발전회사, 수자원회사, 교도소, 그리고 심지어 학교까지 정부 주도로 민영화하고 있는 추세이다. 이로써 정부는 현금을 확보하게 될 뿐 아니라, 관리하기 힘든 회사를 처리하는 효과도 본다. 다른 형태의 민영화로는 다음과 같은 것들이 있다.

- 정부가 물리적 자산(장비나 건물 등)을 민영기업이나 개인에게 무상으로 증여하거나 판매하는 경우
- 과거에는 국유기업이었으나 최근에 민영화된 기업의 주식을 판매하는 경우
- 그런 기업들에게 부과되어 있던 모든 보조금과 관료적 절차들 그리고 규정들을 중단함으로써 정부를 위해서가 아니라 시장을 대상으로 하는 상품을 생산하도록 자유를 주는 경우

한편, 기업들은 분명히 성공할 사업이라고 믿는 은행이나 전기회사 등과 같은 알짜배기 우량 기업들(어쨌거나 모든 사람이 전기를 필요로 한다)을 인수한다. 그런 후 그들은 대부분 새로이 민영화한 회사가 좀 더 '효율적으로' 운영될 필요가 있다는 사실을 발견한다. 재정적 성장에 대한 관심으로 인해 적은 이윤을 창출하는 서비스/기업의 모든 측면이 정리대상이 된다. 그런데 이와 같은 필수적인 서비스들이 이윤창출을 목적으로 하는 기업들에 의해 운영이 될 경우에는 공적 관심이 원활하게 충족될 수는 없게 된다. 예를 들어 교도소와 경찰력이 민영화될 경우, 경찰 노동조합과 교도소 교도관 노동조합 그리고 기타 관련 단체들이 범죄에 대해 정부가 더욱 강경한 태도를 보이도록 로비를 벌이게 되고, 그 결과 경범죄자들까지도 교도소에 갇히게 되는 결과를 초래할 수 있게 된다(캘리포니아의 '삼진아웃제' 같은 것이 이에 해당한다). 물론 교도소운영이 사업이 된다면, 당연히 더 많은 위반자들이 감금형에 처하게 되는 것이 이

사업에 이롭게 될 것이다.

　의료사업을 민영화했을 경우에 발생할 일에 대해 생각해 보자. 비용은 솟아오를 것이다. 오늘날 많은 미국인들이 만성질환으로 인해 거의 파산직전에 직면해 있다. 이와 비슷한 걱정거리는 의료연구의 민영화가 가져오는 영향이다. 의약품의 개발은 공공의 선이 아니라 거의 전적으로 기업의 잠재적 이윤에 따라 이루어진다. 매 년 수백 만 명의 아프리카 사람들이 선천성면역결핍증HIV/에이즈AIDS의 영향으로 죽어가고 있는데도, 유럽의 제약회사들은 값싼 약품을 공급하려 하지 않을 것이다. 유럽의 제약회사들은 유럽과 미국 시장에서 더 많은 이윤을 창출하기 위해 더 적은 양의 약품만을 공급할 것이다. 한 회사가 아프리카에서 수많은 생명을 살리는데 절대적으로 필요한 에프롤니신Eflornithine의 생산을 중단했다. 왜냐하면 부유한 서구국가들의 시장 규모가 급속히 줄어들어 더 이상 이윤을 창출할 수 없게 되었기 때문이다. 수년간 지속된 아프리카 정부들과 원조기구들의 요청에도 불구하고, 약품의 생산은 오직 부수적인 수익을 낼 수 있게 되었을 때에야 비로소 생산이 재개될 수 있었다. 에프롤니신이 얼굴의 모발을 제거하기 위한 크림으로도 사용될 수 있었던 것이다!

　물론 기업들이 '불필요한 부분을 제거하고', '더 많은 수익을 올리려고 하며', '경쟁력이 있는 핵심 사안에 집중하는 것'(이 모든 말이 수익의 폭을 증대하고자 할 때 사용되는 말들이다)은 일리가 있다. 그리고 일정 정도의 사유화는 유용할 수도 있다. 하지만 전체적으로 볼 때 사유화의 저의가 매우 의심스럽다. 왜냐하면 사유화가 진행되면, 공공성을 위한 관리가 약화되고, 사람이 희생되는 대가에 대한 고려 없이 이윤창출이라는 잘못된 동기만이 강조되기 때문이다. 그런데도 현재 이처럼 사유화와 규모의 감축이 꾸준히 진행되는 이유가 무엇일까? 이는 기업이 지출하는 두 가지 주요 비용은 봉급과 수당이기 때문에, 사람들을 정리해고하거나 그들이 하던 일들을 값싼 노동력을 공급하는 공급처에 외주함으로써 기업은 그만큼 수익을 늘릴 수 있게 될 것이다. 고도로 경쟁적인 사업일 경우, 어떤 일을 다른 누가 하고 있다면, 나도 해야 한다고 생각한다. 이런 현상이 해당 산업의 '규모를 줄이는' 결과를 초래하기도 한다. 물론 주주들의 눈에는 규모를 줄이는 것이 좋아 보인다. 그래서 가끔씩 대규모로 규모를 줄이는 일이 단행된 후 해당 기업의 주식가격 분담가치가 상승하곤 하는데, 이는 그 회사가 '무엇인가를 하는' 기업으로 인식되기 때문이다.

기업에게 인건비는 늘 엄청난 부담이 된다. 때문에 규모를 줄이고 난 후, 노동자들은 새로운 일을 배당받게 되면서 그들이 예전에 받던 임금을 그대로 받지 못하는 경우가 일반적이다. 사실 고용된 지 오래 되면 될수록, 다른 일을 배당받기까지 더 오랜 시간을 기다려야 한다. 규모를 줄인 기업들은 일반적으로 그런 지위를 누리고 있던 사람들을 더 낮은 임금을 지불해도 되는 새로운 사람들로 교체한다. 다른 말로 하자면 기업들은 더 경험이 많은 노동자를 기꺼이 더 낮은 임금을 받고 일하고자 하는 새로운 노동자로 교체하고자 한다. 기업과 기업의 최고경영자는 부자와 빈자 간의 격차가 벌어질수록 더 많은 이득을 얻게 된다.

## 3. 기업들은 엄청난 환경 피해를 야기한다

『기업』이란 책에, 유쾌한 영국 사람인 마크 무디-스튜어트Mark Moody-Stuart(당시 로얄 더치 쉘의 총재였던)경과 그의 아내 그리고 그의 시골 집 문 앞에 도착해 있던 여러 명의 어스 퍼스트Earth First 활동가들 사이에 주고받은 대화가 나온다. 데모대들은 구호를 외치면서 그의 집 지붕 위쪽에 '살인자들'이라고 적힌 배너를 펼쳐 들었다. 깜짝 놀란 두 부부의 반응은 경찰을 부르는 것이 아니라 반갑지 않은 손님들과 더불어 인권과 환경에 대한 관심사를 나누면서 정중한 대화를 나누는 것이었다. 그리고 데모자들에게 앞마당의 잔디위에서 차를 대접하는 것이었다. 그러나 무디-스튜어트 부부는 채식주의자들인 그들에게 두유를 대접하지 못하는 것에 대해 사과하면서도, 정작 쉘Shell 나이

지리아는 경쟁상대가 없을 정도로 엄청난 양의 석유를 보유하고 있었고, 그로 인해 단일 기업 중에서는 세계에서 가장 많은 오염물질을 생산하고 있었다. 그리고 환경에 대한 모든 공공연한 관심에도 불구하고, 니제르 삼각주에서 쉘이 미치는 환경적 영향에 반대하던 켄 사로-비바Ken Saro-Wiwa와 여덟 명의 다른 활동가들이 교수형에 처해지는 것을 막지 못했다.

지구의 연약한 환경 파괴에 기업이 미치는 영향은 놀랄 만하다. 도시 근교에 거주하는 가정들은 빈병, 빈캔, 카드보드지, 그리고 신문 등을 성실하게 재활용하고 있다. 그러나 쓰레기와 재활용이 가능한 것을 분리하고, 재생 종이를 사용하고, 스치로폼으로 만든 컵의 사용을 피하고자 하는 이런 노력들은 거대기업이 환경에 가하는 엄청난 손실에 비하면 매우 미미한 정도에 불과하다. 폴 호큰Paul Howken의 냉정한 관찰을 보라.

> 지구의 날Earth Day 제정이 낳은 결과들 중 하나는 미디어에서 "지구를 구하기 위해" 소비자들이 할 수 있는 일들이 무엇인가에 대한 이야기를 강조하는 것이다 …… 지구를 구하는 일은 시민의 힘에 달려 있다는 말이 갖는 대중성은 놀랍지도 않다. 왜냐하면 무의식중에 한 것이든 아니면 의도적으로 한 것이든 간에 그것을 강조하는 것이 현대기업이 주종을 이루는 자본주의의 본질이기 때문이다. 모든 개인이 실행에 옮기는 것이 도움이 되는 것은 사실이지만, 기업이 환경에 부담지우는 것에 비교해 볼 때, 그런 노력은 상대적으로 중요하지 않다. 다음과 같은 사실을 기억하라. 미국 가정에서 사용하는 물건들이 모두 재생된다 하더라도, 우리가 낭비하는 것들 중 겨우 1에서 2 퍼센트를 줄이는 것에 불과할 뿐이다.[8]

버려지는 쓰레기의 대부분, 그리고 공기와 물 오염의 대부분은 산업과 농업의 결과로 인한 것이다. 자연히 이 문제에 제대로 대처하려면, 좀 더 엄격한 규제로 더욱 강력하게 제한하는 환경법이 필요하다. 그러나 우리가 이미 주목해 보았듯이, 대기업과 지방 정부는 서로 복잡하게 연결되어 있다. 대부분의 기업은 이미 제정되어 있는 불충분한 법제를 비웃을 수 있는 능력이 있다. 지방 정치인들도 새로운 법안을 제안할 때는 조심해야 한다. 왜냐하면 엄격한 환경규제를 달가워하지 않는 기업이 그 지역에서 철수해 버릴 수 있기 때문이다. 그렇게 되면 일자리와 세금수입이 줄어드는 현상이 발생하게 된다. 심지어는 연방 차원에서도 정치가들이 환경규제에 저항한다. 왜냐하면 그들을 지원하는 재정 후원자들을 고려해야 하기 때문이다.

우리는 다음 장에서 환경에 대한 우리의 책임에 대해 더 자세히 살펴볼 것이다. 그러나 여기에서는 다국적기업들에 대한 환경보고가 언제나 끔찍했다는 것에만 주목하도록 하자. 더 많은 이윤에 대한 지나친 추구로 인해 석유회사들은 한 때 원시적 정취를 유지하고 있던 뉴기니의 플라이 리버Fly River의 환경을 파괴했고, 석면회사들은 서부 오스트레일리아의 아웃백the Outback을 황폐화 하였다. 아마존 강이 죽어가고 있으며, 지구온난화가 우리의 생태계를 위협하고 있다. 그런데도 미국은 여전히 교토의정서에 서명하기를 완강히 거부하고 있다. 오늘날 우리는 기업들이 자신들을 '그럴듯하게 보이기 위해' 광고회사를 고용하는 냉소적 행위를 지켜보고 있다. 즉, 기업들은 자신들의 환경적 실천들은 전혀 하지 않은 채 단지 환경과 관련된 그들의 부정적 이미지만을 씻어내려 하고 있다.

## 4. 기업들은 불공적한 무역과 협정을 통해 이익을 취하고 있다

세계무역기구WTO는 1995년 이래 국제무역을 감시하기 위해 그 힘을 사용해 왔다. 이 일이 진행되는 동안 세계무역기구는 서비스거래에 관한 일반협정GATS이라고 불리는 일련의 협정을 개발했다. 한 나라가 GATS에 가입하기 위해 협정서에 사인할 때 하나의 전제를 받아들이게 되는데, 그것은 그 나라가 핵심적인 서비스를 민영화하는 방향으로 추진하겠다는 것이다. GATS는 공적 자원들과 서비스들을 상품화하고 인간의 필요를 다국적 기업들과 부유한 나라들의 이익에 종속시키고자 한다. GATS는 공적 서비스들의 민영화를 증진하고 민영서비스들에 대한 규제는 완화하는 반면, 소비자들과 노동자들 그리고 환경은 침식해 가는 것으로 지구촌이라는 공동의 장 둘레에 새로운 울타리를 치기 시작했다. GATS의 포괄적인 조항들은 은행, 에너지, 전화, 교도소, 수돗물 공급, 의료서비스, 그리고 교육과 같은 주요 공적 서비스 분야들을 포함하는 거의 모든 서비스 분야를 망라한다. 이 협정은 또한 다자간 투자협정이기도 하다. 왜냐하면 외국 기업들에 의한 서비스 제공에 대한 직접 조항을 포함하고 있기 때문이다.

잘 알려져 있듯이 GATS는 협정에 서명한 정부가 '특정 책무의 이행에 대한 스케줄'에 명시하지 않은 분야에 대해서는 관여할 수 없다. 그러나 미국과 유럽은 개발 도상국가들에게 포함되는 범위를 지속적으로 확장하라는 강력한 압력을 가하고 있다. 이로 인해 사람의 생활과 사회적 안정에 필수적인 서비스 분야가 변동 심한 국제시장에 계속 노출되고 있다. GATS 협정에서 부여되는 책무는 바꿀 수 없기 때문에, 이런 서비스 분야에 대한 지방정부의 민주적 통제가 점차 어려워지게 된다.

GATS의 조항들은 부유한 나라들과 WTO의 무역대표들과 밀접하게 협력하는 미국서비스산업연합과 유럽서비스포럼 같은 강력한 기업협의회의 주도 아래 비공개적인 방식으로 계속해서 개발되고 있다. 공개적인 토론은 입법부와 시민단체에서 최소한으로 진행되고 있을 뿐이다. 아마도 당신은 개발도상국과 시민단체들의 대표들이 소외 또는 제외되고 있다는 사실에 대해 그렇게 놀라지 않을 것이다.

정부 부처인 인더스트리 캐나다Industry Canada는 매우 솔직하게 다음과 같은 진술을 담은 보고서를 공개했다. "GATS는 단지 정부간 존재하는 협정이 아니다. GATS는 기업의 이익을 무엇보다 우선하는 도구다." 사실 미국의 금융서비스분야가 가하는 엄청난 압력이 없다면 GATS와 같은 것은 존재하지 않을 것이라는 사실은 WTO 지도자들조차도 일반적으로 시인하는 내용이다.

WTO의 개별 판결문들 중 일부는 터무니없는 것이다. WTO는 멸종위기에 빠진 바다거북을 보호하기 위해 제정된 미국 법이(비록 새우잡이가 바다거북의 생존에 실제로 위협이 된다 하더라도) 새우잡이 어업의 '자유무역'에 불법적 장애가 된다고 선언했다. WTO는 호르몬이 가미된 고기의 유통을 금지하는 유럽의 법을 허용하지 않았는데, 그 이유는 그 법안이 미국농업의 이익에 장애물 역할을 하기 때문이었다. 코먼웰스에 속하는 매사추세츠 주가 버어마(현재의 미얀마)의 잔혹한 군사독재정권에 항의하기 위해 버어마에 투자하는 기업과 공적으로 계약하는 것을 금지하는 법을 통과하려 했을 때, WTO가 그 법안의 정당성에 이의를 제기했다. 남아파리카에서 인종격리정책apartheid이 한창이던 시절에 WTO가 영향력을 행사하고 있었다면, 전 세계가 남아프리카에 무역제재를 가하고자 한 시도가 과연 성공했을지 의문이다.

북미자유무역조약NAFTA의 한 조항은 기업들로 하여금 그들의 이익에 반하는 법을 제정하는 것에 대해 정부를 대상으로 소송을 할 수 있도록 허용하고 있다. 대중의 격렬한 항의를 주시하던 멕시코 정부는 독성폐기물을 산출하는 캘리포니아에 기반을 둔 메탈클라드사Metalclad의 시설물에 대한 허가를 취소했는데, 이에 대한 대가로 멕시코 정부는 해당 회사에 천6백7십만 달러를 배상해야 했다. 에틸사Ethyl Corporation는 자사가 제조한 가솔린 첨가물을 금지하는 캘리포니아 정부를 상대로 성공적인 소송을 제기했다. 메탄엑스사Methanex Corporation 역시 미국정부에 소송을 제기했다. 왜냐하면 캘리포니아 주가 다른 첨가물을 금지했기 때문이다. 현재 UPS는 캐나다 정부를 대상으로 2억 달러 이상의 소송을 진행하고 있다. 왜냐하면 자사가 캐나다에서 사업을 확장해 나가는 데 있어 공공으로 운영되고 있는 우편제도가 장애물이라고 생각하기 때문이다. 린다 맥콰이그Linda McQuaig는 자본주의의 새로운 면모에 대한 그녀의 책에서 다음과 같이 말했다.

> 오늘날 점차 성장하고 있는 기업의 힘과 점차 감소하고 있는 정부의 힘의 원인은 보통 우리의 통제 능력 밖에 있는 세계경제 내부에서 작용하는 신비한 세력으로부터 기인한다. 여기에 다른 가능성이 있다. 정부는 예전에 행사해 왔던 것보다 훨씬 약한 힘만을 행사하고 있다. 왜냐하면 정부의 힘을 제한하고 기업들의 힘을 증진해주는 무역협정에 계속해서 가입하고 있기 때문이다. 그보다 더 신기한 것은 없을 듯하다.[9]

완곡하게 표현하여 '자유무역' 협정이라고 부르는 이 세계적 규모의 거래는 민주적 정부로부터 힘을 빼앗아서 거대 다국적 기업들에게 넘겨주고 있다.

## 5. 기업들은 불공정한 세계경제를 조직화하고 있다

작금의 세계경제는 신자유주의적 경제학 원리들에 기초하고 있다. 이 경제 강령의 핵심에는 기업에 대한 정부의 통제를 제거하자는 주장이 있다. 신자유주의 경제학자들은 정부가 거대 기업들이 누릴 수 있는 자유를 증진해 주어야 한다고 믿는다. 그렇게 함으로써 거대기업들은 일자리를 창출하고, 오로지 경쟁과 기업가 정신이 넘쳐나는 전적으로 자유로운 시장을 통해서만 초래할 수 있는 혁신을 만들어 낼 수 있다고 믿는다. 진정으로 자유로운 기업이 모든 사람에게 이익을 가져다 줄 것이며, 기업들이 일구어낸 부가 지역사회로 흘러내릴 때 대부분의 경우 모든 사람들이 얻게 되는 결과적인 소득이 비용을 상회할 것이라고 믿는다.

이런 경제 정책들은 국제금융기구IMF나 세계은행과 같은 강력한 국제기구들의 도움으로 전 세계에 이식되고 있다. 위 두 개의 기구들은 개발도상국들에게 차관을 빌려주는데, 차관을 빌려주면서 엄청난 신자유주의 경제도 함께 이식한다. 현재 나이지리아, 파키스탄, 아르헨티나와 같은 나라들에서 소위 자유시장원리가 자국을 강요하는 것에 반대하는 강력한 반민영화 운동들이 진행되고 있다. 예를 들면 1990년대 이후 지속적으로 IMF가 아르헨티나에 요구한 구조 조정안들이 아르헨티나로 하여금 현재의 위기상태로 밀려들게 했을 뿐만 아니라 다른 여러 나라들이 겪고 있는 주요 문제들도 그런 요구에서 기인했다는 비난을 받고 있다. 더욱 최근의 예들은 세계은행이 지원한 원조가 실제 빈곤의 피해자들이 아니라 일부 특권층의 이익을 위해 사용되고 있다는 믿음을 강화하고 있다. 나오미 클라인Naomi Klein은 다음과 같은 사례들에 대해 설명한다.

- "동 티모르에서 …… 세계은행은 정부는 자금을 책임 있게 사용하고 있다는 것을 증명하는 한에서 정부에게 조금씩 돈을 지급하고 있다. 당연히 이것은 공공 분야의 직업은 삭감하는 데 반해(티모르 정부의 규모는 인도네시아 점령 하에 있을 때에 비해 반 정도에 불과하다), 정부가 고용해야 한다고 주장하는 외국 컨설턴트들에게는 아낌없이 지원금을 지급하는 것을 의미한다. 하나의 정부 부처에서 한 명의 국제 컨설턴트가 한 달에 벌어들이는 돈은 스무 명의 티모르인 동료들이 일 년 동안 벌어들이는 돈을 합산한 양과 같다."[10]
- "세계은행이 국가에 지급한 원조금을 신용기금을 통해 관리하는 아프가니스탄에서도 보건부가 병원들을 짓는 데 필요한 자금을 조달해 주는 것을 거부하고 의료관리를 민영화해 버렸다. 대신 세계은행은 3년 계약으로 사설 진료센터를 운영하고 있는 NGO들에게 직접 자금을 지불했다."[11] 클라인은 아프가니스탄의 수리시스템, 전화, 석유, 가스, 광산, 그리고 전기분야 모두가 '외국의 민영 투자자들'에게 배당되었다고 말한다.

- "(아이티에서는) …… 61억 달러의 차관에 대한 대가로 세계은행은 '교육과 보건 부분에서 공영-민영 파트너십과 공동 관리'를 요구하고 있다 …… 즉, 민영회사들이 학교와 병원을 운영하겠다는 것이다."[12]

우리는 수 세기동안 식민정권에 의해 약탈당해 왔던 가난한 국가들이 그들을 약탈했던 바로 그 국가들에게 엄청난 빚을 진 채, 매년 3,820억 달러씩을 상환해야 하는 상황을 만들어 낸 그런 세계에 살고 있다. 전 세계 587명의 억만장자들의 부를 합한 양이 전 세계 135개의 가난한 나라들의 국내 총 생산액의 총합을 합친 양을 상회하고 있는 것이 세계경제의 현실이라면, 과연 이것은 공정한 것일까? 또는 농업생산보조금으로 하루에 10억 달러 이상을 사용하는 부유한 나라들이 가난한 나라들을 압박하여 농업보조금을 떨어뜨리라고 강요하는 현실이 공정한 것일까? 1992년, 유엔개발계획the United Nations Development Program의 인간개발보고서the Human Development Report는 수입의 세계 분배현황을 유명한 '샴페인 잔' 수로 설명했다. 전 세계에서 가장 부유한 상위 20%가 전 세계 수입의 82.7퍼센트를 차지하고 있는 반면, 가장 가난한 20퍼센트가 차지하는 수입의 비율은 1.4퍼센트에 불과했다. 오늘날의 상황은 이보다 더욱 나쁘다. 그들이 말하는 소위 세계경제에 대한 전문적 조정에도 불구하고, WTO와 세계은행은 부유한 나라들과 가난한 나라들 간의 격차가 계속 벌어지고 있는 것을 지켜보고 있다.

## 모든 정복군주에 용감히 맞서기

세계화 현상에 대한 이 짧은 논의를 통해 세계화는 중립적이지 않다는 것을 드러내야 한다. 세계화는 모호함과 삶의 모든 영역 안에서 발생하는 불공정한 경쟁과 불의한 관계들을 배태하고 있을 뿐만 아니라, 정치적, 경제적, 그리고 문화적 지배가 서로 뒤엉켜져 있는 총체적 지배를 배태하고 있다. 종교조차도 가난한 사람들을 변호하는 대신 기업 권력이라는 헤게모니의 일부로 편입되어 기업 권력의 협력자가 되기도 한다.

유수자들은 현재 기업들이 사용하는 방식과 동일한 방식으로 통치하던 기독교왕국이라는 안전지대로 돌아갈 수 없다. 우리는 이미 부당하게 강요했던 세계 지배라는 쓰디쓴 열매를 맛보았다. 교회는 서구 사회에서 그 중심적인 위치를 상실했다. 심지어는 몇몇 기독교 지도자들이 여전히 열망하고 있기는 하지만, 현명한 사람들은 우리가 경건치 못한 권력의 추구에 다시 한 번 미혹당하는 걸 원치 않는다는 사실을 잘 알고 있다. 그런 사실 외에도 이미 새로운 세력이 그 자리를 꿰차고 앉아 있다. 현재 기업은 한 때 교회가 행사했던 것처럼 사회적 조정과 통제를 행사하는 헤게모니를 잡고 있다. 우리는 그 자리로 다시 돌아가고 싶지 않다. 또한 우리는 전제적 권위를 요구하는 경제력 앞에 무릎을 꿇고 싶지도 않다.

가난한 사람들과 소외된 사람들에 대한 교회의 우선적 관심은 삶의 모든 분야—경제, 정치, 문화, 그리고 환경—에서 구체적으로 표현되어야 한다. 그러나 우리는 가난한 사람들이 단지 자선의 대상만이 아니라는 사실도 알고 있어야 한다. 그들은 사회 변화의 동인이기도 하다. 다른 모든 사람처럼 가난한 사람들의 존엄성은 그들이 하나님의 형상으로 지음 받았다는 사실과 우리와 더불어 피조세계에 대한 책임을 지는 존재라는 사실에서 온다. 그러므로 우리가 그들에게 제공할 수 있는 최선의 것은 그들과 함께하고 그들을 격려하여 그들 스스로 그들의 삶을 통제할 수 있도록 돕는 것이다. 우리는 우리 자신을 위해 살라고 부르심을 받은 사람들이 아니라, 하나님의 주권적 권위를 증거함으로써 예수님을 따르는 삶을 살라고 부르심을 입은 사람들이다. 그 부르심은 세계정의를 위해 일하고 온정적인 삶에 헌신하는 새로운 존재와 새로운 삶을 요구할 것이다. 세계화의 제국주의적인 성격은 그에 대한 반동전략counterstrategy, 즉 가난한 사람들을 소외시키지 않는 일종의 세계화를 지향하는 한편, 하나님의 창조가 의도했던 정의와 평화 그리고 통합의 세계 공동체를 건설하는 것을 목표로 하는 전략으로 대응해야 한다. 하나님께서는 실질적인 방식을 통해 신실한 예수님의 제자들이 되라고 부르셨다. 우리는 작금의 상황을 주도하는 세력들의 희생자들과 연계하는 위험을 감수하는 삶을 살아가라고 부르심을 입었다. 우리가 증거하는 것에 대한 신용은 우리의 정직하고 신실한 태도와 말, 그리고 행동을 통해 획득되어야 한다. 그리고 이는 가끔씩 재난 구제에 기부하거나 어쩌다 이루어지는 반전 데모대에서 행진하는 것 이상을 요구한다.

그렇다면 모든 것을 내려놓고 인도네시아로 가서 세계화 경제의 희생자들과 더불어 일하는 것 말고 우리가 할 수 있는 것은 무엇일까? 인도네시아로 가는 것 외에도 유수자들은 다음에서 이야기하는 단순하고 실질적인 제안에 대해 생각해 봐야 한다.

## 1. 당신의 목소리가 들리게 하라

내가 유엔에 가입한 191개 회원국들이 2015년까지 성취할 여덟 가지 목표를 승인했다는 이야기를 들었을 때, 나는 그 여덟 가지에 빈곤 퇴치, 어린이 관련 비도덕적 행위의 감소, 선천성면역결핍증/에이즈 퇴치, 그리고 양성 평등의 진작 등이 포함되었다는 사실을 알고 상당히 고무되어 있었다. 새천년개발목표the Millennium Development Goals(MDGs)로 명명된 이들 목표는 21세기에 진입하는 전 세계 국가들이 공동으로 제시한 탁월한 서약이다.[13] 이들 목표는 매우 의욕적이어서 그 목표를 성취하기 위해 거의 모든 서구 국가들에게 해외에 대한 원조 자금의 상향 조정을 요구할 것이다. 이 목표들은 너무도 중요한 것들이어서 최소한의 추가 예산을 증액할 가치가 있는 것들이다. 하지만 현재까지는 매우 적은 수의 선진국들만이 MDGs의 성공을 위해 그들이 져야하는 책임에 준하는 수준으로 원조 예산을 조정했을 뿐이다. 그리고 선출 관리들 가운데는 이런 목표에 대해 관심을 보이기는커녕 알지도 못하는 사람들이 태반이다. 내가 속한 교회가 지역 정치가에게 대표단을 파견했을 때, 그들은 놀랄 만큼 침묵으로 일관했다. 그는 MDGs에 대해 들어본 적도 없었다. 다만 그는 그런 목표들을 추구할 때, 얼마나 더 많은 표를 얻을 수 있는지에 대해 질문했다(실제로 그렇게 말했다!).

유수자들은 세계의 이슈들에 대해 관심이 있다는 것을 자신들이 선출한 정치가들로 하여금 알도록 해야 한다. 유수자들은 선한 의도를 허물어뜨리는 이기심이나 무관심을 용납해서는 안 된다. 유수자들은 가난한 사람들을 위해 분노할 것이다. 유수자들은 자신들이 관심을 가진 이슈에 대해 공론화하거나 편지를 써서 알리는 캠페인을 시작할 것이다(나는 십대 때 소연방 수상에게 편지를 써 활동가이자 작가인 안드레이 샤하로프를 투옥한 사실에 대해 항의하고는 내 이름이 KGB 명단에 오르는 게 아닐까 걱정했던 것을 기억한다). 정치가들 자신은 직접 편지를 쓰지는 않지만, 받아 보는 모든 편지를 통해 수백 명의 사람들이 우리와 같은 관심사를 가지고 있음을 짐작할 수 있을 것이다. 이러한 활동은 특히 지방 차원에서는 상당한 영향력을 끼칠 수 있다.

## 2. 투표를 신중하게 하라

앞부분에서 언급했듯이, 이라크전쟁에 대해 반대하는 정서적 차원을 고려해 볼 때 부시 행정부가 2004년에 그렇게 쉽게 재선된 것은 놀라운 일이었다. 많은 시사평론가들은, 비록 투표자들이 유령의 대량파괴무기WMDs에 근거해 이라크에서 전쟁을 감행하는 것에 심각한 관심을 보이기는 했지만, 그들은 결국 미국의 지속적 경제안정을 위해서는 부시가 당선되는 것이 더 나을 것이라고 생각해서 부시행정부에게 투표했다고 믿었다. 그러나 우리의 투표권을 단지 누가 우리의 세금을 낮추어 줄 사람인지 혹은 누가 우리의 경제적 현재 상태를 지속할 수 있는 능력이 있는 사람인지에 근거해서 행사해서는 안 된다. 경제환경, 세계정의, 그리고 평화중재 등을 포함하여 장기적인 경제 미래에 영향을 끼치는 다른 많은 정치적 이슈들이 있다. 또한 텔레비전 방송에서 말하는 것에 지나친 영향을 받지 않도록 해야 한다. 책임 있는 기독교인들은 후보자의 배경과 과거에 그가 했던 정치적 결정들을 살펴보아야만 하고, 후보자의 선거자금의 출처가 어디인지를 밝혀야 한다. 이 원칙은 특히 지방 정치의 후보자들일 경우 더 엄격하게 적용되어야 한다. 왜냐하면 그들이 내리는 결정들이 우리의 일상에 더 큰 영향을 주기 때문이다.

## 3. 더 넓은 관점으로 접근하라

뉴스 보도자들은 항상 책임감 있고 편견에 치우치지 않은 저널리스트들이라는 인상을 준다. 그러나 그들을 고용한 사람이 누구인지를 아는 것이 중요하다. 미국의 주요 텔레비전 네트워크는 대기업이 소유하고 있다. ABC는 디즈니가 소유하고 있고, NBC는 GE가 소유하고 있다. 심지어 지역 방송국들과 신문사들의 상당수가 대규모 복합기업체의 소유인 경우가 허다하다. 원래 뉴스 항목을 독점하려는 우려에 대항해 대중의 관심을 보호하려는 의도로 만든 연방 미디어소유법안들Federal medial ownership laws이 점차 그 원의를 상실해 가고 있다. 예를 들면, 연방통신위원회the Federal Communication Committee(FCC)는 오스트레일리아 출신 루퍼트 머독을 도와 미국에 네 번째 네트워크를 세우는 것에 대한 규정들을 어겼다. 그리고 비록 주요 방송사에 헌신된 저널리스트들이 많이 근무하고 있기는 하지만 그들의 편집자들은 그들이 원하는 데로 뉴스를 자르고 변경할 힘, 특히 방송사를 소유하고 있는 소유주들이 원하는 답변을 주기 위해 기사를 마음대로 손질할 힘을 갖고 있다. 관록 있는 텔레비전 저널리스트이자 전 CBS 뉴스 분석가인 빌 모여Bill Moyer가 2004년 PBS 프로그램인 <나우>Now의 진행자 자리를 사임했을 때, 그는 다음과 같은 사실을 관찰했다.

나는 상업 텔레비전에서 일하는 동료들이 탤런트가 있고 헌신된 저널리스트들이라고 생각한다. 그러나 그들은 회사의 취향에 맞게 일할 것을 선택했고, 그 결과 자신들의 탤런트를 미국의 기업생리에 맞게 조정했다. 이윤을 추구하는 환경 속에서는 미국에 대해 말하기 힘든 진실을 말한다고 해서 받을 수 있는 보상이란 아무 것도 없다.[14]

CBS 프로그램 중 하나인 <60분>60 Minutes의 전 프로듀서였고 현재는 센터 포 퍼브릭 인테그러티the Center for Public Integrity라고 불리는 연구 집단을 운영하는 찰스 루이스Chales Lewis도 이런 견해에 동의하는 한편, 심지어 이렇게도 말했다.

(현재) 저널리스트들 사이에 형성돼 있는 굴종과 침묵은 1950년대보다 더 심각하다. 루퍼트 머독Rupert Murdock은 미국의 미디어 거물들 중 가장 영향력 있는 사람이다. 그가 기준을 정하면 그에 대한 더 이상의 토론은 없다. 도대체 왜 다수의 미국인들이 여전히 사담 후세인이 9.11테러의 배후에 있다고 믿고 있는 것일까? 왜냐하면 정부가 그 사실을 보증하고 있다고 미디어가 지속적으로 반복 방송하고 있기 때문이다.[15]

『아웃폭스드: 저널리즘에 대한 루퍼트 머독의 전쟁』Outfoxed: Rupert Murdoch's War on Journalism이라는 제목의 자극적인 책에서, 로버트 그린왈드Robert Greenwald는 머독의 폭스뉴스Fox News가 이끄는 미디어 제국이 어떻게 텔레비전 뉴스를 자신들의 입맛에 맞게 무리하게 운영해 왔는가에 대해 분석했다. 그린왈드가 이끄는 조사팀은 폭스뉴스의 운영 방식을 발견하기 위해 수개월에 걸쳐 폭스뉴스를 모니터하는 시스템을 개발했다. 전국의 자원봉사자로 구성된 팀은 매 시간 단위로 폭스뉴스의 편성을 상세히 관찰하면서 뉴스의 저변에 깔려 있는 편견이 무엇인가에 주목했다. 폭스뉴스에 대한 집중적인 관찰 결과, 폭스뉴스가 대부분의 이슈에 대해 명백히 우파적 시각에 치우친 편견을 드러내고 있으며, 따라서 그들이 내거는 '공정하고 균형 잡힌'이라는 그들의 모토가 거짓이라는 것을 밝혀냈다. 『아웃폭스드』는 대중의 알아야 할 권리를 통제하는 역사상 가장 거대한 회사가 내포하는 끔찍한 위험들을 강조했다. 그리고 비록 폭스가 주요 위반자인 것은 분명한 사실이지만, 슬픈 사실은 거의 모든 미국 내 텔레비전 뉴스가 뉴스 진행자나 편성 팀의 편견 때문에 왜곡된 보도를 일삼고 있다는 것이다. 예를 들면, CBS가 포함된 스캔들과 조지 W. 부시의 군대 기록에 대한 거짓 '다큐멘터리'에 대해 생각해 보라. CBS팀이 처음으로 저지른 잘못과 그 다큐멘터리가 날조된 것이라는 사실을 알면서도 덮으려는 다른 네트워크들의 눈에 띄는 태도 둘 다 저널리즘 차원에서 도저히 묵과할 수 없는 행동이었다. 그러나 그것이 미국을 비롯해 다른 모든 곳에서 뉴스 보도라는 제한적 영역에서 발생하고 있는 현실이다. 잘못된 미디어 보도는─조지 오웰George Orwell이 1946년 쓴 에세이, 『정치와 영어』Politics and the English Language를 인용해 본다면─'부드러운 눈처럼 사실이라는 땅위에 내리는 말과 같은 것으로, 개요를 흐릿하게 하고 상세한 내용을 덮어버리는 것'이다.

    물론 언론의 자유는 모든 사회 내에서 주요한 권리이다. 언론의 자유는 거짓된 보도에서 시민을 보호한다는 것을 확인해 준다. 또한 언론의 자유는 민주주의를 유지하는데 중요한 요소다. 빌 모여Bill Moyer는 이를 다음과 같이 간단하게 표현했다. "우리에게는 밤낮 깨어서 지켜보는, 미국인에게 관심을 갖는 독립된 언론이 없습니다. 저널리즘의 질과 민주주의의 질은 서로 뒤엉켜 있습니다."[16] 세상에서 발생하는 일들에 대한 정보의 대부분을 텔레비전과 신문을 통해 얻을 때, 우리가 얻는 정보가 언론사들을 소유하고 있는 기업들에 의해 왜곡된 것이라고 짐작할 수 있다. 기업이 뉴스 방송 정보를 걸러내고 있는 이 시대에, 다양한 정보처에 근거하여 뉴스를 접하는 것이 중요하다. 그리고 그런 일을 가능하게 하는 최적의 장소는 인터넷이다.

인터넷은 민주화된 정보이며 빠른 국제적 통신을 쉽고 싼 비용으로 가능하게 하는 곳이다. 또한 그것은 검열하기가 매우 어렵다. 이 말이 의미하는 바는 독립적 저널리즘에 헌신된 뉴스 보도자들이 인터넷을 사용하는 비율이 점차 높아지고 있다는 뜻이다.[17] 다양한 나라의 다양한 신문 사이트를 읽는 것은 당신의 삶에서 정보를 더 넓게 얻는 또 다른 좋은 방법이다. 우리는 주요 네트워크들이 선정적이거나 자극적인 이야기만 방송한다는 것을 잘 알고 있다. 주요 네트워크들은 거리에서 발생하는 폭력에 대한 극적 이미지나 얼굴을 마주 대하고 진행하는 인터뷰가 아니면, 인권 유린이나 군부 쿠데타와 같은 것에 대해 보도하려 하지 않는다는 것을 의미한다. 우리가 살고 있는 이 세상에서 발생하는 끔찍스러운 불의들에 대해 많은 부분이 보도되지 않고 있다. 왜냐하면 아무도 그런 사건이 발생하는 장소에서 촬영할 촬영기사를 보유하고 있지 않기 때문이다. 텔레비전 뉴스의 오래되고 진부하기 짝이 없는 상투어는 '피를 흘리면, 사람들의 호기심을 끈다'는 것인데, 이는 생생하게 표현되는 이미지가 텔레비전 시청자들의 눈을 사로잡을 수 있는 특종기사가 된다는 것을 의미하는 말이다. 비디오카메라 없이 박해를 당하는 피해자들만 불쌍할 뿐이다.[18]

최근에 뉴스에서 한 가지 새로운 사실에 대해 보도했는데, 그것은 미 국방부가 전략적 영향 사무국an Office of Strategic Influence을 새로 만들어 운영했다는 것이다. 이 사무국이 하는 일 가운데 가장 중요한 일은 잘못된 정보를 의도적으로 외국 신문사에 흘리는 것이었다. 그렇게 함으로써 다른 국민의 의견을 조장하고 군사적 목적들을 더 확장할 수 있었다. 이에 대해 일반 국민들이 항의하자, 미 국방부는 이미 해당 부서를 폐쇄시키려 했다고 발표했다. 그러나 만일 그 정보가 잘못된 정보의 유포를 계획하는 담당자로부터 흘러나온 것이 아니었다면, 그 뉴스의 내용에 대해 더 확신할 수 있었을 것이다. 세계에서 발생하고 있는 사건과 이슈의 진실에 더 근접하는 유일한 방식은 책임감 있고 광범위

하게 읽는 훈련을 부지런히 하는 것이다.[19]

### 4. 당신의 돈을 현명하게 기부하라

유수자들은 관용과 사랑에 대한 성경적 부르심에 진실하게 응답하기 위해 자신의 수입 중 얼마를 기부할 것인지에 대해 신중하게 생각해야 한다. 그러나 우리는 또한 우리가 기부하는 돈이 어디로 가는지, 그리고 어떤 방식으로 고통을 경감하고 하나님 나라를 확장하는 데 기여하는지에 대해 연구할 필요가 있다. 재정이 풍부하여 내가 드린 십일조를 새로운 카펫을 깔거나 새로운 청소년 홀을 장식하는 데 사용하는 지역교회에 드리는 것은 내게 주어진 선물을 가장 효과적으로 사용하는 방법이 아닐 수도 있다. 톰 사인Tom Sine은 다음과 같이 말했다. "자신을 웃게 하는 짓은 이제 그만 두자. 심지어 우리는 우리 자신을 위해 십일조를 사용하기도 한다. 우리가 출석하는 교회에 드리는 모든 것은 결국 우리에게로 돌아온다. 본 훼퍼가 말한 것처럼, 우리는 '다른 사람들을 위한 교회가 아니라 우리 자신을 위한 교회'가 되었다."[20]

### 5. 당신이 불공정한 세계경제에서 얼마나 이윤을 취득하는지에 대해 알라

열악한 노동환경에서 또는 노예 수준의 임금을 지급하는 세상에서 그리고 환경평가에 대해 관심이 없는 회사들이 생산한 물건들을 구입하지 않는 것이 거의 불가능한 세상에서, 어떻게 하면 윤리적으로 소비할 수 있을까? 윤리적인 소비 생활이 너무 복잡하여 어떤 사람들은 단순히 거대 기업들이나 나이키와 갭, 쉘, 또는 맥도날드와 같은 노동착취나 환경 파괴로 가장 유명한 기업들이 생산하는 물건을 구입하지 않는 방법을 택한다. 물론 우리는 우리의 경제 시스템으로 인해 윤리적인 구매활동이 거의 불가능하다는 것을 인지할 필요가 있다. 왜냐하면 현재의 경제 시스템 안에서 생산되는 모든 제품은 최소한 일부분이나

마 노동력을 착취하고 환경을 파괴하는 것을 포함할 수밖에 없기 때문이다.

우리가 앞에서 이미 언급했듯이, 서구의 부자들은 시장이 제공하는 '깨끗하고', '환경 친화적이고', 또는 '윤리적인' 대체 상품을 선택하기가 그런 물건을 구입할 경제적 능력이 없는 가난한 사람들보다 훨씬 쉽다. 슬프게도 많은 소비자운동이 공정한 경제 시스템을 형성하는 데 있어서 부자들이 할 수 있는 것보다 가난한 사람들이 할 수 있는 것을 현저히 적게 만드는 전략들을 아무런 항변 없이 수용하고 있다. 다른 말로 하면 소비자운동은, 비록 그것이 현 시스템을 개혁하고자 하는 시도에서 실행되는 것이기는 하지만, 실제로는 이미 현재의 경제 시스템에서 주변으로 밀려난 사람들을 더욱 더 주변화하고 있을 뿐이다. 그럼에도 불구하고 소비자 불매운동이 항상 나쁜 전술인 것만은 아니다. 사실 특정한 위반기업들을 목표로 하는 소비자 불매운동은 자본주의가 허용하고 장려하는 억압을 실제로 제거할 기회를 활동가들에게 제공하기도 한다. 나오미 클레인Naomi Klein은 다음과 같이 말했다.

> 그러나 우리가 우리 자신을 상호 연결돼 있는 지배 시스템의 그물망에 대항하는 사람과 정치 단체로 이해할 때—단순히 덜 악한 선택을 하려는 소비자가 아니라—라야 비로소 자본주의와 그 자본주의의 기초인 식민주의와 제국주의에 도전할 수 있다. 실질적인 정치적 변화는 부유한 사람들이 틈새시장에서 사용하는 돈으로 만들어지는 것이 아니다. 우리의 정치적 힘은 소비자로서 우리의 능력 안에 잠재되어 있는 것이 아니라, 모든 사람을 위한 정의와 인간의 존엄을 위해 다양한 방면에서 투쟁하는 사람으로서 우리의 능력 안에 잠재되어 있다.[21]

우리가 4장에서 신사실주의에 대해 살펴보면서, 신사실주의자들이 다른 사람에게 고통이나 억압을 절대로 가하지 않는 선택을 하기가 지극히 힘든 고도로 복잡하고 정교한 세상에서 윤리적이고 참되며 의로운 삶을 살고자 모색할 때, 그들이 위선자라는 비난에 대해 얼마나 개방되어 있는지에 대해 살펴보았다. 그러나 위선자라는 비난이 세계의 정의에 기여하는 삶을 선택하려는 우리의 노력을 멈추게 해서는 안 된다. 온정적인 삶을 살기란 힘든 일이다. 그리고 우리가 고립된 광야에서 완벽한 자력 충당이 가능한 농장에서 살지 않는 한, 우리는 어느 부분에서건 불의한 세계경제와 얽혀 있는 상품이나 서비스를 구입할 수밖에 없다는 사실을 잘 알고 있다. 그러나 최소한 우리는 그리스도의 이름으로 관대하고 평화를 모색하며 정의를 사랑하는 주님의 제자들이 되기 위해 노력해야 한다. 과거 앨버트 아인슈타인Albert Einstein이 다음과 같이 말했다고 한다. "우리가 할 수 있는 최선을 다해야 한다. 이것이 인간으로서 우리가 감당해야 하는 거룩한 책임이다." 우리는 모두 다른 일들을 할 것이다. 하지만 여기에 몇 가지 가능성들이 있다.

- 소규모 기업들과 가족들이 운영하는 농장을 지원하자.
- 공정한 노동법이 부족한 나라들에서 생산한 상품들을 피하기 위해 생산 국가명이 표기된 라벨을 확인하자.
- 기업들과 브랜드 명의 배경에 대해 조사하자(http:/www.responsibleshopper.org 와 같은 곳에서).
- 생태적으로 안전한 상품을 선택하자.
- 월세의 증가와 복지예산의 삭감으로 고통당하는 피해자들만큼이나 노숙자들에 대해 관심을 기울이자.
- 이런 불의에 의해 직접적으로 영향을 받는 사람들 그리고 그들을 지원하는 지역의 활동가 단체들과 이야기를 나누자.

지역 독립미디어센터 사이트의 게시판을 체크해 보거나 웹서핑을 해서 당신이 살고 있는 지역 안에서 특정 이슈들에 관해 활동하고 있는 단체들과 조직들을 찾아볼 수 있다. 실질적인 일을 하고 있는 것처럼 보이는 단체들과 접촉해 보라. 그리고 그들의 모임에 몇 차례 참석해 보고 당신이 기여할 수 있는 것이 무엇인지 찾아보라. 대부분의 활동가 그룹은 자원이 부족하기 때문에, 모금에서부터 출판을 위한 작업에 이르기까지 그리고 그들이 출판하는 신문의 철자를 확인하는 일에서부터 활동 전략을 짜는 일을 돕는 일에 이르기까지 도움이 필요한 곳이 많다.

## 균형 잡힌 행동들

내가 전에 언급했듯이, 유수자들은 이 세상에 장막을 치고서는 마치 이 세상에 속한 것처럼 정주할 수 있는 사람들이 아니다. 유수자들은 이 세상이 자신들이 속할 곳이 아님을 알고 있다. 이 세상에 만연한 부패, 남용, 박해, 폭력, 억압, 그리고 탐욕의 정도는 우리가 이 세상에서 나그네라는 사실을 지속적으로 일깨워준다. 하지만 그렇다고 해서 유수자들은 이 세상에 만연한 악에 대해 무관심한 것처럼 보이는 활력 없는 중산층 기독교인으로 돌아갈 수도 없다. 이 세상 **안**에 있으나 이 세상에 **속하지 않는** 것이 의미하는 바는 많은 사람이 찾지 않는 길—정의, 온정, 관대의 길—로 걸어가는데 지속적으로 헌신하는 것이다. 이 말이 힘들게 들리는 것만큼이나 유수자들은 모든 전쟁과 종교적 폭력, 환경적 재앙과 대량 살상 무기들에 대한 거짓 주장을 극복하고자 하는 균형 잡힌 행동들이 진행되고 있다는 사실, 즉 공동 채소밭에서 노숙자 센터, 정의에 대한 토론그룹에서 모금 계획들에 이르기까지 현재 전 세계에는 수천 가지의 균형 잡힌 행동들이 진행되고 있다는 사실을 인식해야 한다. 이 모든 일들은 깜짝 놀랄 만한 관용과 자애 그리고 예술과 아름다움에서 나온 행동들이다.

우리는 엄청나게 해야 할 일이 많다고 해서 기가 죽어서는 안 된다. 하나님께서는 궁극적으로 당신 자신을 영화롭게 하실 것이며 억압받는 자들을 위로해 주실 것이다. 그러는 동안 우리는 우리 자신을 사회정의와 환경을 위한 운동에 투신할 필요가 있다. 이는 어떤 이익이 따를 것이기 때문이 아니라 그렇게 하는 것이 옳기 때문이다. 수상경력이 있는 인디언 작가이기도 하면서 인권운동가인 아룬하티 로이Arundhati Roy는 다음과 같이 말했다.

문제는 '이 갈라진 틈 사이에서 어떻게 기어 나올 것인가?' 하는 것이다. 물질적으로 부유하기는 하지만 도덕적으로 편하지 않은 사람들이 스스로에게 제기해야 하는 첫 번째 질문은, '진정으로 그 틈새에서 나오고 싶은가?', '나와서 얼마나 갈 수 있는가?', '혹시 그 틈새가 너무 편안해 지지는 않았는가?' 등이다. 만일 당신이 진정으로 기어 나오고 싶다면, 좋은 소식과 나쁜 소식 두 가지가 있다. 좋은 소식은 이미 앞서 나간 그룹이 얼마 전에 이미 기어 나오기 시작했다는 것이다. 그들은 이미 반 정도 올라와 있다. 전 세계에 퍼져 있는 수많은 활동가들은, 남아 있는 우리가 좀 더 쉽게 나올 수 있도록 힘들게 발판도 마련해주고 로프를 확보해 놓았다. 하지만 단지 올라가는 길만 있는 것이 아니다. 그 일을 하는 데는 수많은 방법이 있다. 전 세계에서는 당신의 기술과 당신의 정신 그리고 당신의 자원을 필요로 하는 전투가 벌어지고 있다. 서로 상관없는 전투는 없다. 어떤 승리도 결코 작은 것이 아니다. 반면에 나쁜 소식은 화려한 데모, 주말 행진, 그리고 세계사회포럼the World Social Forum에 참여하는 것만으로 충분하지 않다는 것이다. 실제적 결과를 생성하는 목표가 있는 실질적인 시민불복종이 있어야 한다. 아마도 깜짝 놀랄 만한 일을 하거나 혁명을 일으키는 일은 못할 수도 있다. 그러나 우리가 할 수 있는 몇 가지 일들이 있다. 예를 들면, 이라크를 침략하는 것을 통해 이윤을 취한 기업들의 명단을 작성할 수 있을 것이다 …… 그 기업들에 전화하고, 불매운동을 하고, 그들의 사무실을 점거하여 그들로 하여금 그런 사업을 하지 못하게 할 수도 있을 것이다. 만일 이런 일들이 볼리비아에서 발생할 수 있다면, 인도에서도 발생할 수 있다. (어디에서라도) 발생할 수 있다. 그러지 못할 이유가 무엇인가?[22]

전쟁으로 이윤을 취하는 기업들에 대한 불매운동을 제안하는 로이의 제안은 단지 한 가지 작은 제안에 불과하다. 불의에 대항하는 유수자들의 투쟁은 비전과 아름다움 그리고 상상력을 요구할 것이다. 핵심은 전투가 동반되어야 한다는 것이다. 다음의 속담이 말하는 것처럼 말이다. "움직이는 기차 위에서 중립적일 수는 없다."

# 유수자와 지구

### 비판: 당신은 하나님의 피조세계를 돌아보지 않았다

> 오직 마지막 나무가 죽었을 때, 마지막 강이 독으로 오염되었을 때, 그리고 마지막 물고기가 잡혔을 때, 그 때에야 비로소 우리는 우리가 돈을 먹지 못한다는 사실을 인식할 것이다.
>
> _크리족 속담

어렸을 때, <원숭이의 행성>*Planet of the Apes*이라는 영화를 보면서, 오도 가도 못하게 된 상황에 빠진 테일러(찰턴 헤스턴이 연기한)가 사실은 자신이 생각했던 것처럼 다른 행성에 있는 것이 아니라 시간을 통과하여 원숭이들이 인간보다 우세한 미래의 지구로 온 것일 뿐이라는 사실을 알게 되는 극적인 마지막 장면에 놀랐던 기억이 생생하다. 그가 결국 이와 같은 끔찍한 상황을 이해하게 된 때는 바닷가의 모래 속에 반쯤 잠겨 있는 부서진 자유의 여신상을 보았을 때였다. 최근에 다시 한 번 그 영화를 보면서 나는 영화에 등장하는 모든 것의 촌스러움(특히 라텍스로 만든 서투르기 짝이 없는 원숭이 가면을 뒤집어쓰고 있는 제임스 윗모어와 로디 맥도월)에 깜짝 놀랐다. 그러나 어린 소년이었을 때, 나는 부서진 자유의 여신상을 보면서 두려움을 느꼈다. 테일러와 같이 나는 우리의 미래가 우리가 파괴해 발로 밟고 있는 것들 중 하나라는 사실을 인식했다.

## 문명의 종말

몇 년이 지난 후 캄보디아를 여행하던 중 앙코르와트의 잔해를 방문하면서, 나도 찰턴 헤스턴이 영화 속에서 느꼈던 것과 동일한 점을 느꼈다. 나는 캄보디아 북쪽 지역에서 서서히 잠식해 오는 정글에 묻혀버린 폐기된 문명 사이를 헤매고 있었다. 이미 파괴된 잔해에 불과한 것이었는데도, 그 중심 건물인 앙코르와트가 보여주는 아름다움과 우아함은 무엇과도 비길 수 없었다. 심지어 피라미드보다 더 인상적이었으며, 타지마할만큼이나 그 예술적 탁월함이 뛰어났다. 그러나 앙코르와트는 예전에 번영했던 크메르 왕국의 파괴된 자유의 여신상처럼 텅텅 빈 채 버려져 있었다. 상당 기간 동안 앙코르는 크메르 왕국의 수도로서 880년부터 1225년에 걸쳐 건설되었다. 이 곳은 서방세계와 완전히 유리되어 뚫고 들어갈 수 없는 무성한 숲에 묻혀 있었다. 1800년대에 프랑스 식민당국은 지역 주민들을 통해 신들 혹은 거대한 거인들이 건설한 사원에 대한 소문을 들었다. 비록 그것이 단지 지역에서 전해 내려오는 전설에 불과한 것이라고 생각했음에도, 몇몇 사람들은 한 때 크게 번영하고 번성했던 캄보디아 제국의 유실된 도시가 실재했을 것이라고 믿었다. 마침내 정글은 뚫렸고, 1860년 프랑스 선교사들이 이 사원을 발견했다. 나는 대규모 건물들을 유람하면서 잃어버렸던 문명을 발견한 프랑스 선교사들의 느낌을 상상해 보려고 애를 썼다.

앙코르와트에서 가장 높은 중앙 사원의 하단에서 상단까지의 높이는 213미터에 달했고, 세 개의 직사각형 혹은 정사각형의 평면 층으로 이루어져 있었다. 각각의 층들은 그 층이 올라감에 따라 바깥쪽 경계면에서부터 크기는 점차 작아지고 높이는 더 높아졌다. 기둥들로 뒤덮인 회랑들은 첫 번째 층과 두 번째 층의 경계를 정하고 있었다. 세 번째 층은 앙코르와트에서 가장 탁월한 건축물인 다섯 개의 탑들—네 개는 네 구석에 각기 자리 잡고 있고, 한 개는 중앙에 자리하고 있는—을 지탱하고 있다. 층들은 각기 한 층 위에 다른 층을 쌓는 방식

**캄보디아 앙코르와트**
사진출처: istockphoto 승인후 사용.

으로 층층이 배열되어 있었기 때문에 탑의 모양이 원뿔의 형상을 띠고 있었다. 그리고 거의 정상 부분에는 그 끝으로 갈수록 점차 가늘어지는 연꽃이 열을 짖고 있었다. 따라서 전체 형상이 봉오리를 맺고 있는 연꽃을 닮게 디자인되어 있었다.

  이 기념비적 건물의 상을 보면 몇 개의 건축학적 선이 단연 돋보인다. 당신의 눈은 각 측의 수평적 층위를 좌에서 우로 그리고 아래에서 높이 솟아 오른 탑의 꼭대기 부분을 살펴보며 매료될 것이다. 앙코르와트를 건설한 천재적 계획에 따라 오직 어떤 특정한 방향에서 바라볼 때만 다섯 개의 탑을 한꺼번에 조망할 수 있다. 예컨대, 입구에서는 탑들을 볼 수 없다.

  전체 구조는 화려한 문양의 벽돌로 쌓아올린 벽으로 둘러싸여 있다. 그리고 벽돌 너머의 사면은 해자moat로 둘러싸여 있다. 안내인이 추천한 대로 나는 아침 해가 떠오르기 직전 어두울 때 그곳에 도착했다. 태양이 떠오르면서 첫 번

유수자와 지구    381

째 빛줄기가 그 경이로운 사원을 비추는 것을 성벽 바로 밖에서 보기 위함이었다. 몇 마리의 야생마들이 벽과 사원 사이의 풀로 뒤덮인 곳을 가로질러 질주해 갔다. 말들은 이국적인 백합문양으로 화려하게 장식된 패드들이 떠다니는 두 개의 연못들 중 하나 앞에 멈춰 물을 마시고 있었다. 나는 다른 날 앙코르와트의 새벽녘을 보면서, 그리고 13세기 이래로 늘 그래왔듯이 한 시대를 풍미했던 문명의 마지막 잔해를 목도하면서 깊은 감명을 느꼈다. 상상의 나래를 펴면서 나는 고대의 크메르 왕조가, (찰턴 헤스톤이 연기한) 테일러가 파괴된 세상의 끔찍한 잔해를 보면서 느꼈던 것처럼, 마술과 같이 미래로 빨려 들어가는 장면을 상상해 보았다.

도대체 왜 그 위대한 크메르 제국이 멸망했을까? 우리는 앙코르를 1431년 타이왕조의 군대가 포위했었다는 사실에 대해 알고 있다. 그래서 크메르 왕조가 그 수도를 남쪽으로 이주시켜 현재의 프놈펜 근처 어디엔가 새로운 수도를 건설했다고 알고 있다. 크메르 왕조가 1550년 즈음과 1600년대 중반에 다시 한 번 앙코르와트(사원)를 복구하고자 시도했다는 증거가 있다. 그러나 그때 이후로 이 도시는 파괴된 상태로 방치되었음이 명백하다. 이 도시가 방치된 정확한 년도와 이유는 최근까지 알려지지 않고 있었다. 그래서 시드니 대학교의 고고학자 댄 페니Dan Penny는 그 이유들을 밝혀보고자 하는 일에 착수했다. 그는 다음과 같이 말한다.

> 메콩강 삼각주 지역에서 성행하고 있던 해상무역에 대한 유혹 때문에 수도를 이전했다는 설과 환경적 위기 그리고 풍토병의 창궐 때문에 앙코르와트의 유적이 붕괴되었다는 등의 가설들이 한 때 그처럼 위대했던 세상의 붕괴에 대한 설명으로 제안되었다. 그러나 복구된 비문들은 이러한 설명들에 대한 단서를 제공해 주지 않는다. 그리고 고고학적 증거도 불충분하고 애매하다. 따라서 새로운 시도가 필요하다.[1]

페니의 연구는 고환경palaeoenvironmental 기술을 도입하여 앙코르 제국의 쇠퇴에 대한 의문을 풀고자 하는 데 집중하고 있다. 그의 연구팀은 사원의 해자와 저수지들 그리고 고지대 근처의 물웅덩이에서 수집한 퇴적물을 수집용 원통으로 뽑아내어, 앙코르 제국의 쇠퇴가 수로와 근처 쿠렌Kulen 구릉지 근처에서 흘러 내려오는 물을 모아두는 저수지의 정교한 체계의 운용에 실패한 것과 밀접한 관계가 있다는 것을 보여주었다. 앙코르는 쿠렌 구릉지와 광활한 톤레 Tonle Sap 호수 사이에 있는 평야에 위치하는데, 이 톤레 호수의 물은 남쪽의 메콩강으로 흘러든다. 크메르 왕국이 거주지 건설과 쌀농사를 위한 대단위 사업을 수행하기 위해 평야의 식물지대를 개간한 것이 결국 취약한 생태계를 교란하고 말았다. 공교롭게도 이러한 산림개간과 인구의 팽창에 겹쳐 이웃한 타이 왕국의 공격이 궁극적으로 그 놀라운 도시를 더 이상 거주가 불가능한 지역으로 만들고 말았던 것이다.

크메르 제국은 천연 자원의 과도한 착취로 인해 붕괴한 유일한 사회가 아니다. 자레드 다이아몬드Jared Diamond는 그의 책 『붕괴: 성공 또는 실패를 선택하는 사회들』Collapse: How Societies Choose to Fail or Succeed에서 한 사회가 그 사회에 미치는 주변의 천연 생태계의 영향들에 대해 배우고 적용하는 데 실패함으로 결국 멸망해버린 다양한 문명들을 차트로 제시한다.[2] 예를 들면, 그는 어떻게 해서 이스터 섬Easter Island 곳곳에 점처럼 흩어져 있는 큰 턱을 가진 조각상들만이 그 상들을 조각한 폴리네시아 사회의 멸망에 대한 유일한 증인으로 남게 되었는지에 대해 말한다. 1722년 유럽인이 이 섬에 상륙했을 때, 이스터 섬은 황폐하고 고독한 곳이었다. 그곳에 머물고 있던 불과 수십 명의 거주자들은 굶주려 있었고, 절망스러운 가난과 비참한 고립 속에서 겨우겨우 연명하고 있었다. 그들에게는 카누를 만들거나 불을 피울만한 나무도 없었고, 양식으로 사용할만한 생육 가능한 곡식도 없었다. 그러나 800년 전 폴리네시아 인들이 이 섬에 처음으로 정착했을 때 이 섬은 각종 풍성한 식물과 새들로 가득하던 풍요로운 섬이었다.

그린란드에는 수천 명에 달하는 바이킹 전사들이 죽어간 공동체가 있었다. 현재는 오직 돌로 만든 풍화된 건물들의 잔해만이 한 때 이곳에 사람들이 거주하고 있었음을 증거할 따름이다. 과테말라를 찾는 관광객들은 오래 전에 폐허가 되어 정글로 뒤덮여 있는 티칼Tikal 시를 방문한다. 이 도시에는 엄청난 사원들과 프리즈 조각들만이 현재 사라지고 없는 옛 제국의 영광을 증명해 주고 있다. 미국 남서부에 있는 아나사지Anasazi 부족의 거주지 잔해들은 이미 붕괴되어 사라진 도시에 대해 더욱 비참한 흔적들을 보여준다. 그것은 남아 있는 생존자들이 멸족하기 전에 인육을 먹었다는 사실을 증명해 준다. 붕괴해 버린 사회들에 대한 다이아몬드의 장황한 설명은 오늘날 임박한 지구의 위기에 대해 우리에게 뭔가 중요한 것을 말해준다. 왜냐하면 그가 말하는 모든 이야기들은 문자 그대로 자신들이 생존하고 있던 삶의 기반을 파괴한 사회들에 대한 것이기 때문이다.

다이아몬드는 가망이 없어 보이는 사회인 몬태나 주에 대한 이야기로 시작한다. 열정적인 플라잉 낚시flying fishing를 즐기는 다이아몬드는 몬태나 주를 자주 방문하면서 그곳의 급격한 쇠락을 관찰했다. 한 때 미국에서 가장 부유한 주들 중 하나였던 몬태나 주는 재생이 불가능한 미네랄 자원을 낭비하고 지나치게 숲의 목재를 베어낸 결과, 현재는 가장 가난한 주들 중 하나가 되었다. 다이아몬드에게 있어 몬태나 주는 사회가 붕괴하는 이유에 대한 완벽한 예다. 다이아몬드의 제안의 핵심은, 전 세계의 사회가 이처럼 실패할 때마다 그 주요 원인은 제한적인 자원에 대한 인위적인 생태계의 황폐, 특히 산림파괴가 그 원인이었다는 것이다. 『붕괴』Collapse에 따르면, 많은 사회들이 산림파괴, 서식지 파괴, 천연자원의 지나친 남용, 그리고 인구증가 및 풍요에 대한 욕망 때문에 쇠퇴하고 있다. 이런 요인들이 토양의 침식과 가시적인 식량자원의 고갈 그리고 적에게 대항하기 위한 피난처를 공급하는 자원의 소실을 일으켰다. 이들 사

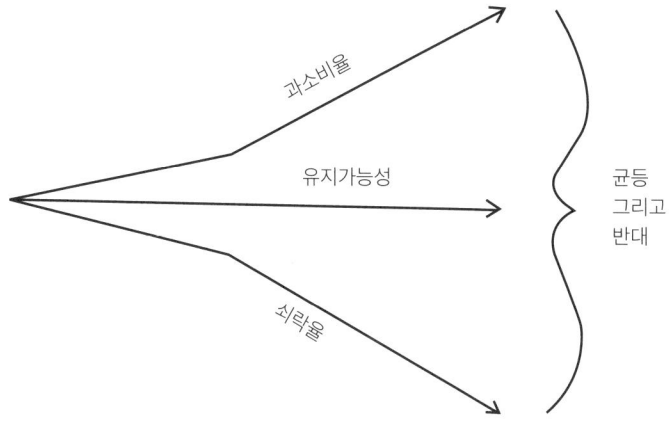

**한 문명의 쇠락에 대한 과소비의 영향**

회를 지탱하지 못하게 하는 것은 환경이 아니다. 이들 사회를 지탱하지 못하게 하는 것은 변화하는 환경에 적응할 수 없는 그들 사회 자체다. 다이아몬드가 제기하는 가장 강력한 경고는 생태계 파괴는 이제 핵전쟁과 질병 발생의 위험을 넘어 지구문명을 위협하는 가장 큰 위험요소가 되었다는 것이다.

다이아몬드는 한 사회의 붕괴에 기여하는 다수의 요인이 무엇인지에 대해 제안하면서, 현대에서 발생하고 있는 예로 몬태나 주의 경우뿐만 아니라 소말리아, 르완다, 그리고 아이티의 경우를 든다. 이들 사회는 이러한 환경적 경고에 주의를 기울이지 않았기 때문에 여전히 쇠퇴해 가고 있다고 경고한다. 다이아몬드가 제안하는 요인들은 다음과 같다. 첫째, 생존하고 있는 사회들은 그들 사회가 보유하고 있는 환경을 시간이 지나도 사용 가능한지에 대해 관심을 기울이고 있다는 것이다. 이는 매우 명백한 것처럼 보이는데도, 여전히 환경의 보존은 사람들이 보지 못하는 가장 큰 맹점 중 하나이다. 다이아몬드가 가장 우려하는 점은 실패한 문명들이 그들의 실패에 대해 무지했다는 사실이다. 문명의 붕괴는 해당 문명이 가장 번성한지 10년에서 20년 후에 발생하는 경향이 있다. 바로 그 시점이 자원이 고갈되는 시점이다. 둘째, 생존하고 있는 사회들은 자연적 기후변화에 적응하는 능력을 배양해 왔다는 것이다. 그의 책에서 인용한 마야, 아나사지, 그리고 그린란드에서 번성했던 문화는 장기적인 가뭄(마야와 아나사지 문명의 경우)과 점증하는 추위(그린란드 문명의 경우)로 인해 발생한 식량부족 때문에 재앙의 지경까지 내몰리고 말았다. 셋째, 붕괴된 사회들은 중요한 자원들의 고갈을 경작을 통해 극복하기보다 적대적인 이웃들과 전쟁을 하거나, 아니면 기본적인 자원들을 조달할 능력이 없는 무역상대자들에게 지나치게 의존했다는 것이고, 마지막 넷째는 생존하는 사회들은 변화하는 환경을 익히고 적응하는 능력을 발전시켰다는 것이다.

다이아몬드는 책에서 오늘 우리가 행하고 있는 일들의 생존가능성에 대해 불편스럽기 짝이 없는 질문들을 끊임없이 제기하고 있다. 예를 들면, 북미식의 풍요를 향해 치닫고 있는 중국으로 인해 지구에 발생하고 있는 생태적 위기는 무엇인가? 한 마디로 엄청난 위기가 닥쳐오고 있다. 현재 몬태나 주가 예전에 그랬던 것처럼 엄청난 목재를 생산하지 못하는 이유는 무엇인가? 그것은 이제 몬태나 주에는 나무가 별로 남아있지 않기 때문이다. 도미니카 공화국이 아이티와 같은 위기에 처하지 않는 이유는 무엇인가? 그것은 도미니카 공화국에는 아직까지 나무가 남아있기 때문이다. 그리고 포도나무를 키우는 것으로 인해 치러야 할 환경적 대가가 더 큼에도 불구하고 오스트레일리아가 감자 수출 대신 포도주 수출을 주장하는 이유는 무엇인가? 그것은 수출로 인해 남는 이윤이 더 높기 때문이다. 그러면서 다이아몬드는 다음과 같은 글로 끝맺는다.

현재 우리가 살아가고 있는 이 세상은 그 생존을 불가능하게 하는 과정을 밟아가고 있다. 우리가 현재 안고 있는 문제들 가운데 하나만으로도 앞으로 수십 년 안에 우리의 생활을 제한하는 원인이 되기에 충분하다. 우리는 빠른 속도로 생존을 불가능하게 하는 과정을 따라 나아가고 있기 때문에,

세계의 환경 문제들은 지금의 아이들과 젊은이들이 살아 있는 기간 내에 어떤 식으로든 해결되어야 할 것이다. 유일한 질문은 그들이 이 문제를 우리가 제안하는 기쁜 방식으로 해결할 것인지, 아니면 우리가 제안하지 않는 불행한 방식, 예컨대 전쟁, 대량학살, 기근, 전염성 풍토병, 그리고 여러 사회들의 붕괴와 같은 방식을 통해 해결할 것인지 하는 것이다.[3]

아름답지만 스산하기 짝이 없는 크메르 제국의 잔해 사이를 정처 없이 걸으면서, 만일 서구문명이 당면한 지구의 환경적 재앙에 대한 증거들을 계속해서 무시한다면 어떤 결과를 초래하게 될 것인가에 대해 상상해 보았다.

## 기독교인들과 환경

내가 아는 많은 유수자들은 현재 지구의 환경상태에 대해 깊은 관심을 가졌다. 그리고 그들은 전 세계에 있는 기독교인들이 점차 급박하게 다가오고 있는 환경적 재앙에 대해 한 목소리를 내지 못하는 사실에 대해 부끄러움을 느끼고 있다. 그들은 우리가 살아가고 있는 행성을 돌보는 것의 필요에 대해 세상에 증거로 제시할 수 있는 일종의 기독교적 환경론이 있었으면 하고 기대하고 있다. 하지만 교회 안에서 그런 목소리가 부재하기 때문에, 많은 유수자들이 환경에 대한 그들의 관심을 실천하기 위해 그린피스와 같은 환경단체로 향하고 있다. 만일 우리가 환경론에 대한 참된 기독교적 입장을 발전시켜야 한다면, 그것은 기독교 신앙의 관점으로 조망한 환경적 관심에 대한 정확한 정보 및 신중하면서도 충실한 고려에서 기인하는 것이라야 한다. 다른 모든 윤리적 질문에서와 마찬가지로 이러한 이슈에 대한 기독교적 접근방식의 중심에는 성경이 증거하는 통찰력을 담고 있어야 한다. 이는 세상에 대한 성경적 이해가 사물들의 본질에 대한 통찰력에까지 확대될 수는 없다고 주장하는 것이 아니다. 오히려 진정한 기독교적 윤리는 성경이 증거하는 바와 조화를 이룰 것이고, 또 이루어져야 한다는 점을 말하고자 함이다.

기독교 공동체 내부에서 진행되고 있는 환경 관련 이슈에 대한 토론에 익숙하지 않는 사람들에게 있어, 기독교인들이 한 가지 접근방식에 동의하지 않는다는 것은 결코 놀랄 만한 일이 아닐 것이다. 그러기는커녕 기독교 내에는 접근방식에 대해 다양한 의견들이 존재한다. 그 의견 각각은 자연과 환경의 중요성에 대한 특정한 이해들을 반영한다. 기독교 공동체 내에서도 미래 세대를 위하여 적절한 자원을 보장하는 것에 대한 의견이 현재 누리는 경제적 이득을 누리고자 하는 의견과 대치하고 있다. 어쨌든 분명히 말할 수 있는 한 가지 사실은 이러한 이슈에 대해 기독교인들이 한 가지 목소리를 내지 않고 있다는 것이다. 현재 기독교 환경론에 있어서 한 가지 통일된 입장이 없다. 이에 대해서는 몇 가지 이유가 있다.

### 1. 이슈에 대한 무지

서글프게도 다른 많은 중산층에 속한 사람들처럼, 기독교인들도 환경의 위기는커녕 환경에 문제가 있다는 사실조차 믿지 않고 있다. 기술의 발전이 이 세계가 당면하고 있는 문제를 해결해 줌은 물론 세상에 속한 사람들에게 경제적 복지를 가져다 줄 것이라는 환상 때문에, 많은 기독교인들, 특히 보수적인 기독교인들은 '환경에 대한 부정'environmental denial이라는 상태에 빠져 있다.[4] 만일 당신이 아무런 문제가 없다고 생각한다면, 해결방안에 대한 필요를 느끼지 못하는 것이 당연하다. 기독교인을 포함해 많은 사람들이 걸어서 쉽게 갈 수 있는 거리임에도 불구하고 아무런 생각 없이 온실가스를 방출하며 지역 쇼핑몰로 차를 몰고 간다. 설교자가 이런 주제에 대해 설교하는 경우는 거의 없다. 미국가정이 쓰레기를 분류해 재생하도록 하는 경우도 드물다. 그들이 보기에는 아무런 문제가 없고, 그렇기 때문에 아무런 해결방식도 필요치 않다.

오히려 일부 기독교인은 환경보호를 지지하는 사람들Greens을 머리카락을 길게 기른 좌파적이며 직업이 없는 게으름뱅이라고 생각하는 경향이 있다. 그들은 환경론자들을 일종의 반기독교적이고 가이아Gaia를 숭배하는 급진적인 운동이라고 생각하며 경멸한다. 어쩌면 이런 시각을 정당화하는 것이 있을지도 모른다. 하지만 환경보호에 관한 이슈들을 '비-기독교적'인 것이라고 결론 내리고 환경운동을 무시하는 것은 어리석은 일이다.

## 2. 기독교 지상주의/정복주의

교회사를 보면, 교회는 대부분 하나님과 인간 그리고 인간과 다른 인간 사이의 이중적 관계만을 강조했다. 피조물 중에서 비인간적 부분은 전적으로 무시되었다. 우리는 자주 우리가 하나님과 맺는 '수직적' 관계 또는 우리가 다른 사람들과 더불어 나누는 '수평적' 관계에 대해 말한다. 그러나 이런 관계에 대해 말할 때 인간 외의 다른 피조물들이나 자연 질서를 포함하는 경우는 극히 드물다. 이는 창세기 1장 27절부터 28절에 대한 잘못된 해석에서 기인한 것이다.

> 하나님이 자기 형상 곧 하나님의 형상대로 사람을 창조하시되 남자와 여자를 창조하시고 하나님이 그들에게 복을 주시며 하나님이 그들에게 이르시되 생육하고 번성하여 땅에 충만하라, 땅을 정복하라, 바다의 물고기와 하늘의 새와 땅에 움직이는 모든 생물을 다스리라 하시니라.

전형적으로 정복주의자Subjectionist 혹은 기독교 지상주의자Dominionist는 인간의 확장을 촉진하기 위해 비인간적 환경을 종속할 목적으로 이 구절을 이용한다. 정복주의자들은 하나님께서 전적으로 인간의 만족을 위해 세상을 창조하셨다고 가정한다. 이들은 모든 형태의 기독교 환경론을 의심스러운 눈길로

**창조에 대한 전통적 견해 대 총체적 견해**

| 기독교 지상주의/정복주의 | 환경론 |
|---|---|
| 인간의 목적을 위해 피조된 세계 | 피조세계의 청지기로서 인간 |
| 자원으로 활용하는 대상으로서 환경 | 책임질 대상으로서 환경 |
| 경제성장을 방해하는 환경론 | 환경에 대해 책임이 없는 경제 성장은 자멸적인 것이다. |
| 피조된 세계는 인간의 필요를 충족하는 한에서 그 가치를 가진다. | 피조된 세계는 고유의 가치를 지닌다. |

바라본다. 왜냐하면 그들은 환경운동이 창세기 1장에서 하나님께서 의도하신 것 이상으로 환경을 고귀하게 취급하고 있다고 보기 때문이다. 그들은 환경론에 대해 세 가지 주요 불만을 제기한다. 첫째, 많은 정복주의자들은 환경악화에 대한 과학적 주장, 예를 들면 오존층에 난 구멍의 크기에 대하여 의문을 제기한다. 둘째, 그들은 환경론은 본질적으로 '뉴에이지' 사고이며, 따라서 반기독교적인 사고라고 주장한다. 그들은 하나님께서는 자연만물에 대한 인간의 지배력을 허락하셨다고 주장하면서 설득력 있는 환경론을 가이아 또는 지구신격화 행위와 동일시한다. 셋째, 그들은 환경보호를 위한 정책에 실제로 투여되는 경제적 대가를 강조한다. 이런 전통에 서 있는 기독교 경제학자들은 너나 할 것 없이 '환경' 혹은 '생태' 경제학이 아닌 '자원' 경제학에 대해 말한다. 그들에게 있어 지구상에 있는 모든 피조물은 인간에게 복종하고 인간의 주권에 유익을 주기 위한 자원에 불과할 뿐이다.

경제적 관심이 환경론이라는 스펙트럼의 반대편에 위치한다는 것은 소득이 높은 국가에서 종종 논쟁이 되는 사안이다. 즉, 만일 우리가 양자를 다 차지할 수 없다면, 경제 성장을 택하든지 아니면 환경보존을 택하든지 양자택일을 해야 한다. 그러나 자레드 다이아몬드가 논의하고 있듯이, 수 세대 혹은 수백 년 동안, 장기적인 경제적 안녕은 환경보호의 핵심적 요소였지만, 반대로 환경보호역시 장기적인 경제적 안녕의 핵심적 요소였다. 이러한 사고는 경제적 안녕과 환경보호 사이에서 발생하는 역동성이 단순하다고 말할 수는 없으나, 양자가 서로 대치되는 개념이 아니라는 것을 보여줄 수 있다. 주류 환경론이 갖는 일부 측면에 대해 정복주의자들이 제기하는 비판의 일부가 타당하지 않다고 말하는 것도 아니다. 어떤 부분은 분명 타당하다. 그러나 오직 경제적 안녕만을 강조하는 협소한 정복주의적 관점은 지나치며, 궁극적으로는 대가를 지불할 수밖에 없는 것이다.

창세기 1장 27절부터 28절을 다른 방식으로 해석할 수 있는 방법이 있다. 많은 학자들은 창세기 1장 31절에 모든 피조물이 "하나님이 보시기에 심히 좋았더라"라고 선언되고 있으므로, 인간의 통치와 정복에 대한 구절은 피조물을 사용하는 것에 대한 면허증을 의미하는 것으로 단순하게 이해해서는 안 되며, 오히려 창조 세계에 대한 책임을 의미하는 것으로 이해해야 한다고 주장한다. 스티븐 부마-프레디저Steven Bouma-Prediger는 이에 대해 잘 지적해준다. "개별적 피조물들과 전체로서의 창조는 하나님께서 창조하셨다는 사실로 통합되며, 따라서 도구적 가치뿐 아니라 그 자체로 본질적 가치를 지니고 있다."[5]

만일 지구의 피조물들이 그 자체로 본질적 가치를 지니는 것이라면(나는 그렇다고 믿는다), 이는 "땅과 거기에 충만한 것과 세계와 그 가운데에 사는 자들은 다 여호와의 것이로다"(시24:1, 고전10:26 참조)와 같은 성경구절의 의미가 이해된다. 이 세상에 있는 모든 것이 하나님께 속해 있는 것이므로, 그 모든 만물 가운데는 하나님의 온전하심과 영광이 부여한 위엄과 가치가 내포되어 있는 것이다. 다른 말로 하자면, 하나님께 속한 것은, 즉 예수 그리스도를 믿는 성도들로 제한되는 것이 아니라 모든 피조물을 포함하는 하나님의 소유는 하나님께서 친히 부여하신 가치를 공유한다. 하나님의 가치를 공유함으로써 인류는 이 지구에 대한 소유권이 아니라 청지기권을 부여받은 것이다. 그러므로 지배는 소유자의 의도를 성취하는 한에서 적절히 행사되어야 하고, 하나님의 형상대로 창조된 사람으로서의 삶 역시 하나님의 목적하신 바와 일치되어야 한다. 그러면 하나님의 목적이 착취가 아니라 청지기인 이유는 무엇인가? 제임스 내쉬James Nash가 이에 대해 잘 대답해준다.

> 하나님의 형상의 의미에 대한 신약성경의 이해만이 이러한 생태적 책임감을 높여준다 …… 따라서 그리스도라는 맥락에서 해석될 때, 형상에 대한 인식과 지배에 대한 적절한 표현은 착취의 형태로 표현되지 않고 **보호하고 사랑으로 섬기는 것으로 표출**된다.[6]

오직 기독교인의 청지기직에 대한 명확한 성경적 교리만이 기독교 환경론의 근거가 될 수 있다. 이런 교리는 모든 기독교인들로 하여금 존재하는 모든 것들에 대한 하나님의 소유권을 인식하고 그분께 영광을 돌리는 자리로 우리를 부를 것이고, 또한 그 소유권에 영광을 돌리는 한 가지 방식으로써 피조물을 돌보는 자리로 우리를 부를 것이다. 기독교인들로서 우리는 세상과 그 세상 안에 있는 모든 만물이 하나님께서 사랑하시는 피조물이라는 것을 믿는다. 하나님께서는 인간과 다른 피조물들에 대한 도구적 가치만이 아니라 피조물 그 자체의 목적도 가치 있게 여기신다. 그리고 하나님께서 자연을 가치 있게 여기시기 때문에, 그 하나님께 올바르게 영광을 돌리고 그분을 섬기기를 원하는 우리 또한 자연을 가치 있게 여길 것이다.

## 3. 전천년설

우리는 자레드 다이아몬드의 기본적 주제, 즉 어떤 사회들의 붕괴 원인은 그들 사회가 마치 미래라는 것이 존재하지 않을 것처럼 소유하고 있던 천연자원들을 낭비했기 때문에 초래되었다는 것에 주목했다. 이것은 역사의 어느 시점에서 휴거가 발생할 것이라고 믿는 미국 내 많은 기독교 지도자들의 생각이기도 하다. 요한계시록(실제로 '휴거'라는 단어가 전혀 나오지 않는)에 대한 특정한 해석을 믿는 미국의 많은 기독교인들은 한 때, 이스라엘이 점령하고 있었던 소위 약속의 땅의 나머지 부분을 적그리스도의 군대가 공격하여 아마겟돈이라는 골짜기에서 최후의 전쟁이 발생하게 될 것인데, 그 때 참된 기독교인들은 하늘로 들려 올라가 하나님의 우편 자리에 앉아 남아 있는 사람들이 이후에 따르는 시련의 기간 동안 재앙―종기, 상처, 메뚜기와 개구리―의 비극에서 스러져 가는 것을 보게 될 것이라고 믿었다. 내 생각에는 사람들이 이러한 관점을 받아들인 까닭은 성경을 깊이 묵상한 결과라기보다 팀 라해이Tim LaHaye와 제리 젠킨스Jerry Jenkins가 지은 『뒤에 남겨진 자』Left Behind라는 소설 시리즈의 엄청난 성공 때문이었다고 생각한다.

그 시리즈의 대략적인 가정은 그리스도께서 재림하심과 더불어 이 세상이 파괴되고 말 것이라는 것이다. 만일 수백만의 신실한 기독교인들이 믿고 있듯이 이 세상이 불타 없어지고 최후의 날이 다가온다면, 기독교인들이 환경보존에 대해 관심을 가질 이유가 전혀 없다. 만일 우리가 이 세상은 구속될 필요가 없다고 믿는다면, 우리는 우리의 개인 구원의 문제를 제외한 환경이나 폭력과 같은 기타 모든 문제에 대해 관심을 가질 이유가 전혀 없다. 만일 지구가 구원받지 못한 사람들과 동일한 운명에 처해 있다면, 즉 결국 모두가 파괴되는 것이라면, 전쟁에 저항해야 할 동기가 뭐란 말인가? 평화를 위해 일해야 할 동기가 무엇이란 말인가? 또는 환경을 돌아보아야 할 이유가 무엇이란 말인가? 이 모든 것들이 결국에는 없어져 버리고 말 것들이라면 말이다.

이것은 레이건 행정부시절 내무부 장관을 지냈던 제임스 와트James Watt의 견해이기도 했다. 그는 "하나님께서는 우리에게 이러한 것들을 허락하셔서 사용하게 하셨습니다. 마지막 한 그루의 나무가 쓰러질 때, 그리스도께서는 재림하실 것입니다"라는 내용을 믿는 사람으로 묘사되었다. 물론 와트는 그런 말을 한 적이 없다. 그리고 그가 수립한 통탄할 만한 정책의 배경이 되는 동기는 공적 정부가 아닌 사기업의 입맛에 맞게 자원을 통제하도록 하는 경제적 시각과 더 많은 관련이 있다. 그럼에도 불구하고 환경론자들은 와트를 오랜 동안 반환경적인 보수적 복음주의 기독교인의 대표적인 예로 간주했다. 그는 종종 예수님의 재림에 대한 자신의 관점을 공적으로 표현했다. 그리고 미국 내 환경자원에 대한 그의 잘못된 관리에 대한 기록은 그리스도의 재림이 지구상에 있는 모든 천연 자원의 고갈을 촉진할 수 있다는 그의 가정과 자연스럽게(설사 잘못된 것이었다 하더라도) 연결되었다.

물론 그런 신학적 견해를 지닌 사람들이 환경에 대해 염려할 것이라는 기대를 할 수 없다는 것은 자연스러운 일이다. 환경의 붕괴가 초래하는 가뭄과 홍수, 기아, 그리고 악역惡疫이 성경이 예언한 묵시의 징조라면, 지구에 대해 걱정할 이유가 뭐란 말인가? 만일 당신과 당신에게 속한 모든 것이 휴거 때 구원받을 것이라면 지구의 기후가 어떻게 되든 상관할 것이 뭐란 말인가? 대체 에너지 연료로 전환하는 일에 관심을 가져야 이유가 무엇이며, 늘 폭발 일보 직전에 있는 중동의 원유에 대한 의존을 줄여야 할 이유가 무엇이겠는가? 인터넷 환경잡지인 「그리스트」Grist의 그렌 쉘러Glenn Scherer는 타임지와 CNN의 공동 조사결과에 따르면, 성경이 9.11사태를 이미 예견했다고 생각하는 미국인들의 비율이 25퍼센트에 달한다고 했다.[8]

미국의 근본주의 기독교에는 소속 교인들에게 환경에 대한 경건한 관심을 발전시키도록 장려할 만한 여지가 없다. 그 결과 어떤 식이 되었든 기독교 환경운동은 그 규모가 매우 작을 수밖에 없고 대체적으로 하나의 세력으로 협력하지 못한다. 아나톨 리벤Anatol Leiven은 이에 관해 잘 관찰했다. "근본주의자들의 종교성은 미국 내 우파의 급진적 통합을 가속화하는 기초가 된 반면, 정치적 반대파를 하나님과 미국에 대한 배신자이자 적으로 악마화하는 경향의 기초가 되었다."[9]

이 적대적 세력에는 보수적인 기독교 지도자들에게 악당 혹은 그 이상의 호칭으로 혹평을 받고 있는 환경론자들이 포함된다. 이는 분명히 성도로서 하나님께서 손으로 조성하시고 친히 사랑하심으로 우리를 불러 돌볼 것을 명한 피조물인 지구를 돌봐야 하는 의무, 즉 환경을 보살필 선한 청지기로서 우리가 마땅히 수행해야 하는 의무를 완전히 포기하는 것과 다름없다. 재림에 대한 관점이 무엇이든 상관없이, 모든 기독교인들은 지구를 돌보아야 할 성경적 의무가 있다. 만일 우리가 교만으로 눈이 멀고 어리석을 정도로 사리사욕에만 매달렸던 크메르 제국이나 그린란드의 바이킹들이 걸었던 발자취를 그대로 답습한다면, 우리는 대량 오염과 천연자원의 부족 그리고 과도한 인구의 팽창으로 인한 우리 자신의 문명이 몰락하는 것을 볼 수밖에 없을 것이다. 그런데 다른 사회들에게 그러한 일이 발생했는데도, 우리에게는 그러한 붕괴가 발생하지 않을 것이라고 생각하게 만드는 요인은 무엇일까?

## 남용 현상에 대한 전 세계의 보고들

1980년대, 영국의 과학자 게리 스탠힐Gerry Stanhill은 20년 전 이스라엘에서 전국적 관계시설 공사계획을 세우면서 그가 수집했던 자료에 대한 추가 연구의 일환으로 이스라엘의 일조량에 대해 측정하기 시작했다. 비록 그는 공업적 목적에서 연구를 한 것이었지만, 자신이 작성한 자료가 이스라엘의 일조량에 어떤 중대한 변화가 있는지를 조사하는 데 사용될 수 있을 것이라고 생각했다. 그는 발견한 내용에 대단히 놀랐다. 왜냐하면 이스라엘의 일조량이 급격히 감소했기 때문이다. 그가 처음 단행했던 연구와 훗날 그가 단행한 연구사이 20여년 동안 일조량이 무려 22퍼센트나 감소했다. 이런 사실을 들어 본 사람은 이제껏 아무도 없었다. 모든 환경학자는 오존층에 난 구멍이 점차 커져감에 따라 지구의 온난화가 점증하고 있다고 확신했다. 그래서 국제적인 모든 노력을 지구 한난화가 아닌 지구 온난화에 집중하였다. 스탠힐은 너무도 놀랐다. 이와 같은 일조량의 엄청난 감소가 무엇을 말하는 것인가? 그는 이것이 전 지구적 현상인지를 확인하기 위해 그의 연구 범위를 전 세계로 확장해 자료를 수집하기 시작했다. 첫째, 그는 독일의 바바리안 알프스Bavarian Alps에서 유사한 연구를 비슷한 기간 동안 실행했는데, 그 연구 결과가 자신이 이스라엘에서 한 연구 결과와 유사하다는 것을 발견했다. 더 많은 연구를 수행할수록 일조량의 감소가 광범위하게 발생하고 있다는 사실만 발견할 뿐이었다. 1950년대부터 1990년대에 이르는 기간 동안, 남극대륙의 일조량은 9퍼센트 감소했고, 미국은 8퍼센트, 러시아는 엄청나게도 30퍼센트, 영국은 16퍼센트까지 떨어졌다. 스탠힐의 연구는 지구온난화 정도와 상관없이 치솟고 있었다. 스탠힐은 이 현상에 '지구감광현상'global dimming이라는 이름을 붙였다.

그러는 동안 스탠힐의 연구와는 완전히 독립적으로, 두 명의 오스트레일리아 과학자들이 접시내증발량the pan evaporation rate(이는 전 세계적으로 수백 명의 과학자들에 의해 꼼꼼히 측정되고 있는 접시 안에 담긴 물의 증발 속도를 말한다)이 전 세계적으로 감소하고 있다는 사실을 발견했다. 실험이 수행된 모든 나라에서 개방된 접시에 담아둔 물의 증발량이 실질적으로 떨어졌다. 태양빛이 물증발의 주요 인자이기 때문에, 두 명의 오스트레일리아 과학자들은 일조량이 떨어지고 있음이 틀림없다는 결론을 내렸다. 놀랍게도 이들 오스트레일리아 과학자들의 실험 결과는 일조량 감소에 대한 스탠힐의 연구와 정확히 일치하는 것이었다. 두 개의 독립된 연구가 동일한 실험결과를 보여주었다. 즉 지구에 대한 태양의 영향이 점차 약화되고 있다는 것이다.

과학자들은 태양 자체에는 아무런 문제가 없음을 알고 있었기 때문에, 문제의 원인은 지구의 대기에 있다는 것이 합리적인 설명이라고 보았다. 최근 일단의 국제적 연구 팀이 인도양에 있는 조용한 군도인 몰디브에 도착했다. 몰디브 군도는 대기 중에 있는 일조량을 조사하기에 가장 적합한 장소였다. 왜냐하면 몰디브 군도의 절반은 북쪽에 위치한 인도로부터 불어오는 어둡고 짙은 더러운 공기의 영향에 휩싸여 있는 반면, 남쪽의 절반은 남극으로부터 불어오는 깨끗하고 청명한 공기의 영향을 받기 때문이다. 양쪽 그룹에 속한 섬들의 일조량을 측정하고 비교해 봄으로써, 과학자들은 대기 오염이 지구감광현상에 영향을 미치는지 여부를 결정할 수 있었다. 그런데 그 결과는 깜짝 놀랄 만한 것이었다.

2천5백만 달러의 비용이 든 이 연구는 오염 층(검댕이, 이산화탄소, 황산염, 질산염이 3킬로미터 두께로 이루어진 층)이 청명한 몰디브 군도 남쪽과 비교해서 10퍼센트 가량의 일조량을 떨어뜨린다는 사실을 보여주었다. 단순히 태양빛을 차단하는 것보다 더 나쁜 것은 오염 입자들이 구름 군에 섞여들어 갔을 때, 태양빛을 대기로 반사하는 거대한 거울역할을 한다는 것이다. 전 세계에 걸쳐서 이러한 형상이 일어나는 것으로 본다. 화석연료를 태울 때 발생하는 오염물질은 대기 사이에 두껍고 걸쭉한 층을 형성하는데, 이 층이 태양광선을 우주로 반사시켜 보내는 역할을 한다. 더욱이 그러한 오염된 대기는 전 세계에 걸친 강수량에도 영향을 미친다. 지구감광현상은 바닷물을 차갑게 하고, 아프리카와 아시아의 북쪽 지방에 열대성 강우가 내리지 않게 만든다. 대기가 차갑다는 것은 몬순활동이 감소한다는 것을 의미하는데, 만일 몬순활동이 감소하면, 우리가 1984년 에티오피아의 기근에서 보았듯이 수백만 명에 달하는 생명들이 가뭄과 기근의 영향을 받을 수 있다는 것을 의미한다. 참으로 끔찍한 것은 우리가 이곳 서구사회에서 자동차를 몰고 공장을 작동하기 위해 태워대는 화석연료가 에티오피아와 같은 곳에서 죽어간 수백만 명의 생명과 직접적인 연관이 있다는 것이다.

2001년에 오염이 지구감광현상이 원인인지 여부를 측정하는 결정적인 실험이 있었다. 이는 평생 한 번 있을까 말까 하는 대단한 실험이었다. 데이비드 트라비스David Travis는 위스콘신 주 메디슨 출신의 과학자였다. 그는 미국 전역에 제트 비행기들에서 방출되는 비행기구름vapor trail이 환경에 미치는 영향에 대해 15년 동안 연구를 수행해 왔다. 그는 비행기구름이 환경에 미치는 파괴적인 영향에 대한 결정적 증거를 찾으려고 매일 미국을 가로질러 날아다니는 수천 대의 비행기들이 대기 중에 남겨 놓는 하얀 꼬리들이 대기온도에 미치는 영향을 측정했다. 연구가 수행되던 2001년 9월 11일 공중 납치된 비행기들이 뉴욕에 있는 월드 트레이드 센터와 워싱턴의 펜타곤에 충돌하는 사건이 발생했다. 그 결과 미국 전역의 항공기들이 이후 3일 동안 땅에 묶여 있었다. 이런 일은 이전에 거의 발생하지 않았던 일이다. 미국 전체 항공기들이 공항의 항공기 연착장에 묶여 있는 동안, 트라비스는 조용하게 있는 그대로의 하늘을 측정함으로 평상시 항공기들로 넘쳐나는 대기상태와 비교할 수 있는 특별한 기회를 가지게 되었다. 9.11사태라는 끔찍한 사건에 비하자면 지극히 적은 보상에 불과하겠지만, 트라비스는 모든 항공기가 땅에 묶여 있던 그 기간 동안 가치를 따질 수 없는, 하지만 매우 불편한 자료를 수집할 수 있었다.

온도 변화가 미국 전역의 도시에 걸쳐 발생하고 있지만, 온도 범위—하루 중 가장 높은 온도와 가장 낮은 온도 간의 차이—는 그다지 크게 변화하고 있지 않다. 그런데 트라비스가 발견한 것은 2001년 9월 11일부터 13일까지, 즉 비행기 구름이 발생하지 않은 3일 동안 온도 범위가 1도나 급격히 올라갔다는 것이다. 그런 현상은 지난 30여 년간 한 번도 발생하지 않았던 현상이다. 이는 오염이 태양을 가로막음으로써 실제로 지구의 온도를 낮추고 있다는 결정적인 증거로 생각되었다.

그러면 일조량이 감소하고 있는데도, 도대체 왜 대기 중 온도는 떨어지고 있지 않는가? 이는 지구온난화의 반대효과opposite effect 때문이다. 결국 우리는 지구온난화를 막기 위해 온실가스의 방출을 줄임으로써, 사실상 반대효과를 산출할 수 있는 매우 절망적인 상태에 빠져 있는 것이다. 즉, 지구 대기를 둘러싸고 있는 오염된 공기층이 없다면, 일조량은 급진적으로 올라갈 것이다. 다른 말로 하자면, 지구온난화현상이 우리가 생각하고 있는 것보다 훨씬 더 급등할 수도 있다는 것이다. 그러나 현재는 그 영향을 지구 표면을 둘러싸고 있는 오염된 공기층이 막고 있다. 1992년 리오 데 자네이로에서 열린 지구 정상회의에서, 지구온난화가 이번 세기 말까지 약 5도 가량 증가할 것이라는 예측결과가 나왔다. 여기에 지구감광현상에 대한 정보까지 더하면, 일부 과학자들은 그 보다 두 배나 높은 결과를 초래할 수도 있다고 제안한다. 만일 10도나 증가한다면, 지구의 여러 곳은 더 이상 생물이 살아갈 수 없는 지역으로 변모하고 말 것이다. 동남아시아와 아마존 저지대와 같은 열대우림지역이 말 그대로 스러져 없어지고 말 것이다. 이와 같은 지구의 '허파'역할을 하는 열대우림이 없어진다면, 지구의 생태계는 붕괴하고 말 것이다. 3에서 5도까지 증가한다면, 해수면의 증가로 키리바티Kiribati, 몰디브 군도Maldives, 마샬 군도Marshall Islands, 토켈로Tokelau, 그리고 투발루Tuvalu와 같이 산호초로 이루어진 나라들은 파괴되고 말 것이다. 우리는 1979년 이래 남극의 빙하가 20퍼센트 가량 녹아 없어진 것을 목도하고 있다. 1.7도 이상의 온도 증가는 멸종될 동물의 종수를 급격히 증가시킬 것이다. 이는 참으로 절망적인 보고들이다.

## 우리가 거주하는 지역 환경에 대한 보고

우리의 경계를 불러일으키는 이런 모든 정보에도 불구하고, 많은 사람들은 눈앞에 닥친 이런 긴급한 상황을 제대로 알아차리고 있지 못하다. 심지어 최근에 강제로 부과된 교토의정서kyoto protocol에도 불구하고, 많은 공업국은 국제 공동체가 정한 목표치를 여전히 초과하고 있다. 교토의정서는 여섯 가지 온실가스의 방출을 줄이는 것을 목표로 기획되었다. 화석연료를 태울 때 발생하는 이산화탄소는 기후변화 요소 중 가장 큰 원인이다. 그러나 농업과 쓰레기 매립으로 인해 발생하는 메탄가스와 차량에서 방출되는 아산화질소, 공장을 운영하는 것으로 인해 발생하는 플루오르화수소탄소, 과불화탄소, 그리고 육불화

유황도 이에 포함된다. 교토의정서의 목표는 2012년까지 온실가스의 방출량을 1990년 방출량보다 최소한 5퍼센트를 줄이는 데 있다. 그러나 비록 교토의정서의 목표를 달성한다 하더라도, 전체 방출량의 감소량은 과학자들이 위에서 언급한 절망적인 상황들을 방지하기 위해 필요하다고 말하는 것과 비교해 볼 때 미약한 정도에 불과하다.

교토의정서는 전 세계 온실가스의 방출 중 55퍼센트를 차지하는 선진국들이 비준안에 서명을 할 때만 그 효과를 보장받을 수 있다. 하지만 선진국들의 온실가스 배출량 중 36.1퍼센트를 차지하는 미국정부가 교토의정서에 대한 서명을 거부했기 때문에, 이 의정서가 진척될 것 같아 보이지는 않는다. 러시아는 의정서 작성 후 2년이 지난 2005년에 이르러서야 비로소 비준하였다. 미국이 의정서에 대한 서명을 거부하는 이유 중 하나는, 미국정부가 자국이 의정서에 서명하고 온실가스 방출을 줄이는데 따라 발생하게 되는 손실액을 중국이나 다른 개발도상국가들에서는 지불하지 않기 때문에 이들 국가들이 경쟁에서 미국에 우위를 점하게 될 것을 우려하기 때문이다. 의정서에 서명하기를 거부함으로써 미국은 온실가스 방출량의 감소에 대한 짐을 덜게 되었다. 그러나 미국이 서명했다손 치더라도 과연 미국이 7퍼센트의 감소 목표량을 달성할 수 있었을 지에 대해서는 의문이다. 1990년부터 2002년 기간 동안, 미국내 온실가스 방출량은 13.1퍼센트 증가했다. 그 숫자만큼이나 끔찍스러운 것은, 동 기간 동안 미국은 온실가스 방출량 증가율에 있어, 스페인(40.5퍼센트), 포르투갈(40.5퍼센트), 모나코(31.7퍼센트), 아일랜드(28.9퍼센트), 그리스(26퍼센트), 오스트레일리아(22.2퍼센트), 뉴질랜드(21.6퍼센트), 그리고 캐나다(20.1퍼센트)에 이어 겨우 9번째 나라에 불과했다는 사실이다.[9]

인간사회가 상당한 범위의 환경파괴를 초래한다는 것에 대해 경각심을 느끼는 것은 합리적이다. 미국에서 소비하고 있는 전기량의 절반 이상이 미국에서 가장 큰 공기 오염원인 석탄을 태워 발전發電하고 있다. 현재 미국 전체에 석탄을 동력으로 사용하는 600개 이상의 발전소가 있는 것으로 추정된다. 일 년 동안 그저 일반적인 규모의 석탄 발전소가 방출하는 이산화탄소량은 1억 6천 백만 그루의 나무를 잘라냄으로써 초래하는 이산화탄소량과 맞먹는다. 이들 발전소는 산성비를 유발하는 아황산가스를 매년 1만 톤가량 방출하고 있고, 천식과 기관지염 그리고 요절을 유발하는 부유 입자를 5백 톤가량 방출하며, 스모그를 형성시키고 호흡기 질환에 영향을 미치는 질소화합물을 천 톤가량 방출한다. 이와 같은 공해를 유발하는 화력발전소로 인한 공기오염은 매년 미국에서만 거의 3만 명의 요절을 유발하고 있다.[10]

유용한 여러 대안이 있는데도, 우리는 이 행성이 견뎌낼 수 없는 생활양식에 파묻혀 살고 있다. 미국 내에서 생산되는 전기 중에서 겨우 2퍼센트만이 바람이나 태양 에너지같이 깨끗하고, 보존이 가능하며, 재생할 수 있는 자원들을 이용해서 생산되고 있다. 그러나 미국에는 **현재** 필요한 전기량의 4.5배에 달하는 양을 충족할 수 있는 재생 가능한 자원들이 있다. 사실 2020년까지 미국이 재생 가능한 에너지의 사용률을 20퍼센트까지 증가시킨다면, 이는 7천7백만 대의 차량을 감소하거나, 콜로라도 주와 와이오밍 주를 합한 크기와 거의 맞먹는 1억 3천만 에이커에 달하는 지역에 나무를 심는 것과 동일한 효과를 발생시킬 수 있다.

전기 생산과 관련된 문제 외에 자동차에 대한 우리의 지나친 애착이 문제가 된다. 현재 지구는 자동차에 대한 우리의 의존에 대한 대가를 톡톡히 치르고 있다. 자동차들은 미국에서 방출되는 이산화탄소의 3분의 1을 배출하고 있는데, 이는 대기 중에 온실효과를 발생시키는 주요 원인이 된다. 차 한 대가 그 수명을 다할 때까지 스모그를 발생시키는 오염물질을 124파운드(약 56.3킬로그램)를 방출하고, 57파운드(약 26킬로그램)의 독성물질을 방출한다. 1970년대 석유파동과 걸프전쟁 그리고 최근에는 이라크전쟁이 새롭게 알려주는 것처럼, 페르시아 만 연안 국가들이 전 세계 석유매장량의 70퍼센트를 차지하고 있는

데 반해, 미국에는 고작 3퍼센트 미만이 매장되어 있을 뿐이다. 이 때문에 미국에서 차를 유지하는 데 비싼 비용을 치를 수밖에 없다. 매 분마다 미국은 석유를 수입하기 위해 20만 달러를 사용하고 있다. 이는 일반 운전자들에게 직접적인 영향을 줄 수밖에 없다. 왜냐하면 개인 차량에 사용되는 석유량이 미국 전체에서 소비되는 전체 소비량의 40퍼센트에 달하기 때문이다.

영국 석유회사들인 BP와 쉘은 지구오염의 주된 기여자들이다. 예를 들면, BP는 그린피스가 제시하는 50개의 추악한 기업 목록과 지구의 친구들the Friends of the Earth이 제시하는 비밀스러운 오염자들secret polluters 목록에 올라 있다. 1991년, BP 소유의 석유 운송선이 캘리포니아의 헌팅턴 비치 근처 약 20 스퀘어 마일에 걸쳐 30만 갤런(약 115만리터)의 석유를 유출했다. 그에 대한 대응으로 캘리포니아 주는 석유 운송선의 안전을 신장하기 위한 새로운 법안을 제출했고, 석유회사에서 5억 달러에 이르는 배상금을 받아내려 했다. BP 는 그 법안의 통과를 막기 위해 17만 천 달러를 사용했다. 우리가 앞에서 주목해 보았듯이, 쉘은 환경에 대한 통탄할 만한 보고서, 특히 해당 회사의 가스소화시설(gas flaring)의 사용에 대한 보고서로 인해 최근 광범위한 조사를 받고 있다. 쉘이 자사가 생산하는 총 석유 생산량의 10퍼센트를 생산하고 있는 니제르 삼각주 지역에서, 기술개발에 대한 쉘사의 거부로 인해, 2008년까지 가스를 태우는 행위를 중단하겠다는 약속에도 불구하고, 매일 7억 세제곱피트에 달하는 가스를 대기 중에서 태우고 있다. 현재 쉘은 텍사스, 루이지애나, 필리핀 그리고 공기오염과 식용수의 오염에 대한 책임이 있다고 생각되는 쿠라카오Curaćao의 캐리비언Caribbean 섬에서 환경오염에 대한 반대에 직면해 있다. 지구의 친구들 나이지리아 지부의 오론토 더글라스Oronto Douglas는 다음과 같이 말했다.

니제르 삼각주에서 쉘이 진행하고 있는 사업행위는 우리의 환경과 농장 그리고 어업장을 파괴했다. 유출된 기름은 깨끗하게 소거되지 않았고, 가스를 태워 발생하는 오염물질이 하늘을 뒤덮고 있다. 반면 나이지리아 사람들이 쉘의 사업행위로부터 얻는 이득은 없다. 오히려 우리가 대가를 지불하고 있다. 쉘은 니제르 삼각주를 깨끗하게 하기 위해 지역공동체와 협력해야 한다. 그리고 쉘이 이곳에서 사업활동을 함으로 얻어지는 이득을 지역공동체가 받을 수 있도록 해야 한다.[11]

다른 형태의 오염도 동일하게 관심의 대상이다. 최근의 한 연구서는 1999년 미국에서 생산된 알루미늄, 유리, 그리고 플라스틱으로 만든 음료수 캔이나 병의 양이 1,925억 개에 달하며, 그중에서 1,140억 개가 소비되었다고 보고하고 있다. 소비자들이 각각의 캔이나 병에 세금을 지불하기 때문에 재활용 사업이 잘 안 되고 있는 것은 아니다. 지난 수년 동안 시장에서 사용하는 음료수 용기의 수나 형태는 엄청나게 증가해 왔다. 따라서 비록 재활용 되는 양이 상대적으로 현 상태를 유지하고 있다고 해도, 실질적으로는 재활용률이 줄어들고 있는 것이다. 재활용이 천연자원을 보존하고, 오염과 에너지 사용을 줄이고, 일자리를 창출하고, 매장과 소각비용을 줄임으로써 세금 비율을 낮추고, 수십억 톤에 달하는 위험한 폐기물을 줄일 수 있다는 것은 이미 명백하고 확실하게 증명된 것이다. 생산자에게 재활용품을 수집하고 처리할 책임이 있음을 명시하는 주에서 음료수를 판매하는 생산자들은 그러한 요구를 하지 않는 주에서 판매하는 생산자들보다 재활용 활동을 훨씬 잘 한다.

재활용 사업자, 환경보호 그룹, 플라스틱 생산자, 그리고 코카콜라 회사를 포함한 다중의 이해관계자들이 제출한 최근 보고서는, 병과 캔들을 재활용해야 하는 책임을 세금을 내는 소비자에게서 생산자들에게로 전환하는 예치금제도 deposit system가 재활용 비율을 훨씬 높인다는 사실을 명시하고 있다. 1999년 미국에서 예치금 법을 갖춘 10개의 주들이 그러한 법안을 갖추지 않은 40개 주들이 재활용한 양을 합친 것보다 더 많은 양의 병과 캔을 재활용했다. 예치금 법안을 갖춘 주들이 71.6퍼센트의 재활용률을 달성한 반면, 그렇지 못한 주들은 27.9퍼센트만을 달성했을 뿐이다.

미국의 환경보전국the Environmental Protection Agency은 재활용법을 대기업에게 강제적으로 부과하는 연방시스템이 없다는 사실에 대해 개탄하고 있다. 반환금을 포함하는 재활용을 통해 2000년에만 거의 7천만 톤에 달하는 매립지와 소각을 줄였다. 재활용의 중요성에 대해 의문을 제기하는 하는 사람은 거의 없다. 그러나 사업주들이 생산품을 팔고 난 후 사후 처리의 '역할'을 하도록 해야 한다고 주장하는 사람들은 그리 많지 않아 보인다.

## 기독교 환경론?

유수자로서 우리는 서구세계가 펼치고 있는 무모한 정책들에 대해 위험한 비판을 제기할 준비가 되어 있어야 한다. 나는 많은 사람들이 소위 환경 테러리스트들이 저지르는 행위를 보며 환경운동 자체를 거부하고 있는 현상에 대해 잘 알고 있다. 이들 극단적 환경론자들은 수백 혹은 수천만 달러에 달하는 자산을 파괴함으로써 일반인들이 자신들의 메시지를 각인할 것이라고 믿는다. 하지만 그들의 그러한 행위는 오히려 반대 여파를 불러올 뿐이다. 그들은 사람들로부터 환경운동을 소원하게 만들었을 뿐 아니라, 자신들 스스로를 무책임하고 급진적이고 좌파적인 미친 사람들로 각인시켰다. 그러나 유수자들의 환경을 돌보는 일은 어떤 특정한 정치적 입장에 근거하지 않고, 자연이 단순히 도구적 가치만 있는 것이 아니라 그 자체로 본질적 가치를 갖는다는 사실을 보는 신학에서 유래한다. 우리가 살펴보았듯이 우주에 대한 하나님의 소유권을 인식함으로써 유수자들은 하나님의 소유인 자연을 존중하고, 가꾸고, 돌보도록 하는 동기를 부여받는다. 이런 인식이 자연에 대한 수탈이나 정복이 아니라 책임 있고 경건한 청지기 정신의 모델로 나가게 한다. 유수자들은 지구를 소유하신 분의 의도를 성취하고, 지구를 향한 그분의 거룩한 목적에 따라 그 삶을 기꺼이 살아가고자 한다.

우리에게 "뜻이 하늘에서 이루어진 것 같이 땅에서도 이루어지이다"(마 6:10)라고 기도하라고 가르치신 분이 예수님이시다. 우리가 어느 날 휴거가 되어 하늘로 올라갈 것이기 때문에 지구와 그 안에서 살아가는 피조물들에 대한 책임이 약간 혹은 거의 없다는 생각은 성경을 잘못 읽은 탓에서 기인한다. 그리스도의 재림을 어떻게 보는지와 상관없이, 하나님께서 가치 있게 여기시는 것을 우리도 가치 있게 여겨야 한다는 것은 당연한 것이다. 하나님께서는 이 행성과 그 안에서 살아가고 있는 모든 생물을 창조하시고 창조의 첫 순간에 보시기에 심히 좋았다고 말씀하심으로써, 이 행성과 그 안에서 살아가는 모든 생물을 가치 있게 여기셨다.

피조물을 돌보는 것에 대한 이와 같은 측면이, 이 세상에 존재하는 거의 모든 주요 종교에서 어떤 형태로든 발견되는 것은 참으로 흥미로운 일이다. 나는 하나님께서 거룩한 것을 열망하는 마음을 모든 이의 마음에 부어주신 것처럼 모든 사람들의 마음속에 피조물을 보살피는 것에 대한 마음을 주셨기 때문에 이런 흥미로운 현상이 발생한다고 믿는다. 유수자들은 자신들이 갖는 사명의 본질이 주요 교단에 속한 기독교와 그들이 살아가고 있는 세상에 대해 비판하는 것임을 인식하고 있다. 유수자들은 환경에 대해 책임을 지는 것이 어떤 것인지에 대한 모델이 되어야 한다. 그들은 기독교가 가장 인간 중심적인 종교가 되고 말았다는 사실에 대해 잘 알고 있다. 더불어 그들은 교회가 지니는 책임을 단순히 인간에게만 제한하지 않고 모든 피조물에 대해서도 동일한 의무가 있다는 사실을 되새기는 것이 바른 관점이라고 인식하고 있다. 물론 이것은 인간이 당하고 있는 고통과 불의에 대한 이슈들에 대해서는 무관심할 수 있다고 말하는 것이 아니다. 우리가 이미 주목해 보았듯이 대부분의 교회가 가난과 환경 사이의 관계를 제대로 인식하지 못하고는, 무턱대고 환경은 세속적 환경운동에 속한 것이라 생각한다.

더불어 성경적 근거를 대며 전 피조물이 선하다고 하는 주장은 이 세상에는 악한 것이 존재하지 않는다고 단언하는 것과 같다. 일부 기독교 환경론자들은 모든 피조물이 하나님께서 창세기 1장 31절에서 보시기에 좋았더라고 선언하셨던 것처럼 전혀 오염되지 않고 완전하다는 낭만적 생각에 빠져들곤 한다. 하지만 만일 그러하다면, 우리가 에이즈AIDS나 에볼라 바이러스 같은 것들을 박멸하는 것을 막아야만 하지 않겠는가? 모든 종들이 진정으로 동등하고 선한가? 극단적인 생명중심론자들biocentrists은 간혹 이런 주장을 한다. 그러나 오늘날 그러한 생각은 거의 성과를 거두지 못하고 있다. 마찬가지로 우리는 엄청난 파괴를 몰고 오는 쓰나미나 인간과 다른 피조물들을 파괴하는 지진을 보내신 하나님께 감사를 돌리고, 쓰나미나 지진이 창조의 일부이기 때문이기 때문에 선한 것이라고 선언해야 하는가? 상식적으로 우리는 창조의 현 상태가 절대적으로 선한 것은 아님을 알 수 있다. 또한 자연이 작용하고 있는 방식에 대해 생태학이 제공하는 통찰력들은 환경론자들 사이에서 광범위하게 퍼져 있는 일부 낭만적인 생각과 얼마나 다른지를 드러내준다. 기독교인이든 아니든, 극소수의 환경론자만이 자연의 거칠고 나쁜 측면에 대해 타당한 방식으로 다루었다.

창세기 3장 17절부터 19절에 기록되어 있는 것("땅은 너로 인하여 저주를 받고 …… ")처럼 창조는 인간 타락의 영향으로 고통을 받아왔다. 예수님께서는 이러한 모든 피조물을 구속하기 위해 오셨다. 말씀이 육신으로 오셨고 오직 자신을 통해 구원을 얻을 수 있도록 하시는 예수님께서는 성부 하나님 그리고 성령님과 더불어 지구를 창조하시는 일에 참여하셨다(요1:3). 그리고 예수님께서는 지구를 온전히 회복하시는 일에도 참여하실 것이다. 단지 이 일이 어떤 방식으로 이루어질 지에 대해서는 나도 확실히 모르겠다. 그러나 인간들은 그분께서 다시 오실 때까지 모든 인간과 다른 생물들을 위해 창조세계를 유지할 중요한 책무를 지고 있다는 것은 명백하다. 장래에 나타날 영광에 대해 말하면서, 바울은 다음과 같이 지적했다.

> 피조물이 허무한 데 굴복하는 것은 자기 뜻이 아니요 오직 굴복하게 하시는 이로 말미암음이라 그 바라는 것은 피조물도 썩어짐의 종 노릇 한 데서 해방되어 하나님의 자녀들의 영광의 자유에 이르는 것이니라 피조물이 다 이제까지 함께 탄식하며 함께 고통을 겪고 있는 것을 우리가 아느니라(롬 8:20-22)

따라서 기독교 환경론에는 피조물이 자신의 소유자이신 하나님께서 부여하신 가치에 비추어 본질적 가치가 있다는 것을 포함한다. 그러나 기독교 환경론은 또한 이 세상이 타락한 상태에 있다는 것을 인식하고, '하나님의 자녀들이 영광의 자유에 이르게 될 때' 그리스도 안에서 타락한 세상에 대한 최종적 구속을 고대한다. 그리스도 안에서 이 자유를 맛본 우리는 우리가 살아가고 있는 이 행성에 대한 책임을 수행함으로써, 지구와 더불어 이 자유를 함께 나누는 것이 가능하다. 내가 앞에서 언급했듯이, 이는 인간들이 겪는 고통과 불의에 대한 우리의 관심과 균형을 이루어야 한다.

하나님께서 창조하시고 보시기에 좋았더라고 부르신 피조세계를 돌보기 위해 우리가 함께 내딛을 수 있는 방법은 무엇이 있겠는가? 만일 우리가 뭔가 변화를 일으키길 원하고 어떤 방식으로든 후기 기독교사회에 영향을 행사하기를 원한다면, 서구에서 에너지를 사용하는 우리의 방식이 비정상적인 수준에 달했다는 사실을 우선적으로 인식해야 한다. 우리가 집에서 에너지를 사용하는 방식, 그리고 무엇보다도 우리가 차를 사용하는 방식이 재검토되어야 한다.

## 1. 집에서

- 플라스틱, 유리, 그리고 폐지를 재활용하자.
- 일반전구를 절전형 형광등 전구로 교체하자. 이렇게 하면 에너지 사용을 낮추고 돈을 절약할 수 있을 것이다. 예전부터 사용해 온 백열전구는 에너지의 90퍼센트를 낭비한다.
- 냉장고, 냉동고, 에어컨, 세탁기와 건조기, 또는 물 끓이는 기계와 같은 큰 가전제품을 교체할 때가 되면, 에너지스타Energy Star(미국의 대표적인 에너지 효율성 마크) 라벨이 붙어 있는 제품을 찾아보도록 하자. 아마도 처음 구입가격은 조금 높을지 몰라도, 절약되는 에너지로 인해 향후 2년에서 3년 이내 더 많은 금전적 이득을 보게 될 것이다.
- 다이얼로 맞추는 온수용 온도조절기를 시계를 부착해 프로그램이 가능한 제품으로 교체하자. 더운 물을 저장하는 히터가 절연체로 덮여 있는지 여부를 살펴보자. 만일 절연체로 덮여 있지 않는 경우 절연체를 덮도록 하자. 일 년 내에 투자한 금액을 회수할 수 있을 것이다.
- 가정 에너지 절약을 위한 공청회에 참여하도록 하자. 많은 제품이 무료로 제공될 것이다. 그리고 전문가의 조언이 에너지 절약에 큰 도움을 줄 수 있을 것이다.
- 가정용 혹은 사업용 에너지원으로 바람과 태양과 같은 재생이 가능한 에너지를 선택하자. 많은 주에서 장거리 전화회사를 선택할 수 있듯이, 소비자가 전기공급사를 선택할 수 있다. 다른 주에서는 사용하는 에너지의 일부 혹은 전부를 그린 에너지로 선택할 수 있는 선택권을 소비자에게 부여한다. 그린 에너지 사용에 대한 자세한 정보는, http://www.green-e.org/you_e_choices.html.을 방문해 보자.

## 2. 차 안에서

- 엔진 동조상태와 타이어의 압력을 체크하자.
- 불필요하게 엔진을 일 분 이상 구동하지 않게 하자.
- 만일 차를 두 대를 소유하고 있다면, 차량 탑승인원이 많을 때만 석유소비량이 높은 차를 타자.
- 다음 번 차를 구입할 때, 동종 차량들 중 석유 소비 대비 가장 많은 거리를 운행하는 차를 선택하도록 하자. 더 나은 방법은 환경 친화적으로 고안된 새로운 하이브리드 모델들 중 하나를 구입하는 것이다. 일반적으로 하이브리드 모델들은 일반 차량과 가격이 비슷하고 동일한 힘과 안정성을 갖추고 있지만, 석유 주입 시 돈을 절약할 수 있고, 지구온난화를 야기하는 공해 물질의 배출을 3분의 1에서 2분의 1가량 줄일 수 있다. 운전자들이 석유에 대한 의존도를 낮출 수 있는 환경 친화적 차량을 원한다는 것을 차량 제조회사에 알리도록 하자.

## 3. 사무실에서

- 플라스틱의 사용을 피하자.
- 세라믹 도기와 금속으로 만든 식기 그리고 진짜 식물을 사용하자.
- 토너 카트리지, 잡지, 그리고 신문 등을 포함하여 당신이 할 수 있는 모든 것들을 재활용하도록 하자. 만일 당신의 사무실에 재활용 수집시설이 되어 있지 않다면, 재활용품을 집으로 가져가서 스스로 하도록 하자.
- 만일 당신이 사업주라면, 움직임을 감지하는 전등, 물 흐름을 조절하는 수도꼭지, 그리고 이중 창문과 같은 에너지 절약 도구들을 설치하자. 그리고 가능한 재생가능한 에너지원을 통해 생산되는 전기를 많이 사용하자.
- 만일 당신이 사업주라면, 사무실에 출근하기 위해 카풀을 하거나 대중

교통 시설을 이용하는 사원에게 보너스를 지급하자.

사람들은 많은 이유 때문에 환경론자가 된다. 그 동기가 휴머니즘에서 기인했을 수도 있다. 그들은 환경악화로 인한 부정적 영향이 인류에게 미칠 것에 대해 관심을 기울이고 있다. 다른 이들은 경제 동기로 환경론자가 되었을 수 있다. 그들은 건강한 환경의 필요를 목도하고 있다. 건강한 환경이 조성됨으로써 지구가 보전될 수 있고, 또 그럼으로써 지속적으로 부를 산출할 수 있다. 또 다른 사람들은 미학적인 것이 동기가 되어 환경론자가 되었을 수도 있다. 자연 세계의 아름다움이 그들에게 영감을 주어 사람의 손길이 닿지 않은 환경을 보전하기 위해 숲, 미개척지, 습지, 그리고 동물들에 대한 보호를 증진하도록 한다. 어떤 이들은 위에서 논한 세 가지 점들 모두가 동기가 돼서 환경론자가 되었을 수 있다. 이들 세 가지 동기들 중에서 잘못된 것은 없다. 그러나 나는 예수님을 따르는 유수자들은 그들이 품고 있는 기독교신앙이 동기가 되어 환경론자가 되어야 한다고 생각한다. 그들은 지구를 돌보라는 성경적 가르침을 심각하게 받아들일 것이다. 그들은 책임 있는 삶―앞으로 도래할 세대를 위해 자원들을 보전하는―을 살아가기 위해 지구와 그 지구가 품고 있는 놀라운 자원들을 활용할 것이다. 그들은 지구를 창조하신 창조주의 영광을 위해 지구를 더 좋게 할 방법을 모색할 것이다.

나는 저명한 생태학자인 베리 커머너Berry Commoner가 그의 책 『더 크로징 서클』the Closing Circle에서 말한 것을 좋아한다. 그는 네 가지 간단한 진술을 통해 생태학의 기본 법칙에 대해 설명했다.

1. 모든 것은 그 나머지 모든 것과 연관을 맺고 있다. 이것이 생태학의 기본이해다. 모든 살아 숨 쉬는 생명체들은 자연이라는 거대한 체계 속에서 특정한 역할을 하고 있다. 사람들이 환경의 어떤 부분에 손상을 입히

게 되면, 곧 다른 부분이 어긋나게 될 것이다.

2. 모든 것은 어떤 곳으로 가야만 한다. 과학자들은 "사물은 창조될 수도 없고 파괴될 수도 없다"라는 말로 이 법칙을 진술한다. 사물은 그 외향이 변할 수는 있다. 그러나 핵에너지만을 예외로 하고, 그 질량은 변하지 않고 그대로 유지된다. 사람들이 이 법칙을 이해하거나 수용하지 못하고 있다는 한 가지 증거는 인구와 소비주의가 성장하는 만큼 그에 따른 충분한 쓰레기매립지를 찾지 못하는 우리의 무능력이다.

3. 자연이 가장 잘 안다. 만일 인간이 지구상에서 지속적으로 살아 있기를 원한다면, 자연 자체를 보아야 하고, 그 자연 속에서 발견되는 생태학적 원리를 모방해야 한다. 피조된 질서 안에는 사람들 또한 조화롭게 살아가도록 인도하는 조화가 존재한다. 신앙을 소유한 우리는 이러한 생태학적 원리들이 하나님께서 창조하실 때 세워진 것들이라는 것을 인식할 수 있다.

4. 무료 점심 같은 것은 없다. 사는 것 자체가 생명체의 바깥에서 발생한 에너지를 사용한다. 그 에너지는 태양으로부터 와서 식물로 공급되며, 그 결과 모든 생명체가 사용할 수 있는 음식을 생성해 낸다. 일부 에너지가 음식을 만들고 사용하는 과정의 각 단계에서 소실된다. 그 누구도 자연체계로부터 그것이 원래 갖고 있는 만큼의 에너지를 모두 취할 수는 없다. 과학자들은 이 원리를 '열역학 제 2의 법칙'으로 알고 있다.[12]

이들 법칙은 창조주 되시는 하나님께서 우리가 살고 있는 이 세상을 창조하실 때 세워놓으신 법칙이다. 유수자는 하나님께서 그런 세상을 창조하셨고 인간을 피조물의 대표자로서, 혹은 청지기로서 세상에 있게 하셨다는 것을 인식할 것이다. 우리는 지구를 남용하여 지구가 황폐화되는 것에서 지구를 보호하는 데 실패했다. 그리고 그 결과, 우리는 전 세계적 참사를 일으키는 위험한 짓을 하고 있다. 나는 그리스도에 대한 신앙을 함께 나누지 않는 사람들이 지구를 구하기 위한 전방에 서 있는 경우가 훨씬 많다는 것을 잘 알고 있다. 그들은 우리의 지원이 필요하다. 그러나 종교적 신앙의 기초가 없이 환경위기에 대한 그들의 이해만으로는 불완전하다. 그들은 쉽사리 환멸을 느끼고 일정한 시간이 흐르게 되면 실망하게 된다.

참된 기독교 환경론자는 창조세계를 돌보고 존중하는 것이 하나님의 백성을 향하신 하나님의 거룩한 계획의 일부라는 사실을 인식할 것이다. 너무도 많은 기독교인들이 그들의 신앙을 지나치게 영적인 것으로 만들어 버린 결과, 생태계에 대한 문제를 주변적인 것으로 치부해 버리거나 무시해 버리고 말았다. 어떤 사람들은 휴머니즘이나 미학적 관심 때문에 환경론자들이 되었고, 또 어떤 사람들은 경제적 풍요, 대중적 주목, 또는 정치적 이득 때문에 환경론자들이 되었다. 그러나 유수자들이 그들이 기독교인들이기 때문에 환경론자들이 되어야 한다.

# 억압받는 자들을 위로하기

비판: 당신은 하나님의 자녀들을 보호하지 않았다

> 전제군주가 죽으면 그의 통치도 끝나지만,
> 순교자가 죽으면 그의 통치는 그 때부터 시작된다.
>
> _쇠렌 키에르케고르 Søren Kierkegaard

---

유수자는 일어나 그들이 살아가고 있는 사회를 향해 위험한 형식의 비판을 실행할 준비를 해야 한다. 그 비판은 사회를 향해 그 사회가 충분히 관대하지 못했으며, 정의를 실천하지 못했고, 환경에 대한 청지기로서 직무를 충분히 감당하지 못했다고 말하는 것이다. 유수자들은 또한 그들이 살아가고 있는 사회가 예수 그리스도께서 모든 이들의 주되심에 대해 제대로 인식하고 있지 못하다는 것과 그분을 섬기는 사람들의 권리를 제대로 보호하지 못하고 있다는 점에 대해서도 비판할 준비를 해야 한다. 전 세계의 많은 곳에서 그리스도 안에서 형제와 자매된 사람들이 단지 그리스도께 대한 신앙을 가지고 있다는 것만으로 말할 수 없는 고통을 겪고 있다. 끊임없이 가해지는 박해와 폭력의 물결을 피할 수 있는 방어능력이 없는 사람들의 권리를 보호하길 거부하는 선진국 정부에 대해 비판을 해야 하는 것처럼, 우리는 인권에 대한 그런 억압에 대해서도 엄중한 비판을 가해야 한다.

바벨론 유수기 동안 야훼의 백성들은 그들을 포로로 삼은 바벨론 제국에 의해 가장 무자비하고 굴욕적인 억압을 받았다. 아마도 가장 유명한 경우는 느부갓네살 왕 때 반포된 칙령에 따라 특별히 지정된 날, 모든 백성—바벨론인, 유대인, 그리고 바벨론 제국의 지배를 받는 모든 민족—은 두라Dura 평원에 세워진 금으로 만든 약 3미터 높이의 거대한 우상 앞에 절을 해야 했던 것이다. 모든 시민과 노예는 황궁 악단의 연주 소리가 들릴 때마다 그들의 몸을 땅에 엎드려 이상스럽게 생긴 형상에 경배해야 했다. 이를 거부하는 사람은 죽음의 고통에 처해졌다(단3:1-7). 이는 전체주의적 정권들이 즐겨하는 것으로, 사람들은 지배자들의 모든 희망과 변덕에 맞춰 그들 스스로를 낮추도록 요구받는다. 아마도 주일학교에서부터 우상에 얽힌 이 이야기에 대해 너무나 자주 들어왔기 때문에, 그 이야기가 갖는 힘 가운데 우리를 깜짝 놀라게 하거나 우리에게 충격을 주는 요소는 없을지도 모른다. 그러나 느부갓네살 왕의 칙령은 나치주의자들이 유대인에게 노란별 표시가 붙어 있는 옷을 입으라고 요구하는 것, 또는 스탈린주의자들이 정권에 찬성하지 않는 지성인과 예술가에게 국가의 이념을 지지하도록 하는 법령을 발효한 것과 다르지 않다. 나치주의자들과 스탈린주의자들이 강제 수용소 캠프나 정치범 수용소와 같은 협박으로 그들의 비열한 요구를 강제한 것처럼, 바벨론 정권 또한 황제가 만든 풀무불에 태워 죽이는 형벌을 가지고 위협했다. 정권이 풀무불을 세울 때마다, 그 사회는 당신이 속하고 싶은 사회가 아님을 확인시켜 줄 것이다.

느부갓네살 왕의 풀무불은 히틀러의 아우슈비츠, 스탈린의 시베리아 정치 수용소, 폴 포트의 투올 슬렝Tuol Sleng 죽음의 수용소, 마오주의자들의 '재교육 수용소', 피노체트의 조사실, 미얀마 군사 정부의 고문과 억류 정책, 수단의 군벌들, 르완다의 후투족 살인자들, 그리고 남아프리카 공화국의 아파르트헤이트 등과 다르지 않다. 풀무불은 어떤 질문과 예외 없이 절대적 충성을 요구하는 통제와 세속적 권력의 상징이다. 이것이 다니엘서 3장에 등장하는 우상 숭배하기를 거절한 사드락과 메삭과 아벳느고에 관한 이야기가 오늘날 그와 같은 강력한 인상을 주는 이유다. 이 이야기는 겉보기에는 절대로 극복할 수 없을 것 같아 보이는 악을 상대로 정치적 그리고 종교적 반대를 제기하는 것에 관한 이야기이다. 이들 반역자들이 "느부갓네살이여 우리가 이 일에 대하여 왕에게 대답할 필요가 없나이다"(단3:16)라고 선언했을 때, 그들은 자신의 눈으로 악마를 목도하여 보고 그 악마가 고안한 전술에 두려워 떨기를 거부한 것이다. 물론 그들은 풀무불에서 구원을 얻었다. 그것으로 그들의 용기와 신앙이 정당했음을 입증했다. 그러나 오늘날 예수님을 따르는 많은 사람들은 고문과 굴욕, 투옥과 억압에 직면한 채 불의들에 대항하고 있지만, 정작 구원을 얻지 못하고 있다. 그들의 고통은 결코 끝나지 않을 것이다. 그런데도 전 세계에서 불의에 저항하는 수많은 기독교인들이 옛날 그 세 사람이 말했던 것처럼, "그렇게 하지 아니하실지라도 왕이여 우리가 왕의 신들을 섬기지도 아니하고 왕이 세우신 금 신상에게 절하지도 아니할 줄을 아옵소서"(단3:18)라고 말하고 있다.

## 하나님께서 우리를 구원하시지 않는다 하더라도

오늘날 전 세계의 많이 기독교인들이 이와 같은 끔찍한 선택에 직면해 있다. 즉, 비록 하나님께서 자신을 구원해 주시지 않는다 하더라도, 그리스도를 부인할 것을 거절해야 하는 상황에 처해 있다. 그런 형편에 처해 있는 기독교인 중 한 명이 헤이디 하킴 만케리오스 사리브Heidi Hakim Mankerious Salib이다. 그녀는 이집트의 카이로에 있는 로드 엘 파락Road El Farag 여자중등학교의 최고학년에 재학하면서, 이후 해외로 유학을 가 그녀의 젊은 인생의 새로운 장을 펼칠 것을 소망하고 있었다. 그러나 그녀의 이런 소망들은 하나도 이루어지지 않았다. 2004년, 그녀와 그녀의 부모님은 그들 집 건너편 건물의 발코니에서 헤이디를 지켜보는 한 남자를 목격했다. 이런 일이 발생하자 헤이디와 그녀의 부모님들은 그 남자에 대해 의심을 품었다. 그러던 어느 날 갑자기 무스타파 아흐메드 모하메드Mustafa Ahmed Mohamed라는 이름의 그 남자가 헤이디에게 접근하였고, 나중에 그녀의 은행통장과 값 비싼 물건들을 가지고 자신을 만나지 않으면 폭력을 행사하겠다고 위협을 가했다. 깜짝 놀란 헤이디는 그의 요구에 응했다. 그 다음에 발생한 일은 도저히 생각조차 할 수 없는 일이었다. 지역 무슬림 극단주의 그룹에 속한 다른 구성원들과 함께, 무스타파는 마약을 한 상태로 24시간 동안 헤이디를 강간하고 고문을 가했다. 그녀는 강제로 무슬림들이 입는 베일을 입으라고 요구받았다. 그리고 그들은 가위를 사용해 그녀의 허리에 문신한 기독교 십자가를 지워버렸다.

그들이 가진 신앙 때문에 살리브 가족은 엄청난 공포의 순환 속으로 빠져들었다. 그들은 무스타파를 경찰에 신고했다. 그러나 경찰이 접근했을 때, 납치범은 그녀가 자신과 함께하기 위해 자진해서 그녀의 기독교 가정을 떠났다고 항의했다. 그리고 그녀의 귀중품들을 '증거물'로 경찰에 제시했다. 그는 경찰에게 헤이디가 자유로이 갈 수 있었지만, 그녀가 그와 함께 있기를 원했고 기꺼이 무슬림으로 개종하기를 원했다고 말하면서 헤이디의 소재를 말하지 않았다. 결국 그에게 어떤 혐의도 부과되지 않았다.

이와 같은 불의에 대해 아무 것도 할 수 없었던 살리브 가족은 다음날 경찰서에 소환되었다. 그곳에서 분명히 약에 취해 있던 헤이디는 체포된 상태에서 공식적으로 이슬람으로 개종했다는 문서에 서명했다. 헤이디의 아버지와 사제는 매우 강경하게 항의했고, 그 결과 지역경찰은 그 문제를 치안판사에게 이관했다. 비록 이집트 법이 18세 이하의 여성은 아버지의 동의 없이 남성과 결혼하는 것을 금지하고 있지만, 치안판사는 약에 취한 헤이디가 멍한 상태에서 현재 무스타파를 자신의 남편이라고 고백한 것을 믿어 버렸다. 나중에 극단주의자들이 지역 경찰을 설득하여 헤이디를 그녀의 부모에게서 떨어뜨려 놓고자 하는 그들의 일에 협력하도록 한 사실이 드러났다. 살리브 가족은 믿을 수 없을 정도로 더 악화되어 가는 억압과 차별의 소용돌이 속으로 빠져들어 갔던 것이다.

결국 자신의 손으로 문제를 해결하기로 결심한 살리브씨는 자신의 딸을 '납치'하여 수도원으로 피신했고, 나중에 알렉산드리아로 도망했다. 거기서 헤이디는 마약으로 인한 증상과 그녀가 견뎌야 했던 상처에 대해 치료를 받을 수 있었다. 하지만 두 달 후 알렉산드리아에서 헤이디가 실종됐다. 가족들은 헤이디가 동일범들에게 다시 납치되었다고 믿고 있다. 오늘날까지 헤이디의 가족은 대통령 및 '이집트 국회 인권위원회'the Egyptian National Council for Human Rights를 포함한 이집트 정부 관료들과 끊임없이 접촉하고 있다. 그러나 거의 아무런 답변도 받지 못하고 있는 실정이다. 경찰은 계속해서 그녀를 '가출자'로 설명하고 있다.

이것이 예수 그리스도에 대한 신앙 때문에 살리브 가족이 치러야 했던 대가다. 우리가 주일학교에서 사드락과 메삭과 아벳느고에 대한 이야기를 처음 들었을 때, 우리는 하나님께서는 그분의 백성이 우상숭배를 강요하는 불의한 정권에 대항해 일어설 때 그들을 구원해 주신다는 사실에 대해 가볍게 동의한다. 걱정 없는 이웃들에게 둘러싸인 교회 안에서, 그런 사건들에 대해 믿는 것은 쉬운 일이다. 그러나 예수님께서 하나님의 아들이라는 것을 인정하지 않는 세계―이집트, 에리트레아, 중국, 베트남 등― 속에서 살아가는 유수자들은, 국가가 세워놓은 우상에 대한 숭배를 거부함으로써 국가를 비판하는 일이 얼마나 위험한 일인지를 잘 안다. 2004년 '세계복음주의연맹'the World Evangelical Alliance에서 작성한 제네바 보고서에 따르면, '인권에 대한 보편적 선언'the Universal Declaration of Human Rights[1]이 규정한 인권을 충분히 누리지 못하고 있는 기독교인들이 2억 명 이상이나 된다. 이런 권리들은 단지 기독교인으로 살기로 한 그들의 선택 때문에 부정되고 있다. 이들 2억 명에 이르는 유수자들이 그들의 침묵과 고통으로 증거하는 것은, 사회 다수와 함께하는 것에 대해 거부할 때 이 세상은 그들을 향해 극단적으로 적대적이 될 수 있다는 사실이다. 살리브 가족의 경우는 국가에 맞서 신앙을 지키고자 하는 사람들에게 가해지는 끔찍한 고통의 한 예에 불과하다.

바벨론에 있던 유수자들은 "설사 하나님께서 우리를 구해주시지 않는다 하더라도, 왕이여 우리가 왕의 신들을 섬기지도 아니하고 왕의 세우신 금 신상에게 절하지도 아니할 줄을 아옵소서"라고 말한다. 그리고 그렇게 함으로써 그들은 사드락과 메삭과 아벳느고가 느부갓네살 왕의 풀무불에서 구원을 얻은 것과 같은 극적인 방식으로 고통에서 구원받지 못하고 있는 수백만의 핍박받는 기독교인들을 위해 대변해 주고 있다. 오늘날 기독교인들이 다음과 같은 방식으로 고초를 당하고 있다는 명백한 문서로 기록된 증거들이 있다.

- 재판 없는 투옥
- 고문
- 집에 대한 피습
- 성경과 기독교 서적의 압수
- 경찰이 가하는 육체적 학대
- 그들이 속한 공동체의 비기독교인들 구성원의 손에 당하는 육체적 학대
- 죽음에 대한 협박
- 취업에 대한 차별
- 법적인 차별
- 협박을 가해 교회의 문을 닫게 하는 것
- 다른 종교로 강제로 개종하기
- 교회에 대한 방화와 파괴
- 재판 없이 사형에 처하거나 '실종'
- 유괴와 다른 종교에 속한 사람과 강제로 결혼하게 함

- 기독교인들에 대한 조직적 강간
- 노예화[2]

물론 특정한 종교적 배경을 가진 사람에 대한 차별과 핍박은 어떤 경우에서든 용납이 불가능하다. 우리가 앞에서 주목해 보았듯이, 모든 민족을 위해 더욱 정의롭고 더욱 공평한 지구촌 공동체를 이루기 위해 일할 준비가 되어 있어야 한다. 그러나 많은 비서구 국가 내에서 단지 기독교인이라는 이유만으로 말할 수 없는 불안을 경험하고 있는 작금의 세상에서, 그들을 보호하기 위해 일어서는 것은 성경의 기준에 따라 살고자 하는 기독교인들이 마땅히 감당해야 할 사역 가운데 하나이다. 성경적 기독교인들은 그들이 당하고 있는 고통을 경감하기 위해, 그리고 예수 그리스도의 사랑이 갖는 능력을 보여주기 위해 노력해야 한다. 우리가 제기해야 하는 위험한 비판의 일부는 그런 잔혹한 정권의 불법성을 선포하는 것이 되어야 한다. 권력이 집중되는 곳에서는 어디서나 신뢰성과 합법성을 부여해 주고 충성심과 신뢰를 불어 일으킬 '신들'이 등장한다. 그러나 그 신들은 영적인 능력이 없고 따라서 그들을 따르는 자들을 구원할 수도 없는, 사실상 허풍에 불과한 금신상들과 황제의 악단에 대해 누군가 비판할 준비를 갖추고 있어야 한다. 그러나 기억하라. 그런 비판을 가하는 일은 위험한 일이다. 왜냐하면 이런 제국들은 아무도 저지하지 못하는 정치권력을 소유하고 있으며, 그들의 권위에 대해 의문을 제기하는 사람들에게 얼마든지 권력을 휘두를 준비가 되어 있기 때문이다. 이런 이유로 나는 서구 세계에 있는 유수자들이 개발도상국가에 있는 유수자들, 예컨대 수단의 다마르 가랑Damare Garang과 같은 유수자와 함께 설 준비가 되어 있어야 한다고 믿는다.

다마르는 일곱 살 때 그가 살고 있던 마을이 이슬람 군인들에게 공격을 받음으로 사로잡힌 수단의 기독교인 소년이다. 그는 한 무슬림 가정에 노예로 팔렸다. 그곳에서 낙타에 대해서는 아는 것이 아무 것도 없었는데도, 낙타를 돌보는 일을 배정받았다. 그의 주인은 심하게 매질을 하면서 그에게 빠른 시일 내에 낙타에 대해 배울 것을 강요했다. 다마르가 돌보던 낙타들 중 한 마리가 없어졌을 때, 주인은 이런 실수를 저질렀다는 이유로 다마르를 죽이겠다고 협박했다. 다행히도 그날 주인은 자신의 감정을 잘 억제했고 다마르는 그 위기에서 벗어날 수 있었다. 그러나 다음 날, 다마르가 낙타를 잃은 것에 대해 여전히 화가 나 있던 주인은 다마르가 마을에 있던 교회에 출석하기 위해 몰래 빠져 나가는 것을 발견했다. 그의 분노는 더 이상 억제되지 않았다. 결국 그는 그 작은 소년에게 평생 잊지 못한 교훈을 주겠다고 결정했다.

그 다음 발생한 일은 상상하기조차 두려운 것이었다. 낙타 주인은 몇 개의 녹슨 대못과 망치를 손에 쥔 다음 소년에게 나무판자에 눕도록 했다. 그는 그 나무판자에 어린 소년의 두 무릎과 발에 못을 박아 넣었다. 말 그대로 소년을 나무판자에 못 박았던 것이다. 그리고 그는 절망 속에서 고통으로 울부짖는 다마르를 그대로 놓아두었다.

다마르는 근처를 지나던 사람에게 구출되어 지역병원으로 실려 갔다. 그곳에서 못과 판자를 제거했다. 나중에 다마르는 기적적으로 그를 불쌍히 여긴 한 지역 군대 사령관에게 입양되었다. 현재 다마르는 열다섯 살이지만 지금도 여전히 나무판자에 못 박혔던 경험의 여파로 고통을 겪고 있다. 그는 다리를 절고 있으며, 그의 나이 또래 다른 소년들처럼 뛰거나 축구를 할 수도 없다. 그런데도 다마르는 자신을 나무판자에 못 박은 그 사람을 용서했다고 말한다. 그는 예수님께서 우리의 죄를 위해 십자가에 못 박혀 죽으신 것을 안다. 그는 기독교 인권 감시 단체인 '순교자들의 목소리'the Voice of Martyrs를 통해, 미국에 있는 기독교인 소년들에게 수단에 있는 어린이들을 위해 기도해 달라고 요청했다.[3]

서구의 기독교인들은 놀라울 정도의 자유를 만끽하고 있다. 우리는 그런 축복을 누림에 대해 끊임없이 감사하는 마음을 가져야 한다. 그러나 동시에 우리는 그런 자유를 허용하지 않는 정권 아래에서 고통당하는 형제와 자매들을 위해 기도해야 하며, 더불어 실질적으로 지원할 준비가 되어 있어야 한다. 이 지구촌 곳곳에서 들려오는 이야기들은 세계의 여러 곳에서 기독교인으로 살아가는 것이 얼마나 끔찍한 일인가에 대해 말해주고 있다. 이와 관련된 세 가지 짧은 예들이 있다.

1990년대 라이베리아에서 살인을 자행하는 집단들이 임신한 여인들을 찾고 있었다. 그들이 임산부를 찾았을 때, 그들은 태중에 있는 아이의 성별이 무엇인지를 놓고 내기를 한다. 자신들끼리의 판이 확정되면, 그들은 임산부의 배를 갈라 태중에 있는 아이를 끄집어낸다. 그러고 나서 그들은 임산부와 아이의 시체를 길 가에 버려둔 채 또 다른 피해자를 찾아 나선다. 그와 같이 끔찍한(하지만 대부분이 보고되지 않고 있는) 분쟁이 계속되는 동안, 10만 명 이상의 여성이 강간을 당했는데, 그들의 자녀들이 보는 앞에서 자행된 경우도 많다. 많은 여성들이 가슴이 도려내진 채 과다출혈로 죽을 때까지 버려지기도 했다. 남성들은 참수를 당했고, 살인자들은 그들의 내장을 먹기까지 했다. 인육을 먹는 행위는 모멸감을 주는 가장 야비한 수단으로 이용되었는데, 이는 살해당한 피해자가 죽은 후에도 더 많은 모멸을 당하도록 하기 위함이었다.[4]

2003년 베트남에서 준군사그룹이 니Nih(41살)와 소So(44살)라는 이름을 가진 두 명의 기독교인을 마을에서 체포했다. 니는 근방에서 숨어 살고 있는 난민들에게 먹을 음식을 제공하는 사람으로 알려졌다. 두 사람은 닥 도아Dak Doa 지역에 위치한 감옥으로 보내져 매를 맞고 발로 차이고 전기 충격을 당하는 등의 고문을 당했다. 니가 질문에 답하지 않고 그리스도를 부인하는 것을 거부했을 때, 당국은 그의 가슴을 칼로 난자한 뒤 그의 숨통을 칼로 잘라냈다. 그리고 나서 그들은 니의 시체를 플레이 오 도트Plei O Dot에 있는 가족에게로 가져다 주었으나, 니에 대한 적절한 장례를 치루는 것을 허용하지 않았다. 그리고 그들은 마을 사람들에게 정부가 원하지 않는 일을 한 사람들에게 어떤 일이 발생하는가를 똑똑히 보라고 말했다.[5]

오늘날 기독교 인구가 전체 인구의 5퍼센트 미만인 사우디아라비아의 법은 모든 국민이 무슬림이어야 한다고 규정하고 있다. 사우디아라비아는 이슬람교도가 아닌 다른 종교를 믿는 행위를 금지하고 있다. 또한 다른 종교에 관련된 자료를 소유하거나 인쇄하거나 배포하는 행위도 금지하고 있다. 현재 사우디아라비아는 인권 상황이 가장 안 좋은 나라들 가운데 하나로 알려져 있다. 특히 기독교인들은 학대와 차별 그리고 박해의 대상이 되고 있다. 배교(다른 종교 때문에 이슬람을 버리는 행위)는 주요 범죄다. 그리고 개종은 체포와 더불어 신체에 대한 형벌을 초래할 수 있다. 기독교 예배자들은 공공연한 종교행위에 참여했다는 이유로 체포와 채찍질 그리고 추방을 당할 위험을 감수해야 한다. 기독교인들은 성지인 메카로 들어가는 것이 금지사항이며, 사우디아라비아내에는 공식적으로 교회가 존재하지 않는다. 무타와Muttwa—공식적으로 (그리고 어이없게도) '덕의 선전과 악의 금지를 위한 위원회'the Committee for the Propagation of Virtue and Prevention of Vice로 알려진—는 종교경찰로서 공적 행위를 감시하고 이슬람 규범을 준수하도록 강요하는 역할을 한다. 그들은 자신들의 의무를 수행함에 있어 매우 잔인하고 그리고 외국인과 내국인 모두를 협박하고 학대한다. 모든 재판은 비공개로 진행되며, 혐의자가 변호사와 접견을 할 수 있는 경우는 매우 드물다. 사실 판사는 비무슬림의 증언을 합법적으로 고려하지 않을 수 있다.[6]

## 인권에 대한 학대

나는 인권에 대한 학대가 발생할 때마다, 그리고 그 학대의 대상이 누가 되었든지 간에, 우리가 관심을 가져야 한다고 반복해서 주장했다. 기독교 공동체들도 인권 유린과 잔학 행위에 대한 책임이 있다는 것은 부정할 수 없는 사실이다. 북부 아일랜드, 남아프리카, 그리고 보스니아 등지에서 소위 기독교인이라 주장하는 사람이 저지른 테러 활동은 이슬람 극단주의자 또는 세속적 전체주의적 정권이 저지른 인권 유린보다 결코 덜하지 않다. 1990년대까지 르완다는 아프리카에서 가장 기독교화가 잘 진행된 나라들 중 하나로 인식되었다. 그러나 르완다는 후투족이 수십만 명의 투치족을 조직적으로 살해하는 전국적인 유혈 사태 상황으로 아주 쉽게 허물어졌다. 그보다 적은 유혈 사태가 2004년 솔로몬 군도에서 발생한 인종 소요 사태를 통해 드러났다. 그러나 세계에서 가장 기독교화가 진행된 나라에서 기독교인이 저질렀다는 사실 때문에 매우 충격적이었다. 십자군에서 신대륙 정복자에 이르기까지, 아프리카와 인도 그리고 오스트레일리아의 영국 식민지 군대에서 나치에 이르기까지, 기독교인은 자신의 손에 무수한 피를 묻혔다. 나는 다시 한 번 우리가 불의를 목격할 때마다 해당 불의에 대해 관심을 보여야 한다고 말하고자 한다. 그러나 오늘날 전 세계에서 발생하는 폭력으로 인한 고통 중 많은 부분이 단지 기독교인이라는 종교적 성향 때문에 그리스도를 따르는 사람들이 당하고 있다는 것은 부인할 수 없는 사실이다. 그리고 종교적 자유라는 기독교인의 권리가 거부될 때마다, 다른 인권마저 침해되는 결과가 초래되는 것도 일상적으로 발생하는 일이다. '인권에 대한 유엔의 보편적 선언'(the U.N. Universal Declaration of Human Rights)은 다음과 같은 내용들을 포함하고 있다.

- 생명, 자유, 그리고 안전
- 고문과 체면을 손상시키는 취급으로부터의 자유
- 법 앞에 평등, 그리고 공정한 재판
- 임의적인 체포와 감금에서 자유
- 이동의 자유
- 자유와 완전한 동의에 의거한 결혼의 보장

- 재산권
- 표현과 사상의 자유
- 평화로운 결사의 자유[7]

지금까지 우리가 간결하게 살펴본 사례들을 통해서만도, 이집트의 살리브 가족, 수단의 다마르 가랑, 베트남의 니와 소에게 이런 기본적인 권리들이 어떻게 거부되었는지를 볼 수 있다. 그러나 전 세계의 기독교인들에게 행해진 조직적인 학대의 깊이에 대해 이해하기 위해, 일부 분석가들이 그 박해의 정도가 너무 커서 대량 학살 행위라고 부른 근래에 진행된 박해에 관한 두 가지 사례 연구를 살펴보는 것이 도움이 될 것이다.

## 1. 사례 연구 Ⅰ : 다르푸르의 공포

20여 년 동안 북 아프리카의 수단은 종교적, 인종적으로 북부의 무슬림들과 남쪽의 기독교인, 정령숭배자들로 분리되어 있었고, 이로 인해 비극적인 내전을 치르고 있다. 전쟁 기간 동안 약 150만 명의 사람들이 생명을 잃은 것으로 추정되며, 이슬람의 하르툼Khartoum(수단의 수도)에 기반을 두고 있는 정부군은 시민들이 살고 있는 마을과 교회를 공격목표로 삼음으로써 공포를 조성했다. 나일강 상류 동부지역의 롱고촉Longochok 지역 역시 오랜 동안 종교적, 인종적 긴장이 있어왔다. 이슬람 극단주의자들이 기독교인들을 박해해 왔다는 보고가 있었고, 무슬림 불량배들이 간혹 기독교인 여성들을 강간했다는 보고와 기독교 여성들의 가슴을 절단했다는 보고도 있었다.

그러나 2000년, 정부 연합군이 수단인민해방운동/수단인민해방the Sudan People's Liberation Movement/Army, SPLM/SPLA의 남부군에게 밀리기 시작하면서 지옥과 같은 상황이 발생했다. 수단 정부는 기독교인을 제거하고 수단 남부 지역의 부유한 유전지역을 확보하기 위해 지역 민병대를 동원해 끔찍한 일을 자행하기 시작했다. 강간, 고문, 그리고 기독교인들, 그중에서도 여성과 어린이에 대한 살해가 전국을 장악하고자 하는 정부군의 확고한 전략이 되었다. 그러나 이런 전략은 그들에게 아무런 도움이 되지 않았다. 남부군은 더욱 자신들의 기반을 확보했고, 2002년 10월 북진을 계속하여 역사적인 휴전협정을 맺었다. 이 휴전협정은 평화를 위한 돌파구처럼 보였다. 특히 부시 행정부에게 휴전과 기독교인들에 대한 폭력의 금지에 대한 감시를 요청하는 '수단평화법'Sudan Peace Act에 서명을 했을 때는 그랬다. 그러나 정부는 겨우 두 달 후인 2002년 12월과 뒤이은 2003년 2월에 풍부한 유전지역인 나일강 상류지역에 대규모 군사공격을 감행함으로써 협정을 위반했다.

2003년 10월, 「크리스채너티 투데이」Christianity Today는 수단 정부가 금지하였음에도 민병대들이 계속해서 자행하는 학대에 대해 보도했다.

채티아웃 나이당Chatyout Nydang은 남부 수단 지역에서 기독교인들을 말살하려는 수단 정부를 돕는 무슬림 민병대 리더다. 7월에 구휼과 개발 기관의 감독관인 데니스 E. 베네트Dennis E. Bennett는 나일강 상류 동부지역에서 한 늙은 남부 수단인 남성에게서 나이당의 순찰지역에서 겪은 그의 삶에 대한 이야기를 들었다. 65세의 누에르 족 남성인 존 기앙-기앙jon Giang-giang은 바네트에게 "보통은 누가 되었든 교회 쪽으로 가다가 채티아웃의 부하들에게 잡히면 얻어맞은 다음에 이슬람으로 개종하라는 말을 듣게 됩니다. 개종하지 않으면 더 강하게 매를 때리거나 죽여 버립니다"라고 말했다. 최근 그의 등짐에서 누에르어 성경책을 발견한 나이당의 부하들은 기앙-기앙이 의식을 잃을 때까지 때렸다. '종의 마음'Servant's Heart의 행정담당관인 베네트는 그들이 기앙-기앙을 이틀 이상이나 구덩이 속에 남겨두었다고 말했다.[8]

같은 해, 수단 정부의 지원을 받는 민병대인 잔자위드 아랍스Janjaweed Arabs는 지방 반란군들을 억누르기 위해 고안된 인종청소의 일환으로 서부 다르푸르Darfur지역에 거주하는 200만여 명에 달하는 민간인들을 그들의 고향땅에서 몰아내기 시작했다. 인공위성 영상은 수백 개에 달하는 전소된 마을을 보여주었다. 근처 국경지대의 난민촌에서는 이주한 가족들이 플라스틱 지붕 아래서 형편없는 음식과 물로 연명하고 있다. 그들은 서서히 굶주림에 지쳐가고 있다. 이미 하루에 20여 명의 아이가 이 난민촌에서 죽어간다. 이 난민촌에서는 70여 명의 사람이 하나의 야외화장실을 사용한다. 2005년까지 남부지역에서 기독교인에 대한 공격은 엄청났다. 소위 평화협정은 매달 1만 명씩 죽어가는 것을 멈추는데 아무런 역할도 못하고 있다. 유엔의 추정에 따르면, 다르푸르에서만 21에서 35만 명의 사람들이 죽었다.

민병대의 공격을 눈으로 목격한 목격자들의 자세한 증언은 끔찍하기 짝이 없다. 어린아이들이 자신들의 부모 앞에서 살해당했다. 수백 명에 달하는 기독교인 여성이 '아랍 아기들'을 임신케 하려는 잔인한 의도로 강간당했다. 이는 가장 극악무도한 형태의 인종청소였다.

2004년 미국의 국무장관 콜린 파월Colin Powell은 다르푸르 사태를 대량학살이라는 말로 적절히 규정했다. 또한 유엔의 안정보장이사회는 폭력을 끝낼 것을 요구하는 결의안을 통과시켰다. 그리고 2005년 1월, 수단의 지도자와 남부의 반란군은 새로운 평화협정에 조인했다. 그러나 여전히 남부 국경지역에서는 폭력이 행사되고 있다. 다시 한 번 여성들이 폭력의 대상이 되고 있는데, 민병대원들이 남부 여성의 귀와 입술 그리고 가슴을 도려낸다는 보고가 계속되고 있다. 그들은 또한 어린아이를 납치하여 군인으로 삼기도 한다. 대부분이 기독교인으로 사로잡힌 어린이들은 사람을 죽이도록 훈련받는다. 그들은 자신들을 사로잡은 자들에 의해 일종의 세례식 비슷한 의식을 통과한다. 그리고 그 의식을 통과한 사람들은 그 의식이 주는 신비한 주술적 능력 때문에 자신의 몸은 총알이 통과하지 않는다는 말을 듣는다. 캔사스에 사는 수단인 목사 폴 아치크 아테르Paul Aciech Ater는 다르푸르에 있는 사람들에 대해 "그들은 하나님의 자녀들입니다. 그래서 그들은 끔찍한 불의로 인해 고통을 받고 있습니다"[9]라고 말한다. '다르푸르를 구하자'Save Darfur라는 단체는 다음과 같이 말한다.

> 1994년 르완다의 대량학살 이래로 세계는 그렇게 계획된 살육, 강간, 기아, 추방과 같은 군사작전을 본적이 없다. 흔히 전체적으로 잔자위드라고 불리는 정부가 지원하는 민병대는 조직적으로 아프리카의 농민 부족공동체를 제거하고 있다. 마을 주민은 칼에 의해 죽어가고 있고, 여성과 소녀는 강간당하고 낙인찍히며, 남성과 소년은 살해당하며, 음식과 물의 공급처가 파괴당하고 있다. 피해자들은 정부군의 비행기 폭격이 민병대의 공격이 있기 직전에 발생한다고 보고한다. 2005년 1월 25일에 보고된 유엔 조사위원회가 발견한 내용에 따르면, '정부군과 민병대원들은 다르푸르 전역에서 무고한 시민들을 죽이는 것, 고문, 무력에 의한 행방불명, 마을들의 파괴, 강간과 다른 형태의 성적 폭력, 약탈과 강제 추방을 포함하는 무차별한 공격을 감행하고 있다. 이런 행위들이 광범위한 조직적 기반위에서 자행되고 있다.'[10]고 한다,

## 2. 사례 연구 Ⅱ : 파라다이스의 박해

인도네시아 열도의 동쪽에 위치한 아름다운 말루꾸Maluku 군도는 수도인 자카르타에서 동쪽으로 1,700킬로미터 떨어져 있는데, 이전에는 네덜란드 동인도회사의 향신군도로서 잭 런던Jack London과 그 외의 사람들에 대한 로맨틱 어드밴처 이야기에 나오는 곳으로 알려졌다. 이러한 말루꾸 군도와 인도네시아와의 관계는 불신과 폭력 그리고 종교적 박해의 이야기로 가득하다.

자카르타 정부의 입장에서는 말루꾸인이 눈의 가시와 같은 존재였다. 왜냐

하면 그들이 1950년대에 독립을 선언했기 때문이다. 사실 말루꾸인은 과거 식민통치세력이었던 네덜란드와 맺고 있었던 밀접한 관계 때문에 인도네시아의 다른 인종과는 구별된다는 생각을 항상 하고 있었다. 과거 네덜란드는 향신료 무역을 독점하기 위해 말루꾸에서 유럽의 다른 경쟁 국가들을 몰아내고는 즉각적으로 지역민과 유대관계를 형성했다. 술탄이 지배하던 지방왕국들은 네덜란드인들이 지역주민들과 접촉하는 것을 허용했다. 그러자 네덜란드인은 열정적으로 전도를 하여 상당수의 주민을 기독교로 개종시켰다. 그들은 동인도회사 내에 최고의 교육체계를 설립했다. 이후 기독교인이 된 말루꾸인은 식민군대의 주력을 형성했고, 인도네시아 독립운동을 억누르는 분쟁에서 네덜란드 쪽에 가담해 악명을 떨치기도 했다.

그러다가 1949년 마침내 인도네시아가 독립을 성취했을 때, 자카르타는 말루꾸 독립군을 완전히 괴멸하기 위해 재빨리 군대를 파견했고, 이후 10년 이상 전쟁을 벌임으로써 복수했다. 인도네시아군이 마침내 저항군을 완전히 괴멸했을 때, 약 4만 명의 전 말루꾸 공무원과 그들의 가족들은 네덜란드로 도피했다. 그들은 네덜란드에서 독립을 위해 아무런 효과도 없는 로비를 계속했다. 이런 그들의 노력은 해외에서도 아무런 주목을 받지 못했을 뿐더러, 말루꾸에서조차 아무런 저항도 불러일으키지 못했다. 그 후 30여 년 동안 말루꾸 군도는 평화를 유지했다.

비록 87퍼센트에 달하는 인도네시아인이 자신이 무슬림이라고 말하지만 말루꾸에서는 무슬림과 기독교인들의 비율이 거의 평형을 유지하고 있다. 말루꾸 군도는 오랜 세월동안 종교적 조화의 모델로 알려졌다. 수 세기 동안 지역 무슬림과 개신교도는 전통법을 준수하면서 평화롭게 살았다. 그러나 얼마 지나지 않아 종교이민이라는 의도적 정책으로 인해 미약한 사회구조가 뒤흔들리게 되었다. 주로 인도네시아의 술라웨시에서 이주해 온 새로운 이주민들은 무슬림들이었는데, 이들의 이주는 군도 내 인구와 종교적 균형을 뒤흔들었다. 폭력사태는 예상치 못했던 것이다. 1999년 항구도시인 암본의 미니버스 안에서 발생한 한 기독교인과 무슬림 간의 하찮은 논쟁이 폭력사태를 촉발하였다. 무슬림 폭력배들은 살인을 계속 자행하였고, 교회와 집과 사업체를 불태웠다. 3개월 동안 350명 이상이 죽었고, 수만 명이 집을 잃었다. 그러나 이런 일은 이후에 도래할 일에 비하면 아무것도 아니었다.

1999년 연말까지, 반자 동무기들로 무장한 열두 살 이하의 어린아이들이 암본 시내에서 총격전을 벌였다. 항구와 도시가 불길에 휩싸였다. 11만 명의 인구 중 거의 2만 명이 집에서 쫓겨났고 마을 전체가 파괴되었다. 공격이 시작된 이래, 약 8천 명의 생명이 목숨을 잃었다. 이런 상황은 더욱 악화될 수도 있었다. 하지만 2000년 5월, 인도네시아 정부는 느슨한 강경 무슬림 그룹인 아흐루스-순나 왈 자마하Ahlus-Sunnah Wal Jama'ah가 말루꾸 군도에 자경군을 파견하는 것을 막았다. 군사훈련캠프를 조직했던 이 그룹은 섬에 남아 있는 기독교 가정들을 공격하기 위해 1만 명의 전사를 소집했다고 주장했다. 지난 수년 동안, 자카르타 정부는 타협과 체포 그리고 항구봉쇄를 혼용하는 정책을 사용했지만, 공격을 멈추게 하는데는 제한적인 성공만을 거두었을 뿐이다. 무슬림 민병대는 닥치는 대로 기독교인들을 숙청하면서 이 섬에서 다음 섬으로 이동하기를 계속했다. 여성들이 납치되고 강간당했다. 재산은 파괴되었다. 가족들은 그들의 생명을 염려하며 계속되는 공포 속에서 살아가고 있다. 어떤 경우에는 2천 명의 무슬림 전사들이 할마하라Halmahara의 북서쪽 먼 곳에 위치한 도이Doi 섬에서 기독교인을 조직적으로 숙청해 나갔다. 공격받은 마을들 중 하나는 겨우 400명이 살고 있었는데, 이들은 살인과 약탈 방화가 지속되는 날들을 견뎌내야 했다. 정글로 피해 들어간 사람들은 마치 야생동물처럼 사냥 당했다. 오직 이슬람으로 개종한 사람들만이 생명을 유지할 수 있었다.

## 우리가 무엇을 할 수 있을까?

때로는 이런 상황들이 너무 복잡하고 또 각각의 상황이 가진 역사적 뿌리가 너무도 깊기 때문에 그런 상황에서 고통을 당하고 있는 기독교인을 돕기 위해 우리가 할 수 있는 일이 아무 것도 없는 것처럼 보일 수 있다. 그러나 그렇지 않다. 특히 말루꾸 지역에서의 지지와 구제를 위한 노력이 영국과 오스트레일리아에서 시작되어 인도네시아 정부를 설득하였고 살육을 멈추고 평화를 회복하는 데 도움을 주었다.[11] 서구 기독교인에게는 우리가 생각하는 것보다 더 강력한 정치적 능력이 있다. 보수적 기독교인들은 그런 힘을 낙태와 동성결혼과 같은 지역적 문제에 사용할 수 있지만, 유수자들은 현재 고통을 당하고 있는 전 세계의 교회를 위해 우리가 할 수 있는 일이 무엇인지를 잊어서는 안 된다. 다음은 이 점에 관한 몇 가지 제언이다.

### 1. 첫째, 보라!

전도서 저자인 케헬렛('교사')은 폭력이나 박해와 같은 것의 실상에 대해 통탄해 했다.

> 내가 다시 해 아래에서 행하는 모든 학대를 살펴보았도다 보라 학대 받는 자들의 눈물이로다 그들에게 위로자가 없도다 그들을 학대하는 자들의 손에는 권세가 있으나 그들에게는 위로자가 없도다 그러므로 나는 아직 살아 있는 산 자들보다 죽은 지 오랜 죽은 자들을 더 복되다 하였으며(전4:1-2)

얼마나 비참한 인식인가? 학대받는 사람에게 있어서 죽음은 비참한 삶을 살아가는 것보다 더 복된 선택이다. 이 말씀은 내게 대량학살의 폭풍이 지나간 다음 르완다에서 들려온 이야기를 생각나게 했다. 당시 투치족은 살인자들에게 총알이 주어짐으로 마세테(벌채용 칼)에 난도질당해 죽는 것(후투족들이 선호했던)보다 차라리 총에 맞아 죽게 해달라고 기도했다고 한다. 억압받는 자들에 대한 케헬렛의 비전도 그만큼이나 처절한 것이었지만, 최소한 전도자는 그것을 목도해 보았다! 그리고 바로 여기에 서구 기독교 유수자들이 눈여겨 보아야 할 중요한 교훈이 있다. 우리는 억압받는 사람의 눈에서 흐르는 눈물을 볼 준비가 되어 있어야 한다. 더 이상 우리의 눈을 가리고 말루꾸와 다르푸르, 이집트, 사우디아라비아, 베트남, 에리트레아, 중국, 북한, 그리고 다른 나라들에서 고통 받고 있는 우리의 형제와 자매들을 못 본체 할 수 없다. 서구 기독교인들은 이들 지역에서 폭력사태를 멈추고 평화를 시작하도록 돕는 데 중요한 역할을 할 수 있다. 그러나 그 역할은 의식적으로 사실을 알고자 자신을 준비하는 것에서부터 시작된다. 예를 들면, 라이베리아나 르완다 또는 아이보리코스트와 같은 장소는 휴가를 위한 목적지로서는 그리 매력적인 장소가 아니다. 그들 나라에는 서구에 사는 우리가 필요로 하는 석유나 다른 자원들이 없다. 많은 서구인은 그들 나라가 지도상에 어디 위치하는지조차 모른다. 따라서 우리가 그들이 겪고 있는 곤궁에 대해 무지한 채로 머물러 있기 쉽다. 하지만 서구의 유수자들은 지구적인 기독교인들이요, 지구촌의 시민이 되어야 한다. 그렇게 함으로써 지구촌 곳곳에서 아무런 방어능력이 없이 고통을 당하고 있는 사람들에 대해 알고 있어야 한다.

## 2. 핍박에 대한 신학을 개발하라

전도서의 저자가 그랬던 것처럼, 끔찍한 고통과 마주칠 때마다 우리는 그것으로 인해 심각한 실존적 위기에 직면할 수 있다. 몇 년 전 나는 아주 악한 장소를 방문한 적이 있다. 프놈펜에 있는 투올 슬렝Tuol Sleng이라는 곳인데, 그곳은 크메르 루즈Khmer Rouge가 사람들을 끌어다 감금과 고문을 자행하던 곳이다. 이전에는 학교였던 곳이 폴 포트Pol Pot 추종자들에 의해 이루 말할 수 없는 고통이 있는 타락의 장소로 바뀌었다. 오늘날 그곳은 도시 외곽에 있는 그 유명한 킬링필드에서 처형을 당하기 전에 고문을 당하던 수천 명의 캄보디아인들을 추모하기 위한 장소가 되었다. 엽기적이게도 크메르 루즈는 그들이 고문했던 모든 피해자들이 투올 슬랭에 들어갈 때 사진을 찍어 두었다. 그래서 베트남군이 도시를 해방시켰을 때, 캠프 안 곳곳에 뿌려져 있는 여권크기의 수천 장의 사진을 발견할 수 있었다. 오늘날 그 사진들—남성, 여성, 조부모, 그리고 어린이들의 사진-은 고문실로 사용되던 방들의 벽에 붙어있다. 마치 귀신들이 공허한 눈으로 나를 쳐다보고 있는 것 같은 느낌을 주는, 수백 명의 공포에 사로잡힌 얼굴을 보는 경험은 참으로 견디기 힘든 일이었다. 벽과 바닥에는 여전히 핏자국이 남아 있고, 잔인한 고문도구들도 여전히 그곳에 있다. 나는 건물 사이에 있는 조용한 장소로 비틀거리며 걸어가 그곳에서 흐느껴 울었다. 그러면서 하나님께서 어떻게 이런 고통이 일어나도록 허용하셨는지에 대해 의아해 했다.

그럴진대 예수님을 따르는 하나님의 자녀들이 겪는 고통에 대해서는 더더욱 의아스러울 수밖에 없다. 때문에 우리는 바로 이 시점에서 핍박에 대한 신학적 이해를 개발하는 것이 중요하다. 물론 성경은 그것이 예수님을 따르는 사람이 기꺼이 예상해야 하는 것이라는 사실을 포함해 핍박에 대해 많은 것을 말하고 있다. 참으로 사도바울은 "무릇 그리스도 예수 안에서 경건하게 살고자 하는 자는 박해를 받으리라"(딤후3:12)라고 기록하고 있다. 엘리자베스 스캇 Elizabeth Scott과 제임스 스캇James Scott은 나의 좋은 친구들이다. 그들은 '오스트레일리아 내 억압받는 사람들의 눈물'Tears of the Oppressed in Australia이라는 사역을 이끌고 있다. 그들은 핍박에 대한 신학을 개발하는 데 있어 우리가 명심할 필요가 있는 성경적 원리에 대한 일련의 항목을 갖고 있다.

- 전에 있던 선지자들은 핍박을 받았다(마5:12).
- 예수님께서는 당하실 핍박을 예언하셨다(막10:33-34).

- 예수님께서도 핍박을 당하셨다(막15:16-20).
- 예수님을 따르는 사람들 또한 핍박을 받을 것이다(막10:30, 요15:20, 살전2:2, 딤후3:12).
- 복음이 선포되는 곳에서는 핍박이 일어난다(행8:1-3).
- 예수님께서는 제자들이 핍박에 대해 준비하길 원하신다(요16:1-4).
- 그리스도의 이름으로 고통을 당한 사람들은 모독을 당할 수도 있고 거짓된 비난을 받을 수도 있다(마5:11).
- 고통 속에는 축복이 있다(마5:10, 12).
- 핍박은 심한 육체적 체벌이 될 수도 있다(고후11:16-29, 4:7-18).
- 핍박을 받은 사람들은 그들의 억압자들을 용서해야 한다. 왜냐하면 억압자들은 하나님을 알지 못하고 그들이 하는 일이 무엇인지를 알지 못하기 때문이다(눅23:34, 요16:3).
- 하나님의 은혜로 인해 핍박자들도 회개하고 하나님께로 돌아올 수 있다(딤전1:13).
- 기독교인은 자신을 핍박하는 사람들을 위해 기도해야 하며 그들을 축복해야 한다(마5:44, 롬12:14).
- 예수님께서는 당신의 백성을 핍박에서 유기하지 않으시고 성령을 보내신다(요15:26-16:4).
- 하나님께서 영광을 받으실 때 그리고 모든 고통과 핍박이 멈춰질 때가 올 것이다(계22장).[12]

## 3. 고통당하는 사람들과 고통을 유발하는 사람들을 위해 기도하라

만일 당신이 자신들의 신앙 때문에 핍박을 당하고 있는 사람들에게 그들을 위해 할 수 있는 일이 무엇이냐고 묻는다면, 거의 대부분의 경우 기도해 달라고 요청할 것이다. 그들은 기도의 기적적 능력을 목도한 사람들이다. 그들은 기도가 투옥 당했던 기독교인들의 출옥을 포함하여 고통을 당하는 사람들의 환경에 뭔가 다른 것들을 조성해 내는 것을 보았다. '억압받는 자들의 눈물'은 다음과 같이 언급한다.

기도를 통해 고문이 끝이 납니다. 기도를 통해 가족들이 안전을 찾습니다. 기도를 통해 잘못된 기소가 각하됩니다. 기도를 통해 사람들은 견뎌낼 수 있고 그 모든 악한 지경을 통과할 수 있습니다. 기도를 통해 세계의 지도자들이 그들의 마음을 바꿀 수 있습니다 …… 투옥된 사람들은 그들이 고문이나 협박 또는 감옥 안에서 홀로 있으며 고통을 당할 때 사람들이 그들을 위해 기도하고 있음을 의식하곤 했다고 말합니다.[13]

바울사도가 한 말도 기억해 보라. "너희를 박해하는 자를 축복하라 축복하고 저주하지 말라"(롬12:14). 우리는 다른 사람들을 억압하는 사람들이 예수님의 사랑을 발견할 수 있도록 기도해야 한다. 이 말은 예수님께서 우리를 핍박하는 사람들을 위해 기도하라고 하신 말씀을 반영한다. 따라서 우리는 우리가 드리는 기도 속에서 억압받는 사람들뿐만 아니라 억압하는 사람들도 기억할 필요가 있다.

### 4. 정치적으로 주장하라

유엔뿐만 아니라 미국과 영국 같은 강력한 서구국가들 및 평화 주창자들은 이제 말은 줄이고 행동을 해야 한다. 다르푸르를 위한 소정의 발걸음으로, 최근 '유엔안전보장이사회'는 수단에서 발생하고 있는 전쟁범죄의 혐의자들을 헤이그 소재의 '국제형사재판소'the International Criminal Court에 회부하도록 하는 결의안을 통과시켰다. 대량 학살의 가해자들은 즉각 학살 행위를 멈추고 정의를 실현해야 한다. 그들은 국제공동체가 그들이 저지른 끔찍한 범죄에 대한 책임을 물을 것임을 알아야 한다. 다른 말로 하자면, 우리는 억압자들에게 우리가 억압받는 자들의 눈물을 보고 있다는 것, 그들의 잔혹한 행위가 주시 받고 있다는 것, 그리고 그들이 저지른 잔혹상으로부터 결코 도망칠 수 없다는 것을 전달해 주어야 한다.

때문에 이런 주장에 대한 지지가 필수적이다. 그런데 미국의 복음주의자들은 최근 워싱턴이나 유엔에서 거의 목소리를 내고 있지 않다. 사실 국제구호단체들은 미국의 복음주의자들이 한 목소리를 내면 워싱턴에 있는 정책결정자들의 주목을 끌 수 있다는 것을 잘 알고 있다. 이처럼 강력한 차원의 압력은 해외 문제에 대한 결과를 도출해 낼 수 있다. 국제적인 문제에 대한 책임을 미국인이 다 짊어져야 한다는 것은 아니다. 영국, 오스트레일리아, 뉴질랜드, 캐나다, 유럽에 있는 기독교 유수자들 역시 정부에 압력을 가함으로 정부로 하여금 다르푸르와 같은 곳에서 발생하고 있는 억압에 주목하도록 해야 한다. '억압받는 자들의 눈물', '미가의 도전'Micha Challenge, '다르푸르를 구하자'Save Darfur, 그리고 '순교자들의 목소리'The Voice of the Martyrs와 같은 조직이 하고 있는 주장에 대해 탐구해 보고, 억압받는 사람을 위한 주장을 제기하는 편지양식과 다양한 대사관의 주소, 그리고 영향력 있는 조직의 주소를 포함하여 그들이 제공하는 자료를 사용하도록 하라.

정부 관료—장관, 주지사, 하원 또는 상원 의원, 대사, 대사관 고위관리—에게 사려 깊은 편지를 쓰는데 사용된 잠간의 시간이 핍박받는 기독교인들의 곤경에 변화를 줄 수 있다. 권력을 잡고 있는 사람들은 변화를 일으키도록 주문할 수 있다. 또는 변화를 일으킬 능력이 있는 사람에게 영향력을 행사할 수 있다. 권력을 잡고 있는 사람에게 편지를 보내는 데 사용하는 5분의 시간이 고통받는 기독교인들의 고통을 5년이나 줄이는 계기가 될 수도 있다.

손으로 직접 쓴 편지가 훨씬 더 큰 영향력을 발휘한다는 것을 기억하라. 왜냐하면 손으로 직접 작성한 편지는 그 동기에 대한 글쓴이의 진정어린 개인적인 헌신의 마음을 전달해 주기 때문이다. 그러나 컴퓨터를 사용하여 작성한 편지도, 만일 그것이 당신이 직접 작성한 내용이라면, 관료들에게 깊은 가치를 전달해 줄 것이다.

## 5. 피해자들을 위해 실질적이고 영적인 위로를 제공하라

케헬렛은 전도서 4장에서 두 번씩이나 " …… 저희에게는 위로자가 없도다"라고 선포한다. 우리는 위로하는 사람이 아무도 없다는 이 언급이 세계 곳곳에 있는 우리 형제, 자매들에게 해당되는 말이 되게 해서는 안 된다. 우리는 감옥에 갇혀 있는 기독교인들에게 편지를 쓸 수 있다. 간혹 편지가 감옥 간수들에게 뺏겨 감옥에 갇힌 사람에게 전달되지 않는 것도 사실이다. 그러나 우리는 그런 방해가 우리가 하는 일을 멈추게 해서는 안 된다. 서구 기독교인한테서 온 편지 한 통은 특정한 인물에 대한 개인적 관심만을 나타내는 것이 아니라, 권력자들에게 세계가 그들이 하는 일을 지켜보고 있다는 것을 보여주는 역할도 한다. 이는 또한 감옥에 갇힌 사람에게 그가 처한 곤경을 위해 누군가가 무엇을 하고 있다는 인상을 줄 수 있다. 간혹 이런 편지가 감옥에 갇힌 사람에게 좀 더 나은 대우를 하거나 혹은 좀 더 나은 음식을 제공하는 결과를 얻어내기도 한다. 물론 다른 한 편, 전혀 반대의 결과를 초래하기도 한다. 우리는 어떤 것도 확신할 수 없다. 따라서 인권감시를 위해 일하는 분석가들의 충고를 따르는 것이 대단히 중요하다. 그럼에도 편지들이 고통당하는 기독교인에게 전달되었을 때, 아주 적절한 시간에 그들의 정신을 고양하는 도구가 될 수 있다. 또한 우리는 감옥에 갇힌 사람들의 친척들에게 편지를 쓸 수도 있다. 이 편지들은 고통을 겪는 기독교인의 고립감을 경감시켜 줄 수 있고, 또한 그들이 감옥에 갇힌 사람들을 방문했을 때 우리가 보낸 편지를 나눌 수도 있다.

더불어 전쟁으로 찢긴 공동체를 재건하는 노력을 지원함으로써 고통을 경감하는 데 많은 기여를 할 수도 있다. 예를 들면, 워싱턴에 기반을 두고 있고 있는 '새로운 수단을 위한 교회 연합'the Church Alliance for a New Sudan의 지도자인 페이스 맥도넬Faith McDonnell은 "수단에 있는 이슬람주의자들은 아프리카에서의 지하드를 위한 군사행동을 포기하지 않았습니다. 남부 수단으로 가서 기꺼이 그들을 도울 수 있습니까? 학교와 교회, 그리고 병원과 도로를 건설할 수 있습니까? 기꺼이 수단 목사님들을 훈련시킬 수 있습니까? 우리가 수단에서 벌어지고 있는 대량학살을 멈추게 할 수 있습니까?"[14]라고 말한다. 전쟁의 참화가 휩쓸고 지나간 수단을 재건함으로써, 핍박당한 공동체들에게 새로운 기회를 제공할 수 있다. 그리고 수백만 명에 달하는 난민들을 그들이 살던 고향땅으로 돌아오게 할 수 있다. 캔자스에 기반을 두고 있는 '미국수단교회협의회'The Sudan Council of Churches USA에는 재건에 앞장서고자 하는 38명으로 구성된 회중이 있다. 그들은 차드Chad에 있는 난민캠프로 파송된 선교팀을 안내하는 일을 도왔다. '인도네시아를 위해 울라'Cry Indonesia는 말루꾸의 기독교인들이 겪고 있는 곤경을 알렸다. 그리고 시드니에 본부를 두고 있는 '희망으로의 가교'Bridge to Hope는 새로운 공동체에서 소규모 영세사업을 세우는 일을 돕기 위해 중국 난민들에게 무이자 대출을 제공하는 사역을 설립했다. 이런 사역들은 핍박 때문에 그 삶이 황폐하게 된 사람들에게 위로를 제공하고 있다.

## 핍박의 다른 측면

지금까지 나는 중국의 기독교인들이 당하고 있는 핍박에 대해서는 거의 언급하지 않았다. 우리가 알고 있듯이, 최근에 중국 기독교인들에 대한 제약이 어느 정도 완화되고 죽의 장막이 약간 올라가기는 했지만, 여전히 중국의 교회는 그 신앙 때문에 고통을 겪고 있다. 그러나 다르푸르에서 발생한 대량학살이 초래한 절망적 영향과는 달리, 중국에서 발생한 핍박의 불길은, 최근 10여 년 동안 지하교회의 거의 기적에 가까운 엄청난 성장을 초래했다. 이는 핍박이 가져오는 다른 측면, 즉 고통 받는 교회가 그 고통의 과정을 통해 정화되는 효과다.

폴 해타웨이Paul Hattaway는 중국교회를 섬기는데 헌신하는 기독교 사역인 '아시아 하베스트'Asia Harvest[15]의 지도자이다. 그의 책 『다시 예루살렘으로』 Back to Jerusalem는 세상에 중국에서 부상하고 있는 선교적 교회에 대한 놀라운 일면을 제공해 주었다. 중국교회에서는 수천 명에 달하는 선교사를 서구로 파송할 것에 대한 물밑 작업을 진행하고 있다.[16] 해타웨이는 중국인들이 복음을 들고 다양한 '실크로드'를 거쳐 무슬림 지역을 지나 예루살렘에 이르러 지난 2천년이란 세월을 거쳐 서에서 동으로 진행되어 온 복음의 확장을 완수함으로써 세계복음화가 성취될 것이라고 믿는 세 명의 중국 가정교회 지도자들이 나눈 간증과 비전에 대해 보고하고 있다. 해타웨이에 따르면, 이 비전이 그들의 삶과 사역을 움직이는 동력이다. 사실 그들은 그것이 하나님의 부르심에 대한 중국교회의 운명, 즉 중국교회의 존재 이유라고 보고 있다. 중국과 예루살렘 사이에 있는 광활한 지역, 즉 파키스탄과 인도, 아프가니스탄, 그리고 중동지역은 물론, 구소련연방을 구성하고 있던 주에 거주하는 대부분의 무슬림을 포함한 모든 나라, 도시, 마을, 그리고 인종들에게 복음을 선포하고 다양한 성도의 교제를 세우는 것이 중국교회의 존재 이유라고 보고 있는 것이다. 마오쩌둥毛澤東과 중국공산당이 50년의 세월을 쏟아 억눌렀던 교회가 이제 다른 나라에 있는 사람에게 복음을 전할 선교사들을 파송할 계획을 세우고 있다는 것은 참으로 놀랄 만한 일이다.

전체적으로 해타웨이가 토론한 세 명의 중국지도자는 자신의 신앙을 지키기 위해 전부 합쳐 거의 40년간이나 감옥에 투옥되어 있었고, 고난을 통해 하나님의 성품과 사역에 대해 많은 것을 배웠다. 그들의 의지는 지치지 않았고, 활력이 있었고, 영적으로 깊이가 있었다. 그들의 신앙은 그들이 겪은 억압으로 인해 더 강력해졌다. 그리고 해타웨이는 그들 세 명의 지도자들이 열매를 맺을 것이라는 신뢰를 품고 있다. 그는 자신이 세계를 가로지르는 새롭고 중요한 선교운동의 형성을 기록하고 있다고 믿고 있다.

오늘날 중동, 북미, 중앙아시아, 인도 소아시아 대륙, 그리고 동남아시아 등 중국 밖에서 사역하고 있는 수백 명의 중국인 선교사들이 있다. 현재 수천 명이 선교사로 훈련받고 있다. 주요 가정교회 네트워크(현재 '다시 예루살렘으로 운동'을 지지하고 있는)의 전체 구성 수는 2000년 현재 5억 8천만 명에 이르고 있다. 그리고 각 교회의 매년 교회 성장률은 12.5에서 17.5퍼센트로 보고되고 있다. 일부 전문가들은 매일 삼만 명에 달하는 중국인들이 그리스도께로 나오고 있다고 평가하고 있는데, 이는 매년 천만 명이 넘는 새로운 기독교인들이 생겨나고 있다는 것이다.[17]

중국교회의 역사는 참으로 놀라운 것이다. 비록 로버트 모리슨Robert Morison과 허드슨 테일러Hudson Taylor와 같은 개신교 선교사들이 도착하기 약 500여 년 전인 1300년대에 이미 가톨릭 선교사들이 도착하기도 했지만, 기독교가 중국에 유입된 최초의 시기는 서기 635년 네스토리안 선교사들이 유입한 때까지 추적해 볼 수 있다. 1920년대까지 거의 만여 명에 이르는 해외 선교사들이 중국 전역에 퍼져 있었다. 그러다가 1950년대에 중국 전역에 걸쳐 기독교인에 대한 박해가 발생했다. 중국 기독교인에게 가해지는 만행은 제한이 없을 지경이었다. 1953년까지 거의 모든 해외 선교사가 중국에서 추방 당하거나 순교 당했다.

교회사학자들과 선교학자들은 이제 공산정권이 중국의 수많은 우상을 제거하고, 초자연적 존재를 거부하고, 수송체계를 건설하고, 만다린어를 공용어로 삼아 언어를 통합하고, 대규모의 문맹 퇴치 계획을 실행하고, 매체를 통제함을 통해 인쇄된 책에 대한 갈급함을 조성함으로써, 부지불식간에 복음이 확산되는 길을 예비했다고 믿고 있다. 약 70만 명의 개신교 신자와 3에서 4백만 명의 가톨릭 신자들이 있었던 것으로 추정했던 1949년에 비교해 볼 때, 오늘날에는 8천만에서 1억 명의 개신교 신자와 최소한 1,200만 명의 가톨릭 신자가 있는 것으로 추정되고 있다.

핍박을 경험했고 '다시 예루살렘으로'에 대한 비전을 나눈 그들 중국교회 지도자들은 복음의 전 세계적 확산이 이미 시작되었으며, 일반적으로 말하면 그 진행 방향은 서향이라고 주장한다. 1세기에 예루살렘에서 시작된 복음의 확산은, 소아시아와 북아프리카를 거쳐 로마 제국과 서유럽으로 전파되었다. 그곳에서 복음은 미국과 태평양 그리고 궁극적으로 극동으로 퍼져 나갔다. 그들은 말하기를, 실질적으로 복음이 한 번도 전파되지 않은 전 세계의 남은 지역들은 중국의 남방과 서방에 위치하고 있다고 말했다. 더욱이 그들은 하나님께서 자신들에게 복음이 중국과 예루살렘 사이에 위치한 나라들 내에서 뿌리를 내리게 되면, 말 그대로 복음이 전 세계를 한 바퀴 돌았기 때문에 전 세계를 향한 선교사역이 완수될 것이라고 말씀하셨다고 믿고 있다. 비록 교회사에 대한 그들의 이해와 하나님께서 그들에게 말씀하셨다는 그들의 주장에 의문이 있다손 치더라도, 해타웨이의 책을 읽으면서 우리는 하나님께서 역사의 바로 이 시점을 위해 공산치하에서 그렇게 중국교회를 일으키셨는지에 대해 놀라게 된다.

오늘날 중국에는 중국 밖에서의 선교사역을 준비하기 위해 아랍어와 영어 같은 외국어를 배우는 수백 명의 기독교인들이 있다. 그러나 그들 또한 지난 50여 년간 중국의 가정교회에 가해졌던 고통과 핍박 그리고 고문은 역사의 이 시점을 위해서 하나님께서 예비하신 훈련의 일부라고 믿고 있다. 한 중국교회의 지도자는 다음과 같이 말했다.

우리는 우리 정부에 대항하여 기도하거나 정부에 대한 저주를 결코 하지 않습니다. 대신 우리는 하나님께서 우리 자신의 삶과 우리를 통치하는 정부 모두를 통치하시고 계시다는 것을 배웠습니다. 무슬림이나 불교도들 또는 힌두국가들이 우리에게 가할 수 있는 모든 것들은 우리가 중국에서 이미 경험한 것입니다. 하나님께서는 수천 명의 가정교회 전사를 부르셔서 그들의 피로 그들의 간증을 쓸 것을 명하고 계십니다. 우리는 가정에서 모이는 지역 신자의 모임을 개척하는 일에 완전히 헌신되어 있습니다. 우리는 개 교회 건물을 건설하는 일에는 아무런 뜻이 없습니다! 그렇기 때문에 복음이 빠르게 확산될 것입니다. 그렇기 때문에 정부 관료들이 우리를 추적하기가 어려울 것입니다. 그렇기 때문에 우리는 모든 자원을 복음사역에 직접적으로 투자되도록 할 수 있습니다.[18]

이는 마치 중동 이슬람 근본주의자들의 열정에 필적하는 중국 공산치하의 불 속에서 단련된 기독교 근본주의의 열정을 보는 듯하다. 이런 열정이 중대한 세계적 분쟁을 야기할 수도 있다. 아니면 중국 기독교야말로 인도와 방글라데시, 아프가니스탄, 그리고 중동이 예수 그리스도의 복음을 듣기 위해 필요한 바로 그 요소일 수도 있다. 핍박을 경험한 중국의 기독교인들에게 서구의 탐욕스럽고 비도덕적인 교리를 확산시키는 부유한 제국주의적 선교사들이라는 혐의를 씌울 수는 없다. 사실 중국교회는 그런 나라들이 기독교에 대해 갖고 있는 모든 가정이 틀렸음을 증명할 수 있을 것이다.

이 운동에 따르면, 예루살렘은 최초로 실크로드를 개설한 우디 황제 Emperor Wudi(기원전 138~87년) 이래 2,000년 이상의 세월동안 중국과 연결돼 있었다. '다시 예루살렘으로' 운동을 주도하는 중국 지도자들은 이것 또한 오늘날 세울 전략을 위해 하나님께서 세우신 섭리의 일부라고 믿는다. 그들은 또한 자신들이 서진을 위해 부르심을 입었을 뿐만 아니라 중국 남서부의 소수민족과 동남아시아 국가에도 복음을 전달하는 일에 부르심을 입었다고 믿고 있다. 그들의 비전에는 또한 일본과 북한 그리고 몽고를 포함하는 북아시아 국가도 포함되어 있다. 그들은 이들 지역에 초점을 맞추고 기도와 준비를 하고 있는 일련의 교회 네트워크와 연계를 맺고 있다. 이를 달성하기 위해 그들은 가장 경험이 많은 사역자들을 선정했다. 이들 사역자들은 하나님 나라를 위해 많은 고난을 당했던 사람들로 우선 39명의 사역자를 파송했다. 그들 가운데 36명은 사역을 시작한 지 며칠만에 모두 체포되었다. 그들이 받은 훈련에는 문화적 장벽을 넘어 접근하는 방법, 복음을 증거하는 방법, 그리고 특정한 민족들과 접촉하는 방법 같은 전형적인 선교사 훈련도 포함되어 있었다. 그리고 그 훈련에는 예수님을 위해 고난을 당하고 죽는 방법, 그리고 붙잡혔을 때 피하는 방법 등과 같은 놀라운 훈련도 포함되어 있었다(서구 신학교에서 이런 과목이 포함돼 있다고 상상이나 할 수 있겠는가?).

이런 열정은 '다시 예루살렘으로' 운동 소속 지도자와 선교사만 소유한 것이 아니고, 그들이 섬기는 회중들도 지도자의 영향을 받아 동일한 열정을 품고 있다. 그들의 가난에도 불구하고 소속 가정교회들은 이들 선교사들을 지원하기 위해 수만 달러에 해당하는 헌금을 모았다. 현재 대략 백만 명의 '전임' 사역자들이 교회를 섬기고 있는 것으로 추정된다. 그들은 자신들이 할 수 있는 가장 미약한 것이 이들 지도자들 중 십분의 일을 해외 선교에 파송하는 일이라고 믿는다. 즉, 그들은 십만 명의 사역자들을 중국 밖으로 선교사로 파송하는 일을 계획하고 있는 것이다.

이 모든 것이 어떤 사람들에게는 극단적인 것으로 들릴 수 있지만, 이는 수십 년의 핍박이 초래할 수 있는 긍정적인 영향에 대한 한 가지 사례다. 미국 선교사들이 이란, 시리아, 또는 카자흐스탄에 갔을 때, 예수님에 대해 그들이 전한 메시지는 쉽게 오해의 대상이 되었다. 중동과 북아시아 그리고 소아시아의 많은 무슬림 국가에서, 기독교는 현재의 서구적 가치와 복잡하게 얽혀 있는 것에 불과한 것으로 생각되고 있다. 우즈베키스탄의 무슬림은 미국과 유럽에서 보이는 탐욕과 성적 난교 문화가 기독교의 축소판이라고 생각한다. 그들은 유럽 또는 미국에서 온 백인 선교사를 코카콜라나 MTV만큼이나 문화 제국주의를 표현하는 이들이라고 생각한다. 그들은 예수님의 메시지를 폄하한다. 왜냐하면 그들은 예수님의 메시지가 퇴폐적인 서구문화에서 유래한 것이라고 생각하기 때문이다. 그러나 만일 그처럼 열정적이고 근본주의적인 중국 기독교인들이 자신들이 계획하는 일을 실행한다면, 이슬람과 불교 그리고 힌두교가 지배하는 나라로 쏟아져 들어갈 것이다. 이러한 새로운 선교사들은 자신들이 사역해야 할 대상인 근본주의적 무슬림이 가진 것과 유사한 매우 보수적이고, 거의 청교도적인 생활습관에 기초한 가치를 나눌 것이다. 그리고 그들은 억압에 의해 단련을 받았기 때문에 역경이라고는 한 번도 경험해 보지 못한 서구 선교사보다 훨씬 핍박을 잘 견뎌낼 수 있을 것이다. 솔직히 말하자면 나 역시 이 모든 일이 내게 발생할 경우 어떤 결과로 나타날지 잘 모르겠다. 그러나 우리는 하나님께서 그분의 영광을 위해 교회에 대한 마오주의Maoist의 핍박만큼이나 무서운 것들도 사용하실 수 있다는 사실을 다시 한 번 떠올리게 된다.

## 가만히 서 있지 말라

엘리 위젤Elie Wiesel은 1928년 루마니아에서 태어났다. 그는 아주 작은 마을에서 성장했고, 그의 세계는 사랑하는 그의 가족들과 종교연구 그리고 매우 친밀한 마을 공동체를 중심으로 돌고 있었다. 그러나 그의 가족과 마을 그리고 그의 순수한 신앙은 1944년에 발생한 나치가 루마니아의 유대인들을 추방하는 사건을 통해 파괴되었다. 위젤은 아우슈비츠, 부나Buna, 부켄발트Buchenwald, 그리고 글레이비츠Gleiwitz의 공포 속에서도 생존했다.

1945년 4월 수용소에서 해방된 후, 위젤은 프랑스의 고아원에서 몇 년을 보냈고, 1948년 파리의 소르본 대학에서 공부를 시작했다. 그는 마침내 프랑스 신문인 「라체」L'arche를 위해 기사를 쓰는 저널리스트가 되었다. 그러는 동안 그는 노벨상 수상자인 프란코이스 모리악François Mauriac을 만났고, 모리악은 위젤에게 스스로 했던 침묵의 서약을 깨뜨리고 강제수용소에서 그가 경험했던 것들에 대해 글을 쓰도록 영향을 주었다. 그때 이후 그는 유대주의, 홀로코스트, 증오와 인종차별주의, 그리고 대량학살에 반대하는 모든 사람들의 도덕적 의무에 대해 다룬 36권의 책의 저자가 되었다. "침묵을 유지하거나 무관심한 채로 머무는 것은 모든 죄 중에서 가장 큰 죄입니다"라는 그의 언급은 삶에 대한 그의 관점을 가장 잘 드러내는 것이요, 그의 모든 작품을 있게 한 동력이다. 그는 또한 "기억합시다. 왈소Warsaw의 영웅들, 트레브링카Treblinka의 순교자들, 아우슈비츠의 어린이들을 기억합시다. 그들은 외롭게 싸웠고, 외롭게 고통을 겪었으며, 외롭게 살았습니다. 그러나 그들은 외롭게 죽지 않았습니다. 왜냐하면 우리 안에 있는 그 무엇인가가 그들과 함께 죽었기 때문입니다"라고 쓴 글로 자주 인용된다.

2004년, '다르푸르 긴급 정상회담'the Darfur Emergency Summit이 '미국 유대인 세계 봉사회'the American Jewish World Service와 '미국 홀로코스트 기념 박물관'the United States Holocaust Memorial Museum을 통해 뉴욕시립대학에서 모였다. 홀로코스트의 생존자 중 한 명인 엘리 위젤이 현재 수단에서 발생하고 있는 또 다른 홀로코스트에 대한 연설을 부탁받고 초대되었다. 다르푸르인은 대부분 기독교인으로 구성된 소수 민족으로 북쪽의 무슬림에게 핍박을 받고 있다. 이들 기독교인에 대한 위젤의 변호는 대단한 것이었다. 나는 이 장의 마지막에 그의 결론을 포함하려 한다. 나는 이 내용이 내게 영감을 더했던 것처럼 당신에게도 영감을 줄 것이라 믿는다.

어떻게 자유국가의 시민이 이 일에 무관심할 수 있습니까? 어떻게 분노를 느끼지 않을 수 있습니까? 종교적인 사람이든 세속적인 사람이든, 어떻게 연민으로 마음이 움직이지 않을 수 있습니까? 그리고 무엇보다도 기억하는 사람들이라면 어떻게 침묵할 수 있단 말입니까?

어떤 사건도 홀로코스트와 비교하려 하지 않는 한 사람의 유대인으로서, 나는 수단인들이 겪고 있는 비극에 대해 염려와 도전을 느낍니다. 우리는 참여해야 합니다. 만일 우리가 다른 사람들의 곤궁에 대해 무관심한 채 머물러 있다면, 어떻게 유대인이 느끼는 고통에 대한 비유대인의 무관심을 비난할 수 있겠습니까?

홀로코스트는 캄보디아에서 발생했고, 구 유고슬라비아에서 발생했으며, 르완다에서도 발생했고, 현재는 수단에서 일어나고 있습니다. 아시아와 유럽 그리고 아프리카, 이 세 대륙은 수도 헤아릴 수 없는 무죄한 무방비 상태의 사람들을 위한 감옥, 킬링필드, 그리고 묘지가 되었습니다. 그런데도 이 비극이 계속 확산되도록 내버려 두어야 합니까?

'로 타모드 알 담 레아카'*Lo taamod al dam rakha*는 성경의 명령입니다. "너희는 너의 동료가 피를 흘리고 있는 옆에서 가만히 서 있지 말지니라" 여기서 사용된 단어는 '너희 유대인 형제들이여'를 의미하는 아키카*akhikha*가 아닙니다. 친애하는 유대인 형제들이여, 그것은 '너희 친애하는 사람들이여'를 의미하는 레아카*rakha*입니다. 그가 유대인이든 아니든 상관이 없습니다. 모든 사람들이 위엄과 희망을 품고 살아갈 자격이 있습니다. 모든 사람들이 공포와 고통 없이 살아갈 권리가 있습니다.

오늘날 수단의 피해자들을 도와주지 않는 것은 내가 나의 선생님들, 나의 조상들, 나의 친구들한테서 배운 것을 무가치하게 만드는 것과 다름없습니다. 그것은 하나님만이 홀로 하나님이시지만, 그분이 만든 피조물은 홀로 있어서는 안 된다는 것입니다.

지금 나를 가장 고통스럽게 하고 아프게 하는 것은 지금 이 시간에 동시에 일어나는 일들입니다. 우리가 여기에 앉아서 개인적 또는 집단적으로 어떻게 하면 도덕적으로 행동할 것인가를 논의하고 있는 이 시간에, 저 쪽 다르푸르와 수단의 어느 곳에서는 사람들이 살해당하고 죽어가고 있습니다. 만일 수단의 피해자들이 자신들이 버려지고 무시당하고 있다고 느낀다면, 그것은 우리의 잘못입니다-아마도 우리의 죄입니다.

그 때문에 우리가 개입해야 합니다.

만일 우리가 개입한다면, 그들과 그들의 자녀들이 우리에게 감사할 것입니다. 그러면 우리의 자녀들이 그들의 개입으로 인해 그들에게 감사할 것입니다.[19)]

# 4

## 위험한 노래들

예배에서의 유수자
혁명의 노래

# 예배에서의 유수자

노래: 하나님께 영광을

다른 사람을 사랑하는 것은
그들이 하나님을 사랑하도록 돕는 것이다.

_쇠렌 키에르케고르 Søren Kierkegaard

나는 세계를 돌며 선교적 교회들missional churches과 함께 사역을 하는 중에, 유수자들이 드리는 예배는 어떤 것인가에 대한 질문을 받곤 한다. 심지어 내가 공동체를 창출하고, 선교적 공동체를 형성하고, 함께 먹고, 서로를 향해 연민의 마음을 지니고 살아가며, 가난한 사람들을 섬기고, 우리가 수행하는 사역을 거룩한 활동으로 여긴다는 것에 관한 말을 하고 난 이후인데도, 어떤 사람은 선교적 교회가 드리는 예배는 어떤 모습일지 알고 싶어 한다. 사실 일주일 전에도 누군가 내게 연락해 내가 속한 공동체인 '스몰보트빅씨'를 '살펴보러' 오겠다고 문의해 왔다. 이러한 요청을 하고 난 다음 항상 따라 나오는 질문은 "어느 날 몇 시에 모입니까?"라는 질문이다. 이와 같은 질문 이면에 존재하는 가정은 무엇일까? 그 가정은, 첫째로 우리가 주중 모임을 가질 것이라는 것이고, 둘째로 당신이 그 모임에 참석하기만 한다면, 우리 공동체를 이해하기 위해 보아야 할 모든 것을 볼 수 있을 것이라는 생각이다.

나 자신이 이 점에 대해 죄가 있음을 고백한다. 몇 년 전, 『도래할 것들의 형상』The Shaping of Things to Come의 집필을 위한 리서치를 하기 위해, 나는 캘리포니아에 있는 기독교 신앙공동체에 접촉해서 그 공동체의 리더들을 만날 수 있는지의 여부와 공동체의 주간 모임에 참석할 수 있는지에 대해 물은 적이 있다. 처음 그들이 준 답변은 나를 헷갈리게 했다. 그러나 지금은 그 의미가 무엇이었는지 완전히 이해하고 있다. 그들은 내게 내가 그들과 나흘간 생활할 것을 수락하겠다고 전제를 하면 그들 공동체와 리더들에게 접근하는 것을 허락하겠다고 말했다. 나는 내게 나흘간의 여유가 있을지 여부에 대해 확신하지 못하고 있었고, 그들이 비협조적인 것 같아 불편한 마음이 들었다. 나는 단지 그들의 예배를 보고 그들의 지도자들과 인터뷰를 하고 싶었을 뿐이다. 그러나 어쨌든 나는 마지못해 동의했다. 그런데 그 나흘간의 시간은 내게 정말로 중요한 시간이었다. 왜냐하면 그 경험이 내게 진정한 선교적 공동체는 모든 유기적이고 역동적인 관계의 망이 그러하듯이 다양한 차원과 시간선상에서 작용한다는 것을 가르쳐 주었기 때문이다. 그들의 공동예배 시간들을 각기 분리해 보았을 때 별다른 것은 없었다('스몰보트빅씨'의 예배시간도 마찬가지다). 그러나 그들과 며칠을 함께 지내면서 나는 그들의 공동모임이 풍성하고 하나님과 연결을 성취하는 시간이라는 것을 발견하였다. 왜냐하면 그 예배는 공동체의 구성원들과 그들이 수행하는 사역들 간의 상호연관성을 드러내는 것이었기 때문이다. 매우 실질적인 의미에서 만일 어떤 선교적 교회에 공적예배시간이 있다면, 그것은 말 그대로 빙산의 일각에 불과할 뿐이다. 오늘날 사람들이 우리의 진위를 파악하고자 한다면, 나는 나흘 동안 우리와 함께 생활할 것을 제안할 것이다. 아마도 소수의 사람만이 그 제안을 받아들일 것이다. 우리는 왜 함께 교회를 이루는 것을 관계망을 형성하는 것으로 생각할 수 없는 것일까? 도대체 왜 우리는 함께 교회를 이루는 공동체의 리듬을 찾아내려 하기보다는 일회성 행사에만 몰두하는 것일까?

## 기독교왕국의 영향

 부분적으로 이 문제는 1700년간 지속된 기독교왕국 시대가 종결된 후 우리가 교회를 일주일에 한 번 모여 예배를 드리는 것 이상의 어떤 것으로 상상할 수 없게 된 데에서 기인한다. 313년 밀라노 칙령 이후, 로마 황제 콘스탄틴은 제국의 종교로서 이방종교를 자신이 호혜적으로 생각한 기독교로 대체하기 위해 고안한 방법들을 소개하기 시작했고, 이후 선교의 역할은 계속된 기독교왕국 시대에서 점차 뒤편으로 밀려났다. 중세시대까지 유럽에서 살고 있던 모든 사람은 유아세례를 받았다는 것만으로 기독교인이 되는 것으로 간주되었다. 따라서 더 이상 교회가 선교적이 되어야 할 필요가 존재하지 않았다. 이처럼 교회는 유럽의 기독교왕국에 더 이상의 선교적 기여를 할 필요가 없었기 때문에, 교회가 여전히 제공할 수 있는 가장 주요한 기능 중 하나인 예배를 위한 예식을 고안하는 것에 관심을 기울이게 되었다. 그 결과 예배의식이 기독교왕국 시대에 교회가 갖는 가장 전문적인 일이 되었다.

 기독교왕국 시대가 상당히 오래 지속되는 동안 '신앙을 표현한다는 것'은 무언가에 대한 설명을 필요로 하는 것이었음에도 불구하고, 일반 기독교인들은 미사에 참석하는 것으로 자신들의 신앙을 표현했다. 기독교왕국 시대에는 정기적인 교회출석을 요구하는 일련의 법들이 존재했다. 따라서 신앙에 대한 표현은 기독교 유산이나 문화에 대한 표현에 더 가까웠다. 많은 사람들이 예배에 참석했다. 왜냐하면 그래야 했기 때문이다. 당시 문화가 예수님에 대한 깊은 신앙에서 나온 것은 아닐지라도 일단 모든 사람들은 예배에 참여할 것으로 기대되었기 때문이다. 스튜어트 머레이Stuart Murray는 '떼거지로 단지 몸만 교회를 채우고 있는 타락한 사람들'에 대해 불평하는 어거스틴의 말과 예배시간 내내 주사위 게임을 하거나 옆 사람과 말을 나누는 사람들에 대해 언급한 브라가의 마틴Martin of Braga의 말[1]을 인용한다. 오늘날 프랑스나 이탈리아 교회만 들어가

봐도 이런 식으로 제멋대로 행동하는 것을 이해할 수 있다. 가장 수수한 예배당조차 엄청나게 큰 건축물로 세워져 있다. 그런 건물 안에서는 회중석과 멀리 떨어진 곳에서 예배의식이 진행되고 있다. 참석자는 무관심한 구경꾼으로만 취급된다. 실제로 그들 대부분은 구경꾼이었다.

더욱이 12세기가 끝날 때까지 기독교왕국에서 살고 있는 사람들은 모두 하나의 교회와 한 명의 사제를 지원하기에는 충분한 크기지만 그 교구 예배당에 쉽게 접근할 수 있을 만큼 충분히 작은 교구들에 배속되어 있었다. 십일조는 의무사항이었기에 모든 사람은 교구 교회와 거기에 속한 사제를 지원하기 위해 '세금'을 내야만 했다. 이는 교회의 행정과 목회적 돌봄을 위한 탁월한 시스템이었다. 모든 평신도에게는 십일조를 바치고 미사에 참석할 것이 기대되었다. 사제는 평신도를 위한 영적 돌봄과 목회적 돌봄을 제공하는 것뿐만 아니라, 세례, 결혼, 장례, 그리고 매주 행해지는 미사와 같은 성례를 수행할 것이 기대되었다. 기독교왕국에서는 가난한 사람들을 위한 약간의 기본적인 사역을 제외하고는 전도나 사회정의를 위한 사역이 거의 필요가 없었다. 거의 2세기 동안 지속된 기독교왕국의 결과, 기독교인들은 무엇보다 우선적으로 모임—예배 모임, 결혼식, 장례식, 기도회, 그리고 기타 교회 모임—에 참여하는 것과 관계된다는 생각에 익숙해지게 되었다. 오늘날조차 기독교인들(많은 유수자를 포함하여)이 기독교를 매주 모이는 미사 혹은 예배 모임과 분리해서 생각하지 못한다. 심지어는 교회에 출석하기를 그만둔 사람들조차 일단의 성도들이 예배 모임을 구성하는 것에 대한 아무런 계획 없이 함께 교회를 이루는 것의 의미를 상상하는데 상당한 어려움을 느낀다.

『도래할 것들의 형상』*The Shaping of Things to come*에서 앨런 허쉬Allan Hirsch와 나는 건물이 갖는 불길한 성격에 관해 많은 것들을 이야기했다. 우리는 윈스턴 처칠Winston Churchill의 격언을 인용했다. "처음에 우리는 우리의 건물을 짓습니다. 그러고 나면 건물이 우리를 짓습니다." 우리는 교회 건물이 그 안에서 모임을 갖는 공동체를 어떻게 형성해 가는지에 대해 상세히 알고 있었다. 그러나 건물 그 자체보다 우리를 불편하게 하는 것은 기독교왕국에 기초한 가정assumption이다. 이 가정은 공동예배를 드릴 때 기독교 공동체가 품고 있는 핵심적 목표가 되는 것이다. 나는 이것이 비성경적이고 예수님의 가르침이나 혹은 그 제자들한테서 기인한 것이라기보다는 위에서 기술한 문화적 압력에 기인한 것이라고 생각한다. 건물이나 사제 또는 고대의식과 같은 것이 없었던 초기 기독교는 매주 모이는 예배를 통해서가 아니라 그리스도 안에서 하나님께 영광을 돌리고자 하는 그들의 공통된 헌신을 통해 기독교인 됨의 이유를 발견했다. 프랑스 신학자인 자끄 엘룰Jacques Ellul은 이와 관련하여 다음과 같이 지적했다.

> 로마인들에게 있어서 신생 기독교는 결코 새로운 종교가 아니었다. 그것은 '반종교'antireligion였다. 이런 시각은 쉽게 발견할 수 있다. 초기 기독교인들이 재판에 회부한 것은 종종 언급되듯이 단지 제국 종교imperial religion만이 아니라 당시 존재하던 모든 종교였다.[2]

초기 기독교인들이 보인 범례가 현대 기독교인들을 재판에 회부한다고 말할 수 있다. 하나의 운동으로서 우리의 뿌리가 반-종교에서 기인한 것이었는데 반해, 오늘날 교회생활의 상당 부분은 종교모임, 예배의식, '사제'(설교자이든 예배 인도자이든), 건물, 그리고 행사에 맞추어 있다. 이럴 경우 사역자의 고용과 건물의 건설이 불합리한 사이클을 조성한다. 회중은 건물을 짓고 사역자를 고용하기 위한 자금을 마련하기 위해 예배에 사람들을 불러 모으기를 계속해야만 한다. 심지어 회중들이 이런 식의 사이클을 깨뜨리길 원한다 하더라도, 그들을 압박하는 재정적 어려움이 그렇게 하지 못하게 한다.

## 인류의 주요 목적

그러나 우리가 공적인 예배모임에 그리도 집착하게 되는 또 다른 강력한 이유가 있다. 그것은 예배에 대한 개혁주의 전통의 가르침에 대한 오해에서 기인한 것이다. 『웨스트민스터 신앙고백서』는 다음과 같이 진술하고 있다. "사람의 제일 되는 목적은 하나님께 영광을 돌리고, 그를 영원히 즐거워하는 것이다." 이 진술은 오늘날 기독교인들 사이에 잘 알려져 있다. 심지어는 『웨스트민스터 교리문답서』를 전혀 읽어보지 않았거나 장로교 전통에 속하지 않은 사람들도 이 진술에 대해서는 잘 알고 있다. 대부분의 기독교인은 모든 인간의 가장 우선적 목적이 하나님께 영광을 돌리는 것이라고 확신하는 듯하다. 그리고 동일하게 하나님께 영광을 돌리는 주요 구조는 공적인 기독교 예배를 통해 행하는 것이라고 확신하는 듯하다. 그러나 과연 그런가? 종교개혁자들은 종교개혁 이전의 교회가 주장하던 자신의 노력에 기초한 신학의 상당 부분을 뒤바꾸었다. 하지만 그들의 이러한 전복 행위는 기독교왕국에 대해 광범위하게 확산되어 있던 가정들에는 아무런 도전을 가하지 않았다. 비록 종교개혁자들이 말하는 모임의 성격이 신학적인 면이나 강조하는 면에서 그리고 의례적인 면에서 종교개혁 이전의 것과는 상당히 다르지만, 여전히 종교행사에 참여할 것을 요구하고 있다는 면에서는 이전의 전통과 동일하다.

웨스트민스터 신앙고백이 우리의 주요한 목적을 하나님께 영광을 돌리고 그분을 영원히 즐거워하는 것으로 성문화한 이래, 많은 개혁주의 전통 출신들이 우리의 최상의 목적이 하나님을 예배하는 것이라고 가정해왔고, 또한 하나님을 예배하는 것이란 적절한 방식으로 실행되는 기독교 예배의식을 거행하는 것이라고 가정해왔다. 적절한 방식에 따라 모여서 행하는 예배에는 다양한 요소들이 포함되겠지만, 그 목적의 핵심은 적절한 신학훈련을 받고 공인을 받은 교사/사제가 하나님의 말씀을 설교하는 것이다. 오늘날 많은 기독교인에게 있어 그런 모임에 참여하는 것이 인간의 주된 목적이 되어 있다. 그렇다면 이런 기독교인들에게 있어 전도의 개념은 거의 전적으로 불신자를 그런 모임에 초대하는 것을 최우선의 목표로 하는 것이 된다. 그 모임을 통해 불신자들이 예배공동체 안에서 선포되는 성경에 대한 올바른 설교를 들을 수 있기 때문이다.

20세기에 발생한 오순절 운동도 이 생각에 대해서는 어떤 교정도 하지 않았다. 사실 오순절주의자도 기독교인의 가장 큰 소명은 예배모임에 참석하는 것이라는 생각에 똑같이 사로잡혀 있다. 그들은 "하나님의 집에 거하는 하루가 그렇지 않은 천 날들보다 더 귀합니다"라고 노래한다. 이 가사가 의미하는 것이 다른 성도들과 함께 예배드리며 교회 안에 머무는 하루가 세상에서 하는 그 어떤 일보다 더 귀하다는 것이 아니고 뭐란 말인가? 아마도 이것이 우리의 가장 주요한 목적일 것이다. 나는 천국은 우리가 천사 그리고 성도와 함께 모여 영원히 하나님을 노래하고 그분을 경배하는 예배모임이 될 것이라고 진지하게 말하는 젊은 학생들을 여럿 만났다. 내가 그런 그들의 생각에 반대하는 것으로 인해 그들은 상당한 충격을 받았을 것이다.

그러나 나는 그런 생각이 웨스트민스터 신앙고백이 말하고자 하는 것인지에 대해 확신하지 않는다. 질문에 대한 답변 형식으로 구성되어 있는 진술은 기독교인들로서 우리가 가지는 목적이 이중적인 것이라고 암시하고 있다. 그렇다면 하나님을 영화롭게 하는 것이 첫 번째로 의미하는 것은 무엇인가? 하나님의 영광에는 일반적으로 두 가지 요소, 즉 본질적인 영광essential glory과 선포적 영광declarative glory이 있는 것으로 이해되고 있다. 본질적 영광은 하나님께서 소유하고 계시는 내재적 영광이다. 웨스트민스터 신앙고백은 영광을 하나님의 하나님 되심의 본질이라고 말한다. 이는 태양에게 빛이 본질적인 것과 마찬가지인 것이다. 다른 말로 하자면 하나님께서 영화롭지 않으신 것은 불가능하다. 성경은 하나님의 존재를 '영광의 하나님'(예를 들면, 행7:2)으로 언급하거나 그 자체로 완전한 영광을 소유하고 계시는 분으로 언급하는 구절들로 가득하다. 하나님의 영광은 더할 수도 없고 다른 이들과 나눌 수도 없는 것이다. 이사야 48장 11절에서 야훼께서는 "내 영광을 다른 자에게 주지 아니하리라"라고 말씀하신다.

또 다른 하나님의 영광에는 선포적 영광이 있다. 이는 하나님께 돌려지거나 피조물이 하나님께 드리기 위해 수고하는 영광이다. 이 영광은 우리도 할 수 있는 것이다. 우리가 하나님의 본질적 영광에 어떤 보탬도 할 수 없기 때문에 우리가 할 수 있는 것이라고는 하나님의 선포적 영광에 기여하는 것이다. 따라서 하나님께 영광을 돌린다는 것은 세상 안에서 하나님의 이름을 높이고 다른 사람들의 눈에 하나님의 영광을 보이도록 하는 것을 의미한다. 그러나 우리는 여전히 "이것이 오직 공동예배를 통해서 이루어질 수 있는 것인가?"에 대한 질문을 제기해야 한다. 『웨스트민스터 교리문답서』는 우리가 네 가지 중요한 방식—감사, 경배, 사랑, 그리고 순종—으로 하나님께 영광을 돌릴 수 있다고 진술하고 있다.

- **감사.** 이는 하나님을 존중하는 것이고, 우리의 생각 중에서 다른 어느 것보다 그분을 귀하게 여기는 것이며, 우리의 상상과 생각 그리고 믿음을 통해 그분을 칭송하는 것이다. 우리가 이런 방식으로 하나님을 높이고 존중할 때, 하나님께 영광을 돌리게 된다.
- **경배.** 이는 공식적으로 하나님을 예배하는 것으로, 공적이고 공동적인 분위기에서 행해지는 예배를 뜻한다. 신앙고백에 근거하고 있는 『웨스트민스터 교리문답서』는 주께서 친히 설명하신 성전 안에서 정확한 방식으로 올바르게 드리는 예배에 대해 구약성경의 명령을 그대로 따르고 있다. 신앙고백은 경배란 적절히 구성된 예배의식에 따라 행해야 한다고 가정한다.
- **사랑.** 이는 하나님을 사랑하는 것이고, 마치 우리가 친구에게서 느끼는

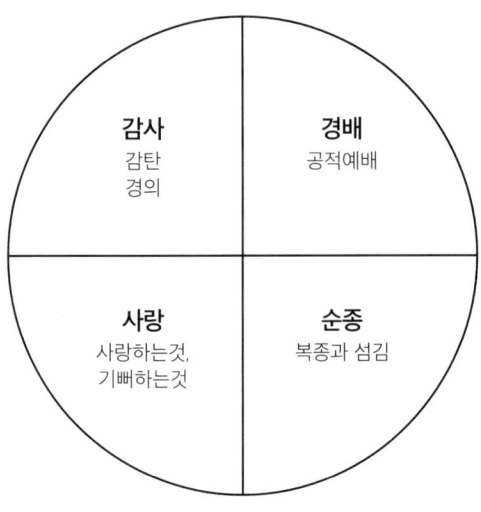

**하나님의 영광을 선포하는 것**

기쁨과 같은 사랑의 기쁨을 드리는 것이다. 이는 하나님을 진정으로 사랑하는 것으로, 우리의 마음을 하나님께 드리는 것이다. 이는 지고한 것이다. 우리가 하나님께 최선을 다해 우리의 사랑을 드릴 때 하나님을 영화롭게 할 수 있다.

- **순종.** 이는 우리의 행위를 통해 하나님을 섬기는 일에 우리 자신들 드리는 것으로, 여러 가지 형식—성경공부, 기도생활, 증거, 연민을 품고 사는 삶, 자애, 그리고 하나님의 이름으로 제공하는 환대—을 취할 수 있다. 하나님께 복종하는 것은 하나님께 영광을 가져다 드리는 통로다.

나는 『웨스트민스터 신앙고백서』의 내용이 상당히 옳다고 생각한다. 우리는 다양한 방식—존중하고, 사랑하고, 예배하고, 섬기는 것—을 통해 하나님께 영광을 돌린다. 다른 말로 하자면 내가 가난한 사람들에게 음식을 제공하거나 내 음식을 이웃들과 더불어 나눌 때, 나는 하나님께 영광을 돌리고 있는 것이다. 내가 성경을 공부하고 있을 때, 나는 하나님께 영광을 돌리고 있는 것이다.

내가 바닷가를 거닐면서 기도를 하고 그 모든 축복으로 인해 하늘에 감사할 때, 나는 하나님께 영광을 돌리고 있는 것이다. 내가 로스앤젤레스의 게티 센터Getty Center에 있는 인상파 화가들의 작품이 전시되어 있는 방에 앉아서 반 고흐의 작품인 '아이리스', 모네의 작품인 '건초더미'haystacks, 그리고 세잔느의 작품인 '사과' 안에 내재되어 있는 거룩한 아름다움에 대해 깊은 애정과 경외감을 느낄 때, 나는 하나님께 영광을 돌리고 있는 것이다. 내가 사이공 거리에 버려진 아이들로 넘쳐나는 베트남의 고아원을 방문할 때, 나는 하나님께 영광을 돌리고 있는 것이다. 내가 정부 대표들에게 해외원조를 늘려야 한다는 요구를 담은 편지를 쓸 때, 하나님께 영광을 돌리고 있는 것이다. 내가 동료 기독교인들과 함께 찬양을 하거나, 기도를 하거나, 아니면 다른 공동 예배행위를 할 때, 나는 하나님께 영광을 돌리고 있는 것이다. 따라서 비록 예배 모임에 참석하는 것이 우리가 하나님께 영광을 돌리는 한 가지 방법이기는 하지만 그것이 유일한 방법은 아니다.

## 하나님을 영원히 즐거워하라

『웨스트민스터 신앙고백서』에 따르면, 우리의 목적 중 두 번째 부분은 하나님을 영원히 즐거워하는 것이다. 얼마나 기분 좋은 제안인가? 우리가 우리의 주요 목적인 하나님을 영화롭게 할 때, 우리의 눈이 열려 이 지구상에서 하나님을 즐거워할 수 있는 수많은 방법을 보게 될 것이다. 미술관을 방문하는 것이 예배의 시간이 된다. 노숙자들에게 음식을 먹이는 시간이 하나님과 연합을 성취하는 순간이 된다. 주님의 집에 있는 하루가 대단한 것이기는 하다. 그러나 주님의 집 밖에서 지내는 수천 날의 시간도 그러하다. 매일을 하나님과 더불어 교제를 나누는 달콤함은 대부분의 사람들에게는 수수께끼이자 신비이다. 그러나 그리스도 안에서 허락된 하나님의 장엄하신 은혜를 경험한 우리 같은 사람들은 하나님을 즐거워하지 않고 어떻게 인생을 즐길 수 있는지 상상할 수 없다. 개인적으로 나는 하나님을 즐거워하지 않고 육신적 건강, 좋은 친구, 행운, 또는 지상의 쾌락을 누리는 것에 대해 상상할 수 없다. 종달새가 높이 날면 날수록 더 달콤한 노래를 부른다는 말이 있다. 이는 분명히 하나님을 즐거워하기 때문에 그의 삶을 즐길 수 있는 신자들을 묘사하는 것이다. 우리가 신앙의 날개를 가지고 더 높이 날아오르면 오를수록 우리는 더 많이 하나님을 즐거워 할 것이다. 이런 즐거움은 함께 예배드리는 심오하고 만족스러운 시간이 주는 기쁨 안에서 감지될 수 있는 것이다. 우리가 손을 올리고 목소리를 높여 다른 사람들과 함께 마치 한 사람이 부르는 것처럼 하나님을 찬양할 때 경험하는 즐거움과 같은 것은 없다. 그러나 하나님을 즐거워하는 것을 그런 경험으로만 한정할 수는 없다. 우리는 잔디밭 가장자리를 정리하고, 가지를 치고, 꽃밭에 거름을 뿌릴 때, 하나님과의 강력한 교제를 감지하면서도 하나님을 즐거워하게 된다. 또한 다른 사람의 필요를 위해 사랑하는 친구들과 기도하고 이 한 가지 동기에서 다른 기독교인과 깊은 연결을 맺을 때도 우리는 하나님을 즐거워한다.

하나님을 즐거워하는 것은 또한 점진적이지만 지속적인 성화의 과정, 즉 당신 삶의 모든 면면을 하나님께 영광을 돌리는 것이 되도록 지향하는 삶을 깨달아 가는 것을 의미한다. 정욕, 탐욕, 또는 다른 경건하지 못한 감각적인 쾌락에 대한 포기는 하나님을 영화롭게 한다. 아리스토텔레스는 감각적인 정욕을 미개한 것이라 불렀다. 왜냐하면 정욕이 맹렬해지면, 이성 혹은 양심의 소리를 들을 수 없게 되기 때문이다. 이런 정욕은 이성을 잃게 만들고 우리를 미개하게 한다. 킹 제임스 번역본에서 호세아 선지자는 이 문제에 대해 다음과 같이 터놓고 말한다. "음행과 묵은 포도주와 새 포도주가 마음을 빼앗느니라"(호4:11) 그런 쾌락에 사로잡힌 마음은 하나님의 영광을 향해 온전히 나아갈 수 없다. 하나님을 즐거워한다는 것은 또한 훈육과 헌신의 삶이 초래하는 '고통'을 감싸 안겠다는 것을 의미한다. 도움이 안 되고 파괴적인 충동을 거부하는 것은 하나님을 즐거워하는 것에 대한 한 가지 표현이다. 왜냐하면 그렇게 함으로써 하나님께 영광을 돌리게 되기 때문이다. 이처럼 가난한 사람들에게 음식을 먹이고, 노숙자를 돌보고, 병든 자를 방문하고, 상처를 소독하고, 손상된 곳을 깨끗하게 하는 것도 하나님께 영광을 돌리는 일이므로, 또한 하나님을 즐거워하는 것이 된다. 나는 진심으로 그것이 공동으로 드리는 예배 이상의 것을 의미한다는 의미에서 우리의 주된 목적이 하나님께 영광을 돌리고 그분을 즐거워하는 것이라는 것을 인정한다.

만일 천국이 의미하는 것이 진실로 영원히 예배만 하는 것이라면, 나는 천국에 대해 들뜰 수가 없을 것 같다. 아니 틀림없이 그럴 것이다. 그러나 나는 예배를 감사, 사랑, 그리고 순종을 포함하는 어떤 것으로 보고 싶다. 새 하늘과 새 땅에 대한 이사야의 비전은 흰옷을 입은 천사들과 사람들이 손을 하늘 높이 들고 하나님을 영원히 찬양하는 것과는 다른 그림을 그리고 있다. 이제 도래할 시대에 대해 말하면서 이사야는 다음과 같이 말한다.

내가 예루살렘을 즐거워하며 나의 백성을 기뻐하리니 우는 소리와 부르짖는 소리가 그 가운데에서 다시는 들리지 아니할 것이며 거기는 날 수가 많지 못하여 죽는 어린이와 수한이 차지 못한 노인이 다시는 없을 것이라 곧 백 세에 죽는 자를 젊은이라 하겠고 백 세가 못되어 죽는 자는 저주 받은 자이리라 그들이 가옥을 건축하고 그 안에 살겠고 포도나무를 심고 열매를 먹을 것이며 그들이 건축한 데에 타인이 살지 아니할 것이며 그들이 심은 것을 타인이 먹지 아니하리니 이는 내 백성의 수한이 나무의 수한과 같겠고 내가 택한 자가 그 손으로 일한 것을 길이 누릴 것이며 그들의 수고가 헛되지 않겠고 그들이 생산한 것이 재난을 당하지 아니하리니 그들은 여호와의 복된 자의 자손이요 그들의 후손도 그들과 같을 것임이라(사

65:19-23)

여기에 새로운 도시, 즉 정의와 풍요와 사랑, 은혜, 열매 맺는 노동, 그리고 자원이 공정하게 분배되는 구속된 세상에 대한 비전이 있다. 그 도시 안에서는 '이리와 어린 양이 함께 먹을 것이며 사자가 소처럼 짚을 먹는'(사65:25) 일이 일상사로 벌어지는 그런 신비한 도시일 것이다. 그리고 모든 사람들이 조화롭게 풍요를 누리며 함께 삶을 살아가는 그런 도시일 것이다. 구속된 도시의 이미지는 요한계시록에도 등장한다.

또 내가 새 하늘과 새 땅을 보니 처음 하늘과 처음 땅이 없어졌고 바다도 다시 있지 않더라 또 내가 보매 거룩한 성 새 예루살렘이 하나님께로부터 하늘에서 내려오니 그 준비한 것이 신부가 남편을 위하여 단장한 것 같더라 내가 들으니 보좌에서 큰 음성이 나서 이르되 보라 하나님의 장막이 사람들과 함께 있으매 하나님이 그들과 함께 계시리니 그들은 하나님의 백성이 되고 하나님은 친히 그들과 함께 계셔서 모든 눈물을 그 눈에서 닦아 주시니 다시는 사망이 없고 애통하는 것이나 곡하는 것이나 아픈 것이 다시 있지 아니하리니 처음 것들이 다 지나갔음이러라(계21:1-4)

이장의 나머지 부분에서는 순수하고 완전한 도시, 즉 하나님께서 친히 모든 사람들 중에 함께하시기 때문에 하나님을 예배할 성전이 필요 없는 도시에 대한 매력적이고 꿈같은 묘사를 할 것이다. 하나님을 즐거워한다는 것은 지금 여기에서 이와 같은 세상을 조성하는 방법을 모색하는 것을 의미한다. 병든 아기들이 건강해지고 평화를 얻는 곳, 노동자들이 탐욕스러운 지주의 자비에 의존하지 않고도 그들의 집과 토지로 인해 즐거워하는 그런 세상, 하나님께서 우리와 함께하시기 때문에, 성전이나 교회, 회당이나 모스크 등이 필요 없는 세상,

통곡과 울부짖음이 없는 세상, 그것이 우리가 하나님을 영원히 즐거워할 그런 유(類)의 세상이다.

## 하나님의 주된 목적

그러나 이 모든 것보다 하나님을 즐거워할 이유가 더 있다. 만일 우리의 궁극적인 목적이 하나님께 영광을 돌리고 그분을 즐거워하는 것이라면, 하나님의 역할이란 무엇이란 말인가? 하나님의 주된 목적은 창조, 보전, 구원, 그리고 인간의 부활이라고 제안하는 경우가 종종 있다. 그러므로 우리의 우선적 수고도 그와 같은 것이 되어야 한다고 배워왔다. 만일 하나님께서 인간을 구속하시기 위해 존재하신다면, 확실히 구속받은 우리는 인간에 대한 구속을 주요 관심사로 삼아야 한다. 이런 유의 사고로 말미암아 많은 기독교 교사와 작가는 전도야말로 우리의 최우선적인 목적이 되어야 한다는 결론에 도달했다. 그러나 목사이자 작가인 존 파이퍼John Piper는 매우 영향력 있는 그의 저서 『여호와를 기뻐하라』*Desiring God*(생명의 말씀사 역간)에서 약간 다른 주장을 편다. 그는 인간의 구원이 하나님의 우선적인 목표가 아니라고 말한다.

> 하나님의 구원계획은 궁극적인 것이 아니라 두 번째 목적에 해당한다. 구속, 구원, 그리고 회복은 하나님의 궁극적인 목적이 아니다. 그분은 뭔가 더 큰 사역을 위해 이러한 사역들을 수행하신다. 즉, 당신 자신을 영화롭게 하는 것 안에 내재하는 즐거움이다.[3]

파이퍼는 계속해서 하나님 자신의 영광에 대한 하나님의 즐거움이 그가 기독교 쾌락주의Christian hedonism라고 부르는 것의 기초가 된다고 제안한다. 기독교 쾌락주의의 기초는 우리에 대한 것이 아니라 거룩하신 삼위일체에 대한 하나님의 헌신이다. 하나님께서는 하나님 당신의 영광 안에서 기뻐하시며 즐거워하신다. 물론 이는 잠언 16장 4절("여호와께서 모든 것을 자기 목적대로 지으셨나니"-쉬운성경)과 같은 성경본문과 일치한다. 하나님께서는 무엇이든 그분 자신을 행복하게 하는 모든 것을 하실 권리와 능력과 지혜가 있으시다. 시편 기자가 말하듯이 '오직 우리 하나님은 하늘에 계셔서 원하시는 모든 것을 행'(시115:3)하신다. 그리고 하나님께서는 그분의 일을 해 나가시는데 좌절하시지 않으신다. 그러므로 하나님께서는 결코 결핍하거나 필요한 것이 없으시며, 결코 침울해 하거나 실망하지 않으신다. 성경은 이 점을 반복해서 지적한다.

> 너희는 옛적 일을 기억하라 나는 하나님이라 나 외에 다른 이가 없느니라 나는 하나님이라 나 같은 이가 없느니라 내가 시초부터 종말을 알리며 아직 이루지 아니한 일을 옛적부터 보이고 이르기를 나의 뜻이 설 것이니 내가 나의 모든 기뻐하는 것을 이루리라 하였노라(사46:9-10)

> 주께서는 못 하실 일이 없사오며 무슨 계획이든지 못 이루실 것이 없는 줄 아오니(욥42:2)

파이퍼가 지적하는 것처럼 하나님께서는 완전히 자족하시며 완전한 주권자이시기 때문에, 항상 하나님 안에서 행복을 추구하는 모든 사람들을 지키실 에너지가 충만하고 풍요롭다. 하나님 안에서 행복을 추구하는 것이 기독교 쾌락주의다. 이는 하나님을 영화롭게 하는 임무에 기초하여 즐거움을 추구하는 것이다. 파이퍼는 계속해서 다음과 같이 말한다.

만일 하나님의 목적하신 것들 중 아무것도 좌절할 만한 것이 없다면, 그분은 모든 존재들 중 가장 행복하신 분이실 수밖에 없다. 이 무한하고 거룩한 행복은 기독교 쾌락주의자들이 와서 물을 마시고 더 많이 마시길 열망하는 근원이다 …… 기독교 쾌락주의의 근원은 하나님의 행복이다.[4]

『웨스트민스터 신앙고백서』에 대한 파이퍼의 창의력 넘치는 재해석은 인간의 최고 목적이 하나님을 영원히 즐거워하기 **위하여** 하나님께 영광을 돌린다는 것이다. 만일 우리가 하나님께 구별되고 하나님의 영광이 가져올 생활방식에 스스로를 던져 넣는다면, 그에 따른 부수적이고 자연스러운 결과로 우리는 기쁨과 즐거움으로 가득하게 될 것이다. 왜냐하면 우리는 영광을 받으신 하나님의 행복이라는 우물에서 행복의 물을 마시게 될 것이기 때문이다. 물론 그 반대의 경우 또한 사실이다. 삶에서 가장 위대한 사업은 하나님을 즐거워함으로써 하나님을 영화롭게 하는 것이다. 의무와 기쁨 간에는 어떤 구별도 없다. 이는 양자가 서로 연결되어 있는 양 극과도 같다. 하나님을 따르는 자들에게 있어 의무는 기뻐하는 것이다.

이것이 예수님의 모범을 통해 우리에게 드러난다. 예수님께서는 십자가의 의무를 지셨다. 왜냐하면 그것이 성부 하나님을 기쁘시게 하는 일이었기 때문이다. 성부께서 성자의 고통에서 기쁨을 취하신다는 것은 불편하게 만드는 개념인 것처럼 보이긴 한다. 그러나 광범위하고 포괄적인 차원에서 이런 일이 발생할 수 있다. 하나님께서 고통과 고난을 싫어하신다는 것은 의심의 여지도 없는 사실이다. 하나님께서는 그리스도께서 짊어지신 죄를 미워하신다. 그러나 우리가 좀 더 넓은 렌즈를 통해 본다면, 성부께서는 죄를 극복하시는 죽음을 이기신 아들 예수의 순종을 기뻐하셨다는 것을 보게 된다. 오늘날에도 모든 고통과 죄가 존재한다. 좁은 렌즈를 통해 보면, 우리는 우리의 고통 때문에 슬퍼하시는 하나님을 보게 된다. 그러나 파이퍼가 지적하는 것처럼 "그런 사실이 그분의 계획을 훼방하거나 그분의 기쁨을 경감하지는 못한다."[5] 궁극적인 목적—하나님의 영광—의 성취에 대한 하나님의 기쁨이 고통에 대한 좁다란 견해를 압도한다.

핵심은 우리가 드리는 찬양을 통해 하나님의 추구하심과 하나님 안에서 우리가 추구하는 기쁨은 하나이며 동일한 추구라는 것이다. 영광을 받고자 하시는 하나님의 추구와 만족하고자 하는 우리의 추구는 순종과 경건한 삶을 살아갈 때 흘러넘치게 되는 것으로, 하나님 안에서 누리는 우리의 기쁨이라는 한 가지 경험 안에서 동일한 목적에 도달한다. 하나님께 있어, 신적 영광에 헌신하는 삶은 사람들의 마음속에 존재하는 하나님의 탁월하심에 대한 아름다운 투영이다. 우리에게 있어, 찬양과 경건은 하나님과 더불어 교제를 누리는 삶으로부터 오는 만족의 정점이다. 하나님께서는 우리를 위하신다!

## 하나님을 기쁘시게 하는 것

우리의 주요 목적이 '하나님을 영화롭게 하고 그분을 영원히 즐거워하는 것'이라고 말하는 것 대신, 나는 한층 더 단순한 문구를 제안하고자 한다. '인류의 주요 목적은 하나님을 기쁘시게 하는 것'이다. 즉, 우리는 하나님께서 그분 자신의 영광으로부터 파생해 내시는 행복에 기여한다. 확실히 이것이야말로 예수님께서 행하신 사역의 주요 목적이었다. 예수님께서는 전적으로 하나님의 기쁨을 위해 사는 인간의 삶이 어떤 것인지에 대한 모델이 되신다. 사실 여러 차례 하나님께서는 생명을 건 성자의 복종에 대해 그분의 솔직한 기쁨을 선포하시지 않을 수 없었다. 이런 선포는 특히 마태복음이 주목하고 있는 바이다. 요단강에서 예수님께서 세례를 받으실 때, 대중적으로 공적인 사역을 시작하셨을 때, 하늘이 열리고 성령께서 비둘기 같은 형상으로 예수님 위에 강림하셨을 때, 하나님의 기쁨이 선포되었다. 마치 하나님의 확증하심에 대한 표명들이 충분치나 않았던 것처럼, 하늘에서 "이는 내 사랑하는 아들이요 내 기뻐하는 자라 하시니라"(마3:17)라고 선포하는 음성이 들려왔다. 후에 변화산 상에서도 예수님의 얼굴과 옷이 베드로와 야고보 그리고 요한 앞에서 마치 태양처럼 빛이 났고, 뒤이어 구름 사이에서 한 음성이 나와 동일한 확증을 해 주셨다. 다만 "그의 말을 들으라"(마17:5)라는 언급이 더해졌을 뿐이다. 그리고 예수님께서 부활하셔서 무덤에서 나오실 때, 그분의 형상은 빛이 났고 그분의 옷은 눈처럼 희었다(마28:3). 비록 어떤 목소리에 대해 아무런 기록이 없기는 하지만, 우리는 부활이 하나님의 아들이 하신 사역에 대한 궁극적 동의의 표현이라는 것을 안다. 따라서 사역을 시작하실 때와 그 중간 그리고 사역을 마치실 때, 하나님께서는 예수님에 대해 크신 기쁨을 선언하셨던 것이다. 그리고 예수님께서는 이러한 하나님의 기쁨 때문에 문자 그대로 빛을 내셨다.

우리가 예수님께서 하신 것과 같은 방식으로 하나님께 영광을 돌릴 수 있다고 기대하는 것이 다소 무엄한 것으로 생각될 수도 있다. 우리는 대부분 실패나 불순종을 통해 하나님께 실망과 고통을 안겨드린다고 느끼는데 익숙하다. 기껏해야 한두 번 정도 하나님께서 우리의 삶에서 즐거움을 도출해 내신다고 느낄 뿐이다. 우리는 예배시간 중에 하나님을 찬양할 때 더 강력한 집중력을 가지고 하나님을 기쁘시게 하기 위해 전력을 기울인다. 그러나 하나님께서는 우리가 생각하는 것보다 훨씬 더 기뻐하실 준비가 되어 있으신 듯하다. 우리의 죄를 위해 감당하신 예수님의 희생이 하나님을 기쁘시게 했고, 그것이 우리와 관련된 모든 정죄를 씻어냈을 것이다. 하나님의 목적들은 우리의 실패와 상관없이 모두 성취되었다. 우리가 그러한 하나님의 기쁨을 경감시킬 수 없는 것이다. 우리가 그리스도 안에서 하나님과 화목을 이루었을 때, 우리로 인해 느끼실 수 있었던 하나님의 실망과 고통은 그리스도를 통해 영광을 받으신 기쁨의 쓰나미에 압도되었다. 정죄함에서 자유를 얻은 우리는, 하나님을 기쁘시게 하는 것이 인간이 창조된 유일한 목적이며 이 목적을 위해 존재하며 행동하고 힘써야 한다는 비전 안에서 새롭게 되어야 한다. 다른 사람들에 대한 우리의 모든 섬김, 공동으로 드리는 모든 예배, 죄의 결과로 인한 모든 고통, 모든 희생, 모든 열망, 이 모든 것들이 더 고상한 섬김인 하나님을 기쁘시게 하는 일을 위해 바쳐져야 한다. 설령 하나님께서 우리 때문에 실망하셨다고 생각될 때조차, 하나님께서는 넓은 렌즈를 통해 보시기 때문에 스스로 즐거워하신다는 것을 알아야 한다. 우리의 하나님은 영원토록 환희하시며 기뻐하시는 하나님이시다.

우리가 행복해 하시는 하나님에 대한 크고 굳건한 믿음을 가지게 되면, 모든 일을 하나님께 더 큰 즐거움을 돌려드릴 기회로 볼 수 있다. G. K. 체스터톤은 "나는 하나님께서 이 우주에 남아 있는 유일한 어린아이라고 생각합니다. 그리고 우리 모두는 죄로 인해 어른이거나 냉소적인 존재들이 되었다고 생각합니다"라고 말해 주목을 받았다. 부모의 관심을 받고 기쁨에 킥킥대고 웃는 어린아이처럼, 하나님께서는 관심을 받으시는 것을 통해 기쁨을 누리신다. 아이안 찰슨Ian Charleson이 제작한 영화 <불의 전차>Chariots of Fire에서 스코틀랜드 출신 육상선수이자 선교사인 에릭 리델Eric Liddell은 "나는 어떤 목적이 있으시기 때문에 하나님께서 나를 만드셨다고 믿습니다. 그러나 그분은 또한 나를 빠르게 만드셨습니다. 그리고 내가 뛸 때 나는 그분이 기뻐하시는 것을 느낍니다"라고 말하는 장면이 나온다. 이런 유의 믿음을 가지고 유수자들은 우리 삶 전체가 하나님을 지향할 수 있으며 그러므로 하나님께 영광 돌리는 삶이 될 수 있다는 것을 인식할 수 있어야 한다. 우리의 주요 목적이 하나님을 기쁘시게 하는 것이 될 때, 빨리 달리는 것은 더 이상 개인적인 영광이나 세상에서 최고가 되는 것과 관련된 일이 아니다. 그것은 하나님을 기쁘시게 하는 것과 관련된 일이 된다. 그와 같이 하나님께 기쁨을 드리기 위해 삶을 산다는 것은, 우리의 선택, 우리의 선호, 우리의 욕망이 우리가 품고 있는 더 큰 목적에 종속된다는 것을 의미한다.

따라서 주를 사랑하거나 주를 기뻐하거나 주께 복종하거나 심지어는 주의 구원을 받아들이는 것에 이르기까지, 이 모든 것들은 주를 기쁘시게 하는 주요 목적을 성취하기 위한 수단들이다. 간호사는 병자를 치료하는 일을 통해 하나님께 영광 돌리는 일을 수행하여 하나님을 기쁘시게 한다. 교사는 학생에게 진리에 대해 가르침으로 하나님을 기쁘시게 한다. 육상선수는 빨리 달리는 것을 통해 하나님을 기쁘시게 한다. 이처럼 우리가 그분 자신께 영광을 돌리시는 하나님의 멈추지 않는 목표에 참여하면 할수록, 하나님과 우리 자신에게 더 큰 기쁨을 선사할 수 있다. 예수님처럼 우리는 문자 그대로 빛을 발하게 되는 것이다.

수많은 예배 담당 목사가 하나님을 기쁘시게 하는 최선의 방법은 찬양예배를 통하는 것이라고 제안하는 이유가 도대체 무엇일까? 리델이 파리 올림픽 육상트랙에서 하나님께 예배를 드리지 않았던가? 내가 지역 정치가를 만나 지구촌 곳곳에서 발생하는 기아에 대해 더 많은 관심을 기울이라고 촉구할 때 하나님을 예배하고 있지 않았는가? 우리가 청지기로서 책무를 다하기 위해 환경을 보호하고자 할 때 하나님을 예배하지 않았던가? 나는 그렇다고 생각한다. 우리의 모든 삶은 하나님의 영광을 표현함으로써 하나님을 찬양하는 삶이 되어야 한다. 그렇게 할 때 우리의 삶은 하나님 자신 안에 있는, 그리고 이 지구상에 존재하는 신적 목적들을 완성해 가는 데에 있는 하나님의 즐거움에 보탬이 될 것이다.

## 다음 주일에 봅시다

물론 이런 예배들 중 어느 하나도 공동 혹은 공공 예배의 중요성을 배제하지 않는다. 오히려 이 모든 예배들은 공동 혹은 공공 예배에 기초하고 있다. 우리는 감사, 사랑, 순종, **그리고** 경배를 통해 하나님께 영광을 돌린다. 경배는 본질적인 것이다. 그러나 경배를 하나님께 영광을 돌리는 유일한 방식으로서가 아니라, 본질적인 방식들 중 하나로 재설정하는 것이 나의 바람이다. 나는 예배란 매일 어떤 수준에서 함께 교회로 모이는 공동체가 일상적 삶에서 넘쳐나는 것을 공동으로 표현하는 것이어야 한다고 생각한다. 만일 우리가 하나님을 기쁘시게 하는 것을 주요 목적으로 삼는 공동체—관계망 혹은 관계의 네트워크—라면, 우리가 모이는 시간에 하나님을 기쁘시게 하는 일을 할 것이다. 하지만 불행하게도 교회성장을 주장하는 사람들은 회중들을 압박하여 그들이 공동으로 드리는 주일예배를 '구도자 예배'seeker services로 드릴 것을 강력하게 주장하고 있다. 이렇게 주장하는 이면에는 사람들에게 설득력을 주어 그들로 하여금 다시 한 번 교회로 돌아오게 하자는 희망이 깔려있다. 그러나 이런 생각은 심각한 신학적 오해에서 기인한 것이다. 왜냐하면 그들은 '예배', '전도', 그리고 '교회'라는 단어가 갖는 의미들을 곡해하기 때문이다. 우리가 주목해 보았듯이 '교회'라는 용어는 어떤 사람이 가는 어떤 특정한 장소를 가리키지 않는다. 대신 '교회'라는 용어는 일단의 사람들, 즉 하나님께서 그분의 목적하신 바를 이루시기 위해 부르신 사람들이 가지는 성격과 관련된다. 또한 나는 교회 성장을 말하는 이들이 주장하는 마케팅은 공적 예배의 의미를 확장하는 것이 아니라 축소하는 것이라고 생각한다. 확실히 우리가 공적 예배에 참여할 때, 우리는 하나님께서 찬양받기에 합당하시기 때문에 그분을 예배하는 것이지 다른 교회들과 관계가 틀어진 기독교인들을 끌어 모으기 위한 마케팅 수단들(솔직해지자. 이런 사람들은 대부분 그런 식의 예배에 매력을 느낀다) 때문에 예배하는 것이 아니다.

마르바 던Marva Dawn은 그녀의 책, 『거룩한 시간 낭비: 하나님을 예배함의 광휘와 세상을 위한 교회되기』*A Royal "Waste" of Time: The Splendor of Worshipping God and Being Church for the World*(이레서원 역간)를 통해, 예배를 전도를 위한 도구로 변화시키려는 사람들에 반대하면서 예배에 대한 성경적 입장을 세운다. 왜냐하면 예배를 전도의 도구로 삼자는 주장은, 모든 성도에게 참된 교회를 이룸으로 이웃에게 다가가야 하는 성도로서의 의무를 회피하게 만들기 때문이다.[6] 던은 함께 교회를 이루는 성도 공동체가 예배를 드리기 위해 모일 때, 좀 더 깊은 차원에서 하나님의 백성 됨을 이루게 된다고 가정한다. 그리고 이러한 일이 일어날 때, 그들이 갖는 생활습관과 관계의 질이 그들의 이웃들에게 더 많은 영향을 끼치게 된다. 그녀는 좋은 예배는 생활방식 자체가 자신의 신앙에 대해 보증이 되는 사람을 만들어 간다고 믿는다. 나도 그렇게 생각하고 싶다. 그러나 전적으로 동의하지는 않는다. 나는 예배가 제공하는 하나님과의 집단적 만남이 사람에게 좀 더 하나님처럼 되게 하고, 그렇게 함으로써 그들이 좀 더 진정한 선교적 공동체가 되게 한다는 가정은 받아들일 수 없다. 나는 교회에서 수천 번에 달하는 다양한 예배를 드리고 있음에도 불구하고 비신자들과 다름없이 무분별하고 이기적인 삶을 살아가는 기독교인들의 현실이 이미 그런 가정이 옳지 않음을 보여주었다고 생각한다. 앞의 2부에서도 언급했듯이 나는 선교에 대한 집단적 헌신이 공동체/코뮤니타스에 활력을 돌게 한다고 생각한다. 또한 예배 공동체에서 선교가 분출되기보다 선교하는 공동체에서 좀 더 강력한 예배가 분출된다고 생각한다.

크래이그 반 겔더Craig Van Gelder의 책 『대담한 증거-변화하는 세상』Confident Witness-Changing World에서 공동저자인 매리 조 레디Mary Jo Leddy는 체코공화국의 시인이자 대통령인 발크라브 하벨Vaclav Habel이 구 체코슬로바키아 시절 공산주의자들에 대항하여 일어난 벨벳 혁명Velvet Revolution의 놀라운 성공에 대해 설명해 달라는 질문을 받았을 때의 상황에 대해 기록한다. 그 때 하벨의 답변은 다음과 같았다. "우리는 비교 사회parallel society를 가졌습니다. 그리고 그 비교 사회 속에서, 우리는 진실을 알게 되어 마침내 프라하 거리로 나가 '우리는 더 이상 당신들의 거짓말을 믿지 않는다'라고 말하게 될 때까지, 우리의 연극대본을 썼고 우리의 노래를 불렀고 우리의 시를 읽었습니다. 그러자 공산주의는 멸망**할 수밖에** 없었습니다."[7] 따라서 레디는 후기 기독교문화에서 교회는 이와 유사한 비교 사회로서 예배해야 한다고 보았다. 그리할 때 우리의 모임은 우리의 언어를 말하고, 하나님에 대한 우리의 이야기들을 읽고, 모든 종류의 스타일로 믿음에 대한 진정한 찬송을 부르고, 우리가 진리를 알게 되어 마침내 세상으로 나가 우리의 친구 되신 예수님의 메시지를 가지고 도전하게 될 때까지 우리의 기도를 쏟아내는 기회가 된다. 벨벳 혁명에 참여한 사람들은 비교 사회가 되었다. 왜냐하면 공산정권을 전복시키고자 하는 사명에 헌신했기 때문이다. 선교는 비교 공동체를 발생시킨다. 그리고 그 공동체 안에 혁명에 대한 연극과 노래 그리고 시들을 발생시킨다. 체코의 지하 혁명주의자들처럼 유수자들은 주변 문화와는 다른 이야기를 말하는 성경적 이야기들에 근거하여 형성된다. 하나님의 영광을 위해 주변 문화를 전복하고자 하는 사명을 품은 유수자들은 하나의 공동체를 형성하게 된다. 그리고 그 공동체는 그 자체의 적절한 예배 의식들과 리듬을 발전시킨다.

그 과정이 진행되는 올바른 순서에 대해 나는 다음과 같은 견해를 가지고 있다.

**그리스도를 안다는 것은**

⇩

**우리를 선교로 뛰어들게 하며,**

⇩

**서로를 교회로 초대한다.**

예수님에 대한 위험한 이야기들을 알게 되면 토끼 굴에서 우리 자신을 발견하는 세상으로 뛰쳐나올 수밖에 없다. 예수님께서 보이신 모범을 진실로 이해하고 평가하게 되면, 편안하고 안정된 울타리 속에 머물러 있을 수 없게 된다. 예수님을 알게 되면 다른 사람들의 삶으로 뛰어들게 된다. 예수님의 이야기를 알게 되면 우리 자신이 아닌 누군가 혹은 무엇인가를 섬기기 위해 보내심을 받게 된다. 간단히 말하면, 예수님에 대한 위험한 이야기들을 알게 되면, 우리는 관용, 환대, 정의, 그리고 평화를 실천하는 선교에 참여하게 된다. 그 다음 연결고리는 어쩔 수 없는 상황에서 선교에 대한 한계적 경험에 직면하게 될 때, 그리고 우리의 여정 가운데서 우리를 지원해 줄 동료 기독교인에게 도움을 요청해야 할 때 오게 된다. 그 때가 바로 우리가 함께 교회를 이룰 리듬과 구성을 조성할 때다. 이런 리듬은 우리가 우리 자신을 발견하는 사회적 상황에서 나타난다. 함께 예배하는 것은 본질적이다. 왜냐하면 우리가 그런 한계적이고 선교적인 상황에서 하나님을 신뢰할 때, 우리는 하나님께서 일하시고 그분 자신을 영광스럽게 하시는 것을 보고, 또한 경이롭고 행복하며 은혜로우신 하나님 되심을 위해 그분께 경배하길 원하기 때문이다. (단순히 노래를 부르는 것과는 구별되는) 진정한 예배는 선교하는 공동체missioning community의 본질에서 나온다. 동료 기독교인들과 함께 예배하고 주차장에서 다음 주에 다시 만나자고 하며 작별인사를 하는 것—"다음 주일에 또 봅시다"—은 초대 기독교인들이 경험했던 것과는 전혀 반대가 되는 것이다.

풍자적인 기독교 인터넷 사이트인 '바보들의 배'Ship of Fools는 교회를 행사로 보는church-as-event 태도에 대해 '신비한 예배자'mystery worshipper를 통해 통렬하게 비웃는다.[8] 7년 전, 이 웹사이트는 영국 전역에서 행해지는 교회 예배에 '스파이들'을 보내는 것으로 출발했고, 각 예배에 대한 논평과 점수를 웹사이트에 개재하기 시작했다. 이 방법은 '신비한 구매객들'mystery shoppers을 자사가 운영하는 점포에 보내 소비자들의 반응을 조사하는 방법을 도입한 슈퍼마켓 체인점의 시장조사 기술에서 영감을 얻은 것이었다. 신문에 기재되는 음식비평처럼 '바보들의 배'는 그들이 참여한 예배의 '질'에 대해 보고했다. 교회들은 환영이 얼마나 따뜻했는가, 설교의 길이와 내용, 음악, 그리고 심지어는 예배 후 제공되는 커피와 좌석의 편안함의 여부에 대해서도 평가를 받았다. 신비한 예배자는 예배 중에 그들을 천국에 가장 가깝게 하는 순간과 '그 외의 다른 곳들'에 가장 가깝게 하는 순간에 대해서도 설명한다. 매년 '바보들의 배'는 최고의 설교, 최고의 음악, 그리고 전체적으로 가장 좋은 교회 등의 항목으로 교회 '오스카상'을 수여한다. 평가를 받은 교회들이 '바보들의 배'에서 보낸 자원봉사자가 방문했음을 아는 단 한 가지 단서는 헌금 주머니에 의도적으로 넣은 마스크를 쓴 론 레인저Lone Ranger 그림이 그려진 명함뿐이다. 참으로 어이없는 사실은 지금 우리가 주요 교단의 교회 안에서 소비자 지향적이고 행사에 기초한 접근 방식으로 제작된 예배를 보고 있다는 것이다.

당신이 '신비한 예배자들'이 신앙과 상관이 없는 사람들이라거나 아니면 심지어 신성을 모독하는 사람들이라고 생각할 경우를 생각해서, 여기에 내가 가르치는 신학교에서 사용하는 한 가지 실습을 소개하고자 한다. 나는 사람들에게 종이 한 장을 꺼내 종이 중간에 줄을 그으라고 말한다. 왼쪽 면 맨 위쪽에는 '청중'이라는 제목을 쓰게 하고, 오른쪽 면 맨 위쪽에는 '교회'라는 제목을 쓰도

| 청중 | 교회 |
| --- | --- |
| 비판적(당신은 돈을 지불했고 따라서 재미있는 공연을 보고 싶어 함) | 깊이 신뢰하는 관계를 소유한 가정 |
| 다른 어떤 사람과도 관련이 없음 (고도로 개인화된) | 상호 연관되어 있고, 상호 관련되어 있는 지체로 구성된 몸 |
| 기대 (공연이 재미있을 것이라는 기대감) | 모두가 은사를 받았으므로 모두가 기여할 것을 기대 |
| 공연자들과 아무런 관계가 없음 | 연민으로 서로를 돌보는 마음이 있음 |
| 같은 방향을 바라보고 있음 | 관대하고 환대적임 |
| 주는 것이 아니라 받는 데 초점이 맞추어져 있음 | 주는데 초점이 맞추어 짐 |
| 일반적으로 수동적 | 연합에 높은 가치를 둠 |
| 쉽게 지루해 함 | 왕같은 제사장, 모두가 하나님께 나아가는 것을 즐김 |
| 규범을 기대(당신은 조용히 있어야 합니다. 공연이 마칠 때까지 자리에 앉아 있어야 합니다) | |

록 한다. 그리고 나서 나는 그들에게 왼쪽 면에 청중(예를 들면, 영화관이나 연극공연장 또는 콘서트에 참석한)의 속성들에 대해 써 달라고 청한다. 오른쪽 면에는 신약성경이 교회의 특징이 되어야 한다고 말하는 속성들에 대해 써 달라고 요청한다. 대부분의 경우 그 리스트는 다음과 같다.

리스트를 완성하고 난 후, 사람들에게 어느 쪽의 내용이 그들이 교회에서 경험한 것을 잘 묘사하는지를 선택하도록 한다. 십중팔구 그들은 왼쪽 면을 선택한다. 그리고 그런 결과가 나온 것을 보며 우울해 한다. 유수자들은 자신들이 그런 청중에 속하는 것에 대해, 돈을 지불하고 만족할 만한 공연을 기대하는 것에 대해, 그리고 앞에서 '공연자들'이 하는 것을 지켜보는 것에 대해 지친 사람들이다. 요약하자면 유수자들은 기독교왕국 스타일, 즉 강대상에서 진행되는 예배 이상의 것을 원하는 사람들이다.

## 대안 예배?

내가 앞에서 말했듯이, 이들 중 누구도 공동예배를 배제하지 않는다. 사실 선교에 관한 제한기적 경험을 통해 영감을 받은 유수자들이 하나님을 예배하기 위해 집단적으로 함께 모이는 것은 필수적이다. 예배시간은 삶을 함께하는 것에 대한 집단적 기쁨이 흘러넘치는 표현이 될 것이다. 그리고 공동체가 수용하는 것이라면, 그 형태는 어떤 형식이든 취할 수 있을 것이다. 예배시간은 공동체적 삶의 총합이라기보다는 흘러넘침의 표현이 될 것이다. 선교적 공동체를 '살펴보는 데'는 90여 분간 지속되는 한 번의 예배시간이 아니라 그들이 함께 경험하는 며칠이 될 것이다. 그렇다면 선교적 공동체들이 드리는 예배는 주요 교단 소속 교회들이 드리는 예배와 다르다는 말인가? 나는 이미 앞에서 언급했던 이유들로 인해 이 점에 대해 그렇다고 생각하고 있다. 나아가 예배 중

대안 예배

에 혁명이 발생하고 있으며, 그러한 혁명을 유수자들이 진행하고 있다는 단서들이 있다.

　유수자들은 강대상에서 이끌어 가는 예배, 문화적으로 유리된 예배, 무난하고 반복적인 예배, 대단히 인지적인 예배, 그리고 음악적 감동이 없는 예배를 거부한다. 그들은 또한 모더니즘의 정신에 사로잡혀 있고, 기초주의 foundationalism에 근거하며, 말과 합리적 논증에 의존하는 경향을 띤 예배형식으로 표현되는 예배를 지켜보는 것을 불편해 한다. 개신교 교회의 두 가지 핵심 요소들인 찬양과 설교는 대부분 교리를 전달하기 위한 방편으로 사용되었다. 신비감과 경이로움 그리고 경외감은 사라졌다. 유수자들은 회중이 집단적으로 상호작용하는 데 참여할 수 있는 다양한 기회를 강조하는 예배의 경험을 조성하고 있다. 사실 어떤 경우에는 이런 예배 스타일을 '어항예배' fishbowl worship라고 부른다. 왜냐하면 예배자들이 큐레이트된 공간 curated zone, 즉 예배자가 편안하게 다양한 예배 경험에 참여할 수 있도록 예배팀이 미리 고안한 공간에 들어가 있기 때문이다. 미술관 큐레이터가 전시공간을 디자인하듯이, 예배 큐레이터는 예배자가 말 그대로 예배 경험으로 둘러싸이도록 공간을 디자인한다. 많은 유수자들은 관계와 공동체, 초월과 신비, 경험적이고 상징적인 것을 강조하기 위해 묵상과 명상에 대한 다양한 훈련을 재발견하려고 노력했다. 이런 예배는 대단히 창의적이고, 하나님께 깊이 초점을 맞추며, 동시에 대단히 참여적인 의미가 있다. 이런 예배 스타일은 예배가 진행되는 동안 예배자로 하여금 하나님과의 깊은 연계를 발견하도록 하는 예배 스타일이다. 그러나 내가 앞에서도 말했듯이, 나의 최우선적 목표는 공적 예배를 재활성화하는 것이 아니다. 나는 이 부분이 교회의 완전한 개혁을 위해 필요한 광범위한 내용들 중 일부라고 생각한다. 그런 생각을 마음에 두고, 나는 유수자들이 드리는 예배는 다음과 같은 측면들을 포괄해야 함을 제안하고자 한다.

### 1. 공동적

강대상에서 이끌어가는 예배는 본질적으로 엘리트 중심적일 수밖에 없다. 그런 예배는 유수자들이 거부하는 성직자와 평신도 간의 이원성을 강화한다. 그런 예배는 소수의 '전문가들'이 디자인하고, 그 디자인된 점을 성취하는 데 필요한 특별한 재능—주로 음악적 재능—을 소유하고 있는 사람들이 수행한다. 사실 오늘날 교회에서 사용하는 언어의 많은 부분을 볼 때, 예배는 음악이다. 사람들에게 그들이 출석하는 교회의 예배가 어떠냐고 물어보라. 아마도 그들 대부분은 예배에서 사용되고 있는 음악 스타일에 대해 말할 것이다. 유수자들은 재능을 갖춘 사람들만이 아니라 모든 사람이 함께 기여하는 예배의 경험을 갈망한다. 이것은 성경을 가르치고 음악을 인도하는데 특별한 재능을 가진 사람은 없다고 말하는 것이 아니다. 내가 말하고자 하는 것은 우리가 단지 한 사람이 진행하는 설교에서만 아니라 다양한 경험들을 통해 배울 수 있다는 것과, 또한 단지 노래를 부르는 것만이 아니라 다른 다양한 방식을 통해 하나님을 경배할 수 있다는 것이다.

강대상을 디자인하는 것을 포함하여 모든 차원에서 누구나 예배에 기여할 수 있는 기회가 주어져야 한다. 그리고 모임 그 자체는 사람들에게 그것을 만드는 데 접근하도록 허용함으로써 많은 사람이 제공하는 중요한 기여에 대해 인정해야 한다. 스티브 콜린스Steve Collins는 예배의 변화 양태에 관한 분야에서 영국에서 가장 존경받는 사람 중 한 명이다. 그는 다음과 같이 말한다.

> 예배의 각 부분은 그것을 창조한 사람 또는 사람들이 하나님과 나머지 예배자들에게 주는 선물로 여겨진다. 따라서 이런 예배는 새로운 기여들에 대해 높은 개방성을 가진다. 또한 사람들이 신중하고 적절하게 자신들이 역할을 감당할 것이라는 신뢰가 요구된다. 그런 신뢰가 잘못된 것으로 드러나는 경우는 거의 없다.[9]

이와 같은 예배의 공동적communal 측면은 리더십이 회중과 어떤 식으로든 분리되지 않는다는 것과 회중이 무대 뒤편에서 등장하는 전문가들을 단순히 관람하는 청중으로 축소되어서는 안 된다는 것을 확인해 줄 것이다. 이상적으로 예배공간은 특별한 '전면'이 없도록 하고, 또한 예배활동의 초점이 공간의 이 편에서 저 편으로 이동되거나 혹은 동시에 여러 장소가 될 수 있도록 준비되어야 한다. 콜린스는 이 점에 대해 다음과 같이 언급한다.

> 참여해야 한다거나 또는 모든 사람이 동시에 같은 일을 해야 한다는 아무런 강제 없이, 단지 초대에 의해 방향이 진행된다. 예배의 요소는 일반적으로 하나의 주제를 중심으로 신중하게 만들어진다. 그렇게 함으로써 한 사람의 권위를 가진 사람이 행하는 설교를 통해 집중적으로 교훈이 주어지기보다는, 예배시간 중에 발생하는 모든 일들을 통해 교훈이 주어지게 된다. 그런 예배에는 그것이 소그룹으로 진행되든 아니면 전체 회중들로

진행되는 것이든 간에 토론과 나눔이 있게 된다.[10]

　예배 방식에 관한 한 고린도교회 성도에게 전달된 바울의 지침에 대한 오늘날의 해석은 서신이 기록되었던 당시 상황과 전혀 무관하게 실행되고 있다. 예배 방식에 관해 고린도교회 성도에게 바울이 말한 것(특히 고린도전서 11-14장에서 말한 바울의 언급)은 모두 예배 모임이 음식과 공동체적이고 평등주의적 정신을 중심으로 이루어져야 한다는 것을 암시한다. 고린도교회 성도들이 이 점을 남용했고, 이에 바울이 이런 남용에 대해 그들을 책망했던 것은 사실이다. 그러나 바울이 한 충고의 내용을 오늘날 강대상이 주도하는 상황에서가 아니라 당시 고린도교회의 상황에서 읽는다면 훨씬 풍성한 의미를 얻을 수 있다.
　바울은 서로 당을 짓고 있는 고린도교회의 구성원 중 일부가 남들보다 조금 일찍 도착해서 음식과 포도주를 모두 먹어버림으로 나머지 구성원은 아무 것도 먹지 못하는 상황(고전11:21)에 대해 대략적으로 설명하는 것에서부터 그의 언급을 시작한다. 성만찬을 행하는 방식에 대한 바울의 지침(고전11:23-26)은 '예배'가 쿠션이 있는 편안한 장소에서 모든 사람들이 먹을 만한 충분한 음식이 차려진 식탁에 둘러앉아 행하는 것이라는 그의 이해에 근거한다. 우리는 모든 사람들이 장의자에 앉은 채 앞을 바라보고 있는 상황에서 성만찬 예배를 드릴 때, 성직자들이 이 말씀을 인용하는 것을 정기적으로 듣는다. 그리고 나서 우리에게 조그만 빵 조각들과 조그만 주스 잔들이 배분된다. 바울은 고린도교회 성도의 일부가 아무 것도 먹지 못하고 자리를 떠나는 것에 대해 분노했다. 사람들이 음식을 먹고 마시기 전에 자신을 돌아보아야 한다는 그의 교훈(고전11:28)은 그들이 어떻게 해서 분파주의와 탐욕에 기여했는지를 고려해야 함을 지적하는 것으로 보인다. 이는 개인적 신앙심보다는 공동적 책임과 더욱 관계가 있는 것이다. 만일 심판이 그들에게 내려진다면, 그것은 일부 구성원들만 완전히 참여케 하고 다른 사람들은 완전히 배제한 그들의 이기적이고 차별적인 행위 때문일 것이다.

> 그런즉 내 형제들아 먹으러 모일 때에 서로 기다리라 만일 누구든지 시장하거든 집에서 먹을지니 이는 너희의 모임이 판단 받는 모임이 되지 않게 하려 함이라 그밖의 일들은 내가 언제든지 갈 때에 바로잡으리라(고전 11:33-34)

예배는 엘리트적이 아니라 공동적이야 한다는 것을 강조하면서, 바울은 영적은사에 대한 그의 유명한 가르침과 교회를 전체에 기여하는 여러 지체들이 함께 모여 구성된 몸에 비유하는, 그가 가장 선호하는 이미지에 대해서 말한다(고전12장). 물론 이 가르침이 공동체적 향연 외에 다른 것들에도 적용될 수 있다는 것은 의심의 여지가 없다. 그러나 이것이 기독교인들의 예배생활을 언급하는 중에 포함되어 있음을 명심해야 할 것이다. 지혜와 지식에 대한 메시지(고전12:8), 병 고치는 은사(고전12:9), 예언, 영분별, 방언과 방언의 통역(고전 12:10) 등에 대한 모든 내용은 성만찬에 관해 말하는 맥락 속에서 언급되었으며, 뒤에 언급되는 몸으로서의 교회에 대한 바울의 가르침과 연결되는 역할을 한다. 다른 말로 하자면, 성만찬과 공적 예배시간에 많은 사람이 소유하고 있는 각양 은사들이 표현될 수 있도록 허용했다는 것이다. 이러한 바울의 논의가 진행되는 가운데 고린도전서 13장에 나오는 아름다운 사랑의 노래가 포함되어 있다는 것은 결코 사소한 일이 아니다. 오늘날 우리는 결혼식에서 한 남성과 여성이 나누는 사랑에 대해 말할 때 습관적으로 이 구절을 인용한다. 그러나 결혼식은 바울이 사랑을 말하는 이 맥락과는 전혀 상관이 없다. 바울이 의도한 것은 공적 예배모임의 성격과 방향이 어떠해야 할지에 대해 설명하는 것이었다. 어떤 사람들은 예언하고, 어떤 사람들은 방언을 말하고, 또 어떤 사람들은 그들의 위대한 신앙 또는 봉사를 자랑하는 상황에서, 바울은 인내, 친절, 무욕, 진실, 절제, 사랑이 그들의 모임이 갖는 특징이 되어야 한다고 선언하는 것이다.

우리가 이미 주목해 보았듯이, 공동체는 서로를 섬기는 일에 함께 헌신함으로 신뢰와 친밀함을 나누는 사람들이 성장할 수 있도록 정직, 헌신, 그리고 지원이 있는 곳이다. 많은 유수자들은 주요 교단 교회의 예배 문화에 불만족한 사람들이다. 그러나 그들이 그들 자신과 자신들의 지경을 넘어서 다른 사람들을 섬기고 예배를 창조하고 신학을 탐구하는 일에 함께할 때, 그들은 친밀한 공동체를 조성하게 된다. 이런 일이 주요 교단 교회 내에서 발생할 가능성은 낮다. 주요 교단 교회 내에서는 소수의 전문가들이 예배를 디자인하고 운영한다. 그리고 나머지 다른 구성원들은 다만 청중의 역할만 할 뿐이다.

### 2. 상황적

오늘날 '적절한' 예배에 대한 많은 이야기가 회자되고 있다. 때로는 대중적인 라디오 방송국을 통해 흘러나오는 연주자들의 실력에 준하는 음악을 연주해야 할 필요에 대해 언급하기도 하고, 현대의 사회적 혹은 개인적 이슈들에 근거한 설교를 준비해야 한다는 언급을 하기도 한다. 그러나 상황적contextual 예배는 그 이상의 것을 의미한다. 상황적 예배는 공동체가 섬기기 위해 보내심을 입은 문화 혹은 하부문화의 리듬을 수용하는 예배를 의미한다.

그리고 하부문화에 복음을 전하고자 하는 성육신적 공동체를 형성하는 사람들은 오래지 않아 자신들이 드리는 예배가 단지 그들이 복음을 전하고자 하는 대상들에게 다가가기 위해서만이 아니라 그들 자신들을 위해서도 재고돼야 한다는 사실을 발견하게 된다.

1990년대 영국에는 '대안예배'라고 불리는 새로운 운동이 일어났다. 전부는 아니라 하더라도, 이 운동을 지지하던 사람들은 대부분 주요 교단 교회를 떠난 유수자들이었다. 그들은 현재 주요 교단에 소속된 교회들은 진정한 포스트모던적 영성을 표현하는데 적합한 환경을 제공할 능력이 없다고 믿는다. 그들 내부분에게 있어 영국의 클럽에서 볼 수 있는 광경은 춤과 음악, 클럽, 그리고 40세 이하의 성인들을 위한 래이브rave의 중요성을 반영하는 훨씬 더 개방적인 영적 환경이었다. 이런 양상은 1980년대 후반 이후 클럽문화가 지배적인 문화 기류가 되었던 영국에서 특히 그랬다. 클럽과 래이브는 젊은 성인들에게 엄청난 영적 그리고 감정적 영향을 전달해 줄 수 있는 멀티미디어와 다양한 감각을 자극하는 환경을 만들어냈다. 또한 클럽문화는 종종 피상적이기는 했지만 연대감에 대한 집약적 감정과 산만하기는 하지만 영성에 대해 진실한 관심을 보였다. 대안예배의 초기 지지자들은 이와 동일한 에너지를 모방한 기독교 예배 모임을 만들어 내기 시작했다. 그렇다고 그들이 열광적인 음악과 춤이 있는 예배를 시작했다는 말은 아니다. 그들이 클럽문화에서 빌려온 모델은 '차분해지는' 방—댄스 무대의 집약적인 열기와 소리로부터 떨어져 쉬는 데 필요한 조용하고 진정시키는 공간—이었다. '차분해지는' 방은 새롭게 부상하고 있는 문화 속에서 교회가 어떠해야 할지—조용히 생각하거나 말할 수 있고 사색에 잠길 수 있는 편안한 장소, 시각적으로나 청각적으로 풍성하지만 부드럽고 소음과 행동으로부터 떨어져 기분전환을 성취할 수 있는 장소—를 보여주었다.

오늘날 영국의 대안예배는 스티브 콜린스, 폴 로버트Paul Roberts, 조니 베이커Jonny Baker, 그리고 마크 피어슨Mark Pierson같은 사람들의 작업으로 인해 전 세계로 퍼져 나갔다.[11] 그러나 대안예배의 원조는 예배를 그 예배가 발생하는 문화에 실제적이면서 병렬적으로 연결하려는 시도 속에서 발견할 수 있다.

미국에서도 비슷한 운동이 발생했는데, 미국에서는 무선 인터넷 접속과 무료 신문, 잡지, 편안한 소파와 안락한 의자를 갖춘 따뜻하고 포근한 커피숍이 젊은 성인들을 대상으로 하는 시장, 특히 대학가를 점증적으로 지배해 나갔다. 마음을 침착하게 하는 음악, 차분한 분위기, 그리고 좋은 커피는 젊은 사람들이 긴장을 풀고, 재충전하고, 재생하면서, 다른 사람들을 만나는 장소를 만들어 냈다. 그 결과 '카페 교회들'은 그런 침착하고 친근한 분위기를 모방하여 편안한 분위기 속에서 좋은 음식과 음료수를 먹고 마시는 가운데 토론이 발생할 수 있는 장소를 조성하고자 했다. 사람들은 원할 때 오고 갈 수 있었고, 시작시간과 마치는 시간이 없어 공식적인 시작이나 종결과정도 없었다. 음악이 있었고, 벽에는 미술품 액자가 걸려 있고, 심지어는 라이브 음악을 들을 수도 있다. 그러나 그 어느 것도 대화를 나누는 데 방해가 되지는 않는다. 소위 이머징 교회 emerging church, 특히 서부해안 지역의 이머징 교회들은 이런 하부문화를 사용하여 놀라운 효과를 거두었다. 그들은 예술에 기반한 기도처들과 토론그룹들 그리고 형식이 자유로운 모임들을 통해 놀라운 사역의 성과를 거둘 수 있었다.

예배를 상황화하는 것은 교회 안에서 고전적인 찬송가를 부르는 것 대신에 대중음악을 연주하는 것 이상의 것을 포함한다. 예배의 상황화는 당신이 보내심을 받은 문화로 들어가서, 그 문화를 이해하고, 사랑하고, 즐기고자 하는 신중한 성육신적 시도를 포함한다. 그러면 어떤 예배 스타일이나 입장을 사용하든지 간에, 그것은 자연스럽게 그 문화가 가지고 있는 생활방식과 리듬 그리고 관심사들을 반영하게 될 것이다.

## 3. 주변 환경

서구에서 예배를 드릴 때 밴드와 강대상 그리고 회중들이 앉기에 충분한 좌석만을 필요로 하던 시대는 갔다. 오늘날의 사람들 특히 젊은 사람들은 자신들이 살아가고 있는 세상과 접촉할 때 여러 가지 감각을 사용한다. 그리고 그들은 특정한 환경의 분위기에 대해 매우 민감하게 반응한다. 레스토랑, 커피숍, 쇼핑몰, 그리고 심지어는 일터에서마저 어떤 분위기가 갖는 좋은 것과 나쁜 것의 영향을 심각하게 취급한다. 내부 장식은 하찮은 문제가 아니다. 예배공간의 분위기를 심각하게 취급하는 것은 하나님께서 우리의 모든 감각을 동원하여 예배를 받으실 수 있다는 사실을 심각하게 취급하는 것이다. 우리가 고려할 필요가 있는 몇 가지 분야는 다음과 같다.

- **시각적 미술품**. 오늘날 이미지는 강력한 힘을 가진다. 텔레비전과 영화에 적응된 우리는 최소한 말에 자극되기 보다는 사진(영상)에 쉽게 자극을 받는다. 이런 영향이 이머징 교회로 하여금 그 근원으로 되돌아가게 했다. 스테인드글라스 창문, 성상, 그림이 곁들여진 책, 그리고 성경과 같은 회화적 형상이 진리를 전달하고 성도들에게 예배의 마음을 불러일으키도록 하는데 사용되었다. 주변 환경Ambient의 이미지(일반적으로 '시각적 벽지'라고 불리는)뿐만 아니라 프로젝터, 텔레비전, 설치미술, 예술이 기반이 된 경험들(예를 들면, 당신의 기도를 그림으로 표현하는 것)의 사용은 사치스러운 것이 아니라 유수자들을 위한 예배 분위기를 창출하는데 본질적인 것들이다.
- **재발견된 기독교 전통들**. 새롭게 인식한 이미지가 가지는 힘은 예배와 배움의 기초로서 상호작용의 경험을 재발견하는 것과 함께 온다. 스티브 콜린스는 다음과 같이 말한다. "특히, 가시적인 것이 의사소통의 핵심적 수단이 된, 이미지에 기반한 문화로 향한 우리 사회의 변화는 우리로 하여금 과거 이미지와 의식을 통해 의사를 전달했던 교회를 바라보게 한다. 그리고 생태계에 대한 우리의 염려는 우리로 하여금 창조세계의 총체성과 그 안에서 사람이 차지하는 위치에 대한 켈트족의 이해를 다시 한 번 보게 한다. 최근의 많은 전통, 특히 하나님과의 대면을 지적인 것 혹은 합리적인 것으로 만든 전통은 더 이상 상관성이 없어졌을 뿐만 아니라 기독교가 더 이상 세상에 제공할 수 있는 것이 없다는 인상을 주게 했다. 장대한 문화적 변화기에 기독교 전통 전체를 살펴 새롭게 타당성을 가지거나 재해석의 여지가 있는 전통은 무엇인지, 또한 이제는 한편으로 밀어놔야 할 전통을 무엇인지 판별할 필요가 있다."[12]
- **음악에 대한 새로운 접근**. 현재 음악은 거의 함께 찬양을 부를 때만 사용되고 있다. 이는 고도로 자극적인 매체를 지나치게 제한적으로 사용

하고 있는 것으로 보인다. 영화나 텔레비전 프로그램에서 음악이 사용되는 것을 들어보라. 음악은 대사가 진행될 때 우리의 지각을 고양시키는 중요한 음악적 파노라마를 형성한다. 이처럼 폭스뉴스나 CNN과 같은 뉴스방송국들은 그들이 뉴스를 보도하는 배경에 깔리는 사운드 트랙의 영향에 대해 이해하기 시작했다. 유수자들을 위한 예배는 무대에서 연주하는 팝 혹은 록밴드보다 훨씬 더 광범위하게 음악을 사용할 것이다. '워십 팀'의 사용은 참여자들의 관심을 무대 위로 향하게 하는 데 필수적이다. 그러나 그렇게 함으로써 참여자들을 청중으로 만들게 된다. 반면 분위기 있는 음악은 공적 예배시간을 잘 강조할 수 있다. 특히 그 음악이 집에 있는 선반 위의 CD에서 흘러나올 때 그러하다. 우리가 개인적으로 소장하는 음악들 또한 우리의 예배생활의 사운드 트랙이 될 수 있다. 오늘날 그런 음악들 중 상당수가 영적인 요소를 내포하고 있다.

### 4. 의례화된

'스몰보트빅씨'에서 우리는 정기적으로 우리가 모이는 전시장에 '라비린트 기도로'labyrinth prayer walk를 설치한다. 라비린트는 중앙으로 인도했다가 다시 빠져 나오도록 인도해 주는 하나의 잘 정리된 길이다. 미로와는 달리 라비린트에 나타나는 패턴은 속임수가 아니다. 라비린트에는 교차하는 곳도 없고 막다른 골목도 없다. 가장 유명하면서도 가장 자주 사용되는 디자인은 지름이 20피트(약 7미터)나 되는 것으로, 1200년대 초반 프랑스의 샤르트르 성당의 바닥에 깔려 있는 패턴을 모델로 해서 만든 것이다. 참여자들이 그 길을 따라 걸을 때 잠시 멈추어 서서 짧은 음악과 명상록을 듣게 되는데, 그 과정에서 일련의 예배에 대한 경험을 하게 된다. 그들은 또한 얼마간의 상징적 행동 또는 의식을 시작한다. 라비린트의 중심에는 빵과 포도주가 있는 성찬을 위한 테이블이 있는데, 그들은 다시 바깥쪽으로 걸어 나가며 더 많은 예배소를 지나치기 전에 다시 한 번 그리스도와 연결되는 시간을 갖는다.

라비린트는 고대 기독교의 영적 훈련이었다. 라비린트로 들어가고 나가는 길을 따라 가는 것은 걸으면서 하는 묵상이 되었고, 이는 개인적으로 그리고 공동체 내에서 행하는 영적인 여정에 대한 은유가 되었다. 우리가 라비린트를 사용하는 유일한 기독교 공동체는 아니다. 사실 라비린트는 전 세계적으로 상당히 알려졌다. 최근 샌프란시스코의 그레이스 대성당에는 라비린트가 영구적으로 설치되었다. 그리고 조니 베이커와 스티브 콜린스와 같은 '대안예배'의 대가들이 런던의 성 바울 대성당에 임시 라비린트를 설치했다. 그 후 그들이 설치했던 라비린트가 영국 전역에 있는 다양한 대성당을 순회하면서 설치되기도 했다. 사람들은 묵주prayer beads, 렉티오 디비나Lectio divina 형식의 성경 읽기, 그리고 켈트식의 예배 행위들과 같은 고대 의례儀禮들을 재발견하고 있고, 그런 의례들을 시각적인 벽지, 댄스음악, 그리고 차분해지는 구역등으로 가득한 분위기 있는 공간들과 융합시키고 있다. 이런 방식으로 사람들은 예배에 대한 디자인이나 실행 방식에 회중들이 참여할 수 있게 하고 있다. 그렇게 함으로써 평범한 기독교인들로 하여금 다양한 전통과 시대에서 유래한 실천들에 혼합되거나 조화를 이루도록 허용하고 있다.

## 5. 성령이 충만한 노래

예배는 찬양만 부르거나 설교만 하는 것 이상일 수 있다는 것을 보여주었으므로, 이제 나는 회중찬양에 대한 주제로 돌아가고자 한다. 앞에서 말했듯이, 우리는 지금까지 회중찬양을 지나치게 강조해왔다. 지나치게 강조한 탓에 다른 것들은 아주 배제해 버렸다. 그렇다고 회중찬양이 불필요하다거나 도움이 되지 않는 것은 아니다. 오히려 그 반대이다. 회중찬양은 기독교 역사를 통해 기독교인들의 예배에 적용된 매우 적절한 방법들 중 하나였다. 그러나 오늘날 소위 말하는 '찬양과 경배'—다중적이고 비연속적인 찬양을 함께 부르는 것—에 지나치게 빠져 있는 것은 상대적으로 새로운 양상이다. 기독교 찬양의 역사는 그보다 훨씬 풍성하다.

공동찬양에 대해 가장 유명한 바울의 언급은 골로새서 3장 16절에 나타난다.

> 그리스도의 말씀이 너희 속에 풍성히 거하여 모든 지혜로 피차 가르치며 권면하고 시와 찬송과 신령한 노래를 부르며 감사하는 마음으로 하나님을 찬양하라

여기서 바울이 말한 '시와 찬미와 신령한 노래'가 의미하는 것은 정확히 무엇일까? 바울은 동일한 구절을 에베소서 5장 19절에서도 그대로 사용한다. 회중음악 또는 찬양에 관한 초대교회의 문서는 남아있지 않다. 신약성경은 찬송이나 영창, 아니면 신앙에 대한 공동 고백으로 보이는 구절들을 담고 있다.[13] 그러나 성경에서 발견할 수 있는 기독교 찬송을 제외하고는 주후 200년경에 초대교회에서 사용한 찬송가와 관련된 자료는 없다.[14] 비록 안디옥의 이그나티우스(d. 110), 터툴리안(d. 220), 알렉산드리아의 클레멘트(d. 212), 그리고 어거스틴(d. 430)과 같은 저술가들이 자신들의 시대에 있었던 음악의 사용에 대해 상당 부분을 할애하여 토론했지만, 주후 560년 이전까지 기독교 예식에 사용되었던 중요한 음악과 관련된 자료는 없다. 오늘날 많은 학자를 놀라게 하는 것은 그들 작가들이 즉흥시나 카리스마적인 언급에 상당히 주목했다는 것이다. 예를 들면, 터툴리안은 그들이 영창으로 부르는 찬양의 많은 부분이 즉흥적으로 만들어졌다는 것에 대해 설명하고 있다. "누구든지 할 수만 있다면, 성경에서 기인한 것이든 아니면 그 마음에서 기인한 것이든, 하나님을 찬양하기 위해 가운데로 불려 나왔다."[15]

성경학자들이 시와 찬미와 신령한 노래에 대한 비울의 언급이 정확히 의미

하는 것에 대해 상당히 고심하고 있는 반면, 초대교회 시대의 음악에 대한 몇몇 권위자들은 역사-문화적 시각으로 그것을 설명하려 했다. 음악학자인 에곤 웰즈Egon Wellesz는 세 가지 형식이 스타일 면에서 구별되는 것이라고 믿는다. 초기 유대음악과 나중에 기록된 기독교 영창에 대한 연구에 기초하여 그는 다음과 같은 정의들을 제시한다.

- **시**: 유대인들의 시편과 캔티클canticle, 그리고 송영doxologies의 암송 cantillation이 이것의 모델이 되었을 것이다.
- **찬미**: 음절 형식에 따라 부르는 찬양의 노래, 즉 각 음절은 한두 개의 선율가락에 맞추어 불리었다.
- **신령한 노래**: '알렐루야'alleuia와 기쁨에 넘치거나 황홀경적인 특징을 가진 영창으로 대단히 화려하다.[16]

만일 우리가 시라는 단어가 의미하는 바를 구약성경의 시편과 그와 같은 시적 표현을 찬양하는 것으로 받아들인다면, 만일 찬미가 바울이 빌립보서 2장 6절부터 11절("그는 근본 하나님의 본체시나 ······ ")에 포함되어 있는 기독교 교리를 노래로 부르거나 영창하는 것으로 받아들인다면, 신령한 노래란 과연 무엇이란 말인가? 나는 오늘날에도 우리가 여전히 시와 찬미(현대적이든 아니면 고전적이든)를 부르고 있는 것이라 생각한다. 그러나 우리가 바울이 개척한 교회들이 공동예배 시에 포함하고 있던 무엇인가를 놓치고 있는 것은 아닐까?

헬라어로 '신령한 노래'는 '호다이 프뉴마티카이'odai pneumatikai 또는 '영적 서정시'pneumatic odes―문자적으로 '숨결 위의 노래'-다. 에곤 웰즈를 포함하여 일부 학자들은 '숨결 위의 노래'들이 즉흥시를 암시하는 것이라고 생각한다. '알렐루야'와 같은 한 가지 단어에 대한 즉흥적 노래는 그리스도께서 지상에 계시던 시대에 근동 문화에서 일반적으로 행해지던 것이었고, 후일 가톨릭

미사에서 주빌루스jubilus로 공식화되었다. '알렐루야'라는 단어의 마지막 음절 ('아')은 즉흥적으로 길게 끌었다. 제롬과 어거스틴 모두가 이것에 대해 언급하고 있다. 제롬은 즉흥적 음악 표현을 "단어도 아니고 음절도 아니며 그렇다고 철자도 아니고 말도 아니다"라고 설명했다. 어거스틴은 즉흥적 음악 표현에 대해 다음과 같이 말했다.

> 이것은 단어는 아니지만 어떤 기쁨의 소리다 …… 이것은 기쁨을 쏟아내는 마음의 표현이다 …… 이해할 수 없는 어떤 단어를 말한 후에 기쁨에 찬 남성은 환희의 소리를 쏟아낸다. 따라서 넘치는 기쁨으로 가득 찬 그는 그 기쁨의 이유를 말로 표현할 수 없는 것처럼 보인다.[17]

'이해할 수 없는 단어들'이 언급할 수 있는 것은 무엇인가? 아마도 어거스틴은 단순한 즉흥시나 일종의 황홀경으로 표현하는 것에 대해 말했을 것이다. 초대 기독교인들이 황홀경 속에서 부르는 찬양이나 순결하고 말없이 표현되는 환희로 간주되었던 일종의 확장된 영창을 사용하고 있었다는 증거가 있다. 이는 오늘날 일부 교회에서 볼 수 있는 거칠고 열정에 찬 격앙과 같은 것이 아니라 하나님과의 연결을 드러내는 온화하고 놀라운 표현이었다. 그럼에도 우리는 다음과 같은 바울의 조심스러운 충고에 귀를 기울일 필요가 있다.

> 내가 만일 방언으로 기도하면 나의 영이 기도하거니와 나의 마음은 열매를 맺지 못하리라 그러면 어떻게 할까 내가 영으로 기도하고 또 마음으로 기도하며 내가 영으로 찬송하고 또 마음으로 찬송하리라(고전14:14-15)

아마도 즉흥시는 (성령 안에서) 지속할 수 있을 것이다. 그러나 바울은 그의 마음에 대한 통제를 상실하지 않았다. 그는 그가 부르고 있는 노래가 무엇인지를 알고 있었고, 비록 영적으로 움직이고 있었지만, 그가 내고 있는 소리의 표현은 여전히 다른 사람들에게 이해될 수 있는 것이었다. 그러고 나서 바울은 다시 친숙한 기반으로 돌아왔다. 바울에게 있어서 기념식사와 공동예배시간은 다른 사람과 멀리 떨어져 있거나 어떤 이를 배제하는 것이 아니라 전적으로 공동적인 것이었다. 그는 계속해서 말했다.

> 그렇지 아니하면 네가 영으로 축복할 때에 알지 못하는 처지에 있는 자가 네가 무슨 말을 하는지 알지 못하고 네 감사에 어찌 아멘 하리요 너는 감사를 잘하였으나 그러나 다른 사람은 덕 세움을 받지 못하리라(고전14:16-17)

만일 참으로 신령한 노래가 황홀경 상태에서 부르는 것이거나 언어가 아닌 소리로 즉흥적으로 부르는 것이라면, 그리고 신령한 노래를 부르는 중에 예배자가 경이와 사랑 그리고 찬양 속에 빠져드는 것이라면, 바울은 그들이 공동의 경험을 축소하고 있는 것이기 때문에 다른 이들을 배제하지 않도록 해야 한다는 우려를 표명했다. 그러나 그들이 여전히 공동예배의 일부라는 사실은 남아 있다. 그들은 하나님을 지향하고, 하나님께 영광을 올려드리는 사람들이다. 그리고 비록 신령한 노래를 부르는 것이 예배자에게 대단한 축복인 것처럼 보이지만, 그것은 공동예배의 부산물이었다. 성령이 충만하고 하나님을 영화롭게 하는 공동찬양은 모든 신앙공동체에 필수적이다. 하지만 불행히도 오늘날 많은 교회들은 다음에 나오는 '기쁨의 소리를 지르세'Make a Joyful Noise와 같은 공허한 노래만을 부르고 있다.

> 주께 기쁨의 소리를 지르세
> 주께 기쁨의 소리를 지르세
> 소리를 외치라!(×3)

기쁨의, 기쁨의, 기쁨의, 기쁨의, 기쁨의

(와아아아아아아아아아!) 소리를.

확실히 이는 재미있고(분명하다), 흥겹고, 그리고 청소년 예배에서 기억하기 쉽다. 이와 같은 노래는 예배자의 기분을 좋게 해준다. 그러나 이런 노래는 예배자를 가르치고 훈계하지도 않고 하나님께 영광을 돌리지도 않는다. 사실 이런 노래는 하나님의 성품에 대해 아무런 언급도 하지 않는다. 유수자들은 무언가에 취한 듯한 아무런 의미가 없는 노래를 부르지 않는다. 그들은 '내가 하나님 당신을 선택합니다' 또는 '당신은 나의 주가 되실 수 있습니다'와 같이 우리를 우주의 중심으로 만드는 노래들에 견딜 수 없다. 그런 노래들은 신성모독적인 것이며, 자아를 추구하고, 경건하지 않은 것들이다. 사람들의 기분을 좋게 만든다고 해서 받아들여도 되는 것은 아니다. 선교라는 제한기 안에서 살아가며, 코뮤니타스가 된 것을 즐거워하고, 다른 사람들을 섬기고, 함께 음식을 나누는 유수자들은 성령으로 충만하고 하나님께 영광을 돌리는 예배를 통해 지탱될 필요에 대해 결사적이다. 몇 곡의 찬양과 긴 설교로는 그렇게 될 수 없다. 지역문화를 반영하고, 고대와 현대의 의식을 사용하며, 신령한 노래가 배어 있고, 우호적인 식탁이 중심에 있는 공동적이고 주변을 둘러싼 공간은, 매일같이 행복하고 기쁨이 넘치시는 전능한 우리 하나님께서 기뻐하시는 삶에서부터 흘러넘치는 아름다운 표현일 것이다.

몇 년 전 케냐에 있는 동안, 나는 보라나 족Borana people의 '노래하는 우물들'에 대한 말을 들었다. 보라나 족은 케냐 국경에 가까운 남부 에티오피아의 척박한 저지대에서 그만저만한 삶을 살아가고 있는 유목부족이다. 그들은 자신들과 자신들이 키우는 가축을 위해 손으로 직접 판 깊은 우물들을 이용한다. 아카시아 나무줄기로 만든 사다리를 우물 속으로 내리고, 사다리의 각 가로대에는 보라나 족 한 사람을 배치한다. 규모가 큰 우물일 경우 여덟에서 열 명 정도의 일꾼을 배치하는데, 가장 아래쪽에 잇는 사람이 통에 물을 담아 사다리 맨 위쪽에 있는 사람에게 전달하는 일을 계속한다. 통들을 사람들로 이은 연결고리를 따라 올린 후, 우물 가장자리에 놓여 있는 큰 통에 물을 붓는다. 리듬을 전개하기 위해 바닥에 있는 사람은 전통노래 한 곡을 영창조로 노래한다. 체인을 이루고 있는 나머지 사람들은 노래를 따라 부르고, 그들의 목소리는 깊은 우물 안에서 울려 퍼진다. 체인 속에 속한 사람들 중 통을 들고 있지 않은 사람은 하나도 없다. 물이 가득 찬 통을 위로 올리던지 아니면 빈 통을 아래로 내린다. 하루에 수천 리터의 물이 노래를 부르며 옮겨진다. 그것이 노래를 부르는 방식이다. 자신들이 살아가는 방식에 함께하시는 하나님을 찬양하면서 생수를 척박한 세상으로 옮기는, 공유된 선교적 프로젝트에 함께 참여하는 기독교 유수자들을 상상해보라.

# 혁명의 노래

노래: 예수님은 나의 남자친구가 아닙니다.

어떤 사람들은 세상이 순진한 사랑의 노래로 가득하다고 말한다 ……

_폴 맥카트니Paul McCar tney

---

최근 전통적인 교회에서 예배를 드리는 중에 나는 현대식 예배가 갖는 낭만적 성격에 대해 최악의 두려움을 느꼈다. 스크린에는 다음과 같은 가사가 올라왔고, 내 주변에 있던 대부분의 사람은 이마를 찡그린 채 눈을 감고는 그들의 얼굴에 어떤 의미 있는 긴장감을 드러내며 노래를 부르고 있었다.

모든 사랑의 노래 중에서 가장 단순한 노래를
당신께 드리길 원해요.
그래서 나는 짧은 몇 마디 말씀만을 드려요.
예수여, 나는 당신과 너무도 깊은 사랑에 빠졌어요![1]

나는 계속해서 부를 수 없었다. 나는 예수님께 내가 그분을 사랑한다고 말할 수 없었다. 사실 내가 그 때 느낀 그 반감이 너무 컸기 때문에, 도대체 무엇

때문에 그 노래에 대해 그리도 큰 불편함을 느꼈는지에 대해 오랫동안 깊이 생각해야 했다. 아마도 가사 자체는 그리 심각한 의미를 지닌 것이 아니었을 수도 있다(이런 일에 대해 내가 너무 많은 것을 생각하는 죄를 범하는 것일 수도 있다). 그러나 나는 예수님과만 사랑에 빠지지 않은 것이 아니었다. 실제로 그 당시 나는 내 인생에서 그 누구와도 '사랑에 빠지지' 않은 상태였다. 나는 나의 아이들과 사랑에 빠지지 않았다. 사실 나는 나의 자녀들 가운데 어느 누구와도 '사랑에 빠진적'이 없었다. 하지만 나는 실제로 그럴 수 있을까 할 정도의 강력한 사랑으로 자녀들을 사랑했다. 나는 자녀들이 태어났을 때부터 그들을 내 생명보다 더 사랑했다. 나는 어떤 순간에도 그들을 향한 나의 무조건적이고 제약 없는 사랑에 대해 의문을 제기해 본 적이 없다. 그러나 아이들과 더불어 '사랑에 빠졌다'고? 아니다. 결코 그런 적은 없다.

나는 나의 어머니를 깊이 사랑했다. 그러나 어머니와 '사랑에 빠지지는' 않았다. 나의 인생에는 깊이 사랑했던 사람이 많다. 그러나 그들과도 결코 '사랑에 빠지지는' 않았다. 심지어 나는 내 인생의 절반 이상을 깊이 그리고 신실하게 사랑한 아내 캐롤라인에게도 '사랑에 빠졌다'고 말하지 않을 것이다. 내가 한 때 그녀와 사랑에 빠졌던 적은 있다. 사실 나는 그녀와 더불어 격렬한 사랑에 빠져 있었다. 그러나 나는 그것이 덧없고 신뢰할 수 없는 감정덩어리라는 사실을 깨달았다. 내가 누군가와 더불어 사랑에 빠지는 것이 달콤하게 흥분되는, 심지어는 활기를 더해 주는 일이 아니라고 말하는 것은 아니다. 그것은 참으로 굉장한 느낌이다. 그러나 그것은 결코 오래가지 못한다. 그것은 어쩌면 서로 반대되는 성을 사귀도록 만드는 일종의 우쭐한 감정일지는 모른다. 하지만 일단 성립된 관계를 유지할 수 있는 일종의 감정적 준비를 수반하지는 않는다. 참된 사랑은 우리가 다른 누구와 더불어 '사랑에 빠졌을' 때 경험하는 것보다 훨씬 풍성하고, 깊고, 더욱 확고하고, 강력한 것이다. 사실 스캇 펙은 어떤 관계에서도 진정한 사랑은 사랑하고 있다는 감정들이 일소되었을 때라야 비로소 시작

될 수 있다고 말한다. 일단 일정 기간이 지난 후 그와 같은 놀랍도록 무책임한 낭만적 감정이 썰물 빠지듯이 빠지고 나면, 해당 커플은 신실하고 진정한 상태를 유지하려는 훨씬 더 진정한 사랑을 선택할 것인지의 여부에 직면하게 된다.

따라서 우리가 예수님과 사랑에 빠졌다고 노래할 때 그것이 의미하는 것은 무엇인가? 그것은 우리가 그분을 향해 강력하고 흥분된다는 감정을 느끼는 것일까? 그것이 의미하는 바가 예수님께서 방 안에서 걸어 다니실 때마다 다리가 풀리고 속이 울렁거린다는 것인가? 물론 우리가 처음 예수님과 그분의 구원의 은혜를 조우했을 때, 영적인 기쁨, 심지어는 천상의 기쁨을 느끼게 된다는 데는 의심의 여지가 없다. 나도 분명히 그런 경험을 했다. 나는 또한 우리가 평생을 예수님과 더불어 동행하는 중에 그와 유사한 강력한 영적 친교를 나누는 경험을 하게 된다는 데에 대해서도 추호의 의심이 없다. 때로 공동예배나 개인적인 묵상과 기도 시간 중에 나는 깊은 감사와 예수님의 인성에 대해 놀라운 매력을 느낀다. 그러나 나는 나 자신이 그분과 사랑에 빠졌다고 느낀 적은 결코 없다. 이제 나는 예수님에 대한 콜 포터Cole Porter의 영감 있는 찬송을 기다린다. "새들도 그리하고, 벌들도 그리하네 / 심지어는 교양있는 벼룩도 그리한다네 / 우리도 그리하세, 사랑에 빠져보세."

풍자로 유명한 웹사이트인 '라크 뉴스'Lark News는 이보다 더 절묘한 관점을 취한다. 이 사이트는 새로 발매되는 예배 음반에 대한 다음과 같은 모의 광고를 소개한다.

> 금번의 획기적인―어떤 사람들은 아슬아슬하다고도risque 말합니다―앨범은 '나의 사랑, 나의 하나님', '내 모든 것을 만져 주세요', '당신 앞에서 벌거벗은 채로', '당신이 원하는 것은 무엇이든 다 하겠습니다', '더 깊이', '당신이 나를 열정으로 뜨겁게 해 주었습니다'와 같은 강력한 예배음악을 포함하고 있습니다.[2]

이런 유머가 주는 불편한 사실은 이 유머가 사실과 그리 다르지 않다는 것이다(다른 대부분의 통렬한 비판처럼). 하나님 또는 예수님과 우리의 관계를 그렇게 대놓고 성적인 방식으로 표현하는 일이 점차 일반화되고 있다. 그런데 도대체 왜 그 많은 사람들이 이처럼 말도 안 되는 현상에 빠져드는가? 하나님 또는 예수님을 '우리 몸을 취하고' 싶어 하는 아름다운 남성으로 상상하는 것은 정말이지 섬뜩하기 짝이 없는 일이다. 그러나 더 불안한 것은 새로운 예배음악 작곡자가 최신 유행에 민감한 젊은 남성들이라는 사실이다. 예를 들면, 대중적인 예배음악 밴드인 딜리리어스Delirious(열광하는)의 구성원은 모두 젊은 남성인데, 이들은 '내가 원하는 모든 것은 당신 / 지금 내가 원하는 모든 것은 당신'이나 '놀라운 모든 것은 내가 당신과의 사랑에 더욱 빠져들고 있다는 것' 등의 가사를 통해 기독교 신앙을 낭만적으로 묘사하는 것으로 악명이 높다. 이들이 기독교신앙을 낭만화하는 더 심한 경우는 다음과 같은 것들이다.

모든 이가 부를 수 있는 한 노래가 있답니다.
모든 사람이 할 수 있는 한 기도가 있답니다.
음악을 느끼세요. 왜냐하면 지금이 바로 춤을 출 시간이기 때문입니다.
거룩함을 향한 심장의 박동을 가진 전 세계에 사는 사람들이
그분의 쾌감을 느낍니다.
우리는 하나님의 로맨스에 빠졌습니다.[3]

## 하나님과 사랑에 빠진다?

예수님 또는 하나님에 대한 우리의 헌신을 그렇게 낭만적인 말로, 성적인 표현으로, 그리고 감히 말하건대, 여성화하는 방식으로 표현하는 것이 적절한

것인가? 나는 묻고 싶다. 우리가 진짜 하나님의 연애상대자란 말인가? 성경 저자들이 이런 식의 언어를 차용한 적이 있던가? 그리고 찬송시 역사상 예수님을 대상으로 사랑을 노래하는 시를 쓴 전통이 있었던가? 성경을 한 번 보자. 왜냐하면 성경문학 속에도 고도의 성적인 언어가 등장하는, 논란의 대상이 될 수 있는 장면이 여러 곳 있기 때문이다.

예레미야, 에스겔, 그리고 특히 호세아와 같은 구약성경의 선지서들은, 비록 그 모두가 불행한 혹은 불성실한 결혼으로 제시되고는 있지만, 이스라엘에 대한 하나님의 관계를 남성과 여성의 결혼관계로 제시하고 있다. 호세아의 개인적 가정 상황은 이스라엘에 대한 하나님의 불만족스러운 '결혼'을 반영한다. 예레미야는 성실한 남편이신 야훼 하나님을 버리고 바람난 아내를 강조하기 위한 목적에서 이스라엘에 대해 이같이 강한 성적/낭만적 이미지를 반복하여 사용하고 있다.

> 그들이 말하기를 가령 사람이 그의 아내를 버리므로 그가 그에게서 떠나 타인의 아내가 된다 하자 남편이 그를 다시 받겠느냐 그리하면 그 땅이 크게 더러워지지 아니하겠느냐 하느니라 네가 많은 무리와 행음하고서도 내게로 돌아오려느냐 여호와의 말씀이니라(렘3:1)

에스겔 16장보다 불성실한 아내로서의 이스라엘의 이미지를 성적으로 분명하게 묘사한 곳은 없다. 이처럼 부정에 대한 불편한 비유를 통해 에스겔은 한 왕에 대한 이야기를 상상한다. 그 왕은 들판에 버려진 씻기지 않아 여전히 핏덩이 상태인 막 태어난 여자 아기가 허우적거리고 있는 것을 발견한다. 그 왕은 그 아기를 죽음에 방치하지 않고 구해 그의 왕궁으로 데리고 온다. 그곳에서 아기는 성장하여 아름다운 여인이 된다. 그는 그녀를 자신의 신부로 간택하고 자신의 왕국의 모든 부를 그녀에게 아낌없이 주었다. 에스겔이 사용하는 언어는 대단히 성적인 언어다. 이 이야기는 상당히 에로틱한 이야기처럼 들린다. 그러나 이 이야기는 왕비가 된 여인이 창부가 되어 자신이 왕과의 사이에서 낳은 아이를 이방 우상에게 제물로 바치는 장면으로 바뀌면서 매우 불결한 이야기로 전개된다. 이것은 이스라엘의 불성실에 대한 지저분하고 탐욕스럽고 매우 극단적인 이야기이다. 하나님께서는 그들을 미천한 자리에서 구원하시고 그들에게 부를 허락하셨건만, 정작 그들은 할 수 있는 가장 최악의 방식으로 하나님을 배신했다. 이처럼 비록 이야기가 성적인 표현으로 진행되기는 하지만, 결코 낭만적인 이야기라고 말할 수 없는 내용이다. 사실 이것은 인간의 유약함과 불성실함 그리고 불순종에 대한 글이다.

성경에서 또 다른 곳에서 낭만적이고 성적인 언어를 사용한 곳은 물론 아가서다. 교회사를 통해 아가서는 하나님의 백성을 향한 하나님의 사랑, 혹은 교회를 향한 그리스도의 사랑, 영혼에 대한 그리스도의 사랑을 성적으로 비유한 것으로 해석되었다. 이런 해석을 통해 사랑에 빠진 사람/(솔로몬이라는 인물)은 하나님/예수님으로 이해된 반면, 사랑을 받는 사람/(여성)은 우리로 이해되었다. 아가서에서 등장하는 음성들이 채용하는 감각적이고 암시적인 이미지는 우리를 향하신 하나님의 사랑과 하나님을 향한 우리의 사랑이 그와 같이 강력한 것이 될 수 있고, 따라서 사랑에 빠진 한 쌍의 연인이 될 수 있음을 암시한다. 사실 나는 만일 당신이 이러한 비유적 해석을 채용하고자 한다면, '예수여, 나는 당신과 너무도 깊은 사랑에 빠졌어요'와 같은 찬양에 대한 유일한 성경적 근거는 아가서에서 발견될 수 있다고 생각한다.

그러나 아가서에 대한 현대적 해석들은 아가서를 자연발생적이고, 아름다우며, 강력한 인간의 사랑을 묘사하는 시들을 묶어놓은 것으로 단순하게 보고 있다. 최근의 해석들은 이집트와 바벨론의 사랑가, 셈족의 전통적 결혼가, 그리고 메소포타미아 문명권에서 사용한 풍요의 노래에 나타나는 아가서와 유사점들을 찾아 아가서가 그런 노래들을 차용하여 사용한 것이라고 주장하고 있다. 그런 해석들의 결론은 아가서가 성경의 지혜문학에 속한다는 것, 그리고 아가서가 **인간의** 애정관계에 대한 지혜자의 묘사라는 것이다. 사랑하는 사람들은 결별과 친밀함, 사랑으로 인한 고통과 황홀감, 긴장과 만족을 경험하는 순간들―이 모든 것들이 매우 정상적인 것들이다―을 경험한다. 이런 점에서 아가서야말로 인간의 성적이고 낭만적인 사랑에 대한 놀라운 성경적 확약이다. 아가서는 기독교 예배의 모델이 될 수 없다. 몇 년 전, 나는 내가 가르치고 있는 신학교의 예배시간에 아가서를 본문으로 채택해 설교를 한 적이 있다. 나는 부부사이인 두 명의 학생에게 아가서에서 채택한 본문들을 읽어달라고 요청했다. 남편이 사랑하는 사람의 부분을 읽고 아내는 사랑을 받는 사람의 부분을 읽어 달라고 요청했다. 여성이 가진 매력적인 부분들과 남성이 가진 불타는 듯한 열정을 묘사하는 몇 구절을 더 읽고 난 후, 그들은 성경을 덮은 다음 자연스럽게 서로를 바라보며 바로 청중들 앞에서 키스했다. 그것은 인간의 욕망과 매력에 대해서 이야기하는 성경을 봉독하고 난 후의 완전한 결론이었다.

신약성경의 저자들은 아가서나 예수님과 사랑을 나누는 것에 대해 언급하지 않았다. 그렇지만 예배에 대한 기독교적 경험의 낭만적인 측면을 암시하는 것으로 볼 수 있는 한 가지 이미지가 있다. 나중에 바울도 채택했던 것으로, 자신을 신랑으로 언급한 예수님의 비유는 그리스도에 대한 교회의 관계에 대한 성적인 요소를 암시한 것으로 해석할 수 있다. 마태복음 9장 14절부터 15절에서 예수님께서는 세례요한의 제자들로부터 자신의 제자들이 금욕생활을 하지 않는 것에 관한 질문에 대해 답변하시는 장면이 나온다. 특히 요한의 제자들은 예수님의 제자들이 금식을 하는지의 여부에 대해 질문했다. 예수님의 답변은 '혼인집 손님들이 신랑과 함께 있을 동안에 슬퍼할 수 있느냐 그러나 신랑을 빼앗길 날이 이르리니 그 때에는 금식할 것이니라'는 것이었다. 비록 그 답변의 우선적 의도는 그분의 제자들이 금식하지 않는 것에 대한 관심에 답변하는 것이었지만, 이 구절은 예수님께서 자신을 신랑으로 보신다는 아이디어를 소개하고 있다. 문제는 그분이 자신을 **교회의** 신랑으로 보시고 계시느냐는 것이다. 그러나 여기에서 드러나는 예수님의 답변은 그분과 그분을 따르는 후일 제자가 될 자들—곧 교회—의 관계가 가지는 특별한 성격에 대한 것이었다기보다 그분과 함께함으로써 제자들이 느끼는 기쁨(결혼식에 참여한 손님들이 느끼는 것과 같은 기쁨)에 대한 것에 좀 더 초점이 맞추어져 있었다. 세례요한이 이와 유사한 이미지를 요한복음 3장 27절부터 30절에서 채용했을 때, 이 비유는 예수님을 따를 제자들과 예수님의 관계에 대해 더 초점이 맞추어져 있었다. 예수님의 명성이 올라가고 있다는 소식을 들었을 때, 요한은 자기 자신의 역할이 결혼식의 신랑 들러리와 같은 것이라고 명백하게 제시했다. 세례요한이 말하기를, 예수님께서는 신랑이시고, 신부—그분의 백성들—는 신랑의 들러리가 아니라 그분에게 속한다고 말했다. 바로 이 이미지를 바울이 채택하여 여러 장면에서 교회를 그리스도의 신부로 비유했던 것이다. 고린도후서 11장 2절에서 나타나는 것보다 성적으로 더 분명하게 드러나는 구절은 없다.

> 내가 하나님의 열심으로 너희를 위하여 열심을 내노니 내가 너희를 정결한 처녀로 한 남편인 그리스도께 드리려고 중매함이로다

바울은 명백하게 그 자신을 신부의 아버지 같은 역할을 하는 자로 보았다. 그는 자신의 처녀 딸—고린도교회—을 그리스도께 시집보낼 날을 위해 예비했다. 중동지방의 아버지가 딸의 구혼자가 되는 것처럼, 그는 자신의 딸을 그리스도께 '중매했다.' 여기서 사용된 언어는 분명히 낭만적인 것이다. 그러나 호세아서와 예레미야서에서 언급되고 있는 것들처럼, 이 내용은 불성실한 자들을 대상으로 기록한 것이다. 이는 예수님과 '사랑에 빠지는' 것에 대한 감수성 있는 언급이 아니다. 오히려 이것은 그리스도에 대한 성실함을 높이라는 요구로의 부름이었다. 성경에서 낭만적인 남편/아내 이미지가 사용될 때마다, 이것은

인간의 불성심함(하나님의 변치 않는 성실함에 반하여)에 대해 언급하는 것으로 보인다. 이는 사실상 하나님 또는 예수님께로 향한 더 깊은 부르심에 해당한다. 결코 낭만적이거나 감정적인 것이 아니다. 이는 실제적인 행함, 거룩, 그리고 순종에 대한 부르심이다. 이처럼 요한계시록 19장에 등장하는 하나님의 어린양의 혼인 잔치에 대한 승리를 기뻐하는 내용의 언급도 같은 맥락이다.

> 우리가 즐거워하고 크게 기뻐하며 그에게 영광을 돌리세 어린 양의 혼인 기약이 이르렀고 그의 아내가 자신을 준비하였으므로 그에게 빛나고 깨끗한 세마포 옷을 입도록 허락하셨으니 이 세마포 옷은 성도들의 옳은 행실이로다(계19:7-8)

그리스도와 교회 사이를 결혼관계로 묘사한 모든 언급들은 거의 항상 교회가 순전하고 성실하며 순종해야 할 필요성에 대해 논의하는 맥락에서 사용되었다. 이러한 관점에서 이런 언급은 낭만적 사랑에 대한 애정 어린 가벼운 표현이 아니라 실제적이고 대담한 생활방식으로의 변화를 요구하는 부르심이다. 이는, 하나님께서 그분의 신부인 이스라엘에게로 돌아가실 것을 약속하는 유기자deserter로 보이는 이사야 54장 5절부터 7절을 제외하고, 구약성경에서 선지자들이 사용한 언어를 투영한다. 반면에 하나님 또는 예수님께서 우리의 '신랑'으로 불리실 때마다 그 뒤에 따라오는 내용은 우리에게 새로운 거룩함을 요구하는 것임을 분명히 알 수 있다.

그러나 하나님과 교회의 관계에 있어 특별한 친밀함을 표현하기 위해 예수님과 바울이 즐겨 사용했던 또 다른 용어가 신약성경에 등장한다. 그것은 "**아빠**, 즉 아버지"라는 용어다. 우리는 예수님께서 겟세마네동산에서 그 고통의 잔을 당신에게서 옮겨 달라고 요청하실 때(막24:36) 이 용어를 언급하신 것을 안다. 우리는 바울이 로마서 8장 15절에서 권면 중에 이 용어를 사용했음을 읽을 수 있다. "너희는 다시 무서워하는 종의 영을 받지 아니하고 양자의 영을 받았으므로 우리가 **아빠** 아버지라고 부르짖느니라"

이 용어는 아버지 되시는 성부 하나님과 특별히 친밀한 관계를 표현할 때 사용된다. 예수님께서는 성부 하나님과의 친밀한 관계에 대해 알고 계셨다. 그리고 바울이 언급하는 것처럼, 우리도 성령 안에서 동일한 친밀감에 대해 알 수 있다. 바울은 계속해서 우리가 노예가 아니라 그리스도와 더불어 후사인 하나님의 자녀가 되었음에 관해 말한다. 사실 신성과 인간의 관계를 아버지와 자녀로 표현하는 언어는 신약성경 전체에서 나타난다. 이는 그리스도의 신부로 표현하는 것보다 훨씬 흔하며, 동일하게 친밀한 관계를 나타낸다. 사실 1세기의 사회에서 아버지와 아들의 관계는 남편과 아내의 관계보다 훨씬 더 근본적이고 친밀한 관계였다. 물론 현대 서구사회에서 이것을 상상하기란 쉽지 않을 것이다. 서구사회에서는 가정의 붕괴현상과 이혼율의 증가에도 불구하고, 남편과 아내 그리고 아버지와 어머니의 관계가 사회의 가장 우선적인 관계단위로 간주되는 문화적 확신이 여전히 존재한다. 그러나 이러한 생각이 초대 기독교인들이 살던 시대에도 반드시 통용되었던 것은 아니다. 초대 기독교인들은 아버지와 아들의 관계를 진정한 사랑과 복종이 요구되는 중요하고 친밀한 관계로 보았을 것이다. 바울은 갈라디아서에서 이 점을 훌륭하게 설명하고 있다.

내가 또 말하노니 유업을 이을 자가 모든 것의 주인이나 어렸을 동안에는 종과 다름이 없어서 그 아버지가 정한 때까지 후견인과 청지기 아래에 있나니 이와 같이 우리도 어렸을 때에 이 세상의 초등학문 아래에 있어서 종노릇 하였더니 때가 차매 하나님이 그 아들을 보내사 여자에게서 나게 하시고 율법 아래에 나게 하신 것은 율법 아래에 있는 자들을 속량하시고 우리로 아들의 명분을 얻게 하려 하심이라 너희가 아들이므로 하나님이 그 아들의 영을 우리 마음 가운데 보내사 **아빠** 아버지라 부르게 하셨느니라 그러므로 네가 이 후로는 종이 아니요 아들이니 아들이면 하나님으로 말미암아 유업을 받을 자니라(갈4:1-7)

이것은 복음 자체를 훌륭하게 요약한 표현이다. 이 구절은 우리가 이전에는 노예였지만 이제는 하나님의 아들과 딸이라고 설명한다. 또한 우리를 속량해서 하나님의 가족으로 회복하신 그리스도의 역할에 대해서도 설명한다. 그러나 우리는 단지 하나님의 법적 양자가 된 것을 넘어, 우리의 아버지와 깊고 친밀한 관계를 맺는 자리로 인도되었다. 우리는 아버지의 사랑을 풍성히 받는 그분의 자녀이고, 그분의 아들 예수 그리스도의 형제요 자매인 것이다. 아들이 아버지께 순종하는 것은 자연스러운 일이었다. 따라서 우리를 하나님의 자녀로 비유하는 데는 친밀감뿐만 아니라 신실함과 복종도 암시하고 있는 것이다. 따라서 신약성경의 저자들이 성부 하나님에 대한 교회의 관계를 설명하는 데 아버지와 아들에 대한 비유를 선호하는 것이 그토록 명확한데도, 현대 교회가 아버지 되신 하나님께 사랑의 노래를 부르는 것이 내게는 기이하게 보인다.

## 어떤 종류의 사랑인가?

현대 예배를 낭만적인 언어로 표현하는 현 세태에 대해 내가 반감을 느끼는 이유 중 하나는 그런 식의 표현이 현 세대의 가치에 완전히 사로잡혀 있음을 드러내기 때문이다. 후기 기독교시대의 성가들과 찬송가들이 이제 막 사춘기를 벗어난 매혹적인 가수들이 부르는 공허한 사랑 노래 이상의 의미를 주지 못하는 경우가 태반이다. 전 세계 라디오 방송국에서 나오는 FM방송을 듣고 있다 보면, 이런 노래들이 성과 낭만적인 사랑을 인간적인 친밀감에 대한 최상의 표현인 것처럼 미화하는 것을 알 수 있다. 이에 발맞춰 기독교 신앙을 동일한 용어로 표현하는 현대 기독교 예배음악 작가들이 있다. 예를 들어, '그리고 나는 미칠 듯이 당신과의 사랑에 빠졌어요 / 지금 여기서 우리가 하고 있는 것으로 바깥 거리를 채워요 / 우리로 하여금 당신을 위한 춤을 추게 해 주세요'와 같은 가사에 대해 생각해 보라.[4]

이런 언어는 우리가 낭만적인 애인, 좀 더 구체적으로는 사랑에 번민하는 십대가 낭만적으로 사랑하는 대상을 향해 말하는 방식 그대로 하나님께도 말할 수 있다는 것을 암시한다. 바로 이 점이 내가 불편해하는 주요한 내용이다. 누군가와 **미친 듯이** 사랑하는 것은 일시적이고 불안정하며 신뢰할 수 없는 감정으로, 그런 '사랑'을 하나님께 표현하는 것은 아무리 좋게 말하더라도 하나님을 존중하지 않는 것에 불과하다. 나는 열여섯 살의 열정적인 소녀가 그녀의 남자친구에 대한 불멸의 사랑을 선언하는 것을 들었을 때, 그것이 모든 장애물을 극복하거나, 수십 년간 지속되거나, 또는 그녀가 나이 들어 늙을 때까지 잘 유지할 수 있는 그런 사랑이라고 생각하지 않는다. 나는 그런 사랑은 꽤나 멋진 소년에게 깊은 매력을 느끼는 것에서 나오는 매우 열정적이기는 하지만 동시에 매우 일시적인 감정이라고 생각한다. 그 외에도 그것은 확실히 모든 감정 중에서 가장 속기 쉬운 그런 감정이다. 앞에서도 언급했듯이, 이런 감정을 우리가 우리 자녀들을 향해 느끼는 영원하고 무조건적인 사랑과 비교해 보라. 우리는 우리 아들과 딸과 더불어 사랑에 빠졌다는 식의 표현을 하지 않는다. 그런데 어떻게 인생에 대해 더 많은 것들을 알고 있는 우리가 이러한 십대 스타일의 사랑 타령을 하나님을 대상으로 할 수 있다는 말인가?

확실히 유수자는 하나님을 향한 기독교적 이해에 있어 좀 더 성경적인 이해를 회복할 필요가 있다. 만일 하나님을 사랑하는 것이 단순한 사랑 노래를 부르는 것이 아니라면, 거기에 더 포함되어야 하는 것은 무엇인가? 바로 이 점 때문에 무엇이 사랑이고 무엇이 아닌지에 대해 더 명확한 개념을 발전시킬 것이 요구된다. 이 주제에 관해 신약성경의 가르침보다 브리트니 스피어스Britney

Spears와 크리스티나 아길레라Christina Aguilera의 노래에서 더 많은 영향을 받는 세상에서는 사랑에 대한 명확한 개념이 부족할 수 밖에 없다. 하나님을 사랑하는 것에 대한 예수님의 가르침은 교회에서 제시하고 있는 가볍고 감정적인 표현과 비교해 볼 때 매우 놀라운 것들이다. 사실 이 가르침은 우리가 익숙해져 있는 것에 비해 훨씬 강인하고, 훨씬 실제적이며, 더욱 실천에 기반을 둔 사랑에 대한 이해이다. 마태복음에는 예수님께서 그 시대의 종교 지도자들과 만나시는 장면이 나온다.

> 예수께서 사두개인들로 대답할 수 없게 하셨다 함을 바리새인들이 듣고 모였는데 그중의 한 율법사가 예수를 시험하여 묻되 선생님 율법 중에서 어느 계명이 크니이까 예수께서 이르시되 네 마음을 다하고 목숨을 다하고 뜻을 다하여 주 너의 하나님을 사랑하라 하셨으니 이것이 크고 첫째 되는 계명이요 둘째도 그와 같으니 네 이웃을 네 자신 같이 사랑하라 하셨으니 이 두 계명이 온 율법과 선지자의 강령이니라(마22:34-40)

예수님께서는 율법을 인용하셔서(적어도 그 당시는) 바리새인들에게 그분의 정통성을 입증하셨다. 또한 그분은 신명기 6장 5절의 말씀에 동의하심으로 (단어 한 개를 약간 바꾸기는 하셨지만), 하나님을 사랑하는 것이 가장 위대한 율법이라고 말씀하셨다. 그런데 예수님께서 네 이웃을 네 자신처럼 사랑하라는 명령을 하나님을 사랑하라는 것과 같은 차원으로 격상하셨다는 사실에 주목해 보라. 이러한 가르침은 전통적 유대인의 가르침과 충돌을 일으킬 것이 없었다. 그러나 그 말씀을 통해 예수님은 하나님을 사랑하는 것과 우리의 이웃을 물리적으로 그리고 실제적으로 사랑하는 것을 분리하는 것은 불가능하다는 것을 말씀하신 것이다. 이것이야말로 예수님의 영성이 갖는 명백한 측면이다. 하나님께 헌신하는 것은 예수님의 가르침, 즉 다른 사람들을 사랑하라는 가르침에 우선적으로 순종하는 것으로 표현되어야 한다.

너희가 나를 사랑하면 나의 계명을 지키리라(요14:15)

나의 계명을 지키는 자라야 나를 사랑하는 자니 나를 사랑하는 자는 내 아버지께 사랑을 받을 것이요 나도 그를 사랑하여 그에게 나를 나타내리라(요14:21)

예수께서 대답하여 이르시되 사람이 나를 사랑하면 내 말을 지키리니 내 아버지께서 그를 사랑하실 것이요 우리가 그에게 가서 거처를 그와 함께 하리라 나를 사랑하지 아니하는 자는 내 말을 지키지 아니하나니 너희가 듣는 말은 내 말이 아니요 나를 보내신 아버지의 말씀이니라(요14:23-24)

하나님(혹은 예수님)을 사랑하는 것과 하나님(혹은 예수님)께서 내리신 명령들에 순종하는 것은 분리할 수 없는 것이다. 우선적으로 이것은 하나님을 향한 느낌의 감정적 깊이에 대한 것이 아니다. 하나님을 사랑하는 것은 행동으로, 선택으로, 하나님의 뜻대로 살겠다는 불굴의 헌신으로 표현되어야 한다. 그러므로 가난한 사람들을 섬기고, 관대와 환대를 보여주고, 다른 사람들에게 그리스도를 전하는 것은 하나님을 사랑하는 것의 표현들이다. 우리가 배우자에게 충실할 때 우리는 하나님을 사랑하는 것이다. 우리가 탐욕과 욕심을 거부할 때 우리는 하나님을 사랑하는 것이다. 우리가 고통을 당하는 사람들을 구할 때 우리는 하나님을 사랑하는 것이다. 이것이 최초로 예수님을 따랐던 사람들에게 매우 명확했음은 신약성경 전체를 통해 명백하게 드러난다. 요한은 그의 첫 번째 서신에서 이 점을 강조한다.

사랑하지 아니하는 자는 하나님을 알지 못하나니 이는 하나님은 사랑이심이라 하나님의 사랑이 우리에게 이렇게 나타난 바 되었으니 하나님이 자기의 독생자를 세상에 보내심은 그로 말미암아 우리를 살리려 하심이라 사랑은 여기 있으니 우리가 하나님을 사랑한 것이 아니요 하나님이 우리를 사랑하사 우리 죄를 속하기 위하여 화목 제물로 그 아들을 보내셨음이라 사랑하는 자들아 하나님이 이같이 우리를 사랑하셨은즉 우리도 서로 사랑하는 것이 마땅하도다 어느 때나 하나님을 본 사람이 없으되 만일 우리가 서로 사랑하면 하나님이 우리 안에 거하시고 그의 사랑이 우리 안에 온전히 이루어지느니라(요일4:8-12)

바울이 다음과 같이 사랑을 정의했을 때, 그 또한 기독교의 핵심적인 가르침에 대해 똑같이 알고 있었다.

우리가 아직 죄인 되었을 때에 그리스도께서 우리를 위하여 죽으심으로 하나님께서 우리에 대한 자기의 사랑을 확증하셨느니라(롬5:8)

기독교 신앙의 핵심에는 예수님께서 십자가에 달려 자신을 희생하심으로 우리를 향하신 하나님의 지극하신 사랑을 표현하셨다는 이해가 자리 잡고 있다. 만일 당신이 하나님의 사랑이 어떤 것인지 알고 싶거든 부활절 사건을 보라. 이보다 하나님의 사랑을 잘 나타낸 것은 없다. 물론 우리는 이 점에 대해 분명히 알고 있다. 왜냐하면 예수님께서 잡히시기 전 만찬을 나누시던 집에서 이것에 대해 제자들에게 친히 말씀하셨기 때문이다.

아버지께서 나를 사랑하신 것 같이 나도 너희를 사랑하였으니 나의 사랑 안에 거하라 내가 아버지의 계명을 지켜 그의 사랑 안에 거하는 것 같이 너희도 내 계명을 지키면 내 사랑 안에 거하리라 내가 이것을 너희에게 이름은 내 기쁨이 너희 안에 있어 너희 기쁨을 충만하게 하려 함이라 내 계명은 곧 내가 너희를 사랑한 것 같이 너희도 서로 사랑하라 하는 이것이니라 사람이 친구를 위하여 자기 목숨을 버리면 이보다 더 큰 사랑이 없나니 (요15:9-13)

다시 한 번 사랑과 순종의 관계에 주목하라. 언어는 우리가 앞에서 이미 살펴보았던 아버지와 아들에 관한 이미지에 훨씬 더 명확히 뿌리를 내리고 있다. 훌륭한 아들은 그의 아버지를 포기하거나 배반하는 일을 결단코 하지 않는다. 이 때문에 탕자에 대한 예수님의 비유를 들은 최초의 청자는 그 비유 자체가 매우 충격적이었던 것이다. 아들은 그런 일을 하지 않는다. 아들은 결코 그의 아버지를 버리지 않는다. 그들은 아버지가 원하는 일을 성취한다. 예수님께서는 '기독교적' 사랑을 설명하시기 위해 동일한 언어를 채용하셨다. 기독교적 사랑은 순종과 희생으로 표현된다. 그리고 그런 고도의 소명을 어떻게 성취할 수 있을 것인가에 대해 의아심이 들 때, 바울은 우리가 사랑에 대한 우리의 의무를 수행하는 수단은 성령을 통해서라고 설명한다. "우리에게 주신 성령으로 말미암아 하나님의 사랑이 우리 마음에 부은 바 됨이니"(롬5:5b). 겟세마네 동산과 그 이후의 모든 과정에서 예수님을 지탱하셨던 사랑의 성령님이 오늘날 우리에게도 동일하게 임하신다. 예수님의 제자들처럼 우리 역시 그리스도께서 하셨던 그 사랑을 실천하라고 부르심을 받았다. 그 사랑은 개인적인 고통을 감수하는 희생적이고 겸손한 사랑이다. 그 사랑은 심지어 죽음까지도 불사한다.

또한 하나님의 사랑은, 그것이 얼마나 강력한 것인지의 여부와 상관없이, 추상적인 개념도 아니며 하나의 감정도 아니다. 그것은 선을 향한 하나님의 의지에 대한 열정적인 헌신이다. 사실 구약성경에서 이스라엘을 다루셨던 하나님의 역사歷史를 보면, 하나님의 사랑/행하심이 스스로 느끼시는 실망감과 분노

그리고 좌절감을 얼마나 자주 압도했는지를 명백하게 보여준다. 하나님은 사랑하신다. 그렇게 하심으로 다른 사람들이 하나님과 화목을 이룰 수 있는 것이다. 요한복음 15장을 다시 인용하자면, 그렇게 하심으로 그들의 '기쁨을 충만하게' 하신다. 그렇다면 우리가 어떻게 하나님을 사랑할 수 있을까? 그분이 보여주신 모범을 따름으로써, 즉 다른 사람들을 위해 '죽음으로' 그들로 하여금 영생의 기쁨을 알게 함으로써 그분을 사랑할 수 있다. 하나님께 있어서 사랑과 행동은 분리 불가능한 것이다. 따라서 우리에게도 사랑과 행동은 분리 불가능한 것이어야 한다. 그러므로 하나님을 향한 우리의 지극한 사랑의 표현은 예수님의 선교—다른 사람들을 섬기고, 굶주린 사람들을 먹이고, 낮은 사람들에게 힘을 더하여 주고, 아픈 사람들을 치료하고, 그리고 사람들을 '**아빠** 아버지' 되시는 하나님과 관계를 맺게 하는 자리로 인도함으로써—에 참여하는 것이다.

또한 기독교적 틀 안에서 사랑은 하나의 행동이다. 사랑은 명사가 아닌 동사이다. 사랑한다는 것은 다른 사람들을 위해 무엇인가를 **행하는 것**이지, 그들을 위해 무언가를 **느끼는 것**이 아니다. 이것은 다른 사람들의 영적 성장을 바라는 것이며, 그럼으로써 그들이 발전하고 성장하고 하나님께서 최초에 의도하셨던 것이 모두 이루어지게 하는 것이다. 그리고 흥미롭게도 이것은 우리가 하나님께서 창조하신 피조세계를 섬김으로써 하나님을 사랑하는 방식이기도 하다.

이 모든 주장은 하나님과 다른 사람들을 섬기는 데 감정을 첨부해서는 안 된다고 말하는 것이 아니다. 공동찬양에서 그런 감정을 표현하는 것은 적절치 않다고 말하는 것도 아니다. 그러나 확실한 것은 십대들의 '성숙하지 못한 사랑'과 같은 감정은 일시적이고 신뢰할 수 없는 것들이라는 점이다. 공동예배는, 비록 그것을 통해 인간의 감정과 집약적 느낌이 표현된다 할지라도, 궁극적으로 다른 사람들을 섬김으로써 더 크고 깊은 하나님 사랑에 대한 헌신으로 우리를 불러야 한다. 만일 그것이 공동예배의 목적이라면, 하나님을 향한 우리의 사랑을 표현하는 구체적인 방법에 대해 고려해 보는 것이 가치가 있을 것이다. 로우랜드 크라우처Rowland Croucher는 그의 책 『일출 일몰』Sunrise Sunset이라는 기도서를 통해, 하나님에 대한 우리의 사랑을 측정할 수 있는 '테스트 리스트'를 제시한다.[5] 나는 그 명단을 차용해서 활용하고자 한다. 하지만 그 리스트에 대한 설명은 나 자신의 설명이다. 우리는 다음과 같은 방식을 통해 하나님을 사랑한다.

### 1. 우리는 다른 사람들을 사랑함으로써 하나님을 사랑한다

크라우처는 상당히 도발적으로 다음과 같은 경구를 제시한다. "당신은 당신이 가장 적게 사랑하는 사람을 사랑하는 만큼, 꼭 그 만큼만 하나님을 사랑한다." 아이쿠! 그러나 우리가 성경을 본다면 분명히 이것이 불합리한 말이 아니라는 것을 알게 될 것이다. 하나님을 향한 우리의 사랑은 명백히 그리고 직접적으로 가난한 사람들, 억압받는 사람들, 소외된 사람들, 그리고 아무도 돌보지 않는 사람들 등과 같은 사람들을 향한 우리의 사랑으로 표현되어야 한다. 이것이야말로 그리스도께서 그분의 삶과 사역을 통해 우리에게 가장 분명하게 보여주신 특징 중 하나이다. 우리는 동일한 일을 행하라고 부르심을 입은 그분의 제자로서 우리의 소명을 인식하는 데 실패할 수 없다.

### 2. 예수님께 순종함으로써 하나님을 사랑한다

예수님께서는 "누구든지 나를 사랑하는 자는 나의 가르침에 순종할 것이다"라고 말씀하셨다. 예수님께서는 다른 사람들에게 화를 내지 말라고, 음욕을 품고 다른 사람을 바라보지 말라고, 다른 사람에게 부당한 대우를 하지 말라고, 우리의 원수를 사랑하라고 우리를 부르셨다. 예수님께서는 기도와 금식 그리고 가난한 사람들에게 공급하는 일과 같은 영적인 훈련에 참여할 때, 소위 우리의 의가 드러나지 않도록 매우 신중하게 해야 한다고 가르치셨다. 예수님께서는 우리에게 걱정하지 말고 하나님을 신뢰하라고 가르치셨다. 예수님께서는 우리에게 다른 사람을 판단하지 말고 우리의 삶에서 위선적인 행위를 뿌리 뽑으라고 가르치셨다. 예수님께서는 우리 자신을 부인하고 희생의 십자가를 지라고 가르치셨다. 예수님께서는 또한 우리의 유익을 위해 하나님의 선한 은사들을 사용하지 말 것에 대해서도 가르치셨다. 그런 일은 하나님과 우리 자신을 욕되게 할 것이다. 예수님께서 십자가에서 희생하신 이유는 하나님의 기준에 맞게 살지 못하는 것에서 우리를 구원하시기 위해서였다. 그러나 그렇게 십자가에서 죽으시고 또 성령님을 우리에게 부어주심으로써, 이제 예수님께서는 우리로 하여금 그분의 명령에 대한 온전한 순종을 통해 그분에 대한 사랑과 감사를 표현하라고 초대하신다. 우리는 구원을 얻기 위해 예수님께 순종하는 것이 아니다. 구원은 이미 값없이 주어진 은혜다. 우리는 그분이 우리에게 베풀어주신 은혜와 용서에 대한 감사와 사랑으로 인해 그분의 명령에 순종하는 것이다.

## 3. 하나님과 동행하는 중에 배움으로써 하나님을 사랑한다

나의 아내인 캐롤라인은 개리 채프만Gary Chapman의 책 『다섯 가지 사랑의 언어』*The Five Love Languages*를 읽으면서 '시간을 사용하는 것'이 그녀의 최우선적인 사랑의 언어라는 것을 인식했다.[6] 나는 그녀를 위해 아끼지 않고 시간을 사용하고 그녀와 함께 있어 줌으로써 그리고 그녀와 동행하는 것을 즐김으로써 그녀에 대한 사랑을 보여줄 수 있다. 그녀에게 꽃을 사주거나 사랑의 시를 써 주는 것은 내가 사랑을 표현하는 방식이 아니다. 그녀는 내가 시간을 내 주길 원한다. 따라서 하나님과 함께 시간을 보내는 것 또한 그분께 대한 우리의 사랑을 표현하는 방법일 것이다. 우리는 기도하는 중에, 금식하는 중에, 그리고 묵상하는 중에 하나님과 함께 시간을 보낸다. 하나님의 임재를 실천하는 기술들을 사용함으로써(우리가 3장에서 관찰했듯이) 우리는 하나님과 매일 교제할 수 있고, 이것으로 우리가 하나님을 사랑한다는 것을 표현할 수 있다.

### 4. 하나님의 일들에 대해 말함으로써 하나님을 사랑한다

이것은 간단하다. 우리 마음에 있는 이슈는 입을 통해 흘러나오기 마련이다. 우리는 우리의 상상력을 자극하거나 우리의 마음을 채우는 일들에 대해 말하지 않을 수 없다. 그것이 우리가 즐기는 취미이든, 아니면 우리가 응원하는 스포츠 팀이든, 아니면 우리가 진행하고 있는 프로젝트이든, 우리는 우리의 주목을 사로잡는 일들에 대해 공개적으로 말한다. 초보 엄마 아빠들이 자신의 아기에 대해 말하는 것을 멈추려 해 보자. 우리가 사랑하는 것에 대해 말하는 것은 자연스러운 일이다. 이처럼 하나님에 대한 일들에 대해 우리가 얼마나 말하느냐 하는 것은 하나님을 향한 우리의 사랑이 얼마나 되는지를 가리킨다.

### 5. 그리스도의 재림을 갈망함으로써 하나님을 사랑한다

그리스도의 재림을 갈망하는 것은 초대 기독교인들의 사고 가운데 핵심적 견해를 차지하던 것이었다. 그들은 예수님의 재림을 갈망했다. 그리고 그 갈망은 그들의 삶과 신앙을 조명하는 렌즈의 일부가 되었다. 바울은 골로새교회에 다음과 같은 서신을 써 보냈다.

> 위의 것을 생각하고 땅의 것을 생각하지 말라 이는 너희가 죽었고 너희 생명이 그리스도와 함께 하나님 안에 감추어졌음이라 우리 생명이신 그리스도께서 나타나실 그 때에 너희도 그와 함께 영광 중에 나타나리라(골3:2-4)

바울은 또한 디모데후서를 통해 그리스도의 재림에 대한 깊은 열망에 대해 표현했다.

> 이제 후로는 나를 위하여 의의 면류관이 예비되었으므로 주 곧 의로우신 재판장이 그 날에 내게 주실 것이며 내게만 아니라 주의 나타나심을 사모

하는 모든 자에게도니라(딤후4:8)

## 6. 우리의 신들과 우상들을 버림으로써 하나님을 사랑한다

초대 기독교인들은 중요한 면에 관해 세상의 주장과 대립했다. 첫째, 그들은 다신교에 반대했다. 그리고 세상을 향해서는 그리스도 안에서 우리에게 나타나신 오직 참되신 한 분 하나님만이 계신다는 것에 대한 그들의 믿음을 변호했다. 둘째, 그들은 우상숭배에 대해 격렬하게 반대했다. 오늘날에도 우리는 그러한 싸움을 수행해야 한다. 오늘날 우리가 살아가는 세상은 과거와 동일하게 다신적이며 우상숭배에 기울어 있다. 그것이 탐욕의 우상이든, 음욕의 우상이든, 폭력의 우상이든, 아니면 미움의 우상이든, 우리는 우리가 살아가는 문화 속에서 더 높은 충성도를 요구하는 '거짓 신들'의 유혹을 정기적으로 받고 있다. 우리의 우상은 우리의 배를 채우고자 하는 욕심일 수 있다. 또한 우리의 지갑일 수도 있고, 인종차별주의나 두려움일 수도 있다. 우리가 우리의 삶에서 그러한 우상을 제거하고자 할 때 하나님을 사랑하게 된다.

## 7. 우리의 생명을 내려놓음으로써 하나님을 사랑한다

기독교인들은 자신에게 "누구를 위해 혹은 무엇을 위해 나는 죽을 수 있는가?"라는 질문을 해야 한다. 이것은 지나친 말이 아니다. 요한복음 15장을 통해 그분의 제자들에게 권한을 주시면서 예수님께서는 "내 계명은 곧 내가 너희를 사랑한 것 같이 너희도 서로 사랑하라 하는 이것이니라 사람이 친구를 위하여 자기 목숨을 버리면 이보다 더 큰 사랑이 없나니"(요.15:12-13)라고 말씀하셨을 때 이 점에 대해서 명확히 하셨다. '내가 너희들을 사랑한 것 같이 너희도 서로 사랑하라'는 말에는, 하나님을 사랑하겠노라는 우리의 결정이 그리스도께서 그분의 자유의지에 따라 골고다 언덕에서 희생하신 것처럼, 그 결정을 위해 우리의 목숨을 희생하는 자리로 초대하겠다는 뜻을 암시하고 있다. 서구세계에서 이러한 일이 일어날 것이라고 상상하는 사람은 아무도 없다. 그러나 중국과 사우디아라비아, 베트남, 인도네시아, 파키스탄, 그리고 그 외 다른 지역에서 살아가고 있는 우리의 형제와 자매들은 그리스도 안에서 살아가는 매일의 삶의 일부로 그러한 위협의 상황에서 살아가고 있다. 우리는 이런 사실을 잊어서는 안 된다.

## 8. 우리는 하나님께서 창조하신 피조물들을 사랑함으로써 하나님을 사랑한다

우리가 앞에서 주목해 보았듯이, 살아계신 하나님의 성실한 종이 되고자 하면서 정작 우리가 돌볼 책임이 있는 지구와 그 안에 있는 하나님의 피조세계에 대해 관심을 기울이지 않는다는 것은 불가능하다. 하나님께서는 말씀으로 이 우주를 창조하셨다. 그렇기에 우리가 하나님을 사랑한다면, 우리는 그분께서 창조하신 피조물 또한 사랑할 것이다. 더불어 우리는 모든 인간이 하나님의 사랑을 받고 존중과 존엄을 받을 가치가 있는 하나님의 피조물이라는 사실을 인식해야 한다. 우리가 하나님에 대한 우리의 사랑을 보일 수 있는 한 가지 방법은 하나님의 피조물인 인간의 권리들에 대해 관심을 기울이는 것이다. 우리는 우리의 관심 범위를 기독교인들에게 제한해서는 안 된다. 나는 서구의 기독교인들이 전 세계 곳곳에 있는 형제와 자매들이 당하고 있는 곤궁에 대해, 특히 핍박받는 교회들에 대해 거의 관심을 기울이지 않는 것을 보고 크게 놀랄 수밖에 없었다. 우리가 앞에서 관찰해 보았듯이, 예수 그리스도에 대한 신앙 때문에 기독교인들에게 부과된 끔찍스러운 잔악행위에 대한 뉴스 보도는 수도 없이 많다. 베트남에서는 소위 여섯 명의 메노나이트Mennonite—그들의 집에서 공식적인 교회모임을 했다는 이유로 체포된 호치민 시에 있는 메노나이트 가정교회의 여섯 명의 구성원들—의 경우가 있다. 그들은 그들이 가진 신앙으로 인해 심각한 인권 유린을 당한 피해자들이다. 인도네시아 영토인 서부 파푸아뉴기니에는 개신교인들이 대량학살의 두려움에 휩싸여 있다. 대규모 이주 프로그램으로 수천 명의 근본주의 이슬람교도들이 이 지역으로 이주해 와서 이 지역의 종교적 그리고 사회적 구성을 바꾸려 하고 있다. 나이 든 기독교인들이 살해를 당하고 교회가 불타 없어졌다는 보고들이 있다. 이 뉴스와 더불어 파키스탄에서 발생하고 있는 기독교인들에 대한 강간, 고문, 그리고 불법적 감금, 젊은 이집트 여성들에 대한 납치와 이슬람으로의 강제 개종, 그리고 예수님에 대한 신앙을 강제로 철회하도록 하기 위해 쇠로 만든 컨테이너에 감금시킨 에리트레아Eritrean 기독교인들에 대한 보고도 유입되고 있다.

교회가 뿌리를 내리는 문화마다 그것이 하나님의 피조물이라는 것을 확신할 수 있다. 전 세계 도처에 교회가 세워지는 것은 하나님의 사역이다. 그리고 우리는 하나님께서 교회를 사랑하신다는 것을 안다. 그렇다면 확실히 하나님에 대한 우리의 사랑을 표현하는 한 가지 방식은 하나님께서 사랑하는 것—핍박을 당하고 고통을 당하고 있는 전 세계의 교회—을 사랑하는 것이다.

## 9. 다른 사람들을 용서함으로써 하나님을 사랑한다

마태복음 6장 5절부터 13절에서 예수님은 제자들에게 기독교 기도의 전형을 소개한 뒤 다음과 같은 심상치 않은 경고로 마치셨다. "너희가 사람의 잘못을 용서하면 너희 하늘 아버지께서도 너희 잘못을 용서하시려니와 너희가 사람의 잘못을 용서하지 아니하면 너희 아버지께서도 너희 잘못을 용서하지 아니하시리라"(마6:14-15) 하나님께서 용서를 요구하실 때, 그 요구의 핵심은 우리를 향해 '죄를 지은 자들'을 기꺼이 용서해 주라는 것이다. 우리가 반감이나 복수에 대한 열망을 품지 않는 것은 쉽지 않은 일이다. 그러나 예수님께서는 그렇게 가르치셨을 뿐만 아니라 경건한 생활방식에는 우리의 적을 끊임없이 용서하는 것이 포함된다는 것을 몸소 실천하셨다. 이는 십자가 도상에서 하신 그분의 선언에서 잘 나타난다. "아버지 저들을 사하여 주옵소서 자기들이 하는 것을 알지 못함이니이다 하시더라"(눅23:34) 우리는 자신을 끊임없이 오해하고 의심하고 거부했던 고린도교회 성도를 지속적으로 용서한 바울을 통해 이를 다시 한 번 확인할 수 있다.

> 내가 다시는 너희에게 근심 중에 나아가지 아니하기로 스스로 결심하였노니 내가 너희를 근심하게 한다면 내가 근심하게 한 자밖에 나를 기쁘게 할 자가 누구냐 내가 이같이 쓴 것은 내가 갈 때에 마땅히 나를 기쁘게 할 자로부터 도리어 근심을 얻을까 염려함이요 또 너희 모두에 대한 나의 기쁨이 너희 모두의 기쁨인 줄 확신함이로라 내가 마음에 큰 눌림과 걱정이 있어 많은 눈물로 너희에게 썼노니 이는 너희로 근심하게 하려 한 것이 아니요 오직 내가 너희를 향하여 넘치는 사랑이 있음을 너희로 알게 하려 함이라(고후2:1-4)

고린도교회 성도가 많은 부분에서 바울의 감정적 고통의 원인이었다는 데는 의문의 여지가 없다. 그는 다양한 측면에서 고린도에서 행한 그의 사역의 성격은 물론 질에 대해서도 스스로를 변호해야 했다. 그는 교회 공동체의 일부 세력의 조롱과 비웃음을 감내해야 했다. 그러면서도 바울은 끝까지 그들을 향한 사랑과 관심을 표현했다. 이것이야말로 그리스도의 사랑이 치러야 하는 분명한 대가 중 하나이다.

## 오, 깊고 깊은 예수님의 사랑

이처럼 하나님을 사랑하는 것에 대한 성경적 가르침의 짧은 개요만으로도, 예수님께서 마음에 품고 계셨던 것은 오늘날 교회 안에서 불리고 있는 예배 찬양들이 표현하는 사랑에 대한 감성적 모델이 아니라 실천적이고 외적으로 표현되는 사랑에 대한 모델이었음이 분명하게 드러난다. 그러나 그렇다고 하나님에 대한 사랑의 감정을 표현하는 것이 잘못인가? 분명히 아니다. 다만 우리가 이 감정들이 그 자체로 매우 놀라운 것이긴 하지만 기독교 신앙의 본질은 아니라고 인식하는 한에서 그렇다. 기독교 신앙은 행위를 통해 가장 잘 표현된다. 만일 우리가 하나님을 사랑하고자 하는 우리의 열정을 우리가 이제 막 탐구했던 실천적인 방식을 통해 표현하지 않고 그저 감성적인 찬양만 부른다면, 바울이 선언했던 것처럼 우리의 신앙은 단지 소리 나는 구리와 울리는 꽹과리에 불과한 것이 된다. 그러나 역사를 통해 기독교인들은 예수님의 사랑을 체험하는 것에 대해 매우 감정적인 느낌을 공동으로 찬양해 왔다. 사무엘 트레볼 프란시스Samuel Trevor Francis의 '오 깊고 깊은 예수님의 사랑'이라는 고전적 찬송에 대해 생각해 보라.

오 깊고 깊은 예수님의 사랑, 광대하고 측량할 수 없고 메임이 없는 자유!
장위한 대양이 나를 뒤덮어 오네!
내 아래, 내 주변 사방은 당신의 사랑의 격랑이 흐르며,
하늘에 있는 당신의 영광스러운 안식으로 계속하여 이끄네!
오 깊고 깊은 예수님의 사랑, 그를 찬양함이 만방에 널려 있네!
어떻게 사랑하시는지, 그 사랑은 결코, 결단코 변하지 않으리!
당신이 사랑하는 자들을 어떻게 지켜보시는지,
그들 모두를 당신의 소유로 삼으시고자 죽으셨네.
그들을 위해 그분이 어떻게 중보하시는지, 보좌에서 그들을 지켜보시네.
오 깊고 깊은 예수님의 사랑, 모든 사랑 중에 가장 위대한 사랑이라네!
축복으로 가득 찬 대양, 그 안에서 안식을 얻으리!
오 깊고 깊은 예수님의 사랑, 이는 천국 중의 천국이어라.

그리고 그 사랑이 나를 영광에 이르게 하네.
왜냐하면 그것이 나를 당신께로 들어올리기 때문이라네!

비록 이 찬양이 현대의 예배 찬양처럼 성적인 느낌을 주는 묘사를 하지는 않지만, 최근에 쓰인 그 어떤 가사와도 비견할 수 없을 정도로 풍성한 감정적 이미지와 집약된 감성으로 가득하다. 그러나 많은 사람들의 사랑을 받고 있는 찰스 마일스Charles Miles의 찬송, '동산에서'는 어떤가? 한 쌍의 연인들이 손에 손을 잡고 공원을 거니는 매혹적이고 순결한 이미지를 전달해 주는 이 찬송은 그 시대에 유행했던 전형적인 사랑의 노래처럼 들린다.

그리고 그가 나와 거니시네, 그가 내게 말씀하시네,
그리고 그가 내가 그의 소유라 말씀하시네,
그리고 잠시 그곳에 머물며 우리가 함께 나눈 기쁨은
아무도 알지 못하네.

그러나 단지 과거 기독교 역사에서 일어났던 일이기 때문에 필연적으로 옳은 것이라고 할 수 있을까? 마일스의 찬송시의 이미지에 대해 잠시 생각해 보자. 참으로 깊고 깊은 예수님의 사랑은 동산에서 가장 분명하게 표현되었다. 그러나 은밀한 연인의 포옹처럼 표현하지는 않았다. 오히려 성부 하나님에 대한 우리의 사랑을 추구하기 위해 십자가로 가는 그 모든 여정을 감내하겠다는 겟세마네 동산에서 내린 그분의 어려운 결단을 통해 표현하였다. 깊고 깊은 예수님의 사랑은 땀과 피, 번민, 굴욕, 그리고 친구들의 배신으로 얼룩졌다. 그런 사랑에 대해 찬양하자. 그와 동일한 비이기적인 희생과 헌신적 삶에 대한 영감을 불어넣는 그런 방식의 찬양을 부르자.

이 책은 유수자로 바벨론에 끌려간 유대인이 그들의 신앙을 유지하고 한 분

하나님이신 야훼를 진실로 섬기는 방법들을 살펴보는 것으로 시작했다. 우리는 유수 중에 선지자들이 부른 찬송, 특히 이사야가 부른 찬송을 짧게 살펴보았다. 그 찬송은 감상적이거나 짜증나는 사랑의 노래가 아니다. 그 찬송은 위험한 노래였으며 혁명적인 노래였다. 그것들은 이스라엘의 압제자인 바벨론의 바로 면전에서 부른 반란의 노래였다. 그런 노래를 공중 앞에서 부르거나 자녀들에게 가르치는 것은 분명히 불법이었을 것이다. 그렇기 때문에 그 찬송은 위험한 것이었다. 그 찬송은 이스라엘에게 자유를 위한 싸움을 싸우라고 고무할 수 있는 노래였다. 그 찬송들은 야훼께서 주신 약속으로 시작해 점점 더 세게 혁명을 건설해갔다.

이사야 41장 13절부터 14절에서 선지자는 다음과 같이 노래한다.

> 이는 나 여호와 너의 하나님이 네 오른손을 붙들고
> 네게 이르기를 두려워하지 말라 내가 너를 도우리라 할 것임이니라
> 버러지 같은 너 야곱아,
> 너희 이스라엘 사람들아 두려워하지 말라
> 나 여호와가 말하노니 내가 너를 도울 것이라
> 네 구속자는 이스라엘의 거룩한 이이니라

이스라엘은 바벨론에서 지렁이에 불과했다. 죄수와 포로 신세인 멸시받는 낮은 계층의 공동체에 불과했다. 이 노래는 유수자로서 그들이 처한 연약한 형편을 정확하게 묘사한다. 그러나 이 노래는 또한 그들의 구속자 되시는 야훼에 대해 감히 노래한다. '구속자'라는 용어가 갖는 히브리적 배경을 보면, 이 용어는 가족을 보호할 의무가 있는 사람이나 어려운 지경에 빠진 가족 구성원을 구해줄 수단을 소유한 친척을 지칭할 때 쓰는 것이다. 룻기에서 보아스가 혼인함으로써 그의 친척인 룻에 대해 가진 의무감에서 이 개념의 인간적인 표현을 볼

수 있다. 보아스가 모압 과부인 룻에게 했듯이, 야훼께서도 이스라엘의 보호자가 되실 것이다. 이사야는 자주 하나님을 이스라엘의 아버지로 묘사하였다(사 63:16, 64:8). 또 다른 곳에서는 비록 호세아서처럼 성적인 용어로 표현하지는 않았지만, 하나님을 남편으로 묘사하기도 했다(사54:5). 참으로 이사야는 하나님을 불성실한 이스라엘을 위한 남편-보호자로 보았다. 그분은 그들이 가장 처참한 지경에 빠져 있을 때조차 그분의 백성에게 등을 돌리지 않는 분이시다. 이사야의 위험한 노래에서 가족의 보호자 혹은 구속자가 되시는 야훼는 바벨론을 향해 반역을 범할 것을 약속하신다. 이사야서 전체를 통해 우리는 이스라엘의 자유를 위해 하나님께서 수행하실 반란 행위들에 대해 노래하는 것을 들을 수 있다.

> 하나님께서는 그들에게 그들의 소유를 구속하시고 그들의 땅을 회복해주시겠다고 약속하신다 "네 자손은 열방을 얻으며 황폐한 성읍들을 사람 살 곳이 되게 할 것임이라"(사54:1-3).

> 하나님께서는 바벨론의 노예생활로부터 그들을 자유롭게 하실 것이다 "네 자손을 동쪽에서부터 오게 하며 서쪽에서부터 너를 모을 것이며 내가 북쪽에게 이르기를 내놓으라 남쪽에게 이르기를 가두어 두지 말라 내 아들들을 먼 곳에서 이끌며 내 딸들을 땅 끝에서 오게 하며"(사43:1-6, 52:11-12).

> 하나님께서는 그들을 핍박하는 자들에게 복수해 줄 것이다. "내가 너를 억압하는 자들에게 자기의 살을 먹게 하며 새 술에 취함 같이 자기의 피에 취하게 하리니"(사49:25-26, 64:4)

> 하나님께서는 미래에 이스라엘의 소유를 회복해 주실 것이다. "무릇 나 여

호와는 정의를 사랑하며 불의의 강탈을 미워하여 성실히 그들에게 갚아
주고 그들과 영원한 언약을 맺을 것이라"(사61:8-9)

바벨론에서 이런 약속을 노래하는 것은 반역행위에 해당하는 것이었다. 그러나 이사야 자신은 "나는 시온의 의가 빛 같이, 예루살렘의 구원이 횃불 같이 나타나도록 시온을 위하여 잠잠하지 아니하며 예루살렘을 위하여 쉬지 아니할 것인즉"(사62:1)이라고 말한다. 진정한 혁명가는 불의한 정권의 핍박에 직면하더라도 침묵할 수 없다. 우리는 점증하는 반대에도 불구하고 세상의 불의에 대해 침묵할 것을 거부한 마틴 루터 킹 목사Martin Luther King Jr.의 예를 보았다. 멤피스에서 킹은 그의 생명에 대한 위협들에 대해 열거하면서 그는 그 유명한 '산꼭대기' 연설을 마쳤다. 그가 열거한 위협 중에는 북 사인회를 할 때 있었던 암살시도도 있었다. 그 때 그곳에서 그는 자신의 심장에서 1밀리미터 빗겨간 곳에 칼로 찔렸다. 그는 테네시로 향하는 비행에 앞서 혹시라도 있을지 모를 폭발물에 대한 염려로 밤새 화물수색을 벌여야 했던 일에 대해서도 말했다. 그는 멤피스에서도 죽음에 대한 위협이 있었다는 사실을 공개적으로 인정했다. 그런데도 그는 침묵하기를 거부했다. 그는 다음과 같은 말로 그의 연설을 마무리했다.

다른 모든 사람들처럼 저도 오래 살고 싶습니다. 장수는 좋은 것입니다. 그러나 저는 지금 장수하는 것에 관심이 없습니다. 저는 그저 하나님의 의지를 따라 행하고 싶을 따름입니다. 그리고 그분께서 나로 하여금 산으로 올라가도록 하셨습니다. 나는 산 아래를 내려다보았습니다. 그리고 약속의 땅을 보았습니다. 제가 여러분과 더불어 그 땅에 도착하지 못할 수도 있습니다. 그러나 저는 여러분에게 오늘 밤 알려드리고 싶은 것이 있습니다. 그것은 하나의 백성으로서 우리는 약속의 땅에 도착하게 될 것이라는

것입니다. 저는 오늘밤 행복합니다. 저는 그 어떤 것에 대해서도 걱정하지 않습니다. 그 어떤 사람도 두려워하지 않습니다. 제 눈은 재림하실 주님의 영광을 보았습니다.[7]

이것은 결코 혁명가 이사야의 찬송들보다 덜 위험한 것이 아니었다. 우리는 킹 목사가 이 연설을 하고 난 후 얼마 되지 않아 궁극적인 대가를 치렀다는 사실에 대해 잘 알고 있다. 하지만 유수자들은 공개적 반대나 핍박에 직면할지라도, 주님의 말씀을 노래로 불러야 한다는 것을 알고 있다. 미국에서 민권운동은 일종의 혁명 노래였다. 이것은 하나님의 백성을 위한 자유와 옹호에 대해 말한 영적이고 종교적인 노래들에 그 기원을 두고 있다. 그리고 킹 목사가 그의 혁명 찬송을 부르기 전, 훨씬 더 어려운 상황에서 이미 다른 유수자가 너무도 위험한 노래를 부르고 있었다. 그녀의 이름은 빌리 홀리데이Billy Hollyday였다. 1930년대 후반, 그녀는 '이상한 과일'Strange Fruit이라고 불렸던 폭력에 반대하는 냉소적이고 좀처럼 잊을 수 없는 노래를 녹음했다. 홀리데이는 그녀가 1959년에 사망할 때까지 그 노래를 계속해서 불렀다. 오늘날 이 노래는 문자 그대로 미국에 변화를 준 노래 중 하나라고 간주된다. 처음 이 노래를 들을 때는 다른 듣기 좋은 노래들과 다름없는 것처럼 들리지만, 가만히 들어보면 그 가사가 감성적 펀치들로 가득하다는 것을 알 수 있다. 날카로운 첫 번째 소절을 생각해 보라. "남부의 나무들은 이상한 과일을 맺는다네 / 나뭇잎들 위의 피, 뿌리 위의 피 / 검은 몸뚱이들이 남부의 산들바람에 흔들리네 / 포플러 나무들에 매달린 이상한 열매." 이 노래는 미국 남부에서 성행하던 살인과 인종차별에 대한 이미지를 한명의 블루스 가수가 생생하게 묘사한 것이다. 그녀 자신의 삶은 20세기 미국 흑인의 사회적 갈등의 요약 판이었다. 절망적인 두 번째 소절은 듣고 있기조차 힘이 든다. "화려한 남부의 전원적 풍광 / 부풀어 오른 눈들과 일그러진 입/ 목련의 향기, 달콤하고 신선한 / 갑자기 느껴지는 불타는 육신의 냄새."

어떤 노래도 이에 대해 모든 것을 말할 수 없다. 그러나 역사를 통틀어서 중요한 운동들 가운데 음악을 포함하지 않은 운동은 없었다. 프랑스 혁명에서는 '라마르셰이즈'La Marseillise("당신의 무기를 들라, 시민들이여 / 당신의 부대를 훈련시켜라 / 이제 전진하세 / 오월의 더러운 피 / 우리의 들판에 물을 뿌리자!")를 불렀고, 볼셰비키주의자들과 마오주의자들은 그들의 혁명이 실제로 성공하기를 노래했다("동풍이 불어오네 / 전쟁의 북소리가 울려나네 / 오늘날과 같은 세상에서 누가 누구를 두려워하랴? / 미 제국주의를 두려워하는 것은 인민들이 아니네 / 인민들을 두려워하는 것이 미 제국주의라네").

1980년대, 독일의 라이프치히에서 베를린 장벽에 반대하는 6명의 반대자들이 성 니콜라스 교회에 모여 자유를 위해 노래하고 기도했다. 1989년까지 그들의 숫자는 2만여 명의 사람들로 불어나 교회뿐만 아니라 라이프치히 시내 거리를 뒤덮었다. 한 동독 공산당 지도자의 언급이 주목을 끌었다. "우리는 모든 것을 계획했습니다. 우리는 모든 것을 준비했습니다. 그러나 노래와 기도는 준비하지 않았습니다."

필리핀의 야당 지도자 베닝고 아퀴노Bening Aquno가 1983년에 암살당한 뒤, 독재자 페르디난드 마르코스Ferdinand Marcos의 반대파들은 대통령 선거에서 아퀴노의 미망인 코라손Corazon을 당선시켰으나, 권력이양에 반대하는 마르코스의 반대에 직면했다. 그들은 국민운동을 노래하기 시작했고, 그 후 나흘 뒤에 마르코스를 권좌에서 쫓아낼 수 있었다. 마닐라 거리는 변화를 노래하고 주문하는 데모대로 가득 넘쳐났다. 남아프리카인들은 튼튼한 보루를 구축하고 있는 아파르트헤이트와 대면해서 노래를 불렀다. 우크라이나인들은 축출된 정부가 권력을 적법한 절차를 거쳐 선출된 야당에 이양하기를 거부했을 때 의회건물 밖에서 노래를 불렀다. 심지어 초기 미국의 혁명가들은 마치 홀리데이가 흑인에 대한 폭력의 공포에 반대하여 노래를 불렀듯이, 모든 부분을 장악한 영국의 폭정에 맞서서 노래를 불렀다. 미국의 혁명가인 '하나님 13개 주를 구원하소서!'에 대해 생각해 보라.

> 간혹 미국은 두려움 속에서
> 노예가 될 날이 가까웠음을 예지했네.
> 미국의 비통한 상태를 예지했네.
> 그러나 거짓된 제국 영국은 절망적 운명을 재촉하면서
> 조금도 귀를 기울이지 않았네.
> 시간이 다할 때까지,
> 우리는 폭군의 명령을 두려워하지 않으리.
> 가혹한 억압자의 명령도 두려워하지 않으리.
> 유럽의 나라들에서 나오는 자유가 안전한 안식처를 제공하리니
> 우리의 자유로운 바닷가에서 자유를 누리리.

이것이 그들이 말하던 것이었다!

예수님의 급진적 가르침이 이러한 정치적 혁명만큼이나 혁명적이지 않은가? 예수님께서 은혜와 평화 그리고 정의의 혁명으로 우리를 부르시지 않으셨던가? 그리고 그분께서 말씀하시길, 만일 우리가 그를 사랑한다면 우리가 그를 **따라야** 하며 우리가 그분의 명령에 순종해야 한다고 말씀하지 않으셨던가? 그분의 메시지는 혁명으로의 부르심이다. 그분의 메시지는 세상 가치에 대항하는 저항으로의 부르심이다. 우리는 이 세상에 속하지 않았다. 이 세상은 바벨론 제국이다. 우리는 행동으로, 관용적이고 친절하게 표현되는 불복종 행위들로, 불의에 저항함으로, 하나님을 참된 한 분 하나님으로 인정하고 모든 무릎이 그분 앞에 꿇는 새로운 세상을 지향하는 활동가적 비전으로 그분을 향한 우리의 사랑을 보이라고 요구하시는 혁명가Revolutionary One의 부르심을 입은 자들이

다. 이것이야말로 예수님에 대한 깊고 깊은 사랑의 궁극적 목적이지 않을까?

## 성숙하고 헌신적인 사랑

1977년, 소설가 마델린 엥글Madeleine L'Engle은 자신의 회고록 『비합리적 계절』The Irrational Season[8]을 썼다. 이 책은 마음의 계절과 세월의 계절을 통과하면서 겪은 그녀의 신앙 여정에 대한 아름다운 묘사를 담고 있다. '오래 사랑한 연인에게'라는 제목이 붙은 장에서 그녀는 거의 30여 년을 같이 한 배우 휴 프랭클린Hugh Franklin과의 결혼생활에 대해 회상한다. 이 회상은 아무런 갈등도 겪지 않은 사랑에 대한 몽상적인 찬송이 아니다. 대신 실망과 실패에도 불구하고 지속되었던 성숙하고 헌신적인 관계에 대한 아름다운 묘사다. 이 묘사는 대중가요 또는 발렌타인데이 안부 카드에 적혀 있는 사랑에 대한 메시지보다 참된 사랑을 묘사하는 데 더 가깝다. 그녀는 다음과 같은 말로 시작한다.

> 휴와 내가 결혼한 지 29년이 되었다는 것은 내게 참으로 특별한 일이다. 비록 결혼생활의 많은 부분이 성공적인 광고가 묘사하는 사랑의 모습과는 다른 것이 사실이지만, 내가 믿기에 우리의 결혼생활은 좋은 결혼생활이었다. 그러나 결혼에 대한 우리의 기대들은 시작부터 잘못된 것들이었다. 우리 둘 모두 우리의 남은 여생 동안 함께 하겠노라고 약속한 그 사람에 대해 모르고 있었다. 결혼생활을 시작하고 처음 경험한 쓰라린 교훈들을 통해, 우리는 우리가 결혼하고 싶어 했던 이미지가 아니라 우리가 진짜 결혼한 사람을 사랑하는 법을 배웠다.[9]

이 글은 결혼에 대한 나 자신의 경험을 반영할 뿐만 아니라, 그리스도를 섬기는 것에 대한 경험을 반영하는 것이기도 하다. 그리스도와 나는 엥글이 이 회고록을 썼을 때 프랭클린과 함께 한 세월만큼 비슷한 시간 동안 '결혼'관계에 있었다. 나는 예수님께서 내가 결혼했다고 생각했던 그 남자가 아니었다는 사실을 고백해야만 하겠다. 온화하신 예수님, 유순하시고 따뜻한 예수님에 대한 낭만적 이미지는 증발해 버렸다. 그분은 내가 십대시절에 상상했던 것보다 훨씬 이상하고 종잡을 수 없는 하나님이심이 드러났다. 나는 그분이 나를 영원히 포근하고 편안한 방식으로 안전하게 그분의 품에 안고 사랑하실 것이라고 생각했다. 그러나 그분은 나의 엉덩이를 수도 없이 많이 걷어차셨고, 내가 상상도 하지 못했던 방식으로 성장해 가도록 강요하셨다. 그분의 사랑은 요구하는 것이었고, 거친 것이었으며, 타협이 불가능한 것이었다. 이는 그분이 내게 전혀 인자하시지도 않았고 나를 참아주시지도 않았다는 말이 아니다. 다만 그분의 사랑은 나를 과거의 모습 그대로 방치하지 않았고, 지속적으로 내게 자라날 것과 나의 삶과 생각의 핵심부를 건드리는 변화를 만들어 내라고 요구하셨다는 것이다. 대부분의 경우, 이것은 나를 이롭게 하는 것이었다. 그러나 그것은 결코 초콜릿이나 장미와 같은 것은 아니었다. 그러면 내가 이로 인해 그분에게 실망했겠는가? 그랬다. 그분이 내게 실망하였으리라고 생각했던 만큼 자주는 아니지만 나 역시 그분에게 많이 실망했다. 그러나 우리의 사랑은 실망과 실패에도 불구하고 살아남았고, 오히려 그런 실망과 실패를 지나면서 더욱 굳건해졌다. 엥글은 계속해서 그녀의 결혼생활에 대해 회상한다.

나는 가족과 실패 그리고 약속에 대해 무언가 다른 것들을 배웠다. 약속이 깨졌더라도, 그 약속은 여전히 그대로 남는다. 이런 혹은 저런 식으로 우리는 서로에게 불성실하다 …… 우리는 가장 엄숙한 약속들을 어긴다. 때로는 우리가 그것을 인식하지도 못한 채 약속을 깨버릴 때도 있다 …… 나는 나의 오랜 결혼생활을 감사하게 바라본다. 그리고 더 오래 가기를 희망

한다. 우리의 실패를 받아들이는 한에서.[10]

나는 예수님께서 나를 완전히 실패하게 하셨다고 말하는 것이 아니다. 그러나 실패했다고 느꼈을 때가 많았다. 나는 내가 아는 한 성경적으로 볼 때 그분의 의지 중 일부라고 생각했던 것들을 위해 간구했음에도 그분이 들어주지 않으셨을 때, 나는 혼란스러웠고 배신감을 느꼈다. 나는 그분을 향해 분노를 느꼈고 그분의 침묵으로 인해 상처를 받았다. 비록 나 또한 그분께 드렸던 수없이 많은 약속들을 깨버렸다는 것을 알고 있지만, 그럼에도 나는 여전히 진실하다. 엥글이 지혜롭게 썼듯이, 깨져버린 약속이라도 약속이다. 예수님과 동행한 지 거의 30년이 흐르고 난 지금, 나 자신의 정체성과 인생에 있어서의 목적은 그분과 내가 맺은 관계와 얽혀 있다. 따라서 그 30여 년의 역사를 끊고 더 이상 그분과 관계가 없는 나 자신이 되는 것은 상상할 수 없다. 우리는 이제 인생— 더 나은 혹은 더 나쁜—의 동료다. 엥글처럼 절정에 이른 기술을 가진 작가만이 이 점을 아름답게 묘사할 수 있다.

내 남편을 향한 나의 사랑과 나를 향한 그의 사랑은 우리 자신에 관한 그와 같은 미지의 또는 수면 아래의 영역에 있다. 그곳은 우리의 분리를 새롭고 낯선 것이 되게 하며, 우리를 바다에 있는 물방울들처럼 하나가 되어 스며들게 하는 곳이다. 그러나 우리는 고독을 잃지 않았고, 또 우리들만의 독특함도 잃지 않았다. 그리고 우리는 함께 있음으로 해서 따로 떨어져 있을 때보다 더 풍성해졌다.
이것은 신비다. 나는 그것을 설명할 수 없다. 그러나 그것이 우리의 충돌, 우리의 성격적 차이, 우리의 분노, 우리의 철회, 이해에 대한 우리의 실패를 보상한다는 것을 배웠다.
결혼생활을 오래 이어가는 것은 쉽지 않다. 때로 너무 화가 나고 너무 상처가 돼서 나의 사랑이 결코 회복되지 않을 것이라고 생각했던 시간들도 있었다. 하지만 그처럼 거의 절망의 한 가운데 있을 때, 표면아래서 무엇인가가 발생했다. 희망이라는 번쩍이는 작은 물고기가 은색 지느러미를 펄럭거리자 물이 밝아졌다. 그러자 어느 순간 나는 다시 사랑하는 상태로 돌아가 있었다. 다음의 갈등이 올 때까지.

나는 항상 다음이라는 것이 있다는 것과 내가 어둠속에 잠기겠지만 잠긴 상태로 있지는 않을 것이라는 것을 배웠다. 그리고 매 번 수면 아래서 무언가를 배웠고 무언가를 얻었다. 그리고 새로운 종류의 사랑이 자라났다. 내가 물을 수 있는 최상의 것은 수도 없는 실패 위에 세워진 이 사랑이 계속해서 자라날 것이라는 것이다. 나는 이것이 신비요 선물이라는 것, 그리고 어쨌든지 은혜를 통해 우리의 실패들이 회복되고 축복이 될 수 있다는 것 외에는 아무 것도 말할 수 없다.[11]

이 말 속에는 요즘 흔히 발견되는 덧없고 실체가 없는 사랑보다 훨씬 풍성하고 깊고 현명한 어떤 것이 있다. 처음 연분홍빛 사랑에 빠졌을 때, 연인들은 그들이 서로를 깊고 흠 없이 그리고 영원히 사랑할 것이라는 생각에 푹 빠져든다. 사랑에 대한 이런 종류의 속기 쉽고 어수룩하며 단순한 시각에 기초하여 만들어진 예배찬양들은 내게 감동을 주지 못한다. 예수님을 통해 맺은 하나님과 나의 관계는 나를 미몽에서 깨어나게 하고 실망스럽게 하고 그리고 혼란스러운 상태로 내버려 둘 때도 있다. 그러나 그분과 함께 한 모든 세월의 총합이 나로 하여금 엥글이 그녀의 남편에 대해 묘사했던 것과 같은 사랑으로 하나님을 사랑하게 한다. 하나님에 대한 나의 사랑은 셀 수 없이 많은 실패 위에 선 것이다. 그러나 그 사랑은 대양처럼, 즉 희망과 기쁨 그리고 심지어는 승리로 빛나는 어둡고 그 끝을 헤아릴 수 없이 깊은 바다처럼 그 깊이를 더해가는 그런 사랑이다. 그 사랑에 대해 찬양할 수 있을까? 분노와 고통에 직면해서 하나님의 은혜의 신비에 대해 찬양할 수 있을까? 유수와 분리 같은 어려움을 겪으면서 그 신실하심에 대해 하나님을 예배할 수 있을까? 혁명기에 부르던 군가들이 그랬던 것처럼, 이국적인 세상에서 하나님을 향한 신실함을 유지함으로 인해 겪게 되는 갈등과 어려움에도 불구하고, 섬김과 헌신 그리고 우정으로 평생 지속되는 여정을 계속할 수 있는 영감을 받을 수 있을까? 오늘날 우리가 많은 교회에서 듣게 되는 낭만적인 표현을 더 이상 노래할 수 없는 유수자들을 위해 새로운 찬양을 만들어 낼 수 있는 예배 찬양 작사가들은 있는가?

많은 현대 작사가들은 이사야 42장에 기록되어 있는 찬양의 노래와 같은 사랑의 구절들을 좋아한다.

항해하는 자들과 바다 가운데의 만물과 섬들과 거기에 사는 사람들아
여호와께 새 노래로 노래하며 땅 끝에서부터 찬송하라
광야와 거기에 있는 성읍들과 게달 사람이 사는 마을들은 소리를 높이라
셀라의 주민들은 노래하며 산 꼭대기에서 즐거이 부르라 여호와께 영광을
돌리며 섬들 중에서 그의 찬송을 전할지어다(사42:10-12)

그렇다. 그들은 이러한 구절을 좋아한다. 그러나 몇 가지 이유에서 그들은 이 구절이 억압을 당하는 사람들, 노예의 멍에를 짊어지고 있는 유수자들, 하나님에 대해 실망하고 자유와 변호를 열망하던 사람들에게 전한 것이었다는 것을 인식하지 못하고 있다. 그들은 이 노래가 위에 기록되어 있는 찬양의 노래에 대한 응답으로 하나님께서 전능한 용사처럼 나타나셔서 그분 자신의 노래를 부르실 때 절정에 이르게 된다는 것을 보지 못한다. 그러나 하나님의 노래는 허무한 감정적 찌꺼기가 아니라 선동과 혁명에 관한 거칠면서도 격렬한 노래다.

> 내가 오랫동안 조용하며 잠잠하고 참았으나
>
> 내가 해산하는 여인 같이 부르짖으리니
>
> 숨이 차서 심히 헐떡일 것이라
>
> 내가 산들과 언덕들을 황폐하게 하며
>
> 그 모든 초목들을 마르게 하며
>
> 강들이 섬이 되게 하며 못들을 마르게 할 것이며
>
> 내가 맹인들을 그들이 알지 못하는 길로 이끌며
>
> 그들이 알지 못하는 지름길로 인도하며
>
> 암흑이 그 앞에서 광명이 되게 하며 굽은 데를 곧게 할 것이라
>
> 내가 이 일을 행하여 그들을 버리지 아니하리니
>
> 조각한 우상을 의지하며 부어 만든 우상을 향하여
>
> 너희는 우리의 신이라 하는 자는
>
> 물리침을 받아 크게 수치를 당하리라 (사42:14-17)

여기에 바로 유수자가 들어야 하는 말씀이 있다. 이 말씀은 비천한 유수자가 궁극적으로 하나님에 대한 그의 믿음에 대한 변호를 받게 될 것과 현재의 경험이 최종적인 것이 아니라는 것을 믿으라는 믿음으로의 부르심이다. 이것은 리얼리티 텔레비전 쇼의 철저한 무의미함이 진정한 삶에 대한 우리의 욕구에 만족을 줄 수 없다는 것을 믿으라는 믿음으로의 부르심이다. 이것은 사람들이 가짜 이름을 사용하고 실재 자신보다 과장된 자신을 마치 자신인양 드러냄으로써 온라인에서 맺는 거짓된 관계들은 우리가 맺어나가야 할 그런 관계가 아니라는 것을 믿으라는 믿음으로의 부르심이다. 이는 상위 20퍼센트가 모든 수입의 80퍼센트 이상을 가져가는 것은 옳지 않다고 믿는 믿음으로의 부르심이다. 이것은 매일 수만 명의 사람들이 기아로 굶어 죽어가고 있는 데 반해, 전체 인구 중 60퍼센트가 과체중과 비만인 나라에서 우리가 살아가고 있는 것은 옳지

않다고 여기는 믿음으로의 부르심이다. 하나님의 노래, 즉 마치 해산하고 있는 여인과 같은 이가 부르는 노래는 새로운 희망을 생산한다. 그 희망은 유수자로서 우리가, 지나치게 강력한 힘을 소유한 기업들과 전문 기술자들이 존재하는 세상, 급속하게 군사화 되어가고 있는 세상, 말할 수 없는 탐욕과 탐심이 넘쳐나는 세상을 결단코 '본향'으로 간주하지 않는 희망이다.

그리고 마지막으로 이 말씀은 유수자로서 우리는 어떤 대가를 치르더라도 이 세상이 제공하는 우상을 신뢰하기를 거부해야 한다고 경고한다. 우리는 후기 기독교왕국이 제공하는 약속들을 신뢰할 수 없다. 우리는 우리가 돈을 투자한 기업들에게 "당신들이야말로 우리의 신입니다"라고 말해서는 안된다. 우리는 오늘날 우리에게 즐거움을 제공하는 최우선적 장소가 된 쇼핑몰들에게 "당신들이야말로 우리의 신입니다"라고 말해서는 안된다. 우리는 고속도로에서 우리가 살고 있는 공동체 사이의 도로변에 즐비하게 서 있는 패스트푸드 판매점들에게 "당신들이야말로 우리의 신입니다"라고 말해서는 안된다. 우리는 할리우드, 민주당, 공화당, 맥도날드, 또는 우리 가정에 있는 텔레비전에게 "당신들이야말로 우리의 신입니다"라고 말해서는 안된다. 그렇게 말하는 사람들은 반드시 영원한 수치를 당할 것이다.

# 저자 후기

## 본향으로 가기 위해 요단강 건너기

> 세례 요한이 광야에 이르러 죄 사함을 받게 하는 회개의 세례를 전파하니 온 유대 지방과 예루살렘 사람이 다 나아가 자기 죄를 자복하고 요단 강에서 그에게 세례를 받더라
>
> _마가복음 1장 4~5절

그리스도의 사역을 위해 앞서간 자forerunner로서의 요한의 역할은 잘 알려져 있다. 그것은 선지자의 예언을 성취하는 것으로, 주의 오실 것을 예비하기 위해 야훼의 보내심을 받은 메신저로서의 역할이었다. 마가복음을 시작하는 부분에 있는 이 구절을 통해, 우리는 수백 명의 고대 유대인들의 면모를 살펴볼 수 있다. 그들 중 많은 수는 예루살렘으로부터 왔고, 요단강 가에 모여서 자신들의 죄를 고백하고, 세례요한에 의해 수면 아래로 잠겼다. 이러한 반응은 유대인이 집단으로 자신들의 죄를 회개하고 주님을 위해 스스로 자신들을 준비한 것으로서 매우 폭발적인 것이었다. 그러나 세례요한의 세례가 유대인에게 주었던 정확한 의미는 무엇이었을까? 분명한 것은 그것이 오늘날 우리가 생각하는 세례와 같지는 않았을 것이라는 점이다.

세례요한의 세례는 로마서 6장에서 바울이 명백한 기독교적 의미의 세례를 베풀 때보다 훨씬 전에 있었던 일이다. 로마서 6장에서 바울은 물에 몸을 담그

는 것을 그리스도와 함께 '죽고' 새로운 생명으로 부활하는 것(롬6:2-4)이라고 설명한다. 그러나 요한이 사람들에게 말했던 것은 그와 다르다. 그 당시에는 그리스도의 죽으심과 부활의 사건이 아직 발생하지 않았고, 예수님의 공생애 초기에 해당하는 그 시점에는 그런 일이 발생할 것에 대한 인식조차 할 수 없었던 것으로 보인다. 요한은 회개의 세례에 대해 설교했다. 비록 세례라는 개념이 먼저는 이방인 개종자들을 위한 세례로 알려지기는 했지만, 어쨌든 요한의 청중들에게는 이 세례가 그렇게 낯선 것이 아니었다. 에센파 같은 어떤 유대인 분파들은 세례를 자신들의 도덕적이고 종교적인 순결을 유지하기 위한 정결의식으로 사용하고 있었다. 그러나 대부분의 유대인들은 세례를 하나의 종교의식으로 사용하지는 않았다.

그렇다면 요한이 할 수 있었던 것은 무엇이었을까? 또한 그가 굳이 요단강을 사용한 이유는 무엇이었을까? 이방인 개종자들에게 세례를 베푸는 것 혹은 에센파들이 의식적 정결행위로 사용했던 세례는 개인적으로 행해졌고 물도 음료용 물을 사용했다. 요한이 그의 추종자들을 광야로 불러내 흙탕물에 불과한 강물에서 씻도록 한 이유는 무엇일까? 이것은 유수자들로 하여금 역사에서 이 순간이 갖는 중요성을 보게 한다.

우리가 알고 있듯이, 바벨론의 통치자 고레스는 537년 최초로 유대인 유수자들로 하여금 파괴된 그들의 조상의 땅으로 돌아갈 수 있도록 해주었다. 그들은 예루살렘에 도착하자마자 훼파된 예루살렘의 잔해 위에 재단을 쌓는 일과 새로운 성전의 기초를 세우는 일에 즉각적으로 착수했다. 10년 이상의 세월이 흘러 아닥사스다 왕이 통치할 때, 그는 새로운 국가의 형성을 감독하도록 하기 위해 예루살렘으로 유대인의 지도자인 에스라와 느헤미야를 보냈다. 유수는 끝났다. 이스라엘은 재건될 것이다. 성전의 재건축과 하나님의 백성들의 자유를 깊이 열망했던 모든 유수자에게 있어 그 순간이야말로 그들이 기다리던 순간이었다. 그러나 그것은 그들이 마침내 요단강을 건너 고향으로 돌아왔을 때에야 비로소 실재가 되는 순간이었다.

바로 이것이 요단강에서 요한이 행한 사역을 그렇게 강력하게 만들었던 요인이었다. 그가 사역하던 시대, 곧 에스라 이후 400년이 흐른 시점에, 이스라엘은 다시 한 번 포로가 되어 있었다. 비록 그들이 외국 땅으로 잡혀가지는 않았지만, 그들은 여전히 요단강 서부지역을 점령한 외부 침략자들의 포로나 다름없는 상태에 있었다. 로마의 점령으로 인한 포로생활은 그들이 페르시아에서 경험했던 유수자로서의 끔찍한 경험과 다르지 않았다. 자유에 대한 갈망 역시 고레스 왕 시절과 다르지 않았다. 유대인들은 그들이 다시 한 번 요단강—은유적으로—을 건널 날을 꿈꾸고 있었다. 이제 이사야 선지자가 예견했듯이, 한 목소리가 나와 이스라엘에게, 이제 곧 나타나실 그들의 해방자의 등장을 위해 스스로를 예비하라고 요구하며 광야에서 외치고 있다. 요한의 세례는 유대인들에게 그들의 유수상태가 끝날 것을 위해 영적으로 준비하라는 부름이었다. 유대인들이 그들의 죄를 고백하고 그들이 잘못한 것들에 대해 회개했을 때, 요한은 그들로 하여금 자유와 은혜 그리고 야훼와의 친밀함 가운데 돌아가게끔 준비시킨 후 그들을 이끌고 요단강을 건너갔던 것이다. 요한의 예비적 사역은 이스라엘의 마음을 본향으로 향하게 하는 일이었다. 따라서 예수님께서 하나님의 나라가 가까웠다고 선언하시고 죄 용서를 선포하실 때, 본향을 갈망하던 사람들은 하나님으로부터의 유수가 그리스도 안에서 바로 그 순간 종결됨을 보게 될 것이다.

우리의 죄는 용서받았다. 우리를 하나님이 계시는 본향에서 분리한 간극은 사라졌다. 이것이 예수님께서 말씀과 행동 그리고 상징을 통해 그렇게 자유로이 말씀하시고 그렇게 강력하게 증거하신 복음이다. 하나님으로부터 분리된 우리의 유수는 끝났다. 우리는 요단강을 건넜고 이제 우리가 속한 곳으로 돌아왔다.

후기 기독교왕국에서 살아가는 유수자에 대한 우리의 논의에서 우리는 본향으로 돌아갈 길을 발견했다는 사실과 신뢰할만한 인도자이자 구원자이신 예수님께서 우리를 그곳으로 인도하신다는 사실을 놓쳐서는 안 된다. 비록 우리의 문화가 바벨론이나 로마제국만큼 하나님의 일에서 멀리 떨어져 있기는 하지만 우리의 시민권은 요단강 저편에 속해 있다. 우리는 우리의 본향을 우리의 마음속에 담고 다닌다. 왜냐하면 우리의 본향은 예수 그리스도께서 십자가 도상과 부활을 통해 하신 사역으로만 가능해진 하나님과의 화목이 발생하는 장소이기 때문이다.

따라서 유수자는 견뎌내야 한다. 유수자는 하나님에 대한 위험한 기억들을 붙들고 있어야 한다. 유수자는 위험한 약속들을 지켜나가야 한다. 유수자는 이 세상에 대한 위험한 비판들을 계속해서 실행해야 한다. 유수자는 위험한 노래들을 계속해서 불러야 한다. 분명 그 날이 올 것이다. 또한 유수자는 균형을 유지해야 한다. 그리고 그의 본향은 은혜로우시고, 사랑이 많으시며, 용서하시는 하나님의 임재에서 발견된다는 확고한 소망을 품고 있어야 한다. 이제 나는 현대적 축복을 남기고자 한다. 이 축복은 끊임없이 본향을 향해 가는 유수자(여행자와 순례자)에게 의미 있는 축복이다.

의로운 사람으로 성장하기를
진실한 사람으로 성장하기를
항상 진리를 깨우치고
그리고 당신을 둘러싸고 있는 빛을 보기를
항상 용기를 품기를
똑바로 서서 견고하기를
영원히 젊음을 유지하기를[1]

# 참고자료

## 후기 기독교 제왕의 이해에 관한 자료들

- David Boyle, *Authenticity: Brands, Fakes, Spin and the Lust for Real Life*, London: Flamingo, 2004

- Douglas John Hall, *The End of Christendom and the Future of Christianity*, Harrisburg, Pa.: Trinity Press International, 1995

- Stuart Murray, *Post-Christendom: Church and Mission in a Strange New World*, Carlisle: Paternoster, 2004

- Lesslie Newbigin, *Foolishness to the Greek: the Gospel and Western Culture*, Grand Rapids: Eerdmans, 1986

- Lesslie Newbigin, *The Gospel in a Pluralist Society*, Grand Rapids: Eerdmans, 1989

- Ray Oldenburg, *The Great Good Place: Cafs, Coffee Shops*, Community Centers, Beauty Parlors, General Stores, Bars, Hangouts and How They Get You Thorough the Day, New York: Paragon House, 1989

- Neil Postman, *Amusing Ourselves to Death: Public Discourse in the Age of Show Business*, New York: Viking Penguin, 1986

## 유수자에 관한 충실한 자료들

- Walter Brueggemann, *Cadences of Home: Preaching among Exiles*, Louisville: Westminster John Knox, 1997

- Rodney Clapp, *A Peculiar People: The Church as Culture in a Post-Christian Society*, Downers Grove, Ⅲ.: InterVarsity, 1996

- Jacques Ellul, *The Subversion of Christianity*, trans. G. W. Bromiley, Grand Rapid: Eerdmans, 1986

- Michael Frost and Alan Hirsch, *The Shaping of Things to Come: Innovation and Mission for the 21st-Century* Church, Peabody, Mass.: Hendrickson, 2003

- Craig Van Gelder, ed., *Confident Witness-Changing World: Rediscovering the Gospel in North America*, Grand Rapids: Eerdmans, 1999

- Stanley Hauerwas, *A Community of Character: Toward a Constructive Christian Social Ethic*, Notre Dame, Ind.: University of Notre Dame Press, 1981

- Martin Hengel, *Acts and the History of Earliest Christianity*, trans. J. Bowden, London: SCM, 1979

- Philip Jenkins, *The Next Christendom: The Coming of Global Christianity*, Oxford: Oxford University Press, 2002

- Jurgan Moltmann, *The Open Church: Invitation to a Messianic Lifestyle*, trans. M. Douglas Meeks, London: SCM, 1978

- Michal Riddell, *Threshold of the Future: Reforming the Church in the Post-Christian West*, London: SPCK, 1998

- Rodney Stark, *The Rise of Christianity: A Sociologist Reconsiders History*, Princeton, N.J.: Princeton University Press, 1996

- Pete Ward, *Liquid Church*, Peabody, Mass.: Hendrickson, 2002

## 선교적 공동체에 관한 자료들

- Archbishops' Committee on Mission, Mission-Shaped Church: *Church Planting and Fresh Expressions of Church in a Changing Context*, London: Church House, 2004

- David Bosch, *Transforming Mission: Paradigm Shifts in Theology of Mission*, Maryknoll, N. Y.: Orbis, 1991

- Darrell L. Guder, ed., *The Missional Church: A Vision for The Sending of the Church in America*, Grand Rapids: Eerdmans, 1998

- Lesslie Newbigin, *The Open Secret: An Introduction to the Theology of Mission*, rev. ed., Grand Rapids: Eerdmans, 1995

- Alan J. Roxburgh, *The Missionary Congregation, Ledership, and Liminality*, Harrisburg, Pa.: Trinity Press International, 1997

## 음식에 관한 자료들

- Linda, McQuaig, *All You Can Eat: Greed, Lust, and the New Capitalism*, Toronto: Penguin Canada, 2001

- John Piper, *A Hunger for God: Desiring God through Fasting and Prayer*, Wheaton, Ⅲ: Crossway, 1997

- Eric Schlosser, *Fast Food Nation: The Dark Side of the All-American Meal*, New York: HaperCollin, 2002

- Slow Food Movement website: www.slowfood.com

- World Hunger website: www.worldhunger.org

## 생태학에 관한 자료들

- Barry Commoner, *The Closing Circle: Confronting the Environmental Crisis*, New York: Bantam, 1980

- Jared Diamond, *Collapse: How Societies Choose to Fail or Succeed*, New York: Viking Penguin, 2004

- Paul Hawken, *The Ecology of Commerce: A Declaration of Sustainability*, New York: HarperCollins, 1993

- James A. Nash, *Loving Nature: Ecological Integrity and Christian Responsibility*, Nashville: Abingdon, 1991

- Clear Air Council website: www.cleanair.org

- Shell Facts website: http://www.shellfacts.com

## 지국적 정의에 관한 자료들

- Naomi Klein, *No Logo: No Space, No Jobs*, New York: Picador, 2002

- Jeffrey Sachs, *The End of Poverty: How We Can Make It Happen in Our Life Time*, London: Penguin, 2005

- Joseph Stiglitz, *Globalization and Its Discontents*, New York: Norton, 2003

- Jessica Williams, *50 Facts That Should Change The World, Cambridge*: Icon, 2004

- The Corporation website: http://www.thecorporation.com

- Jubilee research website: www.jubileeresearch.org

- Liberty UK website: www.liberty-human-rights.org.uk

- Micah Challenge website: http://www.nologo.org/faqs/

## 종교적 박해에 관한 자료들

- Cry Indonesia website: http://www.cryindonesia.org

- Save Darfur website: http://www.savedarfur.com

- Tears of the Oppressed website: www.human-rights-and-christian-persecution.org. See also http://www.tearsoftheoppressed.org

- The Universal Declaration of Human Rights (UDHR): http://www.unhchr.ch/udhr/lang/eng.htm

- The Voice of the Martyrs website: http://www.persecution.com

## 대안예배에 관한 자료들

- Jonny Baker, Doug Gay, and Jenny Brown, *Alternative Worship: Resources from and for the Emerging Church*, Grand Rapids: Baker, 2004

- Dan Kimball, *The Emerging Church: Vintage Christianity for New Generations*,

Grand Rapids: Zondervan, 2003

- Alternative Worship website: http://www.smallfire.org

## 이머징/선교적 교회의 블로그와 웹사이트들

- Andrew Jones: http://tallskinnykiwi.typad.com/tallskinnykiwi

- Jonny Baker: http://jonnybaker.blogs.com

- Emergent Kiwi (Steve Taylor): http://www.emergentkiwi.org.nz

- Living Room (Darren Rowse): http://www.livingroom.org.au/blog

- Naggi Dawn: http://www.maggidawn.blogspot.com

- Neurotribe (Stive Said): http://www.neurotribe.net/blog

- Next Wave (Charlie Wear): http://charliewear.next-wave.org

- The Ooze (Spencer Burke): http://www.theooze.com/blog/index.cfm

- Vintage Faith (Dan Kimball): http://www.vintagefaith.com

## 볼 만한 영화들

- *Babette's Feast*(Denmark, 1987)
  - 엄격한 신앙심으로 통제된 공동체에서 발생하는 은혜와 관대함 그리고 음식의 장소에 고나한 놀라운 이야기.

- *Smoke*(United States, 1995)
  - 우정, 공동체, 이야기, 그리고 흡연의 힘을 설명하는 실생활의 장면.

- *Big Night*(United States, 1999)
  - 두 명의 이탈리안인 레스토랑 주인들 사이에 일어난 충돌 이야기 : 한명은 고집 센 순수주의자이고 다른 한명은 손님들이 원하는 것과 타협할 준비가 되어있는 사람.

- *Fight Club*(United States, 1999)
  - 공동체의 파괴적 성격과 현대 교회의 삶이 지닌 무의미함에 관한 유명한 영화.

- *Chocolate*(United States, 2000)
  - 전통적인 교회와 은혜와 사랑의 이미지 공동체 사이의 충돌에 관한 묘사

- *The Lord of the Rings trilogy: The Fellowship of the Ring, The Two Towers, The Return of The King*(New Zealand, 2001)
  - 한 개인이 홀로 성취 할 수 있는 능력보다 더 큰 목표들을 향한 공동의 헌신 속에 세워진 공동체(또는 우정)에 관한 서사 이야기

- *Whale Rider*(New Zealand, 2002)
  - 전통, 신화, 문화, 그리고 이것들을 부수는 동시에 반대로 이것들을 구현하는 사람에 대한 뛰어난 영화

- *Super Size Me*(United States, 2004)
  - 패스트푸드에 대한 미국인의 중독과 그것이 건강에 미치는 효과를 시험하기 위해 한 달 동안 오직 맥도널드 음식만 먹은 모건 스펄럭Morgan Spurlock에 대한 다큐멘터리.

- *Ladder 49*(United States, 2004)
  - 뛰어난 영화는 아니지만, 볼티모어 소방관들 사이에서 형성된 코뮤니타스에 대한 생생한 묘사.

# 주

## 제1부 위험한 기억들

### 자발적인 유수

1) "Americans Are Most Likely to Base Truth on Feelings", The Barna Update n.p.[2006년 2월 21일 인용]. 온라인:http://www.barna.org/FlexPage.aspx?Page=BarnaUpdate&BarnaUpdateID=106.

2) Stuart Murray, *Post-Christendom: Church and Mission in a Strange New World* (Carlistle: Paternoster, 2004), 6.

3) Ibid., 19.

4) Cathy Kirkpatrick, Mark Pierson, and Mike Riddell, *The Prodigal Project: Journey into the Emerging Church* (London: SPCK, 2000), 3.

5) Walter Brueggermann, *Cadences of Home: Preaching among Exiles* (Louisville: Westminster John Knox, 1997).

6) Ibid., 10.

7) Ibid., 11.

8) Bob Kaufman, "$$Abomus Craxiom$$", in *Solitudes Crowded with Loneliness* (New York: New Directions, 1965), 80.

9) See, Bruggemann, *Cadences of Home*, 134.

10) Stanley Hauerwas, *A Community of Character: Toward a Constructive Christian Social Ethic* (Notre Dame, Ind.: University of Notre Dame Press, 1981).

11) Richard Adams, *Watership Down* (New York: Avon Books, 1972), 37.

12) Hauerwas, *Community of Character*, 15.

13) Bruggermann, *Cadences of Home*, 121.

14) Kaj Munk, http://kevinburt.typepad.com/the_nomadic_neophyte/religion/, 2006년 4월 4일 인용.

15) http://www.starvation.net, 2006년 3월 31일 인용.

16) Gregory David Roberts, Shantaram (Melbourne: Schribe Publications, 2003), 193.

17) D. J .Taylor, *Owell: The Life* (New York: Henry Holt, 2003), 57.

18) Joseph Campbell, T*he Hero with a Thousand Faces* (Commemorative ed,: Bollingen Series 17; Princeton University, N.J.: Princeton University Press, 2004), 24.

19) Ibid.

20) Ibid.

21) Quoted in Malcolm Muggeridge, *A Third Testament* (London: Collins, 1978), 86.

## 유수자 예수님

1) Martin Hengel, *Acts and the History of Earliest Christianity* (trans. J. Bowder; London: SCM, 1979), 43-47.

2) H. B. Tristram, *Eastern Customs in Bible Lands* (London: Hodder & Stoughtton, 1984), 36-38, cited in Kenneth Bailey, Through Peasant Eyes (Grand Rapids: Eerdmans, 1983), 4.

3) Nelson Glueck, *The River Jordan* (Philadephia: Westerminster, 1946), 175-76, Bailey, *Through Peasant Eyes*, 15에서 인용.

## 예수님을 따라 유수자로

1) John Ridgeway, "The Vision for Missional Communities", Navigators USA, 2005에서 인용(미출간).

2) Gordon Mackenzie, *Orbiting the Giant Hairball: A Corporate Fool's Guide to Surviving with Grace* (New York: Viking Penguin, 1998), 51-52.

3) Ibid., 52.

4) Ray Oldenburg, *The Great Good Place: Caf?s, Coffee Shops, Community Centers, Beauty Parlors, General Stores, Bars, Hangouts and How They Get You Through the Day* (New York: Paragon House, 1989).

5) 나열된 내용은 올덴버그의 책에는 등장하지 않는다. 그러나 그 내용은 내가 그의 논점을 요약한 것이다.

6) 위의 리스트도 내가 정리한 요약이므로 올덴버그의 책에는 나타나지 않는다.

7) Brother Lawrence, *The Practice of the Presence of God: With Spiritual Maxims* (Grand Rapids: Rovell, 1999), 36.

8) Ibid., 53.

9) Ibid., 36.

10) Ibid., 54.

11) Ibid., 116.

12) Ibid., 115.

13) Ibid., 98.

14) Ibid., 98.

15) Ibid., 12.

16) John Eldredge, *Waking the Dead: The Glory of a Heart Fully Alive* (Nashiville: Thomas Nelson, 2003), 11.

17) Ernest Looseley, *When the Church Was very Young* (London: Allen & Unwin, 1935; repr., Auburn, Maine: Christian Books Publishing Hounse, 1988).

18) "Tim Wilton", Enough Rope with Andrew Denton n.p. (2006년 1월 17일 인용). 온라인: http://www.abc.net.au/tv/enoughrope/transcripts/s12 27915.htm.

19) Ibid.

# 제2부 위험한 약속들

## 비실재적 세계에서의 유수

1) Jean Baudrillard, *Simulacra and Simulation* (trans, Sheila Faria Glaser; The Body, In Theory: Histories of Cultural Materialism; Ann Arbor: University of Michigan Press, 1995), 22.

2) 이 주제에 대한 매우 유용한 논문을 참고하려면, Mark Seal, "Reality Kings", *Vanity Fair* (July 2003): 121-125와 151-155를 보라. 주요 리얼리티 텔레비전 쇼의 명단은 www.realitytvworld.com을 보라.

3) Neil Postman, *Amusing Ourselves to Death: Public Discourse in the Age of Show Business* (New York: Viking Penguin, 1986).

4) Paul H. Ray and Sherry Ruth Anderson, *The Cultural Creatives: How 50 Million People Are Changing the World* (New York: Harmony Books, 2000).

5) David Bolye, Authenticity: *Brands, Fakes, Spin and the Lust for Real Life* (London: Flamingo, 2004), 10.

6) Ibid., 295.

7) 시드니 소재 몰링 신학 대학(Morling Theological College)의 전 학장인 빅 엘드리지가 행한 미발간 설교문에서 발췌.

8) John Bright, *The Kingdom of God: The Biblical Concept and Its Meaning for the Church* (Nashville: Abingdon, 1957), 120.

9) *Finally Comes the Poet: Daring Speech for Proclamation* (Minneapolis: Fortress, 1989)로 발간됨.

10) Keith Miller, *The Taste of New Wine* (new rev. ed,; Orleans, Mass.: Paraclete, 1992), 19.

11) 생활번역그룹은 교회부흥협회(Church Multiplication Associates, CMA)의 행정 책임자인 닐 콜(Neil Cole)이 개발하였다. CMA는 소그룹 내 상호작용을 위한 "성격에 관한 대화와 관련된 질문들"을 기재한 카드를 제공한다. "생활변혁그룹 카드"의 하부 항목에 있는 CMA Resources.Org의 "CMA를 통해 얻을 수 있는 유용한 자료들"을 보

라. 웹페이지: www.cmaresources.org/respirces/allproductis.asp. 동일한 질문들이 콜의 책 『하나님을 위한 삶 가꾸기』(Cultivating a Life for God, Carol Stream, III.: ChurchSmart Resources, 1999)에서도 찾아 볼 수 있다. 그 질문들은 다음과 같다.

- 당신은 이번 주에 당신의 말과 행동을 통해 예수 그리스도의 위대하심에 대해 간증한 적이 있습니까?

- 당신은 이번 주에 성적인 자극을 야기하는 자료에 노출되거나 당신의 마음으로 하여금 부적절한 성적인 생각을 즐기도록 허용한 적이 있습니까?

- 금전적 거래를 하면서 정직하지 못했거나 당신 것이 아닌 것에 탐심을 품은 적이 있습니까?

- 이번 주에 당신이 중요하게 생각하는 사람들과의 관계에서 정직, 이해, 그리고 관대했습니까?

- 다른 사람의 뒤에서 혹은 그 사람의 면전에서, 당신의 말로 다른 사람의 마음에 상처를 입혔습니까?

- 이번 주에 어떤 중독적 행위에 굴복한 적이 있습니까? 설명해 보십시오.

- 다른 사람을 향한 분노의 마음을 여전히 유지하고 있습니까?

- 당신이 더 우월해 지기 위해 내면적으로 다른 사람의 불행을 바란 적이 있습니까?

- (자기 자신과 관련된 신뢰성 질문을 하나 만들어 보자.)

- 하나님의 말씀을 읽고 그분의 음성을 들었습니까? 읽고 들은 내용에 대해 무엇을 하실 것입니까?

- 위 질문들에 대한 대답을 하면서 정말로 정직했습니까?

아마도 당신은 마지막 질문을 정말 싫어할 것입니다!

12) Jrgen Moltmann, *The Open Church: Invitation to a Messianic Lifestyle* (trans. M. Douglas Meeks; London: SCM, 1978), 30.

13) Ibid., 30-31.

14) David Bosch, "The Structure of Mission: An Exposition of Matthew 28:16-20", in *Exploring Church Growth* (ed. Wilbert Shenk; Grand Rapids: Eerdmans, 1983), 239.

15) Brian McLauren, "What About Authenticity?" A New Kind of Christiann.p.(2006년2월 21일 인용).온라인:http://www.anewkindo fchris tian.com/archives/000150.html.

## 유수자의 집단정신

1) M. Scott Peck, *The Different Drum: Community Making and Peace* (New York: Simon & Schuster, 1987).

2) Ibid., 61.

3) Ibid., 62.

4) Ibid., 73.

5) Michael Frost and Alan Hirsh, *The Shaping Things to Come: Innovation and Mission for the 21st-Century Church* (Peabody, Mass.: Hendickson, 2003).

6) Victor Turner, *The Ritual Process: Structure and Anti-structure* (Chicago: Aldine, 1969).

7) Victor Turner, *From Ritual to Theater: The Human Seriousness of Play* (New York: PAJ Publications, 1982), 44.

8) Turner, *Ritual Process*, 129를 보라.

9) Turner, *From Ritual to Theater*, 45.

10) Victor Turner, "Liminality and Communitas", Creative Resistance n.p.(2006년1월 17일 인용).온라인: http://www.creativeresistance.ca /communitas-toc/communitas-toc.htm.

11) Seth Mnookin, "Scandal of Record", *Vanity Fair* (December 2004): 167.

12) Robert Bly, *Iron John* (Dorset: Element Books, 1991), 155.에서 인용.

13) Alan Hirsh, *The Forgotten Ways: Reactivating the Missional Church* (Grand Rapids: Brazos, forthcoming).

14) Alison Morgan, *The Wild Gospel: Bringing Truth to Life* (Oxford: Monarch

Books, 2004), 189.

15) Ibid.

16) James R. Krabill, "Does Your Church 'Smell' Like Mission? Reflections on Becoming a *Missional Church*", *Mission Insight* 17 (2001): 14.

17) Johannes Verkuly, "My Pilgrimage in Missiology", *International Bulletin of Missiology Research 10*, no. 4 (1986): 151.

## 유수자의 공동체 구성하기

1) Pete Ward, *Liquid Church* (Peabody, Mass.: Hendrickon, 2002), 2.

2) Ibid., 2.

3) "State of Christianity 2001", under "World", [2006년 1월 17일 인용]. 온라인: http://www.jesus.org.uk/dawn/2001/dawn07.html.

4) Philip Jenkins, *The Next Christendom: The Coming of Global Christianity* (Oxford/New York: Oxford University Press, 2002), 3.

5) Ibid., 90.

6) Ibid., 91-92.

7) Felicity Dale, *Getting Started: A Practical Guide to Planting Simple Churches* (Dallas: House2House Ministries, 2003), 165.에서 인용.

8) Antonie de Saint-Exupry, *[Citadelle] The Wisdom and the Sands* (trans. Stuart Gibert; Chicago: University of Chicago Press, 1984), 54.

9) 나는 이들 제안들에 대해 서어드 플래이스 커뮤니티즈의 달린 알트클라스(Darryn Altclass)에게 신세를 졌다. 이 내용은 '선교적 지도자의 습관들'이라는 제하의 세미나에서 발췌한 미출간된 자료에서 추출한 것이다. 이 내용은 내가 이제까지 들어 본 것들 중 선교적 교회 원리들에 대한 가장 훌륭한 제안 중 하나다.

10) Michael Frost, *Seeing God in the Ordinary: A Theology of the Everyday* (Peabody, Mass.: Hendrickson, 2000),

11) Michael Riddell, *Threshold of the Future: Reforming the Church in the Post-Christian West* (London: SPCK, 1998), 168-71. 리델이 제시한 15개 특징에 대한 요약은 다음과 같다.

1. 관계에 높은 가치를 둠

2. 정직과 실재에 대한 헌신

3. 최소한의 조직적 구조

4. 공동체의 예배와 신앙생활을 참여자가 살아가는 일상의 문화적 경험과 연결

5. 공동체의 개방과 포괄성에 대한 헌신

6. 역동적 에큐메니즘

7. 선교에의 헌신

8. 함께 웃고 울 수 있는 구성원들의 능력

9. 성경을 중시하고 귀납적이고 원리적인 방식을 통해 성경을 해석

10. 주변의 문화적 환경을 단지 선교 현장으로서 뿐만 아니라 하나님의 역사가 일어나는 잠재적 장소로서 신중하게 다룸

11. 건물에 대해서는 거의 중요성을 두지 않음

12. 더 큰 친밀감과 융통성을 위해 의도적으로 적은 규모를 지향

13. 진정한 영성을 평가

14. 자애로운 피난처로서 존재

15. 물질주의와 개인주의와 같은 서구적 가치에 대한 반동적 문화

12) 『도래할 일들의 형상』 *The Shaping of Things to Come*, 76-81에서, 앨런 허쉬와 나는 교회가 되는 것에 대해 세 가지 면—친교, 공동체, 위임—으로 구성된 단순한 구조를 제안했다. 비록 나는 이 구조가 여전히 유효하다고 생각하기는 하지만 많은 파라처치 단체는 우리가 바울이 개척한 교회들에서 보이는 친교적, 예배적, 그리고 선교적 삶이 갖는 깊이를 모방하지 않고서도 앨런과 내가 말하는 세 가지 면을 포용할 수 있다는 것에 대해 알고 있다. 그럼에도 불구하고 나는 독자들이 『도래할 일들의 형상』에서 위의 세

가지 면을 다루는 부분과 내가 이 장 나머지 부분에서 지적하고자 하는 점들을 함께 고려해 줄 것을 제안하는 바이다.

13) Kevin Vanhoozer, ed., *The Trinity in a Pluralistic Age: Theological Essays on Culture and Religion* (Grand Rapids: Eerdmans, 1997), x.

14) Richard Baukham, "Jrgen Moltmann The Trinity and the Kingdom of God and the Question of Pluralism", in Vanhoozer, *Trinity in a Pluralistic Age*, 155-64를 보라.

15) 처음에 베네딕트의 공동체 단위는 남성으로만 구성되었다. 그러나 오늘날 전 세계에 산재해 있는 베네틱트 수도회에는 남성보다 여성이 더 많다.

16) "The Holy Rule of St. Benedict", st. Benedict's Abbey n.p. (2006년 2월 21일 인용). 온라인: http://www.kansasmonks. org/fr__abbey. htmtl Our Way of Life/Rule of St. Benedict. 캔사스주의 아치손(Atchison)에 위치한 성 베네딕트 수도원의 보니패스 벌헤이엔(Boniface Verheyen) 수사가 1949년에 번역한 성 베네딕트의 거룩한 규정(The Holy Rule of St. Benedict)에서 인용.

17) Ibid.

18) Heather Wright, ed., *They Call Themselves Christians: Papers on Nominality Given at the International Lausanne Consultation on Nominalism, December 1998* (London: Christian Research, 1998), 109에서 인용.

19) Murray, *Post-Christendom*, 280.

20) "First Holy Week at the Abbey", n.p. (2006년 1월 17일 인용). 온라인: http://oakgroveabbey.com/news/index.php?id=8. 유사한 수도원적 공동체에 관해서는, Rob Moll, "The New Monasticism", *Christianity Today* 49, no. 9 (September 2005), 38-40을 보라.

21) Mission and Public Affairs Council of the Church of England, *Mission Shaped Church: Church Planting and Fresh Expressions of Church in a Changing Context* (London: Church House, 2004).

## 식탁에 앉아 있는 유수자

1) John Dickson, *Promoting the Gospel* (Sydney: Blue Bottle, 2005), 57.

2) Ibid., 59.

3) John Piper, *A Hunger for God: Desiring God through Fasting and Prayer* (Wheaton, Ill.: Crossway, 19976), 46.


## 세상을 위해 일하기

1) Richard Guillliatt, "This Old Shack", *Good Weekend Magazine, Sydney Morning Herald* (June 22, 2002): 45.

2) 루어럴 스튜디오가 지은 집들에 대한 더 많은 사진을 보려거든, "Rural Studio", n.p. [2006년 1월 17일 인용). 온라인: http//:www.rura lstudio.com. 을 보시오.

3) 더 자세한 내용은, Robert Bly, *Iron John* (Reading, Mass.: Addison-Wesley 1990)을 보라.

4) Robert Banks, *Redeeming the Routine: Bringing Theology to Life* (Wheaton, Ill.: Bridge Point Books, 1993), 50-65.

5) William Diehl, *Christianity and Real Life* (Philadelphia: Fortress, 1976), v-vi(Banks, Redeeming the Routine, 59에서 인용).

6) "Our Values", The Body Shop under "What happening in the UK" [2006년 1월 17일 인용]. 온라인: http://uk.thebodyshop.com/web/tbsuk/values.jps.을 보라.

7) Søren Kierkegaard, *Purity of Heart Is to Will One Thing: Spiritual Preparation for the Office of Confession* (trans. Douglas V. Steere; New York: Harper & Row, 1956), 198.

# 제3부 위험한 비판들

## 불의에 대한 불편함

1) Naomi Klein, "Profits of Doom", *Good Weekend Magazine, Sydney Morning Herald* (May 14, 2005): 33.

2) Annabel Crabb, "Mandela Urges a Generation to Fight Poverty", *Sydney Morning Herald* (February 5, 2005): 15.

3) G7은 재무상들과 영국과 미국, 프랑스, 캐나다, 이탈리아, 일본, 그리고 독일의 중앙은행들로 구성되어 있다. 몇 차례의 회의를 거친 후 러시아도 이 그룹에 포함됨으로써 G7 회의는 G8회의가 되었다. 2005년 런던에서 합의한 의결의 7번째 항은 다음과 같다. "일곱 번째, 한층 강화된 HIPCHeavily Indebted Poor Countries(엄청난 부채를 지고 있는 빈곤국들) 발의를 통해 27개국의 부채를 현저하게 낮춰주기로 한다. 우리는 의결의 완전한 실행과 재정의 융통을 재확인한다. G7국가들은 쌍무부채에 대해 각기 100%까지 보상을 제공하도록 한다. 이 외에도 우리는 더 많은 일들이 진행될 필요성들에 대해 인지하고 있다. 우리는 쌍무부채의 구제를 100%까지 기꺼이 제공하겠다는 결의에 근거하여, HIPC 국가들에 대한 사안별 분석에 들어갈 것을 동의한다. 우리는 또한 IMF와 세계은행에게 다른 저소득 국가들의 부채문제에 대해서도 신중하게 고려해 줄 것을 촉구한다. IMF가 부채권을 소유하고 있는 부채의 구제를 위해 그리고 IMF로 하여금 최빈국들 내에서 그 역할을 지속할 수 있도록 하기 위해 관리이사(the Managing Director)는 IMF의 자금과 다른 자원을 적절한 방식으로 지불하는 것에 대한 제의를 봄 회의the Spring Meetings에서 제안할 것이라고 진술했다. 우리는 그의 제안을 기대한다. 세계은행과 아프리카개발은행이 부채권을 소유하고 있는 부채에 대한 구제에 대해서는 최빈국들이 이 두 기관을 통해 융통할 수 있는 자원들의 양을 줄이지 않는 가운데 이 안을 성사시키기 위해, 봄 회의에서 결정하게 될 합의에 관한 다양한 제안들의 제시를 위해 관리기관뿐 아니라 주주들과도 협력하도록 한다. 우리는 또한 비파리클럽non-Pari Club 소속 채권국들도 최소한 HIPC의 채무 구제에 참여해 줄 것을 요청한다. 그리고 우리는 IMF에게 봄 회의에서 진행상황에 대해 보고할 것을 요청한다." 모든 조항의 완전한 내용에 대해서는 http://www.finfacts.com/irelandbusines snews/publish/article_1000374.shtml.을 보라.

4) Jeffrey D. Sachs and Sakiko Fukuda-Parr, "If We Cared to, We Could Defeat World Poverty", Los Angeles Times (July 9, 2003). http://hdr.undp.org/docs/new/hdr2003/LAtimes_SFP&JS_Jul08.pdf.

5) 이와 관련된 좀 더 상세한 자료들과 빈곤, 박탈, 인권침해, 그리고 부패에 대한 다른 정보들에 대해서는 Jessica Williams, *50 Facts That Should Change the World* (Cambridge: Icon Books, 2005)를 보라.

6) Robert Lewis, "Study Guide" for "The Corporation: a film by Mark Achbar, Jennifer Abbott & Joel Bakan", p. 2[2006년 4월 4일 인용]. 온라인: http://www.thecorporation.com/assets/TC.pdf#search='Today%2C%20it%20is%20a%20vivid%2C%20dramatic%20and%20pervasive%20presence.

7) "The Corporation: a film by Mark Achbar, Jeniffer Abbott and Joel Bakan", n.p. [2006년 1월 17일 인용]. 온라인: http://www.thecorp oration.com/index.php?page_id=2.

8) Paul Hawken, *The Ecology of Commerce: A Declaration of Substantiality* (New York: HaperCollins, 1993), 13.

9) Linda McQuaig, *All You Can Eat: Greed, Lust, and the New Capitalism* (Toronto: Penguin Canada, 2001).

10) Klein, "Profits of Doom", 31.

11) Ibid.

12) Ibid.

13) 미가의 도전(Micah Challenge)이 하는 일은, 이들 목표의 성공을 소망하면서 부유한 서구국가들의 의제에 포함하게 하는 것이다. 목표 목록에는 18개의 하부 목표들과 성공을 위한 40개의 올바른 방향 등이 포함되어 있다. 이들 목표에 대한 전체 목록은, "Millennium Development Goals", Micah Challenge n.p. [2006년 2월 21일 인용]을 보라. 온라인: http://www.micahchallenge.org/millennium_development_ogals를 보라. 이를 요약하자면, the U.N. 새천년개발목표(Millennium Development Goals)는 다음과 같다.

목표 1: 극단적 빈곤과 기아를 퇴출한다.

목표 2: 전 세계에서 초등교육을 실시한다.

목표 3: 양성 평등을 진작시키며 여성들을 장려한다.

목표 4: 어린이 관련 비도덕적 행위를 감소한다.

목표 5: 모자보건을 증진한다.

목표 6: 선천성면역결핍증/에이즈, 말라리아, 그리고 다른 질병들을 퇴치한다.

목표 7: 환경의 보전을 확보한다.

목표 8: 개발을 위한 전 세계적 파트너십을 개발한다.

14) Rober F. Kennedy Jr., e Disinformation Society, *Vanity Fair* (May 2005): 268. 이 기사는 케네디의 책 *Crimes Against Nature: How George W. Bush and His Corporate Pals Are Plundering the County and Hijacking Our Democracy* (New York: HsaperCollins, 2004)에서 발췌했다.

15) *The Australian PhotoJournalist* 11, no. 1 (May 2005): 13.의 논설위원 중 한 명인 John Pliger가 인용.

16) Kennedy, "The Disinformation Society", 268.

17) 여기에는 영국에 남아 있는 독립 신문사들 중 하나인 「가디언지」(*The Guardian*)도 포함된다[Guardian Unlimited, n.p. (2006년 1월 17일 인용). 온라인: http://www.guardian.co.uk/]. 당신이 살고 있는 지방의 신문 또는 TV 채널에서는 다루지 않는 기업과 정부 활동에 대한 뉴스와 이야기들에 대해서는 코프와치가 다루고 있을 것이다[CorpWatch: Holding Operations Accountable, n.p. (2006년 1월 17일 인용). 온라인: http://www.corpwatch.org/]. 흥미로운 뉴스 기사거리들과 적극적인 토론판에 대해서는 디스인포메이션을 보라[Disinformation, n.p. (2006년 1월 17일 인용) 온라인: http://disinfo.com/site/]. 다른 좋은 사이트들로는 Alternate: The Mix is the Message, n.p. [2006년 1월 17일 인용]. 온라인: http://www.alternate.org/, Common Dreams News Center, n.p. (2006년 1월 17일 인용). 온라인: http://www.commondreams.org/, Tome Paine: Common sense, n.p. (2006년 1월 17일 인용). 온라인: http://www.tompaine.com/, Center for Media and Democracy, n.p. (2006년 1월 17일 인용). 온라인: http://prwatch.org/ 등과 다른 많은 인터넷 사이트들이 있다.

18) 이는 증인(Witness)이라는 인터넷 사이트 프로그램이 내세우는 작업의 논리적 근거로, 억압을 당하는 시민들에게 비디오카메라를 설치하여 실제 인권유린 장면을 생생하게 촬영하도록 노력하는 이유이다. 더 자세한 정보에 대해서는, Witness, n.p. (2006년 1월 17일 인용)을 보라. 온라인: http://www.witness.org/.

19) 이것을 죠셉 퓰리처(Joseph Pulitzer)가 1907년에 저널리스트들을 대상으로 한 그 자신의 놀라운 은퇴 연설에서 언급한 것에 비추어 생각해 보라. "언제나 진보와 개혁을 위해 싸우십시오. 불의 또는 부패를 결단코 용납하지 마십시오. 항상 모든 정당의 선동자들과 싸우십시오. 어떤 정당에도 속하지 마십시오. 언제나 특권층과 공적 약탈자들에 반대하십시오. 항상 가난한 사람들을 동정하십시오. 공중 복지에 대한 헌신을 유지하십시오. 단지 겨우 뉴스를 발간한 것만으로 만족해하지 마십시오. 항상 극적인 독립을 유지하십시오. 결단코 자신의 유익을 위해 다른 사람들을 희생시키는 부호계층이나 궁핍자들이 저지르는 잘못된 것에 대한 공격을 두려워하지 마십시오."

20) Mike Yaconelli, ed., *The Door Interviews* (Grand Rapids: Zondervan, 1989), 219.

21) 나오미 클레인의 웹사이트를 보라. Andr?a Schmidt, "Frequently Asked Questions About Globalization and Justice", No Logo n.p. (2006년 2월 21일 인용). 온라인: http://www.nologo.org FAQs/Globalization FAQ/3. 이 사이트는 그녀의 책 *No Logo: No Space, No Chance, No Jobs* (New York: Pocador, 2002)에 근거하고 있다.

22) Arundhati Roy, "Peace and the New Corporate Liberation Theology", 2004 City of Sydney Peace Prize Lecture, n.p. (2006년 1월 17일 인용). 온라인: http://www.abc.net.an/rn/bigidea/stories/s1232956.htm.

## 유수자와 지구

1) Dan Penny, "Palaeoenvironmetal Research and the Demise of Angkor", The Comparative Archaeology Web, n.p. (2006년 1월 17일 인용). 온라인: http://www.comp-archaeology.org/WAC5%20Pre-Industrial%20 Urbanism%20in%20 Tropical%20Environments.htm#_Palaeoenvironmental_Research_and.

2) Jared Diamond, *Collapse: How Societies Choose to Fail or Succeed* (New York: Viking Penguin, 2004).

3) Ibid., 18.

4) Susan P. Bratton, "Christianity and Reflexive Modernity: Population, Environmental Risk and Societal Change", Global Stewardship Initiative Converence, n.p. (2006년 1월 17일 인용). 온라인: http://204.84.32.191/gsi/gsi-conf/discussion/bratton.html.

5) Steven Bouma-Prediger, "Creation Care and Character: The Nature and Necessity of Ecological Vitues", 1996년 10월 세계 청지기 발의 컨퍼런스(the Global Stewardship Initiative Conference)에서 발표된 발제문. http://cesc.montreat.edu/GSI/GSI-Conf/discussion/Bouma-Prediger.html.에 기재되어 있음. Ronald A. Smith, "Christian Environmentalism", Gardin Simmous University n.p. (2006년 2월 21일 인용). 온라인: http://www.hsutx.edu/academics/logsdon/smith/enviro n.html.

6) James A. Nash, *Loving Nature: Ecological Integrity and Christian Responsibility* (Nashville: Abingdon, 1991), 105 (강조는 필자).

7) Glenn Scherer, "The Godly Must Be Crazy:Christian-Right Views Are Swaying Politicians and Threatening the Environment", *Grist Magazine*, n.p. (2006년 1월 17일 인용). 온라인: http://www.grist.org/news/main dish/2004/10/27/Scherer-Christian.

8) Bill Moyers, "Welcome to Doomsday", *New York Review of Books 52*, no. 5 (March 4, 2005):5에서 인용.

9) 교토의정서에 서명한 국가들에 대한 명단뿐만 아니라 의정서 전문은, 기후 변화에 대한 유엔기본협정(United Nations Framework Convention) "The Convention and Kyoto Protocol, n.p (2006년 1월 17일 인용). 온라인: http://unfccc.int/cop6_2/index-4.html. 미국과 오스트레일리아는 의정서에 서명하기를 거부했다. 대신 중국과 인도, 일본과 남한을 포함하는 환경에 대한 아시아·태평양 협정Asia-Pacific Accord를 고안을 선호했다. 이 협정에 대한 비판의 목소리는, 이 협정이 단지 협정 당사국들로 하여금 지구온난화에 대항한 기술을 공유할 것만을 권장할 뿐, 교토의정서에 서명한 152개 국가들과는 달리 다른 어떤 구체적 목표치를 제시하지 않고 있다는 점을 비판한다.

10) 이산화탄소 방출에 대한 더 자세한 내용에 대해서는, "International Carbon Dioxide Emissions from the Consumption and Planting of Fossil Fuels Information", U. S. Energy Information Administration, n.p. (2006년 1월 17일 인용). 온라인: http://www.eia.doe.gov/emeu/ international environm.html#IntlCarbon. 사실, EIA는 사이트 방문자들에게 전 세계 거의 모든 나라에 대한 구체적 환경관련 자료를 조사의 열람을 허가한다. 'International' 항목의 "Data", U. S. energy Information Administration (2006년 1월 17일 인용). 온라인: http://www.eia.doe.gov/emeu/international/contents.html.

11) "Behind the Shine-The Other Shell Report 2003", Shell Facts n.p. (2006년 2월

21일 인용). 온라인: http://www.shellfacts.com The 'other' Shell annual reports/ Behind the Shine-The Other Shell Report 2003.

12) Berry Commoner, *The Closing Circle: Confronting the Environmental Crisis* (New York: Bantam Books, 1980).

## 억압받는 자들을 위로하기

1) 자료: "Tears of the Oppressed", n.p. (2006년 1월 17일 인용). 온라인: http://www.human-rights-and-christian-persecution.org.

2) Ibid.

3) The Voice of Martyrs, n.p. (2006년 1월 17일 인용). 온라인: http://www.persecution.com.

4) Kenneth Cain, Heidi Posltewait, and Andrew Thomson, *Emerging Sex and Other Desperate Measures: A True Story from Hell on Earth* (New York: Hyperion, 2004), 256.

5) "Christian Persecution in Vietnam", n.p. (2006년 1월 17일 인용). 온라인: http://www.human-rights-and-christian-persecution.org/vietnam. html.

6) 자료: "Tears of the Oppressed", n.p. (2006년 1월 17일 인용). 온라인: http://www.human-rights-and-christian-persecution.org.

7) 인권에 대한 유엔의 보편적 선언(UDHR)의 전체 문서는, "Universal Declaration of Human Rights", Office of the High Commissioner for Human Rights, n.p. (2006년 1월 17일 인용). 온라인: http://www.un hchr.ch/udhr/lang/eng.htm.

8) Jeff M. Sellers, "Submitting to Islam-or Dying: Ceasefires and Peace Talks Bow to Creater Powers in Sudan", Christianity Today, no. 10 (August 2003): 100 (2006년 1월 17일 인용). 온라인: http://www.christia nitytoday.com/ct/2003/010/26.100.html.

9) "Hotel Sudan Isn't a Film-Yet: Genocide in Darfur Must Be Stopped", Christianity Today, no.5 (May 2005):26 (2006년 1월 17일 인용). 온라인: http://www.christianitytoday.com/ct/2005/005/21.26.html.

주 555

10) "Current Situation", Save Darfur n.p. (2006년 2월 21일 인용). 온라인: http://savedarfur.org/go.php?q=currentStituation.html. 다르푸르를 구하자 연맹은 수단의 다르푸르 지역에서 발생하고 있는 대규모 위기에 반응하기 위해 형성된 백 여 개가 넘는 신앙에 기초하거나, 인도주의, 또는 인권 단체의 연합체다. 이 단체의 목표는 대중적 인식을 고양하고, 이런 극악무도한 일들을 종결시키고, 다르푸르와 인근 난민촌에서 발생하고 있는 고통을 경감하는 것이다.

11) "Understanding the Crisis", Cry Indonesia Website and Resource n.p. (2006년 2월 21에 인용). 온라인: http://cryindonesia.rnc.org.au Understanding the Crisis.

12) "A Theology of Persecution", Human Rights and Christian Persecution (2006년 2월 21일 인용). 온라인: http://www.human-rights-and-christian-persecution.org/theology.html.

13) Ibid.

14) "Hotel Sudan Isn't a Film-Yet"에서 인용.

15) Aisa Harvest, n.p. (2006년 1월 17일 인용). 온라인: http://www.asiaharv est.org.

16) Paul Hattaway, *Back to Jerusalem: Three Chinese House church Leaders Share Their Vision to Complete the Great Commission* (Carlisle: Piquant, 2003).

17) Ibid., 2.

18) Ibid., 57.

19) Elie Wiesel, "On the Atrocities in Sudan", Save Darfur n.p. (2006년 2월 21일 인용). 온라인: http://savedarfur.org/misc/ ElieWiesel'sStateme nt.doc.

## 제4부 위험한 노래들

### 예배에서의 유수자

1) Murray, *Post-Christendom*, 68.

2) Jacques Ellul, *The Subversion of Christianity* (trans. G.W.Bromiley; Grand Rapids:

Eerdmans, 1986), 55.

3) John Piper, *Desiring God: Meditations of a Christian Hedonist* (Portland, Ore.: Multnomah, 1986), 33.

4) Ibid., 34.

5) Ibid., 41.

6) Marva J. Dawn, A Royal *"Waste" of Time: The Splendor of Worshiping God and Being Church for the World* (Grand Rapids: Eerdmans, 1999).

7) Mary Jo Leddy, "The People of God as a Hermeneutic of the Gospel", in *Confident Witness-Changing World: Rediscovering the Gospel in North America* (ed. Craig Van Gelder; Grand Rapids: Eerdmans, 1999), 309.

8) "The Mystery Worshipper", Ship of Fools, n.p. (2006년 1월 17일 인용). 온라인: http://www.ship-of-fools.com/mystery/index.html.

9) Alternative Worship.org, n.p. (2006년 1월 17일 인용). 온라인: http://www.alternativeworship.org/.

10) Ibid.

11) 런던 소재 '그레이스 서비스'grace service 출신의 스티브 콜린스와 브리스톨 소재 반향resonance출신의 폴 로버트는 대안 예배Alternative Worship이라는 웹사이트를 관리하고 있다. Alternative Worship.org, n.p. (2006년 1월 17일에 인용). 온라인: http://www.alternative worship.org/, 이 사이트에서는 인터넷을 통해 본 주제에 대한 전형적인 탐구를 하고 있다. 스티브는 또한 전 세계에 퍼져 있는 대안예배 모임들에서 찍은 사진들을 수집하는 훌륭한 사이트를 관리하고 있다. Smallfire.org. n.p. (2006년 1월 17일 인용). 온라인: http://www.Smallfirre.org/. 이 사이트는 대안예배에 관해 눈으로 볼 수 있도록 소개하는 탁월한 사이트다. 역시 그레이스 서비스 출신인 조니 베이커 또한 대안예배 모임들에서 사용하는 아이디어, 도서자료, 예식, 그리고 시들로 빼빽한 책을 공동으로 저술했다. *Alternative Worship: Resources from and for the Emerging Church* (Grand Rapids: Baker, 2004). 이 책에는 매우 도움이 되는 CD가 포함되어 있다. 오클랜드Auckland의 시티사이드 교회Cityside church에서 사역했던 마크 피어슨은 다음과 같은 책을 공동으로 저술했다. *The Prodigal Project: Journey into the Emerging Church* (London: SPCK, 2001). 이 책에 또한 CD 한 개가 포함되어 있다.

그리고 프랙탈스Fractals이라고 불리는, 대안예배에 관한 아이디어로 가득한 CD도 들어 있다. 이것은 '프랙탈스'에서도 볼 수 있다. Proost, n.p. [2006년 1월 17일 인용]. 온라인: http://www.proost.co.uk/fractal.html.

12) "Innovation and Tradition", Small Ritual, n.p. (2006년 6월 1일 인용). 온라인: http://www.btinternet.com/~smallritual/section6/ theory_steve_tradition.html.

13) 골 1:15, 엡 5:14, 빌 2:6-11, 그리고 딤전 3:16을 보라.

14) John S. Andrews, "Hymns", in *The New International Dictionary of the Christian Church* (ed. J. D. Douglas; Grand Rapids: Zondervan, 1974), 494-496.

15) John Andrew, "Music in the Early Christian Church", in *The New Grove Dictionary of Music and Musicians* (ed. Stanley Sadie; 20 vol.; London: Macmillan, 1980), 4:363-64.

16) Egon Wellesz, "Early Christian Music", in *Medieval Music up to 1300* (vol. 2 of New Oxford History of Music; ed. Dom Anselm Hughes; London: Oxford University Press, 1954), 2.

17) Gustave Reese, *Music in the Middle Age* (New York: Norton, 1940), 64에서 인용.

## 혁명의 노래

1) Matt Redman, "Let My Words Be Few", 앨범 *The Father Song* (Survivor, 2000)에서.

2) LarkNews.com, n.p. (2006년 2월 21일 인용). 온라인: http://www. larknews.com/april_2003/secondary_excrusive.php?header=header&page=walmart_cd.

3) "God Romance", Delirious, n.p. (2006년 1월 17일 인용). 온라인: http://www.delirious.org.uk/lyrics/songs/godsromance.html.

4) Steev Fee, "Madly", Sacred Space (independent release, 2005)앨범에 수록된 노래.

5) Rowland Croucher, *Sunrise Sunset: Prayer and Meditations for Every Day of the Year* (San Francisco: HarperSanFrancisco, 1996), 35. 또한 이 자료가 처음 등장한, Rowland Croucher, *Rivers in the Desert: Prayers and Meditations for the Dry Times* (Sydney: Albatross/Lion, 1992)도 참조하라.

6) Gary Chapman, *The Five Love Languages: How to Express Heartfelt Commitment to Your Mate* (Chicago: Moody, 1996). 채프만에 따르면, 우리가 배우자에게 사랑을 표현하는 다섯 가지 최우선적 방법은, (1) 확신의 말, (2) 선물, (3) 질적인 시간, (4) 섬김의 행위, (5) 육체적 접촉이다. 그는 우리 모두가 이들 중에서 한 가지 내지는 두 가지를 다른 것들보다 더 선호하며, 우리 배우자들은 우리에게 가장 효과적으로 사랑을 전달하기 위해 우리의 "사랑의 언어"를 배울 필요가 있다고 제안한다.

7) 마틴 루터 킹 주니어의 연설 원고 전문를 보고자 한다면, "I've Been to the Mountaintop", American Rhetoric, n.p. (2006년 1월 17일 인용)을 보라. 온라인: http://www.americanrhetoric.com/speeches/ mlkivebeentothe mountaintop.htm.

8) Madeleine Lngle, *The Irrational Season* (New York: Seabury, 1977).

9) Ibid., 56.

10) Ibid.

11) Ibid.

## 저자후기

1) Bob Dylan, "Forever Young", *Planet Wave* (Sony, 1974) 가사의 일부분.